THE ILLUSTRATED ENCYCLOPEDIA OF THE PREHISTORIC WORLD

主编

道格拉斯·帕尔默，科学作家及自由媒体人，专注于研究生命历史，尤其是人类进化史与地球环境相关课题。他笔耕不辍，在过去的14年中，已经出版了20多本著作，包括《化石侦探》《尼安德特人》《起源：人类进化揭示》《进化：生命的故事》《地球的历史：举世瞩目的100个重大发现》。

审稿

郑文杰

浙江自然博物馆副研究员，2007年开始从事恐龙化石的研究。发表SCI索引研究论文多篇，以鸟臀类恐龙的研究为主，研究命名了越龙和镶嵌角龙等恐龙新属种。

孙天任

《Newton-科学世界》编辑。毕业于中国科学技术大学生命科学专业，获中国科学院南京地质古生物研究所古生物学与地层学硕士学位。

编者的话

本书经过一年翻译、三年审校，终于和广大读者见面了。这部46万字的科普图鉴为我们展示了一个神秘、广阔的史前世界。感谢本书作者、译者和审校者的辛勤工作，尽管查阅了各种中外资料，本书仍有59个物种名字未能查找到对应的中文名。为保证准确性，书中保留了原书中的学名。敬请读者原谅。

史前世界大图鉴

THE ILLUSTRATED
ENCYCLOPEDIA
OF THE
PREHISTORIC WORLD

主编 〔英〕道格拉斯·帕尔默　译 张超斌
审 郑文杰　孙天任

中国民族摄影艺术出版社

图书在版编目（CIP）数据

史前世界大图鉴 / (英) 道格拉斯·帕尔默主编；张超斌译. -- 北京：中国民族摄影艺术出版社，2018.2
ISBN 978-7-5122-0913-8

Ⅰ. ①史… Ⅱ. ①道… ②张… Ⅲ. ①世界史—上古史—通俗读物 Ⅳ. ①K11-49

中国版本图书馆CIP数据核字(2016)第266430号

策划制作：北京书锦缘咨询有限公司（www.booklink.com.cn）
总 策 划：陈 庆
策　　划：陈 辉 邵嘉瑜
设计制作：柯秀翠 王 青

书　　名：史前世界大图鉴
作　　者：〔英〕道格拉斯·帕尔默
译　　者：张超斌
责　　编：陈 徯 张 宇
出　　版：中国民族摄影艺术出版社
地　　址：北京东城区和平里北街14号（100013）
发　　行：010-64906396 64211754 84250639
印　　刷：北京美图印务有限公司
开　　本：1/16 215mm × 285mm
印　　张：32
字　　数：460千字
版　　次：2022年10月第1版第4次印刷
ISBN 978-7-5122-0913-8
定　　价：398.00元

目录 Contents

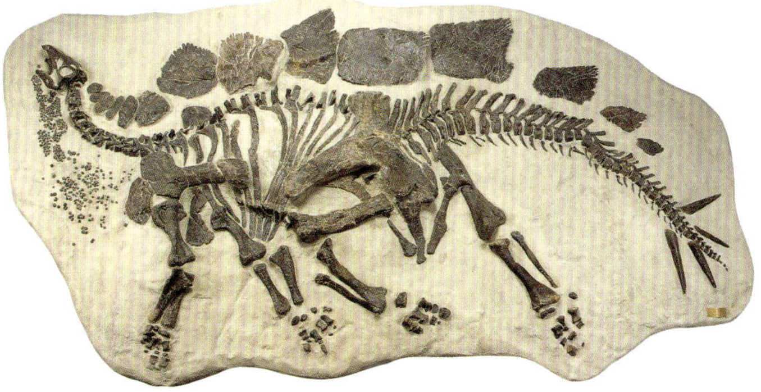

161 动物档案

443 地球事实档案

引言

45 亿多年来，地球一直在围绕太阳旋转，其面貌也并非一成不变。事实上，与现存生物一样，地球的表面也在随着时间的流逝而不断发生变化：海洋和大气演化、山脉崛起又坍塌、海洋形成又干涸、河流沿河道飞奔将古老的岩石切割成峡谷，而最重要的是，地球上的生命也在为适应这些重大变化而演化着。不管地球发生怎样的改变，植物、动物和微生物都会随之改变。如何学习这些变化呢？地质学和古生物学（研究化石的学科）让我们得以学习地球及其生命发展的历史。

地球及生活在地球上的所有生命都留下了历史的印记。山脉是因构造运动而隆起的海底岩层，经受风水腐蚀，遭冰川碾压，又被地震抛到四面八方。同样的，人类身上也留下了演化的印记：我们具有复杂的器官系统，尤其是肾器官和激素调节功能，它们能在我们体内模拟出我们海洋祖先适宜的水环境。我们的前臂骨和小腿骨都是成对构成的，反映出我们的祖先最早登上陆地时，四肢需要经常旋转。人类的胎儿在发育的早期阶段甚至还长有腮裂。

《史前世界大图鉴》将带你一览地球漫长历史中曾发生的变化。首先，以耗费心血的地质研究为基础的大地图将展现出 6.2 亿年来大陆的移动轨迹。这些地图涉及生活在古代海洋和陆地上的鲜为人知的动植物化石。接下来，一个有趣的目录将向你介绍史前生物，包括古代的鱼类、最早的两栖动物、似哺乳爬行动物、飞翔爬行动物和最早的鸟类及蝙蝠类等古代空中霸主以及包括人类祖先的哺乳动物。最后，一个综合的事实档案将解释地质学和古生物学复杂的理论和原理。

西方世界在约两个世纪以前就开始了现代意义上的地球研究，他们提出了许多“理论”试图解释岩石及其内含物质的形状和特征。众所周知，化石是古代有机生物的遗体，而非人工制品或大自然的偶然产物。在山腰发现的海洋贝类化石，先被认为是诺亚洪水的残迹，后被威廉·史密斯和英国其他学者认为是遍布全球的地层层序，后来通过对欧洲大陆和其他地区地层的研究，建立了地层学。

下一步是推断地球岩石的年龄。显然，靠下的岩层沉积的时间早于靠上的岩层，虽然达尔文和许多地质学家在很早之前就做出了合理推断，但世界上的大部分地方仅有几块完整的地层层序。直到人们发现放射性和同位素衰变现象，数百万年的岩石年代才得以测定。最后，这些不相连的岩石又是如何到达遥远的地方的呢？这就涉及到了大陆漂移问题。大陆漂移论从概念、假设再到定论，又发展成为板块构造论，成了地质学的统一概念。理解了大陆的漂移、板块的移动和碰撞，以及海洋的产生与闭合，就可以理解地震、火山、热点和造山运动，都是构造运动的基本现象。这有助于检验人们关于大气、火山、地球本身以及生命起源和演化的知识。

本书记录了古代的自然历史，讲述了曾在地球上生活、呼吸、繁盛却又消失的真实生物。它着重叙述生物曾经的位置，而非现在的位置；着重描绘古代的居民，而非现代居民，包括其独特的“习性”和“传统”。总而言之，本书讲的是这些生命和形态如何一步一步形成的：植物如何演化？2.5亿年前的大灭绝是如何将大多数海洋生物消灭？印度是如何从南半球北移到现在的位置的？喜马拉雅山是如何形成的？本书还讲述了自创世之后生活在地球上的神奇生物。尽管本书中的动物看起来很稀奇，却绝非想象的产物。在复原每一只动物的过程中，艺术家们都会完全以化石为依据，如实地展现它们的身体特征、姿态。

《史前世界大图鉴》信息丰富，能带你细细品味我们对地球历史的认知。书中的插图可以给你提供信息和愉悦，文本中的关键字眼则会打开通向图书馆和网络知识的大门。

人类出现在地球上的时间相对较晚，却足以改变其地貌。我们在众多物种的灭绝或濒临灭绝中，扮演了重要角色。本书通过欣赏历史的美感与丰富，提醒着我们要对共同生活的地球家园和其他动植物邻居负责。

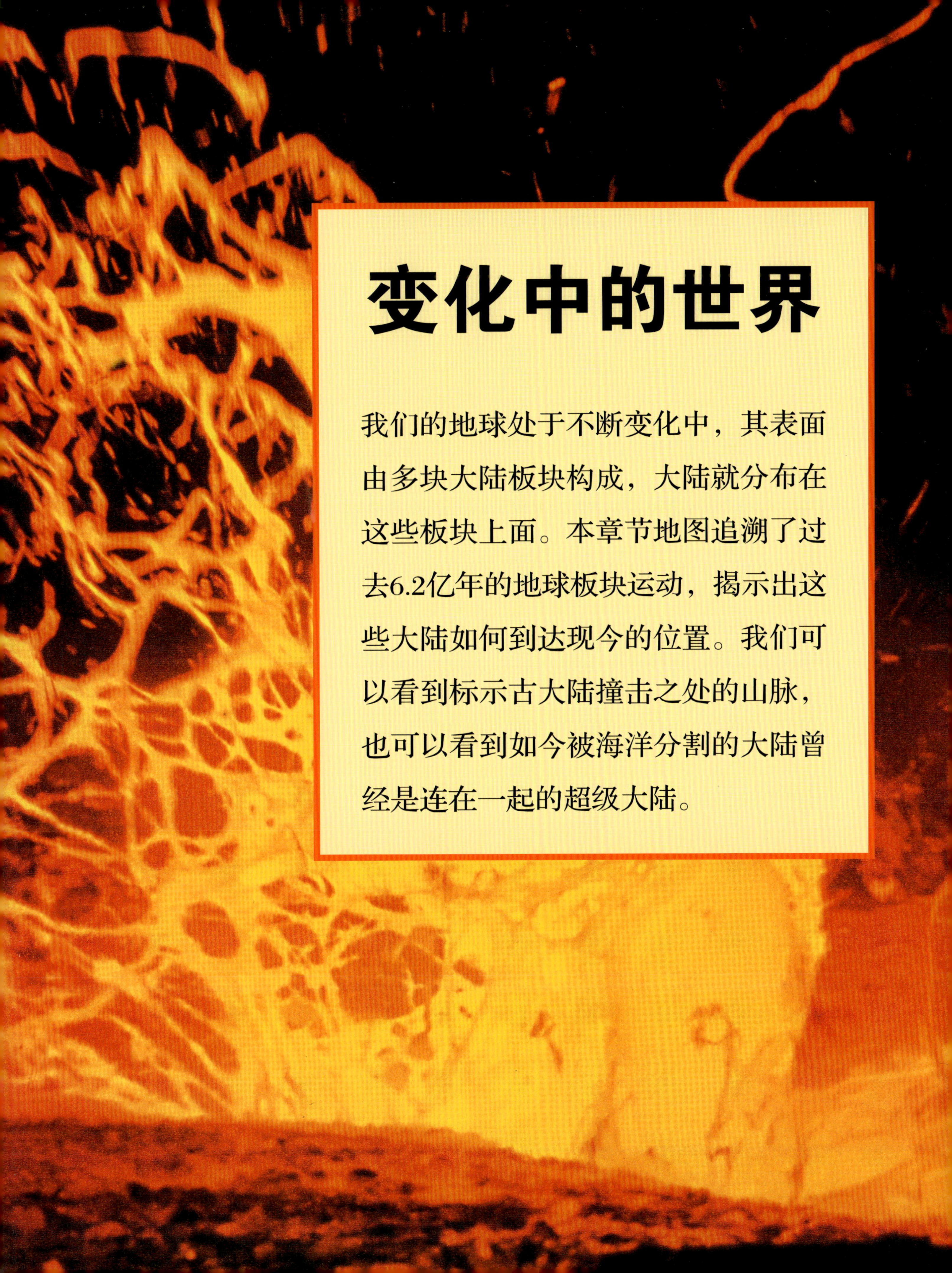

变化中的世界

我们的地球处于不断变化中，其表面由多块大陆板块构成，大陆就分布在这些板块上面。本章节地图追溯了过去6.2亿年的地球板块运动，揭示出这些大陆如何到达现今的位置。我们可以看到标示古大陆撞击之处的山脉，也可以看到如今被海洋分割的大陆曾经是连在一起的超级大陆。

变化着的地表
THE CHANGING FACE OF THE EARTH

埃迪卡拉纪 6.2 亿年前

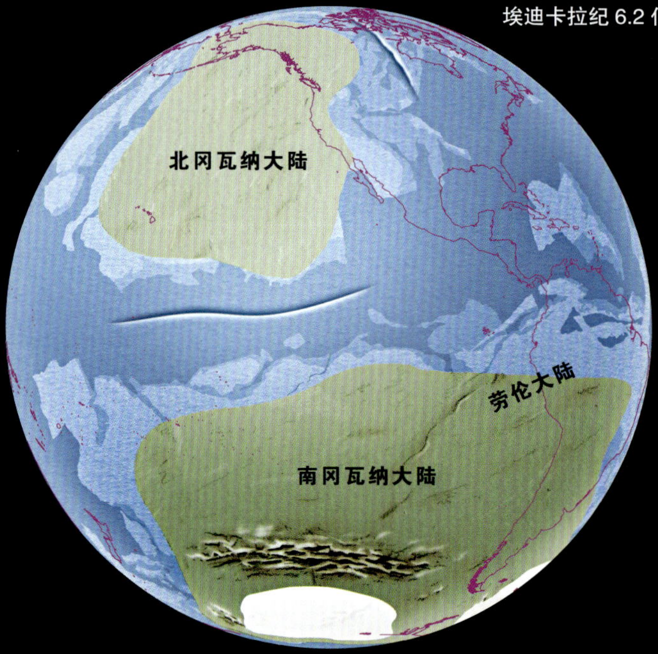

在漫长的地质历史中，地球所经历的大规模变化影响了大陆的分布及形状，影响了气候、生命形式以及海洋的广度和深度。接下来的 34 页图片揭示的就是这些变化。

这些变化中许多都源自板块运动，而所谓板块，就是大面积的地球表层。板块运动受地球内部大股炎热的半熔融物质驱动。板块由陆壳、洋壳构成，或兼而有之。新洋壳在被称作“洋中脊”的海底结构处不断形成，当新洋壳叠加到本身已有大陆的板块上时，大陆就会被从洋中脊处推离。于是在成千上万年的时间里，一系列这样的运动使得大陆沿着地表移动上千公里，有时甚至会发生旋转。

板块运动有时会导致大陆碰撞，结果就是形成大规模的山脉，有时还会导致洋壳在某些板块交界处被迫俯冲进地球内部，从而导致地震或火山，其影响范围巨大，其中就包括气候变化。气候波动反过来又会影响诸如海平面升降和动植物在世界范围内的分布。

泥盆纪 3.6 亿年前

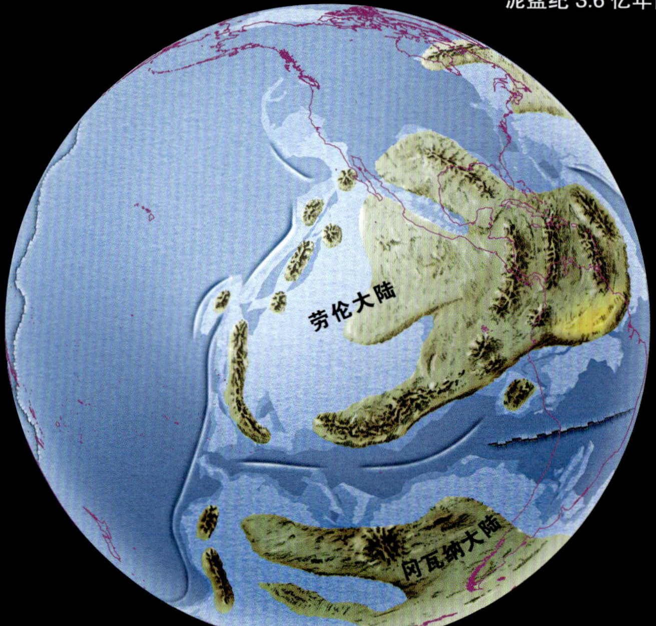

白垩纪晚期 6600 万年前

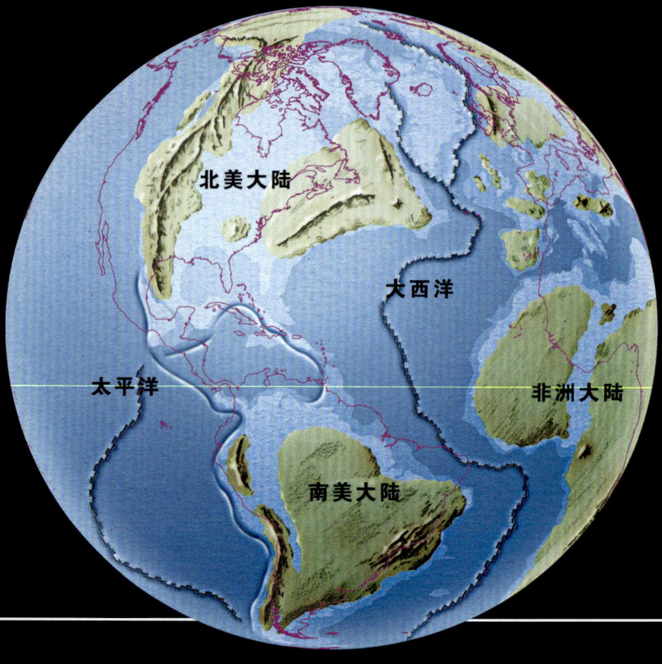

史前时期的三个阶段

本页上的三幅半球图显示了美洲大陆在三个史前时期的大致状况：（上图）6.2 亿年前，有两大板块并存；（中图）3.6 亿年前，两块大陆合并，然后旋转向南漂移，但劳伦大陆却从南冈瓦纳大陆分离，移向北方；（下图）6600 万年前，劳伦大陆最终变成了北美大陆和部分欧亚大陆，同时冈瓦纳大陆分裂成其他大陆，大陆板块开始慢慢形成五大陆的雏形。

如何识图

年表
每页顶部即为年表，以 5000 万年为分割点。小球表示历史中的时间点，显示在该页的地图中。

全球投影图

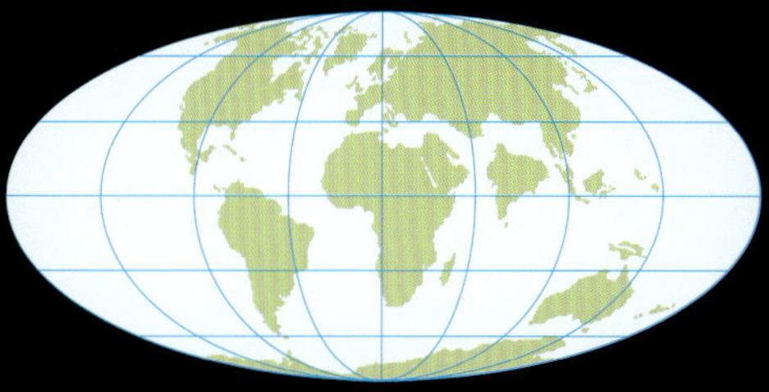

全球投影图
以一个视角展示古代世界每个时期的小地图，让读者更容易看到地球表面的变化。

1. 现代大陆轮廓
紫色线代表现代大陆及岛屿的边界，表示你所观看的地球的部分，以及观看的方向（以赤道或两极之一为中心）。

2. 陆壳海
浅蓝色区域代表大陆在地图所示年代被浅海覆盖。通常的古大陆大部分区域被海洋覆盖。随着海平面的涨落，陆地的形状持续发生变化。

3. 古山脉
和现代自然地理图相同，山脉同样以浮雕的褐色区域表示。山体一般由火山活动或大陆碰撞而成。远古的巨型山脉渐遭侵蚀，形成和缓的圆形山丘。

古近纪 4500 万年前

4. 古陆地
绿色、褐色和黄色区域代表古陆地。时间越久远，这些区域的形状与现代大陆的形状的差异越大。

5. 干旱区
黄色区域代表蒸发岩（湖盆或海盆的卤水经蒸发作用形成的化学沉积岩）。

6. 成煤区
深绿色区域代表森林密布或沼泽遍地的低地，泥炭或煤分布在这些区域。

8. 俯冲带
海洋中的弧形实线表示俯冲带，也就是洋壳被压在陆壳下边的地方，有时也可能位于另一个洋壳下。缓冲带通常与地震和火山活动有关。

7. 洋中脊
图中用浮雕锯齿线标示的洋中脊是新洋壳（海底）生成的地方。新洋壳形成过程中被推离洋中脊，这是板块运动的主要动力。

埃迪卡拉纪

这是大约 6.2 亿年前的地球地图，处于埃迪卡拉纪之初和漫长的前寒武纪之末。地图中的地球与我们现今的大不相同。如今被太平洋覆盖的区域当初大多是陆地，而古代海洋则遍布如今欧洲、亚洲和非洲所在的区域。两块大陆主导着地球：北边的大陆（北冈瓦纳大陆）由如今的印度、南极洲和澳大利亚组成，而南边的大陆则由如今的非洲、美洲和亚洲的部分大陆组成。现如今的西非和南美洲的热带雨林地区，当时则临近南极，冰川遍布。

1. 被动大陆边缘

如今的澳大利亚西北部（位于北冈瓦纳大陆）海岸、北美洲东北部（位于劳伦大陆）海岸以及西伯利亚大陆东北部海岸都曾是被动大陆边缘。这些区域形成地壳板块的边缘，但与地震活动无关。大量的沉积物在埃迪卡拉纪时堆积在这些地区的浅海海底上。

6. 正在消失的海洋

南北冈瓦纳大陆之间的海洋在迅速地变窄，直至形成超大陆。大约 5.8 亿年前，南冈瓦纳大陆的北部海岸与北冈瓦纳大陆的南部海岸相撞，形成了潘诺西亚大陆，而这个大陆似乎只存在了几百万年的时间。

5. 纳米比亚温暖的海洋

非洲西南部的纳米比亚，在埃迪卡拉纪时期曾有很长时间都沉浸在温暖的赤道浅海中，如今成了世界上最有名的埃迪卡拉纪化石痕迹出产地（虽然和这幅地图中的年代相比，它们所属的年代都比较晚，大多少于 6 亿年）。

全球投影图

2. 澳大利亚南部的弗林德斯山脉

埃迪卡拉纪时期，澳大利亚位于北半球。这里有许多此时期典型的砂岩，这些砂岩是起初多沙的浅海海底受潮流冲刷而形成的。埃迪卡拉纪的砂岩保存了这一时期最知名的埃迪卡拉化石。这些软体动物的名称来自南澳大利亚弗林德斯山脉中的埃迪卡拉山，也就是这些软体动物化石首次被发现的地方。这些软体动物在浅海中繁殖，生长在海底或藏身于沙子中。

4. 纽芬兰

在纽芬兰发现的埃迪卡拉纪砂岩比在澳大利亚发现的砂岩颗粒更加细致。这些沉积物可能由称作“浊流”的海底泥石流持续堆积而成，海底地震则会引起浊流。在诸如“误导点”（Mistaken Point）等地方，也发现了埃迪卡拉型化石。

3. 中国地层

中国南部的南沱组地层由“冰碛层”构成，即由古代冰川中夹杂的泥土、砂砾和岩石汇聚而成的混合物。冰碛层在这一地区的出现表明这里在埃迪卡拉纪晚期（比图中所示晚 2000 万年，当时海平面已经降低）曾经历过冰川作用。地球上多大区域被冰川覆盖，这一直是个热门话题。有些专家认为当时地球几乎全部处于冰冻状态，而有些则否认了这一观点，现主流观点基本认同这一观点。

寒武纪早期

5.4 亿年前，寒武纪刚开始后不久，世界已发生了许多重大变化。之前的埃迪卡拉纪的所有大陆聚拢成一个名为潘诺西亚的超级大陆，并随之崩裂。从这些地图上可以看出，到了寒武纪早期，潘诺西亚大陆剩下的一部分称作冈瓦纳大陆，仍然连贯两极。其由现今的中国、印度、澳大利亚、南极洲、非洲和南美洲组成。不属于这块大陆的另外两块主要陆地则分别是劳伦大陆（包括北美洲大部分地区）和西伯利亚大陆。这些岛屿和冈瓦纳大陆之间的洋中脊推挤着这些大陆向北运动了很长一段路程。

1. 劳伦大陆的灰岩

劳伦大陆包括北美洲大部、纽芬兰部分地区、苏格兰和格陵兰岛，曾经被静谧的海洋所环绕，而海洋为灰岩的形成提供了适宜的环境。这些灰岩内含微小带壳生物的化石。西伯利亚大陆的条件也在这段时期促进了灰岩的形成，但在西伯利亚大陆发现的化石不同于劳伦大陆，表明这两块大陆当时相距甚远。

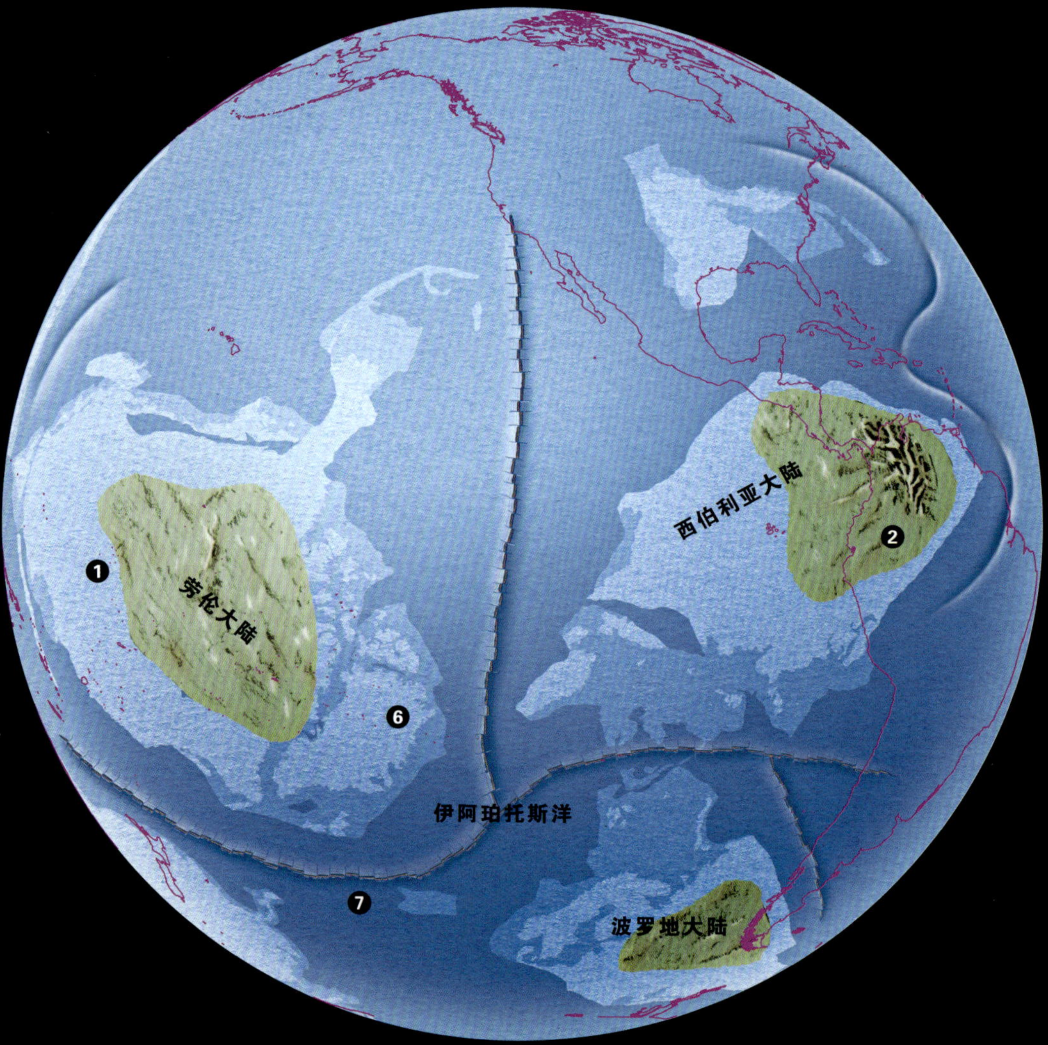

7. 伊阿珀托斯洋

在寒武纪早期，名为伊阿珀托斯洋的水域将劳伦大陆与冈瓦纳大陆、阿瓦隆尼亚大陆和波罗地大陆（包括斯堪的纳维亚和东欧）分隔开来。佛罗里达和美洲中部部分地区位于冈瓦纳大陆海岸，与北美洲其他地区分离。纽芬兰东部和西部也分别位于伊阿珀托斯洋的两岸。

6. 热带的格陵兰岛

皮里地，如今位于北极圈内格陵兰岛的北端，寒武纪早期曾沉浸在较为温暖的海水中。这一点可以从这一区域发掘出来的灰岩和沉积物得到证明，其中含有节肢动物、海绵、腕足动物和蠕虫的化石，而这些都是温暖静谧海洋的常住居民。

2. 西伯利亚大陆运动

岩石生成时，有些会记录地球磁场运动。西伯利亚大陆岩石中的记录表明，在寒武纪时期，西伯利亚大陆从以前距南极较近的位置向北移动。数据还表明，西伯利亚大陆板块与如今的位置正好颠倒。

全球投影图

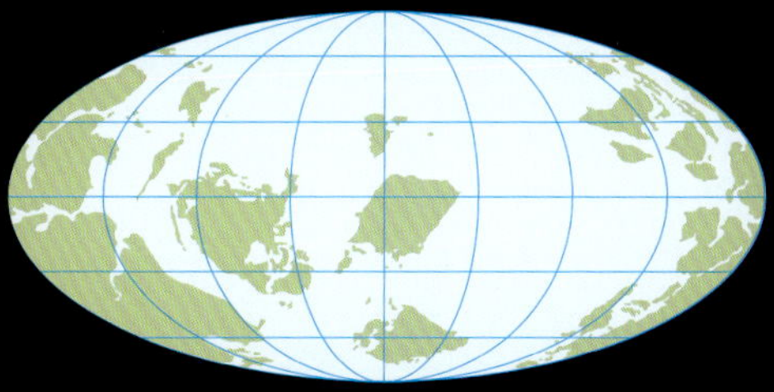

3. 华北和华南

此时期的是两块互不相连而又淹没在水下的大陆块体，位于远离冈瓦纳大陆海岸的温暖热带海洋中。寒武纪时期，这两部分都在缓慢地向南移动。

5. 寒武纪的阿瓦隆尼亚大陆

阿瓦隆尼亚大陆是远离冈瓦纳大陆的地块，由威尔士、英格兰、纽芬兰部分地区和新英格兰以及新斯科舍组成。寒武纪地层首次出现在威尔士，但如今人们用纽芬兰的地层作为这个时期的开端，其特点是独特的遗迹化石。

4. 北非之谜

摩洛哥地层的古地磁场分析表明，北非在寒武纪早期临近南极，如图中所示。然而，礁灰岩和砂岩中的化石证据表明，这个区域在寒武纪早期非常炎热，很有可能更靠近赤道。这一冲突至今仍然没有得到满意的解决。

寒武纪晚期

5 亿年前的地球两极甚为壮观。如今的北半球（本页图中，从北极点俯瞰）聚集了众多大陆，而在 5 亿年前，除了临近北极有一部分居于现代俄罗斯的水下地块之外，这里几乎一片空白。南半球则更为令人惊奇。临近南极的冈瓦纳大陆近岸海底分布着阿瓦隆尼亚大陆（英国部分地区、爱尔兰和美洲东部沿海地带）、伊比利亚大陆（葡萄牙和西班牙）和阿莫里凯大陆（西欧的其他地块），距现今的位置约 1.3 万千米。

1. 澳大利亚建造
如今东澳大利亚所处的地区当时位于冈瓦纳大陆的东海岸，包括一系列的山岳带。这些山岳带是由大陆的古核心与被称为"微大陆"的地壳相撞而形成的，开始时间大约是 5 亿年前。

8. 不列颠哥伦比亚
在这段时期内，劳伦大陆横跨赤道（这两页内地球上的界线）。在寒武纪时期，不断上涨的海平面淹没了越来越多的大陆区域，于是到该时期结束时，一半的陆地都淹没在海水之中。在如今不列颠哥伦比亚的东部地区，水下的泥石流困住了加拿大著名的布尔吉斯页岩化石群。

7. 阿拉斯加增生
古劳伦大陆构成了如今北美洲的核心部分。在寒武纪晚期，北美洲大陆西海岸与现在的样子迥然不同，阿拉斯加不过是块小半岛，被称作"地体"的陆地区域与阿拉斯加南部的劳伦大陆海岸相撞。板块运动将这些地体推向北方，一直到达阿拉斯加，使得阿拉斯加的面积逐渐扩张变大。

全球投影图

2. 不同年代的岩石
从散布极广的古阿瓦隆尼亚和阿莫里凯大陆上的地层可以看出寒武纪时期的海平面变化：水下形成的沉积岩中颗粒越粗糙，它所形成的地点就越靠近海岸。这个地区最早的寒武纪岩石就是粗糙的砂岩，较晚形成的石头则多为泥岩，由更小的颗粒组成，这表明海平面在寒武纪上升了。

3. 名称的由来
寒武纪取自威尔士的罗马名称“Cambria”，原因是 19 世纪早期，该地区的寒武纪地层最早被研究。这些地层由板岩、砂岩和一些火山岩组成，其中含有蠕虫类和早期贝类的化石。

4. 泥土沉积
威尔士北部和爱尔兰东南部沉积着厚 5 千米的泥岩与砂岩等深海沉积物。威尔士北部的泥岩之后被压缩成板岩，如今主要用来作屋顶材料。

5. 横渡海洋
到了寒武纪晚期，伊阿珀托斯洋已成为分割冈瓦纳大陆、波罗地大陆和劳伦大陆的巨大海洋。在接下来的几百万年时间里，板块运动将阿瓦隆尼亚大陆、阿莫里凯大陆和伊比利亚大陆从冈瓦纳大陆的海岸分离开，并使之向着劳伦大陆运动，缩小伊阿珀托斯洋面积的同时，又造就了一片新的海洋，即瑞亚克洋。

6. 加里东造山运动
4.95 亿年前，寒武纪末期，一座山脉开始在波罗地大陆上出现，位置是如今斯堪的纳维亚最北部。随着波罗地大陆与一系列火山岛相撞，这些山不断壮大，随后又导致苏格兰加里东山脉和美洲阿巴拉契亚山脉形成。

奥陶纪

4.6 亿年前，奥陶纪将结束之时，古洋伊阿珀托斯洋面积开始变小，而另一片海洋——瑞亚克洋则开始扩张。这两片海洋位于临近南极的窄条状陆地的两边。冈瓦纳大陆的部分地区开始与其他地方分离，余下的部分移向南部，使得如今的北非处于南极之上。许多大洲的大陆地区不断发生周期性巨大火山活动，使得澳大利亚东部海岸、南极洲部分地区和南美洲的陆地面积变大。

1. 英格兰北部

英国湖区的山峰和丘陵由形成于 4.5 亿年前的岩石构成。这些山脉不易受腐蚀，是由类似板岩的泥岩、坚硬的砂岩和含有熔岩、火山灰以及玄武岩的火山岩混合而成。火山喷发产生的火山灰被冲入浅海和湖泊中，随着时间的推移而形成岩石。在最近一个冰期，冰川将这些岩床切割成了独特的山脉和宽阔的山谷。

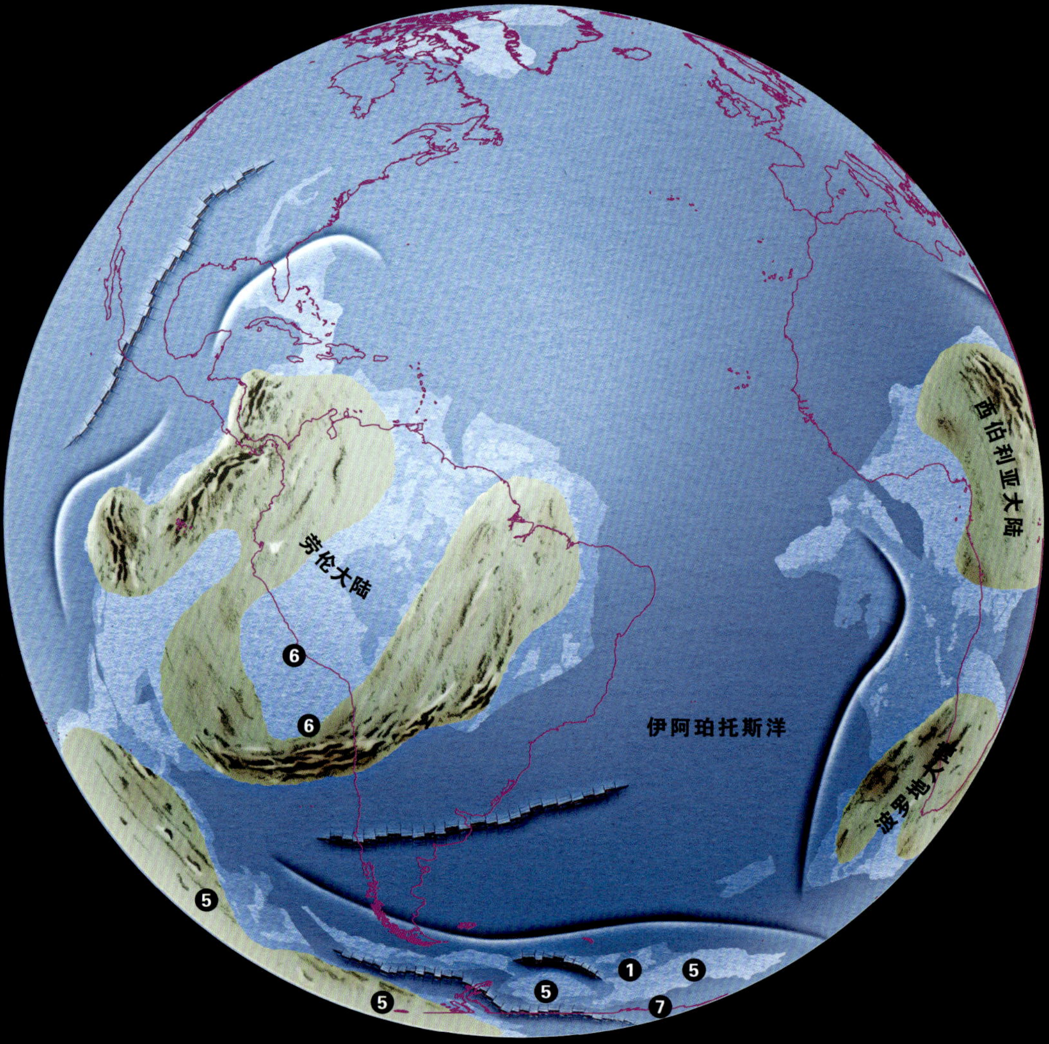

7. 新的海洋诞生

在奥陶纪时期，如今构成部分北美洲和欧洲地区的阿瓦隆尼亚大陆和阿莫里凯大陆，从冈瓦纳超大陆（由非洲、南美洲、南极洲、澳大利亚和印度组成）分离。随着这些地块向南移动，一片新的海洋——瑞亚克洋随后出现。

6. 大灾难的证据

距美国弗吉尼亚州哈根市不远处，可以看见来自奥陶纪的一层火山灰。这层火山灰是从明尼苏达州一直延伸过来的，比 1980 年圣海伦斯山火山爆发所产生的火山灰多 500 倍。产生火山灰的巨大喷发导致诸多物种灭绝，当地所有棘皮动物（现代海星的祖先）和头足类动物全部消失。

全球投影图

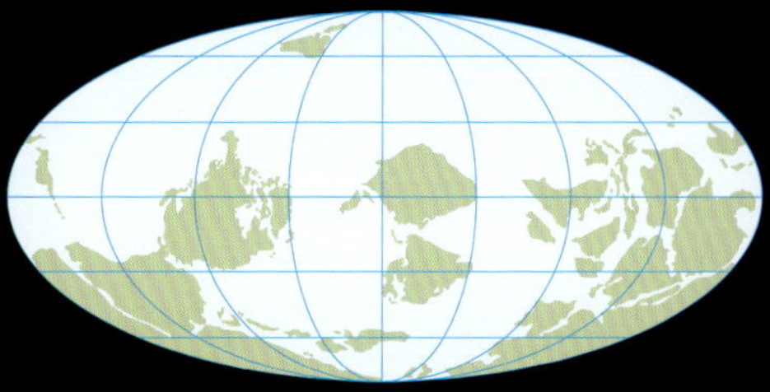

2. 中国

在奥陶纪之初，曾经被海水覆盖的属于冈瓦纳大陆西部的若干地壳板块，如今则构成了中国主体。沉积物堆积而形成灰岩，某些地方的厚度甚至达到了 800 米。这些地层中含有这个时期世界上最为完整的海洋化石，其中包括珊瑚、三叶虫和鹦鹉螺等。随着时间的推移，这片区域的浅潟湖干涸，留下诸如石盐和石膏之类的矿物质。

3. 被遗忘的区域

约 4.6 亿年前，澳大利亚临近赤道地区。在如今澳大利亚中部地区艾利斯斯普林斯附近发现的奥陶纪砂岩表明，澳大利亚在奥陶纪时期曾被浅海淹没。砂岩中的沉积物含有已知最古老的鱼类遗体。

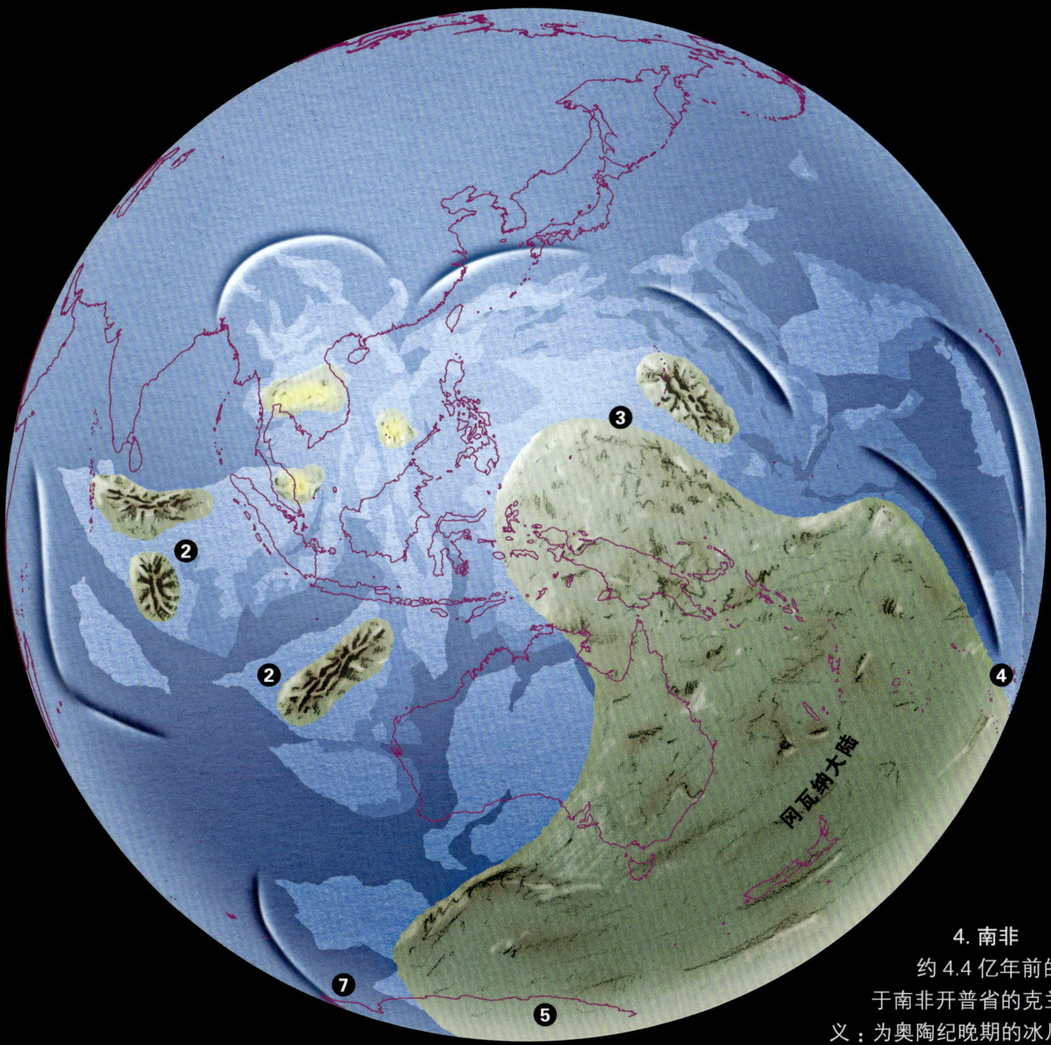

4. 南非

约 4.4 亿年前的奥陶纪晚期地层，发现于南非开普省的克兰威廉，有着两方面的意义：为奥陶纪晚期的冰川作用提供了证据；为已灭绝的牙形刺（长有微型牙齿的似盲鳗生物）提供了躯体证据。这一地层中的岩石留有冰川作用的痕迹。页岩中偶尔出现的坠石（从海冰上掉落或穿过海冰的卵石）表明，这些水体曾有段时间被海冰或冰川覆盖。页岩中的化石动物群由三叶虫和其他节肢动物构成，另外还有头足类动物（乌贼的早期祖先）、腕足动物（原始带壳动物）和牙形刺。最近的发现表明，牙形刺长有眼睛和脊索（原始脊髓）。

5. 冰川作用的痕迹

从巴西的亚马孙河流域横穿北非，直到沙特阿拉伯，分布在这些区域的地点中发现了冰碛岩——由奥陶纪晚期的冰川形成的砾岩。这些冰碛岩表明，靠近南极的冈瓦纳大陆部分地区在奥陶纪曾遭遇严重的冰川作用。其他能够证明冰川作用痕迹的，如坠石，则在许多地区都有发现，例如法国和西班牙，这些地区在奥陶纪时期都位于冈瓦纳大陆近岸。

志留纪

从靠近两极上空的角度俯瞰地球（本页为南极，下页为北极），很明显可以看出，在4.2亿年前的志留纪时期，大多数大陆都位于南半球。冈瓦纳超大陆——包括如今的南美洲、非洲、澳大利亚和印度，就环绕在南极附近。占据美洲东海岸大部分地区的地块阿瓦隆尼亚大陆，则在向劳伦大陆移动中填满了伊阿珀托斯洋。劳伦大陆是如今北美大陆的主体。瑞亚克洋在阿瓦隆尼亚大陆南部生成。如今靠近北极的陆地，如格陵兰岛和阿拉斯加在志留纪时期则都位于赤道上。

1. 确定年代

奥陶纪和志留纪之间的史前年代是通过苏格兰多不思林的岩石地层确定的。在志留纪时代，这片区域曾是波罗地大陆的边缘。构成的波罗地大陆还包括斯堪的纳维亚和北欧部分地区。砂岩层和页岩层形成于海底，而这两个地层之间的边界则标志着奥陶纪早期和志留纪晚期的大变更。

7. 捷克边界

捷克共和国首都布拉格附近的克朗克剖面发现的页岩和砂岩地层都属于志留纪的最早期，标志着地球历史转入下一个地质年代，即泥盆纪。这个地区的石头含有许多化石，包括上千种贝类，特别是三叶虫居多。

6. 威尔士和北爱尔兰

在志留纪时代，阿瓦隆尼亚大陆的碎片曾是劳伦大陆近岸的一系列岛屿。在威尔士和爱尔兰（当时仍是阿瓦隆尼亚大陆的一部分）发现的石头，最大的特点是含有统治陆地的第一代植物化石。这些化石在浅海海底的石头中发现，离植物曾经生长的古代海岸线不远。

全球投影图

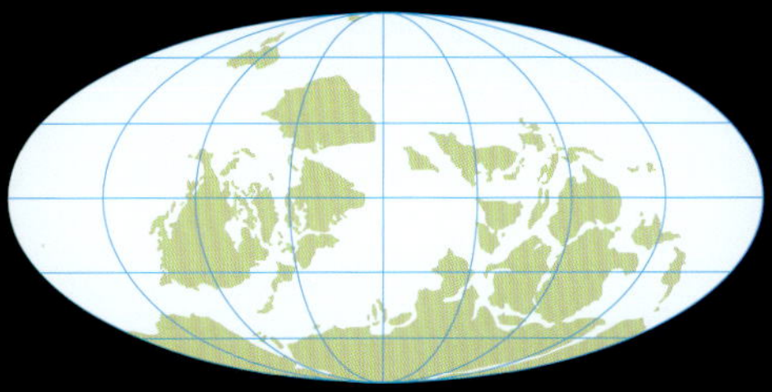

2. 澳大利亚东部

冈瓦纳大陆东部边缘发生的俯冲（一个板块受力下降到另一板块之下的过程）导致了活火山的形成，海底的岩层被朝着地幔下压，进而融化。融化后的岩石受压迫涌向地表，喷发而形成火山，带出大量熔岩和火山灰。从志留纪中期到泥盆纪时期，澳大利亚东部的火山活动极为频繁。

3. 中国南部的化石时间表

中国南部的志留纪地层中含有多种多样的化石，称为“笔石动物”。笔石动物体形微小，生活在环绕地球的海洋中，并迅速演化成多种不同的生命形式。这种连续的笔石动物演化形式以及其进化时清晰的时间线，可以将中国的志留纪地层当做衡量标准，以判断世上其他发现的笔石动物化石的地层的地质年代。

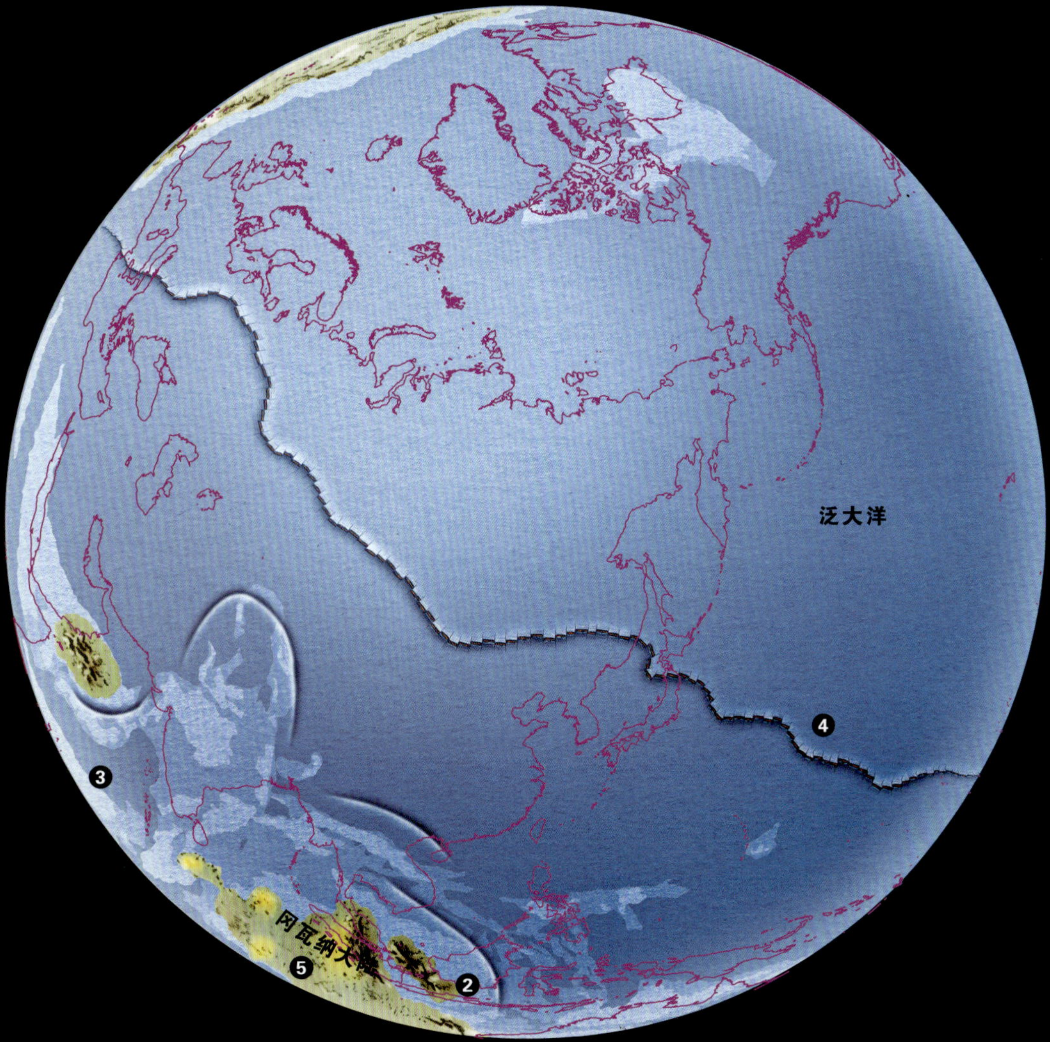

5. 沙丘中的踪迹

澳大利亚西部的卡尔巴里页岩中发现的志留纪晚期遗迹化石，为我们研究当地的早期大陆环境提供了诸多材料。小动物移动时留下的痕迹凝结而成的遗迹化石出现在沙质河床以及沙丘上。这些化石表明当此当地没有植被覆盖，留下这些痕迹的生物则以少量的海藻和细菌为食。

4. 广阔的海洋

从志留纪时期到中生代覆盖半个地球的海洋被称为泛大洋。这片海洋地域广阔，从空中的某些角度看去，地球似乎整个被海洋覆盖。泛大洋的扩张和泛大洋所在大陆的板块运动，必然会受到从海底延伸出来的洋中脊的控制，然而这个洋脊在地图中的具体位置并不为人所知。

泥盆纪

我们会发现 3.6 亿年前的地球，两块超级大陆在相互漂近。南部是冈瓦纳大陆，由如今称作澳大利亚、南极洲、印度、非洲和南美洲的一连串大陆组成；北部的超大陆是劳伦大陆，包括如今的北美洲大陆和北欧地区。这片大陆的形状看起来与如今大不相同，当时浅海覆盖着如今的美洲中西部地区，而伊比利亚岛（如今的西班牙和葡萄牙）则是劳伦大陆南部海岸的近岸岛屿。

1. 撞击区域

大约 3.6 亿年前，波罗地大陆（包括如今的斯堪的纳维亚）与劳伦大陆（今北美洲）相撞。撞击过程中，斯堪的纳维亚大量山脉隆起。这些山脉首次形成时高度达数百米。构成山脉基底的内部数千米的岩石，受到挤压和加热而形成变质岩，如片岩和片麻岩。时至今日，这些山脉受到严重侵蚀，变质岩就成了表面岩石。

7. 美洲山脉

大约 3.8 亿年前，在北美大陆东部地区，一系列山脉沿着阿巴拉契亚山脉隆起，称为“阿卡迪亚造山运动”属于加里东运动。到了 3.6 亿年前的泥盆纪晚期，河流将这些在山上遭侵蚀的新形成的石头冲到山脉两侧的盆地中，随着时间的推移，这些沉积物经挤压而形成典型的红层老红砂岩。

6. 海洋的形成与消失

在志留纪时期，阿莫里凯大陆（西欧部分地区）与阿瓦隆尼亚大陆（英格兰、威尔士及北美大陆部分地区）相撞，但到了泥盆纪早期，这两块大陆又分割开来。随着其间的缝隙再次展开，一个小型海域形成了。沉积物逐渐堆满了这个区域，并被压实成岩石。

全球投影图

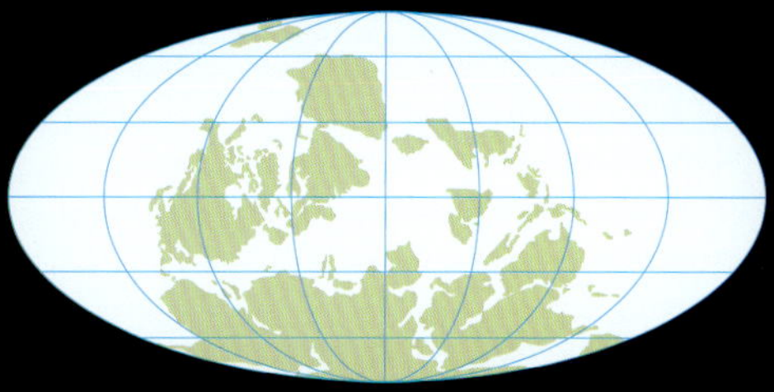

2. 中国的海洋及山脉

在泥盆纪开始之时，中国范围内发生了大规模的造山运动。在中国的大部分地区——当时由一系列岛屿组成，造山运动将陆地抬升至海平面以上，东北部和东南部仍被浅海覆盖。这些地区以泥盆纪的灰岩为特征（古老而又被压实的海相地层），其中含有珊瑚礁化石。在中国的其他地区，泥盆纪的红色砂岩证实这些地区当时的气候极为炎热干燥。

3. 扩大中的澳大利亚

泥盆纪时期澳大利亚的造山运动在持续进行。该大陆的东南部海岸与火山岛链相撞，形成了一系列山脉。从这些山脉上流下的河流将沉积物带往位于大陆中心的盆地中，形成独特的泥盆纪岩石。

5. 泥盆纪名称的由来

泥盆纪的名称来源于 1839 年在英格兰西南部德文郡发现的岩层，当时的地质学家亚当·塞奇威克（Adam Sedgwick）和罗德里克·默奇森（Roderick Mruchison）描绘了在这个郡发现的一些典型岩层。这些由海相地层生成的岩石中含有的化石，与志留纪较晚期的化石和石炭纪早期的化石均不相同。

4. 澳大利亚西部的礁石

在泥盆纪时期，澳大利亚曾是南部冈瓦纳超大陆的一部分。澳大利亚西部的部分地区曾被浅海淹没。随着时间推移，海底沉积物被压实而形成典型的礁灰岩和泥岩。在这些岩石中，可以找到种类相当繁多的鱼类及其他海洋生物化石。

石炭纪

石炭纪起始于3.59亿年前，最大的超大陆“泛大陆”首次现身。在这一时期，泛大陆是由劳伦大陆（北美洲和欧洲）与南部古老的冈瓦纳超大陆相撞而形成。在撞击之前，冈瓦纳大陆已按顺时针方向旋转，使得东部向南移动的同时，西部（南美洲和非洲）向北移动。这一旋转使东部生成了新的海洋，即古特提斯洋，而西部的瑞亚克洋则消失了。与此同时，波罗地大陆和西伯利亚大陆之间的海洋也在缩减，为另一次大陆撞击铺陈了道路。

1. 加利福尼亚的形成

在史前时期，北美洲大部分地区与劳伦大陆同样存在。然而，其西部海岸起初并非该大陆的一部分，而是在泛大洋中由一系列的火山岛与劳伦大陆的西部边缘相撞形成。随着海底在俯冲区被推向地球内部，这些岛屿被拖向海岸。在石炭纪时期，向东移动的安特勒火山岛弧与劳伦大陆的撞击导致了一个岩石形成期，称为安特勒造山运动。这一运动的影响仍然可以从美国加利福尼亚和内华达州看到。

7. 佛罗里达州加入美洲

现今北美大部分地区曾是古劳伦大陆的一部分。然而佛罗里达州最初却是南部冈瓦纳超大陆的一部分。当冈瓦纳大陆与劳伦大陆在石炭纪末期首次相撞时，佛罗里达州开始变成北美大陆的一部分。这种情况一直保持到之后的冈瓦纳大陆和劳伦大陆分裂，此时形成了大西洋。

6. 煤田

如今加拿大新斯科舍的乔金斯煤田，当时由当地石炭纪的沼泽森林残骸形成。这片森林中的一些大型石松的树干仍然保留在煤层中。类似的煤田起于阿拉巴马州，沿着阿巴拉契亚山脉，可一直绵延到德国。

全球投影图

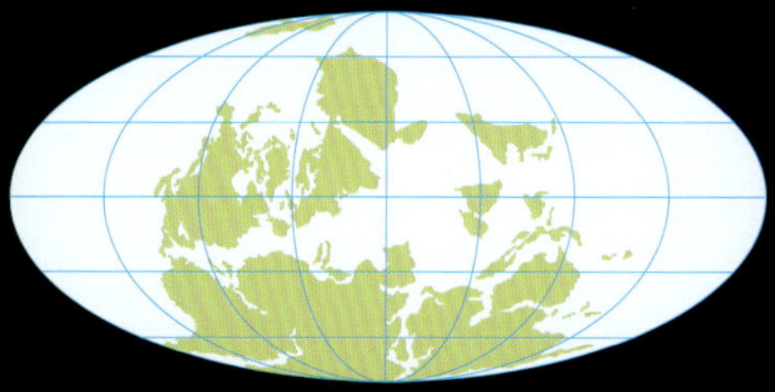

2. 石炭纪的中国

石炭纪的中国仍然位于海平面以下，中国的部分地区为干燥的陆地，有时会被浅海淹没，南部可追溯到石炭纪的一系列地层为含煤矿岩石——形成于陆地上的沼泽地区——以及浅海海底上沉积物经压实而形成的灰岩。

3. 南移的澳大利亚

在石炭纪早期，澳大利亚北部被温暖的海洋覆盖，极为适宜珊瑚礁的生长。这些礁石如今作为灰岩仍可见到，该大陆东部茂密的森林变成了薄薄的煤层。到了石炭纪晚期，冈瓦纳大陆南移，气候变冷，澳大利亚东南部的冰川沉积物证明了这一运动。在 3000 万年里，澳大利亚向南移动了 20 个纬度。

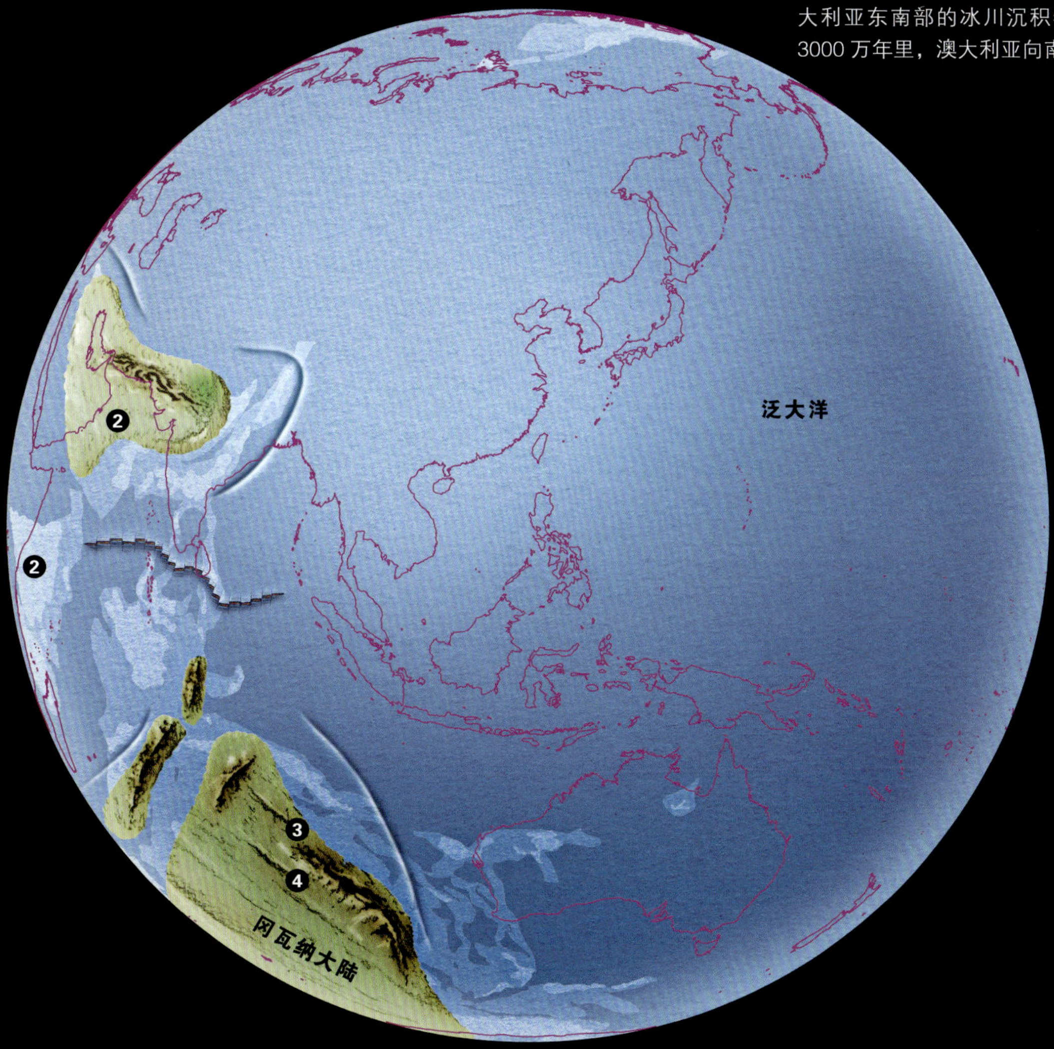

5. 撞击中的欧洲

阿莫里凯大陆（今西欧的一部分）、伊比利亚大陆（葡萄牙和西班牙）与阿瓦隆尼亚大陆（英格兰和威尔士）南部海岸发生碰撞，导致了海西造山运动。从现今德国经英国南部到爱尔兰这一区域，形成了一系列山脉。石炭纪晚期时，冈瓦纳大陆与劳伦大陆类似的碰撞导致了阿勒格尼造山运动，产生了与阿巴拉契亚山相连接的山脉。

4. 冈瓦纳大陆旋转

从泥盆纪晚期以来，冈瓦纳大陆开始以顺时针方向旋转，这一运动必然是洋中脊引起的，其结果是北部产生新的海底，使冈瓦纳大陆的东部向南移动。图中冈瓦纳北部洋中脊的位置并不确定。

二叠纪

二叠纪的时间段为 2.99 亿年前到 2.52 亿年前。在这段时期内，当西伯利亚大陆（联合古陆）与世界上其他主要陆地结合在一起后，泛大陆产生了。犬齿交错的大型陆壳板块——包括劳伦大陆、波罗地大陆和冈瓦纳大陆——几乎连接了两极。生命史上最大规模的生物灭绝出现在二叠纪末期。原因可能是由于海平面急剧下降，导致浅海生命大量死亡。西伯利亚大陆上大规模喷发的溢流玄武岩也可能会加速气候变化。

1. 乌拉尔地区的形成

随着分割西伯利亚大陆和波罗地大陆的乌拉尔海槽最终消失，两块大陆相撞，压力挤压大陆边缘，折叠并使之产生断层，形成了乌拉尔山（二叠纪的名称就是来自乌拉尔地区的彼尔姆市）。乌拉尔山成形期间堆积的岩石层以含有古代似哺乳动物化石而著名。

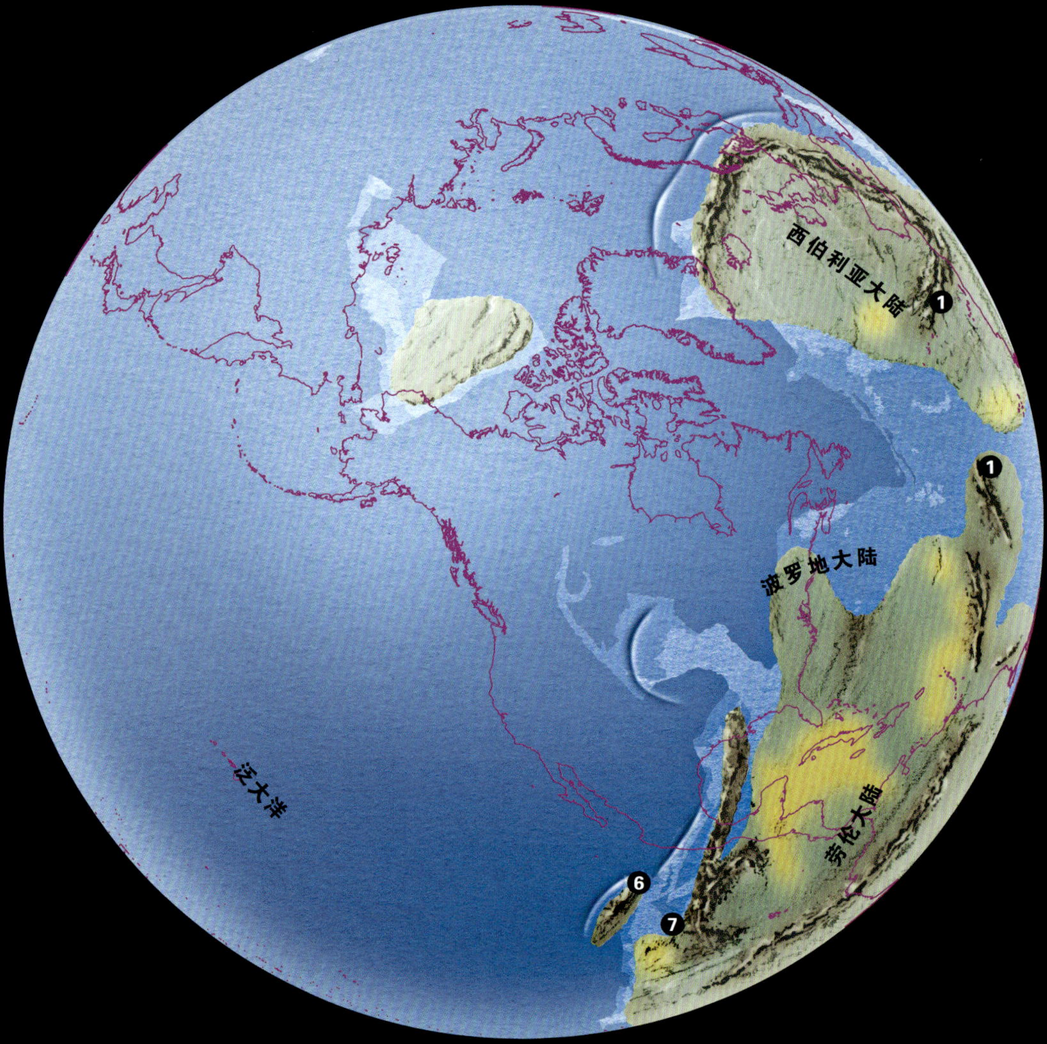

7. 美洲大陆的浅海

在二叠纪时期，浅海覆盖着劳伦大陆（今北美大陆的主要构成部分）的内陆地区。这些海洋中的海绵和藻类形成生物礁，进而又形成得克萨斯州西部大量的二叠灰岩。二叠纪末期温度骤升，许多浅海因暴晒干涸。

6. 西海岸的形成

地块不断地往南北美洲的大陆西部海岸上叠加，从而在二叠纪时期形成了劳伦大陆和冈瓦纳大陆的西部地区。洋壳底部俯冲入（被向下压）这些大陆板块下方，形成了一条火山链。

2. 冈瓦纳大陆分崩离析

正当泛大陆形成结束之际，许多地块开始从南方大陆冈瓦纳大陆上分离出来，一条活跃的洋中脊隆起，形成了新的海底。随着二叠纪新形成的海洋不断扩张，冈瓦纳大陆边缘地区被推离母大陆，以这种方式形成并向北移动的地块包括如今中国的西藏地区和马来西亚等地。

全球投影图

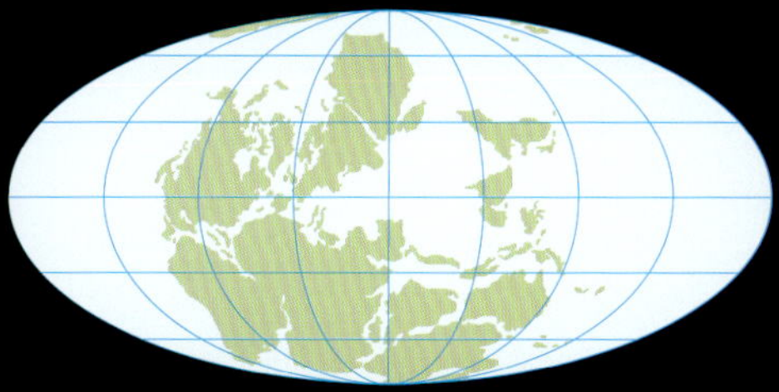

3. 冰川作用

有充足的地质证据表明，在二叠纪中期全球变暖之前，石炭纪晚期和二叠纪早期之间的南方曾有过大规模的冰盖。南美洲、非洲南部、南极洲和澳大利亚都已发现有冰川堆积物的存在。

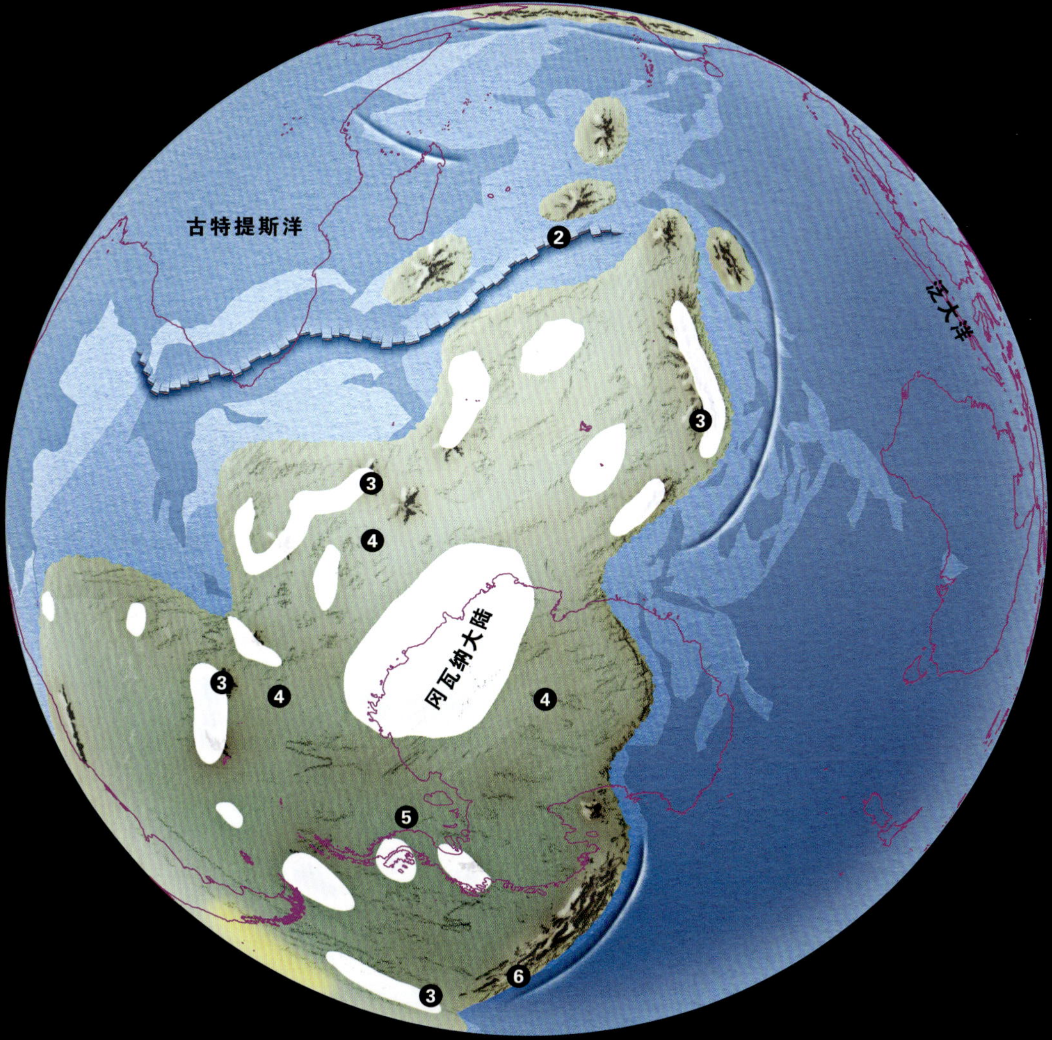

5. 卡鲁盆地的沉积物

在二叠纪晚期，非洲南部的卡鲁盆地产生了大量的沉积物。这一时期内，该区域气候凉爽，是许多种动物如哺乳动物的祖先的栖息地。卡鲁盆地有许多河流冲积平原，水道纵横交错，留下大量沉积物，为化石的保存提供了绝佳环境。

4. 凉爽气候中的植物

在曾经组成冈瓦纳大陆的现今陆地上，人们发现的二叠纪岩石层含有符合凉爽气候条件的植物化石舌羊齿植物群，这一发现证明了如今的南美洲、非洲、印度、南极洲和澳大利亚当时都曾接近南极。

三叠纪

从这两张地图中可以看出，2.4 亿年前，地球的一个半球被广阔的海洋所覆盖，而另一个半球则是超级大陆泛大陆，包括今北美洲、欧洲、亚洲北部、非洲、南美洲、印度、澳大利亚和南极洲等地区。在三叠纪时期，泛大陆逐渐北移。到了三叠纪末期，海平面降低及气候变化导致了一场重大生物灭绝事件。之后海平面再次上升，诸如珊瑚之类的海洋生物得以缓慢恢复；而在陆地上，随着气候变暖变干，热带地区的成煤森林和沼泽逐步消失。

1. 海底生成

在三叠纪时期，人们认为泛大洋中曾存在一条绵长的洋中脊。此类洋脊不断生成新的海底，并被推往洋脊的两边。与此同时（几乎也是同样的速率），现存的海底被迫在靠近大陆边缘的俯冲区进入地幔。尽管海底被推离洋脊的速度仅为每年 1~10 厘米，但自三叠纪以来的这段时间足以使所有在俯冲区新生成的海底毁掉。

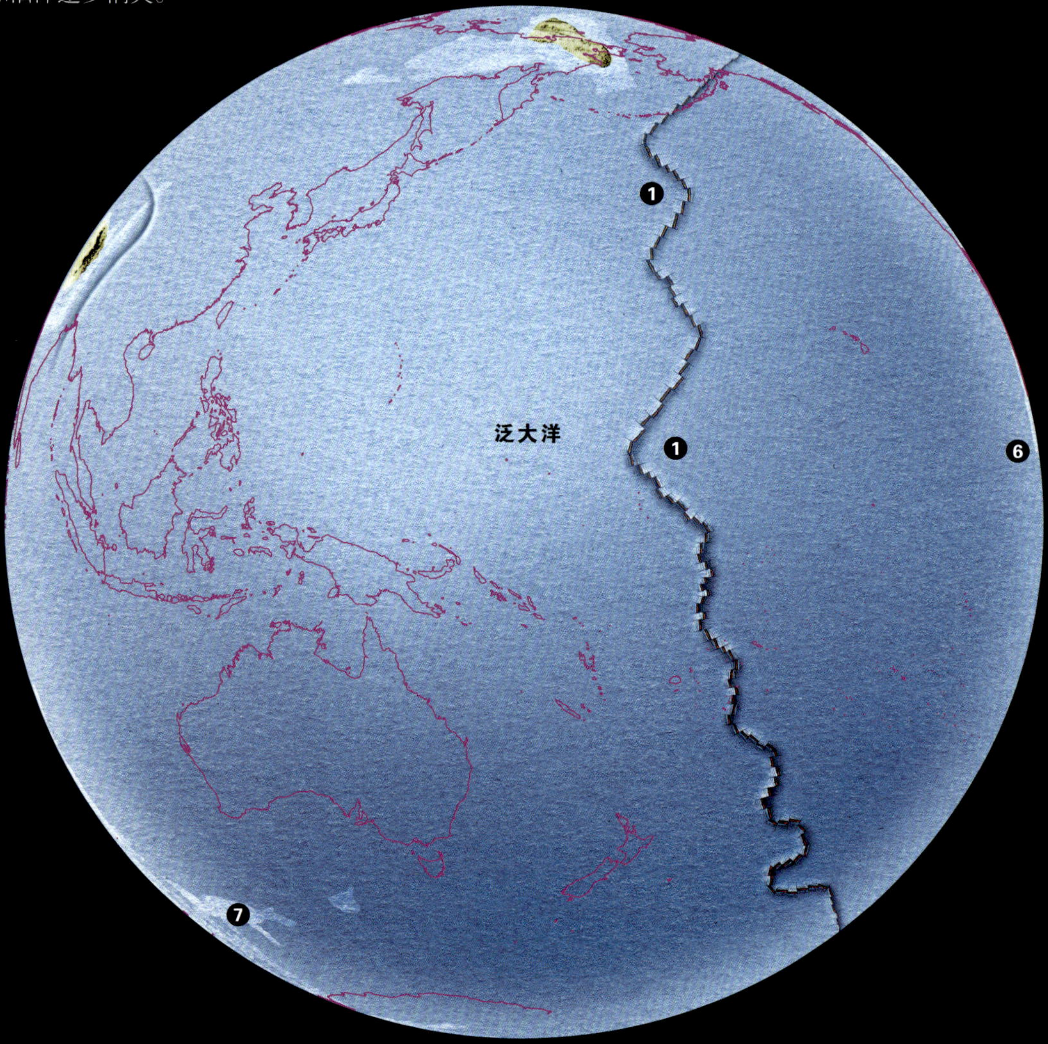

7. 海平面降低

在这一时期内，全球范围内的海平面都很高。然而，三叠纪末期的显著特点是许多海洋生物灭绝，尤其是珊瑚，原因可能是气候变化和海平面的大规模下降。珊瑚及其他生物栖息的大陆浅海被蒸发殆尽。

6. 形成中的西海岸

在泛大洋的东部边缘，由海相地层和火山物质形成的条状大陆与劳伦大陆西部相撞，形成了今美国内华达州西部和加利福尼亚州北部。而在内陆，半干旱的气候产生了红色的陆地沉积物，如犹他州南部的秦里组（Chinle Formation）。

全球投影图

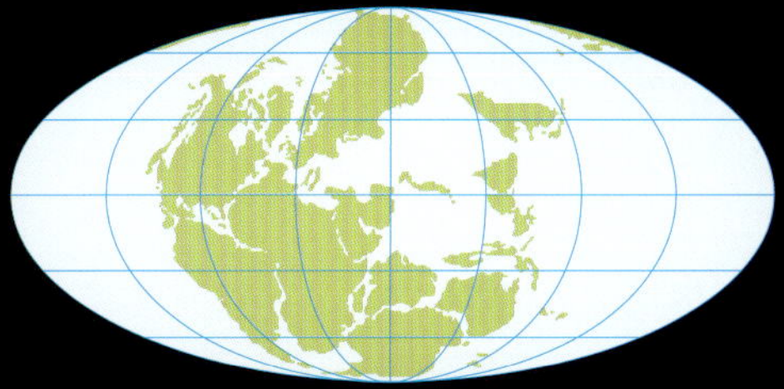

2. 爬行动物的崛起和分布

到了三叠纪时期，爬行动物在陆海空三方面大规模发展。首批鱼龙（游泳爬行动物，体形与今海豚相似）在三叠纪演化，劳伦大陆近岸浅海地区的有些鱼龙长达 4 米。早期恐龙出现在了今天相隔甚远的新墨西哥（时为劳伦大陆西南部）、西欧（时为劳伦大陆东部）和非洲南部（时为冈瓦纳大陆一部分）等地。

3. 盐矿

大陆温暖的气候蒸干了欧洲的浅海，形成盐湖和蒸发岩（由海水和湖泊蒸发而形成的矿物质沉积物），如今英格兰、德国和波兰仍在开采中。三叠纪的名称来自蕴藏了成千上万年的盐沉积物地层，这些沉积物有三个明显分层，故称“三叠纪”。

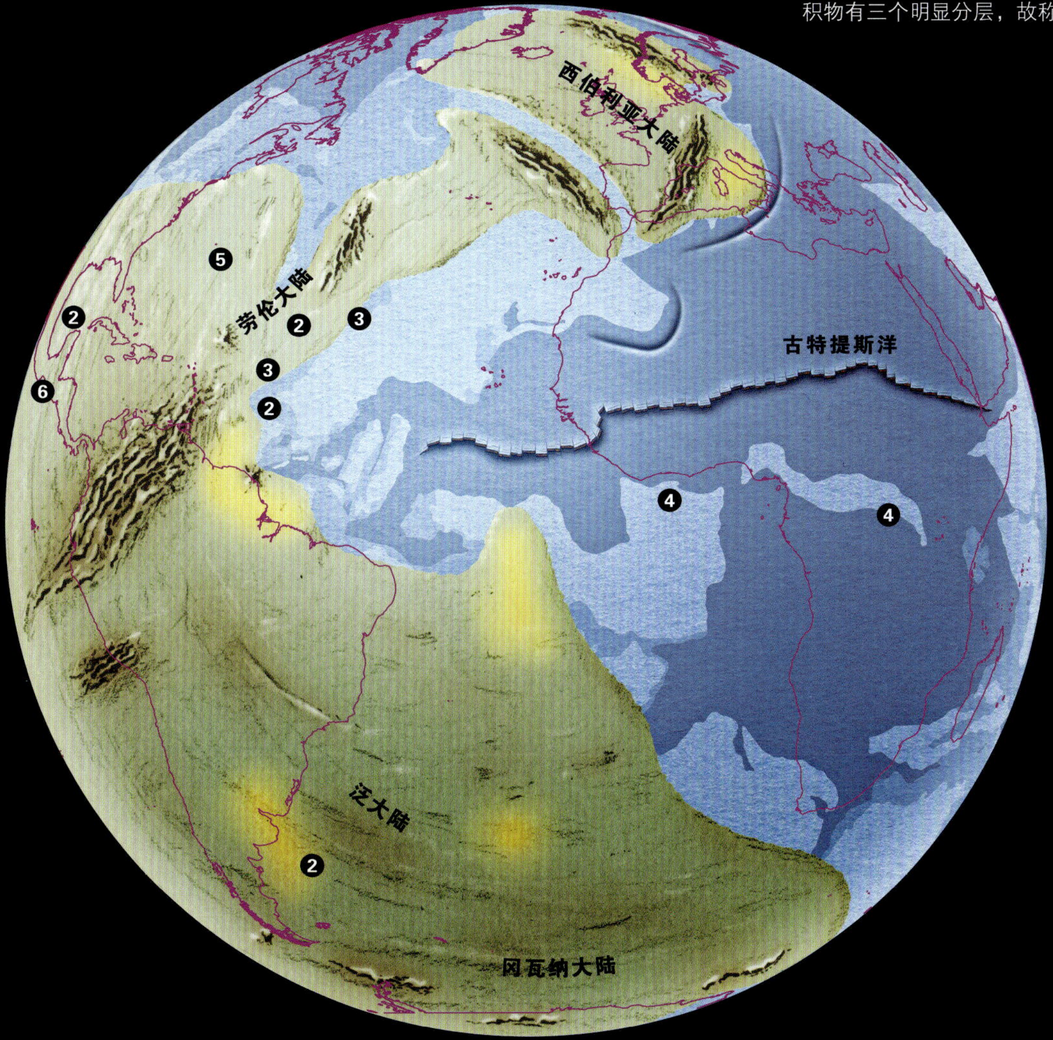

4. 冈瓦纳大陆分崩离析

冈瓦纳大陆边缘仍处于持续的分崩离析中，如中国的西藏地区、马来亚半岛和中国南部的地壳碎片经特提斯洋北移，最终与西伯利亚相撞，形成了亚洲。到了三叠纪晚期，中国南部与北部相撞，形成了一系列山脉（秦岭），如今仍蔚为壮观。

5. 发生在加拿大的冲撞

大约 2.09 亿年前，接近侏罗纪开端之时，一颗大陨石在三叠纪末期冲入地球。这一撞击由加拿大魁北克省的马尼夸根陨击坑记录下来，但没有证据表明此次撞击产生过全球性灾难。

侏罗纪

从极点俯瞰 1.7 亿年前侏罗纪时代的地球，我们发现它比如今更为温暖，地形更为单一。侏罗纪时期的两极可能没有冰盖，温和的环境使得海平面大幅上涨，导致干旱陆地面积变得更小，而产生了大量富含生命的内陆浅海。泛大陆开始分裂，人们比较熟悉的现代大陆，如北美大陆和欧亚大陆开始出现。北大西洋和南大西洋先后出现，与此同时，古特提斯洋开始闭合。

1. 温暖的两极

尽管尚未发现证据可以表明侏罗纪时代的两极被冰盖覆盖，但几乎可以肯定会有冬雪和冰块存在。从西伯利亚大陆和阿拉斯加发现的恐龙及植物化石表明，即便是靠近两极的陆地，其气候也相当温和。尤其是植物化石的类型表明，当时的年平均气温在 2~8℃。虽然地球气候温暖，但由于冬季的两极白昼短暂，这意味着一年之中这个时期的植物日照量非常稀少。

7. 美洲各行其道

在侏罗纪时期，原属泛大陆的南北美洲大陆开始分离。西部海平面上升，产生了分割两块大陆的新海洋；而在遥远的东部，古特提斯洋扩张而形成墨西哥湾。海洋生物在美洲附近的浅海中的珊瑚上大量繁殖，尤以副热带地区居多。

6. 侏罗纪的由来

侏罗纪命名来自位于法国和瑞士之间的灰岩山侏罗山。这些灰岩形成自当时覆盖当地的浅海沉积物堆积，含有大量的海洋生物化石，尤以菊石居多。

2. 覆盖欧洲的浅海

世界上最著名的海洋爬行动物化石，如鱼龙和蛇颈龙化石，都来自于英格兰和德国的侏罗纪早期的灰岩和页岩。这个地层由当时淹没欧洲部分地区的浅海沉积而成。地球发生了一系列的断裂，将劳伦大陆分割成北美洲和欧亚大陆，同时形成了海洋。

全球投影图

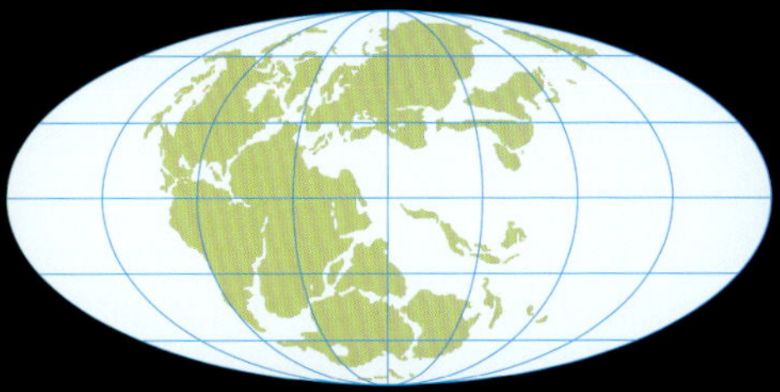

3. 南大西洋的开端

在侏罗纪时期，一股来自地幔炎热的熔岩喷薄而出，将冈瓦纳大陆南部（现今非洲南部和南美洲东部的地区）地壳拉伸开来。这是裂谷形成的开始，也是南大西洋开始形成的标志。

5. 冈瓦纳大陆火山大爆发

到了侏罗纪末期，南极洲、非洲南部和北美洲东部都发生了大规模火山喷发，大量玄武岩熔岩喷出。这些火山喷发活动必然将大量烟尘排放到大气中，太阳光线被部分遮蔽，全球气候发生变化，从而也导致了标志着侏罗纪结束的生物灭绝事件，迎来了白垩纪。

4. 泛大陆北移

在侏罗纪时期，冈瓦纳大陆北移。在时属冈瓦纳大陆的南极洲，多数地区与南极有着相当远的距离。该大陆上植被繁盛，足以在某些地区形成薄薄的煤层。人们在南极洲山脉高达 4 千米的岩石层中发现了恐龙化石。

白垩纪早期

白垩纪从1.46亿年前开始，到6600万年前结束，跨度为8000万年。在这一时期随着曾经的超级大陆泛大陆的分裂，世界的面貌开始为人所熟知。新形成的大西洋向南北扩张，将非洲和欧亚大陆与美洲分割开来。大约1.2亿年前，随着非洲、印度、南极洲和澳大利亚等古冈瓦纳大陆组成部分之间的海洋形成，这些大陆开始分离。亚洲的面貌仍然陌生，其南部的一部分，诸如印度支那地块和印度大陆，仍是零散的岛屿。

1. 大洋之间的连接
大西洋成形始于侏罗纪，这一过程在白垩纪时期内继续进行。这片新生成的海洋与古特提斯洋（位于欧亚大陆和冈瓦纳大陆之间）西部相接，与此同时，特提斯洋的东端开始闭合。白垩纪之初，陆地生物可以在美洲大陆与非洲和欧亚大陆之间移动。到了白垩纪晚期，这些陆地之间的所有联系都已被海洋切断。

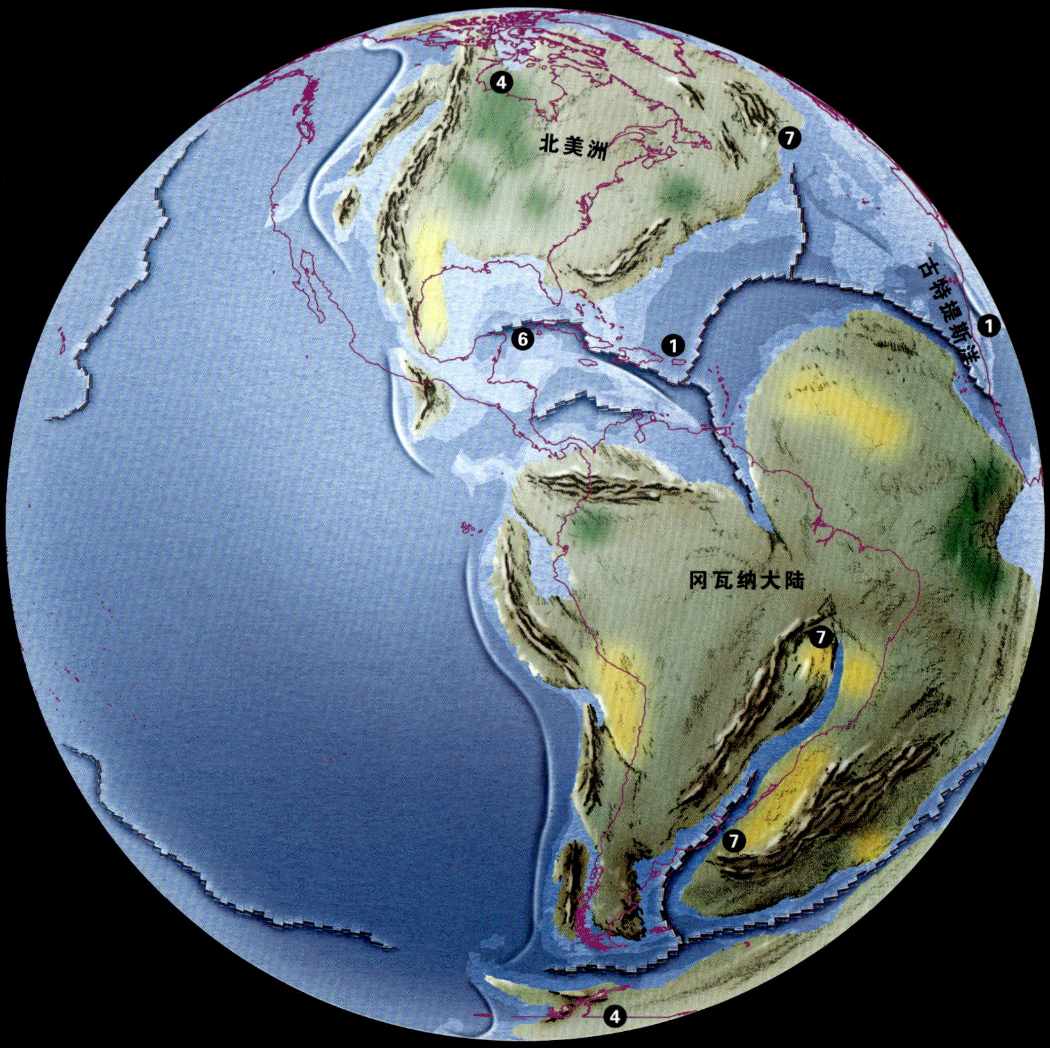

7. 大西洋继续扩张
生成大西洋的漫长过程在白垩纪持续进行。白垩纪早期的溢流玄武岩——由大量火山岩喷发形成的岩石，从非洲西南部和南美洲的岩石中都有发现。相同的事件在大西洋的北部也有发生，所以到了6000万年后的白垩纪晚期，大西洋已经向北扩张了许多。

6. 海湾地区的石油形成
在白垩纪时期，特提斯洋沿岸的浅海养育了大批海洋生物。在较深的海盆里，大量腐烂的浮游生物聚集进泥土沉积物中，随着时间的推移，这些沉积物——如墨西哥湾的沉积物，变成黑色页岩，也就是对现今世界起着重要作用的原油的来源。

全球投影图

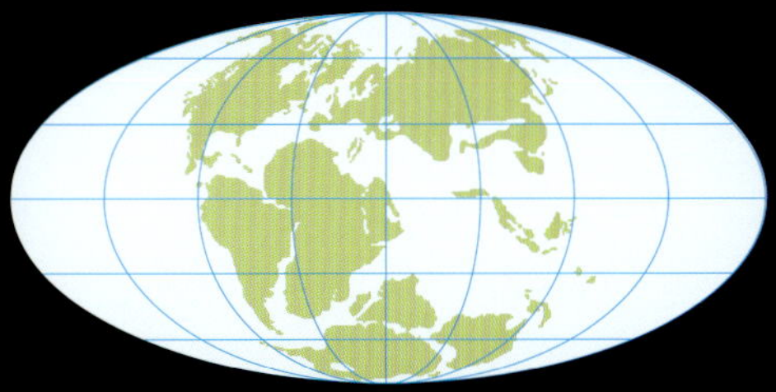

2. 中国西藏地区与亚洲相撞

在白垩纪早期，今中国西藏地区曾由分裂的陆块构成，其中一块（如图中所示）仍是一座岛屿。洋壳在亚洲南部附近的俯冲带消失，牵着这座岛屿最终与亚洲相撞。在白垩纪期间，古大陆冈瓦纳大陆的其他碎片（如印度支那）也向北移动，继续组成亚洲。

3. 中国从海洋中崛起

从侏罗纪晚期到白垩纪之初，中国所在的陆壳从海洋中崛起。中国西部的陆地变成了植被繁茂的低洼地，众多恐龙栖息于此，这点已从中国发现的许多化石中得到证明。

5. 寒冷的极点

从澳大利亚库恩瓦拉发掘出的白垩纪早期化石表明，许多鱼类死于水中氧气不足，这种情况只有在一个湖泊全部被冰覆盖时才会出现。倘若真是如此，则说明即便部分北方地区气候温和，但大部分澳大利亚地区的冬季可能极为寒冷——这种现象与澳大利亚在白垩纪靠近南极相吻合。

4. 比现今更温暖的时代

世界上许多煤矿沉积物都可以追溯到白垩纪早期，且被发现于距两极较近的地区，如南极洲、新西兰、澳大利亚北部、加拿大和西伯利亚大陆。煤矿由生长在沼泽等相对温暖条件下的树木和植物形成，因此可以证明白垩纪的气候相对温暖。

白垩纪晚期

大约9000万年前，大陆的布局已经变得与现在更为相似，这两张图显示了北极（本页）和南极（下页）在当时的情况：大西洋将新大陆——美洲与欧洲、亚洲和非洲这些旧大陆隔开。除了印度这块重要的拼图外，绝大部分亚洲大陆已拼凑完毕。澳大利亚依然与南极洲连在一起，而印度依然与马达加斯加难舍难分。

1. 从下加利福尼亚到阿拉斯加

美国西海岸持续发生俯冲运动（地壳的板块沉到另一板块之下），在此过程中，一系列陆壳碎片形成的地体岩层与墨西哥北部的下加利福尼亚州相撞，使这一地区的地层被迫沿着美国大陆的西部边缘向北移动，其距离有的甚至超过3000千米，一直到阿拉斯加才停止。

7. 横跨中西部的海洋

在白垩纪中期，海平线一直居高不下，海水从墨西哥湾开始，通过北美，一直流到北冰洋，这海道贯穿美国中部，把东部的平原地区和西部的落基山脉分隔开来。

6. 海洋相连

大西洋往西和太平洋在南美洲和北美洲之间的狭小海道上连接，往东和特提斯洋连接。这导致南美大陆与北美大陆分离，非洲与欧洲大陆和亚洲大陆分离。

全球投影图

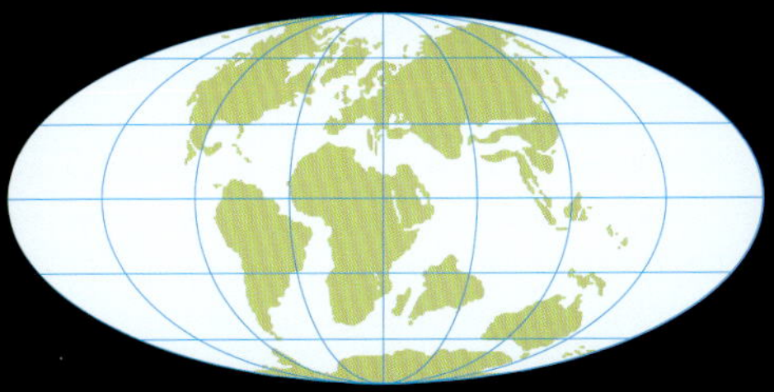

2. 自成一体的澳大利亚

南极洲与澳大利亚之间的东南部印度洋中脊（大洋中延伸的海底山脉）的形成，引起生成了两个大陆之间的海洋。随着新海底形成并沿洋脊两侧扩张，澳大利亚被缓慢地向北推移。

3. 马尔维纳斯群岛（福克兰群岛）大迁徙

福克兰群岛在大陆之间漂移。如今地质学研究清楚地表明该群岛曾经位于南非的西南端，但在白垩纪中期被拉向南美洲。随着南大西洋和南大洋的形成，这些岛屿被 180° 旋转了。

5. 南极洲之分离

到了白垩纪中期，古老的南方超级大陆冈瓦纳大陆已分崩离析。曾经拼合在一起的三块大陆——南美洲、非洲和印度，如今分开了，而澳大利亚和南极洲仅通过细长的陆桥联系在一起。冈瓦纳大陆的分解自有其根源，即一系列扩张中的洋中脊逐渐包围了南极洲，而把其他大陆推向北方。

4. 马达加斯加成为一座岛屿

马达加斯加仍与印度相连，后者早已从非洲分离出来。从马达加斯加的地幔喷发出来的一股炎热熔化物质扯开了地壳，地壳最终裂开，熔岩倾泻到地球表面，这一次断裂使印度开始与马达加斯加分离。

白垩纪-古近纪

6500万年前的白垩纪末期与古近纪开端之间的这一段时期，通常被称为“白垩纪－古近纪界线”，以在墨西哥希克苏鲁伯发现的灾难性陨石撞击为标志。人们相信，这次撞击是造成全球范围内一些动植物灭绝的罪魁祸首。同一时期发生的印度德干高原的溢流玄武岩喷发、全球变冷以及海平面急剧下降导致大范围大陆架暴露在外，这些因素也可能在海洋及陆地生物灭绝中起着重要作用。

1. 洋中脊开拓了大西洋
持续变宽的大西洋将新世界与旧世界之间的距离不断扩大，中大西洋中脊伸入北大西洋，而北大西洋的形成拉伸了欧洲西部的地壳，导致不列颠群岛附近的陆壳下陷。

7. 发生海啸的证据
人们相信，美国布拉索斯河沿线的白垩纪－古近纪界线沙层，是由陨石撞击引发的巨大海啸堆积形成的。人们估计海啸波高度有1千米以上。海啸在向加勒比海附近的陆地冲击之前，将墨西哥湾内的沉积物冲得粉碎。

6. 希克苏鲁伯陨石
一个直径约10千米的陨石坠入墨西哥的希克苏鲁伯，形成高达8000米的环形山。环形山不久就坍塌，形成从撞击中心绵延达145千米以上的同心脊。时至今日，这个陨石坑已被厚达1千米的新生沉积物所覆盖。

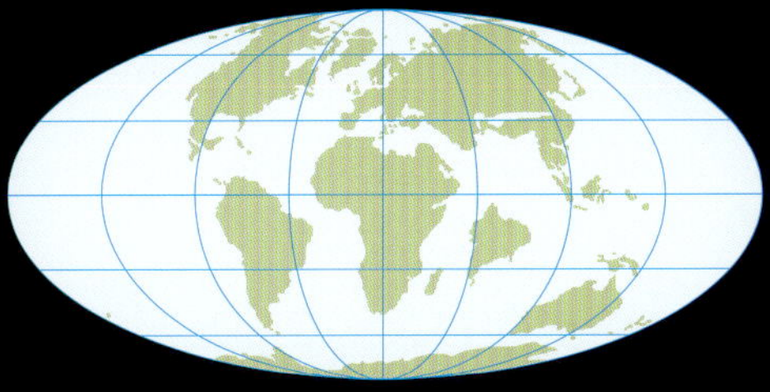

全球投影图

2. 灾难留下的痕迹

如今保存在意大利古比奥的海底沉积物中，含有存在于白垩纪－古近纪界线的一层薄薄的粘土。该土层中富含稀有金属元素铱和其他的微量金属，金属的比率表明其来自小行星或彗星。这一富含铱的土层在 20 世纪 70 年代晚期由沃尔特·阿尔瓦雷茨（Wlatew Alvarez）发现，首次证明了曾有一颗大陨石在白垩纪－古近纪撞击地球。

3. 印度的火山活动

在白垩纪末期，印度西部下方喷出一股炎热的地幔物质，在印度的德干高原上倾泻大量的熔岩。人们认为，相关的全球气候变化，很可能与白垩纪－古近纪界线标志性的大灭绝有关。

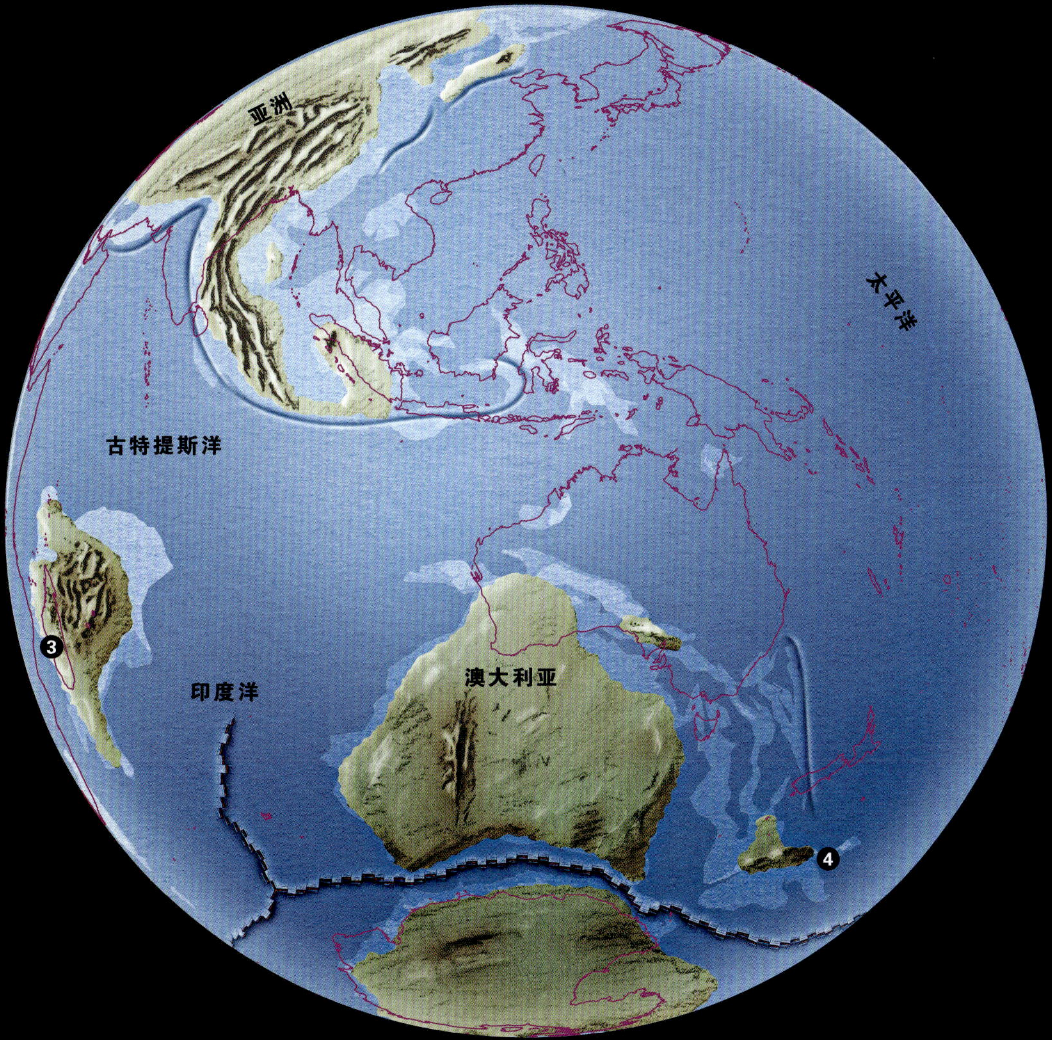

5. 全球变冷的证据

在南极洲近岸的西莫尔岛上发现的岩层，是白垩纪晚期浅海的沉积物。留在这些岩石中的化石记录证明，远在希克苏鲁伯陨石撞击之前，该区域的物种数目就已经在逐渐减少。这种长期稳步的生物灭绝表明，在白垩纪末期全球持续变冷，这使得栖息于极地地区的物种更难以生存。

4. 新西兰避难所

新西兰的小型海洋生物化石记录证明，在白垩纪末期该地区没有发生过大规模物种灭绝。事实上，这一地区的生物种类还有所增加。这可能是因为导致地球上其他地区动物灭绝的寒流在这里发生了有益物种生存的变化。

古近纪

白垩纪的结束，在地质学上标志着中生代的结束和新生代的开始。这些地图标示的是 4500 万年前地球的样子：随着挪威和格陵兰岛之间联系的中断，大西洋仍在不断地变宽，而美洲已向西移动。非洲向东南缓慢移动，与欧洲南部挤压，形成了比利牛斯山和阿尔卑斯山。印度仍在北移，穿过赤道，而澳大利亚已与南极洲彻底分离。

1. 海洋在美洲缩减
在白垩纪时期，一片浅海覆盖着北美洲的中西部地区。到了古近纪，仅余其中被称为炮弹海（Cannonball Sea）的一小片残余。因为形成落基山的持续板块运动，导致大陆的拉伸和断裂，使覆盖的海水撤退，形成了湖盆。其中一个就是尤因塔盆地，这里堆积了数层沉积物，形成以精致的鱼类化石闻名的绿河组。

7. 阿拉伯从非洲分离
随着地球地壳在非洲东北部断裂延伸，红海出现。到始新世晚期（4000 万年前），大量熔岩倾泻到埃塞俄比亚高原的广袤地区，沿着断裂的大裂谷出现了一条火山带。

6. 西班牙和意大利并入欧洲大陆
随着伊比利亚半岛（西班牙和葡萄牙）逆时针方向旋转，比斯开湾出现。它与法国南部相撞，挤压处于中间的地层，形成比利牛斯山。意大利向着欧洲南部北移，在移动过程中推着阿尔卑斯山向上移动。

全球投影图

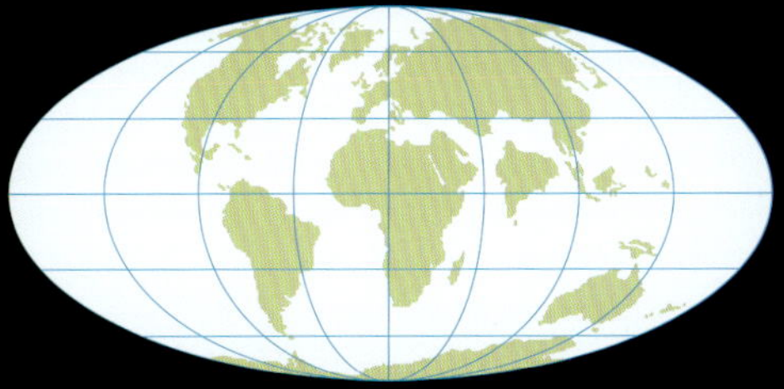

2. 大西洋中的火山

一道热熔岩“柱”从大不列颠和格陵兰岛之间的北大西洋洋底喷薄而出，将该区域的洋壳顶起、拉伸、撕裂，在此过程中，大量岩浆喷到地表，形成新的地貌。这些大爆发的痕迹在北爱尔兰的巨人堤道和苏格兰斯塔法岛的芬格尔洞都可以见到。

3. 太平洋中的火山热点

随着太平洋板块从一个热点（地幔深处物质上涌至地表的露头）上移过，这里生成了火山岛链，被称为夏威夷－天皇海山链。7000 万年前，第一座火山从海底喷发。板块运动如今已将该火山移到了北太平洋。约 4300 万年前，太平洋板块运动方向发生改变，而这一改变就以海底火山链的“折线路径”保存了下来。

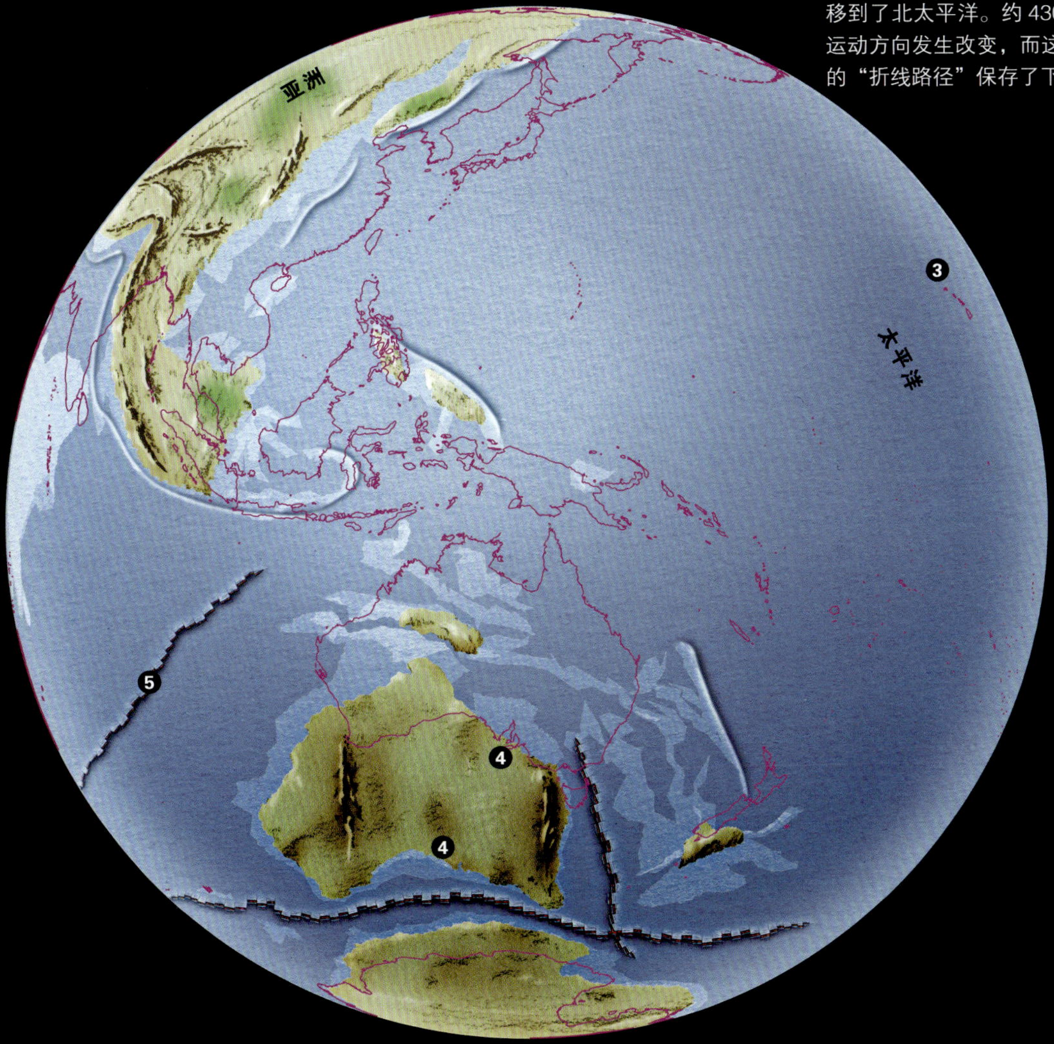

5. 海岭的创造者

在古近纪，此地的海岭曾是活跃的转换断层，即两个构造板块的边界。当印度最终与中国西藏相撞且停止运动后，产生印度洋。如今，这一海岭已经沉寂，但仍以 3 千米的高度耸立在印度洋洋底。

4. 澳大利亚的气候变化

南澳大利亚和昆士兰省的岩石显示，在古近纪，澳大利亚的天气曾发生过变化。约 5500 万年前，这里气候湿润，长有大量沼泽森林，它们后来变成了褐煤和油页岩。4000 万年前，这里的沉积物就已薄了很多，表明当时的环境不太好。这些沉积物所形成的岩石类似砂岩，表明着该区域已经变得极为干燥。

新近纪早期

约 2000 万年前的中新世（新近纪早期）时期，随着非洲向欧洲靠近，分隔两大陆的特提斯洋被挤压而变窄。南北走向的挤压作用隆起一道从土耳其延伸到巴尔干地区的东西走向山脉。随着大洋俯冲入欧洲南部，火山岛群与一条位于喀尔巴阡山脉和高加索山脉（现今黑海两侧）的造山带崛起。曾与非洲北部连接形成冈瓦纳大陆一部分的意大利，此时被推移着加入欧洲南部，阿尔卑斯山随之隆起。

1. 夏威夷破浪而出

约 500 万年前，夏威夷火山群岛露出海面。它是最年轻的火山岛链，包括了毛伊岛、瓦胡岛、考爱岛和向西北绵延 6100 千米的诸多小岛。夏威夷岛从海底升高 6100 米至海平面，又继续上升至海平面以上 4170 米处，使得它成为地球上从基底算起最高的山峰。夏威夷东南部如今正在形成一个新的岛屿，但其基海面仍有 900 米，且在数千年内都不会露出海面。

7. 连接美洲大陆

板块运动推动洋壳从太平洋东部俯冲进入地幔，在中美洲西侧和南美洲西北侧形成爆炸性火山喷发和造山运动。约 300 万年前，海平面下降，安第斯山脉北部升起，南北美洲之间的陆桥形成。不过两块大陆仍在不断移动，最终还将再次分离。

6. 美洲的气候变化

在新近纪早期，内华达山脉、喀斯喀特山脉和落基山脉的隆起导致北美洲气候变得干燥、寒冷，尤其是这些山脉的东部地区。热带植物被迫南移，温带森林和草原形成。不断增加的草原植被激发了食植动物的演化，尤其是马类，它们在该时期的北美洲种类十分丰富。

全球投影图

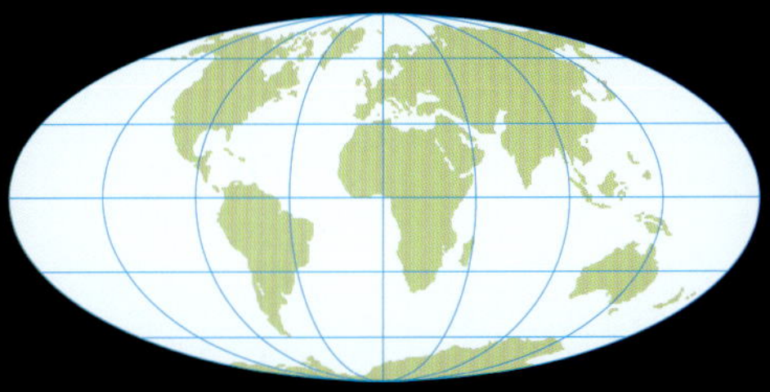

2. 地中海的形成

非洲北部与欧洲南部之间的区域被逐渐压缩，在新形成的阿尔卑斯山脉和喀尔巴阡山脉南部形成了一条长长的东西走向盆地。该盆地覆盖海水后形成了地中海，连接了残留的特提斯洋——黑海和里海。

3. 台湾岛上的岩石

在新生代时期，台湾岛时而被海水淹没，时而露出海面形成低矮的沼泽。其岩层保存了许多个周期，即由煤层、火山灰层、熔岩层构成的海洋和陆地沉积物之间的交替。

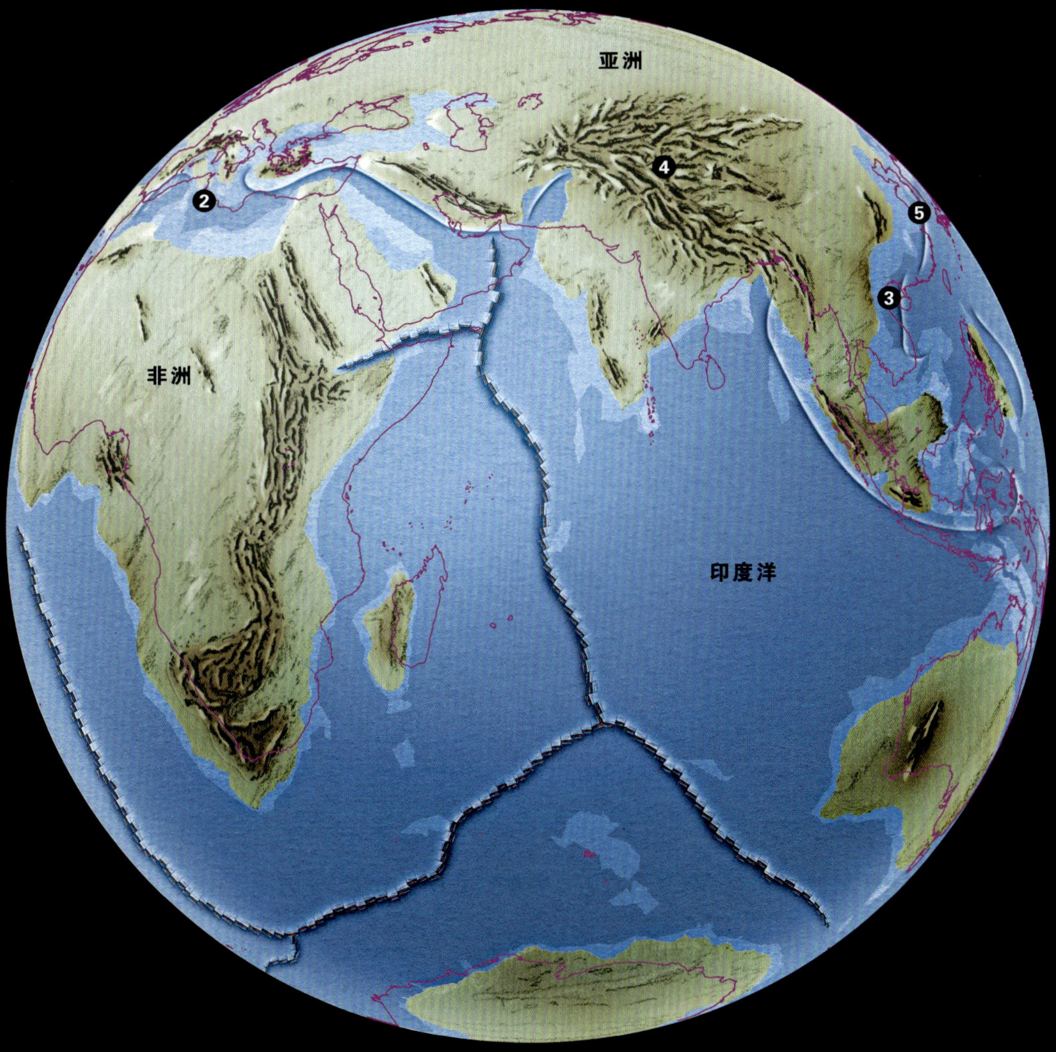

5. 日本东移

由一连串火山构成的日本群岛被形成中的日本海推离亚洲大陆，向东进入太平洋。太平洋沿岸岛屿下面的深海沟为俯冲区，即洋底被推入岛屿底部的区域。这一俯冲运动导致该区域地震频发。自日本群岛形成开始，它便与亚洲大陆分分合合，被板块运动推来推去。

4. 喜马拉雅山的形成

印度板块的北向移动驱使着印度进入亚洲南侧。二者的相撞在特提斯洋中间的洋底制造出褶皱，使它俯冲入地幔，向上则形成喜马拉雅山脉。这一巨大的东西向屏障的形成，从根本上改变了区域性气候，并引发了东南亚季风。

新近纪晚期

到了新近纪晚期（约 500 万年前），世界的样貌几乎与如今相同，所有的大陆差不多都在如今的位置上。冰岛这座新生岛屿出现在北大西洋中部，巨大的洋中脊也从这里升出海面。东非的地壳被拉伸并撕裂，东非大裂谷、红海和亚丁湾缓缓形成。印度向北进入亚洲的过程仍在持续，推升出喜马拉雅山脉和青藏高原。澳大利亚继续北移，到达热带地区。

1. 黄石公园的足迹

美国怀俄明州的黄石国家公园里有许多温泉和间歇泉，它们是过去 1800 万年来火山运动形成美洲西北部的最近的证据。此时，一个火山热点——上升的热熔岩流——强行穿过北美洲地壳，喷出大量岩浆，形成了爱达荷州的蛇河峡谷。由于北美洲板块的运动，这一热点燃烧出一条 80 千米宽的轨迹，直达怀俄明州。2000 万年后，它将穿过加拿大边境。

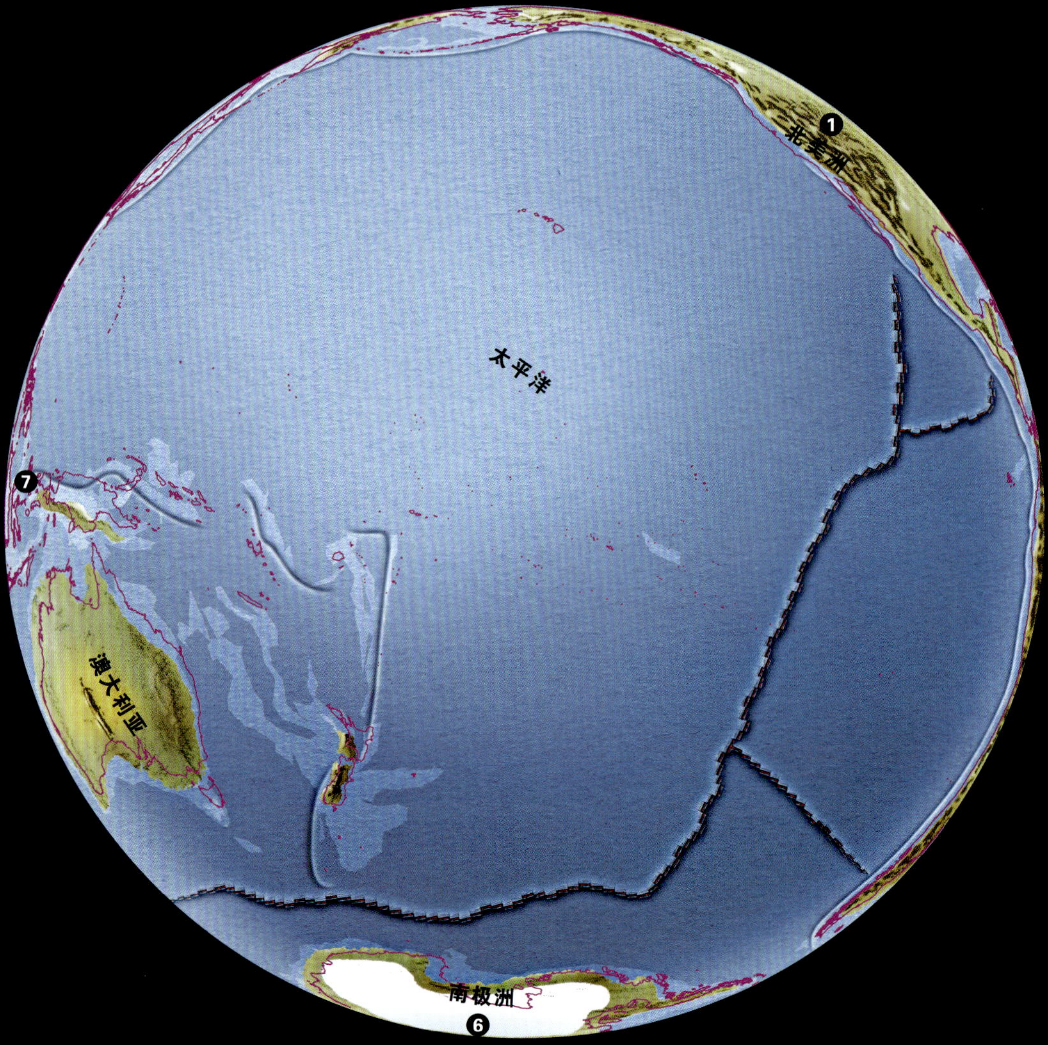

7. 印度尼西亚的火山

澳大利亚向北移动对印度尼西亚群岛的发展具有重大影响。在过去的 1500 万年里，澳大利亚已向北移动了 800 多千米。在北部深海沟的附近形成了许多火山岛屿，这里是洋壳被拖入地球内部的地方。500 万年前，澳大利亚板块与帝汶岛的碰撞导致了进一步的造山运动。

6. 南极洲冰封之地

500 万年前，南极洲完全与其他大陆隔绝。板块运动将南极洲与南美洲分裂开来，形成了环南极洲洋流。向该区域输送的暖流被阻隔，致使陆地冷却、冰盖形成，而冰雪极强的反光性也进一步加剧了气温的下降。

全球投影图

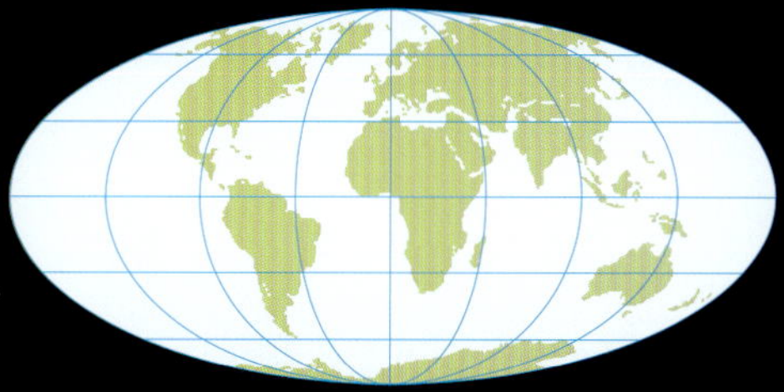

2. 地中海干涸殆尽

大约 700 万年前，海平面下降从西侧切断了地中海与大西洋的联系。接下来的 200 万年时间里，地中海反复被淹没又变干涸。海水蒸发在许多地方留下了厚达 2 千米的岩层，偶尔出现的干燥陆地成了动物从非洲向欧洲南部迁徙的通道。500 万年前，海平面回升，大西洋的海水通过直布罗陀海峡或法国西南部的低地重新流入地中海。

3. 上升和下除

印度板块以每年 5 厘米的速度挤入亚欧板块，10 万年来总共挤入接近 5 千米，此举抬升了喜马拉雅山脉。尽管这些山峰在不断地升高，它们的总高度却因持续的风化剥蚀山体表面而保持恒定。

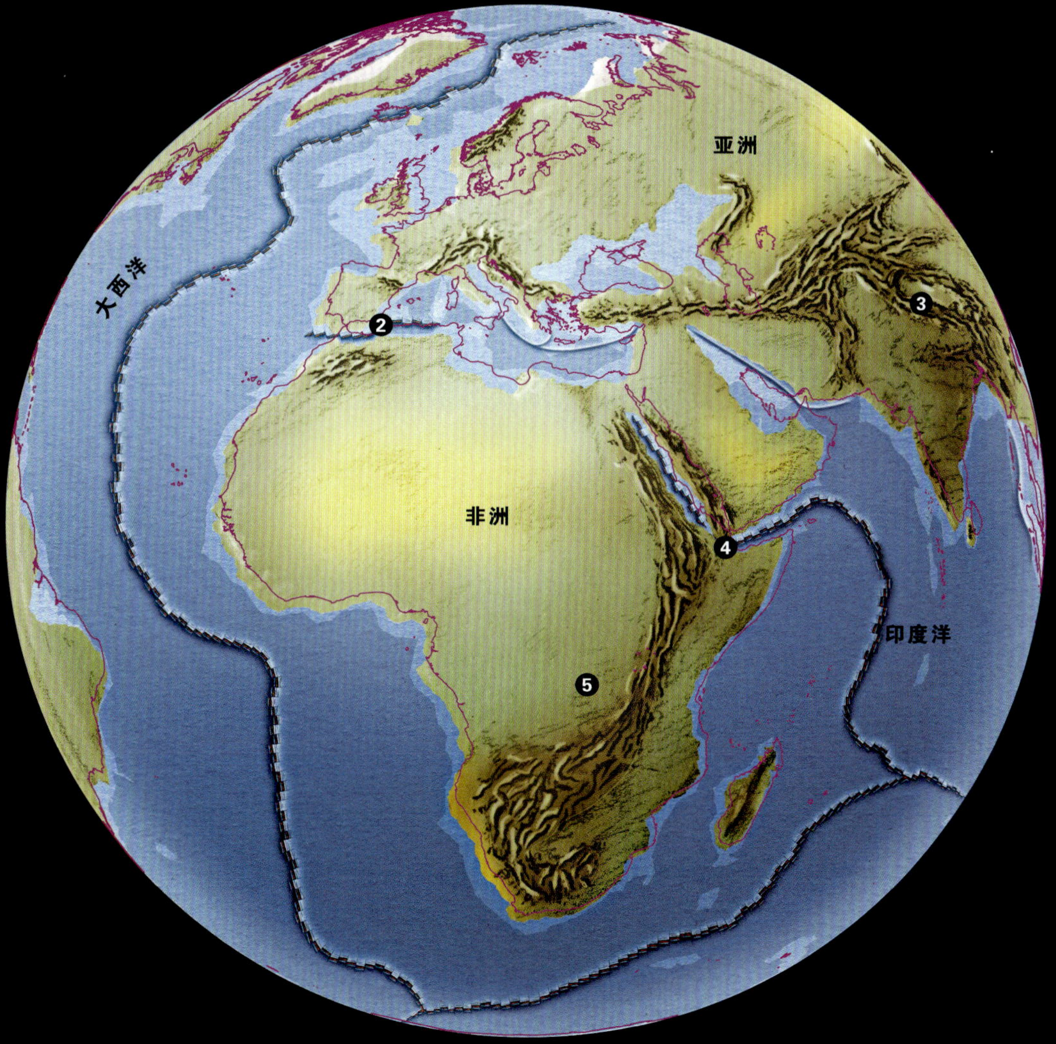

5. 非洲的气候变化

500 万年前开始的气候变干变冷导致非洲植被发生重大变化。森林缩减，变成了植物稀疏的小片区域，后被更广阔的大草原所取代。植物种类的变化对非洲哺乳动物（尤其是灵长类）造成了深远影响。它们被迫走出树林的保护圈，进入了更危险的广阔草原。

4. 东非大裂谷

到了新近纪晚期，板块张裂拉伸正激烈进行。红海和东非大裂谷都是板块运动的产物。其间地下熔岩不断喷涌，形成如今埃塞俄比亚高原和东非大裂谷的地貌。最终东非可能将与大陆其他地区彻底分离，向东进入印度洋。

第四纪

此时期，气候是影响地质面貌最重要的因素。从 259 万年前到如今的第四纪是漫长的冰期。这并不是说温度一直低于平均值，而是说全球的气候变化导致了极地冰盖、陆地冰原和高山冰川的增长与退缩。在最寒冷的时期，许多水被冰冻起来，海平面下降了 100 米，许多浅海地区变成了陆地的延伸。

1. 北美洲冰盖

北美洲冰原绵延 1300 万平方千米。缓慢的冰川运动侵蚀着加拿大北部的地表并一直深入到古生代和前寒武纪形成的岩层。冰和融水带着岩层碎屑南移，将它们抛在了五大湖中。

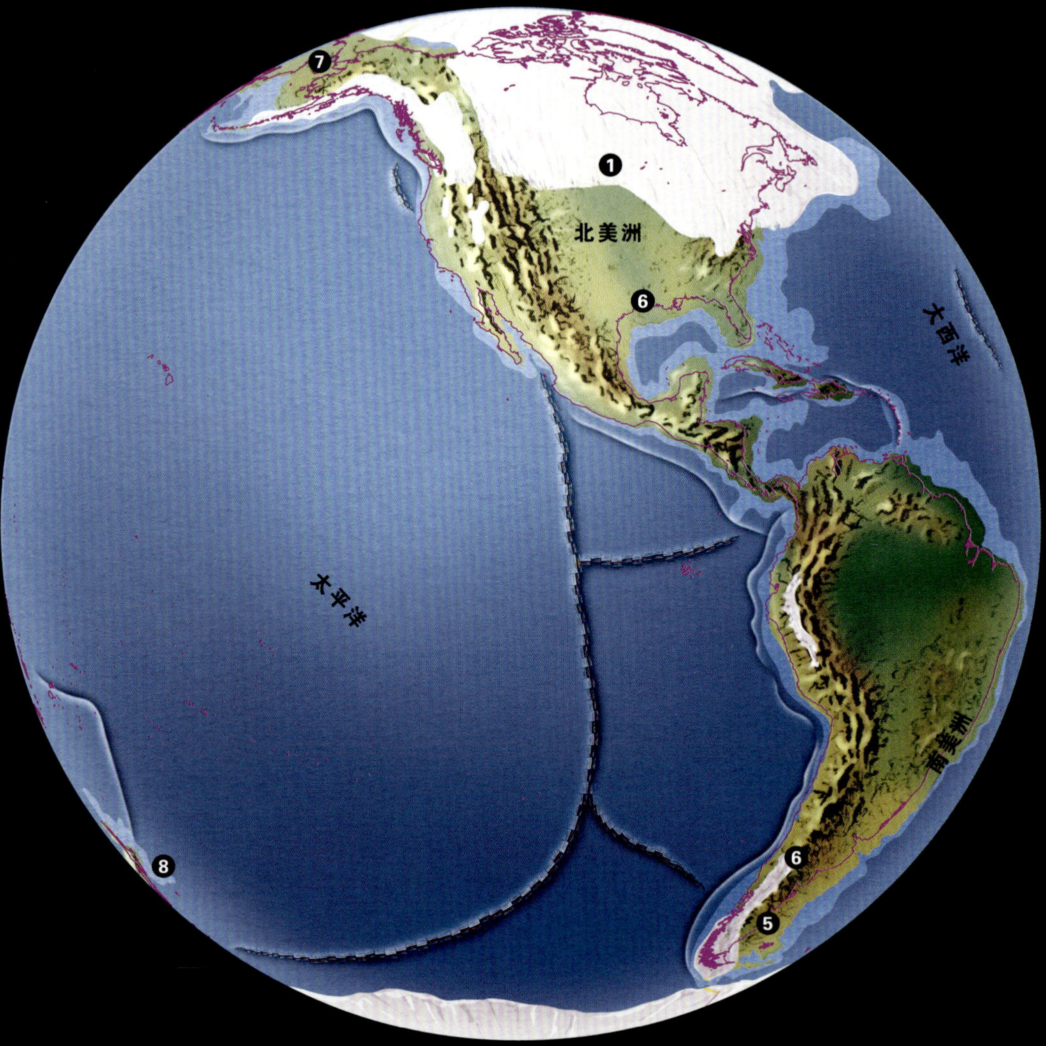

8. 澳大利亚的冰川

新西兰、塔斯马尼亚和澳大利亚东南部的高山都存在显著的冰川雕琢迹象，其特征包括U形山谷、冰斗（深的半圆形盆地）、刃岭（耐腐蚀岩石构成的尖锐山岭）和角峰（三个冰斗墙夹峙处形成的山峰）。它们是上一次冰期时冰山作用的有力证据。

7. 白令陆桥

随着海平面降低，欧亚大陆和美洲大陆被一条窄长的地峡连接起来。“白令走廊”的形成使得陆地上的动物能在两地之间往返移动，却也阻止了北冰洋和太平洋之间海洋生物的互相移动。

全球投影图

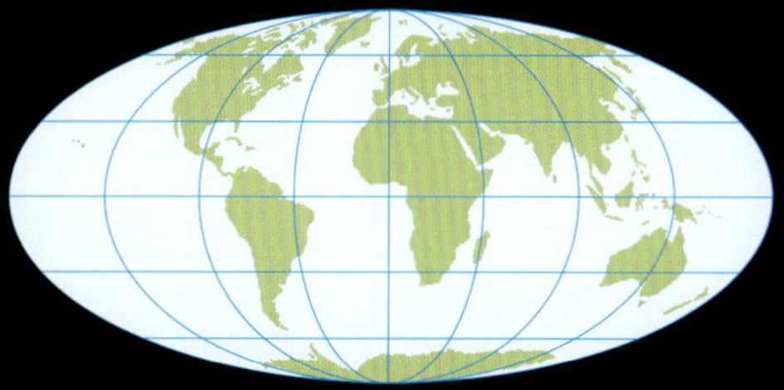

2. 斯堪的纳维亚半岛

覆盖斯堪的纳维亚半岛的冰盖厚度可达 4 千米，它不断挤压着下方的陆地。如今已完全脱离海水的海岸表明，斯堪的纳维亚半岛自冰融之后已经向上“反弹”。

3. 欧亚大陆冰盖

欧亚大陆内陆的气候太过干燥，不适于大型冰川的形成。形成冰盖和冰原的地方仅限于欧洲西北部的海岸和山脉，以及西伯利亚一带北冰洋沿岸。据估计，这些地区的冰雪总量可达 17 立方千米。

4. 猛犸苔原

亚洲北部的广阔内陆是永久冰冻之地，但大部分并没有很厚的冰雪层。夏季陆地表面融化使得植物繁盛，哺育了大群猛犸象。

6. 南美洲的冰山作用

时至今日，安第斯山脉的山峰仍然高得足以形成让冰川下滑的斜坡。在上个冰期的巅峰时，这些冰川切割出了世界上许多最壮观的山峰。在智利南部和阿根廷南部，冰川顺山势而下，覆盖了该大陆南端的大部分地区。

5. 黄土

细密的沙子和灰尘从永冻土附近的干冷平原吹来，在中欧的部分地区、突尼斯、巴基斯坦、中国西部、中亚地区、巴塔哥尼亚地区、新西兰和美国密西西比山谷堆积。这些被称为“黄土”的尘土覆盖了原有的地貌，形成了如今的悬崖，有时人类会在这些地区挖掘窑洞居住。

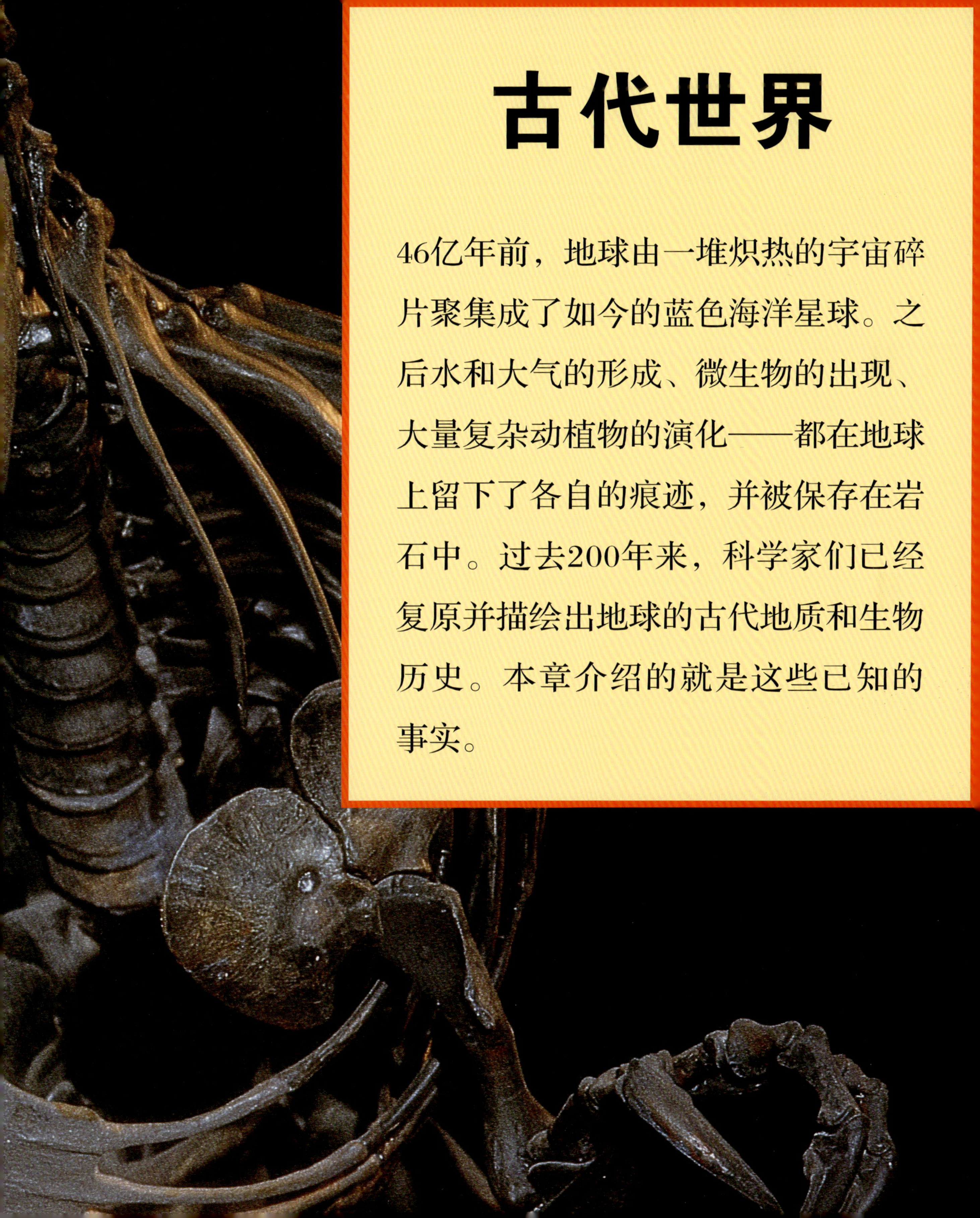

古代世界

46亿年前，地球由一堆炽热的宇宙碎片聚集成了如今的蓝色海洋星球。之后水和大气的形成、微生物的出现、大量复杂动植物的演化——都在地球上留下了各自的痕迹，并被保存在岩石中。过去200年来，科学家们已经复原并描绘出地球的古代地质和生物历史。本章介绍的就是这些已知的事实。

生命的起源

THE ORIGIN OF LIFE

地球的早期历史是一个缓慢却剧烈变化的过程，随着炽热的地表逐渐冷却，微小生命的第一个迹象得以显露。

在太阳系形成过程中，地球由大量岩石、冰的碎片，连同尘埃和气体聚合而成。当这些物质在 46 亿年前相互撞击时，产生了巨大的能量，将地球加热到了 5000℃。

随之而来的是持续了 1 亿年的“熔融”，这期间的地球内部形成了如今的形态。较重的铁和镍下沉到地球中心，形成一个半径为 3470 千米的高密度热核。较轻的矿物质则上移到地球表面，在约 45 亿年前形成岩石外壳。在地壳和地核之间形成了厚 2900 千米的热岩石层，这就是地幔。从这个炎热内部上升的热流仍在不断地重塑着地表形态，如火山喷发和地震。

大西洋底的黑烟囱
在大西洋海底发现的深海热泉，能够喷出富含矿物质的水。早期微生物便以这些矿物质为食。

太阳系的行星可能由轨道尘埃和岩石相互碰撞、融合而成。

138 亿年前，宇宙起源自“大爆炸”，即一个体积无限小、密度无限大的物质发生了爆炸。

创世纪
从创造了宇宙的“大爆炸”到地球生命的出现，中间相隔了约 100 亿年，而更复杂生物的出现则还要等 30 亿年。

约 60 亿年前，一个含有气体和尘埃的旋转碟形云向内崩塌创造了太阳系。

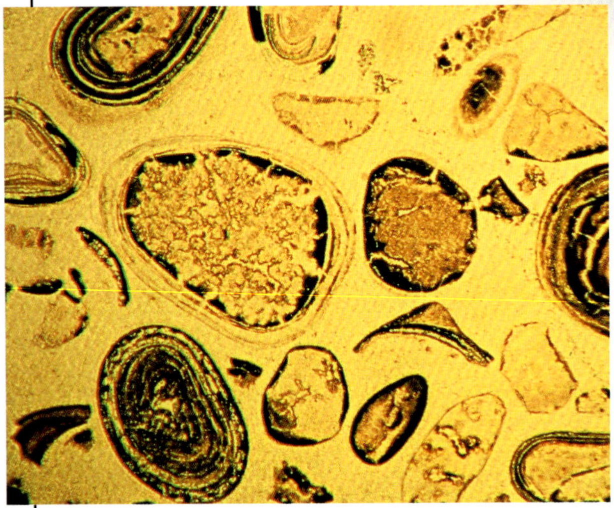

燧石
加拿大安大略省西部的燧石沉积岩（磁质岩）富含二氧化硅，已有 19 亿年的历史，其中含有一些世界上保存最完好的前寒武纪微体化石。纹理细密的岩石横切面显示出当时微生物的不同结构。

陆地、海洋和生命

大规模火山气体和水蒸气的喷发形成了早期的大气和最早的地表水，但地质学家仍不确定陆地或陆壳是如何形成的。约 40 亿年前，地壳内较轻的富硅质岩石也许攀升到足够高度从而形成陆地“岛屿”，约 10 亿年后，这些“岛屿”之间的碰撞被认为是最早的大型陆地的形成原因。

到了 40 亿年前，地壳冷却，微生物便应运而生。生命到底如何起源？这仍是现今科学界争论最多的问题之一。在 20 世纪 50 年代早期，芝加哥大学的斯坦利·米勒通过实验表明，利用原始大气、一部分水和几道闪电，就可以创造出生命基本构成之一的氨基酸。还有科学家推测最早的有机分子可能源自太阳系的某个地方，由 40 亿年前撞击地球的陨石携带至此。不管最早的细菌是如何而来，它们都不得不在极端环境中生存：没有氧气、没有保护地，暴露在太阳的紫外线照射中。

月球

阿波罗计划从月球带回来的岩石可追溯到 45 亿年前，只比地球略微晚了一点。月球可能是由地球与其他星体撞击后喷散出来的岩石构成，但也有极少部分人认为是被地球引力捕获而来的无关物体。

条带状含铁建造

澳大利亚西部的这种红色含铁岩层有 18 亿到 25 亿年的历史，其颜色是氧化铁（或赤铁矿）导致的。海水中的亚铁离子从早期大气中吸取氧气，通过氧化反应形成氧化铁。

人们认为在约 45 亿年前，一个火星大小的行星撞入地球。

约 35 亿年前，地球气温下降，海洋和早期的大气得以形成。

月球可能是地球与火星大小的行星撞击后喷散出来的物质形成的。

水生微生物：生命之始

已知最早的地球生物化石发现于已有 35 亿年历史的海底沉积岩中。这些微生物生存在没有氧气的环境中，还要经受极端温度和酸性海水的考验。

生存在极端环境中

20 世纪 80 年代以来，人们发现现代的原始生物也可以生活在多种极端环境中，这为了解古代微生物如何生存提供了宝贵的经验。美国怀俄明州黄石国家公园的喷泉是嗜热菌的家，它们在 85℃的水温中也能生长繁盛。而走另一个极端的则是“嗜冷菌”，它们喜欢生活在南极洲的海冰里，那里温度仅有 5℃。“嗜碱菌”生活在碱湖中，而“嗜酸菌”则生活在酸水中。

海底温泉的发现还揭露了“化能合成”微生物的存在，它们不需阳光就能繁殖自身细胞。这些都属于单细胞生物，能适应 100℃以上的高温，以沸水溶解的矿物质盐为食。

所有这些“极端”微生物都属于已知最早的原始生物——古细菌。古细菌和真细菌（包括蓝藻）都属于无细胞核的小细胞原始生物，这一点将它们与更高级的生命形式（如动植物）区分开来，后者为有细胞核的大细胞。古细菌能够在沸水、冰、酸、碱和黑暗等极端环境中生存。古细菌还是厌氧菌，也就是说，它们无需氧气就能生存。

活化石
在墨西哥科特斯海等温暖的浅海区，叠层石结构如今正以数十亿年前形成的方式生成。沉积物和微生物一同建造着这种古怪的结构。

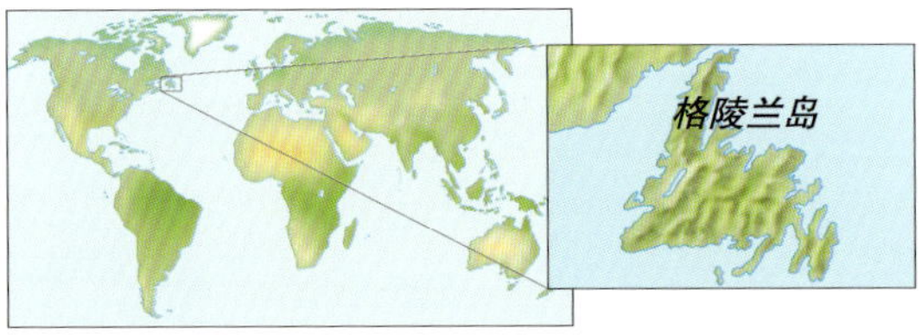

早期生命迹象
到了 35 亿年前，原始藻类和微生物大量分布在温暖的浅水边缘，像垫子一样覆盖在海底沉积物表面。当这些垫子周期性地被沉积物覆盖时，原始微生物便会朝着阳光向上迁移，在较高的地方形成新的垫子。这一过程最终形成了独特的“叠层石”高地。这些高地是前寒武纪早期光秃秃的火山环境中唯一可见的生命迹象。

在前寒武纪早期，地球大气几乎全部由氮气和二氧化碳构成，因此当时所有生命形式都是厌氧的。

叠层石

肉眼可见的最早化石是叠层石，是位于大陆架浅水区富含石灰质的层积结构。第一批叠层石已有 30 多亿年的历史（最近发现的 37 亿年前的叠层岩），且是前寒武纪早期最普遍的化石。叠层石是由蓝藻的光合作用形成的，起初在海底上形成垫子，垫子被沉积物覆盖之后，微生物便会向上迁徙，形成一系列高 1 米宽 30 厘米的层积。类似的层积在如今的热带温暖水域仍可发现，这些层积十分独特，非常容易形成化石。

氧气的产生

所有的光合作用微生物都会产生氧气，这是利用二氧化碳、水和阳光繁殖细胞的副产品。大气中氧气的累积直到 25 亿年前才变得显著，此时的微生物更加繁盛。在此之前，大气中含量最多的是氮气和二氧化碳。

叠层石化石
这些叠层石标本来自美国蒙大拿州冰川国家公园的前寒武纪海洋地层。

碳足迹

我们最早发现的实体化石已有 35 亿年的历史，但可能再早 2 亿年的岩石中有着更古老的生物足迹，不过这些岩石形成于地球较年轻时，因此经受了当时的高温和高压，在此过程中并不能保存下来，35 亿年前也就不存在化石。不过，生物的某些化学成分却能耐受高温和高压，所以，即便实体化石不能保存，却能找到其化学足迹。

地表上年数超过 35 亿年的岩石很少能见到，少数可见的地方之一是在格陵兰岛西部的伊苏阿（Isus）。这些 37 亿年前的岩石含有可能是光合细菌留下的碳足迹。它们栖息在水表，遗体掉落到海底上，在海底的沉积物中累积。

如今，与古代光合细菌相似的浮游生物构成了大多数水生食物链的基础。

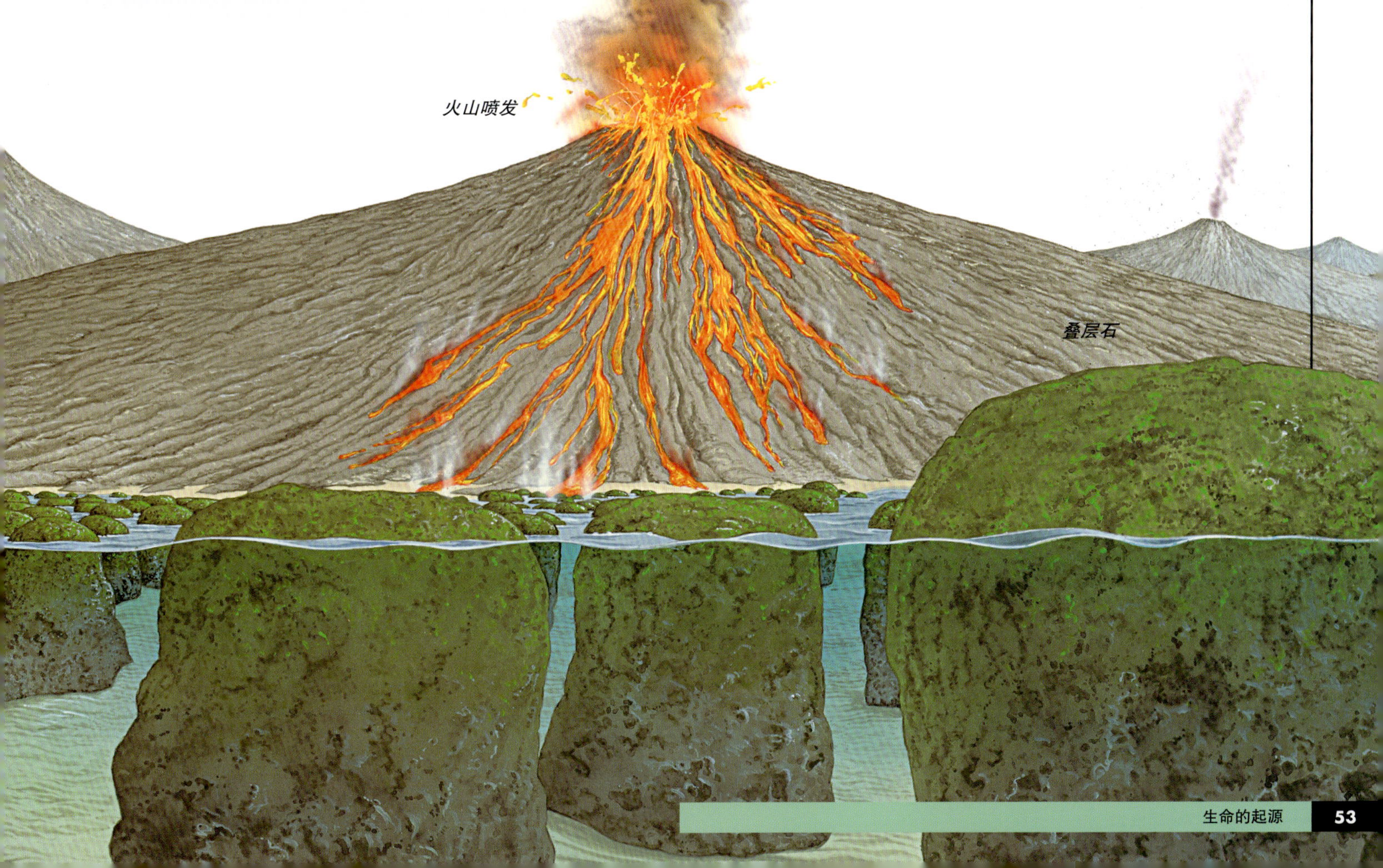

埃迪卡拉纪

THE EDIACARAN PERIOD

人们曾以为前寒武纪没有南极生物，但化石证据表明当时海洋中已有多细胞生物存在。

埃迪卡拉纪结束于 5.42 亿年前，也标志着前寒武纪最后一个时期的终结。这一漫长的地球历史时期是大陆漂移、大气成分和海洋成分更迭的年代。随着沉积岩的累积，大陆形成，板块碰撞分合。地质学家有充分的证据证明，在埃迪卡拉纪，大部分大陆都集中在南半球，非洲西北部位于南极地区。到了埃迪卡拉纪末期，陆地板块聚合形成存在时间较短的超级大陆——潘诺西亚大陆。

南澳大利亚的生物
斯普里格蠕虫（Spriggina）是发现于澳大利亚弗林德斯山脉的埃迪卡拉纪化石之一。埃迪卡拉生物群形态多样，是在化石记录中第一批留下足迹的复杂生物，不过它们并没有坚硬的身体部位。斯普里格蠕虫可能与三叶虫相似。

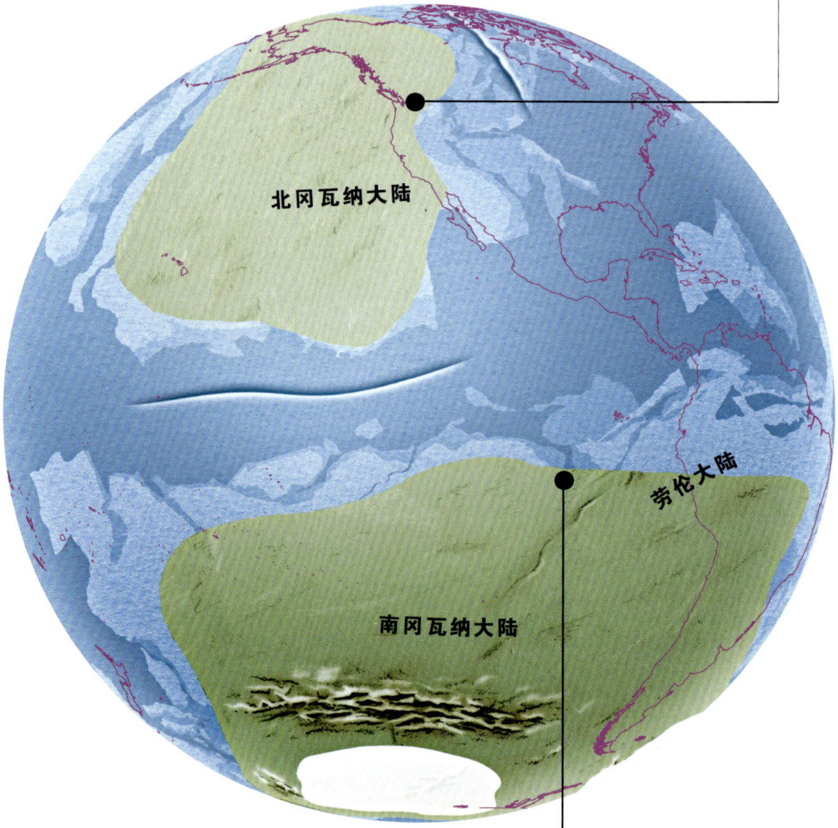

变动着的大陆

埃迪卡拉纪曾一度被看作仅有光秃秃岩石的地质荒原，没有生命存在。当时的陆地地貌确实由光秃的岩石、湍急的河流、湖泊和大量没有生命的岩层及沉积物构成，这种环境对于生命的发展确实不容乐观。但海洋就是另一码事了。海水对生物更具保护性：有害的光辐射都被过滤掉，精细的细胞壁保持湿润，并由密度相对较大的水哺育着。

复杂生命在埃迪卡拉纪出现并分化，这一事实有着直接的化石证据，以及从随后的寒武纪早期岩石中发现多种从埃迪卡拉纪长期演化的生命形式。

纳米比亚的砂岩
非洲西南部纳米比亚的埃迪卡拉纪砂岩含有世界上保存最完好的埃迪卡拉纪化石。它们起初沉积在浅海区，且没有在后来的褶皱和变质作用下变形。

最早的大型生物

最近的研究表明，大多数复杂的多细胞生物都起源自埃迪卡拉纪的海洋，当然，高等植物除外。不幸的是，这些生命大多没有在化石记录中留下踪迹。

其中的一个例外是埃迪卡拉生物群，即曾留下踪迹的最早的较大型生物，它们的化石形成于海底沉积物中。埃迪卡拉生物群无壳，也没有其他坚硬

前寒武纪石油

最近，澳大利亚和南非发现了 20 亿年前左右的油气痕迹。由于油气是微小的海洋生命腐烂而成，它们的出现表明，前寒武纪海洋中的原始微生物比我们之前所想象的丰富。这一微生物群在古代海洋中形成了巨大的潜在食材。而能够以此维生的较大型多细胞生物出现得那么晚，真的令人惊讶不已。

囊状生物

在古怪的纳米比亚埃迪卡拉生物群化石中，这些物种的样貌被保存了下来。它们可能生活在海底，之后被掩埋，其囊状的躯干填满了沙子。图中用一枚小硬币对比显示出其大小。

埃迪卡拉生物群

狄更孙水母（Dickinsonia）的平盘长度可达 60 厘米，是早期的“大型”生物之一。其躯干分为数段，两边沿中线对称。其身体组织的密度可能大于水母或蠕虫。

器官，但却以石刻的方式保留在古老的海底沉积物中。它们形态各异，有些与水母或蠕虫相似。埃迪卡拉生物群在演化史中的位置仍有争议。

缺氧环境

埃迪卡拉纪之前（6.35 亿年前）的氧气含量不足以支撑水外的生命。原始形态的微生物从至少 38 亿年前就已开始生活在海洋中，从太阳获取能量，通过光合作用产生氧气。但这些氧气又被氧化的铁所吸收，以难以溶解的铁矿石沉积物形式存在着，形成了富含铁的沉积物，称为“条带状含铁建造”。这一进程在海洋中一直持续了近 10 亿年，直到地球大气中的氧气累积到了极高的程度。到了埃迪卡拉纪，大气中的氧气含量已从 0.2% 提高到了 17%，接近现今的 21%。

复杂生物的出现

前寒武纪晚期存在复杂生物的第一个令人信服的证据在 20 世纪 40 年代发现于澳大利亚南部。这些“埃迪卡拉化石”以其发现地澳大利亚弗林德斯山脉的埃迪卡拉山命名，为砂质沉积物上的小石刻印记。现在，成百上千的埃迪卡拉生物群在从西伯利亚到纳米比亚各地的岩石中被发现。这些古生物像一团团形态各异、具有条纹的叶子和缎带，长度从 1 厘米到 1 米不等。它们都是软体生物，没有可保存下来的坚硬器官，如贝壳。

弗林德斯山脉
澳大利亚南部弗林德斯山脉中的埃迪卡拉山因地质学家斯普里格在 1947 年的发现而闻名天下。他在这里发现了多种前寒武纪化石，长度从 1 厘米到 1 米不等。

前寒武纪的“水母”？

起初，埃迪卡拉生物群被看作是无脊椎动物主要物种的祖先。它们被硬塞进差不多相似的多细胞无脊椎动物中，如水母、蠕虫和海鳃。如今这种分类正广受质疑。有些专家得出结论：埃迪卡拉生物群整体是一个已灭绝的物种，是既非动物也非植物的失败的演化实验。另一些古生物学家则不同意这一看法。他们声称某些埃迪卡拉生物群成员至少可能真正属于仍然现存的多个无脊椎动物物种，比如埃迪卡拉恰尼虫（*Chamia*）和双羽蕨虫（*Pteridinium*）可能是现存海鳃的祖先，而其他成员则可能是节肢动物和环节动物的祖先。

演化之谜

“埃迪卡拉生物群的本质”之谜是“最早的多细胞生物（或称后生动物）演化时间”这一更大谜团的一部分。有充分的化石证据证明，能够有性繁殖的单细胞生物存在的时间已有 10 亿年或更

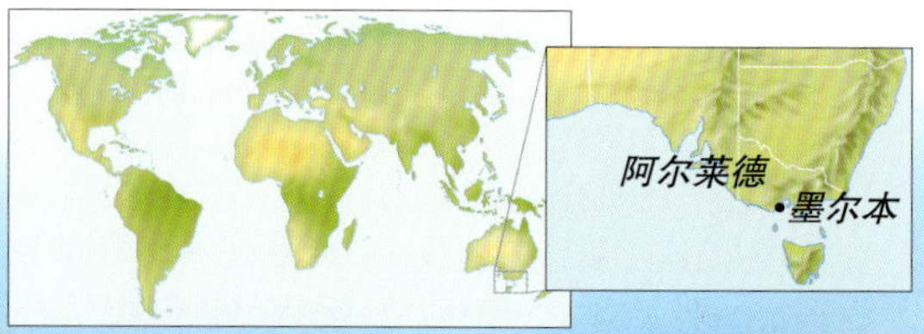

埃迪卡拉纪的海洋世界
生活在埃迪卡拉纪浅海区的生物几十年来一直令古生物学家头疼不已。它们为完全的软体动物，没有发现任何坚硬器官。但其躯干的保存方式却说明它们由更坚固的材料构成。其中有些生活在海底，囊形躯干内装满了沙子。而有些如恰尼虫则呈柱形，与现生海鳃和海葵相似。

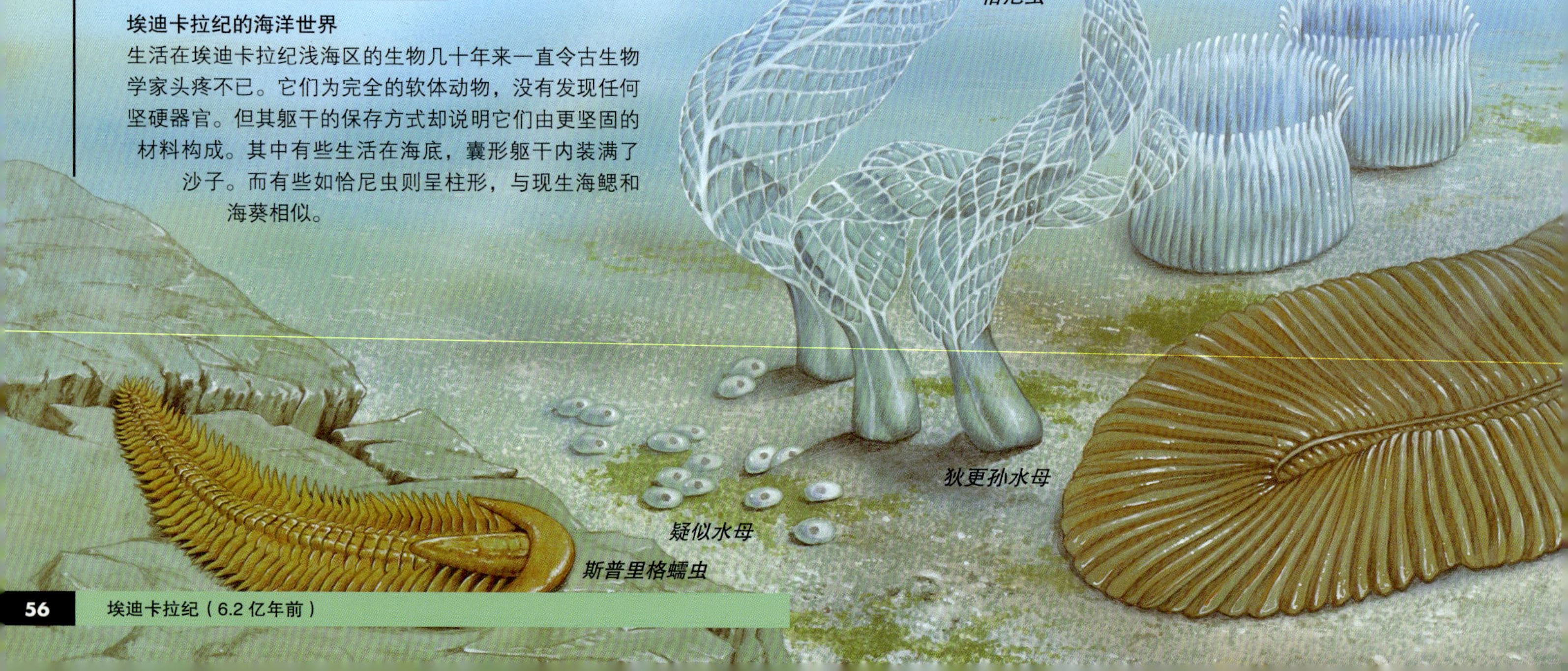

久。有人认为 5.42 亿年前之后的寒武纪生物种类太过丰富，必然是在前寒武纪就已经开始演化。

最近一个解决谜团的实验是利用所谓的“分子钟”。根据已知的基因变化速度和现存主要物种之间的“基因差距”，得以估算出后生动物的起源，以及 6 亿年前到 10 亿年前之间主要物种分化的时间点。

1997 年，支持这一理论的化石在中国贵州瓮安被发掘出来，具有 6 亿年历史的前寒武纪岩石中发现了许多直径不到 0.1 毫米的微小球状物。这些球状物的分子形态是远古化石中前所未见的。

这些化石最终被证明是保存极为完好的胚胎化石，这些胚胎是在受精数分钟到数小时内就被石化的，但它们如何石化仍然是一个未解之谜。这些胚胎的分子形态与早期的脊椎动物如后生扁形虫和节肢动物相似。它们出现在 6 亿年前的地层中，表明复杂的动物必定在当时已经出现了。相似物种的成年化石仅发现于相对较晚的地层中。

埃迪卡拉生物群化石的形成

一般来说，由于不能形成化石，化石记录中通常会缺少软体动物。埃迪卡拉生物群让人迷惑之处，就在于它们的身体形态被压成模型，却以三维印刻的形式保存在砂岩里。研究者们曾将水母掩埋，试图重现埃迪卡拉生物群被保存的过程。然而，这些实验并未产生相似的踪迹。许多专家因此认为埃迪卡拉生物群的躯干必然由比现代水母更坚硬的材料构成。有些甚至认为唯一能以这种方式保存下来的现代生物是地衣。

胚胎化石
这是某个早期未知生物的胚胎，6 亿年前变成化石，宽度不到 0.1 毫米，发现于中国的埃迪卡拉纪岩层中。

寒武纪生命大爆发

CAMBRIAN EXPLOSION

寒武纪早期带来了地球生命历史上的决定时刻——海洋生命大爆发，这一点从丰富的具壳类化石即可得知。

寒武纪始于 5.42 亿年前，持续了将近 5000 万年，标志着地质年代古生代（意为“古代生命”）的开始。寒武纪之初便有多种生命形式迅速发展。

经历了前寒武纪 30 多亿年漫长的发展之后，早期岩石中未曾见过的许多化石突然出现在海洋沉积中。这一重要的演化事件与环境变化息息相关。经历了埃迪卡拉纪末期冰川作用后，全球变暖，海平面稳步回升。海水开始淹没原先的陆地，而在赤道浅水区，如西伯利亚板块大部分地区，由碳酸钙构成的小型化石都沉积成了灰岩。寒武纪晚期的索克地层就出现在海水淹没大块陆地的时候。

时代名称的由来

寒武纪在 1835 年由英国地质学教授塞奇威克首次命名。他绘制出北威尔士一系列海洋地层，并指出它们位于较古老的岩石之上（即前寒武纪），又位于较晚的志留纪地层之下。他以威尔士一词的拉丁语“Cambria”命名了这些地层。

空心壳

拉普华兹克（Lapworthellids）有着中空的帽状小贝壳，它被发现于加拿大的寒武纪早期地层，可能是一种与蜗牛相似的软体动物。

古怪的躯体

Halkiera（右图）为来自格陵兰岛寒武纪早期地层的化石，其躯干十分古怪。扁平而似蠕虫的分段躯干两端各有一个类似腕足的贝壳，且覆有鳞片。这种混合躯体结构表明它可能是不同动物种类的祖先。

生命之证

从化石记录中可以看出，各种生物演化、分化、灭绝之后又被其他生物所取代，这个过程总是在不断循环。寒武纪之初就是一个生物出现又分化的阶段。发现于海底沉积物的动物活动证据（遗迹化石）表明，不断复杂化的动物正在演化，这些遗迹包括有着坚硬外壳（外骨骼）的动物，它们可能为最早的节肢动物（即四肢有关节、躯干分段的无脊椎动物）。进一步的证据则来自40多种不同的具壳类动物，它们长不超过1毫米，发现于前寒武纪岩层顶部的海生灰岩中。

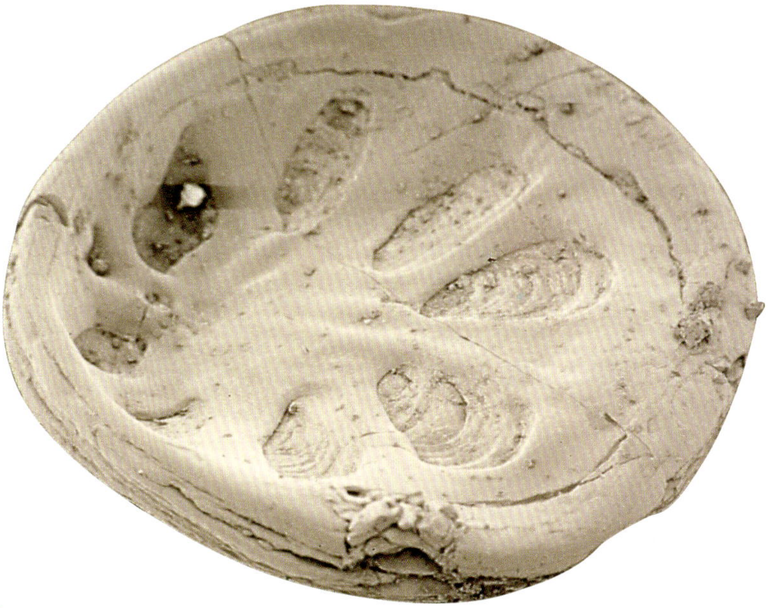

以帽为家还是穴居？

莫氏壳是发现自瑞典的帽形小壳，是全球寒武纪最早期地层中令人迷惑的小壳化石之一。成对的压痕被认为是莫氏壳动物肌肉的附着点。

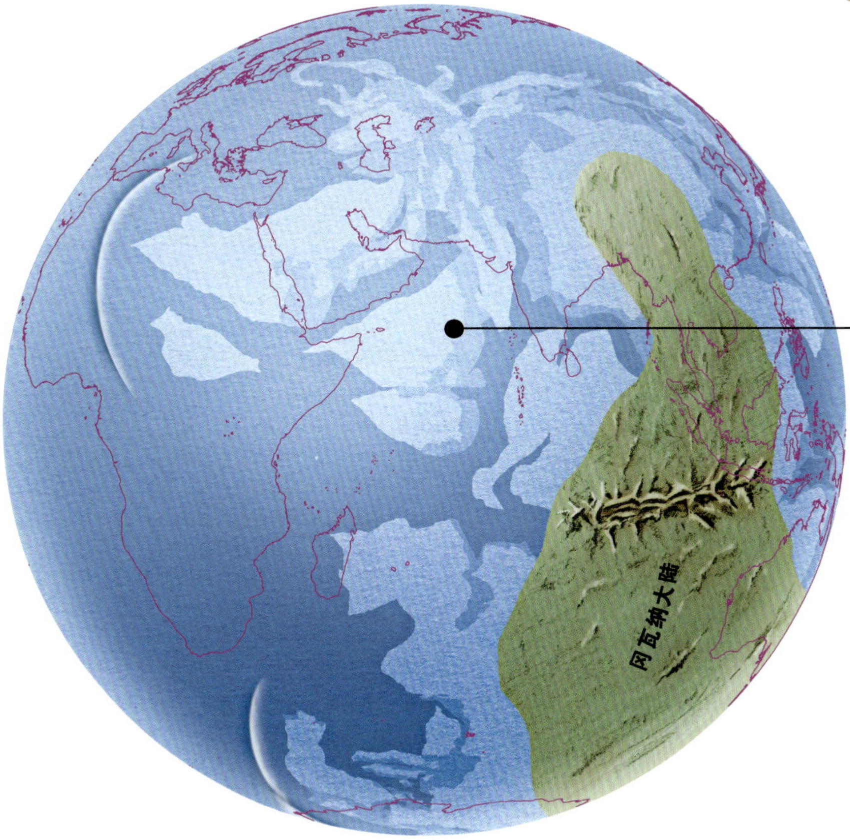

小刺状化石

这块仅有几毫米大小的化石叫作织金壳（Zhijinites），是以化学方式从中国四川省的寒武纪最早期地层中提取出来的。它可能是某种未知的较大型海洋生物内嵌在皮肤中的保护性脊刺。

其中的许多化石生物，被认为代表了处于演化早期的原始软体动物。这些生物大多是简单的圆锥体，外表与现代牡蛎的壳相似，只不过某些的圆锥体两侧还突出长有一个古怪的通气管。有人认为这根管子可能是分流的早期尝试，即呼入水流是为了带入呼吸或滤食所需的水，而呼出水流则是为了将废物和繁殖细胞排入海中。与这些小壳化石一同出现的还有较大的带有多孔壁的圆锥形生物，称为古杯动物，它们可能与海绵有亲缘关系。

这些生物只是寒武纪生命大爆炸的第一波。尽管最终走向了衰落，并被其他动物所取代，它们却分布广泛，世界上许多海洋地层中都含有这些早期海栖生物的化石。

寒武纪早期的海洋生物

寒武纪早期的地层的化石记录了一个住满了微小生物的古怪海洋世界。这些生物与埃迪卡拉纪的身长已达 1 米动物群相比，体形明显变小。通过对比，寒武纪早期最大的后生动物是被称为“古杯动物”的锥形生物，身体长度也仅有几厘米。这些动物在它们生活的热带浅水区域形成大规模类似珊瑚的结构。周围的海底沉积物被类似蜗牛的更小生物耕耘着，它们背负着微小的锥形贝壳。小虫子也居住在几厘米深的沉积物中的洞穴里，而在海底以上，可见生命体形都不超过 7.5 厘米。

早期的具壳类动物
古杯动物是早期动物群的一种，躯壳坚硬，形成内外石灰墙，像海绵一样多孔。这种双墙结构可以从一组古杯动物化石的横截面上看到（上图）。

第一批具壳类

具壳类在寒武纪早期时代得到了演化。遗迹化石标明了前寒武纪和寒武纪地层的界线，同时也保存了蠕虫爬行和挖洞的痕迹。然而，在该地层边界不远的上部，第一批具壳类化石出现了，它们主要分为两种：“古杯动物”，多孔；“小壳化石”，长度仅为 5 毫米的硬壳锥形物种。除此之外，还出现了许多不同的微小生物表皮上的刺、突出物和鳞状的板形器官的化石。

坚硬的刺、鳞骨片和壳都是人们熟知的防御装置，表明这些动物需要保护。它们出现在这个地层中，暗示着这个时代的生活突然变得比以前更加危险。若真是如此，那当时有机动物之间的关系肯定发生了巨大的改变，于是小小的鳞片引发了一场全球性的“军备竞赛”。

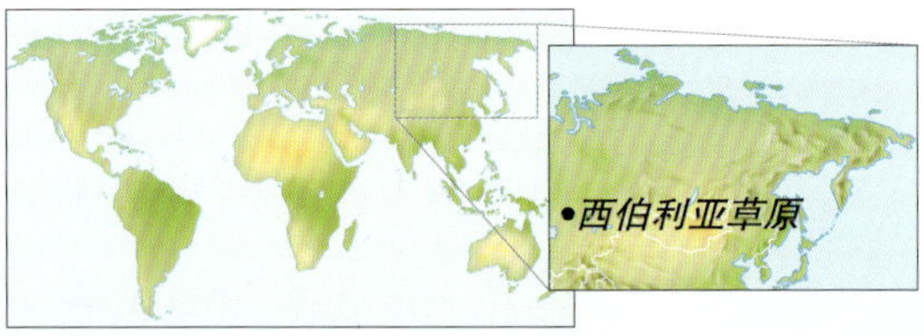

小型海洋世界
从寒武纪早期的沉积物中发现的矿化具壳或板状化石表明，小型海底世界繁荣发展，包括许多生活在沉积物之上或沉积物内的动物。其中有些动物属于已往被人知晓的物种，如软体动物（约克女神螺、拉氏螺属和小软舌螺）、有两瓣壳的腕足动物和像海绵一样的古杯动物。但其他的则较难归类，如微网虫，这种软躯体节肢动物的皮肤上嵌有古怪的板形器官，还有形状怪异的软体动物，如托莫特壳类动物。

对比鲜明的功能

古杯动物的壳和小壳动物的壳相比，具有不同的功能。起初，古杯动物用壳将自己固定在海底，从海底向上生长，类似现今的海绵动物和珊瑚。另外，几乎可以肯定的是，它们还以壳作为进食的器官，因为多孔的壳可以从附近的海水中过滤微小的食物。壳的免于食肉动物攻击的保护作用可能就显得次要了。

通过对比之后，小壳动物化石中的小壳可能是一种保护器官。这些小壳类动物栖息在海底，以啃食沉积物表面的有机物为生。不过它们也可能会成为其他生物的猎物，如果它们的肉体暴露在外，可能成为水上方游动的食肉动物的目标。

尽管古杯动物迅速地占据了全世界，但从地质年代标准来说，它们生存的时间并不长——仅有 3500 万年，到了寒武纪晚期，它们就灭绝了。人们认为，这些居住在壳里的动物与现今的软体动物有着密不可分的关系。寒武纪早期的“微型海底”世界持续时间并不久。随着贝壳和其他外部坚硬结构的迅速形成，当时的后生动物在相当短的时间内实现了大规模演化，然而这并不足以保证它们生存下来。到了寒武纪中期（5.2 亿年前），一场严重的动物灭绝事件将大多数古杯动物消灭殆尽，而另一波多样化进程则开始了。

节肢动物的武器
以纵向三片叶而得名的三叶虫首次出现在大约 5.45 亿年前。三叶虫是已知最早的节肢动物之一，占寒武纪岩石中所有化石的三分之一。它们是第一批演化出外部骨骼的动物之一。

具壳理论

为何寒武纪早期的后生动物会演化出贝壳呢？答案明显是它们需要保护。但需要指出的是，当时并不存在长有牙齿的食肉动物，那么这些微小的有机动物要对抗的到底是什么呢？其中一种可能性就是，食肉动物使用了其他进攻方式，如刺细胞，这在化石记录中并未找到痕迹。但这些贝壳也有可能不是用来保护身体的，也可能是用来储存能量、对海底化学变化的感应器、将柔软的身体部位固定起来的锚。

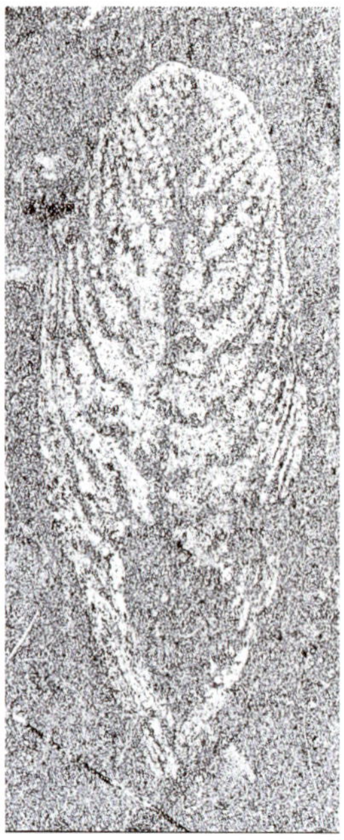

叶状动物
这块长 20 厘米的奇翼虫（*Thaumuption*）化石来自布尔吉斯岩层，它们与埃迪卡拉纪的叶状埃迪卡拉动物如恰尼虫，极为相似。有些科学家认为这两种动物是近亲，奇翼虫也可能是现存动物海鳃 5.6 亿年前的祖先。海鳃是与珊瑚近亲的群居动物。

寒武纪晚期

LATE CAMBRIAN PERIOD

这一时期以节肢动物（如三叶虫）的兴盛和原始脊椎动物的出现为标志。

自经历冰川遍布的前寒武纪晚期之后，由冈瓦纳南部大陆、劳伦大陆（北美大陆）、波罗地大陆（欧亚大陆）、西伯利亚大陆（亚洲）和阿瓦隆尼亚大陆（欧洲西部）组成的潘诺西亚大陆开始分崩离析，形成了伊阿珀托斯洋，即今大西洋的前身。当时气候变暖，远超现在的平均气温，世界也变得潮湿。从寒武纪之初就已经开始上升的海平面仍在持续上升，一直延续到寒武纪晚期。此时，北美大陆半数以上的陆地都已被浅海淹没。

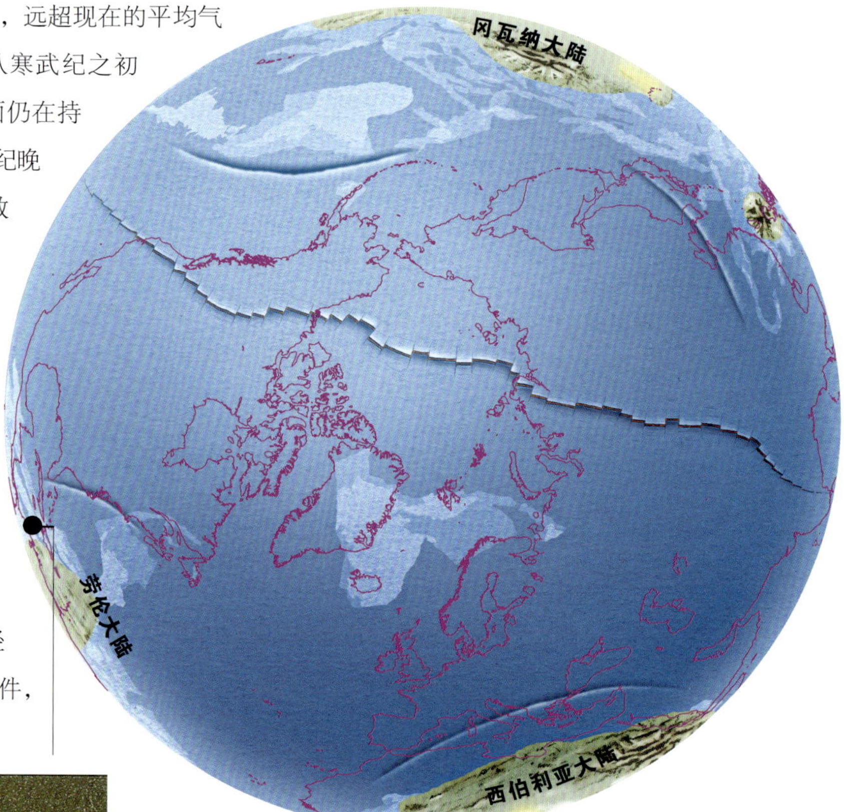

灭绝事件

这些温暖且光照充足的海水为生物的发展和多样化提供了理想环境，但这一过程并不那么顺利。地球曾经历两次大规模生物灭绝事件，一次是在前寒武纪末期，另外一次更为重大的灭绝事件发生在寒武纪中期，大概是 5.09 亿年前，导致 70% 的物种消失。尽管像古杯动物这样繁多的生物灭绝了，但其他更能生存、更具侵略性的食肉动物

带武装的蛞蝓
鳞片状的武装板形器官覆盖着这种类似蛞蝓的生物——威瓦西虫（*Wiwaxia*）。该虫长 4 厘米，来自加拿大的布尔吉斯页岩。威西瓦虫的鳞片是中空的，布满格子状的层层叠叠的骨甲，这些骨片可能色彩斑斓、闪闪发光，借以吸引配偶。

大灭绝

发生在寒武纪中期的大灭绝似乎是由起伏不定的海平面变化引起的。随着海平面从寒武纪前期的较低水平上升，海洋生物群居在扩张中的陆架海上。寒武纪中期的海平面再次降低，破坏了浅海生态环境，使得大批海洋生物灭绝。

在寒武纪中期演化，如奇虾和拉干虫（*Laggunia*），二者都具有适于咬噬的口器（牙齿）。而其他的食肉动物，主要是蠕虫类，需要将猎物整个吞掉。

节肢动物（包括三叶虫）是当时最为普遍的海洋有机生物，并持续地发展繁荣。许多节肢动物身披重甲，覆有刺和像链甲一样的“骨甲”，这些都是为了保护自己免遭食肉动物的捕食。直到后来，节肢动物以坚硬的甲壳（主要由海水中的碳酸盐和磷酸盐构筑而成）覆盖身体。

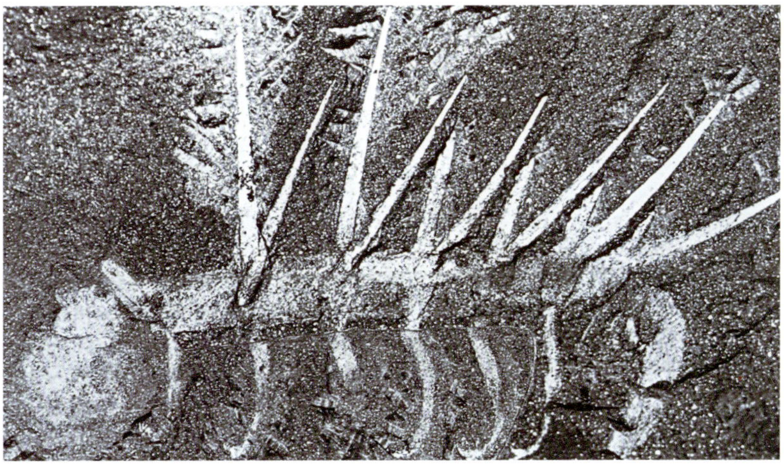

带骨刺的奇异生物
这个在布尔吉斯页岩发现的动物非常奇怪，正如其名字“怪诞虫”（*Hallucigenia*）一样，人们起初认为其背部直立的刺是它的腿，身下活动的附肢是它的进食器官，但之后科学家们将它翻转了一下，经过漫长的调查研究科学家最终弄清哪里是首、哪里是尾。

精细翔实的腿部化石
拟油栉虫（*Colenoides*）等三叶虫在当时是最为繁多的节肢动物之一。这块布尔吉斯页岩化石详细地记录了拟油栉虫的腿部，从它坚硬的类似螃蟹一样的表面下突出出来。

皮卡虫和布尔吉斯页岩

寒武纪早期时期出现的软体动物与腕足动物（双壳的无脊椎动物）继续多样化繁殖，但是这一时期最可能发展的莫过于一种叫作“皮卡虫”（见第 66 页）的游泳生物。这是已知的最早具备脊椎早期特征的动物，特征是一根长长的硬棒和脊髓神经。人们认为，皮卡虫是所有脊椎动物的祖先，也包括人类在内。

与动物一样，其他生命形式仍然只能生存在海洋中。这些生命形式包括蓝藻（单细胞原生生物）和早期的多细胞藻类（绿藻、红藻和褐藻）。

自 20 世纪 80 年代以来，这个时期的生物的信息量倍增，其中大部分是从加拿大的布尔吉斯页岩获得的化石，除此之外还有从中国云南省澄江县的帽天山页岩和格陵兰北部的西里斯帕西特（Sirius Passet）的化石进行补充。

布尔吉斯海底世界

寒武纪海洋世界最好的证据，是从加拿大的不列颠哥伦比亚省挖掘出来的 5 亿年前的泥岩。该地区已经挖掘出了上千块保存完好的化石，其中的一些甚至完好无缺。这些化石凑在一起，为我们研究寒武纪时期的海洋生命提供了证据，证明在当时节肢动物是主要的生命形式。

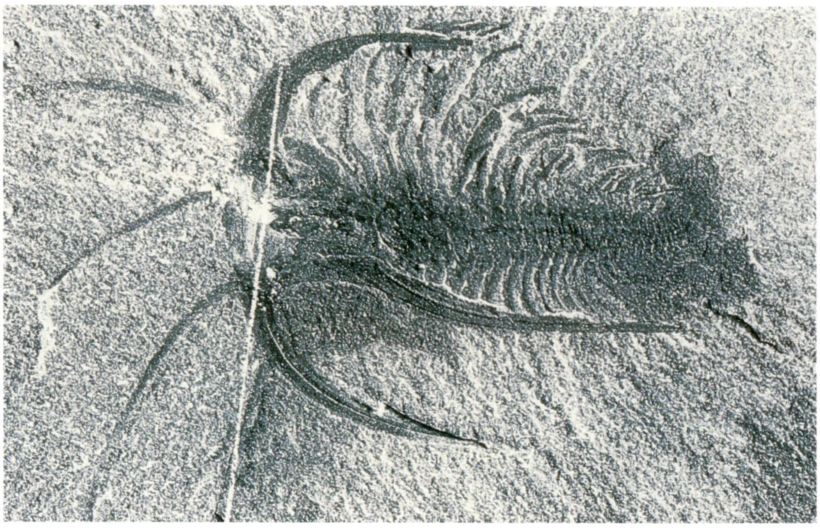

保存完整

这块马尔三叶形虫（*Marrella*）化石是从布尔吉斯页岩中发掘出来的，也是保存较为完好的化石之一，其触角、腿和精致的腮均清晰可见。沃尔科特将它命名为“花边蟹”，但它其实是一种类似虾的原始节肢动物。

发现布尔吉斯页岩

美国古生物学家查尔斯·都特尔·沃尔科特于 1909 年 8 月 31 日偶然发现了布尔吉斯页岩，当时他正横越落基山脉中连接菲尔德山和瓦普塔山的一座高高的山脊，沃尔科特在一大块坚硬的页岩中看到大量化石，并立即意识到其重要性。这些化石不仅保存了古生物通常会有的坚硬部位，连柔软组织也保存了下来。就这样，沃尔科特偶然发现了规模最大、保存最完好的布尔吉斯化石群。

人们普遍认为，布尔吉斯页岩中的生物是被海中悬崖上的泥流所埋葬。化石中保留了极好的身体细节，包括精细的附肢，这表明它们被埋葬的速度极快，很可能是被埋葬在含氧量低的泥土中，在缺氧的情况下，组织分解的速度变得更慢，因此保存更加完好。

此次幸运的发现后，经过 8 年时间，沃尔科特系统地开凿了山腹地带，挖掘出上千个物种化石，之后他将这些化石用船送到了美国华盛顿的史密森学会。这些化石被公开后，包括英国剑桥大学、加拿大皇家安大略博物馆以及其他单位的古生物学家们的著作证明了这一发现的重大意义。

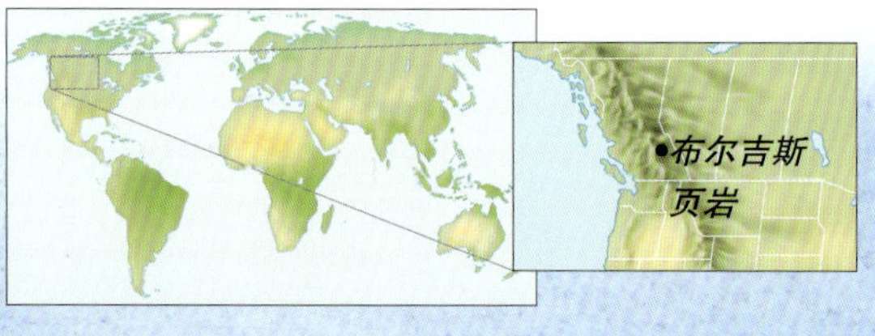

布尔吉斯页岩中的生命

布尔吉斯的节肢动物有着多种多样的生活方式。属于三叶虫的拟油栉虫生活在海底，而马尔三叶形虫则是游泳生物，二者均以有机腐质为食。奇虾的一种拉干虫是迅猛的游泳食肉动物。各种各样的海绵动物，如皮拉尼海绵，都和埃迪卡拉纪幸存者查恩盘虫一样从海底向上生长。许多蠕虫隐匿在沉积物中，包括食肉动物奥托虫。其他蠕虫，如加拿大虫，都栖息在海底上。如属于游泳软体动物的威瓦亚虫穿梭于泥土中，受刺和骨板的保护。人们认为游泳的皮卡虫是脊椎动物的祖先。一些布尔吉斯生物，如奇异的怪诞虫和类似植物的动物高足杯虫，则完全无法归类。

寒武纪的海底世界

从布尔吉斯页岩化石的研究中，人们发现近 40 种节肢动物，占所有保存下来的动物的一半，30% 是棘皮动物（类似海星）、海绵动物和曳鳃动物，剩下的则是腕足动物、软体动物和一种称为皮卡虫的怪异游泳动物，它可能是现存脊椎动物的近亲。

海底上还栖息着许多“多毛”的蠕虫，如加拿大虫（*Canadia*）。它们的表面长了上千根细小的类似刺的纤维。人们认为，布尔吉斯动物的刺以及具纹路的鳞片和骨板，都是用来制造幻彩的反射器。这些动物在海中的模糊光线中游动时，身上的反射器和刺毛闪着银光，使它们能够辨认对方，这些结构也会被食肉动物看见，但它们的刺和骨板能起到保护作用。

这个时期海洋中多种多样的生物存在，表明海洋生物中已经有了一个食物链，该食物链与现代海洋生态系统类似。在寒武纪时期，动物演化中出现如此多的种类，又具有如此高的生态复杂性，科学家们由此得出结论：多细胞动物一定经历了一个漫长的早期发展过程，其时间要追溯到前寒武纪时期。

三位一体的奇虾

布尔吉斯动物中最神奇的莫过于自由游泳的食肉动物奇虾，它身长约 60 厘米。一百多年来，人们只从零零散散的遗迹中看到过它们，而又被视为不同类的动物，如水母、虾或海绵生物。直到 1985 年，英国古生物学家将碎片拼成一块，并命名为“奇虾”，意即“不寻常的虾”。

鉴定
奇虾的口器（左图）曾被看作是水母，而肢体（下图）则被当作虾。

凶猛的蠕虫
食肉动物奥托虫（*Ottoia*）是从该页岩中发现的一种曳鳃动物，它们栖息在海底的洞穴中，喙可伸缩，有钩和牙齿，以供抓取猎物。

皮卡虫——我们的祖先？

原始动物，头部不明，长度不到 5 厘米，游荡在寒武纪中期的海水中，和所有脊椎动物（包括鱼类、鸟类和哺乳动物）的祖先是近亲，这就是皮卡虫。皮卡虫发掘自加拿大不列颠哥伦比亚省著名的布尔吉斯页岩，是无数种动物化石中最有趣的一种。

不可能的祖先

从布尔吉斯页岩中的化石中看，皮卡虫并不像人类祖先，而像是被两边压平的蠕虫。但仔细观察会发现这些挤压痕迹明显具有脊索动物的特征，如细长的脊索、背神经管和躯干两边下方的肌肉群，这些全部都是脊椎动物演化的重要特征。

脊索是一根棒状结构，沿动物背部分布，使动物身体变长变硬，也使其两边的肌肉群活动，为游泳做准备。在鱼类和随后所有的脊椎动物中，脊索形成脊椎（或称脊柱），脊椎加强了身体的活动能力，支撑着类似支柱的肢体，保护着至关重要的背神经管，同时又能让身体弯曲。

令人惊奇的是，如今仍然存在类似皮卡虫的动物——文昌鱼。这种奇异的小动物远在皮卡虫化石发现之前就已为生物学家所熟知，由于同样具有脊索和成对的肌肉群，文昌鱼和皮卡虫都属于脊索动物，而脊椎动物就是脊索动物的近亲。分子生物学研究已将文昌鱼认定为现存的脊椎动物祖先的近亲。虽说文昌鱼是较为高级的脊索动物，但其他现存或已成化石的族群，如海鞘和笔石类生物，都更为原始。它们被称为尾索动物或半索动物，只在生命的早期阶段才具有脊索或具极短的口索。

远在 5.2 亿年前就出现皮卡虫这样的复杂动物，强化了这个具有争议性的观点：生命的多样性一定远在寒武纪之前就开始了，甚至可以追溯到前寒武纪时期。

海鞘
与文昌鱼一样，海鞘也是看起来最不相似的脊椎动物的近亲。成年海鞘恒久地与海底相连，外表看起来与海绵无异。幼体自由游弋，与蝌蚪相似，身体结构与脊椎动物相近。一根长长的背索令它们的尾巴能在游泳中自由调整。幼虫先用头部与海底相连，然后逐渐变为成体。

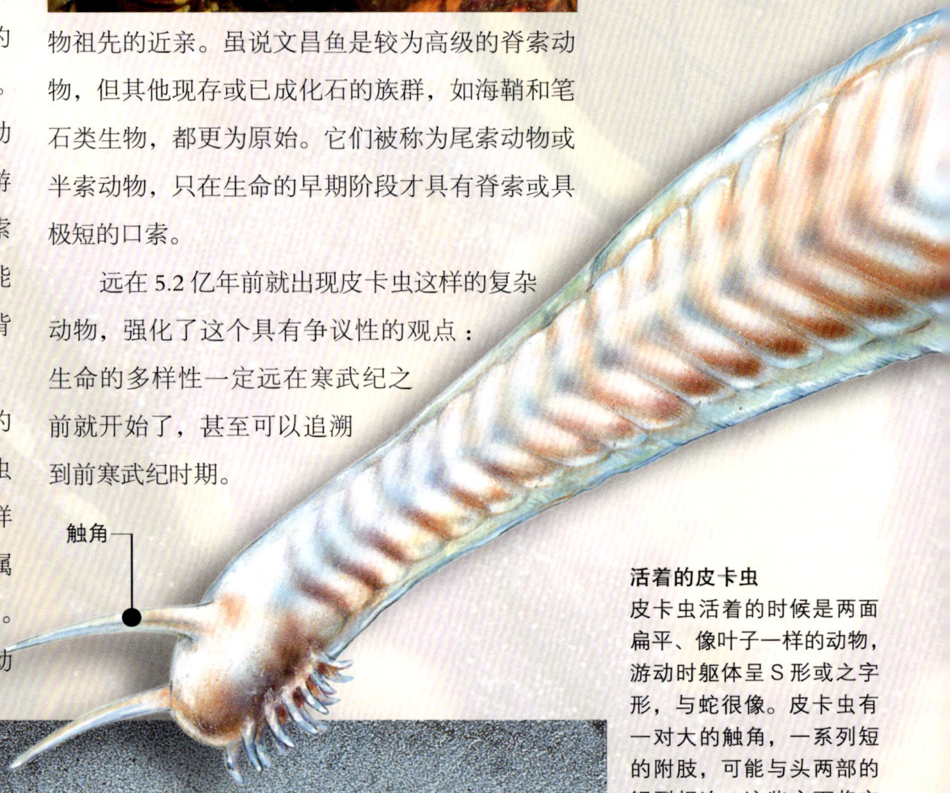

活着的皮卡虫
皮卡虫活着的时候是两面扁平、像叶子一样的动物，游动时躯体呈 S 形或之字形，与蛇很像。皮卡虫有一对大的触角，一系列短的附肢，可能与头两部的鳃裂相连，这些方面将它与现有的文昌鱼区分开来。古生物学家仍在研究皮卡虫的解剖学的细节问题。

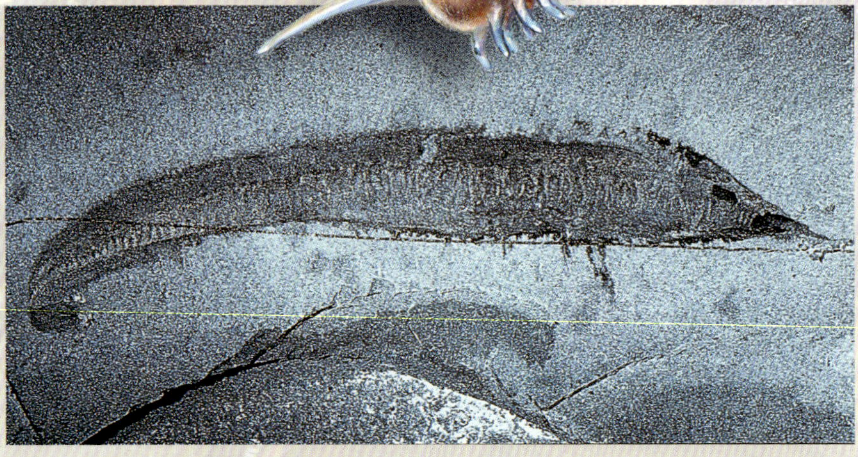

皮卡虫化石
这种原始海洋生物展示了脊椎动物的各种特征。它平展的躯体分成数对分开的肌肉群，如图中暗色垂直线所示，肌肉分布在脊索的两侧，脊索由头顶（左边部位）长到尾端（右边逐渐变细的部位）。

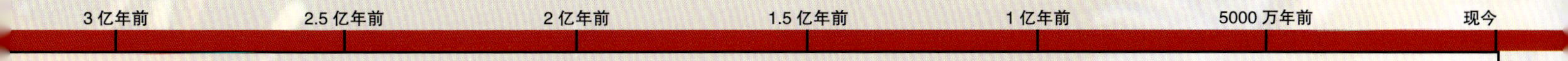

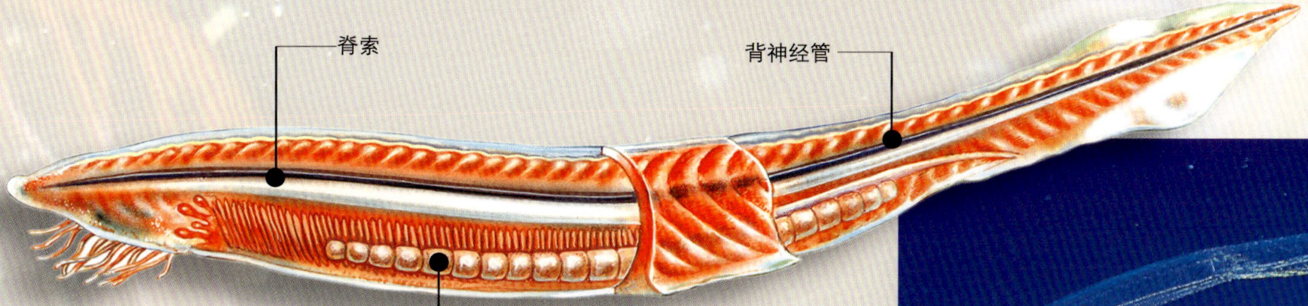

文昌鱼的解剖

切除文昌鱼成对的躯体肌肉后，从头延续到尾部的棒状结构出现，构成脊椎动物的脊索。

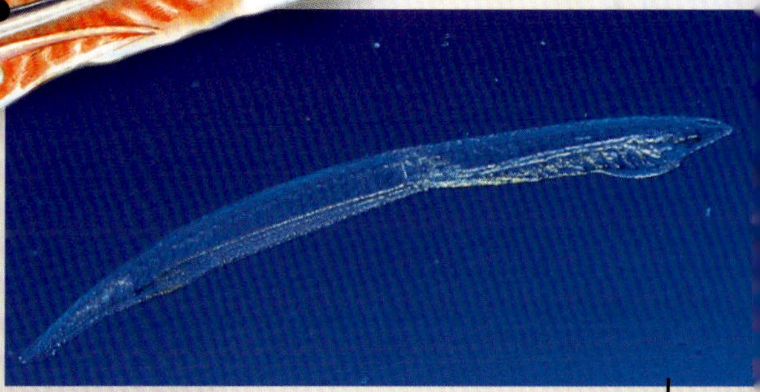

看穿其躯干

文昌鱼半透明的躯干清楚地显示出其内部剖面，其躯干与皮卡虫内部构造极为相近。

脊椎动物的头部

皮卡虫头部的演化源于细长的躯干和游泳习惯，而当这只动物向前游动时，与周围环境首先接触的一端形成了口器。搜索食物时，它不得不时刻探测前方为何物。视觉、感觉和嗅觉器官均分布在口器附近，这些器官所搜集的信息经过神经索——即大脑进行处理。这些前端器官合起来形成脊椎动物最重要的部位——头部。在文昌鱼和皮卡虫之类的脊索动物中，我们首次看到头部的演化迹象。

脊椎动物的近亲们

了解动物生理学细节之后，科学家们就可以确定生物之间是如何联系的。惊喜无处不在，因为即使看起来不存在联系，但海星（棘皮动物）和海鞘（尾索动物）与所有脊椎动物都是近亲，包括鱼类和人类。海鞘和棘皮动物的胚胎与幼虫在成年之前，都与脊椎动物极为相似。在这棵以亲密度为标准的生物学“家族树”上，与脊椎动物最近的近亲，是一生中都会具有脊索的脊索动物，如现存的文昌鱼。年龄达 5.2 亿年的皮卡虫化石与文昌鱼如此相似，说明它同样是脊索动物，也就是我们所知道的最早的祖先。

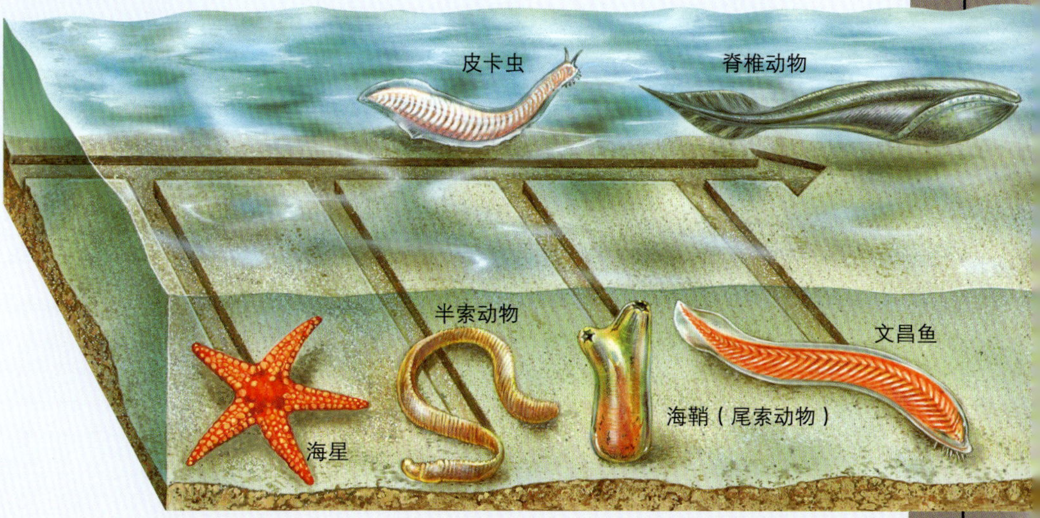

奥陶纪

THE ORDOVICIAN PERIOD

奥陶纪时期，海生动物空前发展，直到气候剧变毁掉了许多物种赖以生存的环境。

在奥陶纪时期，地球变化的步伐加快了。在奥陶纪存在的约 5000 万年时间里（从 4.88 亿年前到 4.44 亿年前），西伯利亚大陆和波罗地大陆北移，伊阿珀托斯洋开始闭合，瑞亚克洋逐渐在南方形成。冈瓦纳超级大陆仍然主宰着南半球，南极点则为北非所占据。

我们关于奥陶纪气候变化和大陆位置的知识，都是从栖息在海洋中的小动物的化石推断出来的。尽管原始植物和一些小型节肢动物在奥陶纪开始侵占陆地，但此时的大部分生命仍然集中在海洋中。

蓝岭生成

阿瓦隆尼亚大陆与劳伦大陆之间发生碰撞，导致了今美国维吉尼亚州蓝岭山脉的形成，使早期的沉积岩发生变形。

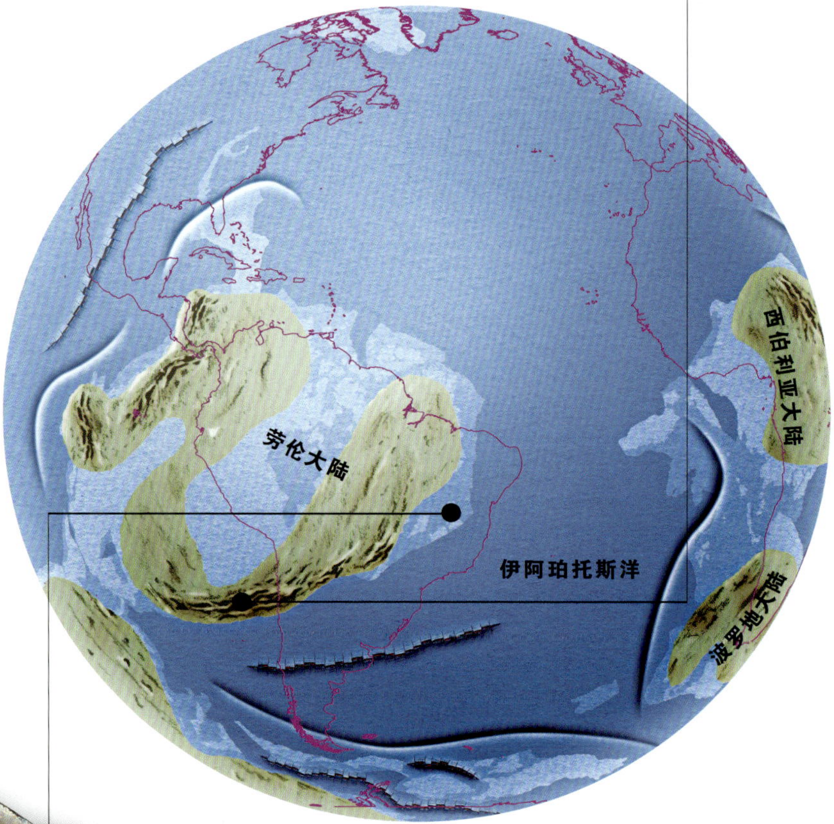

微观世界

鱼类开始演化，但大多数海生动物体形仍然相当微小，只有少数动物体长超过了 2~5 厘米。最为普遍的是类似双壳动物的腕足类，多数长度为 2~3 厘米。已知有超过 12000 个腕足动物物种，它们栖息在海底或附着于如海百合的其他生物上。由于它们的壳随着当地条件而各有不同，这些化石能够帮助人们重构当时的环境。

多不思林（Dob's Linn）岩石

多不思林的页岩记录了奥陶纪结束和志留纪开始之间的界线。这块含有轮廓分明的笔石动物化石的岩石，由查尔斯·拉普沃思于 1879 年在苏格兰的南部高地发现。拉普沃思用地图描绘出了复杂的古代海洋地层的顺序，并建议和确认了寒武纪和志留纪之间的新时代，因当地是古代奥陶部落的居住地而将其命名为“奥陶纪”。

三叶虫和笔石动物

另外一些有助于我们了解奥陶纪的化石包括三叶虫和笔石动物化石。三叶虫有 4000 种，大多数身长小于 10 厘米。尽管三叶虫遍及整个海洋世界，但有些地区的三叶虫却有着属于自己的特征。研究三叶虫化石在全球的分布，有助于科学家们重构当时地球地壳的位置。

笔石动物是曾经被人们当作植物的奇异生物。这种过去十分普遍的生物浮游在海洋中，由许多微小的个体组成，在海洋中浮游滤食。

胞管

笔石动物是有组织的群居小动物。它们栖息在由骨架边缘锯齿组成的“胞管”中，用来过滤食物的小头触会从胞管上突出。这些化石发现于威尔士。

大规模灭绝事件

奥陶纪的海生动物曾绚烂多彩，多种多样，共有超过 600 个海生动物的科，但是它们注定不能长存。全球气候逐渐变得更加潮湿、寒冷，在这个时期末进入冰期，使得许多生物灭绝了。随着海水被两极冰川冻结，海平面下降了 330 米。大陆架上的浅海变成了干旱的平原，使原本栖息在那里的许多生物遭到灭顶之灾，那些不能迁徙到海洋深处的动物更是首当其冲。

笔石动物化石带

随着笔石动物迅速演化，它们的骨架发生了变化。这些变化可以用来准确地测定奥陶纪、志留纪和泥盆纪早期海洋地层的年代。1879 年，苏格兰地质学家查尔斯·莱普沃思列出了苏格兰南部笔石动物的准确年代，并用它来确定了该地层的准确顺序。莱普沃思所创造的笔石动物“化石带法”从此在世界范围内得到应用。

鲎化石

鲎（又称马蹄蟹）化石首次出现于奥陶纪。它们与三叶虫一样，都是栖息在海底的海生节肢动物。因为从 4 亿年前问世且至今仍保持其原始相貌，被人看作“活化石”，但形态与现代鲎相似的鲎化石出现于侏罗纪。并不能够追溯到奥陶纪。

奥陶纪海洋中的生命

奥陶纪时期，海生动物演化迅速。许多动物在这个时期体形变大，力量增强，移动速度变快。名为牙形刺（*Conodont*）的无颌有机动物，如今已灭绝，但在奥陶纪的海洋中相当普遍，它们因与首批脊椎动物是近亲而意义重大。首批类似鱼的无颌脊椎动物出现之后，紧跟着首批类似鲨鱼的脊椎动物也出现了，它们具有颌和牙齿，生存时间大约在4.5亿年前。有证据表明，这一时期的动物们开始向陆地转移。

微型牙齿
这些像梳子一样的条带化石是牙形刺（如*Promissum*）的进食器官，而牙形刺曾是奥陶纪海洋中较大的生物之一。人们认为，牙形刺是脊索动物包括真正的脊椎动物的近亲。

牙形刺之谜

古生物学家一直受两个问题的困扰——牙形刺是什么，它们的近亲是什么？直到20世纪90年代，这些问题也仍然没有解决，因为人们在寒武纪晚期到三叠纪晚期（5.2亿年前到2亿年前）的岩石中的唯一发现就是其留下的微小牙形结构。没人知道这些牙形结构属于何种生物，直到人们先后从苏格兰和南非的石炭纪岩石发现带有软组织的牙形刺。这些发现表明，这种牙齿确实是进食器官，位于一双发育完全的眼睛下方，该牙形刺背部长有神经索、脊索和肌肉群，表明这些动物是活跃的游泳动物，是脊椎动物的近亲。它们也同样具备脊椎动物的特征，如头部和由肌肉控制动作的一对眼睛。因此，一些专家认为，这些牙形刺比寒武纪的脊椎动物祖先皮卡虫更为高级，可能是类似鱼的无颌脊椎动物。

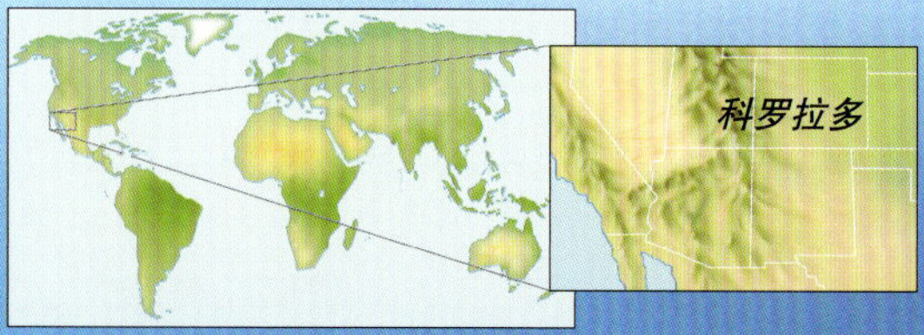

奥陶纪的海洋世界
海洋的上层布满了浮游生物，包括已灭绝的笔石动物（如直笔石）。而在海底，生长着大量的贝类动物，如腕足动物（如扭月贝）、皱壁珊瑚和苔藓动物。三叶虫（如三分节虫）和腹足动物（如环线螺）从海底搜寻食物。移动性更强的过滤性捕食者是首批无颌、无牙齿、像鱼一样的脊椎动物（如莎卡班坝鱼），而有牙无颌的牙形刺、有触手的头足类动物（如内角石）和鹦鹉螺类动物都曾是活跃的食肉动物。

向陆地进发

动物在这一时期开始涉足陆地，但并不是直接从海洋出来，而是先转移到淡水区域。人们在英格兰北部奥陶纪晚期（4.5 亿年前）的淡水沉积物中发现的一列宽度为 1 厘米的平行痕迹。这些痕迹可能是类似马陆的节肢动物留下的，它们可能身体分段，腿部分节，还具有外骨骼，但目前并未发现这种生物的躯干化石。节肢动物最适合从有利的水环境转移到空气干燥、生长着原始植被的干旱的陆地上。

奥陶纪的无颌脊椎动物

奥陶纪地层中早期的、似鱼的无颌脊椎动物化石非常少见，但在随后的志留纪和泥盆纪就十分普遍了。然而，无可置疑的是无颌动物确实存在于奥陶纪。

1892 年，美国古生物学家查尔斯·沃尔科特（以发现布尔吉斯页岩著称，见第 64 页）在美国科罗拉多州的哈丁砂岩中发现一些无颌动物碎片，这些碎片都已达 4.5 亿年之久。同属此地的岩石曾经发现过其他有名的脊椎动物化石，如有颌的似鲨动物的鳞片。最古老的无颌动物化石是来自玻利维亚的莎卡班坝鱼（*Sscabambaspis*）和来自澳大利亚的阿兰达鱼（*Arandspis*），它们出现的年代稍晚，但仍属于奥陶纪。它们发现地之间地理距离之遥远强化了一种观点：它们的祖先出现的时代比之前人们所认为的还要久远，很可能在寒武纪时期。

这些化石表明，奥陶纪的无颌动物与如今尚存的少数无颌脊椎动物（如七鳃鳗和盲鳗等）极为不同。更为关键的是，它们的头部和躯干都被由骨质材料所构成的坚韧板状结构所覆盖。没有颌和牙齿的这些动物，必定是以大量微小的动物为食，如浮游的微小动植物。

类似蛤的腕足动物

奥陶纪最普遍且演化最成功的贝类莫过于腕足动物。大多数的腕足动物都用称为“肉茎”的短肉柄与海底或其他贝壳类动物永久黏附，而有些则自由地躺卧在海底沉积物上。它们通过开口的壳吸收海水和过滤性摄取微生物为生。尽管它们与双壳动物非常相像，却并非其近亲。

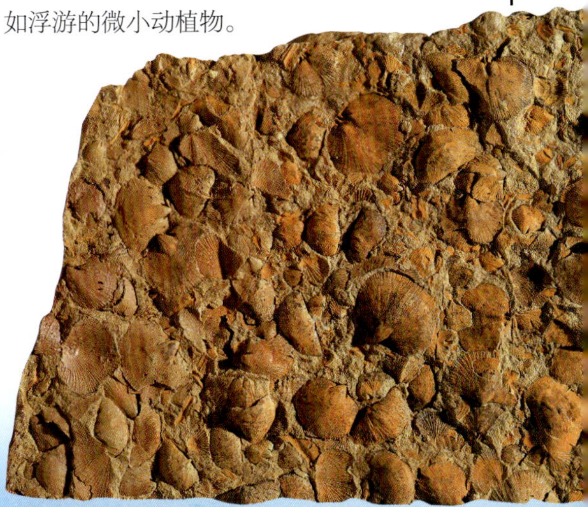

志留纪

THE SILURIAN PERIOD

经过奥陶纪大灭绝之后，生命开始在志留纪时期复苏，陆地被新的植被和节肢动物所占据。

志留纪始于约 4.43 亿年前，尽管只持续了 2600 万年，但在英国和北美洲发现的这一时期的地层和化石却是世界上研究最多的。由于欧洲的罗德里克·默奇森爵士（Roderick Murchison）和北美洲的地质学家詹姆斯·霍尔（James Hall）的努力，这些地层和化石在 19 世纪中期就已名闻天下。

志留纪是演化史上的关键时期。随着奥陶纪末期冰期到来，大量生物灭绝，有些动物（包括三叶虫、牙形刺和笔石动物）再也未能完全回复其繁荣。然而，从总体看来，随着海水变暖、海平面上升，生物还是出现了大规模的复兴。虽然海洋很适宜生命生存，但是正是在这一时期，植物和无脊椎动物首次确切地定居在了陆地。

群居的笔石动物

单笔石是一个圈状的群居体，118 只微小生物栖息在一个 2 厘米宽的胞管群内，这群生物死后，下沉被埋，随着沉积物被压实形成页岩而展平。右图的笔石化石发现于德国。

海洋变化

到了志留纪时，古老的伊阿珀托斯洋逐渐闭合，而劳伦大陆（北美洲）、波罗地大陆（英国北部和斯堪的纳维亚）和阿瓦隆尼亚大陆（英国南部、加拿大新斯科舍省和纽芬兰与拉布拉多省）合为一体。南方新生了一片海洋，将正在成形的北方新大陆与冈瓦纳大陆南部分离。

伊阿珀托斯洋的闭合形成了浅海和盆地，为新生命提供了新的栖息地和良好的生态环境，使海洋生命再次繁荣兴盛，物种变得多种多样。大片的珊瑚礁遍及劳伦大陆和波罗地大陆附近的赤道水域。

在志留纪被冲刷到沙滩上的许多贝类，如今仍然清晰可辨。

志留纪的无颌动物

伯肯鱼（*Birkenia*）是一种长 4 厘米的无颌动物（没有下巴的鱼）。下图中的化石发现于苏格兰，但更多相似的化石发现于欧洲的波罗的海地区。

志留纪名称的由来

志留纪由英国前军官、地质学家罗德里克·默奇森于 1835 年确定。他与年轻的剑桥大学教员亚当·塞奇威克一起，绘制出了威尔士的地层。人们认为这个地层是覆盖在首批火成岩（岩浆岩）之上的最古老的分层岩石。通过研究分布在沉积地层中不同的化石，默奇森把分布在寒武纪（塞奇威克命名）岩石之上的地层称为志留纪岩层，以作区别。命名志留纪是为了纪念古罗马时代居住在威尔士的"志留"部落。

带刺的三叶虫

这种与众不同的志留纪三叶虫，名叫达尔曼虫（*Palmanites Myops*）。拥有大型头盾，发达的眼睛和长长的保护性肋叶，肋叶沿躯干两侧分布，其身长为 6 厘米，与许多其他三叶虫一样在海底搜寻食物。这块保存良好的化石发现于英国的达德利地区。

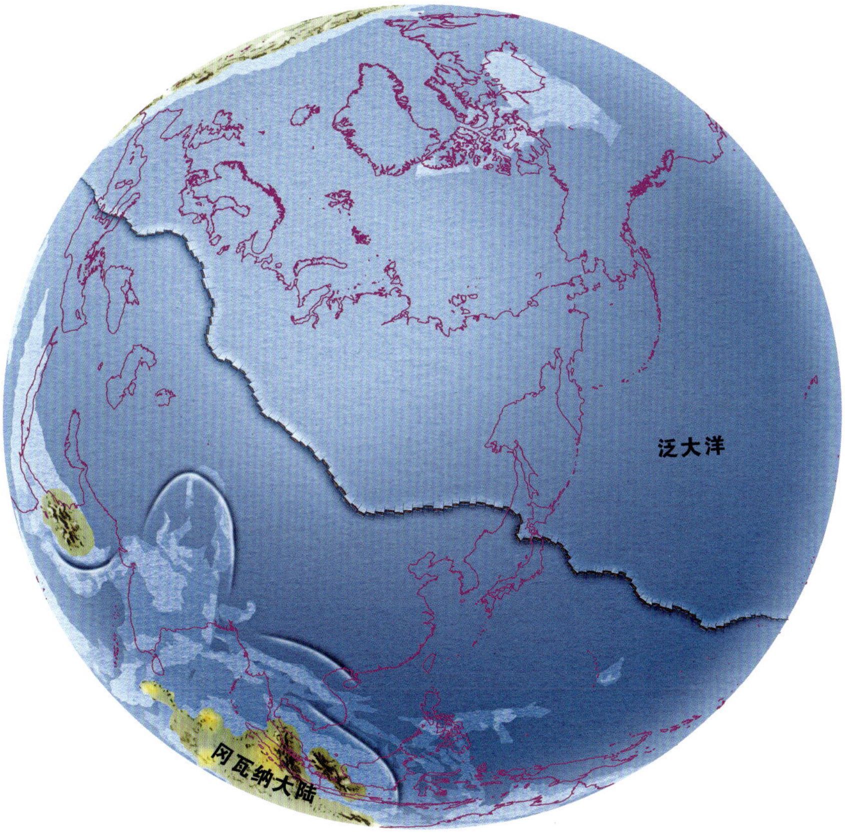

腕足动物的坟墓

许多腕足动物小嘴贝留在这块志留纪岩石中。这些水生具壳动物活着的时候，壳会通过肉茎黏附在坚固的表面上。而死了之后，它们的壳就会被海底的水流冲刷到一起。这些化石被发现于威尔士边境地区。

志留纪的贝类生物比早期的要大，长度甚至可达 4 厘米。而有些则更大，如一种类似乌贼的鹦鹉螺，其圆锥形贝壳长度可达 10 厘米或更长。腕足动物、双壳动物、腹足动物、棘皮动物（如海星和海百合）和鱼类都在持续地多样化发展。

大陆北部的浅海和海盆逐渐变得更浅，进而分裂，最终相互分离，形成湖泊。无颌鱼类在这些温暖的水域中繁衍壮大，体长比奥陶纪时更长，达到了 20 厘米。新的有颌鱼类和海蝎以无颌鱼类为食，而无颌鱼类则演化出了奇异的重甲来应付。

在地球上，生命长期演化最重要的莫过于比苔藓（奥陶纪的典型植物）更复杂的植物出现和兴盛。这些植物通过光合作用，创造了含氧环境，支撑陆地上大批动物的生存。

陆地上和海洋中的生命

珊瑚群落

首次形成面积宽广的珊瑚礁的志留纪珊瑚（上图及下页），与如今的珊瑚相似，但它们已全部灭绝。

与在海洋中生存相比，陆地上的环境更为艰苦，动植物都需演化出特殊器官来适应大气环境。为了生存，它们还需承受冷热变换、气候干旱和太阳辐射。然而到了志留纪时期，陆地还是逐渐地被动植物所占据。

尽管自奥陶纪以来，如苔藓植物早已抢先占据陆地，但它们的生命形式却受到很大限制。志留纪时期，第一批直立的维管植物出现，它们也留下了化石记录。被称为库克孙蕨（*Cooksonia*）的它们，具有坚硬的根茎和用来传输水和营养的管道。

库克孙蕨与现今的开花植物大不相同，它们没有花朵、叶子和种子，而是由微小的直立根茎构成，高 4 厘米，分叉成两根相等的枝杈，两端均为充满孢子的杵状的生殖囊。这种植物最初的繁殖需要潮湿的环境，所以雄配子要游动着去给雌配子授精。

这些直立植物的演化对于陆地食物链的形成至关重要。食植动物以植物为食，一旦食植动物达到一定数量，食肉动物就能演化，并以食植动物为食。

然而，对于原始动物而言，消化新鲜植物是非常困难的。首次出现的食植动物就是以腐败植物为食的节肢动物。被细菌部分分解之后的植物更易于食植动物消化，也顺便将重要的微生物带入食植动物的消化器官，以帮助消化植物。

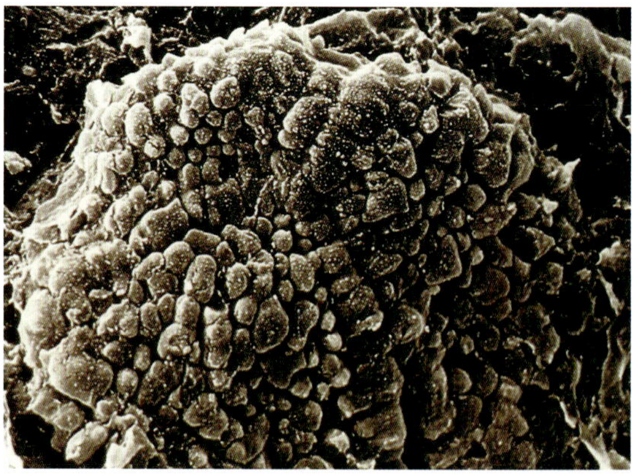

早期的食植动物

人们在散落的早期植物化石中发现了类似蜈蚣的节肢动物的遗迹，同时还发现了含有坚硬的植物孢子的微粒粪便。人们认为，这些节肢动物不是以新鲜植物为食，而是吃腐败的原始库克孙蕨。

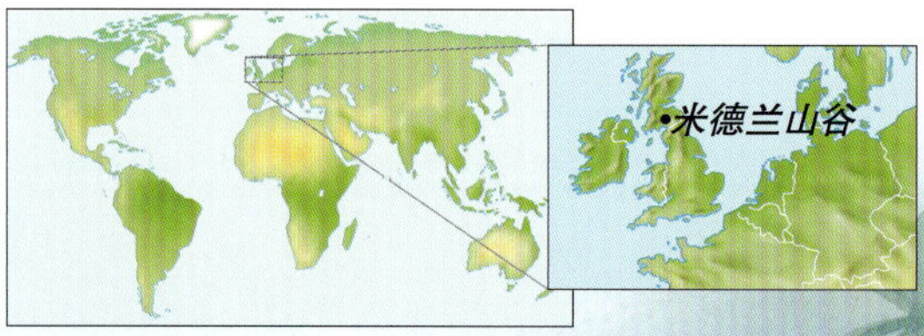

志留纪的海岸

志留纪晚期的海岸线充满了演化中的生物，包括已为人熟知的具壳动物，如三叶虫和腹足类动物，而最重要的演化莫过于脊椎动物和陆地植物。无颌鱼形脊椎动物，如 *Ateleaspis* 已长出鳞甲，而伯肯鱼（*Birkenia*）、*Loganellia* 和莫氏鱼（*Jamoytius*）则被稍小的鳞甲覆盖。随着有颌鱼形脊椎动物和板足鲎（如翼肢鲎）等食肉动物的剧增，无颌鱼形脊椎动物已经时日不多了。而在陆地上，则出现了第一种直立生长的微小植物库克孙蕨。

板足鲎

在志留纪时期，地球上存在着一种叫作板足鲎或“海蝎”的首批大型食肉动物，它们演化自奥陶纪，一直存活到二叠纪。它们体形类似蝎子，有些还有大大的钳子，长长的有关节的躯干被坚硬的外骨骼所覆盖，使得它们成为当时装备最为精良的动物之一。然而，因为它们属于节肢动物，所以不得不周期性地褪去外骨骼以供生长，这一过程也让他们无法对抗袭击。板足鲎有多种多样的生活方式，有些能够游泳，有些是食腐动物，而有些则是活跃的食肉动物。从美国纽约的志留纪地层发现的板足鲎长度已达 2 米。它们是最早从海洋转移到淡水环境的动物之一。

繁荣蓬勃的生命

志留纪的许多海洋生物与现在的海洋生物大不相同。有些属于已灭绝物种，如古生代的珊瑚、移动的节肢动物三叶虫和笔石动物、自由游动而又装甲精良的无颌动物板足鲎、牙形刺和直锥形的头足类动物。其他的种类如腕足动物和海百合，如今仍然存在，但与奥陶纪和志留纪相比已经少了很多。它们当时曾以数量众多、种类繁多而占据着大陆架浅海区域。

脊椎动物的崛起

志留纪最为普遍的脊椎动物就是无颌鱼类，它们品种繁多，从自由游弋在海中类似鳗鱼的没有鳞甲的莫氏鱼（*Jamoytius*），到生活在海底且头部裹在马蹄形骨盾中的 *Ateleaspis*。另外一种无颌动物——形状怪异的 *thelodont*，躯干覆盖着微小的尖刺似的鳞甲，就如现今的鲨鱼一样。还有一些人们较熟悉的鱼形无颌动物，如伯肯鱼（*Birkenia*）。

对海洋中的生态链产生最大影响的生物学事件是鱼形脊椎动物的颌的演化。最早的有颌的鱼形脊椎动物是如今已经灭绝的棘鱼，它们所有的鱼鳍前端都有独特的棘刺。这些棘刺几乎是这种小动物化石中仅存的部分，但它们确实有带牙的颌。

泥盆纪

THE DEVONIAN PERIOD

泥盆纪常被称为“鱼类时代”，其特征是河流、内陆海和淡水湖中布满了数量众多且品种多样的生命形式。

泥盆纪从4.16亿年前开始到3.59亿年前结束，共持续了5700万年。在这个时期，伊阿珀托斯洋终于完全闭合，北美洲和格陵兰岛（劳伦大陆）与不列颠群岛南部和斯堪的纳维亚（波罗地大陆）相撞，形成了一个单独的大陆。一条中央山脉形成，自斯堪的纳维亚经不列颠至纽芬兰和加拿大。与此同时，超级大陆冈瓦纳大陆稳步从极点北移。

该时期全球气候仍然保持温和。新大陆的形成导致大陆内部变大，也更加干燥，因此形成广袤的沙漠。大型河流横贯陆地，形成内陆海和湖泊，成为最早的大规模淡水生命的栖息地。到了泥盆纪中期，随着冰盖融化，海平面上升，大片的珊瑚在劳伦大陆和澳大利亚迅速繁殖。

有翼的腕足动物
石燕贝属于古生代腕足动物之一。这些从美国纽约北部发现的翼状贝壳内部具有螺旋状结构，以便从海水中过滤微生物做食物。

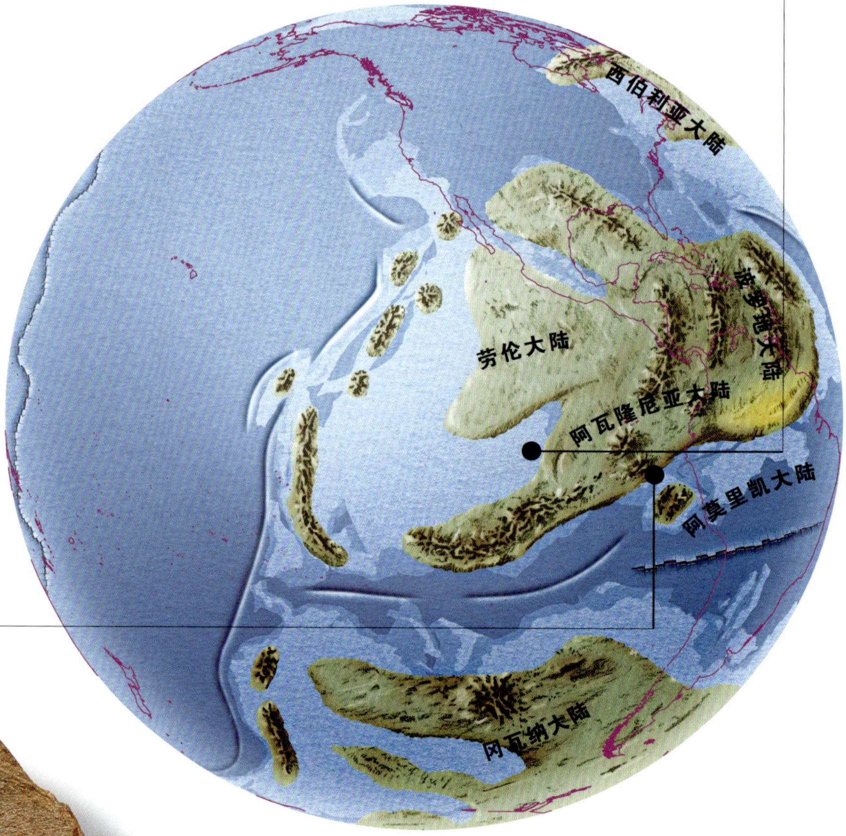

最早的四足动物
真掌鳍鱼（*Eusthenopteron*）成对的鳍具有独特的骨架，该骨架与躯干结合的方式类似于四足动物的四肢。该化石发现于加拿大魁北克省。

“鱼类时代”

泥盆纪的内陆水道被食肉动物占据着。无颌动物最早进入淡水，但不久就被有颌食肉动物所猎杀。到了泥盆纪末期，这些食肉动物已清除了大多数无颌动物，仅有七鳃鳗和盲鳗幸存了下来，而有颌物种演化成了新的群体——盾皮鱼（Placoderms）、辐鳍鱼（Ray-finned fishes）、矛尾鱼（Lobe-fins）、鲨鱼和肺鱼（Lungfishes），其中有些是长达6米的凶猛食肉动物。

砂岩轮廓

砂岩形成典型的光秃秃的半干旱地貌。起初，暴风雨和洪水会产生大河，将石头运输并沉积在幽深的沉积盆地中。这块由此产生的苏格兰悬崖表面遭受侵蚀，形成了像雕塑一样的艺术品，当地人称之为“霍伊岛的老人”。

海洋扩张

根据该时期保存完好的证据，如澳大利亚西部戈戈（Gogo）发现的洋底沉积物，我们清楚地得知泥盆纪的脊椎动物正发生显著的多样性演化。这些深海沉积物，动物化石的品种很丰富，包括盾皮鱼、辐鳍鱼、肉鳍鱼，肺鱼等 25 类以上的鱼。

盾皮鱼属于原始的有颌动物，长达 60 厘米，躯干和头部都被像盒子一样的骨架结构覆盖，有些两侧有长长的翼状骨肢。它们在志留纪演化，占据着淡水和海洋，品种多达 200 种。它们与原始的鲨鱼相像，但与鲨鱼不同的是，盾皮鱼属于泥盆纪末期灭绝了。

肺鱼非常有趣，它们是一种原始的呼吸空气的鱼类，在泥盆纪演化并繁荣起来。它们起初栖息在海中，到了石炭纪才进入淡水。人们认为，成对的鳍和呼吸空气的能力将肺鱼与转向陆地的脊椎动物联系起来，但目前已知它们并非祖裔关系。

然而，泥盆纪海洋中的其他生物都朝着陆生脊椎动物演化。随着陆地上的物种继续增加，诸如潘氏鱼（*Panderichthys*）的鱼类变得与将来的四足动物几乎毫无差别，它们最终离开水，走向陆地。

老红砂岩

泥盆纪炎热的天气周期性地蒸发内陆、海、河、湖泊里的水，留下的矿物质盐沉积物被空气氧化而变红。而这些被称为“老红砂岩”的红色和棕色岩层在英国和美洲的卡茨基尔山脉非常普遍，是绝佳的建筑材料，曾在 18~19 世纪被大规模开采。随着开采挖掘，保存良好的生物化石展露出来，而这些生物曾生活在原先的河流湖泊中。

鱼化石

骨鳞鱼（*Osteolepis*）是泥盆纪中期的鱼类，具有与肺鱼类似的成对的肌肉鳍，大多数的小鱼长度为 20 厘米，于 19 世纪由苏格兰“老红砂岩”的矿工首次发现。

生命向陆地转移

第一个四足动物化石发现于格陵兰岛上的泥盆纪河流与湖泊中，这种动物是类似蝾螈的两栖动物，能够从水中爬出在陆地上行走，名叫鱼石螈（*Ichthyostega*），具有许多鱼的特征，但却有四肢和呼吸空气的肺部。从本质上来说，鱼石螈填补了鱼类和转向陆地生存的动物之间的演化鸿沟。

和最初的设想不同，鱼石螈和与它同一时代的棘螈的肢体都更适合游泳，而非行走。另外，这些动物保留了鳃，也许在水中和空气中都能呼吸，这证明它们在逐渐适应从水中转移向陆地这个终极难题。

陆生脊椎动物要想在陆地上生存，还需解决许多问题：鱼出水不久便会死亡，它会翻出白肚皮，胡乱拍打，却不能移动一丝一毫；它会喘着呼吸空气，但它的鳃在没有水的情况下会塌陷；没有耳朵的它们什么都听不到，随着眼睛干涸，也会什么也看不到；它的皮肤会失去水分；陆生动物还要能够四处走动，大多数动物因此而演化出了腿。第一种陆生生物出现在奥陶纪，是像马陆一样的节肢动物，它们从海生动物祖先那里继承了有关节的成对的腿，但脊椎动物要完全利用遗传下来的每一个演化特征，它们要从成对的鳍演化成有关节、强壮得足以支撑身体的四肢，这些四肢还要能够驱使它在陆地上前进。

鱼类的主要驱动方式就是躯体呈 S 形横向摆动。尽管这种移动方式在陆地上很有效，如蛇类

弹涂鱼

弹涂鱼（Mudskipper）是一种现代的硬骨鱼，它能够离开水，在暴露于空气中的泥滩上觅食。它用长长的硬胸鳍驱动自身在柔软、潮湿的泥土上蜿蜒爬行。然而，它必须保持身体湿润，不能在水外待太长时间。

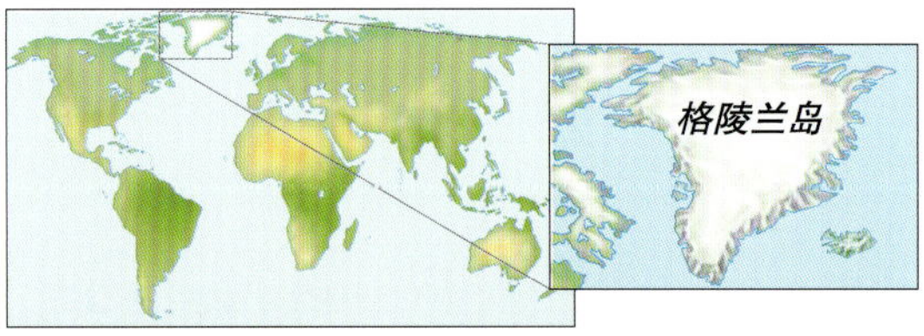

格陵兰岛的水道

最古老的四足动物——鱼石螈和棘螈的化石被发现于格陵兰岛，位于泥盆纪晚期的河流与湖泊沉积物中。这些最早的四足脊椎动物都属于水生生物，它们用强壮的四肢、手和足来获得额外的驱动力，抓附在植物上，或者用来挖取具壳类，它们长达 1 米。这些早期的四足动物是强悍的食肉动物，能够捕食小鱼。然而，这些四足动物的幼儿可能成为肉鳍鱼（如褶鱼）、肺鱼（如双鳍鱼）和盾皮鱼（如沟鳞鱼）以及其他成年四足动物的食物。

从鳍演化成腿

为适应陆生环境，脊椎动物不得不将鳍演化成腿，但并非所有的鳍都适于演化成肢体。潘氏鱼有两对窄基鳍，如同大多数四足动物的腿部结构，每一个鳍都由单个骨头支撑，骨头与肩部或骨盆带相连接，骨盆带又与脊椎相连，每个肢体骨头的外部末端都有一对腕骨，向上一点则有许多鳍刺（鳍的脊椎）。

相比而言，现今鱼类所具有的像风扇一样的鳍是由多个骨头支撑，也有许多鳍刺。这两种鳍，只有前者——如潘氏鱼——才适于演化成为足以支撑躯体的腿。

爬行，但却不能将躯干撑离地面。许多陆生脊椎动物——如蜥蜴——都演化出了折中的器官，即既能让身体以 S 形移动又能撑起身体的腿。然而，这一移动又给脊椎添加了新的压力，所以陆生脊椎动物的骨骼需要变得更加强壮，也需要变得更加灵活——这一演化过程要很长时间。

四足动物祖先

棘螈和鱼石螈是从什么演化而来的呢？研究表明，具有成对的、肌肉发达的鳍的潘氏鱼是它们的近亲，也最有可能是它们的祖先。发现于拉脱维亚泥盆纪的潘氏鱼本身就是一种非凡的动物，除了躯干前后具有像四足动物一样成对的鳍之外，它还具有与第一种四足动物几乎无异的头骨，头部扁平，眼睛挨得很近，一张大口，肋骨也以四足动物的方式与脊椎相连。当潘氏鱼化石首次被发现时，人们还以为它是四足动物。

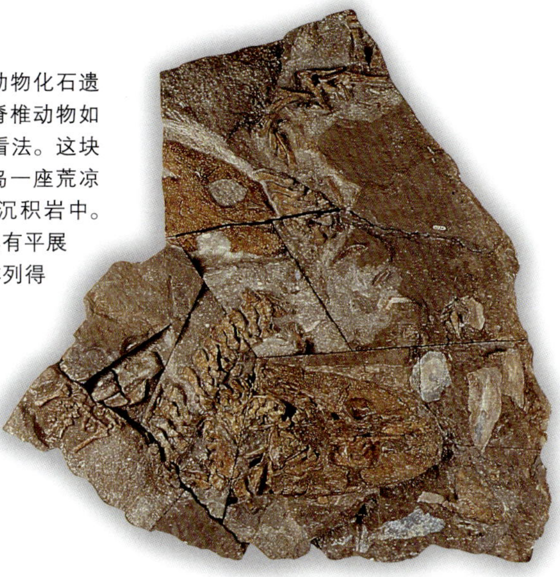

棘螈化石

科学家们将这种早期四足动物化石遗迹拼凑完整后，就改变了脊椎动物如何演化以适应陆地生活的看法。这块化石发现于北极圈格陵兰岛一座荒凉的高山边，埋葬在坚硬的沉积岩中。这块化石表明当时的棘螈具有平展的头骨，眼眶在上部表面排列得很近。

石炭纪

CARBONIFEROUS AGE

石炭纪见证了地球上最早的大规模森林的生成。四足动物从水中一跃而起，演化成了两栖动物和爬行动物。

这一始于 3.54 亿年前，结束于 2.9 亿年前的时代被称为“石炭纪”，意思是“含煤”的时代。这一时期内，构成冈瓦纳大陆的南方大陆沿顺时针方向旋转，东部（澳大利亚）南移变得更加寒冷，西部（南美洲）向北旋转，进入了温暖地区；劳伦大陆（北美洲）四周均遭挤压，使阿巴拉契亚山脉产生褶皱，并形成了最初的落基山脉；冈瓦纳大陆、劳伦大陆和波罗地大陆之间的碰撞向着泛大陆的形成迈进了一大步。

鳞木化石

这是一块已成化石的石松类植物鳞木，发现于苏格兰的成煤森林，展示出一组菱形疤痕和叶座——叶子生长过程中掉落前与树干相接的地方。

海平面与气候

石炭纪时代被分为密西西比亚纪（石炭纪早期）和宾夕法尼亚亚纪（石炭纪晚期）。在密西西比亚纪时期，海平面急剧上升，进一步淹没当时的大陆。但到了宾夕法尼亚亚纪，海平面下降，陆地重见天日。

蕨叶

这块发现于摩洛哥的石炭纪蕨叶化石碎片，与现存蕨类相似。成煤森林中的蕨类大小各不相同，有些能长成像树一样高大茂盛。如今蕨类植物仍然繁盛，现存有 12000 多个品种。

地球从志留纪到泥盆纪（4.4 亿年前到 3.6 亿年前）的“全球温室”的酷热状态转为寒冷。到了石炭纪中晚期，地球已经变得如第四纪（距今 259 万年以来）冰期一样具有季节性，极地冰盖也已经形成。大规模冰川作用开始，一直持续到了二叠纪。

二叠纪时期全球降水和湿度起伏不定，到了石炭纪之初，气候已经变得极度湿润，这种湿润的气候罕见地达数百万年。接着，随着石炭纪晚期的温度下降、冰川形成，降水量和湿度都下降了。

氧气含量的测定

通过研究植物，我们可以测量史前时期大气中二氧化碳和氧气的相对含量。植物利用被称为“气孔”的小孔细胞与大气进行空气交换，它们通过调整叶子上气孔的密度来控制二氧化碳的摄入量。一旦二氧化碳含量过高，植物便会使气孔变少。二氧化碳含量过低时，则相反。通过对比不同时代的叶子化石中气孔的密度，科学家们能够知晓二氧化碳含量——也可测氧气——是如何变化的。相比而言，泥盆纪植物的气孔密度比石炭纪植物的小。

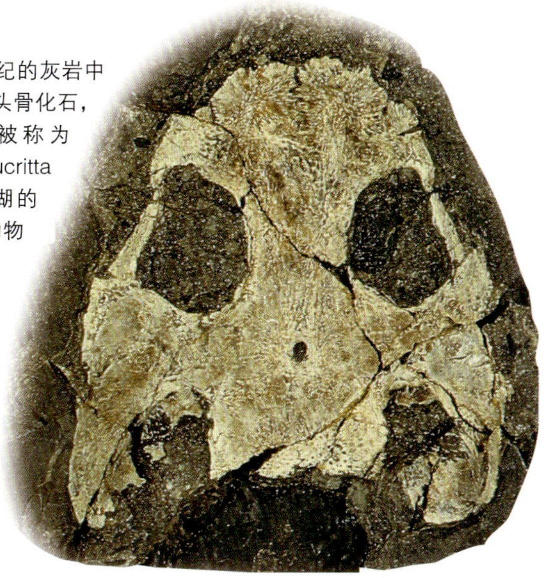

尤克里塔螈
这是一块从苏格兰石炭纪的灰岩中发现的早期四足动物的头骨化石，长 8 厘米。这块化石被称为“黑湖尤克里塔螈”(Eucritta melanolimnites 来自黑湖的造物)，它结合了两栖动物和爬行动物的特征。

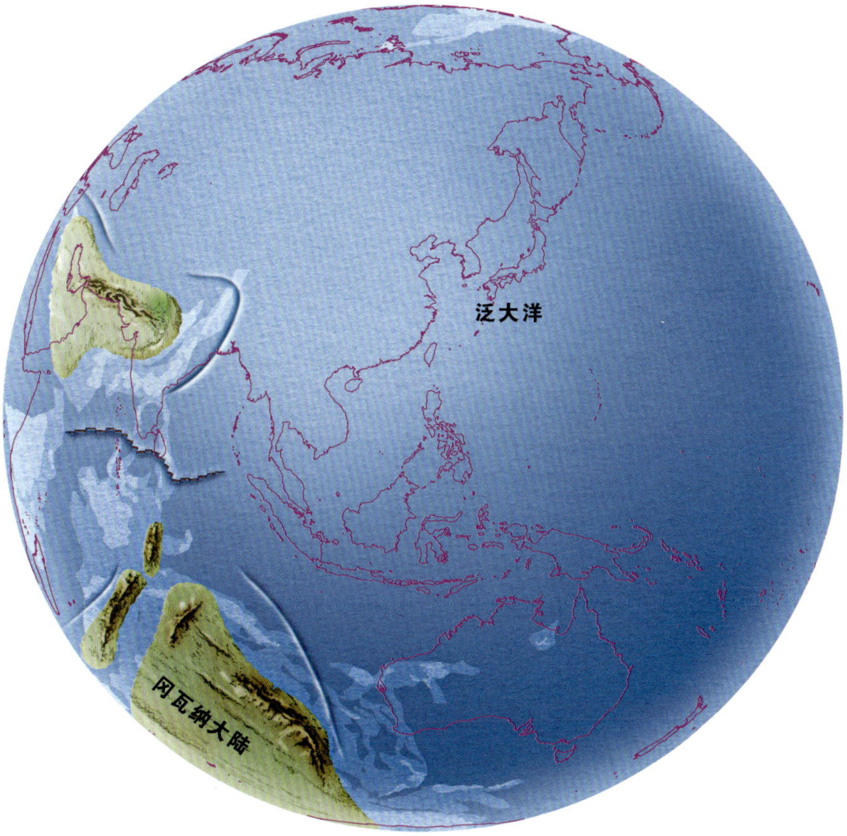

植物还为在宾夕法尼亚亚纪的欧洲和北美洲形成巨大煤矿提供了材料。此时兴盛的蕨类植物则为这一过程做出至关重要的贡献。

陆地上和海洋中的生命

在陆地上，真正的产卵（羊膜动物）四足动物演化出现。志留纪演化的蛛形动物和昆虫的体形变大，种类也变多。密西西比亚纪的赤道浅海生成了大规模的珊瑚，多种海洋生物栖息其间。鲨鱼和硬骨鱼主宰着海洋，但与如今的样貌都差异很大。贝类沉积物和其他海洋生物的残骸形成了大规模的海洋灰岩。

可呼吸环境的形成

由于大规模低地森林的形成，大气中氧含量急剧提高。这些广袤的森林为不断壮大的动物群体提供了新的栖息地和新的食物来源，这些动物包括昆虫、两栖动物和爬行动物。植物通过光合作用提高了大气中的氧含量——从石炭纪中的 15% 提升到石炭纪晚期的峰值 35%，这是地球历史上空前绝后的高度。

树根化石
这是煤矿森林中的石松类植物鳞木的树根化石，位于今英国曼彻斯特市。由于树根被发现时与这棵树的树干和树叶分开，所以人们给它起了一个不同的名字——“根座”。这种树有些能长到 40 米高。

最早的四足动物

树蕨
现存的少数树蕨与它们石炭纪的祖先非常相似。树冠长满长达 3 米的叶子，若非根系发达，这种植物很容易倾倒。

近几年来，人们从苏格兰的东基尔克顿灰岩开采地发现了一些属于密西西比亚纪（石炭纪早期）的有趣化石。这些化石动物群包括不同的早期四足动物：诸如 Balanerpeton woodi、西瓦螈和一种结合了两栖动物和爬行动物特征的尤克里塔螈，以及几乎是真正的爬行动物的西洛仙蜥（*Westlothiana*）。东基尔克顿发现的四足动物构成了世界上已经晓的最古老的陆地脊椎动物群。

火山之下

东基尔克顿的灰岩非比寻常，因为它来自淡水而非咸水，最初分布在火山活动活跃的山脚下的小湖泊中。火山灰和熔岩上形成富含矿物质的土壤，促进了石松（石松类植物）、木贼（楔叶类植物）、蕨（种子蕨类）和种子植物（裸子植物）等苍翠植物的生长。森林为多种多样的陆生动物提供了食物，包括四足动物和非脊椎动物中的蝎子、多足类动物、板足鲎和盲蛛。暴风雨、森林火灾乃至洪水都会周期性地毁灭这些区域，植物碎片和动物标本被冲入湖泊中，在那里腐烂变质，并很快被保护性沉积物覆盖，从而形成保存完整的化石。

陆地食物链

陆地食物链仍然有赖于腐生的节肢生物，这些生物以腐烂的植物为食，如螨虫和马陆（俗称千足虫）。但这个生物群也有许多发展，包括已知最早的盲蛛（蛛形动物）和最早的呼吸空气的蝎类——普摩诺蝎（*Pulmonscorpius*），这是一种庞大

四足动物化石
西瓦螈貌似鲑鱼，身长 40 厘米，是石炭蜥类最古老的品种之一，也是已灭绝的具有诸多爬行动物特征的四足动物。

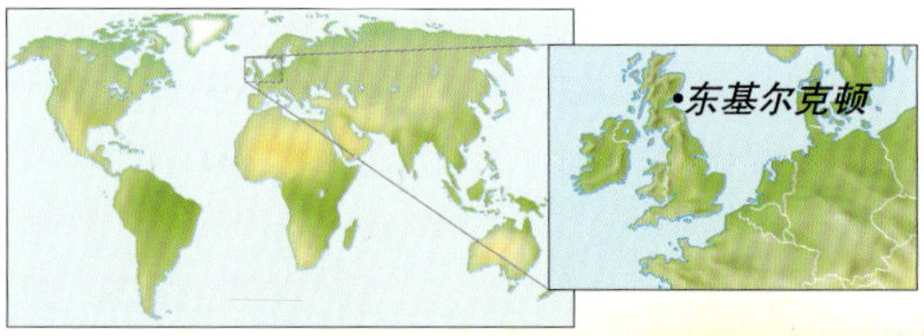

最早的陆生脊椎动物群体
人们从苏格兰的东基尔克顿淡水灰岩中挖掘出了大量的化石，使我们得以一窥地球过去的面貌。遍布石松、种子植物和树蕨的浓密热带森林覆盖在火山的矮坡和小湖泊的岸边。水中鱼儿自由游弋，诸如 *Balanerpeton* 的两栖四足动物和板足鲎伴游其旁。其他四足动物如西洛仙蜥，更适应陆地生活，并且要和大型的危险动物蝎子竞争谋食。

水生生物

东基尔克顿石炭纪的湖泊中生活着种类繁多的鱼类。共有六种硬骨鱼（辐鳍鱼亚纲鱼类）、两种棘鱼和两种鲨鱼。之所以会有如此丰富的生物，最有可能的解释便是这个湖泊曾与大片水体相连接。从周围填充过来的火山灰或许形成了一道天然屏障，将生物与之前的栖息地隔绝开来，把它们困在无可逃脱的环境中。

而又活跃的食肉动物，身体长达 70 厘米，即便是这种庞大得令人印象深刻的动物，也被当地的三种生物给比了下来。水生巨蝎（*Hibbertopterus Scouleri*）像一只巨大的被压平的流线形大虾，头盾宽 65 厘米，长度可达 3 米。尽管它可能是有史以来最大的节肢动物，却只以小猎物为食。

西洛仙蜥是一种四足脊椎动物，长达 20 厘米，一度被人认为是世界上最为古老的爬行动物。然而后来证明它并非爬行动物，因为它所具有的许多特征（尤其是足踝和腭），使得它更像是原始的四足动物，而非真正的产卵爬行动物。

在基尔克顿的其他发现

从东基尔克顿发现的脊椎动物，包括一些小型的身体长 50 厘米的两栖动物。如 *Balanerpeton woodi* 的一些动物与今鲑鱼相似。Balanerpeton 的肢体和足踝表明它们主要栖息在陆地上，但与所有两栖动物一样，它们也受到返回水中繁衍的限制。另外还可以看出它们的头骨发生了巨大变化，使得听小骨发育成能够探察空气中声音的结构。它嘴里长满小颗尖牙，是湖岸边最活跃的食肉动物。

体形稍小的石炭螈类与爬行动物相似，身体长约 30 厘米，也在这一时期出现。它们的腕关节和足踝关节发育不良，所以更适合在水中游泳，而不是在陆地上行走。其他两栖动物还有蛇螈，这是一种像蛇一样的奇异生物，它的脊椎中有 200 根脊椎骨，身体长度可达 1 米，也是陆地食肉动物。

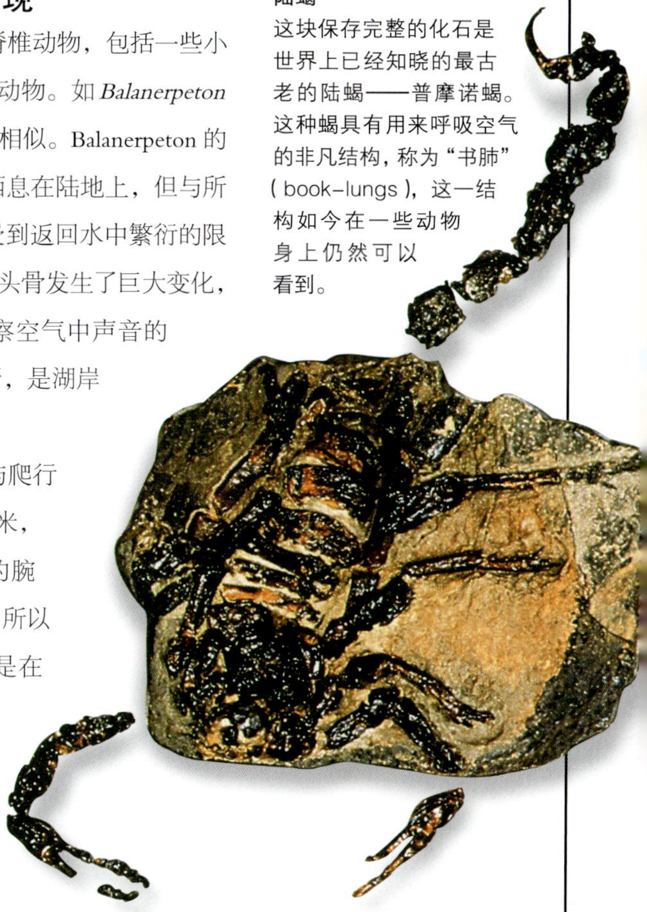

陆蝎
这块保存完整的化石是世界上已经知晓的最古老的陆蝎——普摩诺蝎。这种蝎具有用来呼吸空气的非凡结构，称为“书肺”（book-lungs），这一结构如今在一些动物身上仍然可以看到。

煤炭与爬行动物

石炭纪晚期的低洼湿地森林和泥炭沼历经 2000 万年，才形成了如今世界级的大规模的煤矿。自 18 世纪晚期的工业革命以来，人类用了仅 200 年就将把这些资源燃烧殆尽。如此快速地消耗煤矿，仅有的几个好处之一就是为我们见识石炭纪晚期的生命提供了无可估量的材料。最重要的是，它揭示了当时曾有一种四足动物演化到了能产带壳卵的地步，这证明爬行动物时代到来了。

煤炭的形成

从被海洋灰岩占据的密西西比亚亚纪（石炭纪早期），到宾夕法尼亚亚纪（石炭纪晚期），环境变化留下了可供研究的痕迹。历经 2000 万年的海洋扩张和陆地消失，海平面和全球温度终至高峰，并开始急剧下降。大规模的森林、沼泽和泥炭沼逐渐在新陆地上生成，由植物残骸形成的有机沉积物积累起来。这些残骸堆积形成了最早的大规模煤层，有些地方厚达上百米。

新斯科舍的煤炭沉积

人们在加拿大新斯科舍发现了 3.1 亿年的煤炭沉积物，为了解煤层的生命提供了重要信息。这些沉积物由宾夕法尼亚亚纪的地层构成，最初形成于靠近海岸的近赤道冲积平原上。

在周期性湿润气候下，沙石和泥土沉积物被从高地上卷携而下。在这些沉积物中的植物化石表明，冲积平原、河岸和河口沙洲以其土壤特性的不同，养育了不同的植物。冲积平原之上的土地长满了被称为“科达（Cordaiteans）”的像树一样高的裸子植物，它的叶子呈带形，茎的直径长达 50 厘米。与此同时，泥潭沼泽里较为干燥的地区生长着高大似树的石松。

通过比较，人们发现只有在较低的蕨类植物中偶尔长出的较高的鳞木，才能在河岸边的沼泽中生存下来。大量的芦木生长在沼泽两岸和边缘地区，也给最早的陆生腹足动物提供了舒适的栖息环境。

木贼化石
这块化石中显示出木贼交叉的茎以及叶子的小圈特征，与现如今幸存的小型植物相比，石炭纪的许多木贼都长得像树一样庞大。

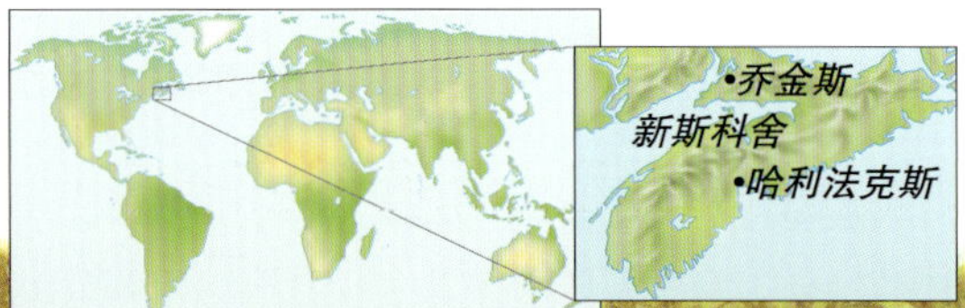

煤炭沼泽
发现于新斯科舍乔金斯煤炭沉积物中的化石，给我们展现出一幅石炭纪时代近赤道河岸沼泽的画面。河流边缘存在着茂密的植物，包括木贼（如芦木）和高大的石松类（如封印木和鳞木）。大型昆虫成为爬行型类（如林蜥）的食物。这些爬行动物化石发现于中空的树干里。

树干中的遗体

从新斯科舍乔金斯的石炭纪沉积物中，人们在 30 个大树残骸里找到了 190 块小型两栖动物和爬行动物的骨骼化石。对于中空的树木中出现脊柱动物，人们有着不同的解释。有人说它们本身就栖息于此，也有人说这是动物们掉进了大自然的“瓶子陷阱”而死掉的尸体。最近还有一种理论，宣称这些动物是藏进那里，以躲避席卷沼泽的大火。

丛林蜻蜓
这种巨型蜻蜓展翼后长达 60 厘米，栖息于石炭纪的森林中，它们是最早的会飞的生物，和如今的蜻蜓一样以体形更小的昆虫为食。

石炭纪的爬行动物

当时的化石群最为显著的特征之一，便是沉积物中出现了许多大树的树干和更大型的植物。更为令人惊奇的是，这些树干里还有已经知晓的最古老的产卵爬行动物化石——林蜥（*Hylonomus lyelli*）和古窗龙（*Paleothyris*）。

这些最早的爬行动物体形较小——长度仅为 20 厘米，与现今的食虫蜥蜴相似。它们可能从直径大约为 1 厘米的极小的蛋中孵化，早期的四足动物的头部为体长的三分之一，而这类爬行动物的头仅为体长的五分之一。这类爬行动物的头骨结构比之前的两栖动物更高级，能够为更大更强壮的颌部肌肉提供更多空间。它们由于食物丰富而能够生活在陆地上，其食物为小型节肢动物如马陆、蜘蛛、昆虫。它们的牙齿微小而锋利，能够刺穿节肢动物坚硬的外骨骼。

在石炭纪的树桩中经常能找到一层木炭，周围的沉积物中也能找到数层木炭碎块。这些木炭源自周期性的野火，表明这些动物可能以树干为避难所，没想到因窒息而死在里边。

二叠纪

THE PERMIAN AGE

超级大陆泛大陆的形成，为陆生动物的全球性扩张提供了有利环境。

二叠纪始于 2.9 亿年前，欧亚大陆南部和劳伦大陆与冈瓦纳大陆南部相撞，形成泛大陆。这一事件对气候和生命产生了巨大影响，是全球环境发展的转折点。石炭纪晚期在冈瓦纳大陆上形成的冰盖，随着大陆朝着赤道北移而逐渐消失。泛大陆北部大片内陆的气候逐渐变得炎热干旱，而南部的内陆则仍然保持着凉爽湿润。

卡匹敦
二叠纪的珊瑚灰岩在得克萨斯州和新墨西哥州的瓜德鲁普山形成了卡匹敦峰。

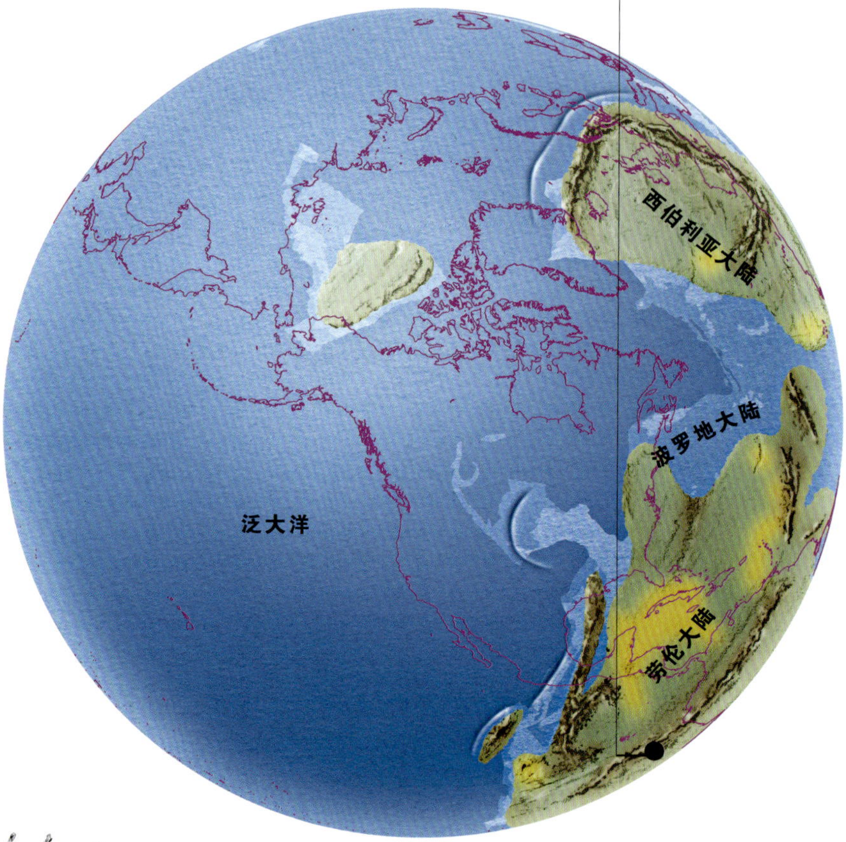

植物的变化

随着气温上升，石炭纪晚期的许多浅海和湖泊的水蒸发殆尽，在劳伦大陆上留下大量的盐矿物质沉积物。植物不可避免地要适应这种环境变化。石炭纪潮湿的成煤森林有赖于沼泽中潮湿的环境，因而在全球范围内面积缩减，仅在中国、西伯利亚大陆和冈瓦纳大陆的部分地区（如澳大利亚、印度和南极洲）等较为潮湿的地方还存在。随着陆地变得干燥，枝叶繁茂的石松和木贼都已被适应性更强的种子植物所取代。在北半球，新生的针叶树（如羽杉）迅速蔓延，然而随着冰期的到来，逐渐从较为凉爽的南半球消逝。种子蕨舌羊齿开始成为主要的植物群。

有“背帆”的爬行动物
盘龙类爬行动物——如这只发现于美国得克萨斯州的基龙（Edaphosaurus），出现于二叠纪早期。它长长的脊椎骨延伸出的神经棘支撑着皮肤网，起着热传导的作用。作为冷血爬行动物，它在早上将身体一侧迎向太阳来使体温升高，而要降温时则转向风大的地方。

大陆漂移

如今，在相隔甚远的大陆上发现了同一时代、同一类型的食物群和动物群化石，地理学家们已用这些证明了诸如冈瓦纳大陆和泛大陆的存在。若这些不同的大陆未曾连在一起过，那么生物就不可能如此广泛地分布在如今的大陆上。德国气象学家阿尔弗莱德·魏格纳发现今南半球的所有大陆上都分布着相似的石炭纪晚期冰川沉积物之后，于20世纪早期首次提出大陆移动和“漂移”学说。

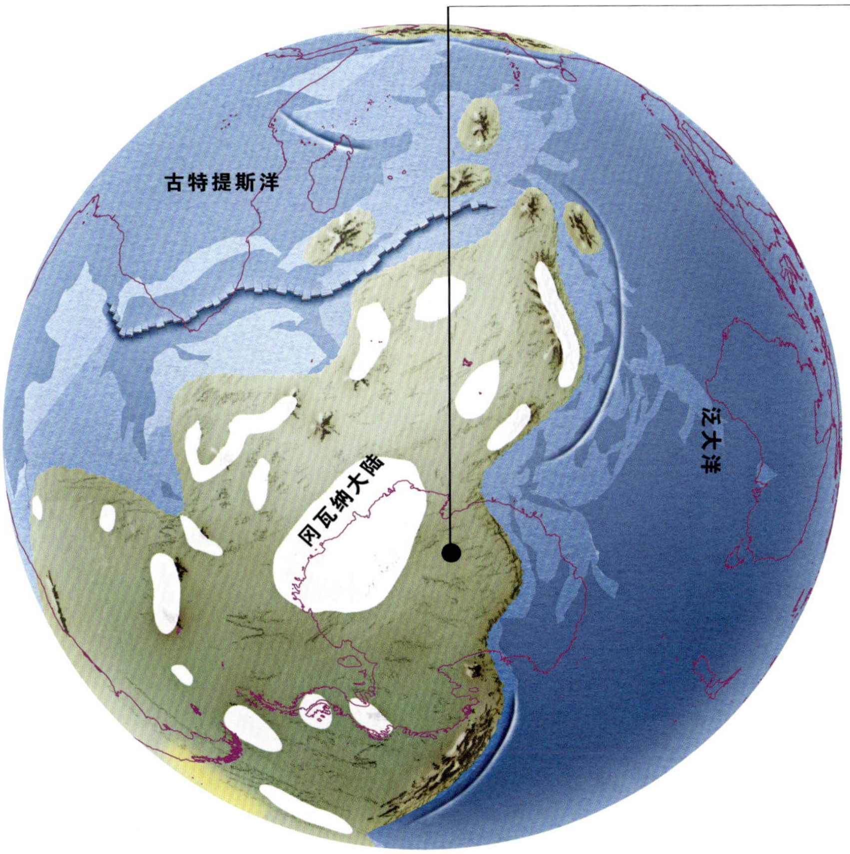

种子蕨的叶子
这种名为舌羊齿的种子蕨植物已经灭绝，它的叶子非常修长，在印度、澳大利亚、南非、南美洲和南极洲的二叠纪和三叠纪地层都有发现。长久以来，这一分布特征都被当作是这些陆地曾组成超级大陆冈瓦纳大陆的证据。

滤食海绵
这块造礁海绵发现于美国得克萨斯州，被称为环梦海绵（*Girtyocoelia*），它的房室如豌豆般大小，相互连通，能够从两侧的小洞里吸入海水，进而滤食。海绵的壁由海水中白垩色的碳酸盐构成。

哺乳动物特征

在二叠纪，一种被称为“下孔类”的四足动物种类开始发展壮大，于二叠纪末期从北半球向南半球迁徙，因而分布广泛。有些下孔类动物开始演化出哺乳动物的部分特征。其中一种称为犬齿兽（Cynodont）的下孔类动物最终演化成恒温动物，它们的后裔中有最早的哺乳动物，而且一直存活到现今。

在这个时期末的又一次生物大灭绝中，海洋中的生命大量毁灭，约90%的海洋非脊椎动物消失，其中包括腕足动物和三叶虫。这一事件发生的原因尚不清楚，但是超特化和由此导致的不能适应环境变化可能是一个重要因素。陆生生物一般都具有较强的适应性，大多也都幸存了下来。

古代哺乳动物的近亲

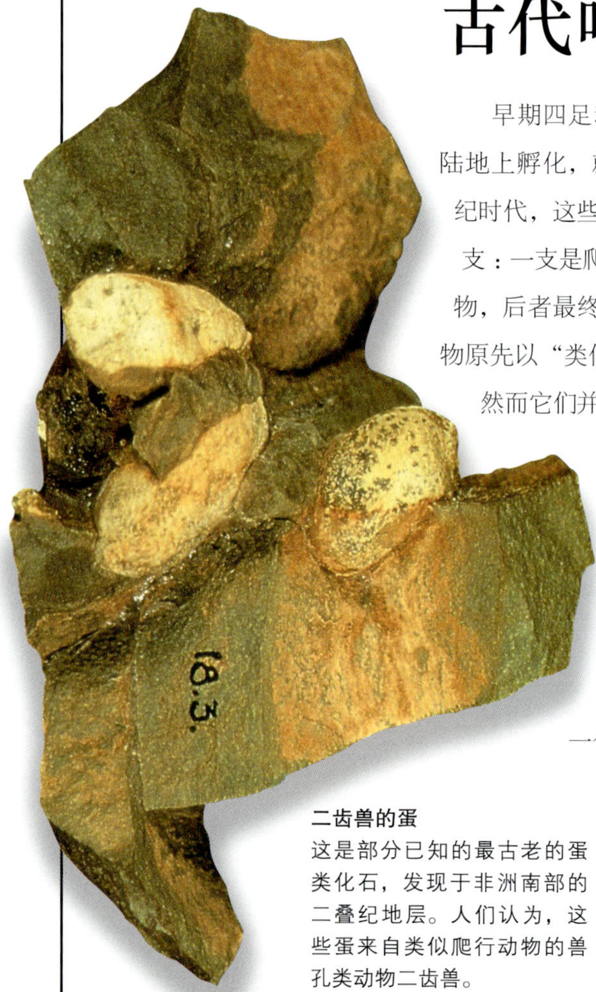

早期四足动物一旦能够下蛋，并且能在陆地上孵化，就会迅速繁衍状大。到了石炭纪时代，这些脊椎四足动物演化成了两个分支：一支是爬行动物，另一支则是下孔类动物，后者最终演化成了哺乳动物。下孔类动物原先以“类似哺乳动物的爬行动物”著称，然而它们并非真正的爬行动物。

盘龙类

盘龙类是最早的下孔类动物，它们在二叠纪早期繁荣昌盛，因而占了所有四足动物的四分之三。不同的盘龙类动物一个最重要的区别就是牙齿差异，因为有些是食植动物，而有些则是食肉动物。盘龙类中有两种演化出了“帆”——长长的脊椎上覆盖着一层薄薄的皮肤网，且从背部耸起，可能起着热传导的作用，以帮助动物在早上提高体温，在下午防止温度过高。据估计，一只大盘龙早上活跃之前，“帆”可以将吸收阳光所需的时间缩短四分之三。

卡鲁的兽孔类动物

二叠纪早期的盘龙在二叠纪晚期灭绝，并被更为高级的一种下孔类动物兽孔类所取代。

二齿兽的蛋
这是部分已知的最古老的蛋类化石，发现于非洲南部的二叠纪地层。人们认为，这些蛋来自类似爬行动物的兽孔类动物二齿兽。

二叠纪的卡鲁
现如今南非卡鲁沙漠中有着大片半干旱的灌木丛，与 2.5 亿年前的二叠纪地貌非常相似。当时，这片沙漠被似哺乳爬行动物和原始爬行动物所占据着。

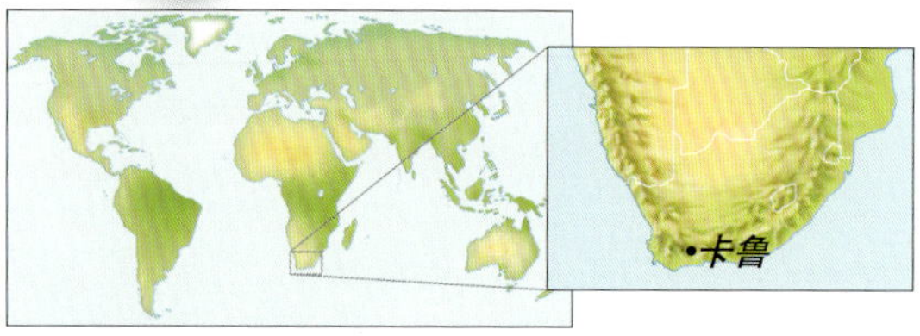

二叠纪的生命形式
从卡鲁的地层可以看出，二叠纪时代的南非生存着许多哺乳动物的先祖，而它们与爬行动物相似，如原犬鳄龙（*Procynosuchus*）。陆地上则到处都是食植动物，像猪一般大小的二齿兽，以及体形略小的罗伯特兽，它们是雷塞兽之类的食肉动物猎杀的对象。长有鳞甲的两栖动物，包括犰狳螈（*Peltobatrachus*），都曾与类似蜥蜴的米勒古蜥一起生存。木贼类植物如叉叶松的蕨类、舌羊齿的种子蕨类以及最早的苏铁和银杏树都生长在陆地上。

早期的下孔类动物
这只异齿龙来自北美洲，它是一只带有背帆的盘龙。异齿龙是最早具背帆的陆地动物之一，能够杀死同等大小的其他野兽。

牙齿

早期四足动物的牙齿简单且相似。它们不能咀嚼食物，只会将食物扯烂，然后吞咽下去，胃从未咀嚼的食物中榨取营养。但兽孔类动物开始演化出门齿、犬齿和像臼齿一样的牙齿，表明它们的食物种类繁多，且在吞咽之前，会先在嘴中咀嚼并初步消化。

自南非卡鲁盆地二叠纪晚期的红砂岩被发现之后，人们在其中找到了上百种兽孔类化石和上千种爬行动物、两栖动物、鱼类以及植物化石。其中包括多种兽孔类动物二齿兽，它们是一种长着两颗大犬齿的动物。二齿兽包括长 20 厘米的无齿兽，它们栖息在螺旋形垂直的洞穴中；像猪一样大小的水龙兽，长着喙一般的硬口器；还有河马般大小的植食动物，如肯氏兽。

犬齿兽类动物

从演化的角度看来，更有趣的是兽孔类动物犬齿兽。它们在二叠纪末期演化，到了三叠纪末期则变成了最早的哺乳动物。这些犬齿兽类动物，如原犬鳄龙，都演化出了较短的尾巴，肘部向后弯曲，膝部向前弯曲，颌更为强劲有力，牙齿也各不相同，表明它们与哺乳动物是近亲关系。犬齿动物度过了侏罗纪大部分时期，与恐龙共同生活在一起，之后就灭绝了。

生物大灭绝

地球生命的演化历程不断地被各种灭绝事件所打断，最为人所熟知的莫过于发生在约 6600 万年前（白垩纪末期）标志着恐龙时代终结的大灭绝事件。然而在约 2.52 亿年前的二叠纪末期，地球上的生命遭遇了一次最大程度的倒退，陆地和海洋中的生物均被大规模摧毁。尽管以前海洋生物的组织和演化都曾发生极大的改变，但陆地生物却是首次遇到如此惨绝的毁灭。

在这次生物大灭绝事件中，陆生脊椎动物损失惨重。兽孔类爬行动物中的 21 科（占四足类动物总科数的 63%）和 33% 的两栖动物消失得无影无踪。但损失最惨重的是海洋生物，其生物多样性从 25 万种减少到了不足 1 万种，总计 60% 的海洋生物的科灭绝。遭受重创的还有一些古生代生物如三叶虫等。

就这次大灭绝发生的原因，人们提出了许多假设。第一个也是最引人注目的是大行星或彗星撞击地球。除了被撞击和接踵而至的地震、海啸杀死的生命之外，巨大的撞击也会向大气层扬起大量的灰尘和残骸，遮挡太阳

皱壁珊瑚

皱壁珊瑚（左图）是石炭纪珊瑚的一种，又称四射珊瑚，由当时热带海洋中的大量珊瑚组成。所有的皱壁珊瑚和床板珊瑚都在三叠纪中期被一种新的珊瑚（石珊瑚）所取代。

生物大灭绝的记载

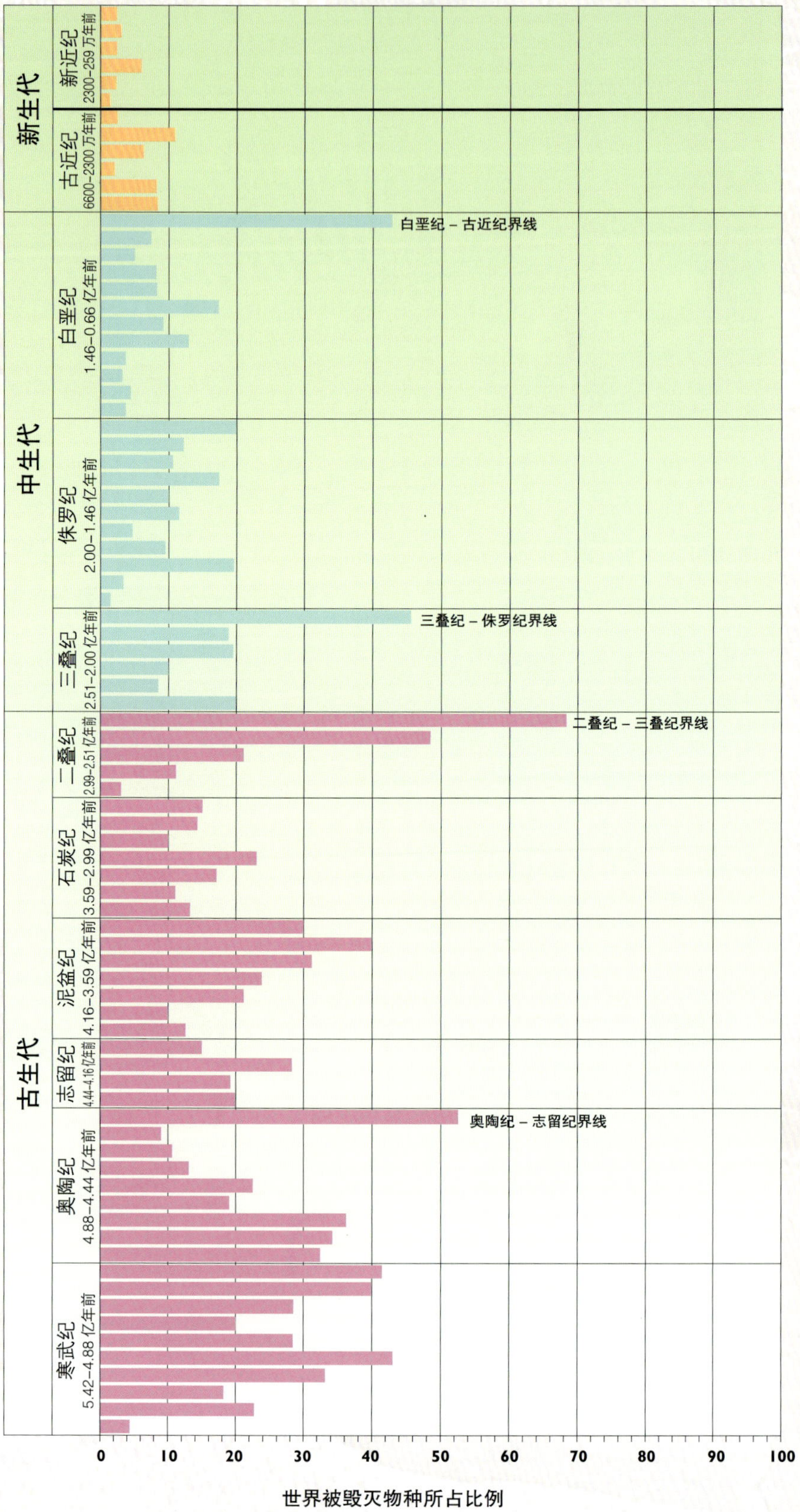

大灭绝产生的原因

该图标列出了地质历史中具有分水岭意义的大灭绝，这些可能与重大的行星碰撞、火山喷发或海平面变化有关联。二叠纪 – 三叠纪界线时期最大规模的灭绝发生时，海平面急剧下降，西伯利亚大陆火山喷发，导致了全球气候变化。白垩纪 – 古近纪界线也与海平面变化、火山喷发有关，同时代的岩石中还有一层铱（一种稀有金属元素），明显是与行星撞击有关。

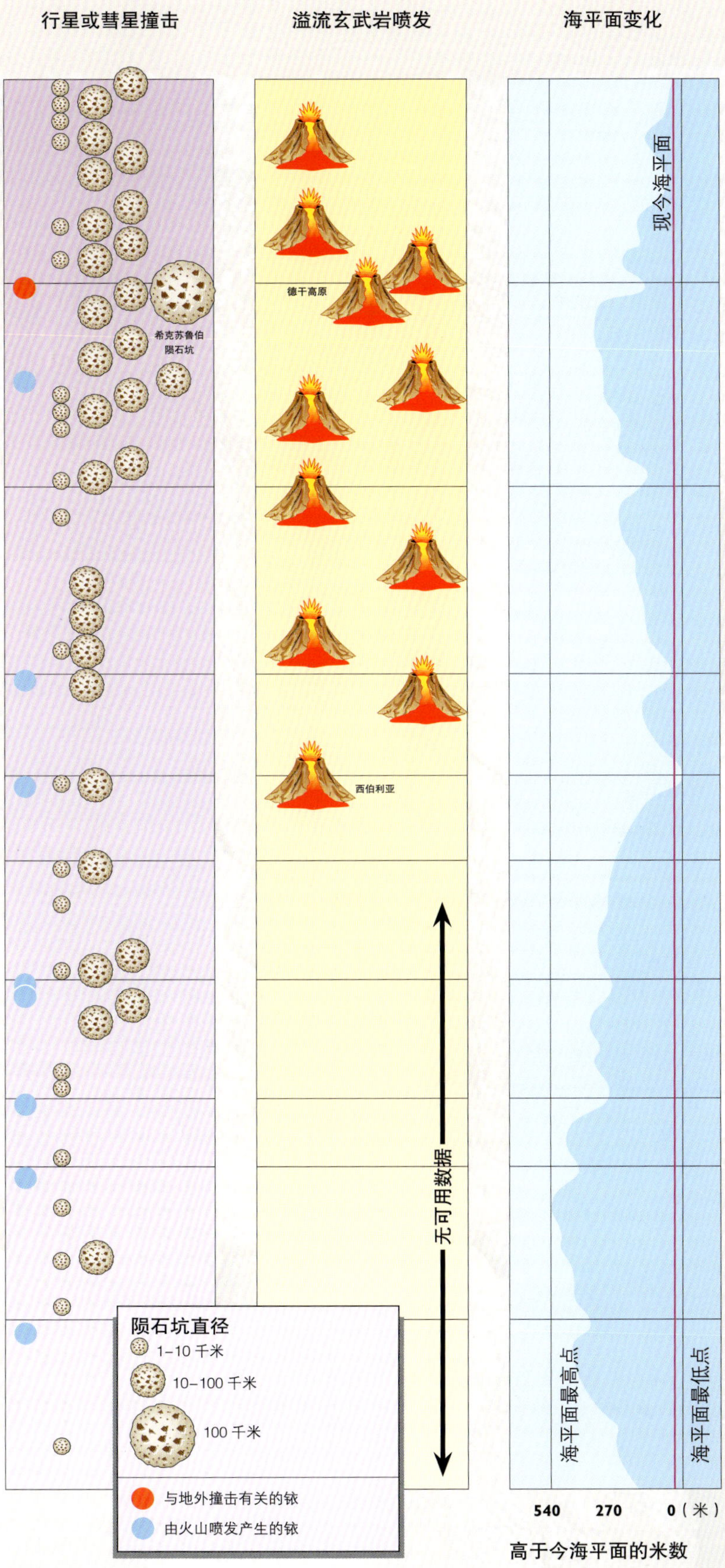

兽孔类动物头骨
巨型兽是兽孔类动物的一种，在二叠纪晚期取代了具背帆的盘龙，到二叠纪末期灭绝。

光线，导致寒冷黑暗的环境。若撞击力度足够大，生存条件会变得异常严峻，很少有物种能够存活。

导致大灭绝的另一个原因可能是地球经历了一次大规模火山喷发。溢流玄武岩是由火山喷发积累的石头形成的火山岩层，这些火山的规模比如今要大得多。火山喷发能显著地改变全球气候，且由于火山喷发会多次发生，不利环境会长时间存在，足以影响动物和植物生存。

大灭绝产生的第三种原因则是由气候变化和板块移动导致的海平面变化。海平面在二叠纪时期一直在稳步下降，到了三叠纪早期降到了过去 5.42 亿年来的最低点。栖息在温暖的海岸浅水中的珊瑚等群体随着海平面下降而搁浅，进而逐渐灭绝了。

大灭绝产生的最后一种原因是全球气候变化。尽管与火山喷发或撞击产生的气候急剧变化相比，地球的天气模式进程更为有序，但从地质方面来说，却能在极短的时间内产生重大变化。

近年来，科学家们开始重新评估史前大灭绝事件的原因。以墨西哥尤卡坦半岛的一个巨大陨石撞击为例，明显它与白垩纪末期的灭绝有着千丝万缕的联系，但火山喷发、气候变化和海平面下降也不能排除在外。至于二叠纪末期发生的物种大灭绝事件，人们尚未找到陨石撞击的证据。对于多数的物种灭绝事件而言，其内情并不像表面看起来那样简单，更像是多个因素共同作用的结果。

三叠纪

THE TRIASSIC PERIOD

随着生命逐渐从二叠纪末期的大灭绝事件中复苏，包括最早的恐龙在内的爬行动物开始统治地球。

三叠纪始于 2.51 亿年前，到 2 亿年前结束，跨度为 5000 多万年。起初，随着超级大陆泛大陆北移横跨赤道，许多广阔陆地开始逐渐变得温暖而干燥。然而到了该时代末期，泛大陆开始分裂，全球气候变得凉爽湿润。

在三叠纪早期，大气中的氧气含量有所回升，但不久之后便又下降了。海平面也起伏不定，在三叠纪早期创下新低，接着又在中期回升，而到了末期又再次下降。

猎鱼杀手

幻龙（*Nothosaurns*）是海洋食肉动物，于三叠纪从陆地爬行动物演化而来，它们身材颀长，尾巴和颈部细长，主要以鱼类为食。这块化石发现于瑞士。

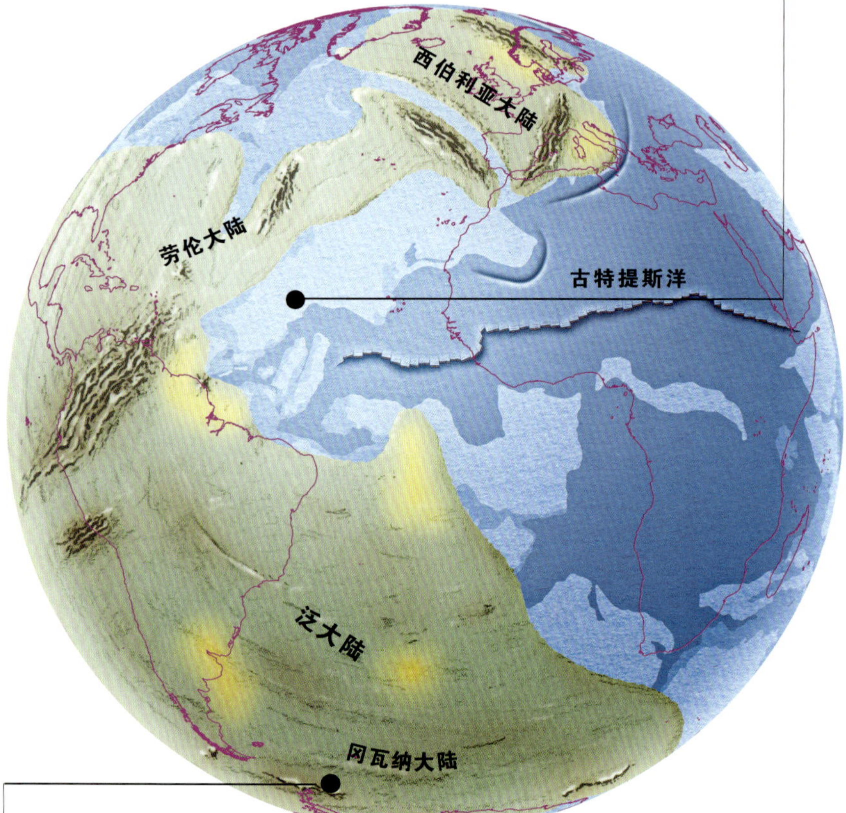

陆地上和海洋中的生命

这些环境变化导致了脊椎动物进一步发展。曾在二叠纪主宰地球的似哺乳爬行动物逐渐消亡（但犬齿兽却幸存下来，不断繁衍且品种多样），一种新的爬行动物——古蜥（*Archosaurs*）取而代之。在三叠纪末期，古蜥中最为有名的后代——恐龙开始崭露头角。

陆地生态系统变得更复杂多样，最早的滑翔爬行动物、飞翔爬行动物、龟、蛙开始出现。植物也发生了巨大变化，原始的针叶林开始覆盖干燥的山坡，较小的针叶树也能生长在像热带稀树大草原一样的开阔地区，如蕨类和苏铁类。古老的植物舌羊齿最终走向灭亡，而和现如今相似的木贼类植物则繁荣了起来。

三叠纪时代海洋生态环境也有所改

犬齿兽的头骨

犬齿兽类的犬颌兽（*Cynognathus*）来自南非，是三叠纪早期到中期的食肉动物。它的身体与哺乳动物类似，可能有一层毛发覆盖，有门齿、犬齿和用来迅速咀嚼的隆起的颊齿。

化石带

三叠纪的菊石类水生有壳动物迅速演化，导致它们的壳的细节方面也发生了持续变化。科学家们利用这些变化，可以确认含有化石的海洋地层的时代。在陆地上，用类似的方法通过花粉、植物种子和陆地脊椎动物的遗骸来测定地层所属时代。

像鳄鱼的动物

这是三叠纪晚期植龙（*Phytosaur*）目尼克罗龙（*Nicrosaurus*）的头骨，与现今一些鳄鱼非常相似，二者都有共同的祖先和相似的食肉习性。尼克罗龙是进攻性极强的食肉动物，生活在北美洲和欧洲，身长能达 5 米。

变。硬骨鱼开始崛起，它们比之前的鱼类更先进，但与现如今的海洋生物仍有着较大的差异。有些如今比较普遍的海洋生物，比如像螃蟹和龙虾一样的甲壳类动物，直到侏罗纪才开始演化。二叠纪晚期的大灭绝事件之后，菊石类（螺旋形的水生有壳动物）不断繁殖壮大。从起初的少数幸存者（如蛇菊石）开始，不久后就有了 100 多个属，并与远亲箭石类生物一起，在海洋浮游食肉动物中扮演着越来越重要的角色。三叠纪还见证了与现代类似的珊瑚的出现，这是品种极为繁多且群居的生物，形成了目前已经知晓的最大的生物结构——珊瑚礁。三叠纪时期的所有珊瑚均为六射珊瑚，从结构上来说，与之前的古生代珊瑚都不相同。六射珊瑚似乎是大灭绝的幸存者演化而来的，与现如今相比，三叠纪早期形成的珊瑚要小许多，它们由不到 20 种珊瑚构成，在海底上能长到 1 米高。到了三叠纪末期，大型珊瑚才开始形成。

软体动物双壳类和腹足动物演化出多样化的形态以适应当时的生存环境。它们有些永久性地生活在海底，有些则选择穴居或自由游弋。它们还进入了淡水领域，而腹足动物则最终走向了陆地。相比而言，表面相似且数量较少的腕足动物已经开始衰落，并最终被大范围地取代。

早期的翼龙

这是一只最古老的爬行动物的化石，即以鱼为食的真双型齿翼龙。从图中可以看到它具有两种牙齿：前端圆锥形平滑的牙齿和后端的三叉牙齿。这块化石发现于意大利北部的三叠纪晚期的地层。

恐龙时代的黎明

美国新墨西哥州沙漠中的幽灵牧场里埋藏大量恐龙遗骸。幽灵牧场这个名字听来就有点令人毛骨悚然，是由美国古生物学家乔治·惠特克和来自美国自然历史博物馆的埃德温·科尔伯特于 1947 年共同发现的。该地在一个狭长的砂岩带中，埋藏着超过一千具 2.2 亿年前的两足小恐龙遗骨，其中多具保存完整。幽灵农场的遗骨都属于同一个种类的动物，但是大小不一，从不足 1 米的幼崽到最大为 3 米的成年个体不等。

埋葬恐龙的不毛之地
新墨西哥州幽灵牧场周围崎岖的山脊上，有着富含化石的一系列地层，从近处最显著的三叠纪红山，到侏罗纪的黄色悬崖，再到天际线处白垩纪的达科塔沉积物。

移动迅速的猎手

幽灵牧场的恐龙被称为腔骨龙（*Coelophysis*），具备食肉动物的所有特征。它的躯体细长、肌肉发达，骨头中空且轻盈，腿长，窄小的头骨长着许多像匕首一样的牙齿，牙齿有着锋利的切边。

如此多的食肉动物聚在一起，究竟是为什么？腔骨龙可能是一种群体猎食动物，穿梭于三叠纪晚期的森林、湖泊和河边的高地上，以小型爬行动物为食，甚至吃鼩鼱般大小的哺乳动物。如今，许多大型食植性脊椎动物都为了安全而聚在一起，而没有与之对等的大规模的哺乳性猎食动物，而当时的恐龙可能就是例外。

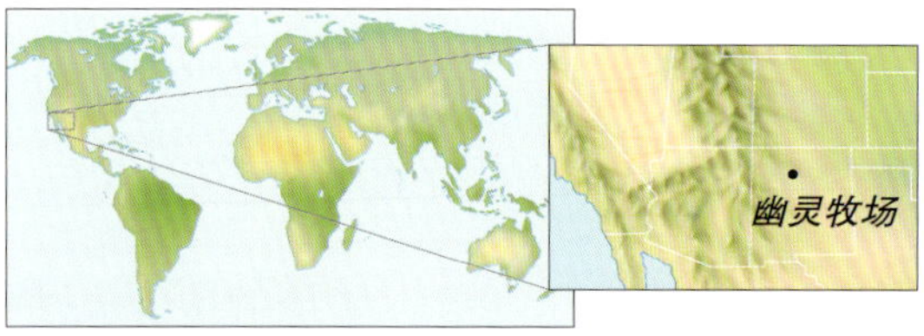

三叠纪的新墨西哥州
食植的爬行动物链鳄（*Desmatosuchus*）长 5 米，身体表面长满鳞甲，包括从肩部耸起的长达 45 厘米的尖角，但与像鳄鱼一样的狂齿鳄（*Rutiodon*）和陆生的波斯特鳄（*Postosuchs*）等大型食肉动物相比，它根本不值一提。群体猎食动物腔骨龙捕到什么都会吃得一干二净。食植动物扁肯氏兽（*Placerias*）栖息在高地丛林中，易受惊。宽额螈（*Metoposaurus*）是一种大型的两栖动物，与飞翔爬行动物真双型齿翼龙（*Eudimorphodon*）一样以鱼类为食。

大量遗骸的细节表明，这些恐龙是被某种灾难席卷之后几乎同时死亡的。最可能的原因是一次暴洪横扫河谷，将群兽卷走，并使其溺亡。即便是今天，非洲的许多动物也会被类似的灾难毁灭。

同类相食的恐龙

在新墨西哥州幽灵牧场发现的腔骨龙骨骼的体腔中，人们发现了体形较小的同类恐龙。科学家们起初认为这是未出生的幼恐龙，表明腔骨龙靠活胎生产繁衍而不是像多数爬行动物一样产卵，但是现在人们知道这种恐龙的尾骨太过狭窄，不适合生产活胎，因而一定是产蛋。专家们认为腔骨龙更有可能是一种同类相食的动物，在恐龙群里占主导地位的雄性会杀死并吃掉被排挤的雄性的后代。从狮子等的现代动物身上可以观察到类似的行为。

猎物和猎手

腔骨龙远非这个环境中唯一的食肉动物，一种新的爬行物种——植龙目的狂齿鳄（*Rutiodon*）活动在溪流和河流中，是食物链顶端的食肉动物。陆地则被大型的爬行动物波斯特鳄（*Postosuchus*）所占据，它的长头骨与后来的暴龙相似，它可能移动缓慢，无法追捕灵活的腔骨龙，因而以食植爬行动物为食，如链鳄（*Desmatosuchus*）、正体龙（*Typothorax*）等。这些动物移动缓慢，但长有强壮的鳞甲，它们以四肢移动，坚硬的腿部支撑身体、颈部和尾骨的重量。还有一种食植动物如牛一般大小，名为扁肯氏兽（*Placerias*），它们属于二齿兽类，尾巴较短，头骨宽大，有一对锋利的獠牙，像喙一样尖利的颌由角质鞘覆盖。天空可能由最早的飞翔爬行动物真双型齿翼龙占据，而像飞蜥一样的依卡洛蜥则在森林里的树之间滑翔穿梭。丁内兽（*Dinnetherium*）是犬齿兽（牙齿与狗相似的爬行动物）的后裔，在夜间活动，以昆虫为食。人们现在认为，这种不起眼的生物可能是人类的直系祖先。

死亡的阵痛
这些腔骨龙死后，其遗骨的头部都因颈部肌肉的拉伸而向后倾斜，这一姿势表明它们被埋葬之前曾有一段时间存活着。

爬行动物的天下

爬行动物于中生代在全球快速发展繁衍。随着陆地许多地区的气候变得更加炎热干燥，能够在陆地上产蛋的爬行动物率先适应新环境，巩固并拓展了领地。它们首次飞上天空，并回到了四足动物祖先起源的水域。

滑翔的蜥蜴
这是三叠纪晚期的长腿爬行动物滑翔蜥（*Kuehneosaurus*），它靠延长的肋骨支撑，用覆有隔膜的翼在空中滑翔，滑翔时翼展超过 20 厘米。现有的飞蜥也有同样的身体构造，二者都能在休息时合拢双翼。

飞翔的爬行动物

从不断演化并最终飞向天空就能看得出，爬行动物的适应能力极强，空尾蜥（*Coelurosauravus*）便是其中一种，其遗骸发现于欧洲和马达加斯加岛二叠纪岩层，与亚洲东南部现存的飞蜥非常相似。空尾蜥滑翔效率极高，是趋同演化（不相关物种在相同的环境下演化成相似的形态结构）的典型例子。它的体长达 40 厘米，肋骨极长，向身体两侧延展，翼展总长度为 30 厘米。覆盖着肋骨的皮肤网形成固定的羽翼结构。该爬行动物的骨架和头骨轻盈，减少了总体重量，头骨的背部还有一个符合空气动力学原理的褶边。

空尾蜥和非近亲却相似的孔耐蜥（属于三叠纪）与飞蜥一样可能栖息在树林里并靠滑翔来躲避食肉动物的猎杀。飞蜥能滑翔 60 米，而高度仅下降 1.8 米。

到了三叠纪晚期和侏罗纪早期，其他有翼爬行动物（如翼龙）也在演化。与空尾蜥不同的是，这些动物的翼位于四肢和身体之间，而非与肋骨相连接。它们视力极佳，控制翼的能力强，身体轻盈，骨架强壮。

飞翔的爬行动物
这块保存完整的翼手龙化石（如左图所示），发现于德国的侏罗纪索伦霍芬灰岩地层，可清楚看到翼隔膜的痕迹。

鱼龙化石

鱼龙（*Ichthyosaurs*）为适应水中生活而演化颇多，比如能在水中生育下一代。这是一块狭翼鱼龙（*Stenopterygius*）化石，身长 2 米，长长的颌、鳍状肢、脊椎和垂直的尾巴都清晰可见。

海洋爬行动物

许多爬行动物在中生代重回祖先的栖息地——水中。楯齿龙（*Placodonts*）与现代的大型鬣蜥相似，身长可达 2 米，躯体硕大且长有重甲。它们以海底的水生有壳动物为食，用前肢掘出或用尖锐的前牙将双壳动物从岩石中拉出来食用。

鱼龙与海豚类似，是一种高度特化的海生爬行动物，能够以 40 千米的时速游动。最早的鱼龙长达 1.8 米。它们以鱼类和箭石类生物（游泳软体动物，略似乌贼）为食，这从胃容物和粪化石中便可看出，抓取猎物之后，它们会整个吞下。

肖尼鱼龙（*Shonisaurus*）属于三叠纪晚期生物，发现于北美洲的内华达州，是已知最大的鱼龙。肖尼鱼龙的身长达 15 米，头部和颈部、躯干和尾巴长度平均，其脊椎向下弯曲，直到像鱼一样的尾鳍下部——这是之后的鱼龙所共有的特征。它们可能是成群游动，因为一块沉积物中发现了许多只肖尼鱼龙的尸骸。肖尼鱼龙并没有活过三叠纪末期，但从整体上看，鱼龙在侏罗纪变得更加繁盛。

趋同演化

鱼龙是趋同演化的典范。趋同演化指的是两个不同的演化过程却产生表面相似的结果。也指不同种的生物在相同的环境下会演化出相似的结构特征。鱼龙属于爬行动物，它的流线形躯干却与现存哺乳动物海豚相似。鱼龙与海豚一样有着肌肉健硕的躯干和极好的视力，然而不同的是，海豚的大脑更大且尾部是水平的。

斑点海豚

退化的肢体主要用来掌握方向。

幻龙

幻龙（*Nothosaurus*）遍布亚洲、欧洲和北非的三叠纪中期地层，身长可达 3 米。它们脚部有蹼，颈部和尾巴较长且能活动，可能与海豹生活习性相似，在海洋中捕猎，在陆地上栖息。

侏罗纪
THE JURASSIC PERIOD

尽管这个时期以“恐龙时代”广为人知，但这也是海洋生物大量繁衍和有花植物演化的时期。

从 2 亿年前到 1.46 亿年前，这段长达 5400 万年的时期在地球历史上被称为“侏罗纪”，该时期命名自西欧侏罗山中发现的岩系。尽管前一个时代——三叠纪的末期，许多物种在大灭绝事件中损失惨重，到了侏罗纪中期，植物和动物的多样性又恢复到了原先的水平。这一恢复标志着长时期物种繁衍的开始，这也持续到了中生代剩下的时间段。

球果
这颗松柏类的球果已经变成了化石，被溪水带着远远地漂离了母体。这颗球果来自南美洲巴塔哥尼亚的类似南美杉的松柏类。

全球变化

在侏罗纪时期，超级大陆泛大陆开始分崩离析：冈瓦纳大陆向南退，在现巴拿马地区为古特提斯洋开了一条向西的口子；劳伦大陆（北美洲和欧亚大陆）与冈瓦纳大陆分离，南北美洲的连接线断裂。这些变化对环境的差异化和南北半球动植物的发展都有着深远的影响。

大型食肉动物
恐龙长有许多像匕首一样的牙齿，像剪刀一样的颚，因而是一种极为凶悍的食肉动物。这具恐龙化石长达 12 被发现于美洲中西部的侏纪纪地层。

侏罗纪开始之初，全球温度和湿度下降。然而之后，这一趋势逆转，到了侏罗纪末期，全球已经向更加温暖的“温室型”气候迅速发展。海平面起了又落，但逐渐上升并总体保持比三叠纪较高的水位。这一变化淹没了大陆海岸地区，随着这些新形成的水域冲向内陆，大片的陆架浅海形成。这里水体温暖而且阳光充沛，是不断多样化和复杂化的海洋生命的理想繁殖场所。从侏罗纪早期开始，大型珊瑚重新在浅海中生长起来。

侏罗纪的“蛇石”

从阿尔卑斯山脉绵延到苏格兰西部，侏罗纪的灰岩和页岩遍布西欧大部分地区的缓坡和谷地。自中世纪以来，这些岩石就已经被开采用作建筑材料，挖掘出来的化石以“蛇石”、“雷霆”或“魔鬼的脚趾甲”等名字被人们流传开来。然而，直到 19 世纪早期人们才意识到，这些化石可以用来把地层断定为一个截然不同的地质时期——侏罗纪。

带有板甲的恐龙

剑龙来自侏罗纪的北美洲西部地区，曾是最大的食植动物。其颈部和背部分布有两排菱形板甲器官，尾部有两对尾椎。

大量繁衍的植物群和动物群

在陆地上，数种三叠纪的爬行动物灭绝了。哺乳动物大量繁衍，不过仍然危机四伏，下孔类（哺乳动物的古代近亲）却在这个时代灭亡了。

为了适应不同的生态环境，越来越多的飞翔爬行动物（如翼龙）不断演化、多样化，天空变得越来越拥挤。到了侏罗纪晚期，这些翼龙又有了带羽毛的恐龙伴侣，其中有些还能飞翔，于是鸟类的演化开始了。

地貌逐渐地被新演化的植物转变着、装饰着。侏罗纪时代最关键的一次事件，莫过于被子植物这种复杂有花植物的出现和多样化，它们最终成了陆地植被的主宰。

浮游植物（水中浮游生活的微小植物）处在许多食物链的底层，与许多后来的物种，如现代的双鞭藻类和微型浮游生物休戚相关。

到了侏罗纪末期，硬骨鱼逐渐演化成如今我们所熟知的模样。它们被侏罗纪海洋中庞大的“海怪”比如食肉的鱼龙和蛇颈龙当成食物。

琥珀

自侏罗纪以来，有些松树能够分泌琥珀色的松脂，偶然被困在松脂内的昆虫也被保存了起来，如这个来自欧洲波罗的海的标本。

侏罗纪海洋中的爬行动物

19 世纪早期，人们在英格兰西南部的莱姆里杰斯（Lyme Regis）发现了海洋爬行动物的骨骼化石，以此事为契机，人们有了一个新奇的想法：曾经存在的生物有可能在如今灭绝了。这些鱼龙和蛇颈龙的骨骼化石，与当时科学家们所知的任何生物都不同，它们显然生活在远古的海洋中，因为发现它们时周围全是典型的海蛤、海星、菊石和其他类似乌贼的头足动物的壳。自从早期古生物学者称它们为“海龙”和“无尽软泥中的居民”之后，这些大型海洋爬行动物就一直在激发公众的想象力。

海相地层
英格兰西南部莱姆里杰斯附近的悬崖上含有侏罗纪早期地层，其中布满了海生有壳动物的化石，如菊石类、双壳类、头足类、鱼类和稀有的爬行动物。

深海怪物

鱼龙一般体长 15 米。某些种类的鱼龙头骨巨大，长有类似海豚的独特下巴，带有一排典型的爬行动物的恐怖牙齿。这些微小、尖利的锥形牙齿或许是在生吞鱼类和头足类生物之前，用来捕获和抓取它们的理想武器。因为人们发现在鱼龙的胃容物化石中含有鱼鳞和许多触手上的钩。

鱼龙已适应深海潜游，它们硕大聚光的眼睛适宜在深海中猎食，眼眶的骨圈能保护它们免受深海压力的影响。鱼龙的身体呈流体学外形，与现存的海豚相似，能够快速巡航并追逐体形较小、游动较快的鱼类。

人们起初认为这些大型海洋生物在陆地上产卵，直到科学家们在一种鱼龙体腔内发现幼龙，人们才意识到鱼龙与哺乳动物一样把受精卵留在体内直到胚胎发育完全，再直接产到海中。

蛇颈龙身长 2~14 米，演化得极适合游泳。它们四肢宽大如桨，颈部细长灵活。大多数体形庞大的蛇颈龙头骨较小，有着长长的鼻子且需要到海面进行呼吸。它们的上下颌布满排列紧密的与

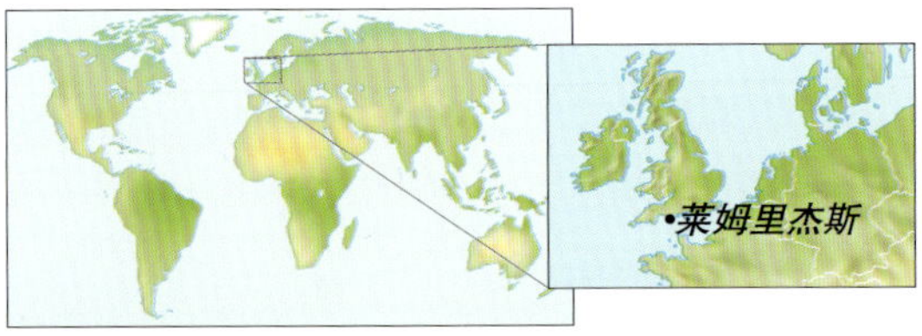

侏罗纪海洋公园
在侏罗纪时期，水下生物与陆地生物一样“肮脏、愚钝、短小”。海洋中住满了浮游的头足类生物和鱼类（如腔棘鱼），它们都是大型海生爬行动物猎食的对象。这些食肉动物包括有长喙的鱼龙和长脖子的蛇颈龙，还有短脖子的菱龙（*Rhomaleosaurus*）。螺旋形带壳的头足类也以小鱼为食。

寻找海怪

19 世纪早期的一些最为重要的化石，都是自学成才的玛丽·安宁和她的家人发现的，地点在英格兰莱姆里杰斯的海岸悬崖。安宁一家靠在悬崖上发掘化石然后卖给上流游客养家糊口。1811~1830 年间，他们挖出了一具早期海洋“怪物”的完整骨骼。他们发现的这些鱼龙和蛇颈龙，使我们对史前历史的生命有了革命性的认识。

鳄鱼相似的牙齿，这些牙齿有利于抓取滑溜的鱼类。考虑到它们体形庞大，游动速度慢，蛇颈龙可能是伏击捕猎，用它们的长脖子抓取浅海中游弋的鱼类。

另外还有一种短脖子的蛇颈龙，被称为菱龙。菱龙的头骨相对较大，锋利的长牙从颌部向外突出。与长脖子的蛇颈龙相比，它们游动速度较快，有些体长能达 12 米，因此它们可能以大型鱼龙、小型蛇颈龙以及鱼类为食。

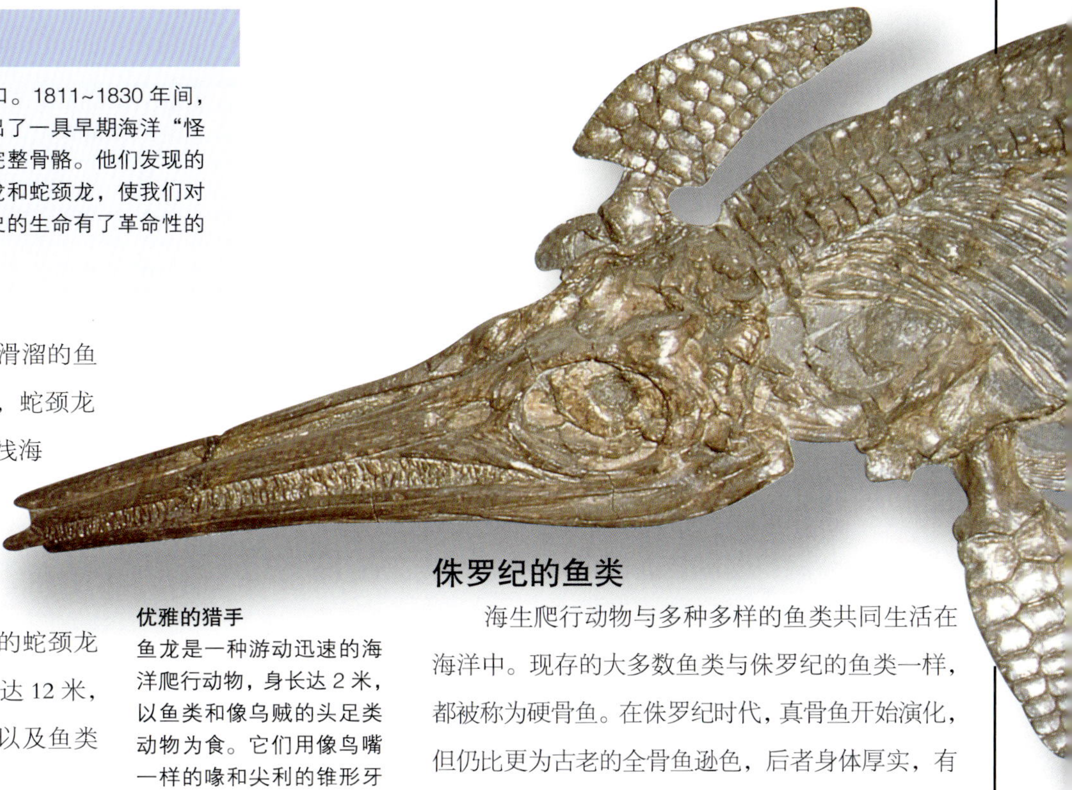

优雅的猎手
鱼龙是一种游动迅速的海洋爬行动物，身长达 2 米，以鱼类和像乌贼的头足类动物为食。它们用像鸟嘴一样的喙和尖利的锥形牙齿来抓取食物。

侏罗纪的鱼类

海生爬行动物与多种多样的鱼类共同生活在海洋中。现存的大多数鱼类与侏罗纪的鱼类一样，都被称为硬骨鱼。在侏罗纪时代，真骨鱼开始演化，但仍比更为古老的全骨鱼逊色，后者身体厚实，有着厚重的骨质鳞片。许多全骨鱼在白垩纪就灭绝了，但有些（如雀鳝）到今天仍在繁衍。

另外一种古老的硬骨鱼叫作软骨硬鳞鱼，鲟鱼便是其中之一。鲨鱼和鳐等软骨鱼类也在数量和品种上逐渐增多。

探寻灭绝与史前

人们以现代科学为基础对化石记录进行解读，历史不过 200 年多一点。在欧洲文艺复兴期间（15~16 世纪），收集和描述化石变成了富人爱好者与收藏家们的消遣。但直到 17 世纪中期，人们才把化石看作是死亡生物的遗体，而非地球内某种力量或流体所形成的物体。

龙

龙在中国和西方的古代神话中十分常见。它们凶猛的形象取材于蛇类和蜥蜴。毫无疑问，首次复原化石中的巨大爬虫如禽龙时，会受龙的形象所影响。

质疑《圣经》

人们认为在信仰基督教的欧洲进行化石研究会产生很大的作用，因为按照基督教的说法，大自然的万事万物都是神圣上帝创造的。但只有在不与《圣经》的创世神话相违背时，对科学的追求才能为人所接受。当时的人们普遍认为，地球上的所有生物都是在几天内创造的，且都是以现在的面目出现在地球上，它们不会随着时间而演化，也不会灭绝。在 1650 年，爱尔兰阿马地区的新教主教詹姆斯·阿瑟经过推断，认为创世时间在公元前 4004 年。

人们从深远的内陆和高山上发现了相似的海洋生物，证实了基督教“诺亚方舟”的传说：创世大洪水把生物溺死在水里，或者当洪水退却后把它们滞留在陆地上，接着把生物遗体变成化石。

然而到了 19 世纪早期，人们发现了化石作用形成的厚厚的地层，于是一切变得清晰起来：无论灾难多么巨大，这些化石层都不可能是一次洪水能够造成的。另外，地球早期史前发展的时间段不能仅仅归结于几年。人们知道许多地质过程发展极为缓慢，如火山喷发和沉积过程，因此地球的年代会有数百万年之久，而非几千年。人们逐渐明白，在这漫漫的历史长河中肯定发生过数

大洪水之前的世界

在一位不知名的画家的作品中，动物们按顺序成对进入诺亚方舟。《圣经·旧约》的故事影响深远，使得 19 世纪早期的地质学家都认为化石是溺死在大洪水中的生物遗体。随着越来越多的地质分层中发现更多的化石，这一理论被摒弃了。

次生物埋葬事件，不同的岩石层中也会发现不同类型的化石。

对世界的新看法

到了 18 世纪晚期，世界各个地方都发现了大型而奇特的动物化石。美国的俄亥俄州河岸边发现了类似大象的骨头（1739 年发现，于 1806 年被命名为乳齿象）。1796 年，人们在巴拉圭发现的化石似乎属于大型树懒。1786 年，人们发现了一种大型海洋爬行动物，称之为“马斯特里赫特的巨兽”（见第 120 页）。19 世纪早期，随着人们在英格兰的莱姆里杰斯发现“海龙”（鱼龙和蛇颈龙），自然学家们不得不面对一个现实：地球上一些曾经存在过的生物现在已经灭绝了。

其他的证据也不断地浮现：在不同时代的地质记载中出现的动植物，身体特征有着明显的演化，这也就引发了生物的体形是否固定等诸多问题。

从 19 世纪中期以来，维护基督徒传统的创世观念的大有人在，而另一批人以全新的科学的方式看待世界，他们关注的是在一个几乎无法想象的时间段内生命缓慢的演化及地球表面发生的变化。由此二者之间掀起了更为激烈的争论。到了 20 世纪，人们终于意识到地球的年代要以亿年计。

与龙相似的动物

这种庞大的白垩纪沧龙名叫“普氏海王龙（*Tylosaurus Proriger*）”，它那牙齿狰狞的头骨与神话中的龙极为相似。龙头的形象取材于人们对蜥蜴的认知，而多数的沧龙都是已灭绝的海生蜥蜴。它们的颌长将近 1 米，身体全长大约为 10 米。

价值连城的捕捞

腔棘鱼（*Coelacanth*）是一种人们以为只能通过化石记录才能了解的动物。它在泥盆纪到侏罗纪期间（4.1 亿年前 ~1.5 亿年前）十分常见，但可能在白垩纪末期灭绝。1939 年，一位科学家在南非海岸偶然抓到这种鱼，但他并没有妥善保存。13 年后的 1952 年，人们在非洲东海岸的科摩罗岛发现了第二条同种鱼。科学家不知道的是，科摩罗的渔民曾在捕捞过程中经常见到腔棘鱼，这种鱼不可食用，也就没了价值，被捕捞之后就会被放生。岛上的居民对于腔棘鱼的科研价值毫无兴趣，但他们很高兴这种被称为“科姆贝萨”（*Kombessa*）的鱼变成了珍贵的鱼。

鱼中活化石

腔棘鱼属于古老的动物类群，与四足动物是近亲。首次发现在泥盆纪的岩石中，过去人们认为它们早已灭绝了，而直到 1939 年在印度洋中发现一种“矛尾鱼”，人们才改变了之前的想法。科学家们现在可以近距离地研究它们了。

冲上云霄

今德国南部的巴伐利亚州在侏罗纪晚期曾被一个巨大的潟湖所覆盖，湖中点缀着低洼的岛屿和古特提斯洋中的珊瑚礁。人们在这个叫索伦霍芬湖的湖底发现了颗粒均匀的灰岩，而这是保存化石的绝佳媒介。陆生动植物的尸体被卷入水中沉积在湖底，后被灰泥覆盖。索伦霍芬灰岩中含有脆弱的昆虫如蜻蜓、翼龙、小型恐龙，还有著名的始祖鸟的化石。

奔跑迅速的动物

美颌龙体长只有 70 厘米。它有着突出的双爪前肢，是一个奔跑迅速的食肉（食腐）动物。它的头骨与始祖鸟极为类似。

早期的鸟类

1861 年，当人们正对查尔斯·达尔文的进化论进行激烈辩论时，始祖鸟的骨骼化石出现了。尽管它也具有爬行动物的某些特征，但这种带羽毛的动物被认为是最早的鸟类。不久之后，人们在同一地点发现了小型两足恐龙“美颌龙（*Compsogndthus*）”的化石，始祖鸟与爬行动物之间的物种便被发现了。美颌龙是最小的一种食肉恐龙，与始祖鸟体形相似，但没有羽毛。

感官与爪子

始祖鸟是体形中等的鸟类，与喜鹊相似，从鼻尖到长尾的根部总长为 50 厘米，身高为 25 厘米。始祖鸟的头骨上长有大大的眼睛，脑中有发育良好的视神经，表明它们的眼睛是关键的感官。始祖鸟像鸟喙一样尖尖的下巴上长有间隔很大的尖利牙齿，前肢上长有极长的手指，每根手指上都长有一根弯曲的爪子。始祖鸟的后肢与现代鸟类相似，内趾生在脚的后部。关于始祖鸟的栖息环境和飞行能力常常是人们争论的话题。一般来说，

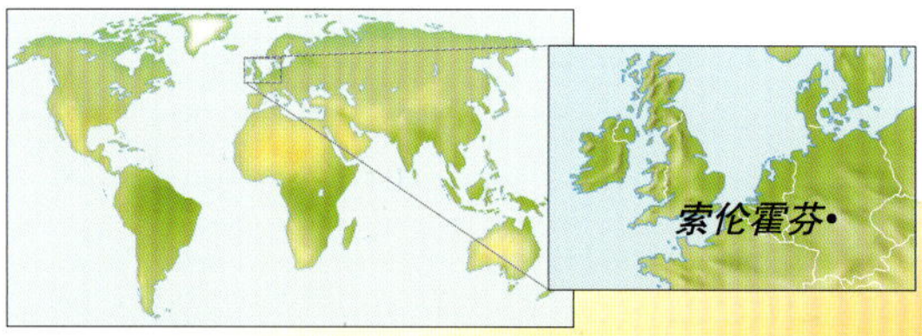

索伦霍芬潟湖

在侏罗纪晚期，德国南部浅湖的水中和湖岸边长满了木贼、小型针叶树和像棕榈树一样的植物苏铁。这一区域是美颌龙等小型爬行动物猎食的好地方。还有许多飞行翼龙，如以鱼为食有长牙的喙嘴翼龙（*Rhamphorhynchus*）和体形更小的、能够在飞行过程中捕获昆虫的敏捷的翼手龙。当然，这里最著名的发现则是始祖鸟，它有着长长的尾巴，可能飞行速度较慢且笨手笨脚。

人们认为它能够爬树，在树之间滑翔寻找食物，随着时间的推移，滑翔可能演化成了以翼驱动的飞翔。也有人认为，由于鸟类是从敏捷的小型食肉恐龙演化而来的，所以它们可能要从地面开始飞翔。

人们现在已经明白，索伦霍芬潟湖环境中并没有生长着许多大树，因而并不适合滑翔鸟类生存。而且，始祖鸟翅膀上羽毛的空气动力学分布表明它确实是可以飞翔的，因为不能飞翔的鸟类并没有这样的身体特征。

侏罗纪的虾

它拥有 1 对长长的触须和 10 条（5 对）脚，长 20 厘米，很明显是一只虾（十足目甲壳动物）。它被保存在侏罗纪晚期有细密纹理的灰岩中。

会飞的爬行动物

始祖鸟与会飞的爬行动物翼龙一起翱翔在侏罗纪的天空中。最早的翼龙出现在三叠纪晚期，在整个侏罗纪不断演化。它们中空且轻盈的骨骼非常适合飞行，翅膀的前沿保留着三根较短的手指。但是最重要的特征则是前肢上有一根特别长的第四指，这便是翅膀的翼梁。

起初，翼龙长着能够在飞行中提供稳定性的长尾巴，但机动性太差。到了侏罗纪晚期，翼龙的尾巴已经变得相当短，于是它们就成了更加迅捷的猎食者。到了后来，翼展达 40 厘米的体形更小的翼龙出现了，或许它们已经能够在飞行中捕捉昆虫为食。体形较大的翼龙则以鱼类为食，它们会潜入水中将鱼类赶到水面。一些翼龙的翼展能够达到 12 米。

始祖鸟

始祖鸟化石是世界上最著名的化石之一，它具有小型恐龙的许多特征，如长有骨质的尾巴和带有牙齿的颌部。然而从翅膀和飞羽来看，这是一种会飞的鸟。

最早的哺乳动物

如今的哺乳动物很容易辨认，因为它们有着共同的特征：毛发、恒温且胎生出能够吃奶的后代。然而这些众所周知的特征并不是同时演化出来的，而是经过漫长的演化。由于它们的软组织特征并没通过化石记录保存下来，因而每一个特征出现的时间并不容易确定。

从石炭纪晚期的类似蜥蜴的小型爬行动物身上能看到最早的类似哺乳动物的特征——牙齿分化（适合不同用途的不同牙齿）和头骨变更——已经出现，这都是哺乳动物发展趋势的部分特征。

到了三叠纪中期，出现一种叫作犬齿兽的哺乳动物近亲，它的口中就长许多带有切割边缘的牙齿，另外还长有骨质腭板（次生腭），以保证它们在咀嚼食物的同时还能够持续地呼吸。颌的变化使它们的脑壳变大，也演化出了耳朵，令它们能够用比爬行动物更为复杂的方式来辨别声音。小型犬齿兽能够打洞，黑暗中的生活导致它们头部周围演化出类似胡须的结构，这些结构也方便了它们探索地道中的线路。

最早的真正哺乳动物

早期的犬齿兽有来自北美洲的 *Adelobasileus* 和来自中国的锥齿兽（*Sinoconodon*），尽管它们并非如今哺乳动物的直系祖先，却也能让我们对早期的哺乳动物历史有所了解。然而，美国和中国的哺乳动物化石都不完整，科学家们不得不用更接近现代的哺乳动物来推断它们可能会有的生活方式。发现于非洲南部的巨带兽（*Megazostrodn*）体形与鼩鼱无异，小到可以放进火柴盒里。它

欧泊化的牙齿
这是白垩纪早期的哺乳动物的颌部碎片化石，发现于澳大利亚。它的牙齿特征将它与单孔类哺乳动物联系起来，如现存的针鼹。它被埋进沉积物中后，原先的骨质分解，空洞被一种与燧石成分类似的硅氧矿物蛋白石填充，成为具幻彩的玉石欧泊。

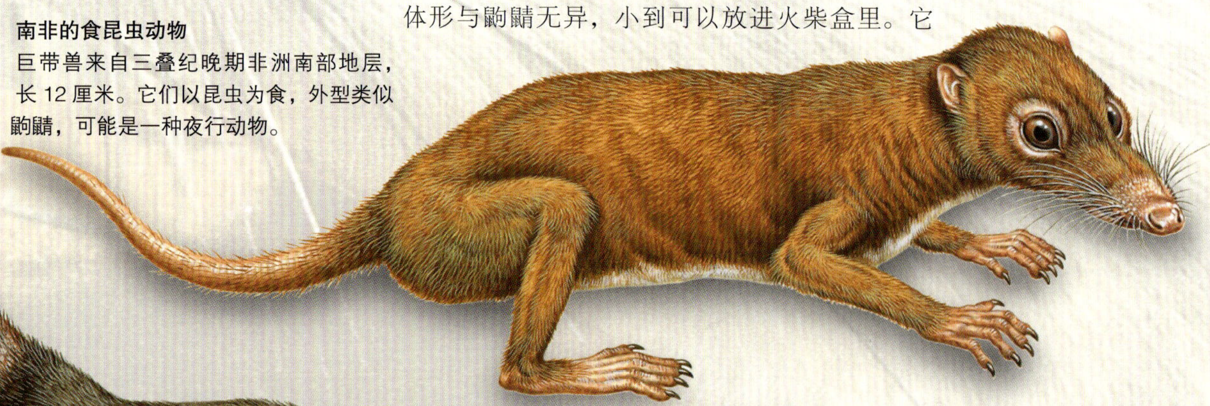

南非的食昆虫动物
巨带兽来自三叠纪晚期非洲南部地层，长12厘米。它们以昆虫为食，外型类似鼩鼱，可能是一种夜行动物。

与老鼠类似的哺乳动物
羽齿兽是类似啮齿兽的原始哺乳动物，栖息在三叠纪早期的北美洲。它属于已经灭绝的多瘤齿兽目，可能以坚果和种子为食。

鉴别早期的哺乳动物

陆地不适宜保存动物遗体。骨骼脆弱的小型脊椎动物，如早期的哺乳动物，会被猎食者整个吞下，然而，猎食者留下的粪便残渣（粪化石）会含有它们吃掉却未消化的动物碎片，其中牙齿居多。因而，小型哺乳动物的化石记录通常由它们的牙齿和颌骨构成。幸运的是，哺乳动物颊齿表面的牙尖、牙床和牙槽类型随着时间推移而迅速变化，而且每一种动物的牙齿都是独一无二的，所以就算完全没有这些动物的骨骼化石，我们仍然能够仅凭牙齿就鉴别出不同的种类。

牙齿复原
普尔加托里猴是一种最早的哺乳类灵长动物，它只留下了一颗牙齿，这颗牙齿发现于美国蒙大拿州的白垩纪晚期岩石中。普尔加托里猴是一种以昆虫为食、体长 10 厘米的动物。以上的复原图是根据其他原始灵长动物做成的。

的身体长而矮，活动灵活，四肢很长，以原始的下蹲姿势朝两侧外扩，如今的一些小型哺乳动物也都有这样的身体特征。另外，摩尔根兽（*Morganucodon*）的骨骼也说明了最早的真正的哺乳动物是如何生存的。摩尔根兽身长 15 厘米，发现于英格兰和中国的侏罗纪早期地层。它具有原始哺乳动物特征，但是它的耳朵结构更加发达。

摩尔根兽的牙齿最具有哺乳动物的特征。它们幼年时的乳牙在成年时换一次，而爬行动物的一生中要换若干次牙。它们的颊齿也与后来的所有哺乳动物一样，演化成了前臼齿和臼齿。它们咀嚼时要用到下颌的三角运动，而不是像高级犬齿兽那样简单的上下、前后运动。从牙齿可以看出，摩尔根兽是食肉动物，可能在晚上捉昆虫或虫子为食，此时食肉的蜥蜴相对活动较少。

摩尔根兽行动迅捷，但不能长时间奔跑。夜行的生活习性要求它们能够从内部产生体热，而这是通过牙齿和颌来实现的。它们的牙齿和颌能够在食物到达胃部之前将其粉碎，使高蛋白的食物迅速释放出能量。为了在夜晚保持体温，它们要有一层毛发，但从目前的化石记录中，人们尚未找到这种关键的软组织证据。这些小型哺乳动物作为一个类群生存了 4000 万年。

纵观整个中生代，在恐龙统治陆地的同时，有二十多个哺乳动物的科在演化，且与大量的爬行动物默默共存。

蒙古的胎盘类哺乳动物
古猬兽（上图）是最早的胎盘类哺乳动物（能够生产发育完整的后代）之一。这种类似鼩鼱的动物于白垩纪栖息在蒙古地区，与现存的象鼩一样，都有着长长的后腿。

象鼩
象鼩属动物（右图）和其他象鼩的化石记载可以追溯到古近纪。人们过去常把它们看作原始的食虫动物，但令人惊奇的是它们却是大象的近亲。

白垩纪早期

EARLY CRETACEOUS PERIOD

超级大陆泛大陆分裂，导致被广阔海洋分割的陆地上的动植物出现了急剧分化。

1.3 亿年前，北大西洋出现，将北美洲与欧洲分割开来，但二者在北部地区的联系可能持续了 2500 万年之久。随着泛大陆分崩离析，非洲和南美洲逐渐分离，中部和南部大西洋也随之形成。特提斯洋向西扩张，一条东西走向的热带海洋走廊将北美洲、欧亚大陆与冈瓦纳大陆南北分开，切断了动植物交换的路径。

白崖
英格兰南部和法国北部的悬崖由白垩纪的灰岩构成，而这些白崖则由称为“颗石藻”的浮游生物骨骼构成。

环太平洋火山带

一条巨大的火山带沿着美洲大陆的西部海岸形成，并且一直从智利延伸到阿拉斯加。时至今日，这条火山带已成了环太平洋火山带的东侧。但在白垩纪早期，这些山脉为陆生生命的演化提供了肥沃的土壤。

此时地球大气中的二氧化碳含量很高，导致温室效应下全球气候温暖而又干燥。随着温度升高、极地冰盖融化，从侏罗纪时期高峰降下的海平面又迅速回升，浅海覆盖了许多大陆地区，尤以北美洲、欧洲南部和南极洲为甚。这些陆架海中充满了海生生物，包括栖息在珊瑚中的大量鱼类，也为海生爬行动物和鲨鱼提供了食材。植被也在逐渐地改变。随着中生代早期的蕨类植物凋零，更加现代的蕨类植物成了主流。种子蕨、苏铁、银杏和其他古老的蕨类都慢慢衰亡，逐渐地被松树和红杉所取代。对未来至关重要的被子植物出现。空中充斥着会飞

禽龙的头骨
禽龙是白垩纪早期的鸟脚类恐龙。从鸟喙一样的吻和长排颊齿可以看出它是一种食植动物。禽龙发现于现今英格兰南部的怀特岛上，当时的海平面比图中显示得低得多。

新的生命形式出现

最新的化石发现表明白垩纪是一个生物大发展的时期。虽然爬行动物仍是主宰，但是其他的动物群也发展出了新的形式。从中国、蒙古和西班牙发现的化石表明，数种带牙的鸟类在白垩纪早期实现了演化，小型而原始的哺乳动物也有了新的分支。虽然在白垩纪末期的大灭绝中，大多数鸟类、多数哺乳动物与恐龙一起消失了，但幸存下来的那一部分足以为现代陆生生命的演化提供基础。

有着鸟一样喙的恐龙
这是从蒙古的白垩纪早期地层中发现的鹦鹉嘴龙。它的喙和颌与鹦鹉相似，没有牙齿，已经适应了食用难嚼的植物。头骨后方顶部的骨质突起形成骨盾，这是用来保护脖子的。

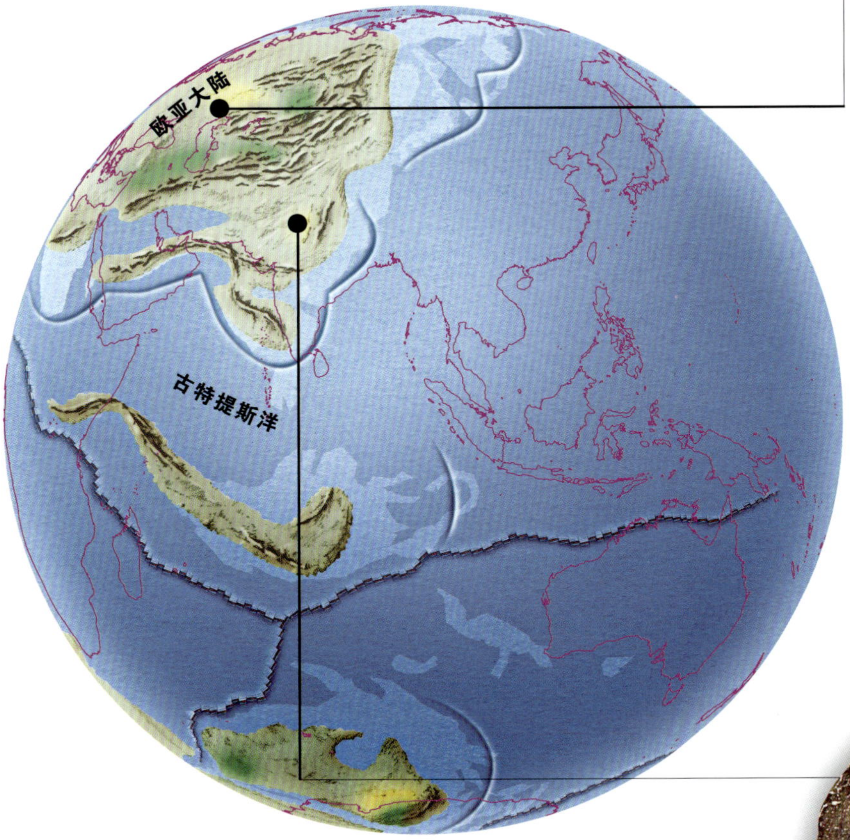

的爬行动物、鸟类和数量庞大的昆虫。昆虫和被子植物因花朵和花粉的演化而相互得益。

恐龙仍然主宰着陆地，而小型哺乳动物的种类变得更加繁多，数量也变得更加庞大。诸如禽龙和某些棱齿龙（迅捷的两足食植恐龙），在白垩纪初期得以从欧洲迁徙到北美洲，但到了白垩纪中期，随着大陆联系中断，恐龙的种类开始分化。在北美洲，一种被称为“腱龙”的鸟脚类棱齿龙（主要以两腿行走的食植恐龙）占据统治地位。在欧洲属于鸟脚类的禽龙也在不断地繁衍发展。

南北差异

在这一时期，南北半球的四足动物群也开始呈现巨大的差异。北半球的蜥脚类恐龙（大型食植恐龙）和剑龙的种类变少了。与此同时，装备重甲的甲龙和禽龙的种类和数量均有增长，而最早的角龙下目恐龙如鹦鹉嘴龙，也已经出现了。南半球与之相反，蜥脚类恐龙仍然是主要的食植动物。

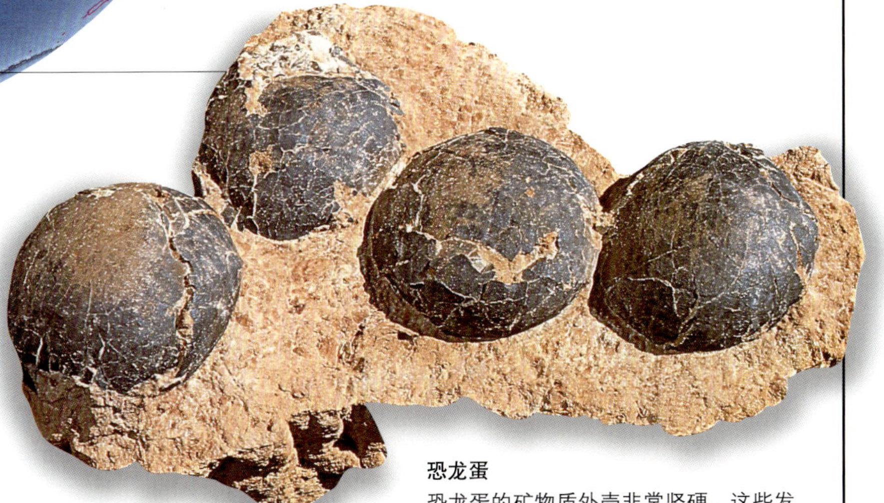

恐龙蛋
恐龙蛋的矿物质外壳非常坚硬。这些发现于中国的白垩纪恐龙蛋保存在巢中，与现今乌龟和鳄鱼的蛋类似。这些恐龙蛋的直径是 13 厘米。

禽龙盘踞的世界

1878 年，世界上最令人兴奋的化石由两位比利时矿工发现。他们在比利时西南部的桑特巴尔伯矿坑挖掘时，发现了大型食植恐龙的完整骨骼。这些骨骼都属于禽龙——一种根据尸体残骸命名的恐龙。

行动迅捷的食植动物
棱齿龙是像瞪羚一样行动迅捷的小型两足食植动物，体长为 1.5 米。在白垩纪早期，它栖息在欧洲和北美洲地区。

复原禽龙

挖掘工作后来转交给了比利时皇家自然历史博物馆，由路易·德波夫和路易·多洛带队。比利时科学家遇到了难题：如何将这些骨骼按照原先的位置摆放呢？因为这种动物的尾骨和后腿结构明显与鸟类相似，所以多洛和德波夫就用鸸鹋的骨骼做模型。但他们又意识到禽龙与鸟类有着巨大的差异，尤其是它们有着长长的肌肉发达的尾巴和强壮的前臂、腕部和手部。为了说明这些特征，他们还选用袋鼠作为模型，最终得到一种介于袋鼠和不会飞的鸟类之间的动物——一种直立的两足动物，颈部像鸟类，尾巴拖在地上。到了 20 世纪晚期，这一模型被彻底地修正了。有证据表明禽龙是两足行走，前手掌起辅助行走的动物。尽管它们的前肢比后肢短许多，但由于腕部强壮，所以其前肢仍然威力巨大。它们大手的中间三指可以张开形成足以支撑体重的辅助脚。禽龙的尾骨被像骨头一样的韧带连接在一起，让尾巴紧绷起来——它不可能像多洛和德波夫所建议的基于袋鼠的模型那样弯曲起来。禽龙幼崽很可

拇指尖爪

禽龙拇指的端部有一根锋利的骨质尖爪，是对付食肉动物的有力武器。最初复原禽龙时，人们错把拇指上尖爪当成了类似犀牛的鼻角。

白垩纪的洪漫滩
一片广阔的洪漫滩从比利时向西延伸至英格兰南部，水分十足的低洼陆地孕育了小树林，这也为禽龙提供了稳定的食物来源。树蕨在更加干燥的陆地上繁衍生息。食植的禽龙、棱齿龙和多刺甲龙都是诸如斑龙等肉食动物的食物。兽脚类恐龙恐爪龙以水中的鱼类如鳞齿鱼为食。鳄目动物伯尼斯鳄也在这里捕食。

能是两条腿直立行走，而体形较大的成年禽龙则以四足行走，它们只在进食、争斗或交配时才以两条后腿支撑身体。

禽龙体形庞大，重达 2 吨，需要大量进食。作为食植动物，它们的食物主要由苏铁、木贼和蕨类植物组成，这些食物难以咀嚼且营养较低。为了消化粗糙的纤维素，在将植物吞下之前，食植动物要用强有力的肌肉和坚硬的颊齿尽量将其磨碎。禽龙的颌前部没有牙齿，但被像乌龟一样的角质喙覆盖，非常适合切割植物。它们的颊齿有两排，平行而又互相连接，由约 100 颗带锯齿边缘的叶形牙齿组成。禽龙的嘴部非常灵活，上部的牙齿能够横向摩擦下牙。

与禽龙为伍

棱齿龙也是一种食植恐龙，与禽龙共同生活在白垩纪早期。令人惊奇的是，这种体形较小的两足动物却极为繁盛。人们曾以为棱齿龙栖息在树上，因为曾有一种棱齿龙的足后长有像鸟类一样的适于抓握树枝的趾，后来人们证明这种说法并不准确，其他特征表明棱齿龙天生行动敏捷（与如今瞪羚类似），所以它们是生活在地面的恐龙。另外一种食植四足恐龙是多刺甲龙，它们用盔甲来保护自己。

当时的顶级食肉动物是肉食龙（一种食肉的恐龙），但人们对它所知甚少。在英国白垩纪的地层里，人们找到了一种大型食鱼兽脚类恐龙——恐爪龙存在的证据。同时也发现在当地的河流湖泊中住满了乌龟（蛇颈龟）和鳄鱼（伯尼斯鳄），以及各种各样的鱼类、双壳动物和腹足动物。

三叠纪的幸存者
短吻鳄最早出现于三叠纪末期，是爬行物种的幸存者。最初恐龙复原图都是以鳄鱼为模板，但后来人们发现恐龙要么是两足的，要么过于庞大，无法保持像蜥蜴一样的姿态。

发现和复原恐龙

恐龙已经取代了神话和传说中龙和怪兽的地位，不断激发着现代人的想象力。这些恐怖的蜥蜴是 19 世纪新兴的科学——古生物学的产物。作为大众科学的代表，它们在多年里进行了多次转变，才成了如今恐龙书籍和电影中迅疾而又色彩斑斓的生物。

故事要从 1818 年之前的一段时间说起，当时人们从英格兰牛津郡的白垩纪中期地层中发现了一块颌骨化石，上边有着像铲子一样大的牙齿。人们猜测这是一种斑龙（*Megalosaurus*），直立身高为 2.5 米。1825 年，人们从白垩纪早期灰岩中找到了更多化石，但也使得人们更加迷茫。当时的自然学家（如吉迪恩·曼特尔）也被这些化石搞懵了，他们对这种动物的真正形状所知甚少。从化石遗骨的尺寸来看，很明显是一种巨大的陆地爬行动物，但这些调查者手中仅知的爬行动物不过是诸如鬣蜥和鳄鱼等现存蜥蜴。曼特尔称它为禽龙（*Iguanodon*），并假设它是一种类似蜥蜴、有着长长的尾巴的四足动物。

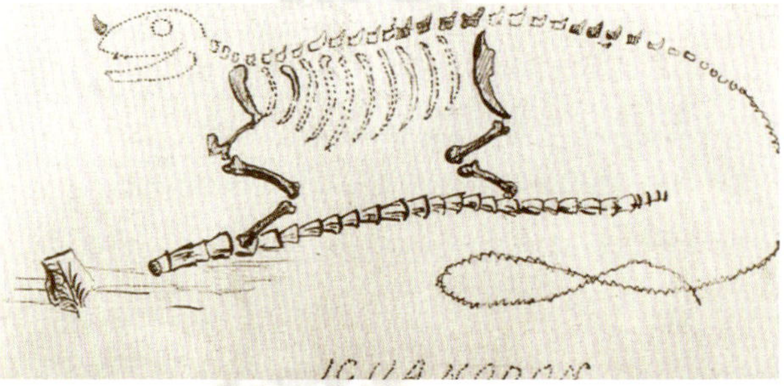

最初的草图
吉迪恩·曼特尔在 1883 年绘制的这一草图（上图）并未出版，却是复原恐龙的第一次尝试。曼特尔有的只是一堆杂乱且不完整的骨骼，他把拇指尖爪放错了位置，把它当成了类似犀牛的鼻角。

鬣蜥模板
现存的鬣蜥（左图）为人们首次尝试复原恐龙提供了模板，但由于它仅长数英尺，所以不可能是大型恐龙（如禽龙）的缩小版。

《侏罗纪公园》

在促进大众对恐龙的认知上，迈克尔·克莱顿的小说《侏罗纪公园》和史蒂文·斯皮尔伯格的同名电影起到了至关重要的作用。随着对它们的生活习性和行为模式的深入研究，人们发现恐龙与哺乳动物一样品种多样，于是关于它们愚钝、冷血且移动缓慢的说法现在也已经得到改变。电影中食肉的伶盗龙被刻画成了行动迅速的侵袭性恐龙，拥有智能思维且感觉敏锐。在恐怖的追逐场景中，一头暴龙差点追上一辆吉普车。然而从年代上来说，电影中出现的许多恐龙其实属于白垩纪，而非侏罗纪。

电影中的剑龙
在《侏罗纪公园 2：遗失的世界》开场的情景中，两只体形庞大、身披铠甲的剑龙横穿过一条干涸的河床，这是它们第一次出场。

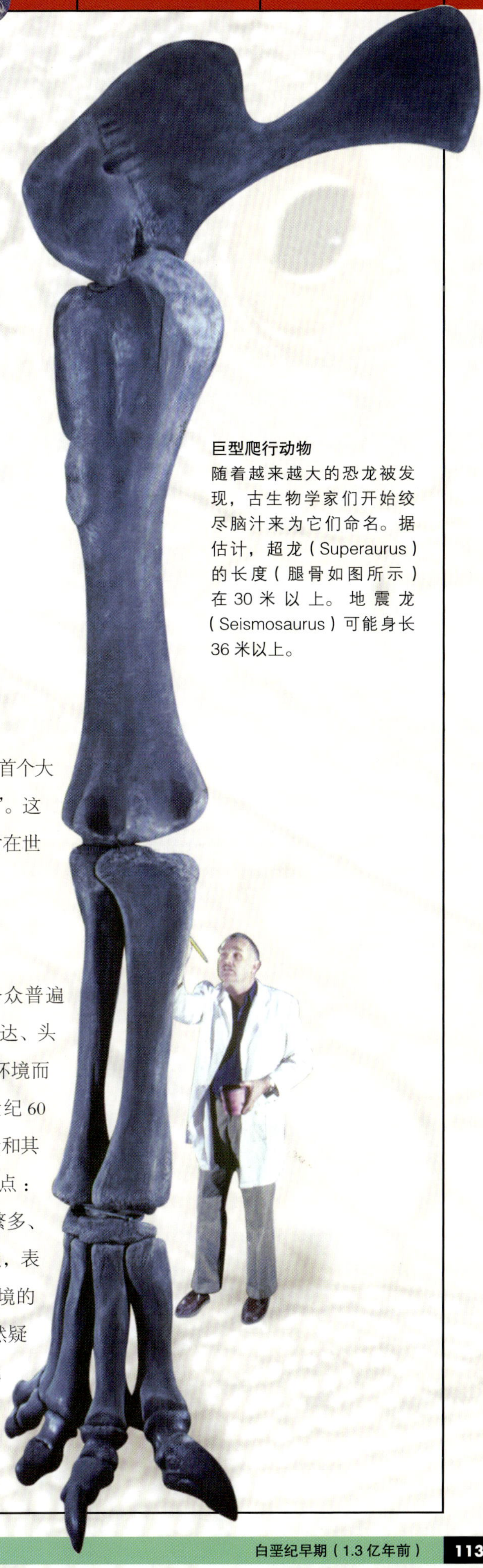

巨型爬行动物
随着越来越大的恐龙被发现，古生物学家们开始绞尽脑汁来为它们命名。据估计，超龙（Superaurus）的长度（腿骨如图所示）在 30 米以上。地震龙（Seismosaurus）可能身长 36 米以上。

给恐龙命名

“恐龙”这一名称于 1842 年首次出现，是由一位名为理查德·欧文的英国解剖学教授创造的。他提倡把这种动物列为全新的分类——恐龙纲，以便从解剖学上区分当时发现的爬行动物化石和已知的现存爬行动物。

欧文对恐龙纲的远见获得了巨大成功。到了 19 世纪 60 年代，美洲也成为发现恐龙的重要地点，恐龙研究在美国盛行起来。1802 年，人们在马萨诸塞州的一个农场内发现了一些足迹化石，当地的博物学家爱德华·希区柯克宣称这些三根脚趾的怪异足迹一定出自巨鸟，而事实上，这些足迹是一头恐龙留下的。这一发现首次证明了有些恐龙是两足直立行走而非四足爬行，然而决定性的证据直到 70 年后才出现。

19 世纪 70 年代时，美国发生了一场“恐龙之战”——两位恐龙专家之间的巅峰对决，他们分别是来自耶鲁大学的奥赛内尔·查尔斯·马什和来自费城自然科学学院的爱德华·德林克·科普。他们之间相互竞争，使 130 多个新恐龙品种得以发现和记述。1883 年，马什复原了首个大型食植恐龙并称之为“雷龙”。这些巨大的蜥脚类动物的图片在世界范围内引发了广泛猜想。

革新思想

在 20 世纪上半期，公众普遍认为恐龙行动缓慢、四肢发达、头脑简单，是因为不能适应环境而走向灭亡。然而到了 20 世纪 60 年代，罗伯特·贝克尔博士和其他人提出了一种全新的观点：恐龙具备头脑聪明、品种繁多、颜色和花纹排列多样等特点，表明它们是极能适应生存环境的动物，因此它们的灭绝仍然疑问重重。这一新的恐龙观比旧日恐龙观更受欢迎。

白垩纪晚期

LATER CRETACEOUS PERIOD

在白垩纪中期和晚期，海洋发生变化，形成了温室环境，而生物继续在海洋中迅速多样地发展。

伶盗龙的头骨
伶盗龙（*Velociraptor*）是一种生活在白垩纪晚期的小型恐龙，人们在蒙古发现了它的遗骸。伶盗龙宽大的眼眶和弯曲的尖牙表明它们是典型的食肉动物。

在大约 1 亿年前的白垩纪中期，南半球新海洋（如南冰洋和南大西洋）的形成推动了地壳运动，而这些海洋和新海底的形成反过来又受地幔内部不断变化的对流模式所推动。

冈瓦纳大陆仍在继续分裂：印度与马达加斯加岛分离，然后向北移动；随着塔斯曼海的形成，新西兰漂离了澳大利亚；中国的西藏地区和东南亚形成了新的造山带，将欧亚大陆东部边缘联系起来；在欧洲，大西洋向北漂移形成了比斯开湾，并分割了不列颠岛、拉布拉多半岛和纽芬兰，之后又分开了挪威和格陵兰岛。

海洋变化

地质证据表明白垩纪中期的火山活动频率极高，洋中脊地区尤为明显。洋中脊从古老的海洋中高高拔起，使得周围的深海海底随之升高，其结果就是全世界的海平面上升到比现今海平面高出 200 米的高度，以致引发了全球范围的洪涝灾害。到了白垩纪末期，海平面再次下降。

该时期结束之前，海水温度急剧上升而后下降，接着又部分上升，这些变化都是大陆分裂时大洋环流模式起伏不定的结果。一段时期的海洋温度迅速升高（以及氧气耗损）似乎导致了海洋生物的灭绝。

暴龙
在白垩纪晚期，暴龙（如雷克斯暴龙）普遍分布在北美洲和中亚。这幅雷克斯暴龙的头骨图详尽地展示了该动物弯曲的带锯齿匕首状的牙齿。

慈母龙
这块鸭嘴龙科慈母龙的幼崽化石发现于美国蒙大拿州。慈母龙幼崽的体形极小，不适宜生存，因而成年恐龙需像成年鸟类照看幼鸟一样照看它们。父母的关怀从名字就能看出来，其意义为“好妈妈”。

温室变化

白垩纪中期发生了大规模的海洋火山活动，向海洋和大气中排放了大量的二氧化碳，由于温室效应，全球开始变暖。事实上，白垩纪中期可能是整个地球历史上最温暖的时期。随着温度达到最高值，温带森林植被向高纬度扩张，从赤道向两极扩展了 2000 多千米。

白垩纪中晚期的生物

恐龙在这一时期仍主宰地球并在不断多样化。白垩纪中晚期的兽脚类恐龙品种繁多，比如大型暴龙属的雷克斯暴龙、较小的小型食肉动物恐爪龙和伶盗龙、像鸵鸟一样的似鸟龙，另外还有慈母龙、鸭嘴龙以及三角龙。

如今主宰陆地生态系统的生物如有花植物、鸟类和哺乳动物，在白垩纪中期的温室环境里爆炸般地迅速繁殖。哺乳动物从鼩鼱到猫类的大小都有且多是夜行动物。最早的被子植物（有花植物）很可能是灌木一般的杂树，它们的分布范围和种类迅速增长，在松柏森林的天空下苟且偷生。白垩纪晚期的植物群包括榕树、柳树、杨树、木兰和悬铃木。伴随被子植物的扩张，昆虫也在全世界范围内迅速多样化繁殖。

水中的顶级食肉动物是一种体形庞大、具有鳍的蜥蜴，被称为沧龙。蛇颈龙和巨型龟古巨龟称霸了海洋，而最早的真骨鱼（今主要的鱼类）也出现了。菊石类动物、双壳类动物以及腹足动物的分布更为广泛。海洋浮游微生物不断繁盛，而它们堆积在海底沉积物中的遗体为现今世界丰富的石油提供了烃源基础。

双壳类化石
三角蛤普遍存在于中生代的特提斯洋的温暖海水中，坚硬的有脊的壳能保护它们免受波浪的冲击。其中一类热带三角蛤幸存到了如今。

蒙古的哺乳动物和恐龙

亚州的中心地区是一片广袤的沙漠，20 世纪诸多惊人的化石都是在这里发现的。白垩纪时期蒙古经常被沙尘暴席卷，成千上万的蜥蜴、哺乳动物和恐龙遗体被埋在砂岩内。这些动物的骨骼化石通常是完整的，连最细小、最脆弱的骨头都保存了下来，为 9000 万年前存在的生命提供了绝佳而又杂乱的生存证据。

白垩纪晚期，属于鸟臀目的两种恐龙的科——鸭嘴龙科和角龙科，演化出了大量新物种且遍布全球。这一点从蒙古发现的多种恐龙化石中即可看出，当地的化石还包括许多蜥臀目恐龙，如兽脚类中的驰龙（*Dromaeosaurus*）和窃蛋龙（*Oviraptors*）。

蒙古沙漠

蒙古干旱的沙漠中的一些地层，拥有丰富的恐龙化石。过去 80 年来，人们已经从这些中生代的沉积物中复原了上千种生物。

“窃蛋”的恐龙

蒙古最为著名的蜥臀目恐龙化石名为窃蛋龙，由罗伊·查普曼·安德鲁斯于 20 世纪 20 年代确认并命名。该恐龙身体轻盈，靠两足行走，起初人们猜测它是以角龙科的原角龙恐龙蛋为食，故称之为窃蛋龙。由于一头窃蛋龙的遗骸发现于被认为是原角龙的巢内，安德斯便得出结论，认为它是在进食恐龙蛋时死亡的。然而最近的研究表明，窃蛋龙名不副实。专家们运用新科技研究蛋内已经石化的胚胎后，认为该胚胎属于窃蛋龙。换句话说，窃蛋龙是死在自己巢内。

蒙古尘暴

伶盗龙和大型特暴龙（*Tarbosaurus*）等食肉动物会袭击其他恐龙，如以植物为食的窃蛋龙和似鸡龙（*Gallimimus*）。原角龙（*Protoceratops*）会在地面的泥丘上产蛋。单爪龙（*Mononykus*）是一种只有一根手指的独特恐龙，前肢短小强悍。当时的小型哺乳动物，如重褶齿猬（*Zalambdalestes*）、*Kamptobaatar* 等都不起眼，但它们的后裔将在恐龙灭绝之后主宰世界。

见证遗失的世界

对古生物学家而言，挖掘蒙古丰富的化石是一次令人振奋的经历。1994 年，美国自然历史博物馆组织了一次探险，在乌哈托喀的山上发现了 500 多种保存完整的白垩纪动物遗体。探险队领队迈克尔·诺瓦切克教授写道："我们似乎闯入了大型墓地，就好像是这些动物在不久之前才断了最后一口气。走进这个世界，看到这样一个灭绝动物群体，我们在时间上从未与它们如此贴近……"

生活在恐龙的阴影之下

虽然恐龙在白垩纪晚期仍然主宰着陆地，但是小型哺乳动物的数量和种类也在不断增多。哺乳动物共有四种：有胎盘动物（后代出生时已经相当成熟）、有袋动物（后代出生时并不成熟，需在育儿袋中养育）、单孔目动物（产蛋动物）和现在已经灭绝的多瘤齿兽类动物。

多瘤齿兽类动物是当时最繁盛的哺乳动物，与食虫类的有胎盘动物、有袋动物和单孔目动物不同的是，它们可能以食植为生。人们曾一度认为多瘤齿兽动物能够爬树，但蒙古种的多瘤齿兽类，却有着与现存沙鼠相似的骨骸，现在人们认为它们是夜行动物，适宜奔跑和挖洞而非爬树。

经过对另一种保存完整的多瘤齿兽动物（*Kryptobaatar*）的骨盆研究，人们发现这种动物是胎生而非像单孔目动物一样产蛋繁殖，因为它们的产道非常狭窄，所以它们的后代刚出生时和有袋动物的后代一样发育并不完全，这些无助的后代需要得到照顾，因此它们把洞穴当作养育所。

多瘤齿兽动物在大约 3500 万年前（始新世晚期）才灭绝。到了白垩纪晚期，以较齣齵体形稍大的重褶齿猬为代表的有胎盘哺乳动物幸存了下来，少数有袋动物和单孔目动物也幸存到了今天，但从长远来看，有胎盘动物是最成功的哺乳动物，这可能得益于它们能够产下发育较完全的后代。

小心翼翼地处理
原角龙属于恐龙角龙科，其部分骨骼在被从岩体中挖掘出来之前，专家们会先小心翼翼地对其进行清理。这对未来的保存工作也十分必要。

鸭嘴龙和肉食龙

在加拿大阿尔伯塔省的红鹿河沿岸，人们发现了 300 多具恐龙骨骼，如今这里已成为阿尔伯塔省立恐龙公园。13000 年前冰川退却时，冰盖融化，产生的巨大侵蚀作用，将约 7500 万年前的白垩纪晚期沉积物暴露了出来。从该地区挖掘出来了大量不同种类恐龙的单块骨骼，数量比世界上其他任何地方都多，其中包括大量的白垩纪晚期的鸭嘴龙（嘴部像鸭子的扁平足食肉动物）和肉食龙（两足食肉动物）。

最初的发现始于 1909 年，一位阿尔伯塔省的农场工人告诉美国自然历史博物馆的著名恐龙收集者巴纳姆·布朗，说从他农场上挖出来的一些骨头与博物馆里展览的很像。布朗立即动身在红鹿河旁建立营地。他从 1910 年到 1915 年一直在这片区域工作，复原了许多带有头骨的骨骼。阿尔伯塔省立恐龙公园内的沉积地层呈现出变化多样的环境，从远海、浅滩、沙坝、潟湖、沼泽、三角洲，再到河床和河漫滩。从这片地层发现的化石表明白垩纪的生命品种十分多样。如此多的化石——包括惊人的 300 块关节相连的大骨骼，代表着 36 种恐龙和 84 种其他脊椎动物，其中有鱼类、两栖动物（蝾螈和蛙类）、爬行动物（龟、蜥蜴、鳄鱼和翼龙）、鸟类和哺乳动物。这些物种目前在世界各大博物馆都有展出。

挖掘巨型动物
经过耐心挖掘，一队古生物学家终于挖出了完整的暴龙科恐龙头骨和部分身体骨骼，这是极为罕见的发现。

恐龙大点兵

白垩纪时期，丰富的海洋供给为这片区域提供了茂盛的植被，使得食植的鸭嘴龙如冠龙和赖氏龙大规模繁衍。它们都有着典型的冠状头骨。白垩纪地层中有一层由咀嚼后的植物残渣构成的薄薄地层，人们认为这是大群食植动物排出的粪便。鸭嘴龙和其他鸟脚类恐龙体

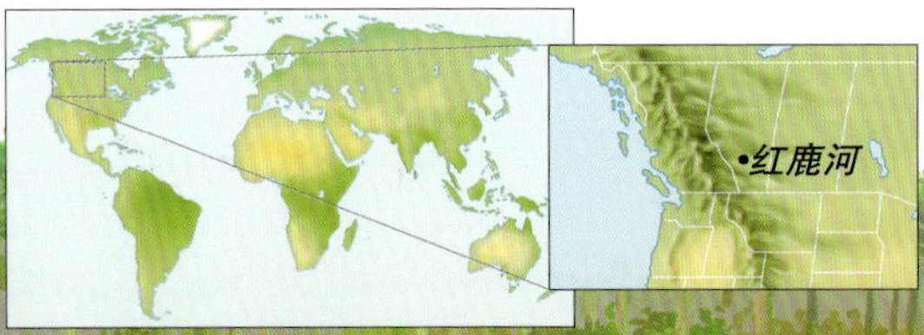

白垩纪时代的生命
白垩纪晚期的阿尔伯特省的环境孕育了许多不同种类的恐龙以及其他的动植物。位于食物链底端的多种脊椎动物都是食植动物，如角龙科（戟龙）、鸭嘴龙科（副栉龙、慈母龙和盔龙）和甲龙科（包头龙）。它们都演化出了不同类型的防御能力，包括身体长满鳞甲、长类似棍棒或角类的器官和群居在一起。食肉动物包括庞大的暴龙科（达斯布雷龙）和伤齿龙，它们是动作迅速的群体捕食动物。

重超过 1 吨，但这种动物群中包括体形较小的恐龙，如甲龙（身有鳞甲的恐龙）、肿头龙（头部较大的恐龙）和棱齿龙等。棱齿龙体形极小，仅重 10~100 千克，新陈代谢速度可能非常快，因而需要专门的高能量植物。同样，当时的小型哺乳动物也会以高能量的植物为食，如水果、种子。

大型食肉动物

在白垩纪时期，红鹿河地区数量最多的食肉动物是美丽伤齿龙（*Troodon formosus*，一种像鸟一样的兽脚类动物）、驰龙科的蓝斯顿氏蜥鸟盗龙和暴龙科的蛇发女怪龙。暴龙意即“暴虐的蜥蜴”，是最大的兽脚类动物，身体长达 14 米，直立身高达 5.5 米。这些巨大生物的头部庞大，颈部短而肌肉发达，腿部长而有力，还有直立的尾巴用来平衡身体。它的前肢较小，长有两根短指，短得连嘴都触不到，作用（看起来似乎没用）令人迷惑不解。

人们普遍认为暴龙是能够迅速奔跑的动物，但最近发现，它们根本就不可能迅速移动。英国生物学家罗宾・麦克尼尔・亚历山大从它的体重、腿长和步法推断出暴龙的最高速度为每小时 30 千米。另外一位美国专家吉姆・法洛则指出：若这样身高、体重的动物跌倒，它的头部会猛烈地撞击地面导致头骨摔碎，所以大型暴龙不可能快速奔跑，否则会有致命危险。

食腐动物

尽管人们普遍认为暴龙类恐龙是一种活跃的食肉动物，事实上，它可能是一种以腐肉为食的食腐动物。这样的生活方式不需太快的速度，这也就降低了它受伤的风险。然而，这仍然不过是人们的猜测。

长有鳞甲的恐龙
包头龙是体形较大的甲龙之一。它的头骨受到骨片的保护，眼圈也有鳞甲。它的骨刺和骨片保护着头部、颈部和肩部。

马斯特里赫特的巨兽

白垩沉积物由浮游生物的白垩状骨骼构成，这是白垩纪晚期的主要产物，盛产于欧洲。人们为了寻找燧石，数千年来一直在开采这种软灰岩，而到了近期，这种白垩主要用于生产石灰。这种开采行为发掘出了许多惊人的化石，但这些都无法与“马斯特里赫特的巨兽”相媲美。此名称是以发现化石的荷兰小镇命名的。

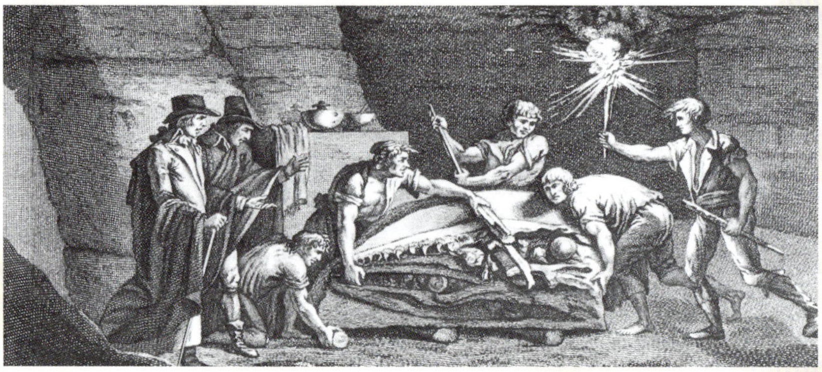

发现
这块雕刻记载的是 1786 年人们在马斯特里赫特的圣彼得山上的灰岩矿中挖掘出的大块霍氏沧龙颌部。这一发现在欧洲科学界掀起了巨大轰动。

白垩纪海洋中的恐惧

霍氏沧龙不仅是海洋爬行沧龙中的最晚一类，也是演化程度最高的一类，还是体形最大的一类。沧龙是离开陆地重返海洋的食肉爬行动物，它在早期海洋食肉爬行动物鱼龙衰落之后，填补了其留下的生态位。

霍氏沧龙体长可超过 15 米，并且具有巨大的颌部。它的头骨比祖先的更加坚硬。它的眼睛相当大，视力相对较好，但双目视觉受限，所以深度感较差。另外，还有证据表明它的味觉也不灵敏。

霍氏沧龙的颌布满了有锯齿边的锥形弯曲大牙，这些牙齿十分有力且有效。颌骨有一个活动节点，用于集中全力咬噬大型猎物。它牙齿的刃口是所有海洋爬行动物中最为高级的，每个牙冠都有多个刃口和摩擦面。这种动物恐怖的颌部和庞大的体形，表明当时的多数海洋生物都是它潜在的猎物。

除了这些能力之外，霍氏沧龙还能够迅速游弋。它靠左右摆动尾巴来获得推动力，用桨一样的前肢控制水中庞大的身躯。

尾部力量
霍氏沧龙是一种在水面快速游动捕食的动物。左右摆动它庞大的尾部，能够产生巨大的推进力。

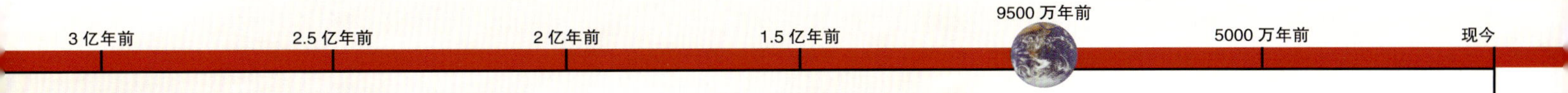

身份问题

沧龙化石在当时引起了诸多争论，当时人们并不知道动物会灭绝，也不知道达尔文的“进化论”。最初的疑问主要集中在这种动物的身份上。荷兰自然学家皮尔特·坎珀于1786年得出结论：这是鲸鱼。他的理论引起了更多的争论，尤其是与法国学者法贾·斯德圣-方的争论最激烈，后者认为这是鳄鱼。但1800年坎珀的儿子阿德里安声称这是一种大型蜥蜴。他将自己的想法告诉了法国古生物学家乔治·居维叶男爵，乔治·居维叶将它命名为“沧龙”，意有“来自默兹河的蜥蜴”。

更多的颌骨

“马斯特里赫特巨兽”指的是 1786 年发现的单一物种，它们的颌部长 1 米以上。在此之前，人们从该区域也发现过其他大型颌骨化石。发现马斯里赫特巨兽以后，人们发现了长达 1.6 米的沧龙颌骨。

短命的食肉动物

大量的沧龙化石有颌骨骨折愈合的痕迹，而体形庞大的霍氏异侧龟（*Allopleuron hoffmani*）龟壳上有许多齿痕，这些表明沧龙可能想吃掉霍氏异侧龟（真是不挑食的食肉动物）。另外一种可能是它们与同物种的雄性进行过殊死搏斗。有些在颌骨骨折后幸存了下来，表明它们能够迅速复原，这与现今的鳄鱼非常相似。

作为一个群体，这些庞大的动物广泛分布在白垩纪晚期的海洋中，演化出了庞大的体形，并且在全球范围内分化出 20 属大约 70 种。但它们在 6600 万年前的白垩纪末期灭亡，仅存活了 2500 万年。到了新生代，它们在全球海洋中的地位被海洋哺乳动物取代了。

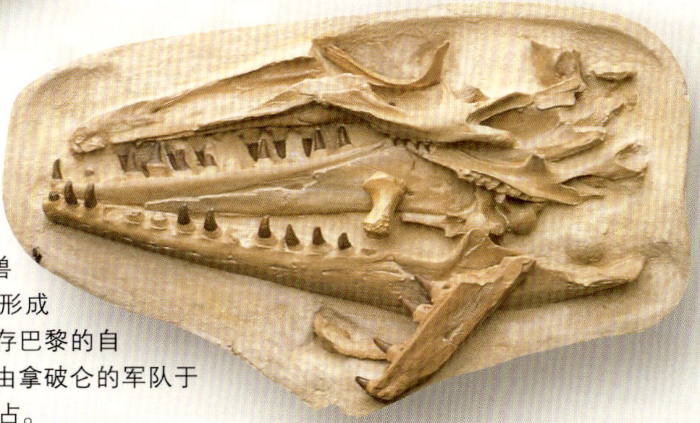

战利品

马斯特里赫特巨兽的颌骨已在化石形成过程中损坏，现存巴黎的自然历史博物馆，由拿破仑的军队于 1795 年从荷兰抢占。

K-Pg边界

THE K-PG BOUNDARY

白垩纪末期预示着全球范围内诸多重大变化，其中以陆地和海洋中多种生命灭绝为最高峰。

现今的恐龙化石都发现于 6600 万年前的岩石中，这个时间点便是白垩纪与古近纪的边界。到了白垩纪末期，恐龙和它的近亲海洋中的蛇颈龙、沧龙，飞翔的翼龙以及中生代的许多群体都灭绝了。相反，哺乳动物和鸟类在新生近大量繁衍。100 多年前，科学家们首次认识到这些生物的大逆转。这一时间更迭被称为 K-Pg 边界，K 代表的是 Kreide（德语中表示白垩色），而 Pg 代表的是 Paleogene（古近纪）。

边界黏土层

发现于科罗拉多州该地层系中薄薄的粘土层标志着白垩纪与三叠纪的边界。该土层富含由希克苏鲁伯陨石的撞击而产生的铱元素。

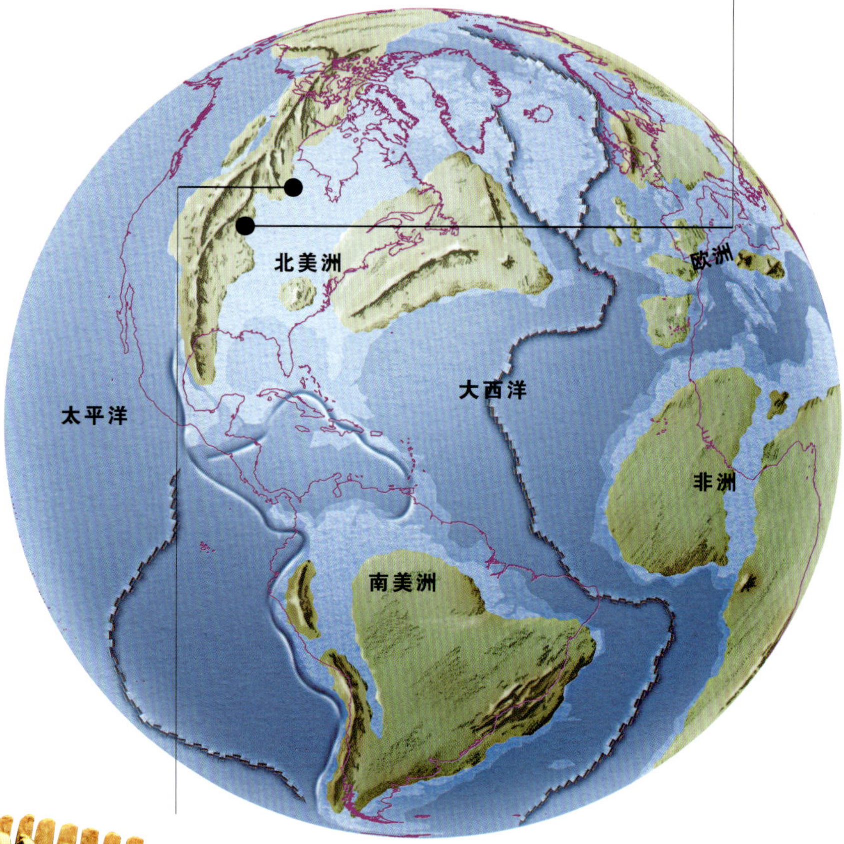

大灭绝的线索

多年来，K-Pg 边界大灭绝的原因一直是一个谜。20 世纪 70 年代，美国地质学家沃尔特·阿尔瓦雷茨在标志着白垩纪和古近纪边界的薄薄黏土层中发现了铱元素。这类元素在欧洲和北美洲的许多地区都能探测到。铱是铂金属之一，多存在于陨石和流星尘土中。阿尔瓦雷茨认为 K-Pg 边界时期发生的

开角龙

这种角龙科恐龙发现于加拿大阿尔伯塔省的红鹿河。开角龙头骨后方有骨质突起并有皮肤覆盖，这可能是雄性用来吸引雌性和防范捕食者的武器。开角龙在白垩纪末期灭绝。

海啸沉积物

美国得克萨斯州布拉索斯河的 K-Pg 边界沉积物中含有罕见的细砂硬土层，它属于 K-Pg 边界时代并且与上下的软质沉积物明显不同。有些科学家认为，这层细砂是在 6600 万年前，由希克苏鲁伯陨石的撞击导致海啸沉积而成。

冲击石英
将这颗发现于美国蒙大拿州的石英颗粒放置显微镜下，在偏振光中可以看到它的晶格已被冲击波的压力弄得歪曲。这种矿物颗粒发现于 K-Pg 边界正上方的黏土层中。它们受到 K-Pg 边界地层的撞击，分布极广，与称为“玻璃陨石”的烧熔玻璃同属于撞击时产生的喷出物。

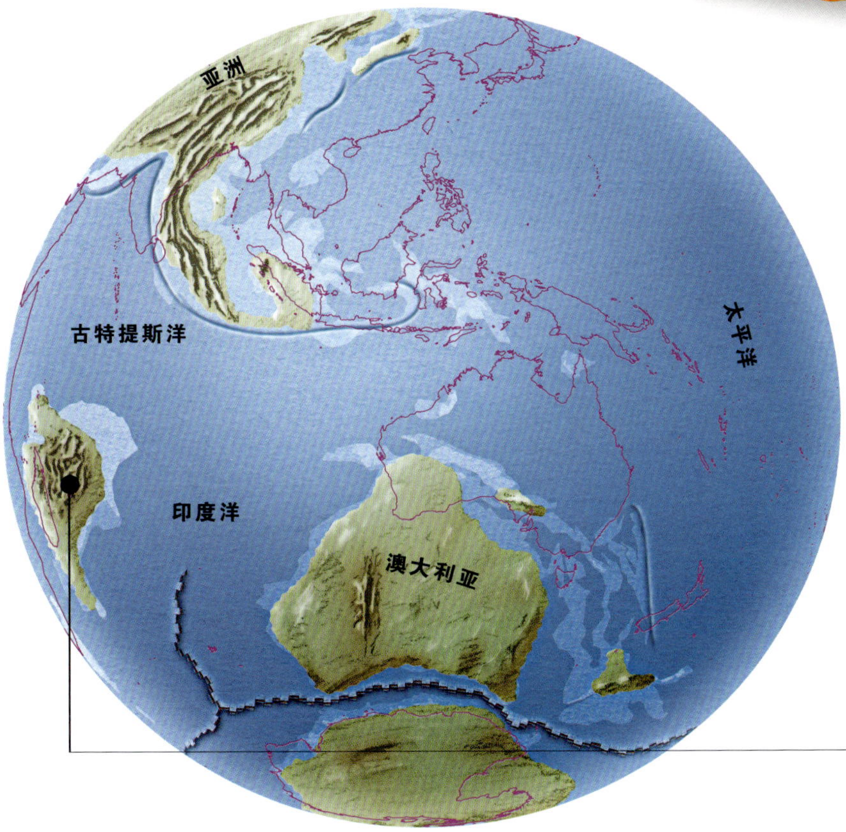

大规模火山活动

即便 K-Pg 边界时期发生陨石撞击是一次意外，但这并不一定是大灭绝的根本原因。植物在 K-Pg 边界并没有大规模灭绝，恐龙也是逐渐衰落的，许多对环境敏感的动物如两栖动物和龟类以极小的损失幸存了下来。

当时也发生了大规模的火山喷发，伴随而来的是大量二氧化碳被排放到大气中。这可能也加速了全球变暖，促进陆地上许多动植物的灭绝。所以，火山喷发为大灭绝提供了背景，而陨石撞击则给动植物带来了致命一击。

许多变化都是由巨大陨石（可能是小行星，也可能是彗星）撞击地球导致的。

有些科学家认为，如此大的撞击可能会对地球气候产生巨大影响，将尘埃和碎片抛向大气，并且遮盖阳光达数年之久，进而导致生物大灭绝。人们最终在墨西哥尤卡坦半岛的希克苏鲁伯发现了被埋的陨石坑，这可能是陨石在 K-Pg 边界时撞击地球的地点。这个陨石坑绵延数公里，直至墨西哥湾。

德干高原的玄武岩
一条横切印度本纳山脉的河谷将德干高原的溢流玄武岩暴露出来。白垩纪晚期，随着印度漂离马达加斯加岛，来自地幔深处某“热点”喷发形成这种玄武岩，随之而来火山散发的有毒气体加剧了气候变化和生物大灭绝。

恐龙的末日

白垩纪末期是动物生命史上的一个关键时期，恐龙及其他大量动物在此时永远地消失。为了解释恐龙灭绝事件，人们提出了许多不同的理论，从疾病到陨石撞击，但人们并未在 K-Pg 边界找到白垩纪与三叠纪之间由大量骨骼堆积形成的化石。对这个时期的化石记载仔细研究之后发现，这次灭绝事件的时间并没之前预料的那样明确，可能并不是某次大灾难事件就能导致的。

衰落中的恐龙

许多主要的恐龙种类，如大型食植性恐龙蜥脚类、甲龙类和棱齿龙类，在白垩纪末期之前就已开始衰落。对比北美洲西部两处化石点——加拿大阿尔伯塔省朱迪斯河 7500 万年前的沉积物和美国蒙大拿州东北部地狱溪 6600 万年前的沉积物——这一点就已显而易见：年代较古老的朱迪斯河沉积物中保存了 32 种不同的恐龙，而正处于白垩纪末期的地狱溪沉积物中仅保存了 19 种。恐龙物种减少表明，在大撞击事件发生前，恐龙已经走向衰落。

从北美洲发现的最后的恐龙包括大型食植动

时间表

恐龙时代戛然而止，而所谓的“戛然”在地质时间表中则意味着 10 万年。仅通过岩石就判断导致大灭绝的事件持续了几年或很久时间是不可能实现的。虽然现在看来陨石撞击在灭绝事件中起到了主要作用，但是其他的因素的影响也不能忽视。

带角的食植动物
三角龙漫步在南美洲西部的旷野上。它名字的含义是“面部有三只角”。它的角和颈盾在战斗中起攻击和防御作用，通常用于与其他雄性三角龙为争夺领地而进行的斗争。

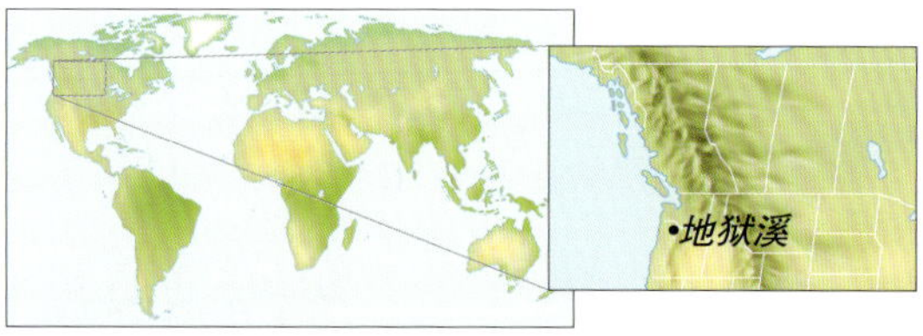

白垩纪晚期的生命
在白垩纪最后阶段，北美洲的大片河流和沼泽中生活着各种各样的动物。带角的三角龙、长有鳞甲的甲龙，还有埃德蒙顿龙、赖氏龙、副栉龙等鸭嘴龙科恐龙都属于食植动物。翼龙类中庞大的风神翼龙翼展可达 12 米。这些动物一个都没有幸存到新生代，但许多哺乳动物却做到了，其中包括原始的有袋动物 *Palaeoryctes*。

物，如形式犀牛的角龙类。但三角龙（长 9 米，重可达 9 吨）和牛角龙（长 7.6 米）是五种角龙中仅剩的两个存活到了白垩纪末期的。相同的是，地狱溪地层中也仅有两种鸭嘴龙（头部大而扁平的大型两足或四足植食动物），即大鸭龙和埃德蒙顿龙，而较早的朱迪斯河地层中却有 7 种。

最后的小型植食性恐龙包括表皮多刺的甲龙。这种生物的坚韧表皮覆有沉重的骨质瘤和刺，尾端还有一个巨大的骨棒。与它同时代的还有剑角龙——身长仅有 2 米的大头肿头龙科恐龙。这些都属于鸟臀目恐龙。

另外一个主要的恐龙种类——蜥臀目则包括了大型植食性蜥脚类恐龙和肉食性兽脚类恐龙。蜥脚类恐龙在白垩纪晚期已从北美洲的大部分地区消失，仅有少数仍然生活在其他地区，如蒙古的纳摩盖吐龙。相反的是，兽脚类恐龙却十分繁盛，暴龙科尤其如此。但并非都像暴龙——重达 8 吨（大象才重 4.5 吨）——那么庞大。

地狱溪
6500 万年前，当最后的恐龙横行在陆地上时，地狱溪（今美国蒙大拿州的一部分）就位于落基山脉东部的沿海平原上。

艾伯塔龙重 2.7 吨，较小的后弯齿龙仅重 200 千克，与现代成年雄狮差不多。

有些兽脚类恐龙的数量和种类确实在白垩纪最后的数百万年里有所减少，其中最主要的便是迅疾的鸵形似鸟龙类。若将硬长的尾巴也计算在内，它们的体长可达 4 米。仅 3 个似鸟龙属坚持到了白垩纪末期。其他的兽脚类恐龙，如迅猛的肉食性驰龙科成员驰龙和伶盗龙，都在白垩纪末期灭绝了。

暂且按下恐龙不表，飞翔爬行动物在白垩纪晚期也在急剧衰落，而海洋爬行动物也未能幸免。鱼龙和蛇颈龙早在 K–Pg 界线之前便已消失。6600 万年前，当地球被陨石撞击时，巨变已在酝酿之中。

来自外太空的撞击

6600 万年前的白垩纪末期，一个大物体从太空撞向地球，带来了毁灭性的灾难。如此规模的地外行星撞击并非第一次，也不会是最后一次。过去的 5 亿年来，来自外太空的重大撞击事件共有 500 多次，但发生在今墨西哥尤卡坦半岛附近的希克苏鲁伯的行星撞击，是生物历史上的一个转折点。在此次灾难性撞击发生之前，恐龙和它们的爬行动物近亲统治着陆地、海洋和天空。灾难发生后它们随即灭绝，进而为哺乳动物和鸟类统治世界开辟了道路。

末日来临

有一种推断认为，希克苏鲁伯的这次撞击所产生的能量相当于 1 亿颗氢弹，被撞击抛向空中的物质在大气中形成了巨大的蘑菇云。

希克苏鲁伯的关键时刻

该星体宽约 10 千米，在地球上撞出了一个跨度 100 千米、深 12 千米的陨坑，瞬间将方圆数千平方千米内的所有生命毁灭殆尽。共约 50000 立方千米的灰岩被碾成粉末，后来变成尘土、小块熔岩和微晶体扬入大气中。人们在数千千米外的 K–Pg 边界沉积物中发现了微小的希克苏鲁伯岩

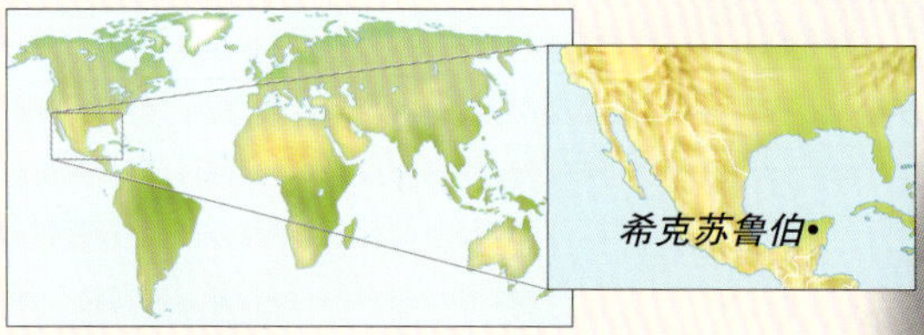

希克苏鲁伯撞击点

搜寻 K–Pg 边界撞击点的工作持续了数年，最后，加勒比海附近变形的石英颗粒以及海啸沉积物帮助人们确定了希克苏鲁伯撞击点。

毁灭之路

人们通过地质分析，发现该星体以 30 千米每秒的速度运行，并且是从东南方向以小角度撞击地球（右图）。在当时，南美洲与北美洲仍处于分离状态。

地震

野火

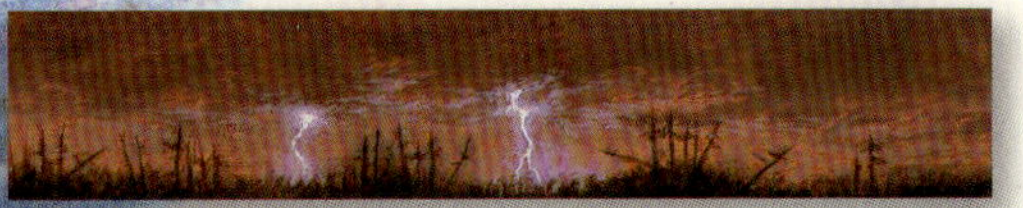

全球黑暗

短期及长期影响

据估计，此次撞击导致了里氏 10 级地震和大海啸。其他的短期影响（持续数天至数周）可能包括将烟尘扬入大气中的大火。长期的影响包括全球黑暗和酸雨。

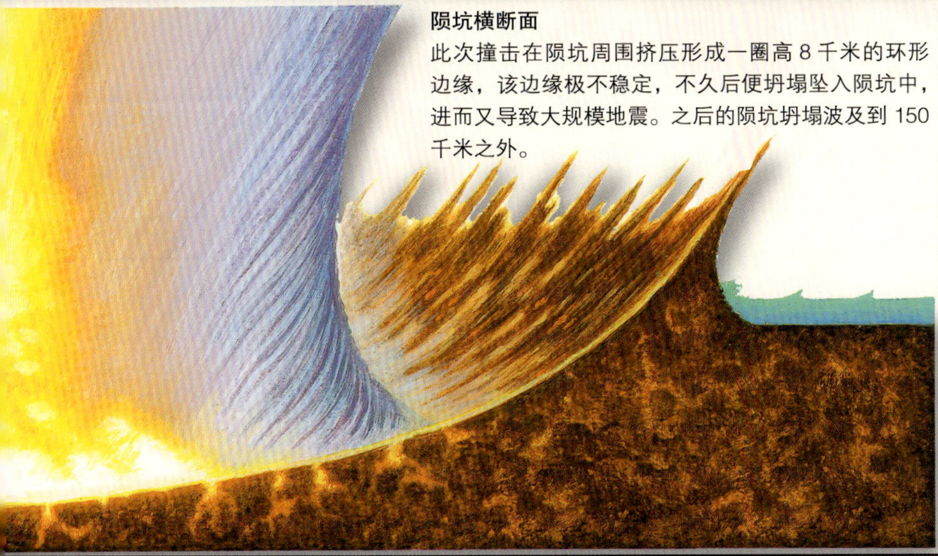

陨坑横断面

此次撞击在陨坑周围挤压形成一圈高 8 千米的环形边缘，该边缘极不稳定，不久后便坍塌坠入陨坑中，进而又导致大规模地震。之后的陨坑坍塌波及到 150 千米之外。

石。撞击还将成千上万吨的硫抛入空气中。硫与水混合之后产生大量的酸雨（稀硫酸）。

一种推断认为，撞击发生十分钟后爆炸产生的热气席卷了美洲。森林在一瞬间被点燃，浓烟和烟尘黑压压地笼罩着天空——全球范围内大量植被遭到焚烧，形成了许多木炭，随之在岩石层中形成烟灰层。爆炸产生的灰尘与大火产生的烟混合在一起，弥漫在天空中，导致气温下降。撞击发生十小时后，海啸的巨大波浪到达美洲东部海岸并向深远的内陆蔓延，将在爆炸中幸存的动物溺死。

灭绝的大潮袭来

一些科学家认为，在爆炸产生一周后，北美洲大多数脆弱的动物灭绝了，其中包括体形庞大的蜥脚类恐龙和顶级食肉动物（这些动物本身数量已经相对较少）。由于天空降落酸雨和缺乏阳光照射，植物也开始消亡。但也许直到灾难发生 10 万年后，恐龙才最终灭绝，而菊石类软体动物在此之后又生活了 20 万年。随着气候、大洋环流的重新形成和动植物间联系的有序连接，全球环境在 250 万年后恢复到正常状态。

为陨坑命名

希克苏鲁伯陨坑初次发现于 20 世纪 70 年代，但不久之后就被人遗忘，部分原因是它深埋在沉积层中（长期位于水面以下）。到了 20 世纪 90 年代，人们再次对这里进行调查，发现它的形成时间与 K–Pg 边界的时间非常吻合。陨坑的图像（右图）是通过电脑把地震数据整合，然后增强画质制作而成的。图像底部的蓝色区域代表沟槽，是星体撞击时产生的。

受害者及幸存者

希克苏鲁伯陨石撞击发生后数小时内，该区域的上空便被尘土笼罩。随着森林大火蔓延，空气中增加了大量烟雾和烟灰，生存危机变得更加严重。数周之内，污染就已把全球的天空变成漆黑一片，太阳光线被阻，使得陆地和海洋中的植物不能正常进行光合作用。

植物支撑着地球上的所有生命，是食植动物的生命线，而食肉动物又依靠食植动物生存。一旦对地球的化学、物理环境进行大规模干扰，如光照急剧减少，或者海洋以及大气的温度骤降，都会立即给植物带来巨大影响，并会进一步波及整个生态系统。

地球被星体撞击之后，海洋中微小的浮游植物可能是第一批死亡的，它们的死亡扰乱了整个海洋生态系统。然而有证据表明，可能由于洋流

灭绝的菊石类生物
白垩纪末期，海洋生物灭绝的规模比陆地生物更大。其中包括在海洋中生活了近3亿年的菊石类生物。

灭绝的食植动物
三角龙作为食植动物，在白垩纪时十分普遍。到了白垩纪末期，它们仍然数量繁多，但之后便与其他恐龙一样，从化石记录中消失了。

“蕨类植物生长高峰期”

化石证据表明，在 K–Pg 边界大灭绝发生之前，北美大陆曾被阔叶长绿植物和蕨类植物覆盖。在 K–Pg 界线后的新近纪岩石中立即出现了“蕨类植物生长高峰期”（蕨类植物突然大量出现）。这一现象表明，与现存蕨类相似的蕨类植物坚韧地生存下来，似乎并未受到撞击的影响。随着时间的推移，其他植物的化石也逐渐显现出来。即便到了今天，只要陆地被火山喷发破坏，蕨类植物总是第一个生长的植物，并且能在其他植物群重新生长之前成形。这一发现与 6600 万年前发生的事件表明，白垩纪末期的植物遭受了重创。

发生巨变，它们在陨石撞击之前就已经开始衰落，而陨石不过是加快了这个进程。据估计，撞击不仅阻止了阳光照射，还导致了大规模的野火和酸雨，这些都会对陆地植物产生不利影响。

从美国蒙大拿州地狱溪的岩石记录上可以看出，北美洲超过 75% 的植物都已灭绝。总的来看，新近深化的被子植物与其他中生代植物（如银杏树和苏铁）遭受的冲击最大。不过蕨类植物幸存了下来而松柏类也慢慢茁壮成长。令人奇怪的是，南半球的陆地植物几乎未受到这次撞击事件的影响，这表明该撞击并不像某些科学家所说的那样毁天灭地。

随着撞击影响减退，全球植被开始恢复，有花植物最好地利用了这种环境优势。它们最终占据了大部分陆地，并演化出了许多种不同的植物，从小型野草到灌木，甚至还有参天大树。

恐龙时代的终结

植物恢复了，而许多动物却没有这么幸运，最令人关注的莫过于恐龙、会飞的翼龙、大型的海洋爬行动物（如沧龙和蛇颈龙）都灭绝了。关于恐龙为何灭绝，而硬骨鱼（12% 灭绝）、蛙类（无灭绝）、蝾螈（无灭绝）、蜥蜴（6% 灭绝）等脊椎动物和有胎盘哺乳动物（14% 灭绝）却没有大规模灭绝，仍有颇多争议。

在大灭绝发生之前，白垩纪晚期的爬行动物除恐龙之外，还包括陆龟类、鳄鱼类、蜥蜴类和蛇类共 45 个科。龟类和鳄鱼受影响最大，但是与植物一样，幸存的动物也迅速地适应了新环境。时至今日，爬行动物的种类仍然多于哺乳动物。

爬行动物的衰落，为哺乳动物的迅速扩张提供了机会，尽管哺乳动物在大灭绝中也遭遇了悲惨命运：白垩纪的早期哺乳动物中，有 20% 的科已灭绝，其中有袋类哺乳动物受到的影响最显著。

在 K–Pg 界线时期，约 75% 的动物物种灭绝。许多物种原本就是稀有物种且面临灭绝的厄运，但至于为何有些物种灭绝而有些幸存，人们尚无定论。有些科学家认为幸存下来不过是运气好而已。

幸存的具壳动物

陆龟和海龟都属于同类爬行动物，即龟类。长久以来，它们都被归为杂食动物，能在水中和陆地上繁衍发展。然而它们都具有类似的壳，这一特征可能有助于它们从 K–Pg 边界的大灭绝事件中幸存下来。

古近纪
PALEOGENE AGE

该时期地壳运动频繁发生，同时记录着从哺乳动物到鸣禽的现代动物成为世界主宰。

古近纪从 6600 万年前持续到 2300 万年前。传统上人们将这 4300 万年分成三个时期，分别是古新世（距今 6600 万年前 ~ 距今 5600 万年前）、始新世（距今 5600 万年前 ~ 距今 3400 万年前）和渐新世（3400 万年前 ~2300 万年前）。

古近纪是大规模造山和全球海陆重塑的时期。非洲和印度继续北移，古特提斯洋逐渐闭合。由于冈瓦纳地块与欧亚大陆南侧相撞，沉积地层受到挤压，于是沿着阿尔卑斯山脉到喜马拉雅山脉前沿开始了一系列的造山运动。而在遥远的西部，伊比利亚半岛（西班牙和葡萄牙）与法国相撞，导致比利牛斯山开始形成。

巨人堤道
在古近纪，随着北大西洋的出现，地壳隆起，火山喷发，这些熔岩类玄武岩从北爱尔兰的裂缝中喷薄而出。

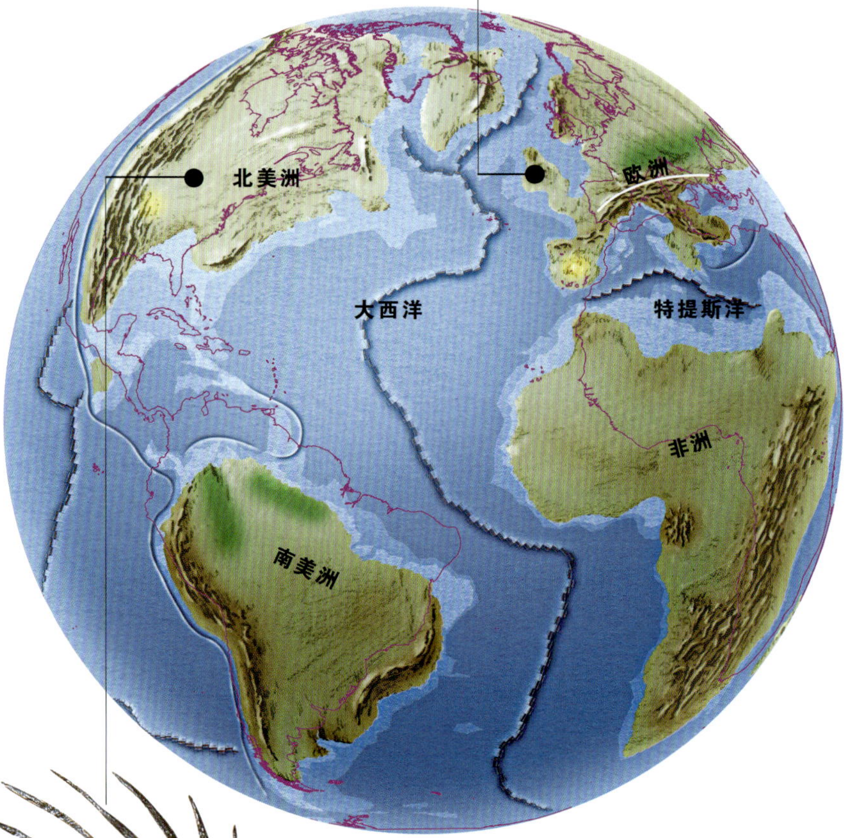

海洋裂缝

大西洋在古近纪继续向北扩张。海洋下的地壳被来自深层地幔的“热点”顶起。随着地壳四散分裂，大股熔岩从裂缝中喷发出来。从爱尔兰西南部的丁格尔到格陵兰岛东部，分布着一系列大型火山。此时冰岛形成，格陵兰岛从斯堪的纳维亚分离。

海平面继续从白垩纪中期的最高点下降，但

原头鲈
这种鱼化石发现于美国怀俄明州的绿河组中，它是该地区发现的两种硬骨鱼之一。它与现存的鲈鱼是近亲，长达 38 厘米。它背部的骨刺能保护它免受大鱼吞食。

哺乳动物分化

哺乳动物在古近纪急剧分化。在持续了 6300 万年的古近纪和新近纪（过去也称为第三纪）时期，将近 4000 种哺乳动物发生了演化，其中很大一部分都是在前 1000 万年的古新世实现的，包括至少 15 个新的谱系——由近亲构成的群体。部分哺乳动物的分化（许多是食植动物）受到该时期出现的新兴被子植物（有花植物）的激发。哺乳动物可能具备智慧和适应性，以便在迅速变化的环境中生存繁衍。

鳖

这只鳖体长 60 厘米，是已知最大的始新世淡水龟。它的壳覆盖着一层厚厚的皮肤，它可以钻进泥土中躲过干旱时期。这枚标本发现于德国。

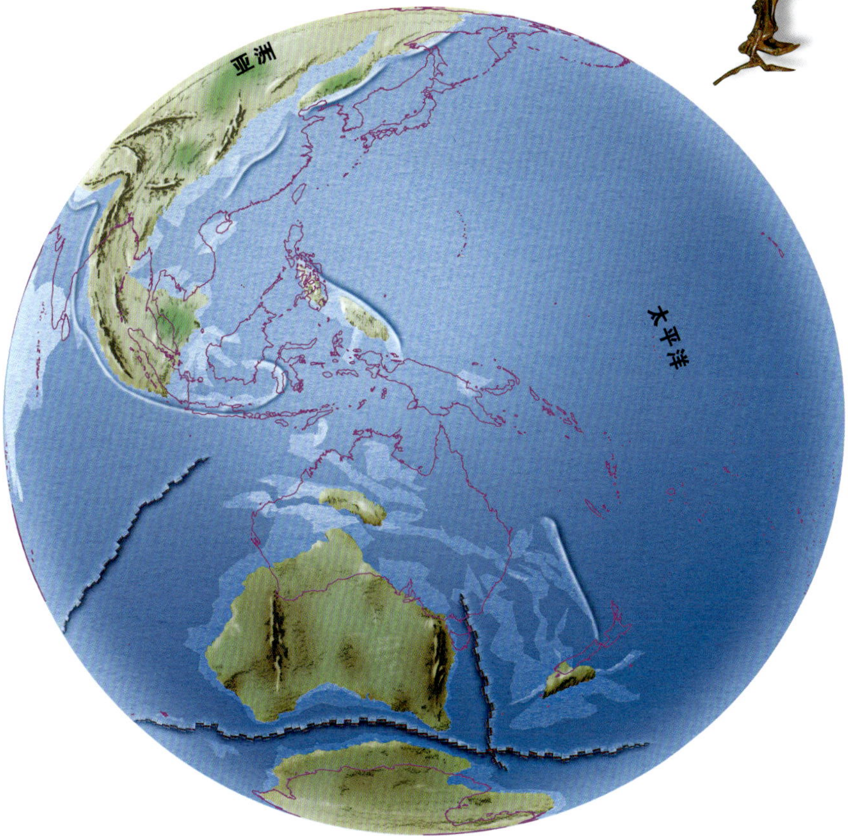

更格卢鼠

这只更格卢鼠（Kangaroo rat，意为像袋鼠的鼠）发现于德国梅塞尔，长 75 厘米，是已灭绝的哺乳动物。它的后腿较长，前肢较短，用长尾巴来保持平衡。看起来它似乎能跳跃，但它的踝骨结构表明当它猎食小动物时其实是靠跑的。

从细节上来讲，在整个新生代时期海平面一直起伏不定。古近纪时期，全球气候逐渐变得湿润，使得热带和副热带气候延伸到了高纬度地区。然而，从始新世末期开始，全球气候逐渐变得干燥寒冷，这对海洋和陆地生命的整体发展产生了重大影响。

现代生命集结

白垩纪末期的大灭绝事件后，随着生命的恢复，动植物群都发生了急剧分化。在海洋环境中，生命迅速振作起来并呈现出更具现代感的面貌。硬骨鱼中的真骨鱼类和软骨鱼中的鲨鱼成为主宰，另外还出现了最早的海洋哺乳动物，例如原始的鲸类。

然而，更多的生命增长现象出现在陆地上。许多如蛇类和蜥蜴等非恐龙类爬行动物都在白垩纪存活了下来，但它们并没抓住恐龙灭绝所带来的机遇。与之相反，鸟类、哺乳动物、昆虫和有花植物迅速地抢占了陆地。

梅塞尔的动植物

德国法兰克福梅塞尔的采矿场，是世界上古近纪生命最重要的化石点之一。大约 5000 万年前，这一地点还是湖泊，周围生长着众多植物、脊椎动物和非脊椎动物。这些化石代表着较为完整的生态系统。

大蟒
古近纪的巨蟒和蟒蛇都属于大蟒，它们能够使猎物窒息而死。古蟒长达 2 米，以小型爬行动物、鸟类和哺乳动物为食。毒蛇直到第三纪中新世才出现。

多种多样的哺乳动物

尽管哺乳动物化石仅占从梅塞尔挖掘出来的脊椎动物的一小部分（2%~3%），但总共有 35 个不同的物种，属于 13 个目。这些目现今仍然存在，尽管梅塞尔的哺乳动物在尺寸上与现代哺乳动物有较大差异，但是仍能通过外貌辨认出来。其中包括长 25 厘米的有袋类负鼠和许多蝙蝠和啮齿动物。除此之外，人们还发现了能像狐猴一样爬树的灵长类动物（如欧洲狐猴属），它们体长为 50 厘米。灵长类动物用手指代替了爪子，它们的食指和拇指能用来抓取并使用工具。狐猴、猴子、人类和其他猩猩都属于灵长类动物。

当时马的祖先仅与大狗的大小一样，牛和鹿的祖先也都体形较小，是兔子一般大小的反刍动物。其他的哺乳动物还包括食蚁兽和一些已灭绝的早期哺乳动物。

梅塞尔坑中的生命

构成该地区生态系统基础的 65 种植物明显具有现代面貌，热带柑橘树（飞龙掌血）、棕榈树（绿果矮椰）、攀援植物（葡萄）和樟树（樟形叶）广泛分布。如今主要分布在较温和地区的橡树、水青风和稀有的松柏类，在当时也有生长迹象。淡水湖泊中生长着许多睡莲、腹足动物以及昆虫，如水蚤、甩蜻和划蝽。

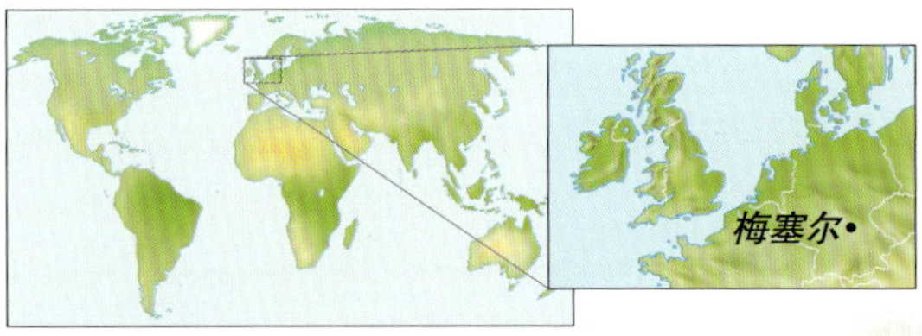

梅塞尔生态系统
梅塞尔的植物是典型的热带与温带混合的产物。像树一样的棕榈树（绿果矮椰）、松柏类（落羽杉）和像草一样的莎草（薹草）都曾出现，它们是最早的马（原古马）的食物。丰富的植被和潮湿的环境养活了大量的昆虫和以昆虫为食的脊椎动物，如食蚁兽（欧洲小食蚁兽）、原始刺猬（Pholidocercus）、穿山甲（始穿山甲）和蝙蝠（初蝠）。食肉动物则包括大蟒（古蟒）和亚洲鳄（一种体形庞大的鳄鱼）。

这些昆虫是蛙、蟾蜍和蝾螈的食物。成群的食肉鱼类、水生爬行动物（如淡水龟）和长达 3 米的食肉鳄鱼占据着湖泊。

蛇类和蜥蜴

梅塞尔的爬行动物包括蛇类和一些大型蜥蜴。*Xestop* 是一种长满鳞甲的蜥蜴，与能够爬树的巨蜥、鬣蜥和像蛇的无足蜥蜴一样以腹足动物为食。它们体长 20~50 厘米。

第一块蛇类化石产于白垩纪晚期，其祖先尚不为人所知。蛇类化石种类包括蟒、筒蛇和掘地蛇。大蟒身长超过 2 米，以小型动物为食。某条蛇的胃内甚至有一只小短吻鳄。

鸟类的外形也逐渐改变，从不能飞行的爱尼格玛鸟（*Aenigmaris*）到鹰、鸡雁类、鹮、鹤、火烈鸟、猫头鹰、像鸵鸟的古鸨，这一生物集群涵盖了现代欧洲、北美洲、南美洲和亚洲南部的各个种类。

十字路口

食蚁兽（欧洲小食蚁兽）、穿山甲（始穿山甲）等在欧洲出现，这一现象具有重要意义，过去人们认为它们分别属于南美洲和东南亚地区。欧洲也因此成了始新世哺乳动物迁徙的十字路口。

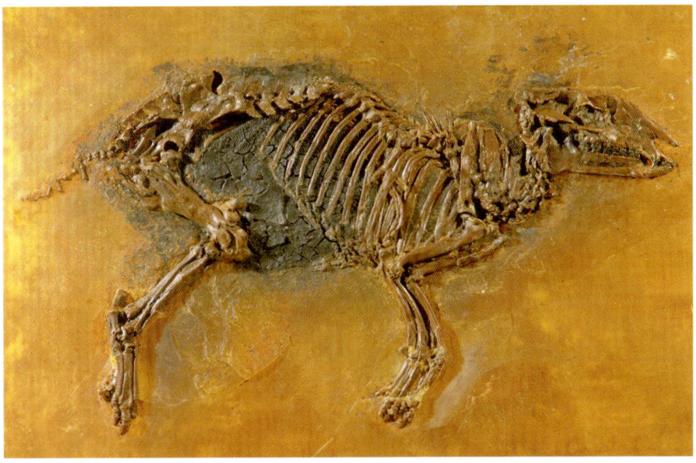

原始的马
人们在梅塞尔共发现了 70 具马类化石，其中包括马驹和怀孕的母马。该古兽马两只前脚上均有四趾，后脚上均有三趾，肩高仅为 60 厘米。

北大西洋拉张

在约 2.45 亿年前的三叠纪早期，美洲、欧洲和非洲共同组成超级大陆泛大陆。到了 2 亿年前，泛大陆出现应力的迹象，标志着它走向分裂。新英格兰和美国东部海岸的陆壳上出现裂缝，熔岩从中喷薄而出，形成了诸如美国哈德孙河断崖的玄武岩。但是一直到约 1.8 亿年前的侏罗纪中期，这一裂缝才开始在大陆之间开辟出一条狭窄的海道，北大西洋由此开始形成。

古近纪的火山活动

起初的北大西洋扩张极度缓慢。约 6500 万年前的白垩纪－古近纪之交，格陵兰岛和不列颠群岛仍然相互连接，而冰岛尚未出现。在 6300 万年前到 5200 万年前，该区域发生了大规模的火山活动，大量熔岩从西南至东北走向的一系列裂缝中喷发，覆盖了整个陆地。这些火山喷发可能是由于某个热点爆发，使得灼热的岩浆从地球内部向外喷发。随着陆壳拉

芬格尔洞的柱状玄武岩

在苏格兰西海岸的斯塔法岛上，冷却的玄武岩形成了支撑海蚀洞穴的柱子，该洞穴得名自神话中的一位巨人。这处玄武岩是一块厚 2000 米岩石的一部分，是在古近纪（6000 万年前到 5700 万年前）从附近的莫尔岛上喷发出来的。

海洋的形成

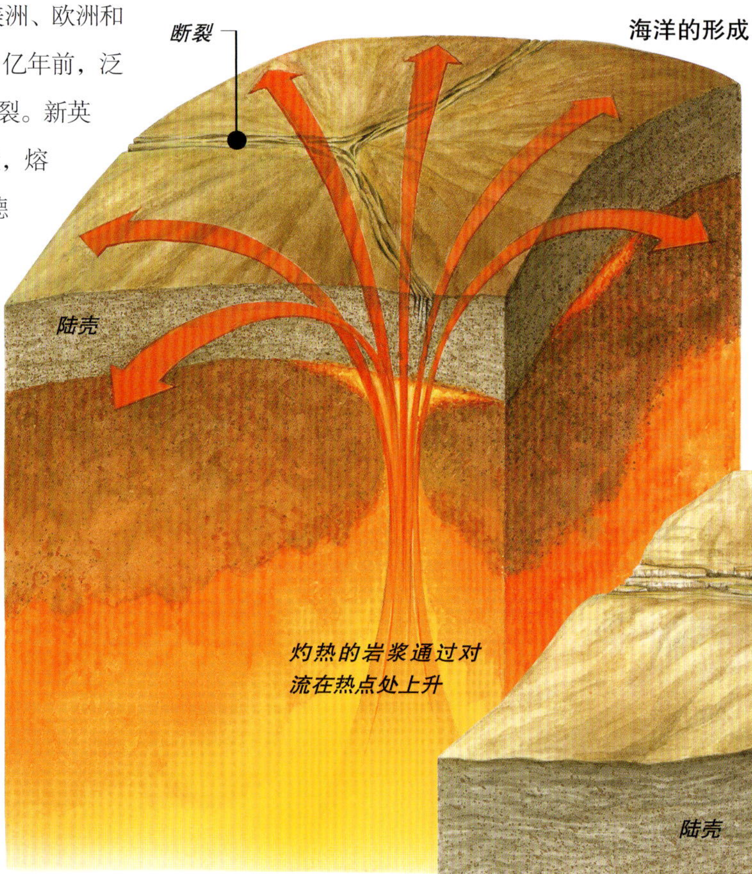

第一阶段

凡是大陆分裂成小片区域之处，必然会有海洋产生。当热流从地球内部冲破陆壳向上喷发时，陆壳会被顶成穹隆状，同时变薄，最后出现典型的三岔断口。这一个过程首次出现在 2 亿年前的泛大陆上。

第二阶段

三个断裂分支中的两个会进一步拉开，熔化的岩浆从中间喷薄而出。岩浆通过裂缝和火山喷出地表形成熔岩。第三个断裂分支会沉寂下来并形成地堑，人们称之为“不活跃的裂谷分支”。尼日利亚的贝努埃谷地便是南大西洋扩张时形成的不活跃裂谷分支。

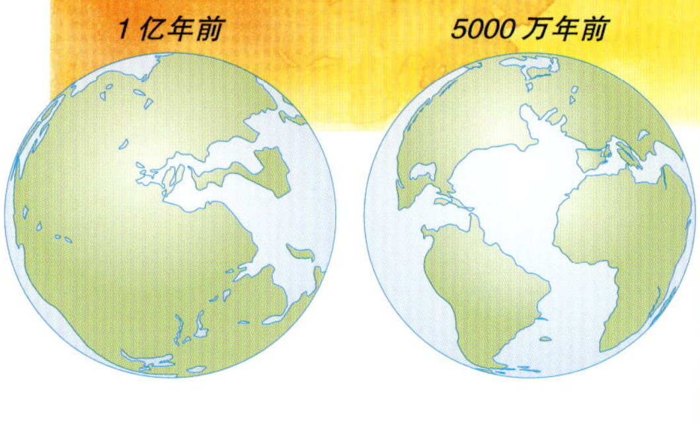

分裂阶段

大西洋在过去 1 亿年的形成，对于非洲与南北美洲分离、北欧与拉布拉多半岛分离有重要作用。

张，欧亚大陆和劳伦大陆分裂，新的大西洋洋底由此形成。海底扩张涵盖了挪威和格陵兰岛之间的大部分地区。冰岛通过中大西洋中脊喷发出来的岩浆形成，如今仍位于热点之上。

熔岩

在北爱尔兰和苏格兰赫布里底群岛内部，大量的玄武岩（平均厚 15 米）从裂缝和火山中喷发出来，其中一些裂缝如今仍清晰可见，在北爱尔兰仍然存在约 3800 平方千米的熔岩。安特里姆郡的巨人堤道也是诸多可见的火山喷发遗迹之一。

火山活动的第二阶段是从爱尔兰到苏格兰西部海岸形成一条火山带。尽管岩石坚硬，但是在上个冰期（1.8 万年前）这些已经消亡的火山遭到冰川的严重侵蚀，使得科学家们更容易研究它们。

考察该区域的火山岩为研究它们的形成提供了重要线索。构成岩石的岩浆也在成分上发生了一系列变化。在不同时期从岩浆中沉降出来的矿物质结晶不同，一些岩石由此出现了分层。人们从苏格兰海南边的拉姆岛上发现了一个地层，证实了新生代形成的岩石是由地幔热点导致的。这一地层富含铂族矿物质，它与地幔柱活动期间出现的高温息息相关。

冰岛之火
直到今天，6000 万年前将格陵兰岛与不列颠群岛分裂的地表热点仍然在冰岛之下。冰岛火山喷发为科学家们研究海底岩石的形成提供了机遇。

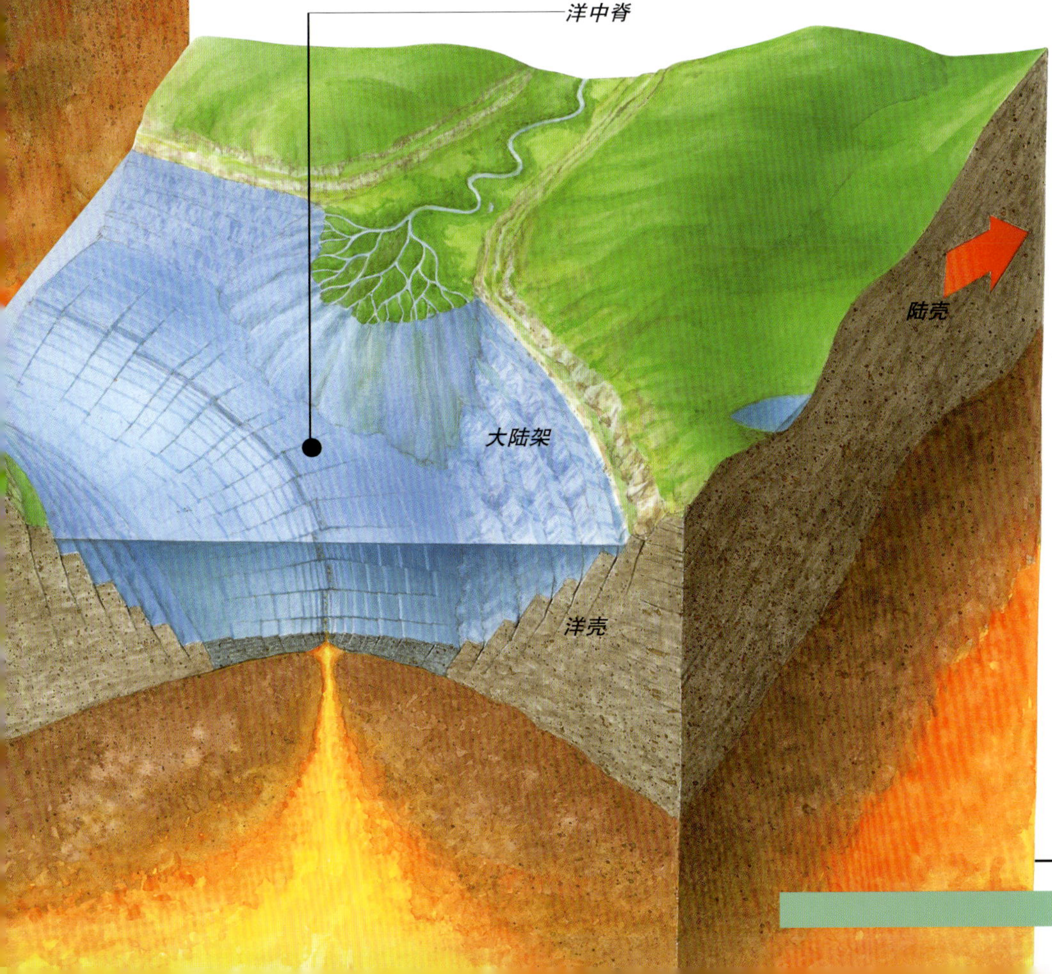

第三阶段
持续的断裂将陆壳分成几块，一度存在的边界变成了大陆架的基础。随着新的海底的形成，活跃的裂谷分支变成了扩张的洋中脊。

化石湖

在英国赫布里底群岛中莫尔岛上的阿德顿，首批喷发的岩浆流入一个小湖中，带着从周围山丘中卷入的植物，掩埋并保存成为化石。这些化石为我们了解当时的生命提供了极其重要的依据。植物群包括悬铃木、榛树、橡树和银杏树等，这些都是温和气候的典型植物。人们也在这里发现了昆虫遗体，包括甲虫和象鼻虫。

植物和花的演化

说到陆生植物早期的演化，我们的了解主要来自于苏格兰的瑞尼。在 3.9 亿年之久的沉积物中共含有 22 种植物，其中包括用叶脉循环水分的原始植物瑞尼蕨类。这些直立生长的植物寄居在沼泽中，高度为 20~30 厘米。

大约 1500 万年后，即 3.75 亿年前，陆生植物首次以森林形式出现，这在美国卡茨基尔山的吉尔博地层中可以看见。树蕨和石松是最早长到 3 米以上的植物，大小与现在的小树一般。类似根的结构使得它们能够长得更高，并且能够吸收地下水。茎部内的结构也发生了变化，也因此产生了最早的木质坚韧组织。

另外一个重大进展则是泥盆纪晚期开始的种子植物（裸子植物）的演化，其中包括松柏、银杏树、类似棕榈的苏铁和种子蕨（带有种子的蕨类）。在整个中生代（从 2.21 亿年前到 6500 万年前），这些植物与蕨类和木贼一起统治着陆地。许多植物靠风力传播种子，有些则要靠昆虫来完成授精过程。

早期的统治者

这种微小的植物被称为“苔藓”，与澳大利亚现存的地钱一样，它们可能是奥陶纪第一批占领陆地的植物。然而苔藓植物无法长高，因为它们没有坚韧的茎（维管植物才有）。维管植物首次出现在志留纪。

有花植物

被子植物又称有花植物，首次出现在大约 1.4 亿年前。植物学家曾将玉兰类植物看作是现存最原始的被子植物，但后来又在中国东北发现了古果类植物化石，因此，现在古果植物是已知最古老的有花植物。

白垩纪中期有花植物的种类迅速多样化，形成了如今我们所熟知的科级分类。它们可以分为

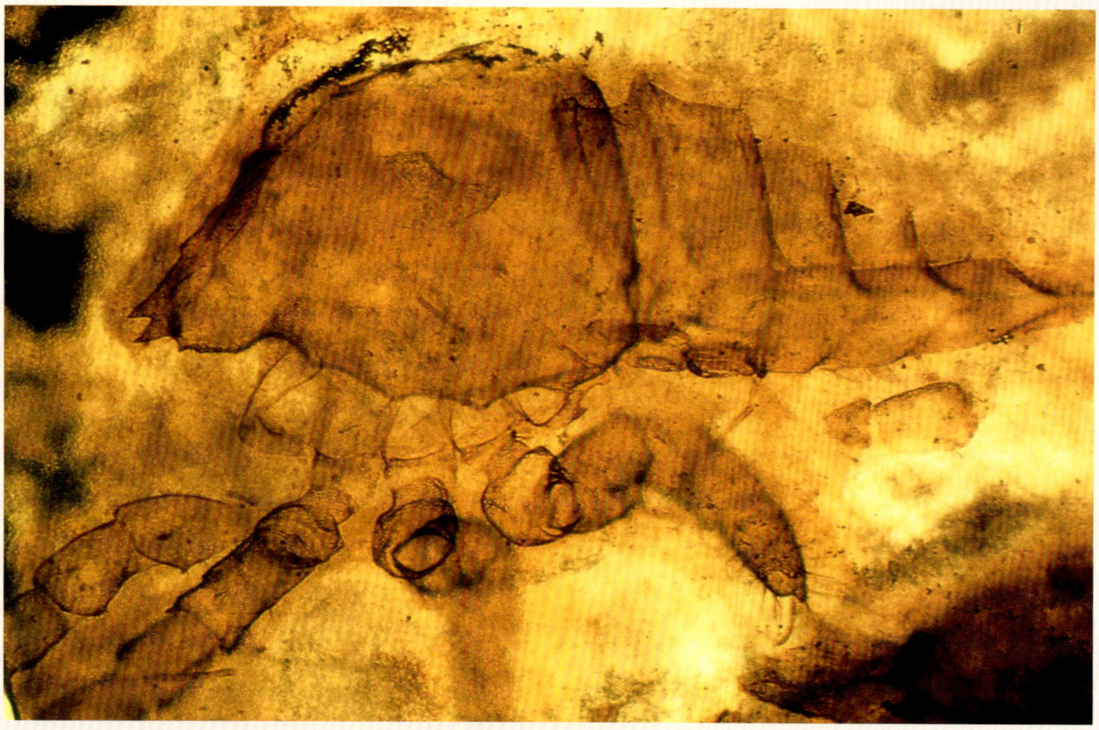

小型食肉动物

远古蛛形纲动物 *Palaeocharinus* 是已知最早的陆生食肉动物之一，发现于苏格兰的志留纪晚期地层，体长仅 0.5 毫米，以更小的螨虫为食，而螨虫则以大量的腐烂植物为食。这些动物的出现表明简单的陆地生态系统在 4.2 亿年前就已经形成了。

有花植物
这个“古果”植物化石发现于中国东南部的白垩纪早期地层，距今已有 1.4 亿年的历史。它具备有花植物的重要特征，果实包裹在从花朵发育而成的雌性繁殖结构中。这块化石是已知最古老的有花植物。

单子叶植物（如棕榈和百合花）和双子叶植物（如阔叶树、灌木和许多草本植物）。银杏类、苏铁类和种子蕨类植物的种类一直大量减少，它们在陆地上的地位后来被被子植物取代。到了白垩纪，种子蕨类已经灭绝，银杏类和苏铁类则因白垩纪末期的大灭绝事件而遭受重创，几乎未能幸存，仅少数品种存活至今（银杏类仅有一种）。相反的，蕨类和松柏类则在大灭绝事件后生存良好，如今仍然十分常见。

白垩纪末期大灭绝事件发生后，有花植物品种多到令人难以置信。全球湿度提高促进了热带雨林的增长，而这些雨林中多是阔叶树。阔叶树演化出了与众不同的“滴水叶尖”以分流雨水，全球高温使得雨林在某些地区蔓延到了北纬 60° 。在纬度更高的地区，落叶林取代了之前的阔叶常青树，而如今许多阔叶常青树都已灭绝了。

6600 万年前的新生代开始时，有花植物的所有主要种类，包括草类（如稻子、麦子和玉米等基本粮食作物）的先驱都已经开始演化。水果的主要种类也已开始演化，所以到了古近纪，蒴果、坚果、核果（类似李子的水果）、浆果和荚果都变得多种多样。自此以后，世界上就出现了人们熟悉的现代植被。

早期的花朵
该花名为 *Silvianthemum suecicum*，发现于瑞典的白垩纪晚期岩层。它是典型的昆虫授粉花类，具有花瓣和雌雄同株的繁殖结构，即带有花粉的雄蕊和通向子房的花柱。

花朵化石

花朵的结构十分纤弱，所以找到化石标本的机会十分渺茫。不过，作为有花植物繁殖过程组成部分的花粉、果实和种子都比较坚硬，经常能够形成化石，但也会比较分散。人们面临的挑战是在没有任何花朵残留的指引下，将岩石地层中发现的花粉、种子和果实化石与某种特定的植物匹配起来。

形似蜜蜂的昆虫
真正的蜜蜂最早发现于法国的古近纪早期地层，但形似蜜蜂的昆虫则出现在北美洲更古老的白垩纪晚期的琥珀中。

新近纪早期

EARLY NECGENE PERIOD

全球变冷、大陆碰撞和与日俱增的干旱促进了开阔草原的形成以及更大型食植动物的生长。

2000 万年前，大陆和海洋在全球的位置与如今相近，不过还是有着细微但十分显著的差别。澳大利亚仍在北移，非洲和印度也一样向北朝着欧洲和亚洲移动。随之而来的碰撞形成了欧洲的阿尔卑斯山脉、亚洲的喜马拉雅山脉，同时创造了高出海平面 5000 米、号称“世界屋脊”的青藏高原。喜马拉雅山脉高出海平面 7000 米，在印度和东亚之间构成了一道长 3000 千米的屏障，是地球上最显著的特征之一。

在北美洲，地体（陆壳残片）楔入西海岸，而在侏罗纪中期断开的与南美洲的连接即将重新形成。最后，格陵兰从斯堪的纳维亚地区分离出来。

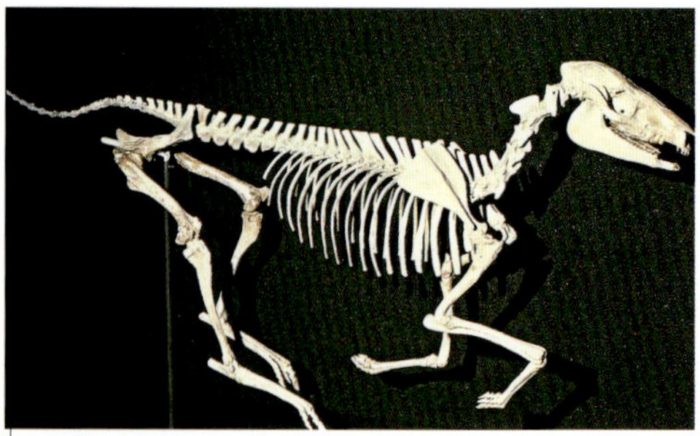

三趾马

渐新马是来自北美洲的原始马类，是第一种各脚长有三趾而非四趾的马类，所以与只有一趾的现代马类相近。

全球气候与季风

古近纪的气候仍然十分温暖湿润，但到了 2500 万年前，地球降温，南极冰盖开始形成，总体干旱的环境开始出现。虽说在寒冷与温暖阶段波动，但地球正走向第四纪的冰期。喜马拉雅山脉和青藏高原所导致的季风改变了亚洲的气候。

琥珀蛙

许多生物都曾被困在琥珀树脂中，但青蛙却十分少见。也许有只鸟抓住了这只青蛙，将它带到一棵能分泌树脂的树上准备大吃一顿，结果不小心把它掉在了一坨黏稠的树脂里。这一标本形成于北美洲的多米尼加共和国，当时的海平面高于图中所示。

季节

新近纪早期气候变冷的一个重要特征是季节的形成。以冬季、夏季和干旱时节、季风时节的形式存在，这在亚洲尤为明显。季节性迫使植物形成一年或两年的繁殖周期，种子可以以休眠状态度过天气恶劣的时期。草类在这方面尤其成功，由此形成了广阔的稀树草原。

波罗的海的苍蝇
被困在琥珀之中的生物大多是昆虫，比如这只 3500 万年前来自欧洲波罗的海地区的苍蝇。琥珀近乎完美的保存使得其中的生物清楚可辨。尽管有人说琥珀中昆虫的基因（DNA）可以提取，现代研究则表明这一想法尚不能实现。

高耸广阔的喜马拉雅山脉地区在夏日阳光照射下能够迅速升温，提高了空气温度，并使之形成上升气流，海洋上潮湿的空气趁机而入，形成降雨。

海平面在新生代时涨时落，但总体呈下降趋势，陆架海大量消失。在白垩纪末期，现代北美洲 60% 的地区都被水淹没，而在新近纪早期，这一比例已降到了 5%，自此之后海水再未返回。

动物群与植物群的变化

在古近纪，大多数食植哺乳动物体形较小，有花植物则多是大型森林树木，因此食植动物多以叶子、落果和种子为食。但随着全球变冷变干，苍翠繁茂的森林缩减，逐渐被北美洲、非洲和亚洲广阔的稀树草原所取代。这些稀树草原更适合偏爱啃食青草的食植动物，动物的体形由此急剧变大。在古近纪的食植动物中，仅有马类（在新近纪早期时，体形已与现代大型犬类相当）和犀牛类最大程度地利用了气候变化，然而，它们也要与新演化的反刍食植动物相竞争，如鹿、骆驼和之后的牛类和河马。

因气候变更而演化的其他脊椎动物还有鸣禽和灵长类。森林缩减迫使灵长类迁入旷野以寻找食物，横穿大块开阔地域的行为又促使它们使用两足而非四足，还让它们的胳膊和手掌演化出了攀握以外的用途。

袋鼠颌骨化石
澳大利亚昆士兰省西北部里新近纪岩石富含各种化石。与这块袋鼠颌骨化石一样，大多数化石都是生活在湖中或其周围的动物的骨骼，且都保存良好。它们的尸体沉入湖底柔软的泥土中，形成了如今坚固的灰岩。

里弗斯利的有袋动物

到始新世时期，澳大利亚已与世界其他大陆分隔开来，其陆地的原始哺乳动物也随之被隔离，其中最显著的当属有袋动物。这些哺乳动物繁殖出未发育完全的幼体，之后放入育儿袋中照料，它们发源于白垩纪中期的北美洲，后传入南美洲和澳大利亚。

里弗斯利的化石点

澳大利亚有袋动物的化石的历史有2300万年到2万年不等，分布于昆士兰省西北部里弗斯利一个偏远的农场里。该地区最早发现化石记录的时间可追溯到1900年，但真正突破性的发现是在1983年，人们从几块侵蚀的里弗斯利灰岩中发现了凸显的骨头。在大概一个小时的时间里，考察队就为自然历史新添了30种化石哺乳动物。

食植哺乳动物

在中新世期间，里弗斯利的低地雨林栖息着各种有袋哺乳动物，六种以上的负鼠行走于树冠之间，森林地面上的落叶常常被小袋鼠弄得沙沙作响，偶尔还有牛一样大小的双门齿兽在这里寻找最爱的植物。另外还有形似啮齿动物的鼠袋鼠，以及一种名叫 *Yalkaparidon* 的古怪生物，它被人戏称作“thingodontan”。该生物目前仅存头骨，其牙齿表明它以特定的食物为食，但具体是什么并不为人所知。

食肉动物

和猫一样大的、古怪的有袋狮类（袋狮）与袋鼠是近亲，后来在更新世

袋狼
袋狼是一种演化自澳大利亚的有袋食肉哺乳动物，因与老虎一样身上布满条纹，且和老虎习性相似，又叫塔斯马尼亚虎。该种类的第一批化石发现于里弗斯利，该品种一直存活到1933年，最后一只袋狼死在笼里。

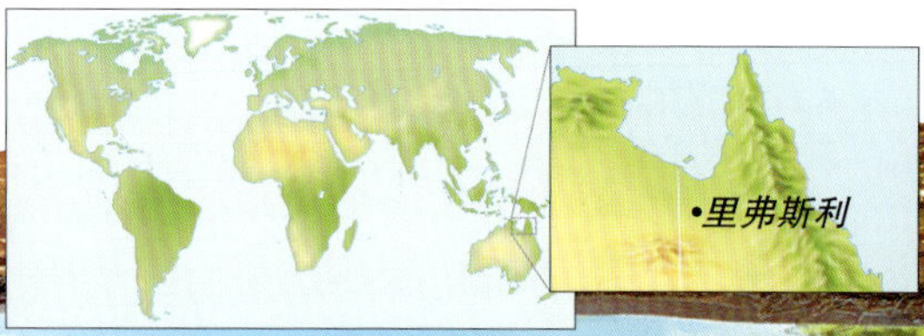

里弗斯利的生物
里弗斯利是一片生物繁多的低地雨林。尽管植物化石十分罕见，但以此为生的动物化石，如像牛一样大的新疣兽、以植物为食的鼠袋鼠（麝袋鼠）和袋貂（山袋貂）等，表明当时的植物十分繁茂。食肉动物数量较少，但存在一种猫一样大的有袋“狮”（前狮）和一种食肉的袋鼠（强齿袋鼠）。食肉动物的相对缺乏给不能飞翔的鸟类（如牛鸟）提供了发展空间。

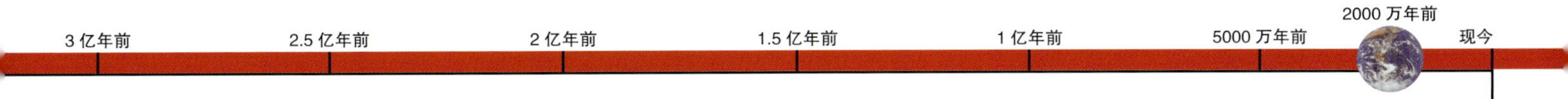

长到与猎豹一样大小。

食肉袋鼠以多种小型哺乳动物、鸟类和无脊椎动物为食。袋鼹穿梭于土壤和落叶之间追踪无脊椎猎物。夜空布满了从洞穴中飞出的各种蝙蝠，它们为大量昆虫而竞争着。其他的食肉动物仅有湖边来回巡逻的鳄鱼，以及在森林的地面上、攀爬在树上和游在水中的各种蛇类。

水下底栖动物

除了大型爬行脊椎动物之外，河流湖泊中还栖息着龟类、蛙类、肺鱼（可能长达 4 米）、鳗鱼和鲶鱼，这些动物大多不能直接从空气中摄入氧气。这些鱼类的猎物包括大量的水蚤和腹足动物。

鸟类

到目前为止，里弗斯利疑点最多的是所谓的雷鸟化石，这是一种类似鸵鸟的大型鸟类，不具备飞翔能力，约 2.6 万年前才完全灭绝，被认为是澳大利亚第一批原生生物。它们与形似鸸鹋的不能飞翔的鸟类是近亲。鸣禽（雀形目鸟类）占当时鸟类品种的一半以上，数量也十分繁多，但并不容易区分。

重建当时的里弗斯利环境的唯一问题是缺乏植物化石。在该区域的温暖气候中，构成岩层的灰岩沉积物中并不容易保存植物，因为植物很快会被微生物和寄居在土壤中的食腐动物（如多足类）分解，它们也是化石遗迹的一部分。

化石记录

里弗斯利是化石发现密度最大的地区。1983 年，该区域 70 立方英尺（2 立方米）的岩石就发掘出了 58 个哺乳动物新品种。这是由于该地区位于灰岩地带且有大量地表水，是保存骨骼的理想环境。

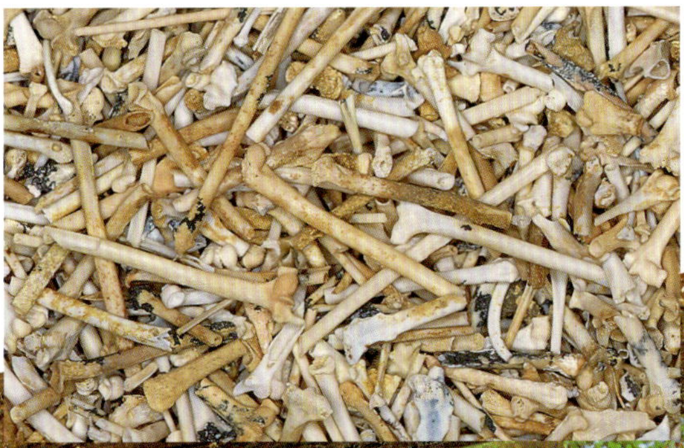

蝙蝠骨骼
里弗斯利最常见的化石之一是蝙蝠。叶鼻蝠群居在灰岩溶洞里，它们的骨骼和粪便堆积在洞穴地面上，形成化石。

喜马拉雅山脉和青藏高原

喜马拉雅山脉和青藏高原的故事，要从5500万年前说起。当时，独立的印度大陆与亚洲大陆相撞，撞击处形成了喜马拉雅山脉，即世界上最高、最年轻的山脉，同时还形成了地球上最大的高原，即平均海拔5000米、被称为“世界屋脊”的青藏高原。西藏地区地下的岩石（称为陆壳）厚达74千米，是陆壳平均厚度的两倍。

喜马拉雅山脉的形成

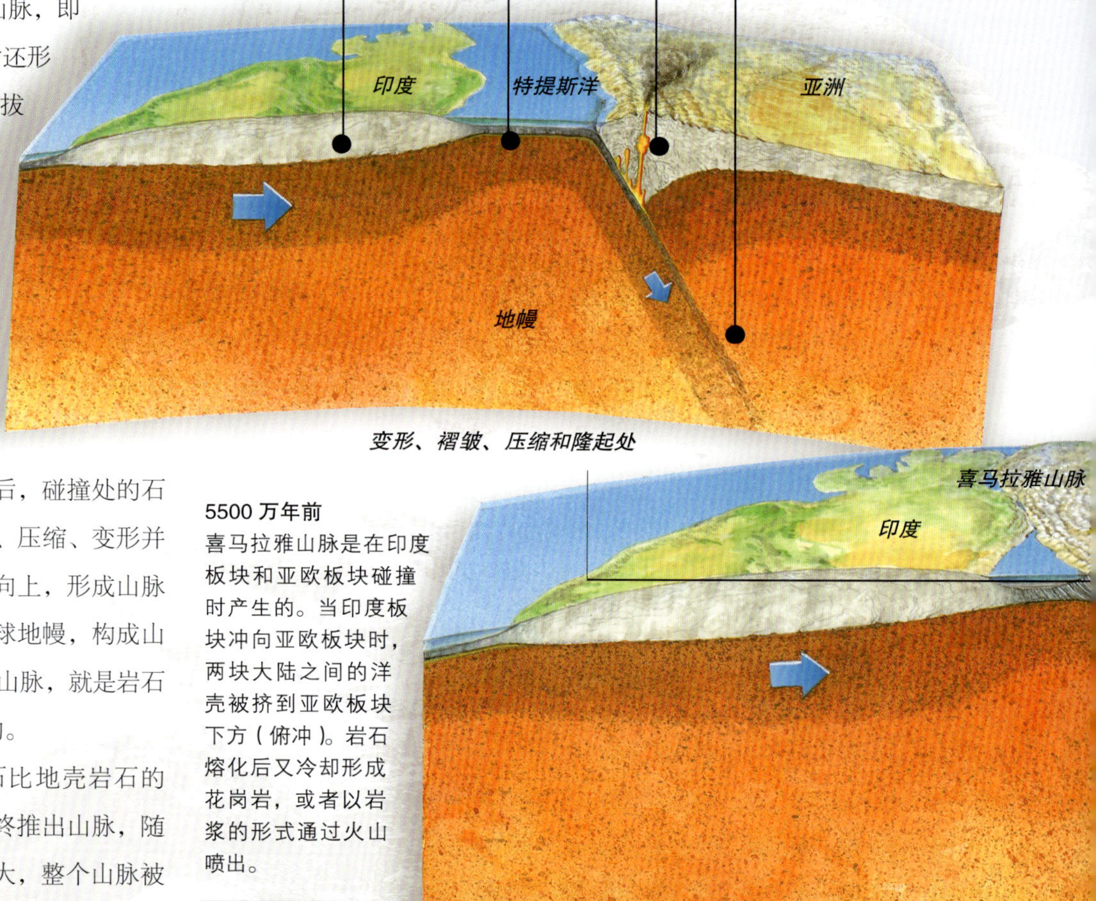

造山运动

人们很早就已经理解了山脉的形成原理：两块大陆碰撞之后，碰撞处的石头便会受到巨大的力，进而褶皱、压缩、变形并改变化学构成。有些石头被挤压向上，形成山脉的山峰，有些则被深深地挤入地球地幔，构成山脉的“根”。像喜马拉雅山这样的山脉，就是岩石被上下推挤导致地壳变厚而形成的。

除此之外，地幔深处的岩石比地壳岩石的密度高。随着地壳变厚，地幔最终推出山脉，随着山脉越来越大，地幔的浮力变大，整个山脉被向上推挤。不过，这种抬升运动也会受到侵蚀运动——即山峰的顶层不断地剥落的抵消。

5500万年前
喜马拉雅山脉是在印度板块和亚欧板块碰撞时产生的。当印度板块冲向亚欧板块时，两块大陆之间的洋壳被挤到亚欧板块下方（俯冲）。岩石熔化后又冷却形成花岗岩，或者以岩浆的形式通过火山喷出。

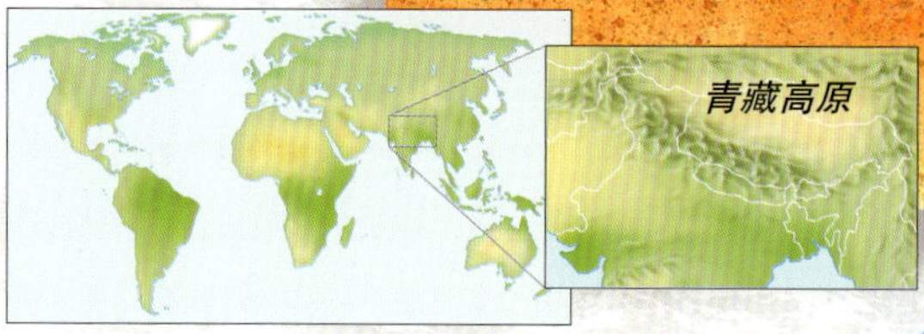

山峰
安纳布尔纳峰是喜马拉雅山脉中海拔超过8000米的众多山峰之一。这些山峰仍以一百年10厘米的速度向上抬起，并以同样的速度遭受侵蚀，侵蚀碎片会被大河，例如恒河带走。

挑战重力

青藏高原覆盖着亚洲约 500 万平方千米的地域，其高度非常一致（平均海拔 5000 米）表明，这一高度可能是地壳在如此大面积范围内所能支撑的最大值。只要再厚一点，就可能给青藏高原基部的岩石施加压力，导致其熔化和移动。

世界屋脊
从美国航空航天局的航天飞机俯瞰恒河冲积平原（左）、冰雪覆盖的喜马拉雅山脉和青藏高原（右）。

青藏高原的形成

造山运动虽然解释了大多数山脉的起源，却不能说明北边的青藏高原是如何抬升的。其形成原因可能是印度板块冲向亚欧板块，两块大陆之间的洋壳被挤到亚欧板块之下，这一过程叫作俯冲。随着两块大陆相撞，印度板块的一部分也被洋壳拖拽至地幔中，亚欧板块的边缘被挤到了印度板块上面。在碰撞过程中，两块大陆的岩石都发生了褶皱、变形和压缩，部分两块大陆的陆壳和洋壳一起被抬升，形成喜马拉雅山脉。然而，至关重要的是，印度板块的地壳并没有完全下潜，其地壳岩石比下方的地幔岩石密度小，所以没有完全向下俯冲，而是开始水平移动，最终像楔子一样挤到了亚欧板块下方，结果就是将亚欧板块的这一部分区域抬升，形成青藏高原。

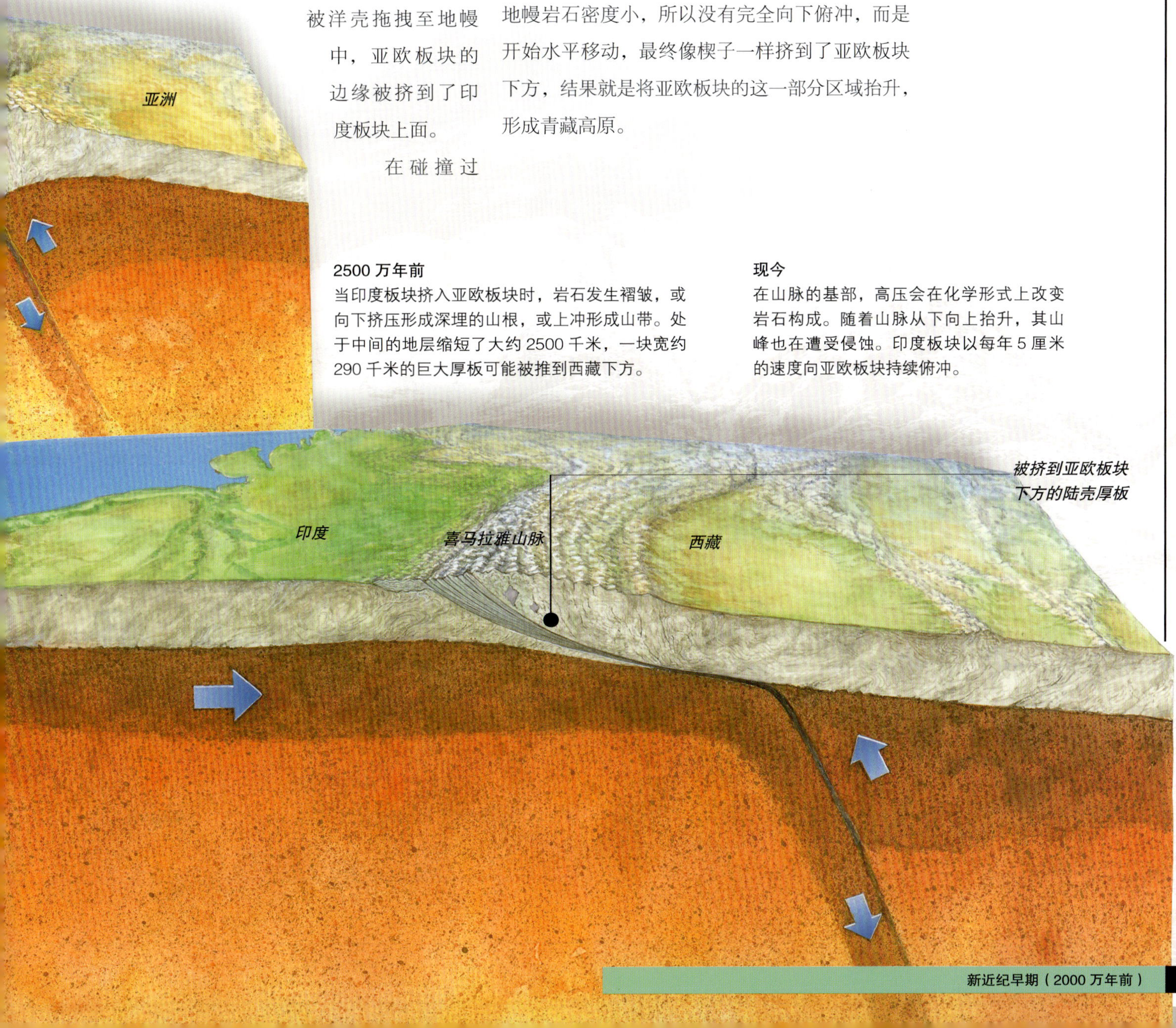

2500 万年前
当印度板块挤入亚欧板块时，岩石发生褶皱，或向下挤压形成深埋的山根，或上冲形成山带。处于中间的地层缩短了大约 2500 千米，一块宽约 290 千米的巨大厚板可能被推到西藏下方。

现今
在山脉的基部，高压会在化学形式上改变岩石构成。随着山脉从下向上抬升，其山峰也在遭受侵蚀。印度板块以每年 5 厘米的速度向亚欧板块持续俯冲。

新近纪晚期

LATE NEOGENE PERIOD

现代人类的直系祖先出现于500万年前到200万年前之间的非洲地区，此时临近新近纪末期，地球开始降温。

在新近纪晚期（上新世），全球大陆和海洋的分布已经与现代极为相似了，和现在相同的强力的地质运动也已在运转，洋中脊向外扩张的平均速度曾一度达到每年2.5厘米。即便速度如此之慢，每过100万年，便有25千米的新洋壳形成，但也有相同的数量的旧洋壳俯冲入海沟或或陆地下方，形成俯冲带。

地壳的频繁活动经常引发地震、火山喷发和板块运动。印度板块继续北移，楔入亚欧板块，非洲板块则与亚欧板块南部碰撞，东非开始分离出来，红海和亚丁湾出现。约300万年前，当巴拿马地峡重新将南北美洲连接起来时，两块美洲大陆的分离最终结束了。随后，北美洲与亚洲也连成一体。这些新形成的陆桥使得动植物能够交流，人类也借机迁徙到全球各地区。

新近纪晚期的气候特征是气温和湿度起伏不定。随着水体被极地冰盖封住和释放的循环，海平面经历了数次涨落，但这些波动都是暂时的，在约250万年前，冰川作用才从北半球真正开始。

坦桑尼亚伦盖火山

约200万年到500万年前，东非陆壳被撕裂处产生了一系列火山。熔岩和火山灰裹住了山谷中一层一层的沉积物，为未来的研究者留下了无数的化石珍藏。

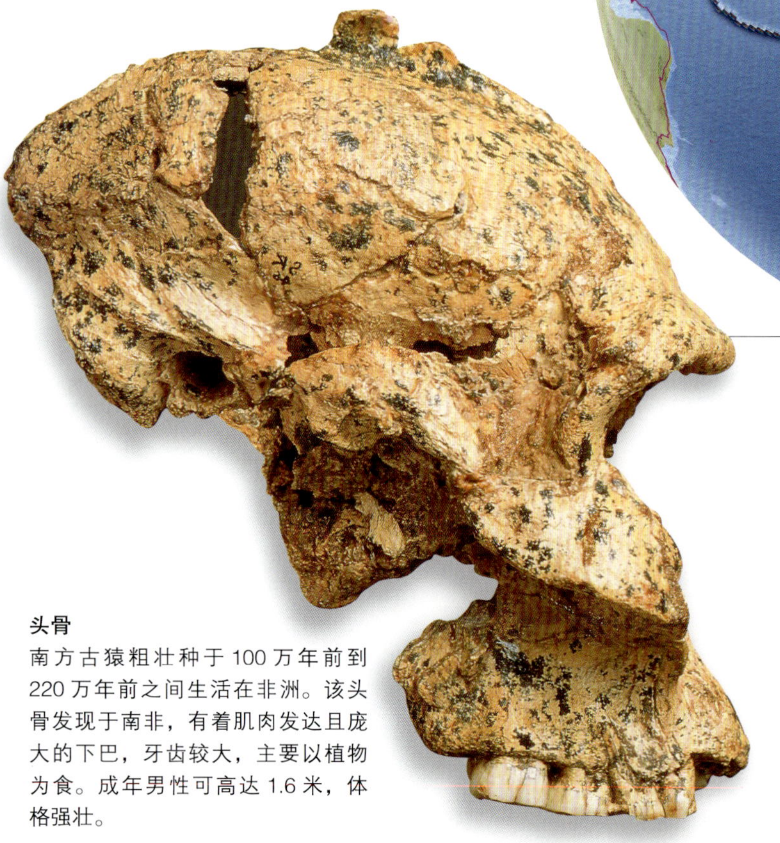

头骨

南方古猿粗壮种于100万年前到220万年前之间生活在非洲。该头骨发现于南非，有着肌肉发达且庞大的下巴，牙齿较大，主要以植物为食。成年男性可高达1.6米，体格强壮。

原始人类

新近纪晚期是人类演化史上的一个重要阶段。该时期处于533万年前到258万年前之间，人属（灵长目人科中的一个属）在非洲从南方古猿演化而来。从450万年前的地猿始祖种开始，一系列的南方古猿逐步演化，直到在100万年前灭绝。此时，人属的多个种类已经演化，其中包括与现代人类属于同一类群的两个不同的能人种，首个直立人也是从非洲迁徙出来的。

化石足迹
约360万年前，三个人类祖先——南方古猿阿法种正在远离坦桑尼亚裂谷的火山喷发地带。它们的足迹是原始人类直立行走的最早证据之一。该小队有两个是并排行走，第三个则紧跟着最大的那个的脚印行走。

原始人类的出现

20世纪90年代，人们认识到300万年前的南方古猿阿法种（首次发现于埃塞俄比亚北部的阿法地区）最有可能是人属的祖先，而人类则起源于200万年前生活在东非和非洲南部的能人。两者之间的化石记载缺失了100万年，但在20世纪90年代末，随着阿法地区发现一种新的古猿——南方古猿惊奇种，这一空白被填补了。这些250万年前的原始人类与大量动物共同生活在湖边的开阔草原里。而在阿法地区发现的石制工具，以及经过击杀和切割的牛类、马类骨骼，提供了原始人类猎杀较大型猎物的早期证据，表明它们从以素食为主转向富含营养的肉类和骨髓。食肉习性的开始似乎与东非和非洲南部人属的出现相吻合，协作捕猎和技能发展（如工具制造），在行为学和社会学上意义重大。

马特洪峰
这座阿尔卑斯山脉山峰的金字塔状的角峰显然是冰川作用的结果。尽管现在冰川仍然存在于欧洲的阿尔卑斯山脉地区，但跟200万年前上新世时期更深更广的冰川相比，这些不过是“小巫见大巫”罢了。

原始人类和其他哺乳动物

东非肯尼亚的图尔卡纳湖湖岸和河流沉积物中含有世界上最丰富的早期原始人类化石，这些化石保存在著名的科比福拉组地层中。

人类祖先

该区域最著名的是能人遗骸，它们是人属最早的代表之一，也是现代人类的祖先。发现的头骨可追溯到 190 万年前，能看出能人的脸长而宽，呈扁平状，颊骨巨大，与较古老的原始人科成员如南方古猿极为相似。但能人与同时代的南方古猿有着显著的不同之处，它的脑匣较大，脑容量可达 750 毫升，南方古猿则只有 500 毫升。

该区域较晚期的原始人类化石可追溯到 180 万年前，称为直立人。这一人种在非洲生存了 100 多万年，是最进步的图尔卡纳湖原始人类，也是第一种走出非洲的原始人类。事实上，直立人的化石和石制工具（阿舍利手斧）在整个欧洲都有发现，甚至远达中国（北京人）和爪哇岛（爪哇人）。

最完整的直立人化石之一在 1984 年发现于图尔卡纳湖附近。这是一具体格健壮的男孩骨骼，长腿窄臀，年龄大约 11 岁，高 168 厘米，头骨长而低矮，眉骨突出，鼻子略微拿起。

直立人的脑部大小随着时间不断地增长。到了 100 万年前，它的脑容量已经达到了 1000 毫升，50 万年后又增到了 1300 毫升。智人的脑容量则有 1750 毫升。

裂谷湖
过去的几百万年里，图尔卡纳湖附近区域历过无数次火山喷发，熔岩和火山灰掩埋并保存了含有人类祖先化石的沉积物。

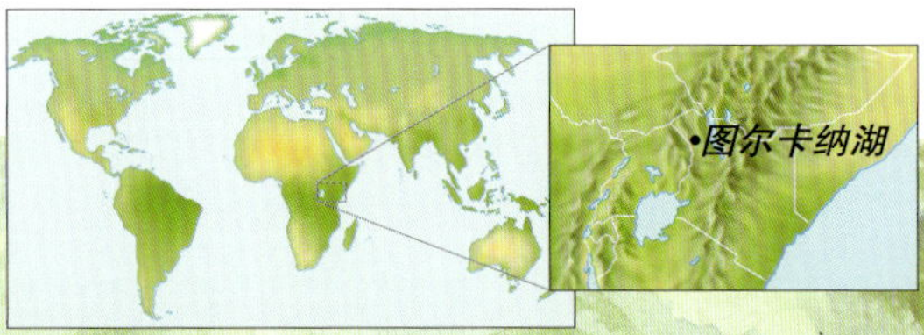

非洲的伊甸园
图尔卡纳湖湖岸养育了大批野生生物，其中包括一些原始人类。稀树草原孕育了大批鹿群和三趾马，林地植物养育了西瓦鹿和恐象，而犀牛则以水生植物为食。毛发丛生的原始人类南方古猿鲍氏种靠收集果实、树根和蔬菜为生。顶级食肉动物是大型猫科动物（如带有剑齿的似剑齿虎）和早期人类能人。食腐动物包括秃鹫和斑鬣狗等。

随着原始人类的各样性逐渐减少，到了 80 万年前，直立人成了传承人类世系的两种原始人类之一，另外一种叫作匠人。

图尔卡纳湖的其他哺乳动物

图尔卡纳湖附近有着大量的其他动植物化石，其中许多都为现代人类所熟悉。和如今一样，大量狒狒（狮尾狒）和猴类（鼻猴）在当时的图尔卡纳湖附近出现。它们大多生活在河边的森林里，有些则栖息在更广阔、更干旱的林地中，其天敌类似现代稀树草原中的食肉动物，如大型狮子、成群结队捕猎的鬣狗（斑鬣狗）和犬类（非洲野犬卡翁狼狗）。

长鼻目动物恐象形似大象，是体形最大的食植动物，开阔的稀树草原和林地都是它们的栖息地。早期马类（三趾马）十分常见，但在 230 万年前左右被现代稀树草原上的马属所取代。骆驼和长颈鹿的遗骸也有所发现，另外还有 40 种牛科动物，这些牛形生物始终生活在湿润的草地中。

通过分析图尔卡纳湖沉积物中的植物，人们发现草类逐渐取代了树木和灌木。最初，草类只占植物总量的 20%~40%，但随着时间的推移，这一数字上升到了 65%。

现代非洲草原上的巨型动物群
非洲稀树草原发源于中新世（2300 万年前到 530 万年前），此时气候开始变冷变干。以植物为食的哺乳动物走出森林，从以叶子为食转向以草为食。

内在联系

图尔卡纳湖地层中发现了 21 种不同的鱼类化石，而该湖现存共有 34 种鱼类。这些化石中包括一种淡水黄貂鱼（非洲魟），这种鱼肯定是从印度洋迁徙而来的。另外一些鱼类则包括非洲肺鱼、多鳍鱼和一些与埃及北部尼罗河鱼类有关联的品种。

美洲哺乳动物

在过去两亿年的大多数时间里，南北美洲是分离的。很长时间以来，南美洲像一座岛屿一样孤立，不同的时期，动物可能只能通过暂时性的陆桥向南北迁徙，对两块大陆的哺乳动物群类产生了重大影响。

拼接空缺

如今南北美洲之间的陆桥是一条狭窄的陆地，由巴拿马和哥斯达黎加两个国家组成。这条陆桥形成于约 300 万年前，在此之前，海平面偶尔降低，将部分海床变成陆地，使得动物们可以通过现今中美洲的西印度群岛岛链迁徙。

白垩纪的迁入

在白垩纪期间，一群小型的原始哺乳动物与恐龙共同生活在南美洲，北美洲则被属于兽亚纲（由有胎盘动物和有袋动物组成）的哺乳动物占据着。到了白垩纪末期，随着海平面发生变化，南北美洲之间形成了暂时的通道，一些兽亚纲成员向南迁徙，在那里演化成了少见的奇异物种。

在新生代期间，共有 15 个有袋动物的科定居到南美洲，其中包括食肉动物袋剑虎科，但最著名的当属有胎盘哺乳动物异关节类，包括树懒、犰狳和食蚁兽，而在这些动物中，最惹人注目的莫过于形似犰狳的雕齿兽，它们的体形可与汽车相媲美。由于身上长有保护性骨甲，尾端长有骨棒与骨刺，它们的外表与甲龙十分相似。其尾巴灵活有力，在它用后足站立进行防御或交配时，尾巴能像三脚架一样支撑它的身体。庞大的头骨上长有强劲的颌与牙齿，用于咀嚼坚硬的草原上的草。树懒也是植食动物，它们首次出现于 3000 万年前，分为树懒和地懒。大地懒是已知最大的地懒，长可达 6 米。地懒是一个极为繁盛的种类，后来通过一道新形成的陆桥传入北美洲。直到 1.1 万年前，它们才与其他大型植食动物一起灭绝。

身披装甲的植食动物

星尾兽是雕齿兽的一种，长达 7 米，于 100 万年前到 200 万年前生活在巴塔哥尼亚。它的尾端长有骨棒，上面覆有骨刺，可用作防御性武器。

大地懒

大地懒生活在现今包括玻利维亚和秘鲁在内的地区。尽管其大小如现代大象，却可以以厚重的尾巴作为支撑，用后腿站立。后腿站立时，它够得到树顶，用带爪子的前脚勾下树枝。

潘帕斯草原的植食动物
箭齿兽是一种长达 2.7 米的犀牛形植食动物。大约 200 万年前，它以阿根廷中部潘帕斯地区的草类和灌木为食。

有蹄哺乳动物

新近纪的有蹄植食哺乳动物为现代人所熟悉，包括猪类、马类、牛类、犀牛类、象类和鹿类，在南美洲，它们演化成独特的兔形、马形、骆驼形生物，如长达三米的长颈驼。这种生物长着长脖子和巨大的鼻子，其鼻孔高高地位于两眼之间。箭齿兽是最大的有蹄哺乳动物之一，短粗的腿上支撑着桶状躯干，头部宽阔，长着三趾小蹄子。查尔斯·达尔文曾在阿根廷收集过箭齿兽化石，并称之为“史上最古怪的生物之一”。

美洲的“互换”动物

南美洲独有的哺乳动物如今几乎全部灭绝，其原因则要归于约 300 万年前形成的一座连接北美洲的陆桥，北美洲的哺乳动物借机入侵了南美洲。当北美洲的马类、鹿类、熊类和豹类南下之时，负鼠和一些异关节类动物则迁徙到了北美洲。这种内部交换是通过中美洲的动物“高速公路”双向通道实现的，现今南美洲 50% 的哺乳动物都是北美洲的后裔，而北美洲 20% 的哺乳动物都源于南美洲。

尽管看似北美洲动物掌握了统治权，但南美洲的哺乳动物总数是有所增长的，而且两个大陆上动物灭绝的程度是相似的。南美洲的大灭绝事件影响了有蹄动物和异关节类动物，但当北美洲动物迁入之时，它们本身就已经在衰退了。

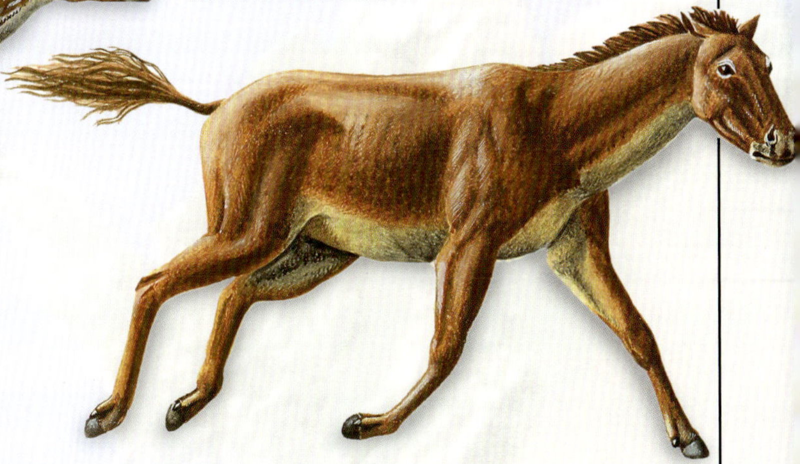

早期的马
始祖马（左）在 5000 万年前遍布北美洲、亚洲和欧洲，大小与拉布拉多犬相似，可能是所有马类的祖先。

草原古马
在 500 万年前到 1000 万年前，一群草原古马驰骋在北美洲的草原上。它们是最早的几乎完全以草类为食的马类之一，为了适应这一饮食习惯，它们的牙冠比其祖先变得更高。

北美洲马类的灭绝

大约 1.1 万年前，北美洲的马类与许多其他大型哺乳动物走向灭绝，其原因可能是传染病或人类捕杀，但马属在欧洲、非洲和亚洲以斑马、驴和野马的形式幸存下来。人们认为家马于 3000 年前到 4000 年前在亚洲东部被驯化，16 世纪时，家马又被西班牙探险家重新引入美洲。

野马
19 世纪北美平原上的野马是 300 年前从西班牙引入的家马的后裔。

猿类与原始人类的差异

人类、猿类和非洲、亚洲及欧洲的旧大陆猴类都属于被称为“狭鼻猿”的灵长目大种群。这些近亲在约 2800 万年前有一个祖先。到了 2200 万年前，旧大陆猴类已经沿着不同的演化途径产生了分化。仅仅在 450 万年前，人类的祖先类人猿才从其他非洲猿类中分化出来，与人类亲缘关系最近的黑猩猩，其 DNA（基因）与人类差异不足 2%。

远亲
猩猩是东南亚的土著动物，曾一度被看作与人类亲缘关系最近的猿类。由于大脑较大且具备一定的智力，它与非洲的黑猩猩和大猩猩都被划归同一类群。然而，人们现在知道，相比而言，非洲猿类与人类的亲缘关系更近。

寻找失落的一环

古生物学家努力用零碎的化石遗迹拼凑出人类发展的历史，从而找出人类与其他猿类之间“失落的一环”。他们将目光集中在一种生活在非洲的类人猿身上，它们能够直立行走，曾留下了许多踪迹。这类南方古猿的许多种都曾被发现过，其中包括体形较小的南方古猿阿法种和南方古猿非洲种，以及更为强健的粗壮傍人和南方古猿鲍氏种。

现存亲缘关系最近的近亲
倭黑猩猩生活在中非，是现存的与人类亲缘关系最近的近亲。与人类的 DNA 相似度比较，倭黑猩猩比黑猩猩还多千分之几。

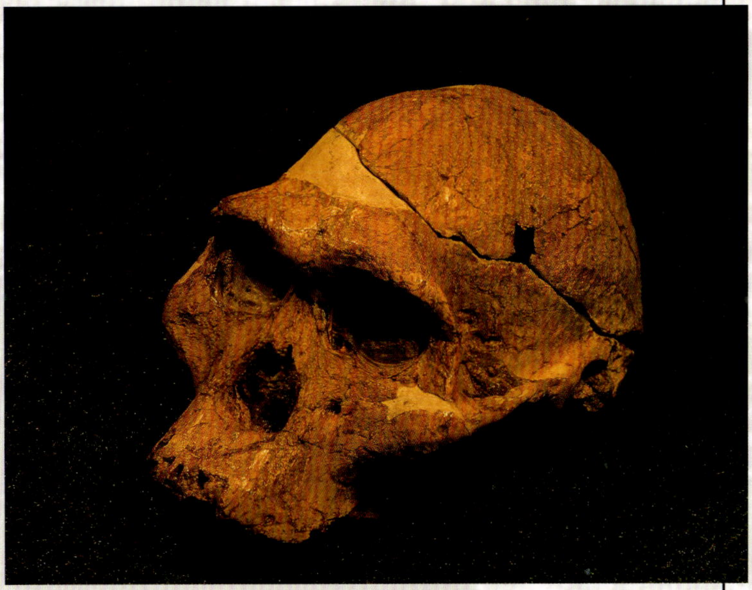

“普雷斯女士”的头骨
1935 年，科学家罗伯特·布鲁姆将非洲南方古猿的头骨昵称为“普雷斯女士”。之后，布鲁姆向人们证明，这个生活在 250 万年前到 300 万年前的原始人类身高 1.4 米，能够以人类的方式完全直立行走。

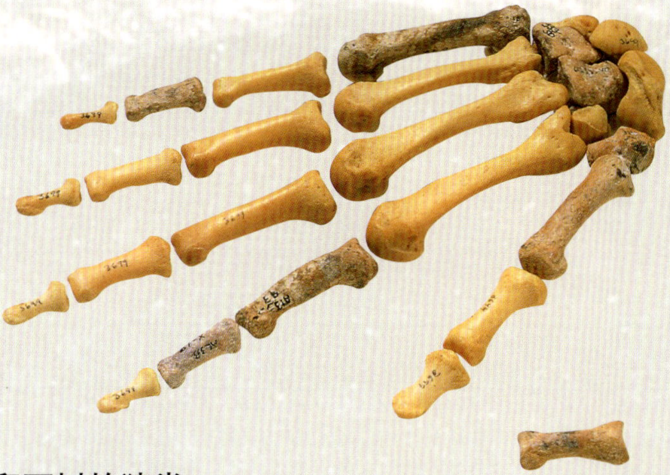

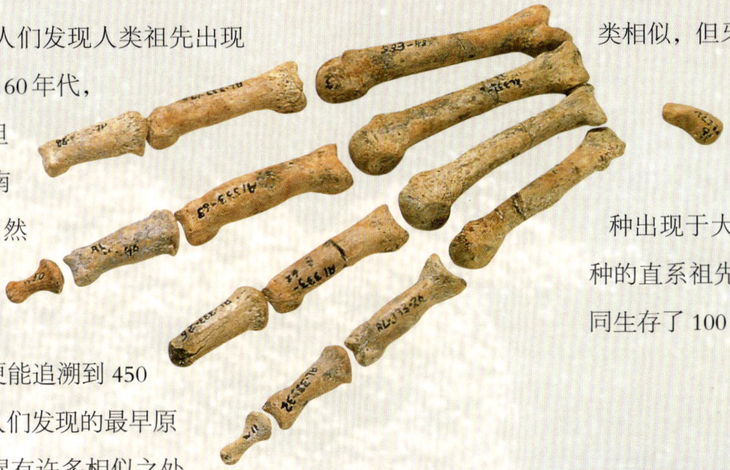

古老的手骨
这些来自于埃塞俄比亚的手骨属于 330 万年前的南方古猿阿法种，与现代人类的手骨相似，但又不尽相同。它们都具备爬树和制造简单工具的能力。

爬下树的猿类

随着研究的深入，人们发现人类祖先出现的时间越来越早。20 世纪 60 年代，科学家们惊奇地发现，坦桑尼亚奥杜瓦伊峡谷的南方古猿鲍氏种的头骨竟然出现在 200 万年前。但在 1994 年，在埃塞俄比亚发现的地猿始祖种更能追溯到 450 万年前。它是目前为止人们发现的最早原始人类，与现存的黑猩猩有许多相似之处。然而，它并不像黑猩猩一样四肢行走，而是直立行走。

发育完全的雄性地猿始祖种身高约 1.3 米，体重约 27 千克，雌性则更小更轻。该物种生活在林地中，夜晚在树上栖息，白天在地面上活动。直立行走使得解放的双手可以抓取食物，并且防止炎热的太阳晒伤它无防护的背部。它的饮食习惯可能和其他猿类不同，在水果和植物根之外，还以腐肉为主食。还可能集体捕获小型动物。

人们并没有发现证据证明地猿始祖种能制造工具。但是，早期的南方古猿或许能够以棍棒、细枝和骨头为工具，使用方式与现代黑猩猩相同。

自发现地猿始祖种之后，南方古猿的演变最终被拼凑出来。1995 年发现的南方古猿湖畔种，可追溯到 420 万年前到 390 万年前，它的颌与猿类相似，但牙齿更为发达。最古老的南方古猿阿法种可追溯到约 380 万年前，而南方古猿非洲种出现于约 80 万年之后。最新发现的南方古猿惊奇种出现于大约 250 万年前，最有可能是人属物种的直系祖先，而南方古猿粗壮种与人属物种共同生存了 100 多万年。

非洲的发现

证明类人猿南方古猿存在的第一个证据，是 1924 年在南非塔翁山洞里发现的一个孩童头骨。这个“塔翁男孩”属于南方古猿非洲种。1959 年，体形较大的南方古猿鲍氏种发现于坦桑尼亚的奥尔杜瓦峡谷。这块头骨可追溯到 200 万年前，让许多研究者相信南方古猿就是现代人类的祖先。“露西”是南方古猿阿法种最为著名的例子，于 1979 年在埃塞俄比亚的哈达被发现。

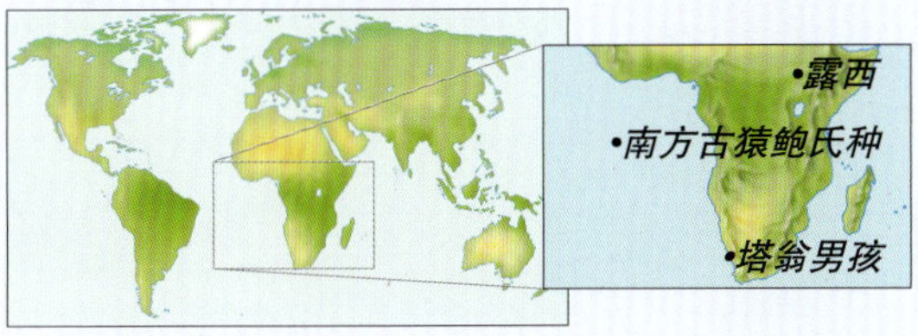

第四纪

THE QUATERNARY AGE

看一眼 1.8 万年前的地球，会发现这是一个冰封的世界，冰层覆盖着北部大陆的广阔地面，有些地方的冰层厚达 3000 米。

冰丘
在加拿大的北极圈地区，地下冰堆积后拱起一座座小山，称为“多年生冻胀丘”。随着其中冰核融化，这些小山坍塌而形成碗状凹陷。爱尔兰和英格兰发现的冰丘遗迹表明，在上一次冰期期间，永久冻土层曾经在这些地方存在过。

第四纪是距今最近的一个地质年代，从 258 万年前一直持续到现今。从地质角度来看，258 万年前的地球与现今别无二致。大陆、山脉、洋中脊和俯冲带都几乎与现在的位置相同。然而，当时处于冰期掌控之中的地球的表面却与现今有着巨大差异。这次的冰期，是多次打断地球历史的冰期中距今最近的一次。庞大的冰层从北极向南延伸，全球的冰川都比如今的要大得多。

虽然名为“冰期”，但是其实并非总是寒冷。在冰期中，随着冰期（冰层扩张的寒冷时期）和间冰期（冰层退缩的温暖时期）的交替，气候也会出现波动。每一次的冰期都会持续大约一万年，接着是持续一万年的比较温暖的间冰期。如今的地球仍然处于第四纪冰期之中，只不过正好处于间冰期。

在上一次冰期末次冰盛期顶峰时期，冰块和冰封的地面延伸到北极圈的最南方。许多水——5% 的地表水（包括 90% 的淡水）结成冰，使得海平面下降了 100 米。海平面下降也就意味着浅海

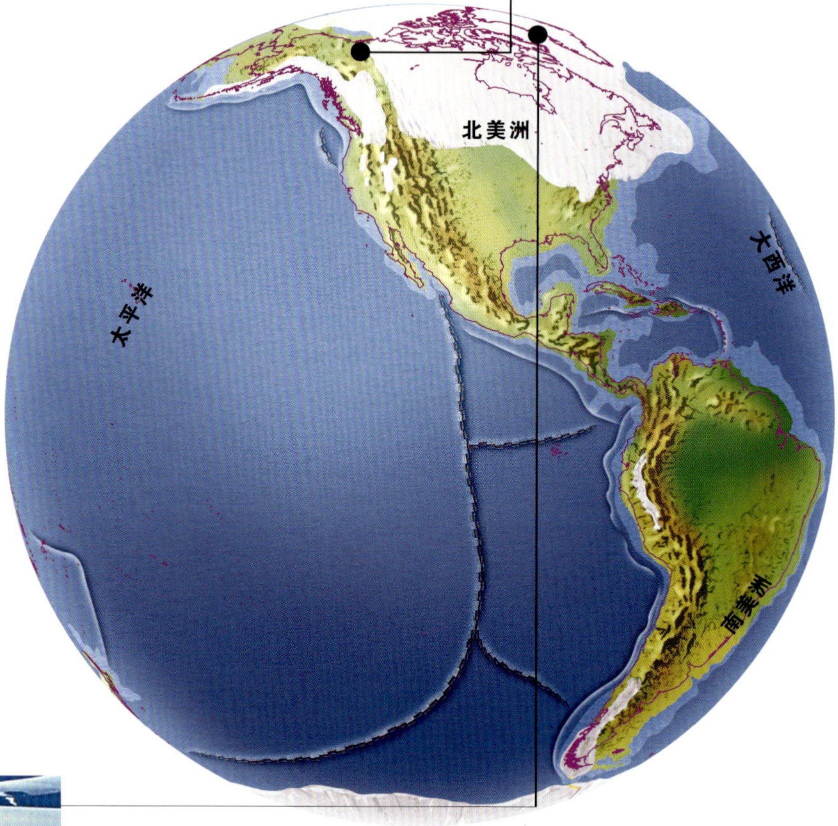

冰的力量
冰川经年累月才能形成。雪片层层堆积，将最底层压缩成冰。地面的任意倾斜都会使冰川变得不稳定，并像液体一样因自重而开始缓慢滑动，直至滑下山坡。这幅图显示的是格陵兰岛的冰川从山脊的缺口中溢出。

北与南

大规模的冰川作用只会在拥有大片陆地的极地地区产生，这是由于陆地比海洋更容易结冰。在上一次冰期，北半球的冰川分布更广，这都缘于环绕北冰洋的大陆群。北冰洋的表面水最终也被冻结成冰，将冰块向南运至不列颠群岛。

骤然变成干旱的平原，原先孤立的岛屿以及大陆有了连接。这些陆桥的形成将会对动植物的分布产生巨大影响。人类也趁机通过白令海峡从亚洲进入美洲，或从欧洲进入不列颠群岛。

冰块为何移动?

化石记载表明在过去 4000 万年间，全球气候一直在缓慢降温。300 万年前，降温速度加快，极地冰盖和北半球大陆的冰山迅速形成。这些天气变化都是大陆板块运动的结果。南极洲与其他南部大陆的逐渐分裂导致了西风漂流的形成，它阻断了温暖的气流和洋流，从而导致了南极地区的降温，形成一个极地冰盖，海水温度下降，最终导致全球总体温度骤降。

大约 300 万年前，南北美洲由一座陆桥——巴拿马地峡连接，大西洋温暖的海水无法再沿着赤道流动，转而北上，导致加拿大东部、格陵兰岛和斯堪的纳维亚半岛气温骤升。这三处是形成冰川的主要区域，部分地区的冰层厚达 3000 米。温暖的洋流携带着潮湿的空气入侵，使得北半球大陆的降雨量和降雪量增加。相应的，河流将更多的淡水倾泻到北冰洋中。由于淡水比海水凝结的速度快得多，因此北冰洋海冰得以迅速增加。

猛犸象的臼齿

上一个冰期期间，多毛的猛犸象在欧洲和亚洲十分普遍。它们的臼齿（上图）巨大且锋利，能够切断粗糙的草类和寒带草原的灌木。

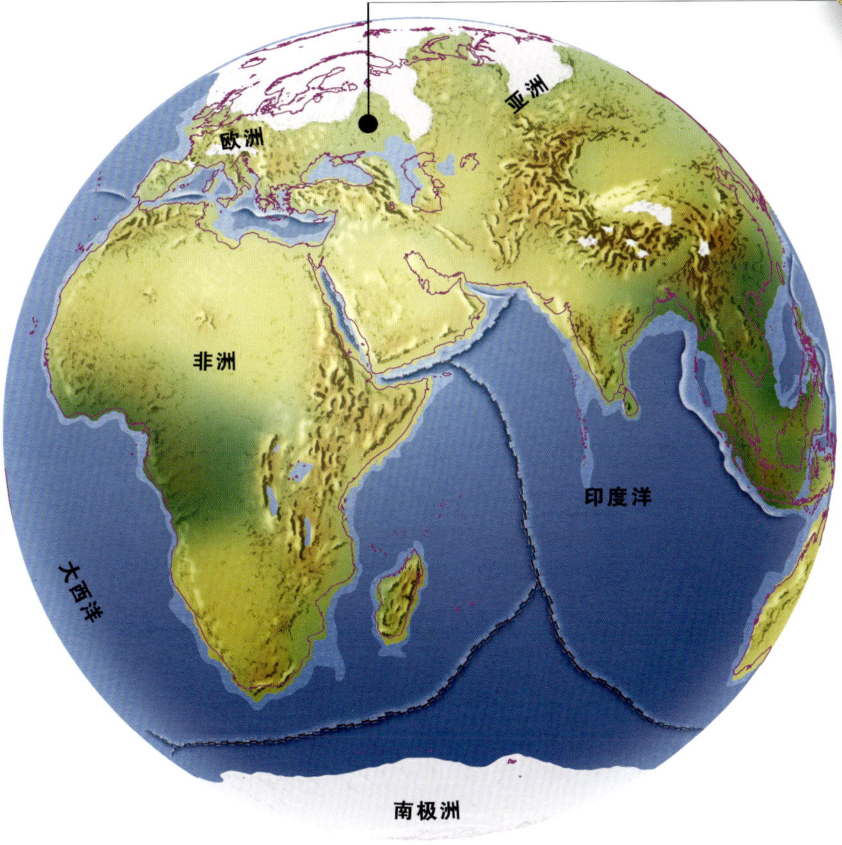

化石证据

从被困海底沉积物中的单细胞原生生物贝壳的构成中，地质学家研究出从前的海水温度变化。由于水温和气温息息相关，过去的气候变化也能够被分析出来。

俄罗斯猛犸草原

在冰期极寒环境中，大陆被冰山占据，动植物很难生存。由于缺乏水和携粉昆虫，植物在极寒环境下生存极为艰难。永久冻土层也让种子几乎无法生根发芽。相应的，由于没有可供食用的植物，食植动物也无法生存。而在生物链中没有了作为猎物的食植动物，食肉动物也无法生存。

然而，在冰山之外的地区，许多动植物从上个冰期的冰冻荒原中幸存了下来。它们趁着夏季冰盖融化，占据了一些饱经风吹又较为温暖的地区，诸如北美大陆和亚洲大陆的内陆深处。当时栖息在这一地区的动物有猛犸象和披毛犀，二者与现代极地生物一样，都能够在极寒环境下生存。它们厚厚的毛皮和多层脂肪起着保暖的作用，脂肪还能在严冬提供能量。洞熊还通过冬眠来保存能量。

猛犸草原是蕴藏这些动物的化石最丰富的地区之一，它位于现今的俄罗斯东部。当时冰雪覆盖的草原与如今非洲炎热的草地有相似之处，比如。如今的非洲有大象、犀牛和狮子，当时的草原有猛犸象、披毛犀和食肉的猫科动物。事实上，该区域所栖息的动物只不过比如今我们所熟知的动物毛发茂盛而已。

猛犸草原没有树木，但在短暂的春夏季节，满目都是色彩缤纷的草本开花植物和草丛。这种年度性的绿毯为成群的迁徙动物提供食物，而紧

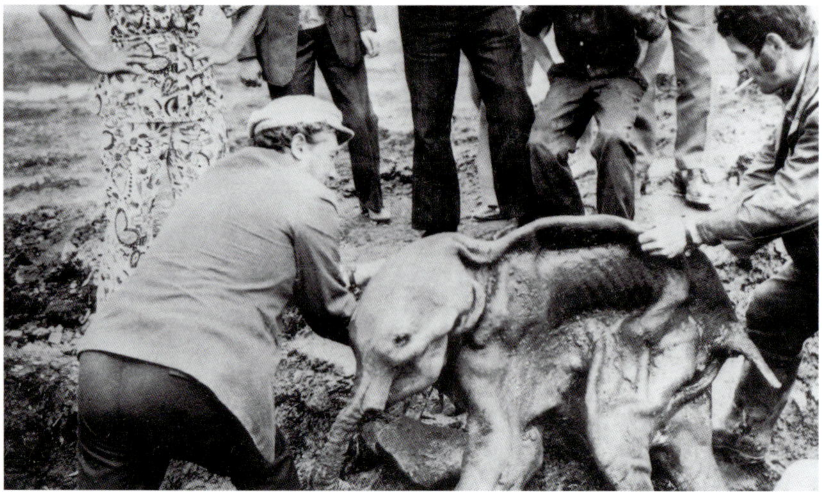

4 万年前的猛犸幼象
1977 年 6 月，人们在西伯利亚 2 米深的冻土中发现了“迪马”。它是一只体弱多病的猛犸幼象，年龄为 6~12 个月，4 万年前因跌入池塘或沼泽中而死亡，其身体组织被冰冻并保存了下来。

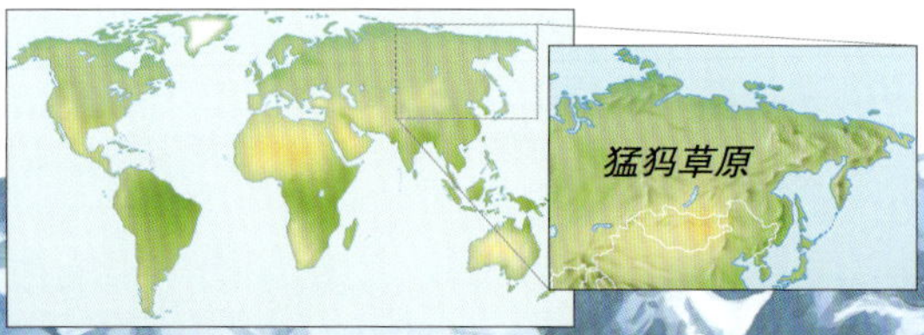

猛犸草原上的生命
俄罗斯猛犸草原是一个几乎全部被青草覆盖的栖息地，位于北部冰川和边远而又多树的南部栖息地之间。这里栖息着许多大型食植动物，如真猛犸象、披毛犀、巨鹿、马和许多驯养牛类的祖先。它们是大型猫科动物和人类的猎物。猛犸草原上的植物如今仍然能够找到，其中包括许多耐寒草和毛茛，以及生长在北极苔原上的植物，如紫色和黄色的虎耳草。

随其后的则是饥肠辘辘的食肉动物。其中一种猎手——人类——对利用这种珍贵的食物来源尤其在行，以至于许多物种都灭绝了。

改变全球状况

随着上一个冰期走向终结，气候转暖，冰盖开始融化，这给环境带来了根本性的变化。随着冰盖缩减，适宜栖息的陆地数量逐渐增多，气温上升到适合树木生长，而适应较寒冷环境的草地开始消失，并被森林所取代。兽群的迁徙之路被新生成的森林所阻隔，于是被迫分裂成易被捕捉的小群体。动物们开始以营养比不上草类的树叶和灌木为食，其数量也随着人类和其他食肉动物的猎食而剧减。几千年的时间里，猛犸象、披毛犀、巨角鹿和洞熊都灭绝了。

然而，在欧亚大陆和北美洲一些边远地带，一些物种从上一次冰期中幸存下来，并一直生存到今天。可惜的是，如野牛、熊、狼、猞猁、北极狐和秃鹫这些动物，如今都已濒临灭绝。另外一些幸存者发展态势良好，尤以人类为甚。

重新占据陆地

在冰期结束之时，冰川开始退减，植物得以占领新出现的陆地。重新占据陆地的第一种植物必须具备耐寒性，其中的先驱正如 4.5 亿年前一样是地衣和苔藓。逐渐地，土壤和有机物富集起来，足以保证其他物种的繁衍。地衣和苔藓有了低矮坚硬的灌木和树木作伴，如刺柏、矮柳和桦树。莎草、羊胡子草和虎耳草也开始生根发芽。这些物种在如今的北冰洋苔原上都能找到。

北冰洋繁花似锦
上图中的紫色虎耳草花曾一度让猛犸草原缤纷多彩。

穴居人
这幅绘于法国拉波美拉全恩洞穴中的猛犸简笔画，出自生存在末次冰盛期的猎人之手。该动物躯干长 1.2 米，图中描绘的是其侧面，而长牙的展现方式则像从正面描绘的一样。

人类演化历程

人类演化的历史纷繁复杂，只有实验性地把全球散落的化石证据拼接起来，才能窥得其中奥秘。最早的可以称之为人类（人属）的化石大约有 240 万年的高龄，来自非洲东部和南部，为能人。大约 190 万年前，比能人更为高级的人类直立人在非洲开始演化。直立人比其先辈更高，大脑更大，骨骼与现代人类类似。这个人类新类型繁衍生息得特别快，到了 180 万年前，该类型的人类已经涉足小亚细亚的高加索山脉，并且在 100 万年前到 50 万年前定居欧洲。

人们现在认为，到了 50 万年前，人属的两个独立分支开始出现，其中一支最终演化成为尼安德特人，另外一支则演化成为现代人类——智人，意为有智慧的人类。

古代艺术
克罗马农人的文化高度发达，甚至极富艺术性，在欧洲的洞穴中留下了许多画作和雕像。这幅犀牛画作被发现于法国鲁菲尼亚克的一个洞穴里。

尼安德特人

尼安德特人的遗迹只在欧洲和中东地区有所发现，它们的化石年龄分布在 12 万年前和 35000 年前之间。尼安德特人以野蛮和愚蠢而为人所知，但事实上，它们的文化相当发达，例如埋葬死者，并能制造许多种工具和武器。

尼安德特人的化石显示它们比现代人更为结实强壮。它们的头骨上还有高耸的额骨和倾斜度较大的前额，并且平均来讲，它们的大脑比现代人类更大，只不过尼安德特人似乎都在约 35000 年前全部灭绝了。

能人
第一种人类可以追溯到 240 万至 160 万年前。能人的意思是“动手能力强的人”，直立约 1.5 米，体重约 50 千克。

直立人
直立人于 190 万年前首次出现在非洲，该人种被认为是首种迁徙出非洲的原始人类。

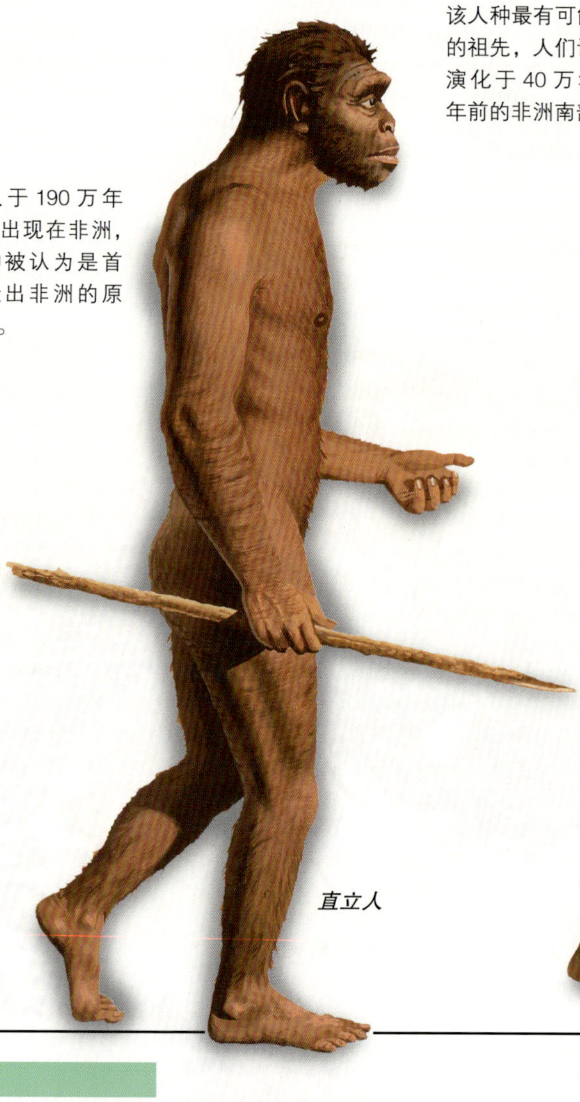

海德堡人
该人种最有可能是现代人类的祖先，人们认为它们最早演化于 40 万年前到 10 万年前的非洲南部和东部。

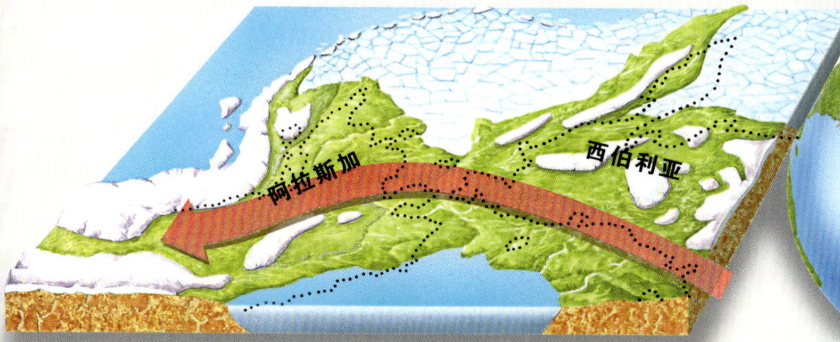

美洲人口分布
白令陆桥形成于冰期，成因是海平面受挤压，将俄罗斯东北部和阿拉斯加连接起来，为动物和人类提供了一个穿梭地点。人们普遍认为，大约 3 万年前，完全演化的现代人类经由陆桥首次穿越亚洲到达北美洲。

现代人类

人类可能从非洲的直立人演化而来；海德堡人可能是过渡形式。人类最早的确凿无疑的遗迹发现于非洲，时间在 18 万年前到 16 万年前之间。同样的发现也出现在以色列，时间在 10 万年前左右，表明现代人类在尼安德特人之前就已到达该区域，推翻了“现代人类是尼安德特人后裔”这一理论。近年以来，人们认为尼安德特人是人类大家庭里已经灭绝的一个分支，通过对它们的骨头中 DNA 进行的分析，现在认为人类有一部分基因来自尼安德特人。

到了 4 万年前，完全演化的现代人类已经遍及遥远的亚洲的加里曼丹岛和欧洲等地。如今，大多证据表明现代人类从非洲演化而来，并迁徙到其他大陆。然而，它们可能与不同地区较为古老的人种杂交，并在当地小规模演化，故而才有了如今世界上如此多的种群。

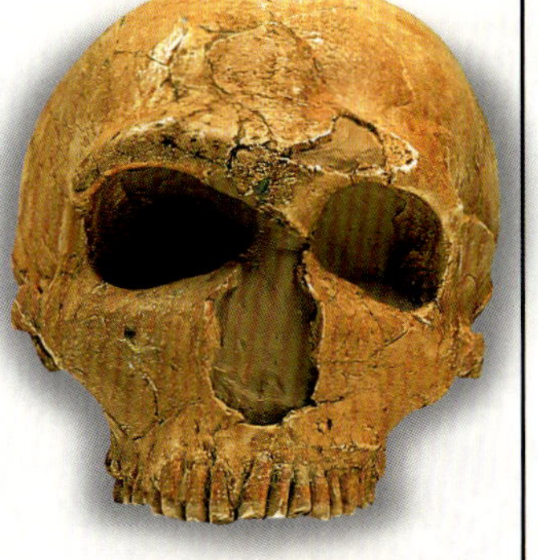

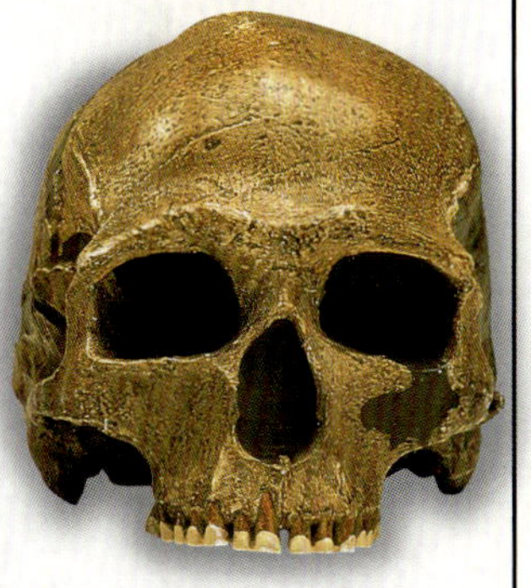

头骨
克罗马农人的头骨（上图）和现代人类的头骨（下图）差异极小。克罗马农人的脑匣更圆，下巴和鼻子较大。

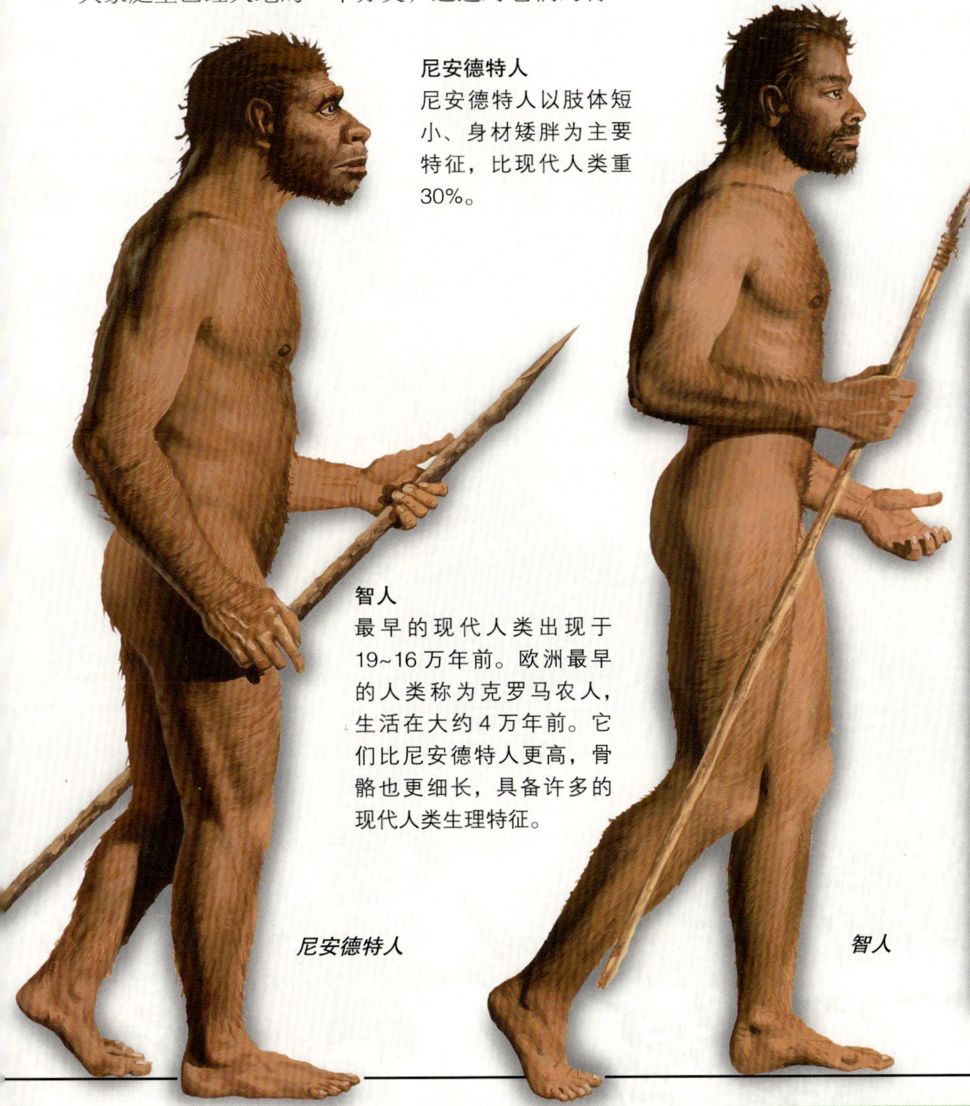

尼安德特人
尼安德特人以肢体短小、身材矮胖为主要特征，比现代人类重 30%。

智人
最早的现代人类出现于 19~16 万年前。欧洲最早的人类称为克罗马农人，生活在大约 4 万年前。它们比尼安德特人更高，骨骼也更细长，具备许多的现代人类生理特征。

早期美洲人类

克洛维斯文化以其独特的石器技术风格著称，被人们看作是美洲最早的人类群体，时间是 1.15 万年前。然而，位于智利南部的帕罗贝尔德国家公园有了更具说服力的证据，表明在此之前有更古老的人种居住。该遗址位于安第斯山脉和太平洋之间，可以追溯到 1.25 万年前。人们推测，如果人类要从白令陆桥出发，向南走上遥远的 1.6 万千米，其到达北美洲的时间一定远在 1.15 万年之前。

武器制造者
克洛维斯尖状器是用石头制成的锋利矛尖。人们发现的许多矛尖都嵌在猛犸象的骨头之间。

冰期之后

一万年前，地球上最近的一次冰期结束，全球温度迅速攀升，巨大的冰川开始融化并退却。冰川的形成会给地表留下斑驳，形成深渊、磨平山脉，冰川的退却也同样留下了痕迹。

随着冰的融化，冰川融水形成湖泊。退却的冰山残迹构成了天然的大坝，一些冰川阻塞湖就在其中形成，而当冰坝最终也消融时，灾难性的洪水随之到来，美国华盛顿州著名的水道贫脊地就是被这样的洪水冲刷而成。

融水也大大升高了海平面，淹没了许多陆桥，如连接阿拉斯加和西伯利亚东部的陆桥，白令海峡随之生成，将北美洲和亚洲的动植物分隔开来。

在其他地方，冰川融化导致海岸从海水中显现出来。沉重的冰川挤压其下的陆壳，将它们推向较为塑性的地幔。一旦冰床融化，陆地便会一点一点反弹，每一次上升运动都会形成新的海岸线，并抬升原本位于海滨的陆地。

美好时代

过去一万年来，地球的温度相对稳定，人类文化在此期间迅速繁荣起来。但人类作为一个物种的繁荣，却给全球温度带来了相当大的影响。自工业革命以后，人类活动对全球气候的破坏与日俱增。燃烧煤、气和石油等化石燃料会释放出“温室气体”，留下了更多来自太阳的能量，由此导致全球变暖。一些科学家认为，接下来 50 年内平均温度会上升 5℃。如果保持这一趋势发展，冰盖最终会全部融化，海平面会上升约 7 米，这足以让全世界的河流产生洪水，淹没海岸线以及海边的城市。

既高且旱

曾被冰床的重量挤压的陆地开始反弹，部分海岸抬升，形成隆起的海滩，苏格兰莫尔岛就是其中一处，它的海滩远离海水。（图上方）

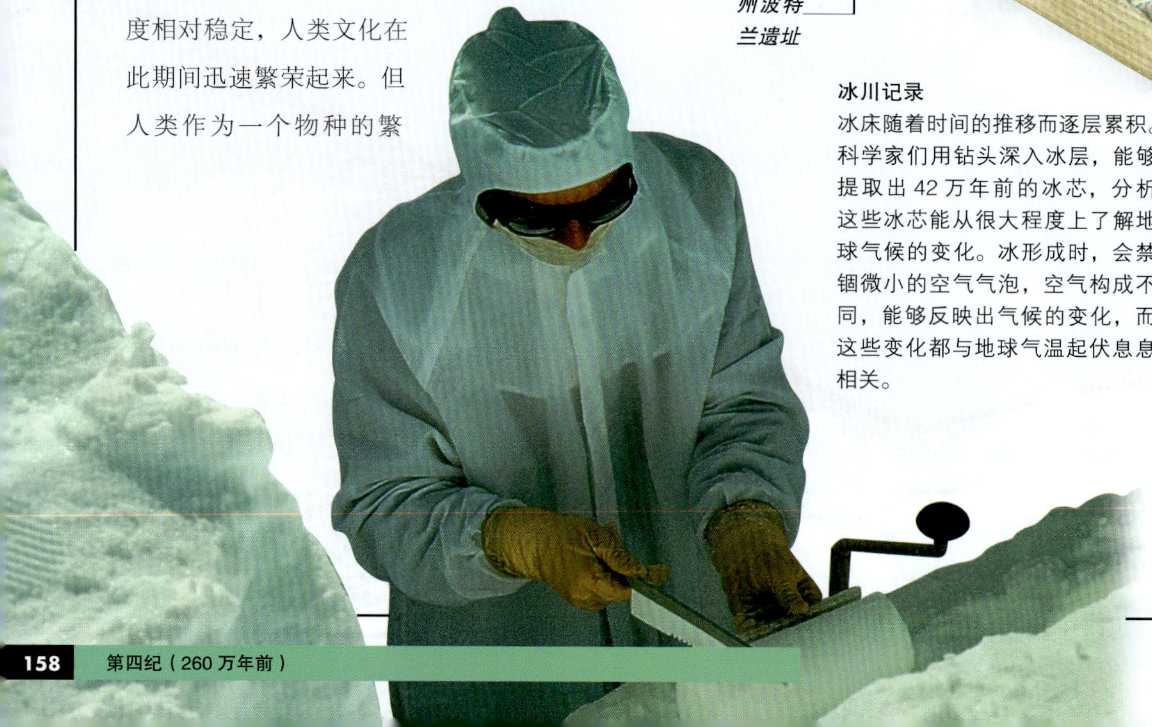

冰川记录

冰床随着时间的推移而逐层累积。科学家们用钻头深入冰层，能够提取出 42 万年前的冰芯，分析这些冰芯能从很大程度上了解地球气候的变化。冰形成时，会禁锢微小的空气气泡，空气构成不同，能够反映出气候的变化，而这些变化都与地球气温起伏息息相关。

洪水的威力

冰山融水骤然形成的洪水有着极大的危害。在华盛顿州东部形成水道贫脊地的洪水途经之处，也一定将该区域的生命洗刷殆尽。这种灾难性洪水都是由冰山迅速融化引起的。通常情况下，融化冰山的温度都是由冰山之下火山喷发提供的。冰原的一部分甚至会沿着火山坡下滑，其中一例就是 1996 年冰岛瓦纳特冰原之下的一座火山喷发。灼热的熔岩和气体迅速融化了冰原，一场洪水突如其来，多达每秒 4.5 万立方米的水朝着山谷倾泻而下，沿途摧毁了两座桥，并将一段 9 千米的道路冲垮。

冰与火

冰岛瓦特纳冰原下的火山喷发时，人们看到冰融化的同时，还在不断碎裂。（图中左上）

出乎意料的大收获

上个冰期期间，海平面非常低，而猛犸象就栖息在欧洲和不列颠群岛之间的陆地上。它们的牙齿化石和骨骼化石被保留在如今的北海海底。甚至会与鱼贝等一同打捞上来。

下一个冰期

尽管全球在不断变暖，但最近的这一次冰期可能远未结束，我们可能生活在漫长而又温暖的间冰期。有证据表明，之前的间冰期都既漫长又温暖。有些科学家认为，目前阶段的温度上升不过是延迟下一个寒冷时期的到来而已，而这个时期可能在 5000 年后开始，持续 1.5 万年。

其实做出预测是相当困难的，毕竟全球变暖让我们看到即使大气的微小变化都会引起全球气候的巨大改变，所以到目前为止，我们尚不能准确预测温室效应能否与其他让气候变凉的因素相抵消，也就不能准确判定下一个冰期何时到来。

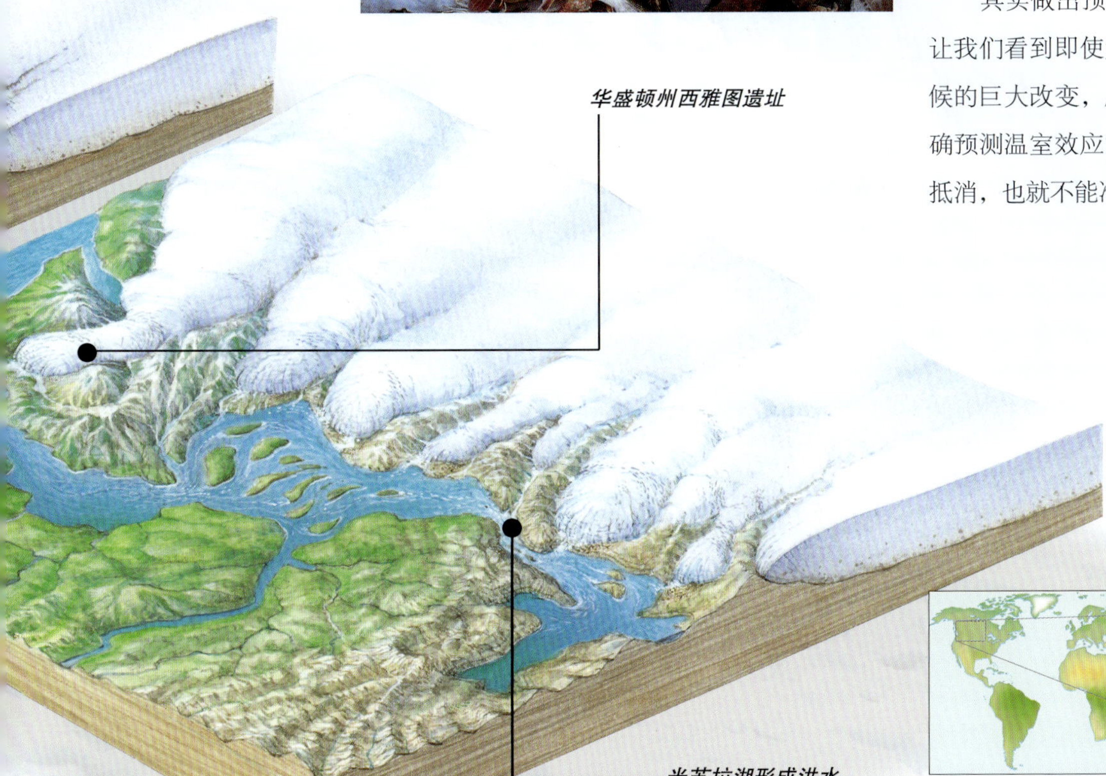

撕裂大陆

1. 1.3 万年前，一处冰川将从北美洲冰床融化的水阻挡了起来，形成了米苏拉湖。该湖深达 300 米。
2. 该湖湖水最终溢出，每秒 2000 万立方米的融水朝着大海奔流而去，沿途切入基岩，大量的岩石碎块堆积成巨大的沙坡。

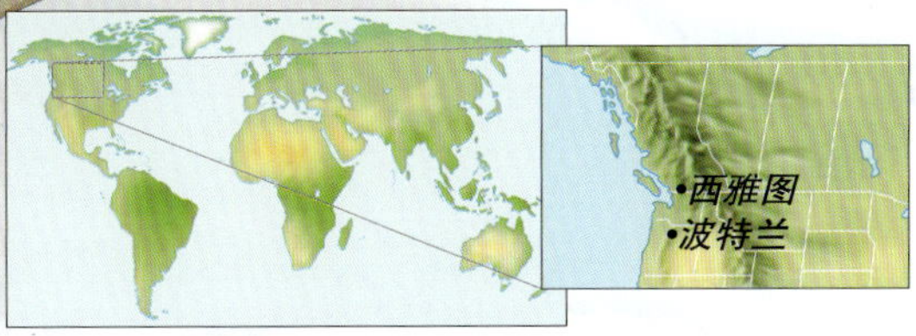

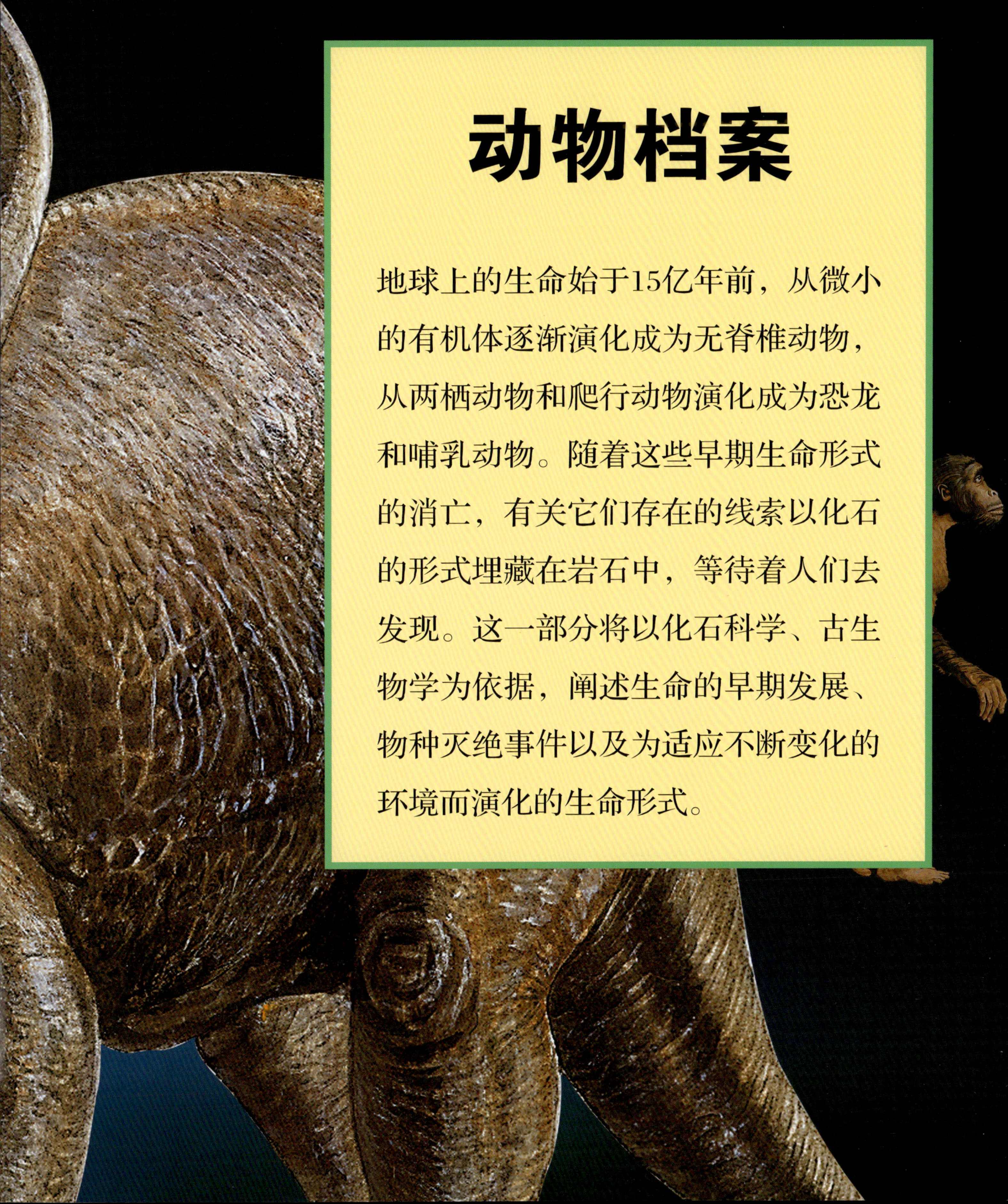

动物档案

地球上的生命始于15亿年前，从微小的有机体逐渐演化成为无脊椎动物，从两栖动物和爬行动物演化成为恐龙和哺乳动物。随着这些早期生命形式的消亡，有关它们存在的线索以化石的形式埋藏在岩石中，等待着人们去发现。这一部分将以化石科学、古生物学为依据，阐述生命的早期发展、物种灭绝事件以及为适应不断变化的环境而演化的生命形式。

最早的脊椎动物

THE FIRST VERTEBRATES

最原始的脊椎动物是鱼类，但并非我们所熟悉的鲨鱼和鲑鱼等鱼类，而是比较独特的无颌鱼类，如无颌类盲鳗和七鳃鳗。

尽管不为人所熟知，无颌鱼类仍然具备脊椎动物的基本特征，其中包括从头延伸到尾部的脊索，两边对称的肌肉群，在游泳过程中，肌肉收缩能够使鱼类躯干摆动，以在水中游动。脊索神经位于脊椎之上，前端较大，与一些感觉器官相连。这种早期的“大脑”受头盖骨的保护。

“脊椎”和脑壳并不一定由骨骼构成。无颌鱼类和鲨鱼等软骨鱼都属于脊椎动物，但它们的“脊椎”都是通过软骨形成的。相对骨骼来说，软骨更为原始，而且一般不会形成化石。

无颌鱼类在过去十分普遍，其中一些种群演化并占据了古代海洋，并在泥盆纪末期灭绝之前转移到了淡水中。大致上来看，这些灭绝的无颌鱼类与现存的种群差异很大，后者已经演化得更适应现代环境。许多无颌鱼类的化石中都出现了坚硬的骨质板和甲壳，头部区域尤其如此，但这些已经灭绝的生命形式也可能并非最早期的脊椎动物。

牙形刺

CONODONTS

有充足的证据表明，牙形刺就是最早的脊椎动物。长时间以来，这组海洋生物一直在分类学上未能谋得一席之地。

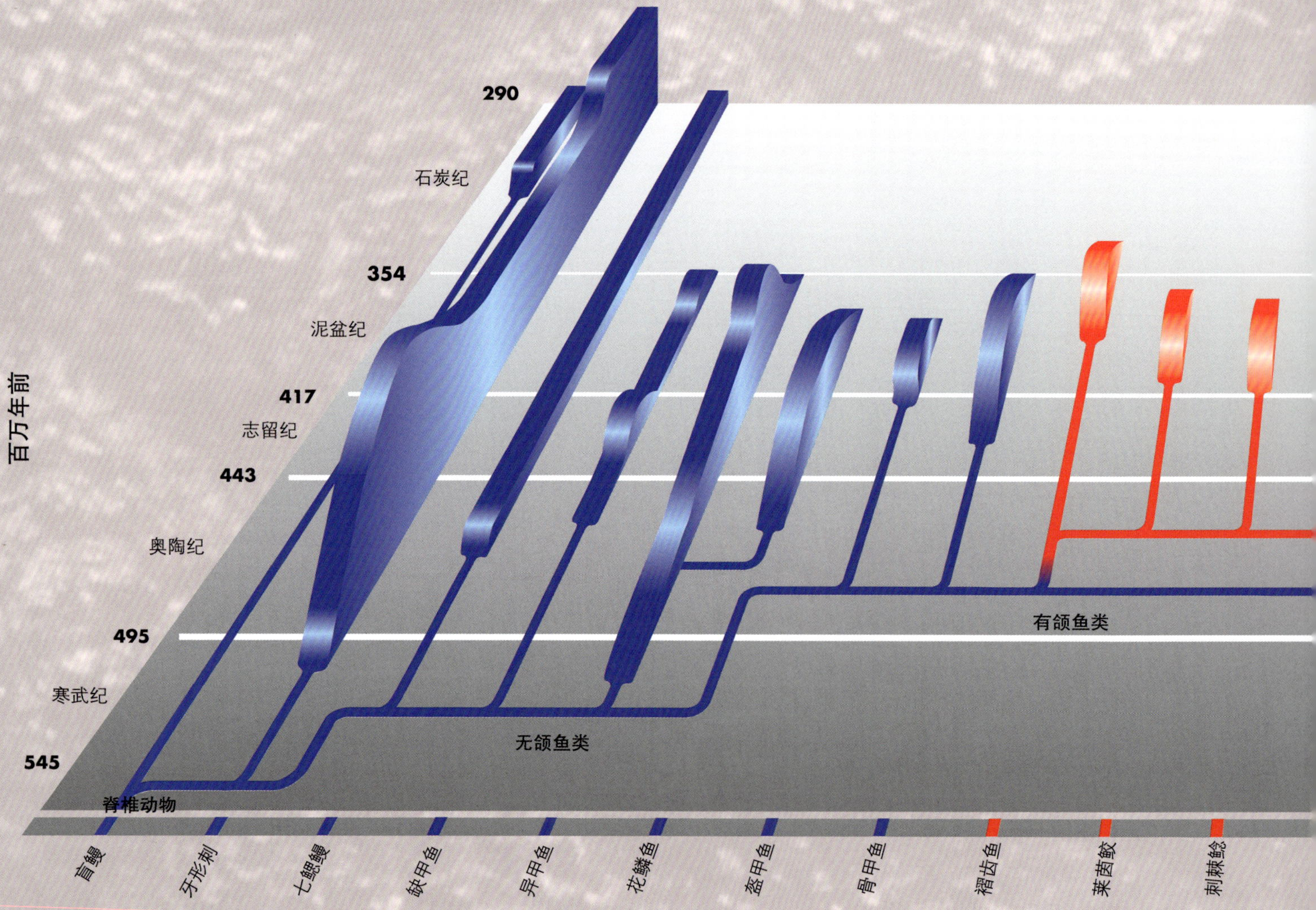

它们的化石主要由矿化的微小牙齿构成，人们除了知道它们曾分布广泛在古代海洋以外，其他信息所知甚少。人们在苏格兰的考古发现表明，这些微小的牙齿化石属于体形较小的无颌鳗形动物嘴中进食器官的一部分。它们结构细微，其构成成分类似脊椎动物的牙齿。牙形刺的眼睛有类似脊椎动物的肌肉，其躯体也与脊椎动物一样，都是通过称为肌节的对称肌肉群弯曲。肌肉控制脊索，形成类似鱼类的蜿蜒波动以实现游动的目的。

脊椎的模板
THE BACKBONE'S TEMPLATE

脊椎的“模板”是一个轴向棒，称为脊索，发现于现存的小部分海洋头索动物中。头索动物和脊椎动物一起被归入更大的分组，即脊索动物门。到目前为止，由于头索动物的脊索不易形成化石，人们尚未发现任何化石记录。然而，加拿大不列颠哥伦比亚省的寒武纪布尔吉斯页岩中含有的皮卡虫化石，几乎可以肯定属于头索动物的化石。

如果人们对这些已经灭绝物种的化石判断正确，那么脊椎动物的起源就比人们原先推测要早太多了。

改变生命轨迹的颌
THE JAWS THAT REVOLUTIONIZED LIFE

有颌鱼类的演化意味着鱼类不必再依赖有机微生物作为食物。有颌鱼类可以主动追踪并抓取猎物，它们的体形变得庞大，并逐渐形成固定的生活方式和饮食习惯。颌是一个极具革命性的演化，引发了大规模的物种辐射和多样化。软骨鱼纲（鲨鱼、鳐鱼、魟鱼和银鲛）继承了它们祖先的软骨骨骼。其他鱼类用骨骼取代了软骨，演化成为硬骨鱼。硬骨鱼后来分化成两种——辐鳍鱼和肉鳍鱼。

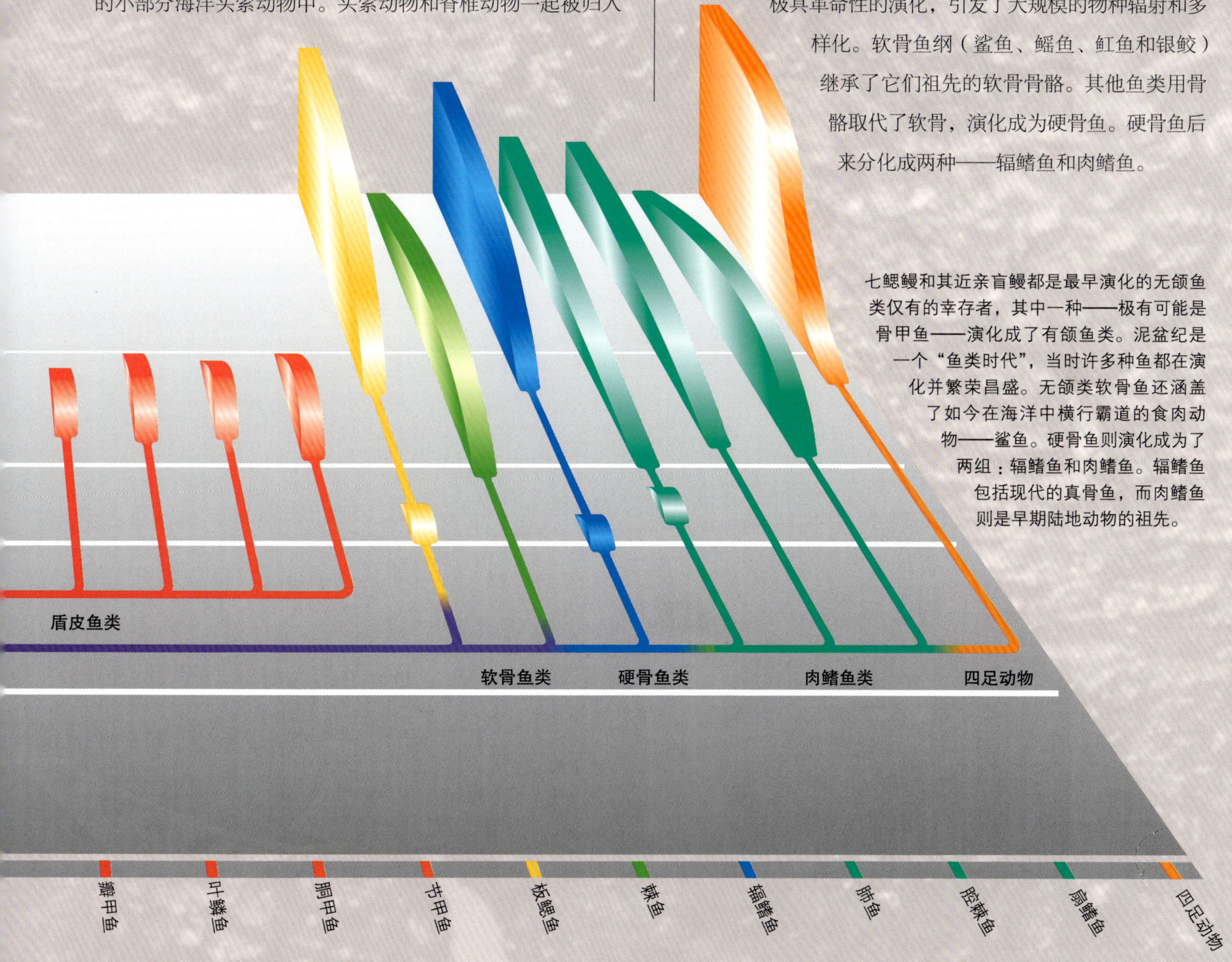

七鳃鳗和其近亲盲鳗都是最早演化的无颌鱼类仅有的幸存者，其中一种——极有可能是骨甲鱼——演化成了有颌鱼类。泥盆纪是一个“鱼类时代”，当时许多种鱼都在演化并繁荣昌盛。无颌类软骨鱼还涵盖了如今在海洋中横行霸道的食肉动物——鲨鱼。硬骨鱼则演化成为了两组：辐鳍鱼和肉鳍鱼。辐鳍鱼包括现代的真骨鱼，而肉鳍鱼则是早期陆地动物的祖先。

最繁盛的脊椎动物

THE MOST SUCCESSFUL VERTEBRATES

辐鳍鱼演化成为最繁盛的鱼类——真骨鱼（见第182页-第185页图）。硬骨鱼现存2.1万种，从数量上来看，可以说是现存脊椎动物中最为繁盛的了。（比较来看，现存哺乳动物有4000种，鸟类有8600种，爬行动物有4000种，两栖动物有2500种。）

从形式和生活方式的多样性来讲，硬骨鱼超越了所有其他水生生物（涵盖淡水和海水生物、脊椎动物和无脊椎动物）：有移动迅速的食肉动物，如梭鱼和枪鱼；也有懒惰的底栖动物，如眼镜鱼和比目鱼；有典型的"鱼形"鱼类，如鲭鱼和鲈鱼；也有如海马、翻车鱼和狮子鱼等奇形怪状、色彩缤纷的鱼类；有在海面游动的鱼类，如大西洋飞鱼；也有深海鱼类，如深海琵琶鱼。

现代硬骨鱼处于演化阶梯的顶端，经历了从一群辐鳍鱼演化至另一群的一系列过程（见第178页-第185页图）。这一演化始于志留纪晚期，以古鳕的出现为标志。古鳕沉重的甲壳、活动的鳍以及不对称的尾巴被新鳍鱼更薄的鳍所取代，并且演化出了灵活的颌和近乎对称的尾巴。这些鱼类又被真骨鱼类所取代，它们有更薄的鳞片、对称的尾巴和非常灵活的颌和鳍。形似鲱鱼的真骨鱼首先开始演化，重要发展时期共有两个：第一次出现在白垩纪中期，当时出现的是鲑鱼和鳟鱼。第二个时期，也是最后一个时期，出现在白垩纪晚期与古近纪交替之时，此时高度发达的鲈鱼形鱼类开始演化。这两个时期演化出来的鱼类占如今真骨鱼种类的40%。

大约6600万年前的中生代末期见证了真骨鱼在水生世界的繁荣兴盛，也见证了哺乳动物在陆地上的崛起。动植物界都在这个阶段发生了巨大变化。以鱼为食的爬行动物，如蛇颈龙、鱼龙和沧龙，此时都已绝迹。恐龙已经消失，翼龙也不再盘旋于天空。海洋中许多小浮游生物消失得无影无踪，很可能是被白垩纪-新近纪之交的陨石撞击事件完全毁灭了。

这些生物的灭绝似乎标志着真骨鱼和哺乳动物进入最终的大规模演化时期，从而演化成为统治当今水生和陆地的霸主。

陆生动物的祖先

THE ANCESTORS OF LAND ANIMALS

若把世界上最繁盛的脊椎动物——硬骨辐鳍鱼——的演化看作一段小插曲，恐怕会有点怪异，但事实上正是如此，因为辐鳍鱼的演化最终走向了尽头。它们的近亲硬骨鱼——肉鳍鱼，相对不太吸引人注意力的生物——步入了演化的主流。

肉鳍鱼的其中一支形成了最早的具备四肢的动物祖先，即四足动物。这一转变进行得十分迅速，最早的长有四肢的鱼类出现于泥盆纪早期，而到了该时期的末端，即大约2000万年后，四足动物已经涉足干旱的陆地。

鱼类的发展总趋势

GENERAL TRENDS AMONG FISHES

鱼类演化的一些总趋势显而易见：朝着更容易发现、捕捉和咀嚼猎物，也更容易发现并避免食肉动物的猎食的方向发展。

最早的鱼类甲胄鱼以厚重的骨质躯壳保护自身，后来演化出板状头盾和厚厚的扁平状鳞片。这些覆盖物导致游

鲨鱼分析

鲨鱼是典型的鱼类。它的尾部具有一条尾鳍，胸部或腹部表面有一对胸鳍和腹鳍；背部有两个背鳍。尾鳍上叶比下部大。所有的鳍都由直立的鳍刺支撑。鲨鱼的"脊椎"由充满钙质的软骨和薄薄的一层骨头组成。而硬骨鱼的脊椎则是骨骼取代了软骨。

肺和鳔的演化

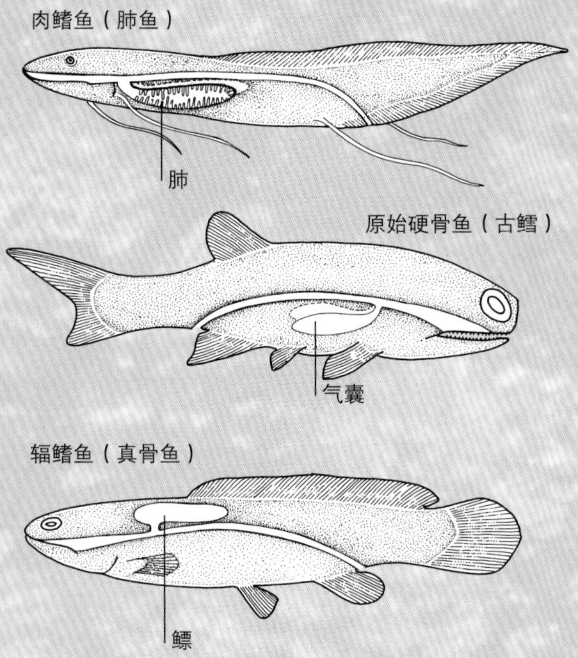

最原始的硬骨鱼（古鳕）鳞片厚重，长有与内脏相连的一对气囊。这些气囊充气膨胀后能让鱼在水中上浮。随着演化过程的发展，硬骨鱼分化成两类：肺鱼演化出了能够呼吸空气的肺（同时保留了腮部），肺部组织内向扩张以提高氧气摄入量；而成为当今主流的硬骨鱼喉部上方演化出了鳔，以控制在水中的漂浮。大多数高级硬骨鱼的鳔都与喉部分离，能够储存并自行摄入空气。

动十分消耗能量，所以它们多数栖息在海底并从海底摄入食物。它们尾巴的上叶通常长于下叶，使得鱼游动时容易下沉，这对于底栖动物是一个非常有利的特征。

其他甲胄鱼则以脊刺、褶翼和突出物等不同形式演化出了“鳍”这种流体力学的辅助器官。这些器官加上尾巴下叶变大（使得鱼游动时容易上升）都证明了该类型的鱼能够在水表游动并以浮游生物为食。

硬骨鱼的鳞片朝着更小、更薄、更符合流体力学的圆形的总趋势演化。它们的尾鳍变得对称，上下叶大小相等，游动时就能保持直线。鱼底前端和后端各演化出了一对鳍，即胸鳍和腹鳍。这些鳍不仅能让鱼保持稳定，还能起到内置桨的作用，以此在游动中改变方向。

除了尾巴形状、体重和鳞片大小之类的变化，硬骨鱼还演化出了更为有效的在水中控制位置的器官，即使最原始的硬骨鱼底部也拥有一对气囊。通过将气体压入或排出气囊，鱼类能够改变其浮动状态并改变其在水中的深度。

辐鳍鱼的气囊演化成为单个的鳔，位于喉部上方；大多数硬骨鱼的鳔仍然与喉咙相连，但形似鲈鱼的高级鱼类的鳔则已经不再与喉咙连接，而鳔作为精密的浮动装置能够自主储藏和摄入空气。

肺鱼的气囊演化成为与血液系统相连的能够呼吸空气的肺，这一点与陆生动物相同。它们的肺壁变得极度蜿蜒曲折，以提高氧气摄入量。现存的肺鱼也具有腮这一器官，能够呼吸空气，非洲的一些肺鱼蜷缩在河岸泥泞的洞穴中，离开水也能生存很长一段时间。

硬骨辐鳍鱼的进食和呼吸器官趋于合并，总的趋势是它们的颌变得越来越灵活可动，因而可以缩拢在一起构成管状器官。与此同时，颌部后面的腮室逐步具备伸缩性，以让更多的水流入，由此增加了氧气摄入量，并提高了它们的活动能力。

由于管状颌与可伸缩的腮室共同作用，猎物会被吸往鱼类，而非鱼近距离去吞食它们。仔细观察金鱼或任何一种水族进食，都能看到这种方式。

颌的演化

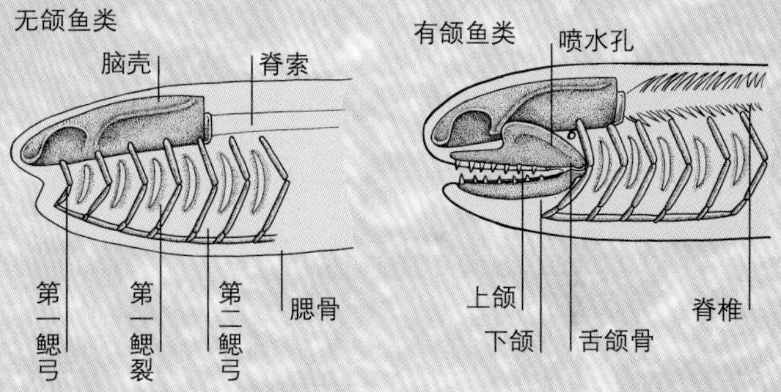

最早的鱼类既没有颌也没有牙齿。它们的腮位于嘴的后面，由一系列的软骨弓支撑，而鳃裂就位于软骨弓之间。颌可能从两侧的第一个鳃弓演化而来：鳃弓折叠与中线相交，形成上颌和下颌。牙齿则由与嘴部相连的皮肤演化而来。第二鳃弓（舌颌骨）移动时从后部支撑颌，而韧带则将颌与脑壳连接起来。第一鳃裂形成小洞或喷水孔。

无颌鱼类

JAWLESS FISHES

脊索动物门

PHYLUM CHORDATA

多种多样的脊椎动物和一些不太知名的动物同属于更大的分类，即脊索动物门。它们拥有一些相同的原始特征，其中最显著的是脊索从前部延伸尾背。在脊椎动物身上，脊索骨质化而形成脊椎。世界上最古老的脊索动物是5.35亿年前的头索动物皮卡虫，来自于寒武纪中期的布尔吉斯页岩。

头索动物亚门

SUBPHYLUM CEPHALOCHORDATA (ACRANIATA)

从进化论的观点来看，最重要的无脊椎脊索动物群体是头索动物（又称为无头动物），其中包括现存的海生蛞蝓鱼类——文昌鱼。这种微小的海生生物长5厘米，两侧扁平，能够潜入海底。它的头部有多孔的咽，能够过滤水分以获取氧气和微生物。该种类的化石遗迹极为罕见。

名称：皮卡虫（*Pikaia*）

年代：寒武纪中期

地点：加拿大

大小：长5厘米

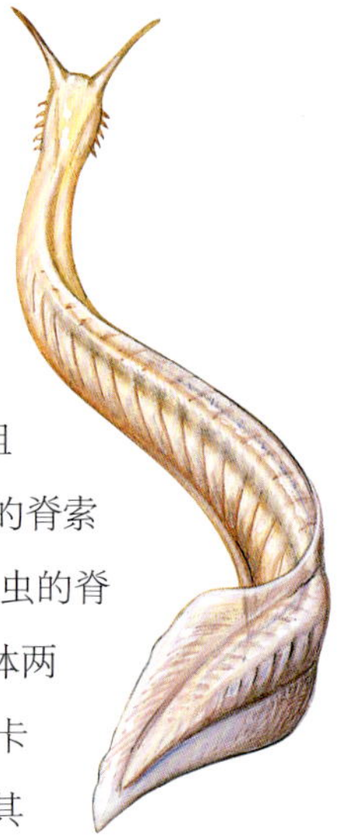

该布尔吉斯页岩中5.35亿年前的皮卡虫化石保存极为完好，连软组织都清晰可见，无脊椎脊索动物特有的脊索和V形肌肉群也同样可以看到。皮卡虫的脊索僵硬而又具有灵活性，能够通过躯体两侧的肌肉群伸缩而形成蜿蜒波动。皮卡虫是已知最早的脊索动物，它（或与其相似的动物）是人类的祖先。

脊椎动物亚门

SUBPHYLUM VERTEBRATA (CRANIATA)

众所周知，脊椎动物是本书的要点。其最重要的特征和脊索动物相似，而独特的“脑部”前方集中了感觉器官和它们的神经连接，构成了“大脑”的基础，也是正在发育的头部的一部分。

无颌纲

CLASS AGNATHA

最早演化的脊椎动物是无颌动物，或称为“无颌鱼类”，其化石遗迹发现于距今5.1亿年前的寒武纪晚期的岩石中。这些最早期的鱼类没有颌，也没有成对的鳍来稳定其在水中的躯体，抓取和捕食猎物都极为困难。因此，这些鱼类大多体形较小，长度很少有超过30厘米的。它们只能从泥泞的海底吸食微生物组织或以水表的浮游生物为食。

无颌动物的内部骨架全部由软骨构成。软骨与硬骨不同，在鱼类死亡后便逐渐腐烂，古生物学家之所以知道它们的存在，是因为其躯体被一层硬骨覆盖，而保存下来的正是这层硬骨。由骨板组成的硬骨有时会拼接成大块的头盾，也会形成覆盖其躯体的小块硬骨鳞片。盾甲状的骨板是唯一能保护它们的防御器官，使它们免于被当时的食肉动物海蝎子捕食。

骨质盾甲保存在岩石中，无颌动物由此得名“甲胄鱼”，意为“外表覆有甲胄”。尽管没有颌，它们仍然从奥陶纪早期到泥盆纪晚期统治北半球的海洋和淡水达1.3亿年之久。

现存的无颌动物共有两种：像蠕虫一样的食腐动物盲鳗和体形似鳗的寄生七鳃鳗。

牙形刺亚纲

SUBCLASS CONODONTA

已灭绝的牙形刺的动物学的亲缘关系在过去150年来一直是个谜团，直到1993年人们发现其软组织化石，这个谜团才得以解开。在此之前，牙形刺仅仅被看作主要存在于寒武纪晚期到三叠纪末期（5.40亿年前至2.10亿年前）古生代岩石中的微小牙形生物。它们的牙齿由磷酸钙构成，两侧对称，形状各异，显然是某种微小的进食器官。

人们在苏格兰石炭纪岩石中发现了第一只牙形刺化石，

其进食器官明显位于一对发育完好的眼睛下方。相比头索动物的脑部，更大的脑壳表明这种组织级别更高，很有可能与现存无颌动物盲鳗相近。矿石化的牙齿使得它们跻身脊椎动物，不过有些专家对此抱有争议。

名称：*Promissum*

年代：奥陶纪晚期

地点：南非

大小：40 厘米

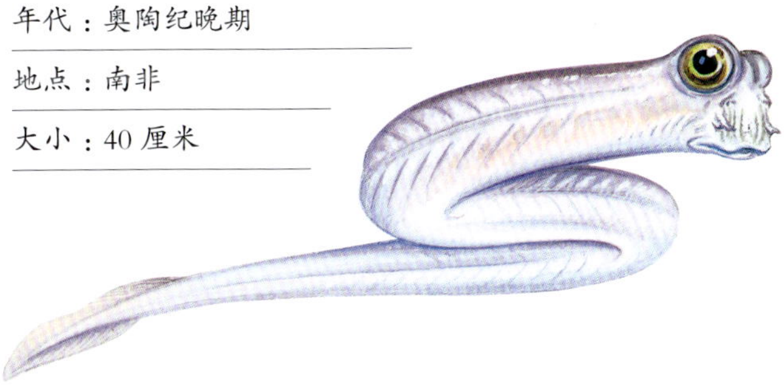

Promissum 是一种体形异常庞大的牙形刺，发现于南非 5 亿年前奥陶纪晚期受冰川作用影响的海相地层中。1994 年，*Promissum* 标本被发现，其牙形进食器官位于眼球囊下部和肌肉群及脊索的前方。从年代比较近的苏格兰石炭纪岩层化石，可以证实这一形态。

异甲目

ORDER HETEROSTRACI

异甲目是最早的鱼类，也是所有脊椎动物中最早演化的动物。最古老的异甲目鱼类化石可以追溯到大约 5 亿年前的奥陶纪早期。在所有无颌动物中，这种鱼类数量最为繁多，种类最为丰富。在志留纪晚期和泥盆纪早期，它们达到巅峰。在此期间，许多海洋生物演化，从食泥的底栖动物到自由游弋的食浮游生物者均有。之后，异甲目鱼类进入淡水。所有异甲目鱼类都具备从出生就有且一直生长的骨质头盾。

名称：阿兰达鱼（*Arandaspis*）

年代：奥陶纪早期

地点：澳大利亚（北部地区）

大小：长约 15 厘米

1959 年，人们在澳大利亚发现了四种独特的已灭绝的鱼类化石。这些化石位于约 5 亿年前沉积于浅海的海洋砂岩岩层中。直到 20 世纪 60 年代后期，人们才把这些化石列入最早的脊椎动物分类中。阿兰达鱼是以保存最完好的标本命名的。

阿兰达鱼呈流体学外形，体躯深厚。由于缺少在水中稳定躯体的鳍，它可能像蝌蚪一样游动起来飘忽不定。其身体下侧覆盖着斜向的小块骨质鳞片，每一块的形状都类似宝贝科贝壳，并长有突起的结节，使得其体表有种磨砂的质感。

阿兰达鱼躯体的前部包裹在头盾中。头盾由两大块薄骨板构成，分别为圆形深厚的腹部（下面）骨板和平展的背部（上面）骨板。头盾两侧有眼孔、鼻孔和一对鳃孔。头盾内的深槽便是侧线管所在，这是鱼类用来感知水波动的器官。

阿兰达鱼无颌的嘴位于头部下方，表明它可能在海底附近进食。与其他无颌动物一样，它的嘴内也可能具有细小的可移动的牙托，牙托上则长有牙嵴。这些牙托可能形成一对灵活的“唇”，能够从海底的泥土中吸取物质。

名称：鳍甲鱼（*Pteraspis*）

年代：泥盆纪早期

地点：欧洲（英国和比利时）

大小：长 20 厘米

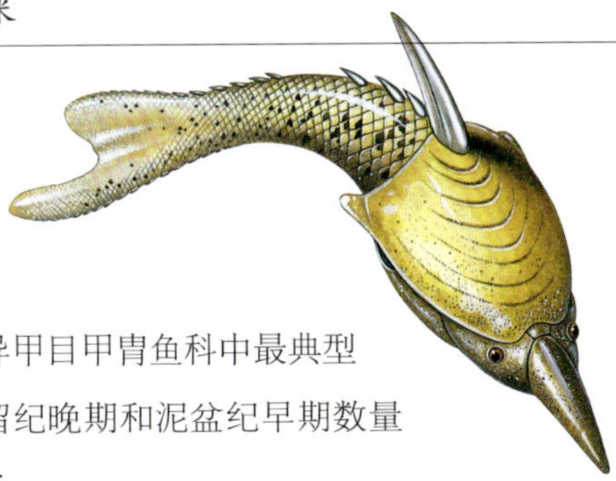

鳍甲鱼是异甲目甲胄鱼科中最典型的一种，在志留纪晚期和泥盆纪早期数量众多，品种丰富。

尽管鳍甲鱼缺乏用于稳定躯体的鳍，但从躯干上的诸多流体学特征来看，它的游动能力相当强。其稳定性由从尾部到头盾分布的骨质突起提供：一根巨大的骨刺起到背鳍的作用，而一对刚硬的“翼”（或称脊）则起到胸部水翼的作用。

鳍甲鱼尾巴细长灵活，也呈流体学外形，下叶较长，以在游动过程中支撑身体前端。其他的升力则由细长的，像鸟喙的锋利吻部提供，吻部下方就是它的嘴。

古生物学家认为，鳍甲鱼及其近亲极有可能在一群群似虾的甲壳类动物群中，在海水中段或靠近海水表面的位置觅食。

无颌鱼类

JAWLESS FISHES

名称：达克盾鱼（*Doryaspis*）

年代：泥盆纪早期

地点：挪威斯瓦尔巴群岛

大小：长 15 厘米

这种又称 *Lyktaspis* 的鳍甲鱼的吻部比其近亲的都长，两侧布满骨质突起物（与现代锯鳐的“锯”类似），嘴巴在吻部上方，而非下方。这个令人印象深刻的奇怪附器必然具有某种流体力学功能，因为达克盾鱼的体形就表明其游动能力十分强大，且可能在水表附近以浮游生物为食。

鳍甲鱼吻部还可能被用来拱起泥土或沙土，以挖出甲壳类食物。

达克盾龙的骨脊从尾部一直延伸到头盾，长得出奇。侧边骨脊的边缘布满尖锐的牙形突起。这些脊可能起到调节游动姿势的作用，再加上延长的吻部和下垂的尾巴，能在游动时为其身体前端提供升力。

名称：镰甲鱼（*Drepanaspis*）

年代：泥盆纪早期

地点：欧洲（德国）

大小：长 30 厘米

许多无颌鱼类是适应性极强的底栖动物，以食用海底泥土中的腐蚀物为生，镰甲鱼便是其中一种。

镰甲鱼躯体前方扁平宽阔，能在游动时贴近海底，而在向上翻转的大嘴两侧长有小眼睛，眼睛相对分开，视野极为宽广。

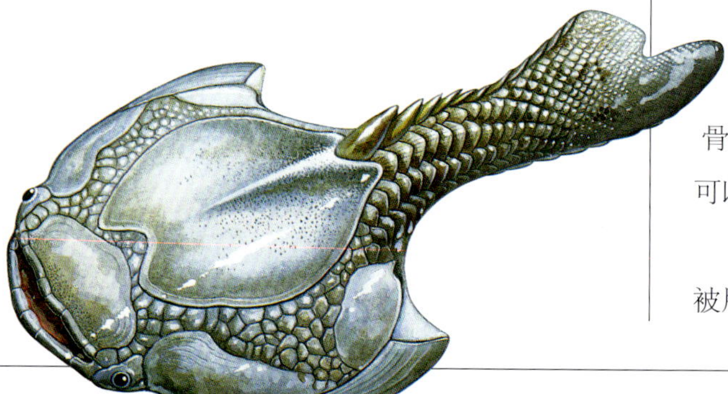

花鳞鱼目

ORDER THELODONTI

花鳞鱼是体形较小、没有头盾的无颌鱼类。它们存在于志留纪晚期和泥盆纪早期的唯一证据便是覆盖其躯体的小块骨质鳞片，零散的躯干鳞片通常发现于该时期海底的古老沉积物中。这些鳞片是科学家们用来判断岩石年代的重要证据。

名称：花鳞鱼（*Thelodus*）

年代：志留纪晚期

地点：全球范围内

大小：长 18 厘米

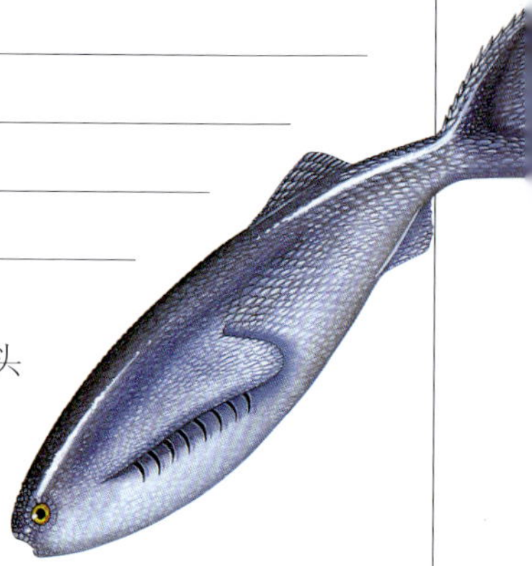

这种体形较小的鱼的嘴巴位于头部前方，表明它在海底或海面进食，估计游动能力很强。它的尾巴下叶较长，用鳍来稳定躯体——后部有背鳍和尾鳍，前方的腹部有两个褶翼。

骨甲鱼目

ORDER OSTEOSTRACI

骨甲鱼（又称头甲鱼，意为“头部有盾”）出现在志留纪晚期，比最早的异甲目鱼类晚了大约 8000 万年。这种鱼首先在海水中演化，后迁入淡水中。

骨甲鱼是躯体扁平的底栖鱼，通过头部下方的圆形嘴从海底吸取食物。其头盾是一块完整的骨头，在其成年后不再生长（与异甲目鱼类的头盾不同）。

骨甲鱼大多有背鳍，胸鳍由布满鳞片的褶翼代替，尾巴向上翻转，强壮有力，因此游动能力很强。由于其独特的身体构造，骨甲鱼目的解剖特征为众人所熟知。它的骨位于体内骨骼之上的一层软骨中。从这块骨化石中，人们可以找到大脑、鳃、嘴巴，甚至单独的神经和血管结构等等。

骨甲鱼头部两侧及顶部集中的感觉器官布满神经，可能被用来感知波动，或是发电组织。

名称：*Tremataspis*

年代：志留纪晚期

地点：欧洲（爱沙尼亚）

大小：长 10 厘米

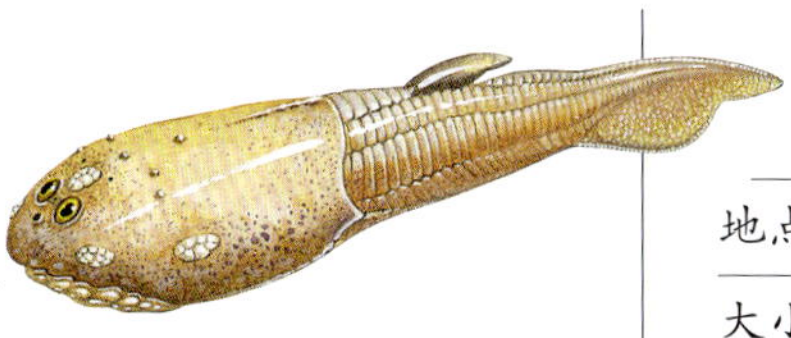

该骨甲鱼的头盾异常扩展，截面近乎圆形。其眼睛和单个鼻孔位于头顶前端中间。它们可能从更常见的扁平头盾的骨甲鱼演化而来，目的可能是为了适应穴居生活。

它们的头盾由一块完整的骨头组成，不大可能从小生长。古生物学家们认为，骨甲鱼纲鱼类的幼虫没有外壳，骨质头盾只有在鱼类成年之后才会发育。

名称：*Dartmuthia*

年代：志留纪晚期

地点：欧洲（爱沙尼亚）

大小：长 10 厘米

关于 *Dartmuthia*，人们知道的仅仅是它有着宽阔的头盾。它们是底栖鱼类，头部下方有一个圆形吸嘴，与其同代的 *Tremataspis* 类似。背部中间有一小小的背鳍，头部和眼后的感觉器官极其发达。

名称：半环鱼（*Hemicyclaspis*）

年代：泥盆纪早期

地点：欧洲（英格兰）

大小：长 13 厘米

这种骨甲鱼游动能力更强，在水中比其他底栖类如 *Tremataspis* 和 *Dartmuthia* 更游动自如。它的流体力学特征包括一个用来平衡身躯的背鳍、一对覆有鳞片的褶翼（作用与胸鳍相似，在游动时提供升力并保持航向）。

半环鱼头盾的边角外凸，形成类似骨脊的分水角。另外，尾巴上叶变大，为身体后半部分提供升力。半环鱼从海底吸食食物时，这种特征有助于保持其头部低垂。

名称：北甲鱼（*Boreaspis*）

年代：泥盆纪早期

地点：挪威斯瓦尔巴群岛

大小：长 13 厘米

从斯瓦尔巴群岛的泥盆纪早期砂岩中挖掘出的北甲鱼至少有 14 种，它们的不同之处在于三角形头盾的宽度和两侧脸颊骨刺的长度。它们的吻部都外凸成尖刺状，除了具备流体力学功能外，还可以探入泥泞的水底搜索食物。

缺甲鱼目

ORDER ANASPIDA

缺甲鱼没有沉重的骨质头盾，细长灵活的躯体覆有薄薄的鳞片和用于稳定的鳍。它们在志留纪晚期遍布欧洲、北美洲的海洋，后在泥盆纪时期转入河流湖泊中，并一直存活到泥盆纪末期。

名称：莫氏鱼（*Jamoytius*）

年代：志留纪晚期

地点：欧洲（苏格兰）

大小：长 27 厘米

莫氏鱼体形似鳗，窄长如管，有一个长长的背鳍、沿两侧分布的一对侧鳍和一个小小的尾鳍。其升力由向下长强壮尾巴提供。莫氏鱼有着类似吸嘴的圆形嘴巴，但不大可能与其现存后裔七鳃鳗一样属于寄生鱼类，七鳃鳗会吸附在其他鱼类身上，刮掉表面的肉然后吸食血液。

名称：喉鳞鱼（*Pharyngolepis*）

年代：志留纪晚期

地点：欧洲（挪威）

大小：长 10 厘米

由于缺少用于稳定的基本的鳍，喉鳞鱼的游动能力必然很差。其背部覆有一排羽冠状鳞片，胸部突出一对骨刺，尾鳍发育完善，尾巴向下，但这些特征无一能稳定其深厚的身躯。它们可能从海底沉积物中吸取微小的食物。

软骨鱼

CARTILAGINOUS FISHES

软骨鱼纲

CLASS CHONDRICHTHYES

有什么比鲨鱼更让人想起“颌“呢？事实上，鲨鱼及其近亲——鳐鱼、魟鱼和银鲛——都属于最早演化出颌和骨质牙齿的脊椎动物（见第 165 页）。通常情况下，骨质牙齿是这些动物身上唯一能形成化石的部分。

这些有颌鱼类还具有另一个共同特征：由软骨组成的骨骼，由此统称为软骨鱼纲（无颌总纲鱼类虽也有软骨，却没有颌）。这些骨骼或者钙化，或者被软骨外层包裹的棱柱形碳酸钙颗粒所强化。这些颗粒以镶嵌图案排列，为该种类所特有，而且它们的软骨上覆有薄薄的一层骨质。

软骨鱼还有一些其他的特征，例如，鳍都是成对的，由粗硬的软骨支撑。雄性的腹鳍演化成为类似阴茎的“交合突”，在交配中辅助精子的传递，这是这一类群独有的特征。表面附有牙齿一样的小鳞片，有种砂纸的粗糙质感（事实上，19 世纪的橱柜制造商都会用被称为”鲨革“的鲨鱼皮抛光木头）。表面的鳞片与牙齿一样，在其一生中都会不断地更替。

大约 4 亿年前的泥盆纪早期时期，两种软骨鱼从同一个祖先分化（见第 162 至第 163 页）。二者的代表——板鳃亚纲和全头亚纲——幸存到如今，以牙齿和不同的进食习惯作区分。

板鳃亚纲

SUBCLASS ELASMOBRANCHII

大约 4 亿年前，板鳃亚纲——鲨鱼、角鲨、鳐鱼和魟鱼——在泥盆纪早期从同一个祖先演化而来。鲨鱼在这一时期内变化较小，而在石炭纪变得多样化，之后经过一段时期的衰落，在侏罗纪再次爆发演化狂潮，由此产生了现代的多数类群。与现在一样，鲨鱼是当时海洋中居于主宰地位的食肉动物，取代了其他以鱼类为食、主宰海洋的爬行动物如鱼龙和蛇颈龙等。

鳐鱼、魟鱼和锯鳐在侏罗纪早期演化，比鲨鱼晚了大约 2 亿年。从实质上来说，它们是为了适应海底生活而被扁平化的鲨鱼。

名称	裂口鲨（*Cladoselache*）
年代	泥盆纪晚期
地点	北美洲（美国俄亥俄州）
大小	长达 1.8 米

已知的鲨鱼鳞片残骸属于志留纪晚期，而牙齿则属于泥盆纪早期，但只有泥盆纪晚期的标本能够被辨识。

裂口鲨化石完整保存在美国俄亥俄州克利夫兰页岩中，其躯体的肉质轮廓印刻在岩石上，连鱼皮、肌肉和肾脏都能看到。

裂口鲨躯体呈流体学外形，形似鱼雷，有两个同等大小的背鳍，一对大胸鳍，一对较小的腹鳍，一根类似半月的大尾巴，尾巴上下叶大致相等，接近尾鳍外还有一对小的水平鳍。它的头部较钝，眼睛较大，有牙的颌后边分布着 5 到 7 个鳃裂。

从表面上来看，这种 4 亿年前驰骋海洋的鲨鱼与现代海洋鲨鱼如臭名昭著的大白鲨极为相似，而最大的不同点，在于现代鲨鱼的吻部较尖，第一个背鳍较高，尾巴的上叶比下叶大得多，还多出了一对鳍——臀鳍。

与许多早期鲨鱼一样，裂口鲨每个背鳍的前方都有一根鳍刺。这些鳍刺由类似牙齿的齿质构成，且可能有表皮覆盖，因为它们不像后期的鲨鱼一样鳍刺上覆盖着牙釉质保护层。裂口鲨另外一个特征是表皮没有鳞片，仅有的鳞片集中在眼周和鳍的边缘。

除了游动能力极强之外，裂口鲨还是极为可怕的食肉动物。它的嘴中布满尖利的牙齿，每颗牙齿中间都有一根长长的牙尖，侧面有多根较小的牙尖。它在泥盆纪晚期的海洋以鱿鱼、甲壳类动物、小无颌鱼类和早期的硬骨鱼为食。

名称：胸脊鲨（*Stethacanthus*）

年代：从泥盆纪晚期到石炭纪晚期

地点：欧洲（苏格兰）和北美洲（美国伊利诺伊州、爱荷华州、蒙大拿州和俄亥俄州）

大小：长 70 厘米

这种早期鲨鱼最显著的特征是第一个背鳍发生奇怪特化，呈铁砧形或 T 形，平展的上表面覆有像牙齿一样的小齿状突起，头顶也同样如此。

这些结构的作用尚不确定。有些古生物学家猜测，这些结构看似一对庞大的颌，可能用来恐吓同类。另外一种理论认为，这些齿状斑点与性炫耀有关，可能构成交配器官。

名称：*Cobelodus*

年代：石炭纪中期到石炭纪晚期

地点：北美洲（美国伊利诺伊州和艾奥瓦州）

大小：长达 2 米

这种外貌怪异的鲨鱼长着球状的吻部，驼背，仅有一个位于身体后端的背鳍，与腹鳍对应。它的眼睛也特别大，可能在黑暗的深海中以甲壳类和鱿鱼为食。

支撑两侧胸鳍的软骨的其中一根外凸成鞭子，长约 30 厘米。因为有关节，这些附属物明显可以活动。

名称：异刺鲨（*Xenacanthus*）

年代：泥盆纪晚期到二叠纪中期

地点：全球范围内

大小：长 75 厘米

在演化初期，一类鲨鱼进入淡水后，扩散至全球的各种河流湖泊中。这些异刺鲨是特有的鱼类，极度繁盛，从泥盆纪早期到三叠纪末期，共生存了几乎 1.5 亿年。

异刺鲨是该种类的典型代表。一根粗大的刺从头骨背部突出，背鳍沿整个脊背形成一条连绵的带状，一直到尾部与尾鳍相连——与现代生活在澳大利亚的肺鱼或海鳗的结构相似。它的游动方式也可能与这些现代鱼类相似，即通过长长的流体学外形躯体蜿蜒波动来游动，而身体下方成对的胸鳍和腹鳍则起到稳定的作用。

这些淡水鲨鱼的牙列非比寻常：每颗都是 V 形，有两根突出的牙尖，可能以虾之类的甲壳类动物为食，另外还可能吃鳞片浓密的硬骨鱼和古鳕鱼（见第 178 至第 180 页）。

名称：*Tristychius*

年代：石炭纪早期

地点：欧洲（苏格兰）

大小：长 60 厘米

从表面来看，*Tristychius* 与现代角鲨相似，是弓鲛的一种，从石炭纪到白垩纪末期统治海洋世界长达 3 亿年之久。在此之前的 4000 万年前，鲨鱼基本已经定形了，但在这一时期，它们的结构有些细微的变化。

Tristychius 与其所有的近亲一样，每个背鳍之前都有一对巨大的鳍刺。胸鳍和腹鳍的底较小，因此比早前的鳍基宽大、僵硬的鲨鱼（如裂口鲨）更灵活。尾巴的上叶已经演化成为与现代海洋鲨鱼相似的向上鳍，强壮而有力。

软骨鱼

CARTILAGINOUS FISHES

名称：弓鲛（*Hybodus*）

年代：二叠纪晚期到白垩纪晚期

地点：全球范围内

大小：长2米

弓鲛是远古鲨鱼中最普遍、分布最广、生存最久的品种之一。它的外表基本与现代蓝鲸类似，只不过尺寸只有一半，吻尖可能较钝。

弓鲛强劲的颌中有两种牙齿，表明其食物的多样性。前面的尖牙可以抓取并刺穿鱼类猎物，而后面较钝的低冠牙可以压碎鱼类猎物的骨头和底栖的螺狮、海胆和甲壳类动物的硬壳。

相比其他鱼类，弓鲛及其近亲获得了繁殖上的优势（其后代也延续了下来）：腹鳍的一部分演化成了类似阴茎的直立的器官，称为“交合突”。在交配中，这些交合突插入雌性鱼类，精子可以直接送入其体内——相比大多数硬骨鱼将精子撒入海中的方式，这种交配方式显得更为高级。

名称：剑吻鲨（*Scapanorhynchus*）

年代：白垩纪早期到白垩纪晚期

地点：全球范围内

大小：长50厘米

板鳃亚纲在侏罗纪晚期爆发了最后一次演化，导致了现代鲨鱼、鳐鱼和魟鱼的演化。它们称为新软骨鱼类，或“新鲨鱼类”。这些鱼类的骨骼发生了一些改进，如软骨“脊椎”充满钙质（钙化）而变得强壮，使得它们能够抗拒游动时身体两侧产生的巨大阻力。

新软骨鱼类的上颌的骨头通过一个活动的关节与脑壳连通，使得它们能张开大口，幅度甚至能超出头骨之外，这一演化使得新软骨鱼类能够大口地吞食猎物的肉。

最后一点，新软骨鱼类的的大脑和感觉区变大，尤其是与嗅觉相关的嗅叶。

剑吻鲨属于新软骨鱼类，但并非最典型的，它的鼻子极长，拥有撕咬型锥状牙齿，特别适合捕食鱼类。

名称：史帕斯鳐（*Spathobathis*）

年代：侏罗纪晚期

地点：欧洲（法国和德国）

大小：长50厘米

在板鳃亚纲的鳐鱼、魟鱼和锯鳐中，魟鱼最早开始演化。史帕斯鳐是已知最早的魟鱼原型，与北美洲附近大西洋中的现代犁头鳐或粗皮鲶极为相似。

史帕斯鳐的体形基本与鲨鱼相同，只是为了适应海底生活而变得更宽阔扁平。它的眼睛和鳃孔（用于吸水）位于头顶，而嘴巴和鳃裂位于身体下方。一对胸鳍扩大成“翼”，

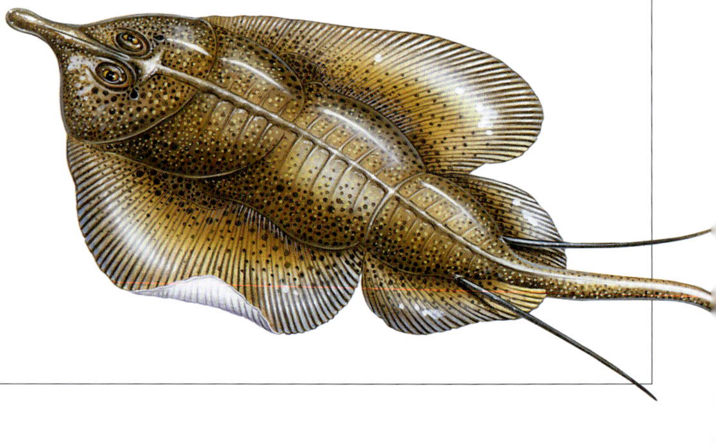

以便于游动。

这种古老魟鱼的牙齿也很宽阔扁平，是极为有效的甲壳压碎机；鼻子较长，用于探入海底以搜寻猎物。

名称：硬尖犁头鳐（*Sclerorhynchus*）

年代：白垩纪晚期

地点：非洲（摩洛哥）、亚洲（黎巴嫩）和北美洲（美国得克萨斯州）

大小：长 1 米

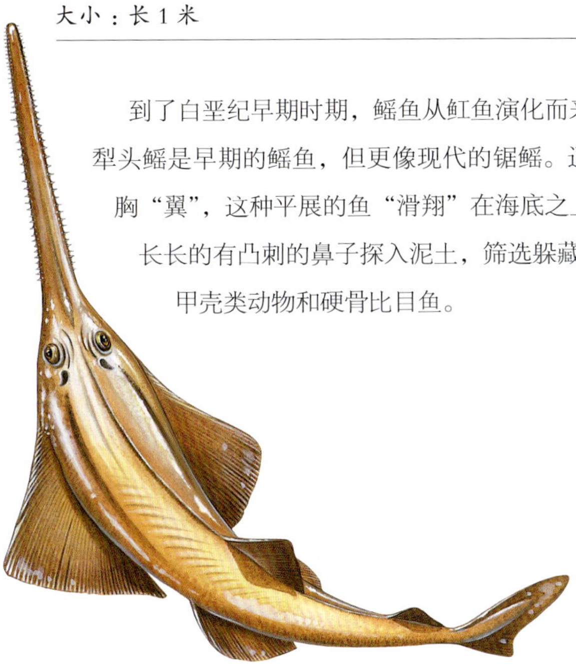

到了白垩纪早期时期，鳐鱼从魟鱼演化而来。硬尖犁头鳐是早期的鳐鱼，但更像现代的锯鳐。通过扇动胸“翼”，这种平展的鱼“滑翔”在海底之上，用它长长的有凸刺的鼻子探入泥土，筛选躲藏的虾类、甲壳类动物和硬骨比目鱼。

全头亚纲
SUBCLASS HOLOCEPHALI

软骨鱼的第二大类是全头亚纲，或称银鲛目——通常被称为蓝子鱼或银鲛。全头亚纲出现在石炭纪早期，其中的一些（如三角褶鲛等）形成了类似老鼠的外貌，并长有长长的细尾巴。但直到侏罗纪时期硬齿鱼的出现，现代银鲛目的外形才成为常态。该亚纲的雄性鱼类都具有类似阴茎的交合突。

如今该亚纲共有 25 种鱼类分布在全球的海洋中。它们通常在深海游弋，在海底进食。

名称：三角褶鲛（*Deltoptychius*）

年代：石炭纪早期到石炭纪晚期

地点：欧洲（爱尔兰和苏格兰）

大小：长 45 厘米

这种早期的银鲛与现代后裔几乎完全不同。三角褶鲛通过晃动长长的身体、左右摇动尾巴、用像翼一样扩张的胸鳍滑翔来游动。

三角褶鲛大大的眼睛使得它在黑暗的深海里能看得更清楚，宽大的齿板（而非单个的牙齿）可以压碎甲壳类猎物。

名称：硬齿鱼（*Ischyodus*）

年代：侏罗纪中期到古新世

地点：欧洲（英格兰、法国和德国）和新西兰

大小：长 1.5 米

硬齿鱼生活在 1.5 亿多年前，其大小和体形基本与现代银鲛——如今栖息在大西洋和地中海深海中的大西洋银鲛相同。硬齿鱼与其现存的近亲有着同样的大眼睛、撅起的嘴唇、高举的背鳍、扇叶一样的胸鳍以及鞭子一样的尾巴，甚至背鳍之前也有一根相同的鳍刺，只不过现代鱼的刺与毒腺相连，以此来保护自己。

棘鱼和盾皮鱼

SPINY SHARKS AND ARMORED FISHES

棘鱼纲

CLASS ACANTHODII

棘鱼纲又称“有棘鲨鱼”，是已知最早的有颌脊椎动物。它们的颌被认为是从某些古老无颌鱼类的第一副鳃弓演化而来，这些鳃弓骨骼由多块有关节的软骨组成。

“有棘鲨鱼”这个流行的名字其实是对这种早期有颌鱼类的误称，之所以会被如此称呼，原因在于它们都有着鲨鱼的外形，体形呈流体学外形，有成对的鳍，向上的强壮有力的尾巴；结实的骨刺支撑除了尾巴之外的所有鳍，故称“有棘鲨鱼”。这些鱼类经常只在古老沉积岩中留下骨刺化石。

事实上，棘鱼纲是比鲨鱼早得多的鱼类。它们从志留世之初在海洋中出现，比最早的鲨鱼出现时间还早了约 5000 万年。之后，棘鱼纲占据淡水，泥盆纪期间在河流湖泊中蓬勃发展，石炭纪期间在煤沼中繁荣昌盛。但最早的硬骨鱼已经开始逐渐显现出主宰全球水域的潜力，它们的竞争力相比棘鱼纲过于强大，于是棘鱼纲在二叠纪时期灭绝了。

许多古生物学家认为棘鱼纲与硬骨鱼的祖先血缘关系十分接近，尽管棘鱼纲的体内骨骼由软骨组成，其体表形成了一块类似骨头的物质，形似密集分布的鳞片。有些鳞片变大，在头顶和肩带下部形成了骨质覆盖层，而另外一些鳞片在鳃孔（后来硬骨鱼的鳃盖）上方形成了骨质薄片。

名称：栅鱼（*Climatius*）

年代：志留纪晚期到泥盆纪早期

地点：欧洲（英国）和北美洲（加拿大）

大小：长 7.5 厘米

“有棘鲨鱼”称号似乎特别适用于这种鱼类。它们微小的身躯覆满了骨刺和鳍。背部长有两个大背鳍，每个都由粗硬的骨刺支撑，并覆有皮肉。其身体后端有一个较大的尾鳍和鳍刺，前端有一对较大的胸鳍，胸鳍前方有一根鳍刺。

栅鱼的躯体下方布满骨刺，但没有鳍。另外还有一对骨盆刺和四对尖锐的腹部骨刺。

从用于稳定的鳍和类似鲨鱼的强壮有力的尾巴，以及向上并增大的尾巴上叶来看，栅鱼游泳动能力十分强大。与许多其他棘鱼纲鱼类一样，它的上颌也没有牙齿，但下颌有数轮小牙齿，这些牙齿从出生之后就不断地更替——另一个与鲨鱼类似的特征。大大的眼睛表明它们主要靠视觉来定位猎物，可能在海水中上段以甲壳类动物和孵化不久的幼鱼为食。

栅鱼游动的灵活性和分布密集的骨质鳞片可能保护它们免于大型鱼类和食肉性无脊椎动物（如鱿鱼）的捕食。另外，它们身上排列的 15 根鳍刺就是主要的防御武器，使那些捕食者想要吞咽下去真是难上加难。

名称：棘鱼（*Acanthodes*）

年代：石炭纪早期到二叠纪早期

地点：澳大利亚、欧洲（捷克、斯洛伐克、英格兰、德国、苏格兰和西班牙）和北美洲（美国伊利诺伊州、堪萨斯州、宾夕法尼亚州和西弗吉尼亚州）

大小：长 30 厘米

棘鱼是棘鱼纲中最后一个演化的种类。它们没有牙齿，不过鳃上长着由类似牙齿的刺突构成的骨质长“鳃耙”。棘鱼及其近亲可能都属于滤食性鱼类，通过鳃过滤微小的浮游生物。

棘鱼与所有的后期的棘鱼纲鱼类一样，都比其早期近亲大得多，有些甚至长达 2 米。相比早期棘鱼纲鱼类的体态而言，它们的骨刺也变少了。成对的胸鳍和较大的尾鳍仍然保留着粗硬的鳍刺，但有鳍刺的背鳍只剩下一个，位于靠近尾巴的后端，沿着肚皮分布的一对像旗帜一样的腹鳍也各有一根鳍刺。因此，棘鱼体表只剩下 6 根鳍刺，与早期多刺的近亲栅鱼的 15 根骨刺相比已减少很多。

盾皮鱼纲

CLASS PLACODERMI

盾皮鱼是一种结构怪异、体表多盾甲的有颌鱼类。几块环环相扣的骨板形成骨质头盾，而另一组骨板将身体前半部分包裹在躯甲中。躯体的其他部分则通常没有鳞片覆盖物。

盾皮鱼纲是演化成为硬骨鱼的主要演化支线的代表（见第 178 至 189 页）。该种类生存时间相对较短，首次出现在泥盆纪早期，到石炭纪早期便已灭绝。

许多盾皮鱼纲鱼类终其一生在海底搜索食物，其平展的躯体通过沉重的骨质躯甲下沉；另外一些盾皮鱼纲鱼类躯甲较少，能在大洋中游荡。所有这些鱼类的颌都有着宽阔的齿板（而非单个的牙齿），用来压碎硬壳猎物。

以下为盾皮鱼纲四个主要种类（硬鲛目、褶齿鱼目、节甲鱼目和胴甲鱼目）的代表鱼类。

名称：伪鲛（*Gemuendina*）

年代：泥盆纪早期

地点：欧洲（德国）

大小：长 30 厘米

该原始底栖盾皮鱼纲鱼类（属于硬鲛目）圆形扁平的身躯与现代鳐鱼极为相似。伪鲛两侧的胸鳍外凸成像翼一样的片，眼睛和鼻孔位于头顶。这些特征在大约 2.6 亿年后被毫无亲缘关系的鱼类所复制——从侏罗纪之后就栖息在海底的鳐鱼和魟鱼。这就是趋同演化的典型范例：在自然选择的作用下，由于共同的生存环境和生活方式的影响，没有亲缘关系的物种最终演化出同样的结构和相同的生活习性。

然而，伪鲛并不具备后期近亲拥有的沉重躯甲，其躯体上仅有如镶嵌图案一样分布的小块骨板，上面饰有尖锐的防御性齿状物。伪鲛的头部上下也发育出了一些较大的骨板。

这种盾皮鱼纲鱼类还缺少后期近亲所特有的齿板，其颌上长有星状结节，起着牙齿的作用。为了从海底捕捉海胆和甲壳类动物，它们的颌会突出嘴外。猎物会被类似牙齿的结节碾碎。

名称：小栉齿鱼（*Ctenurella*）

年代：泥盆纪晚期

地点：澳大利亚（西澳大利亚）和欧洲（德国）

大小：长 13 厘米

小栉齿鱼是一种无鳞片的小型盾皮鱼（属于褶齿鱼目），唯一的保护性躯甲仅分布在头顶和肩带。它有两个背鳍，一个竖直，另一个又长又矮。较大的成对腹鳍和胸鳍从下方稳定其身躯，尾巴则逐渐变细成鞭状。

这种小型盾皮鱼的颌中长有用于碾压的齿板，上颌骨与脑壳紧紧相连。它们在海底觅食，用强壮有力的颌磨碎甲壳类和海胆。从流线形躯体和成对的鳍来看，它显然能够游动。

和伪鲛（左图）一样，小栉齿鱼也是趋同演化的典范。相比形似鳐鱼的硬鲛目鱼类，小栉齿鱼及其近亲演化出的体态在后来的软骨鱼——全头亚纲（见第 173 页）身上再次出现。这些盾皮鱼甚至还演化出了与软骨鱼纲雄性鱼类相似的阴茎一样的交合突。

棘鱼和盾皮鱼

SPINY SHARKS AND ARMORED FISHES

名称：戈尔兰鱼（*Groenlandaspis*）

年代：泥盆纪晚期

地点：南极洲（南维多利亚地）、澳大利亚（新南威尔士州）、欧洲（英格兰、爱尔兰和土耳其）和格陵兰岛

大小：长 7.5 厘米

这种鱼体形较小，有躯甲，分布在两极附近，属于盾皮鱼纲中数量最多、品种最丰富的节甲鱼目（或称“节颈鱼”）。节甲鱼目占已知盾皮鱼类总数的 60%。戈尔兰鱼是扁平的底栖鱼类，用齿板碾碎软体动物和甲壳类动物为食。它们与多数近亲一样，平躺在海底时下颌不能向下张开，所以演化出了一套极为巧妙的铰链系统，使得它们的颌能张大到吞食大型猎物。其头盾通过一对位于躯体两侧上端的关节与躯甲相连，这些关节使得它们的头部能够向上和向后倾斜，与此同时，下颌打开，大张的口向前移动以捕捉猎物。

名称：粒骨鱼（*Coccosteus*）

年代：泥盆纪中期到泥盆纪晚期

地点：欧洲（苏格兰和俄罗斯等地）和北美洲（美国俄亥俄州）

大小：长 40 厘米

粒骨鱼是游动极为迅速的捕猎者和食腐动物。它们流畅的流体学外形躯体（无鳞片）的特征包括：成对的鳍、向上的尾巴和一对用于稳定的背鳍，使其成为游动能手。

由于颈部的关节系统演化，粒骨鱼很可能也是一种极具侵略性的食肉动物。其头部和躯甲不仅像戈尔兰鱼一样在外部连接，颈椎和脑壳后边之间也发育出了内部关节，使得粒骨鱼的头部能够以更大角度后仰。因此，它们比其近亲的嘴张得更大。它们的颌也比戈尔兰鱼更长，捕食范围也由此得以扩展。

节颈系统的另外一个优势是头部的上下运动能够辅助鳃孔吸水：当嘴张开时，鳃孔打开。通过鳃孔的水也越多，就意味着更多的氧气摄入量，也提高了其活动能力。粒骨鱼可能靠大口吞咽泥土、消化其中的有机物质来维生。

名称：邓氏鱼（*Dunkleosteus*）

年代：泥盆纪晚期

地点：非洲（摩洛哥）、欧洲（比利时和波兰）和美国（加利福利亚州、俄亥俄州、宾夕法尼亚州和田纳西州）

大小：长 3.5 米

有些节甲鱼目的体形特别庞大，甚至能与裂口鲨（见第 170 页）等同时代鲨鱼争抢食物。邓氏鱼是该种类的大块头，头骨长达 65 厘米。它的一些近亲在体形上也能够与它一较高下，如恐鱼和霸鱼，体长分别是 2.1 米和 3.4 米。

邓氏鱼的骨质躯甲上没有覆盖胸鳍，因而更加容易转向和停止。它们流畅而无鳞片的躯体来回扭动，再加上像鳗一样的长尾巴，驱动着这庞然大物在海中猎食。

节颈系统和纺锤形的躯甲使得邓氏鱼咬合缓慢，但力道十足。一旦猎物被擒，巨大的齿板立刻就会大显神威，颌前方的尖锐状物质能咬住并撕裂猎物，而后方锋利边缘可以将猎物扯碎。

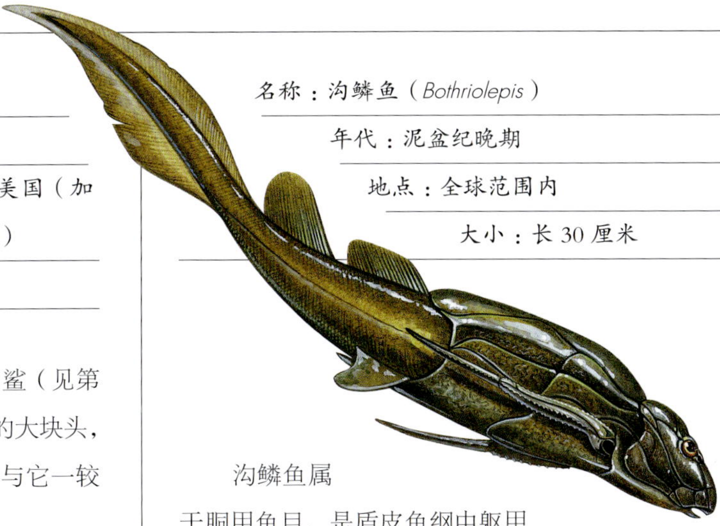

名称：沟鳞鱼（*Bothriolepis*）

年代：泥盆纪晚期

地点：全球范围内

大小：长 30 厘米

沟鳞鱼属于胴甲鱼目，是盾皮鱼纲中躯甲最多的品种。这些鱼类与节甲鱼目有着共同的祖先，并且和许多节甲鱼目一样，都是扁平的底栖鱼类——而节甲鱼目生活在淡水中。沟鳞鱼的头部由一块与长躯甲相连接的短骨盾保护着。

沟鳞鱼及其近亲的胸鳍都退化成一对覆有骨板的骨刺，通过复杂的关节与躯甲的前端相连，在游动中不起任何作用。躯体中间的关节表明它们可以弯折，并像高跷一样支撑沉重的躯体。向上翘的尾巴能够从身体后端提供升力，在它们从海底的泥沙中吸食时保持头部下垂。

名称：古椎鱼（*Palaeospondylus*）

年代：泥盆纪中期

地点：欧洲（苏格兰）

大小：长 6 厘米

自 1890 年被发现以来，这种微小的鱼类就一直令古生物学家头疼不已。仅苏格兰就发现有成百个标本，全部都有一根长长的脊柱：一端长满可能用来支撑尾鳍的刺，另一端则是形状古怪的脑壳。这种生物没有明显的颌，也没有成对的鳍。

多年以来，古椎鱼曾被误认作无颌纲、无鳞片的盾皮鱼纲和银鲛的一种，甚至还被当作肺鱼，还有些人把它看作是两栖动物的仔卵。更令它显得神秘的是，古生物学家们尚不能确定它的骨骼是由钙化的软骨构成还是由骨头组成。

原始辐鳍鱼

PRIMITIVE RAY-FINNED FISHES

硬骨鱼纲

CLASS OSTEICHTHYES

从数量和多样性方面看来，硬骨鱼纲是脊椎动物演化的成功案例：共有 20000 个现代品种，占现存脊椎动物的一半。从某种程度上来说，硬骨鱼也是脊椎动物中最成功的种类，因为它们的后代以四足动物的形式——两栖动物、爬行动物、鸟类和哺乳动物遍布全球陆地。

所有的硬骨鱼，不论是原始的还是现代的，都以内骨骼完全骨化或由骨头组成为特征。骨头替代软骨的过程在它们的演化中极为突然。在此之前，无颌纲鱼类颌软骨鱼的头骨和“脊椎”上覆上了薄薄的一层骨头。这些鱼类的骨骼极大地提高了其可保存性，所以遗留下来的化石状态要比软骨鱼的好得多。

大约 4 亿年前，硬骨鱼的两个主要类群开始演化，以支撑鳍的骨骼排列不同作区分。辐鳍鱼亚纲鱼类涵盖现今硬骨鱼的主要种类，即真骨鱼（见第 182 至第 185 页）。肉鳍鱼亚纲（见第 186 至第 189 页）则为最早的陆生动物的祖先。

辐鳍鱼亚纲

SUBCLASS ACTINOPTERYGII

辐鳍鱼亚纲是最早出现的硬骨鱼。大约 4 亿年前，各种不同的种类——先是海洋鱼类，后是淡水鱼类——开始演化。如今，这个古老的种类归属于品种丰富多样的现代硬骨鱼，也有着许多更为罕见的代表性鱼类——鲟鱼、白鲟鱼、弓鳍鱼、雀鳝和多鳍鱼。

辐鳍鱼亚纲鱼类（无论古今）的典型特征是用于支撑并使每一个鳍竖起的平行骨刺的骨骼，由此得名“辐鳍”。原始辐鳍鱼类的鳍十分僵硬，而后期较高级的鱼的鳍变得更加灵活，一直发展成为现代硬骨鱼所具有的高度灵活的鳍。

随着辐鳍鱼亚纲朝着现代硬骨鱼发展，其他的改良也出现了：早期鱼类成对的肺泡演化成了鱼鳔，鱼类因此可以控制自己的浮力（见第 165 页）；厚重的鳞片被更轻便更灵活的鳞片层取代；尾巴变得对称，大小相同的两叶能够提供平稳的推力。

硬骨鱼的分类极其复杂，涉及到许多目，这里选择其中五个以描述该类群的演化过程。

古鳕鱼是最早出现的辐鳍鱼亚纲鱼类，时间在 4 亿多年前。它们演化得极为迅速，许多种还进入了淡水水域。到了古生代末期，这些原始鱼类（有时被归为软骨硬鳞鱼）产生了许多新品种（新鳍亚纲，见第 181 页鳞齿鱼），硬骨鱼便由此而来。

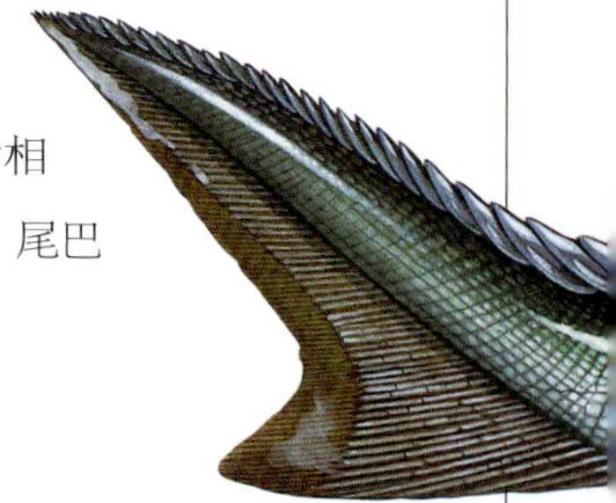

原始辐鳍鱼的典型特征是厚鳞片相互连接，单一的背鳍位于躯体后端，尾巴不对称，和鲨鱼类似。

名称：鳕鳞鱼（*Cheirolepis*）

年代：泥盆纪中期到泥盆纪晚期

地点：欧洲（苏格兰）和北美洲（加拿大）

大小：长 55 厘米

鳕鳞鱼是游动迅速的淡水食肉动物，也是古鳕鱼中体格

最大的鱼类之一。它流线形的躯体上覆盖着厚厚一层按对角线排列的菱形小鳞片，与棘鱼纲的鳞片相同。（鳞片上覆盖着一层独特的珐琅质，称为“硬鳞质”，古鳕鱼由此统称“硬鳞鱼”。）一排大鳞片支撑着细长的上叶，提高了其游动时的弯曲能力。这些鳞片是原始辐鳍鱼的典型特征。向上的尾巴迫使它们头部下垂，躯体下侧成对的胸鳍和腹鳍抵消了这一作用力，从躯体前端起到平衡的作用，而大背鳍和尾鳍则起到稳定的作用。

和所有的古鳕鱼一样，鳕鳞鱼也有着大眼睛，可能凭目视捕食。它们的颌上长着尖利的牙齿，能够大张到吞食体长为其三分之二的猎物。

名称：莫伊鱼（*Moythomasia*）

年代：泥盆纪中期到泥盆纪晚期

地点：澳大利亚（西澳大利亚）和欧洲（德国）

大小：长 9 厘米

古鳕鱼在泥盆纪时期分化出许多种类型，并在古生代成为数量最多、种类最丰富的淡水鱼类。

与鳕鳞鱼同处一个时代的莫伊鱼演化出了一种原始辐鳍鱼所特有的新型硬鳞质。每一个鳞片顶端的尖都嵌入上一个鳞片底端的窝里，于是所有的鳞片相互连接，形成了一层灵活而又具有保护性的躯甲。

名称：*Canobius*

年代：石炭纪早期

地点：欧洲（苏格兰）

大小：长 7 厘米

这种小型鱼类的头骨发生了新的演化：颧骨和将上颌与脑壳连接的舌颌骨（见第 165 页）都变成了竖直。这就意味着 *Canobius* 的颌垂直悬挂在脑壳下方（而不像其他古鳕类一样斜向悬挂）。这一新构造使得它们的嘴能张得更大，与此同时，位于颌后的鳃腔也得到了极大的扩张。

这一改良同时影响了其呼吸系统和进食系统。呼吸系统之所以得到改进，在于嘴张大的时候，通过鳃的水量变大，因此从水中摄取的氧气增多，进而提高了其活动能力。至于进食系统方面，*Canobius* 可利用的食物来源变得十分丰富：吸水的同时，微小的浮游生物也被带入大张的嘴巴，被颌和鳃上的小齿所勾住。

名称：扁体鱼（*Platysomus*）

年代：石炭纪早期到二叠纪晚期

地点：全球范围内

大小：长 18 厘米

古鳕鱼中的一科变成了碟形——与现在栖息在珊瑚中的拟刺尾鲷或亚马孙河里的盘丽鱼相似。海水和淡水中均有生存的扁体鱼便是其中一例。

它扁平的躯体被细长的背鳍和尾鳍装饰得如同流苏。胸鳍和腹鳍较小。扁体鱼通过向两侧缓慢摆动来游动。由于尾巴呈对称的叉状，它们必须划动前进，而主要的推动力仍然来自尾巴的上叶，尾巴上叶与所有的原始辐鳍鱼一样，都由一排粗硬的鳞片支撑。

扁体鱼的颌与 *Canobius* 一样都是垂直悬挂在脑壳上，有利于张大嘴巴，同时使所有鳃腔膨胀。扁体鱼可能也以浮游动物为食。

原始辐鳍鱼

PRIMITIVE RAY-FINNED FISHES

名称：古鳕鱼（*Palaeoniscum*）

年代：二叠纪晚期

地点：欧洲（英格兰和德国）、格陵兰岛和北美洲（美国）

大小：长 30 厘米

古鳕鱼形似鱼雷，背鳍高昂，尾部分叉较大，强壮有力，是天生的游泳健将。它极可能是其他淡水硬骨鱼的凶残捕食者。它的颌长有许多尖利的牙齿，这些牙齿一生都在更替。

与所有的原始辐鳍鱼一样，古鳕鱼喉部也有一对鱼鳔，膨胀之后可以作为原始的浮力装置（见第 165 页）。

名称：龙鱼（*Saurichthys*）

年代：三叠纪早期到三叠纪中期

地点：全球范围内

大小：长 1 米

该淡水古鳕鱼细长的躯体让人想起现代梭子鱼，它们的背鳍和臀鳍都分布在上下叶大小相等而又对称的尾巴附近。

龙鱼的行为可能也与现代梭子鱼相似。它们可能会潜伏在水藻中或静静地躺在河底伏击猎物，用带牙齿的颌咬住过往的鱼类。

龙鱼的颌细长如鸟嘴，长度近乎全身的三分之一，这一点除了使其外貌极其与众不同之外，还极大地扩展了它的捕食范围。龙鱼对称的鳍，加上长长的流体学外形的躯体和极少的骨质鳞片，使得它们成为强有力的游动能手。

名称：裂齿鱼（*Perleidus*）

年代：三叠纪早期到中期

地点：全球范围内

大小：长 15 厘米

裂齿鱼及其近亲从古鳕鱼演化而来，从始至终地经历了三叠纪的 3500 万年。它们都是淡水食肉动物，颌强壮有牙，因垂直悬挂在脑壳上而能够大张，这一特征最早出现在其先辈 *Canobius* 身上（见第 179 页）。

该鱼类的一个显著特征是其背鳍和臀鳍的灵活性。这一改良是通过减少每个鳍中的骨刺数量、加厚剩余骨刺的基底并与在体内的骨刺支撑物平行排列实现的。这些灵活的鳍加上近乎对称的尾巴，极大地提高了它们的游动机动性。

名称：鳞齿鱼（*Lepidotes*）

年代：三叠纪晚期到白垩纪早期

地点：全球范围内

大小：长 30 厘米

到了古生代末期，多种辐鳍鱼从海栖古鳕鱼演化而来，统称新鳍亚纲。现代硬骨鱼所具有的许多特征，正是从它们身上传承下来的。

鳞齿鱼属于半椎鱼，它演化出这样一个特征：新的颌结构使得它与更早的鱼类以不同的方式进食。它的上颌骨变短，不再像以前一样与颧骨相连。这种新获得的灵活性使得它们的嘴发育成管状，从一段距离外就能将猎物吸往自身，而非像早期鱼类那样近身吞食。

名称：平齿鱼（*Dapedium*）

年代：三叠纪晚期到侏罗纪早期

地点：亚洲（印度）和欧洲（英格兰）

大小：长 35 厘米

平齿鱼椭圆形的躯体由后端长长的背鳍和臀鳍保持平衡，上面覆盖着一层厚厚的保护性鳞片，鳞片上覆有厚厚的珐琅质外层。

平齿鱼的颌有着像钉子一样的长长的牙齿，腭上有碾压型牙齿。这些身体构造再加上其体形，表明它们穿梭于中生代早期的珊瑚中，以软体动物为食。

名称：硬齿鱼（*Pycnodus*）

年代：白垩纪中期到始新世中期

地点：亚洲（印度）和欧洲（比利时、英格兰和意大利）

大小：长 12 厘米

尽管属于较晚的种类（硬齿鱼目），但硬齿鱼仍与平齿鱼一样演化出了同样的椭圆形躯体和碾压型牙齿，原因可能是它们居住在同样的环境中——平缓的礁水域，有着相似的食物——硬壳软体动物、珊瑚虫和海胆。

名称：针吻鱼（*Aspidorhynchus*）

年代：侏罗纪中期到白垩纪晚期

地点：南极洲和欧洲（英格兰、法国和德国）

大小：长 60 厘米

从表面上来看，针吻鱼与北美洲的现代雀鳝或长嘴鱼（雀鳝科）相似，但它们实质上却没有演化关系。与雀鳝或长嘴鱼一样，针吻鱼也必然是极为凶猛的食肉动物。它们细长的身躯被厚厚的鳞片保护着，完全适合快速游动：对称的尾巴推动着它，背鳍和臀鳍稳定着它，成对的胸鳍和腹鳍保持着它的航向。它们的颌长满了尖利的牙齿，而上颌前部伸长变成了没有牙齿的细长保护性器官。

针吻鱼及其近亲针吻鱼科都与现代硬骨鱼（见第 182 至第 185 页）有着紧密的联系，可能还有着共同的祖先。现存的针吻鱼科只有一种，即北美洲淡水中的弓鳍鱼。

现代辐鳍鱼

MODERN RAY-FINNED FISHES

真骨鱼类

ORDER TELEOSTEI

到了大约 6500 万年前的中生代末期，硬骨鱼已经成为世界上海洋和河流湖泊的主宰。

硬骨鱼首次出现在约 2.2 亿年前的三叠纪晚期的海洋中，在中生代结束之前，它们已经演化了超过 1.5 亿年。它们最初是鲱鱼型的鱼类，有着对称的尾巴和灵活的颌，与针吻鱼（见第 181 页）等高级的新鳍亚纲鱼类极为相似。但到了白垩纪中期，硬骨鱼进入了演化爆发阶段，由此出现了现代鲑鱼和鳟鱼等更为高级的鱼类。这些鱼类迅速分化，到了白垩纪晚期和古近纪出现了第二波演化高峰，产生了如今高度发达的硬骨鱼——有着棘鳍条、形似鲈鱼的鱼类（见第 185 页）。

名称：厚茎鱼（*Hypsocormus*）

年代：侏罗纪中期到晚期

地点：欧洲（英格兰和德国）

大小：长 1 米

发达的新鳍亚纲鱼类（见第 181 页）与原始的硬骨鱼之间的界限尚不明确。厚茎鱼是游动迅速、以鱼类为食的食肉动物，由于同时具有原始的和进步特性，它可以归到两类中的任何一个。例如，它的躯甲与其祖先古鳕鱼一样沉重而“老式”——鳞片厚实，覆有珐琅质，呈菱形（长斜方形）。但相比而言，它的鳞片较小，游动时的灵活性更强。

它的尾巴对称，呈半月形，表面上看来与鲭鱼相似，只不过相比现代硬骨鱼，它长有更多支撑尾巴叶的骨质鳍刺。

它的鳍的排列方式也与众不同。除了长长的臀鳍之外，它只有一个背鳍，另一对大胸鳍低低地位于两侧（而非像更高级的多骨鱼那样高高地分布在鳃后的侧腹上）。腹鳍异常地小，位于体中的肚皮下方。

然而，厚茎鱼的颌却相当发达，能够灵活移动，许多肌肉附着点使其咬合力十分强劲。上下颌骨都很长，全部长满牙齿。

名称：叉鳞鱼（*Pholidophorus*）

年代：三叠纪中期到侏罗纪晚期

地点：非洲（肯尼亚和坦桑尼亚）、欧洲（英格兰、德国、意大利和俄罗斯等地）和南美洲（阿根廷）

大小：长 40 厘米

叉鳞鱼毫无争议地是已知最早出现在海洋中的硬骨鱼。从表面上来看，它与现代鲱鱼相似，都有着对称的尾巴，单个的背鳍位于背部中央，成对的胸鳍和腹

鳍位于体下，而一个臀鳍则朝向尾巴。它的眼睛较大，灵活的颌长满微小的圆牙，显然是一种游动迅速的食肉动物，很可能以浮游生物中的甲壳类动物为食。有些种类的叉鳞鱼化石被发现时，体内还留有其他硬骨鱼的残骸。

尽管其面貌十分“现代化”，叉鳞鱼及其近亲都属于原始硬骨鱼，原因是它们的两个主要特征：它们的躯体包裹在更早的硬鳞鱼（古鳕鱼，见第 178 至第 180 页）那种厚实的珐琅质鳞片中；“脊椎”仅由适当部位的骨头组成。它们的后来者——薄鳞鱼类是脊椎全部由骨头组成的最早的硬骨鱼。

名称：薄鳞鱼（*Leptolepis*）	
年代：三叠纪中期到白垩纪早期	
地点：非洲（坦桑尼亚）、澳大利亚（新南威尔士州）、欧洲（奥地利、英格兰、法国和德国）和北美洲（美国内华达州）	
大小：长 30 厘米	

和叉鳞鱼一样，薄鳞鱼及其近亲是形似鲱鱼的鱼类。但与叉鳞鱼不同之处在于薄鳞鱼栖息在浅滩中，在水表捕食浮游生物时靠集群保证自身安全。

这种群居生活方式可以从同一块岩石中保存着上百条薄鳞鱼化石推断出来。

薄鳞鱼比叉鳞鱼高级之处还有两方面：第一，它们的骨骼完全由骨头构成；第二，它们躯体上的圆形薄鳞片并没有珐琅质层。这两个改良都提高了薄鳞鱼的游动能力。其脊椎形成一根强壮而又灵活的轴，以抗拒 S 形弯曲游动时产生的压力。薄薄的鳞片减轻了鱼身的重量，圆形形状也使其躯体更符合流体力学。

名称：*Thrissops*	
年代：侏罗纪晚期到白垩纪晚期	
地点：欧洲（英格兰、法国和德国）	
大小：长 60 厘米	

Thrissops（如上图）生活在大约 1.40 亿年前，古生代晚期温暖的浅海中，躯体呈流体学外形，是以同类为食的食肉动物。它的尾巴深度分叉成大小相等的两叶，或许能够提高游动速度。其腹鳍较小，稳定躯体的作用微乎其微。也许是为了补偿这一缺陷，它们的臀鳍就像身体下部的一道长长的流苏。

相比某些近亲（如剑射鱼），*Thrissops* 显得体形较小。这种化石鱼类能够长到 4 米，与驰骋白垩纪海洋的任何鲨鱼不相上下。其中一个标本体内还保存着一条长 1.8 米的完整硬骨鱼。

一个现代淡水鱼类族群可能是 *Thrissops* 及其近亲唯一的幸存者。这些现代鱼类因其齿板嵌入短粗的舌头而被称为“骨舌鱼”（统称骨舌鱼目）。它们的舌头在腭上斜靠着牙齿，能够抓握并碾碎猎物。

南美洲流域的巨骨舌鱼是该现代族群的一种，是世界上已知最大的淡水鱼类，长度可达 4 米，体重可达 200 千克。

现代辐鳍鱼

MODERN RAY-FINNED FISHES

名称：原乌鲂（*Protobrama*）

年代：白垩纪晚期

地点：亚洲（黎巴嫩）

大小：长 15 厘米

Thrissops 的这个体形较小的近亲的腹鳍已经退化。分叉极大的尾巴前方长着长长的背鳍和臀鳍，将深厚的躯体向尾部倾斜。胸鳍高高地位于侧腹上，极大地提高了其机动性。

原乌鲂的大小及其体形表明它可能栖息在珊瑚中，进出珊瑚追逐猎物。

名称：矛齿鱼（*Enchodus*）

年代：白垩纪晚期到古新世

地点：全球范围内

大小：长 18 厘米

在白垩纪末期和古近纪期间，第二波演化产生了高级硬骨鱼。鲑鱼和鳟鱼是该演化阶段的幸存者，所有现代硬骨鱼种类都是从这些祖先演化而来。

矛齿鱼是最早的形似鲑鱼的硬骨鱼类之一。它硕大的头部、大大的眼睛加上流体学外形轻盈的身躯，都表明它是海洋中灵活的食肉动物。它的鳞片减少到只呈带状分布在侧腹，腹鳍位于用来稳定的背鳍正下方，稳稳地长在肚皮上，胸鳍则位于侧腹较高的位置，提高了转向和制动效能。

然而，矛齿鱼最显著的特征是它满嘴的长牙。这些牙齿向后轻微弯曲，颌闭合时会相互紧扣，由此形成有效的陷阱。矛齿鱼极有可能以在水表捕食浮游动物的鱼类为食。

名称：*Hypsidoris*

年代：始新世

地点：北美洲（美国怀俄明州）

大小：长 20 厘米

在古近纪早期，一群鱼类（称为骨鳔目）从主要硬骨鱼一支分化出来，成了只在淡水中栖息的鱼类，不过后来有些种类又回到了海中。幸存下来的种类超过 600 种，包括鲤鱼、鲦鱼、金鱼、泥鳅、水虎鱼和鲶鱼。

长着触角的 *Hypsidoris* 与现代鲶鱼极为相似。它们栖息在约 5000 万年前北美洲西部的亚热带河流湖泊中，许多较完整的标本保存在美国怀俄明州格林河中的始新世沉积物中。

Hypsidoris 脊椎的结构，表明它们与现代骨鳔目鱼类一样，都有着敏锐的听觉（尤其是高频的声音）。

这一对声音敏感的特征源于它们脊椎骨前端椎骨的特化：其椎骨演化成为一串活动的小骨，能够将鱼鳔（起到水中听音器和共鸣器的作用）所感知到的震动传递给内耳，大脑分析内耳里的声音，判断它是猎物还是捕食者在靠近。

鱼类的这些传声骨被称为鳔骨，与哺乳动物（见第328页）中耳部的锤骨–砧骨–镫骨链有着同样的功能。

Hypsidoris 与其现代近亲一样，每个胸鳍的前端都有一根粗硬的鳍刺，必要时能竖起用于防御。它们用敏锐的听觉定位猎物、感知危险，这对生活在漆黑的泥沙河流中极为重要。

定向追踪猎物之后，其嘴部周围长长的感觉触须会近距离评估其可食性。这些“触须”对触碰和水中的化学物质极为敏感。*Hypsidoris* 主要以鱼类为食，但小龙虾等其他底栖动物也能被触须感知到。

名称：楔形头鱼（*Sphenocephalus*）

年代：白垩纪晚期

地点：欧洲（英格兰和意大利）

大小：长 20 厘米

鲑鱼和鳕鱼的祖先类群分化出两种高级硬骨鱼类群，分别是鳕鱼和黑线鳕类型的鱼类（副棘鳍类）和有鳍刺、形似鲈鱼的鱼类（棘鳍鱼）。

楔形头鱼似乎是两种鱼类的过渡阶段。事实上，它与北美洲现代淡水鱼鲑鲈（因同时有着原始鲑鱼和高级鲈鱼的特征而得名）的外表十分相似。

除了相当大的头部之外，楔形头鱼最显著的特征在于它的腹鳍前移到了胸鳍下方，而胸鳍高高地长在身体两侧。这些成对的鳍的位置分布，极大地提高了其机动性。现代鳕鱼类的腹鳍实际上位于胸鳍之前。

名称：古金眼鲷（*Berycopsis*）

年代：白垩纪晚期

地点：欧洲（英格兰）

大小：长 35 厘米

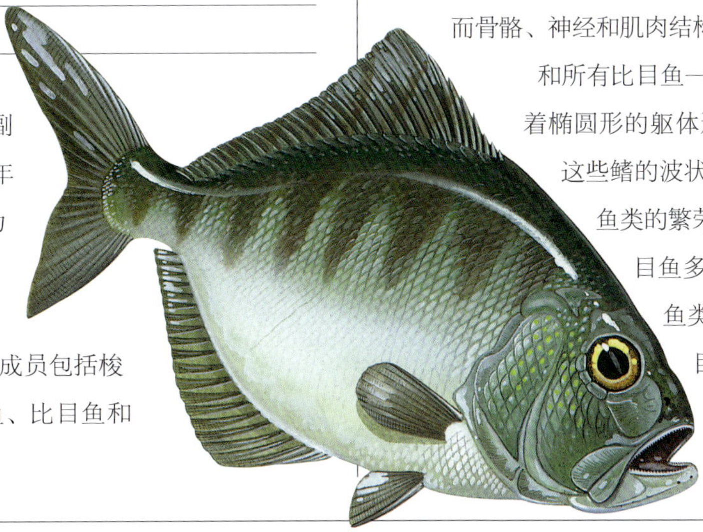

古金眼鲷是最早出现的副棘鳍类。如今，经过 7000 万年的演化之后，这一种类已成为所有硬骨鱼中最为繁盛、品种最多的鱼类，占现有硬骨鱼种类的 40%。该种类的现代成员包括梭鱼、旗鱼、鲈鱼、热带岩礁鱼、比目鱼和海马等。

古金眼鲷具有该种类的所有特征：背鳍和尾鳍内的第一根鳍刺都长得十分粗长，能够竖起以作防御（故名棘鳍类）。它的胸鳍高高地位于身体两侧，为了更好地转向和制动，它的腹鳍需向前移动，抵消胸鳍的力量。古金眼鲷体表覆盖着薄薄的一层轻质圆鳞片，鳞片表面像梳子一样的小齿使其具有磨砂感。它的鱼鳔不再与喉咙相连，并依靠鱼鳔自有的泌气腺保持中间的平衡。

名称：始比目鱼（*Eobothus*）

年代：始新世中期

地点：亚洲（中国）和欧洲（英格兰和法国）

大小：长 10 厘米

作为演化史上的“后来者”，始比目鱼等比目鱼类填补了辐鳍鱼类演化遗留下来的几个空白生态位之一。它们特化成栖息在海底并从海底觅食的鱼类。与从头到尾扁平的鳐鱼和魟鱼不同的是，比目鱼在演化中变成了上下两侧扁平。比目鱼幼鱼与其他辐鳍鱼没什么大的区别，游动起来也很正常，但随着不断地生长，本该在下侧的眼睛转移到了上侧，而骨骼、神经和肌肉结构也有着相应的变化。

和所有比目鱼一样，始比目鱼的背鳍和臀鳍沿着椭圆形的躯体形成近乎连续的刘海，并通过这些鳍的波状运动在海底上滑行。这一独特鱼类的繁荣从 570 种比目鱼可见一斑。比目鱼多数属于海栖，但有三种是淡水鱼类。鲽鱼、鳎目鱼、大菱鲆和比目鱼都是始比目鱼现存的近亲。

肉鳍鱼

LOBE-FINNED FISHES

肉鳍鱼亚纲

SUBCLASS SARCOPTERYGII

在大约 3.90 亿年前的泥盆纪早期，原始肉鳍鱼开始从海洋中出现，如今仅存 7 个类群：腔棘鱼目的 1 种和肺鱼目（见第 189 页）的 6 种。此前大约 1000 万年前，原始辐鳍鱼（见第 178 页至第 185 页）开始演化，它们的命运不尽相同，现存 21000 种证明着它们的繁盛。

辐鳍鱼和肉鳍鱼都属于硬骨鱼纲，都具内骨骼和骨质鳞片外骨骼，但它们的鳍却有着根本的不同之处。

辐鳍鱼的鳍由许多直立平行的鳍条支撑（故名辐鳍鱼），内部没有肌肉，通过体内的肌肉活动。

相反，肉鳍鱼成对的胸鳍和腹鳍都由长长的肌肉发达的肉质鳍片组成（故名肉鳍鱼）。每个肉鳍片都由相互连接的单个骨头中轴支撑，该骨链的第一根骨头与结实的肩带（胸部）或骨盆带（腹部）相连。其体内大部分的骨骼都能直接与如同构成陆生动物（见第 193 页）四肢的肉鳍内的骨头相连。

肉鳍鱼每个肉鳍的圆头都由从上面骨骼伸出的鳍条支撑，肉鳍内的肌肉可以分别移动各个鳍条。

这些肌肉发达的肉鳍有着极大的演化意义，因为肉鳍鱼类的某些成员（生物学家们对此仍在热烈地争论，见第 191 页和第 193 页）演化出了原始四足动物（见第 192 页和第 194 页），而四足动物又演化出了原始两栖动物。

肉鳍鱼有两个主要分类，都有极为罕见的现存代表：第一种是已经灭绝的扇鳍鱼类（孔鳞鱼目和骨鳞鱼目，见第 187 页至第 188 页）及其近亲腔棘鱼目（或称腔棘鱼亚纲，现存仅有一个海栖类群），这两个归为肉鳍鱼类；肉鳍鱼的第二个主要分类是肺鱼类。

爪齿鱼目

ORDER ONYCHODONTIFORMES

爪齿鱼目是泥盆纪扇鳍鱼类中比较古怪的类群。它们无疑属于肉鳍鱼，甚至是该族群最原始的，却缺少肌肉发达的肉鳍。

名称：	*Strunius*
年代：	泥盆纪晚期
地点：	欧洲（德国）
大小：	长 10 厘米

Strunius 躯体较短，两侧受压，覆有大块的圆形骨质鳞片。它具有扇鳍鱼类和腔棘鱼目（肺鱼除外）鱼类所特有的带关节的头骨，是顺应自然以增加咬合力的结果，因为当时的主要食物是身上覆有厚厚骨质鳞片的古鳕辐鳍鱼（见第 178 页）。

Strunius 头骨的顶部被一个关节从中线处分成前半部分和后半部分。与头骨顶部相接的脑壳想来也有着同样的关节，两部分可能由一块大大的肌肉连接（该结构见于真掌鳍鱼和腔棘鱼）。当这块肌肉收缩时，会将前半部分的头骨下拉，牙齿便压入猎物。

Strunius 躯体上鳍的分布与其他所有扇鳍鱼类相同，事实上也与其他所有肉鳍鱼类相同。它的背部有两个靠近尾巴的背鳍，有成对的胸鳍和腹鳍，还有一个位于身下的臀鳍。尾巴呈三叉形，中轴两边各有一个大小相等的片。它们的鳍并非普通的肌肉发达的肉鳍，而是像辐鳍鱼一样由许多鳍条支撑。

孔鳞鱼目

ORDER POROLEPIFORMES

孔鳞鱼目与爪齿鱼目一样，都是仅存于泥盆纪的扇鳍鱼类。但与其同代鱼类不同的是，孔鳞鱼目演化出了肉鳍鱼所特有的肌肉发达的肉鳍，还有与 *Strunius* 一样独特的有关节头骨。

名称：阿氏旋鳍鱼（*Gyroptychius*）

年代：泥盆纪中期

地点：欧洲（苏格兰）

大小：长 30 厘米

阿氏旋鳍鱼是发现于泥盆纪河流中的食肉鱼类，游动迅速，躯体较长，眼睛较小，嗅觉敏锐。与其他孔鳞鱼目一样，它的颌也很短，提高了咬合力。

阿氏旋鳍鱼有着肌肉发达的肉鳍，除了胸鳍之外，其他的鳍都集中在躯体后端，提高了这种箭尾形鱼的推进力。

名称：全褶鱼（*Holoptychius*）

年代：泥盆纪晚期

地点：全球范围内

大小：长 50 厘米

全褶鱼体躯深厚，呈流体学外形，覆有一层圆形薄鳞片，有助于迅速游动。它贪婪地以其他硬骨鱼为食。与所有扇鳍鱼类近亲一样，它的腭边缘也有齿状牙齿，两颌均有无数较小的尖牙分布。它的猎物会被迅速夹在牙齿间，接着被整个吞下。

全褶鱼有着不对称的尾巴，尾巴上叶在游动中产生的强大推力会使全褶鱼下潜，为了抵消这一力道，肌肉发达的胸鳍变得极长，并高高地分布在侧腹上，起到水翼的作用，所以哪怕是轻轻的一动，都能将躯体前端抬升，抵消尾巴所产生的向下的冲力。胸鳍还通过协同运动起到稳定鱼身和稳步前进的作用。

骨鳞鱼目

ORDER OSTEOLEPIFORMES

骨鳞鱼目是扇鳍鱼类中生存时间最长的鱼类。它们出现于泥盆纪早期，在二叠纪早期灭绝，时间长达 1.30 亿年。许多古生物学家确信这些扇鳍鱼类是四足动物（见第 191 页至 193 页）的祖先。

名称：骨鳞鱼（*Osteolepis*）

年代：泥盆纪中期

地点：南极洲、亚洲（印度和伊朗）和欧洲（拉脱维亚和苏格兰）

大小：长 20 厘米

该原始骨鳞鱼目成员包裹着一层厚厚的四方形鳞片，在淡水中生存。鳞片和头部骨骼上覆有薄薄的一层海绵状骨质组织（称为齿鳞质）。这一外层齿鳞质是骨鳞鱼和其他原始肉鳍鱼的一个重要特征，因为其中有细小的管道与皮肤深处的感觉细胞相连。这些管道在体表以细小的气孔形式张开，使得鱼的整个表面都布满了感觉神经。这些感觉神经或许能感知水中的波动，提醒骨鳞鱼有猎物或天敌到来，甚至还可能用来探测化学物质。

肉鳍鱼

LOBE-FINNED FISHES

名称：真掌鳍鱼（*Eusthenopteron*）

年代：泥盆纪晚期

地点：欧洲（苏格兰和俄罗斯等地）和北美洲（加拿大）

大小：长 1.2 米

从诸多特征来看，许多古生物学家认为真掌鳍鱼等大型扇鳍鱼类与原始四足动物亲缘关系极为亲密。它们成对的鳍内骨头呈金字塔状分布，与陆生动物的四肢骨骼分布极为相似（见第 193 页）。除此之外，其脊椎骨结构、头骨的格局和每颗牙齿内错综复杂的珐琅质等特征都与原始四足动物（见第 194 页至第 197 页）惊人地相似。

真掌鳍鱼是体形较长的食肉鱼类，强有力的三叉尾由脊椎中轴两侧大小相等的两叶组成。其胸鳍位于躯体前端，与肩胛带相连，而肩胛带又与头骨后方相连。腹鳍与两个背鳍和臀鳍一样，都位于身体后端。

腔棘鱼亚纲

INFRACLASS ACTINISTIA

腔棘鱼亚纲有着漫长的演化历史。它们出现于泥盆纪中期，最后发现的化石来自约 7000 万年前的白垩纪晚期。

1983 年，人们在马达加斯加和南非之间的海域捕到一条活腔棘鱼。科摩罗群岛的居民祖祖辈辈都知道这种鱼，但对科学而言却是全新的发现。1998 年，人们在印度洋另一侧靠近印度尼西亚苏拉威西岛的地方又发现了一个腔棘鱼种群。“活化石”这一条目被颁给腔棘鱼目的矛尾鱼，因为它们是 3.8 亿年前首次演化的类群里唯一幸存的类群。

名称：大盖鱼（*Macropoma*）

年代：白垩纪晚期

地点：欧洲（捷克、斯洛伐克和英格兰）

大小：长 55 厘米

尽管大盖鱼比其现存近亲矛尾鱼生存时间早了 7000 多年，但体长只有它的六分之一，除此之外，其他的所有方面都和矛尾鱼极为相似。

大盖鱼身体较短，体躯深厚，有着三叉形球根状尾巴——这是腔棘鱼的典型特征。它口中仅有的牙齿集中于前端，但头骨中的屈戌关节（结构与扇鳍鱼类相同）确保嘴能张得极大，能强力咬住猎物。它的胸鳍高高地位于侧腹上，有助于掌控方向；腹鳍沿肚皮中间分布。第一个背鳍形状似帆，内部由长长的骨质鳍条支撑，其他的鳍则是肌肉发达的肉鳍。

现存的腔棘鱼是少数几种卵生的硬骨鱼。该鱼类其他古老近亲是否同样如此尚不为人知，但在尼日尔和巴西发现的腔棘鱼化石可能有助于了解它们的繁殖习性。

肺鱼目

ORDER DIPNOI

肺鱼出现于泥盆纪早期，现存三个极度特化的类群——澳大利亚肺鱼（澳洲肺鱼）、非洲肺鱼（非洲肺鱼）和南美洲肺鱼（南美肺鱼）。非洲肺鱼和南美洲肺鱼栖息在干旱的热带地区。当水位降低或停止污浊时，这些鱼类会从原先的鳃呼吸转换成体表气呼吸。空气经由位于嘴部两侧较低的外鼻孔摄入，直接通过嘴巴顶部的内鼻孔，进入底部与喉咙相连的两个肺（澳洲肺鱼仅有一个肺）。从化石情况得知，原始肺鱼也有内鼻孔，必要时也可以呼吸空气。

原始肺鱼与某些现代类群一样，都会在旱季 缺水的时候钻入泥土里密不透风的洞穴“冬眠”，而这些洞穴都有通气孔与地表相连。

名称：喙肺鱼（*Dipnorhynchus*）

年代：泥盆纪早期到中期

地点：澳大利亚（西澳大利亚）和欧洲（德国）

大小：长 90 厘米

即便是最原始的肺鱼，也与其他肉鳍鱼有着很大区别。例如，喙肺鱼的头骨和脑壳并不具有将腔棘鱼和扇鳍鱼类的头骨分成两部分的屈戌关节，而是一个坚固的骨质盒子，与原始四组陆生动物类似。这一原始肺鱼的颊齿也已退化，并被腭内和下颌上类似牙齿的碾压型“突起物”所取代。另外一个高级特征是腭与脑壳愈合（与陆生动物类似）。

名称：双鳍鱼（*Dipterus*）

年代：泥盆纪中期到晚期

地点：欧洲（德国和苏格兰）

大小：长 35 厘米

在喙肺鱼颌中起着牙齿作用的突起表面，到了双鳍鱼（上图）身上，则变成了腭和下颌上各一个扇形齿板。这种齿板在接下来的 3.8 亿年没有发生实质性的改变。

不过，其鳍的分布却发生了变化。现代种属的双鳍鱼的两个背鳍、尾鳍和臀鳍合并在一起。

名称：固利佛纳托斯肺鱼（*Griphognathus*）

年代：泥盆纪晚期

地点：澳大利亚（西澳大利亚）和欧洲（德国）

大小：长 60 厘米

泥盆纪末期，演化出了各种特化的肺鱼。固利佛纳托斯肺鱼有着细长的鼻子和像牙齿一样的小齿，星星点点地分布在腭和下颌上，覆有珐琅质。与该目其他所有成员一样，这种肺鱼也覆有重叠的圆形大鳞片，尾巴不对称。

走向陆地的动物

INVADERS OF THE LAND

现代的水螈和蝾螈（有尾目）、青蛙和蟾蜍（无尾目）是约 3.7 亿年前的四足动物从水中走出，利用陆地所提供的环境而演化幸存的两栖动物。然而，它们史无前例的登陆之举并非完全成功，因为两栖动物仍然要返回水中繁殖，而它们的后代——爬行动物才真正地征服了陆地。

“两栖类”一词就点明了该类动物的实质特征，意为“兼备两种栖息方式”，指的是它们能够栖息在两种完全不同的环境中——它们的鱼类祖先仍然栖息的水环境和它们的后代爬行动物最终选择的陆地环境。

破壳而出的两栖动物幼体适应了水中生活——因为它们具有鳃和用于游动的尾巴。之后它们的身体结构将发生急剧变化（变形），把祖先多年的演化过程压缩到数周之内，用肺和强壮的四肢取代水栖特征，以适应陆地生活。

根据化石记载，人们有许多理由相信古生代的两栖动物也经历了同样的水栖发展过程。有些标本的幼体化石中保存有鳃的痕迹，而成体的没有鳃，必然是通过肺呼吸的。

而另一些化石标本中，如蜥螈（见第 197 页）幼体的头部仍然可以见到侧腺感觉器（继承自其鱼类祖先）的痕迹。这些器官只会在幼体的水栖环境中才能发挥其作用。

最后一点，现存的某些两栖动物，如北美洲的水栖蝾螈，已经完全回归水栖生活，原本只有幼体才有的鳃一直保留到了成体时期。某些古生代的两栖动物，如长有三对羽状鳃的异螈（见第 197 页），也同样具有这个特征。

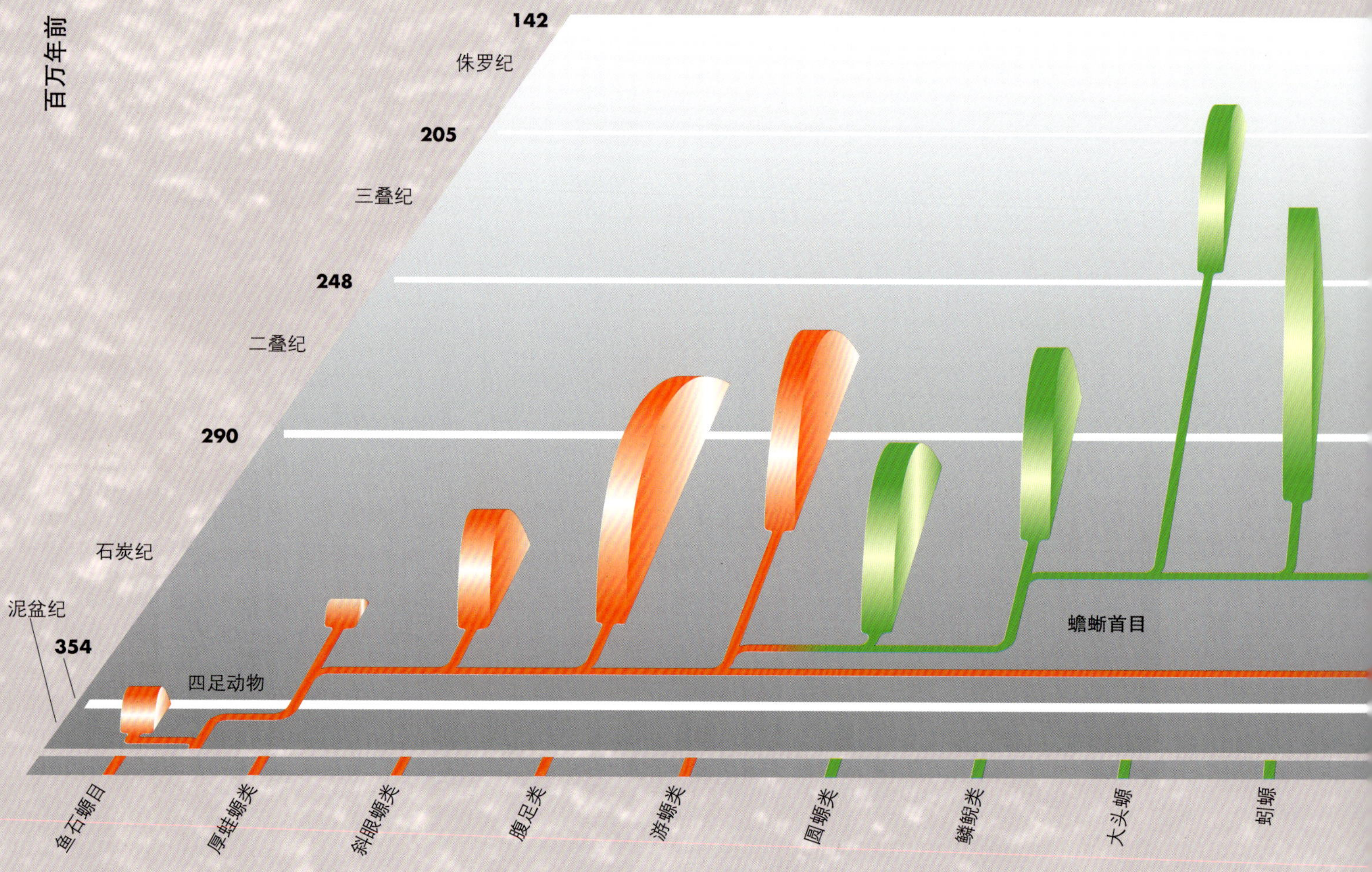

在陆地上的呼吸问题

The problems of breathing on land

现代两栖动物典型的湿润皮肤是它们与古生代祖先的最大区别之一。现代两栖动物通过湿润皮肤辅助正常的肺部呼吸，这一点也反过来限制了它们的大小和生活方式。许多古生代两栖四足动物躯体上都覆有鳞片或装甲，且体形较大。这两点表明原始四足动物尚未演化出其现代后裔所具有的皮肤呼吸系统，因此，这些从水中走向陆地的远古四足动物必然具有不透水的皮质皮肤或鳞片，以免水分流失。这样的外层会使得它们行动缓慢，笨重不堪。

现有的两栖动物都是滑体亚纲类，这类生物可辨识的化石仅能追溯到三叠纪。它们与已灭绝的原始四足动物之间的演化关系尚未确定，这也是最早走向陆地的脊椎动物不被看作两栖动物，而只被当作四足动物的原因。

争议不断的血统关系

A controversial lineage

古生物学家们一致认为四足动物来源于肉鳍鱼的三个类群之一，它们分别是：现存的肺鱼类；同样现存的腔棘鱼类；已灭绝的扇鳍鱼类（孔鳞鱼目和骨鳞鱼目）。

这些鱼类成对的肉鳍上的肌肉和骨质中轴为早期四足动物（见第 193 页）的四肢演化提供了结构基础。同样的，这些四足动物几乎毫无疑问地具有与两栖动物一样的肺。例如，现存的肺鱼就有肺，同样的结构也出现在现存的腔棘鱼（见第 188 页）身上。人们认为已灭绝的扇鳍鱼类也有肺。支撑这一理论的证据在于肺鱼和扇鳍鱼类的腭上长有开口，与两栖动物的内鼻孔相似。

多数古生物学家认为，原始四足动物演化自扇鳍鱼类，因为它们头骨和鳍（四肢）的布局极为相似。然而，另一些古生物学家则相信肺鱼是四足动物的祖先，因为现存肺鱼的肺、鼻孔和四肢等的发育都与现存两栖动物极为相似。

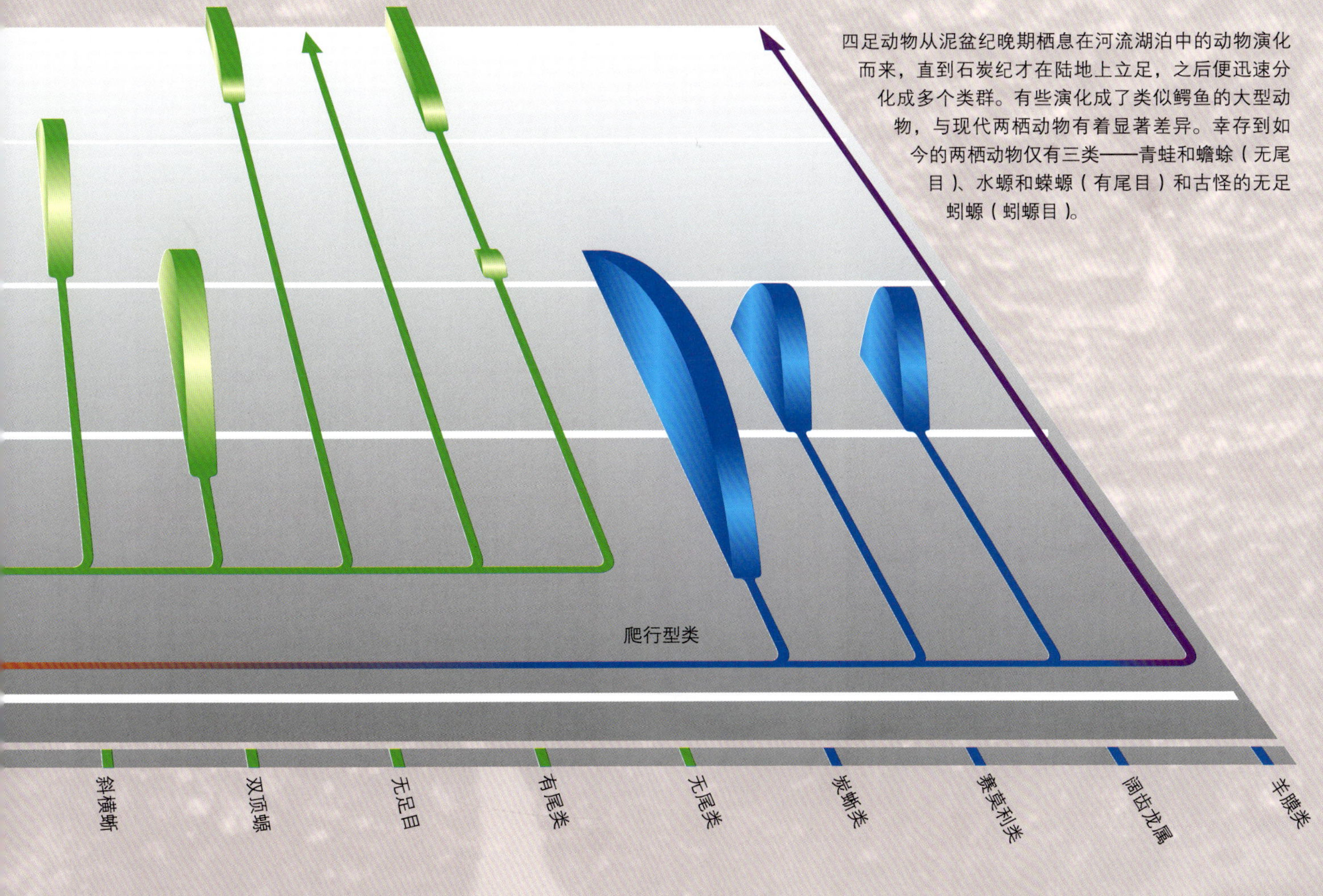

四足动物从泥盆纪晚期栖息在河流湖泊中的动物演化而来，直到石炭纪才在陆地上立足，之后便迅速分化成多个类群。有些演化成了类似鳄鱼的大型动物，与现代两栖动物有着显著差异。幸存到如今的两栖动物仅有三类——青蛙和蟾蜍（无尾目）、水螈和蝾螈（有尾目）和古怪的无足蚓螈（蚓螈目）。

最早的四足动物

棘螈（上图）和鱼石螈是已知最重要的早期四足动物。它们融合了尾巴侧面扁平、鳃和侧腺感觉器等鱼类特征和四肢及胸腔较深等四足动物特征，似乎可以填补鱼类和走向陆地的四足动物之间的演化"鸿沟"。然而，人们后来发现它们的四肢演化得更适合在流动迅速的浅溪中游动，而非在陆地上行走。这些四肢，尤其是向后的后肢，很可能被当作游动器官。前肢可以抓握水下的植物根茎，也可以翻开小溪里的沉积物以寻找食物。最近发现的棘螈和图拉螈极大地拓展了我们有关早期四足动物演化方面的知识。过去人们普遍认为这些动物为四足动物奠定了五趾基础，其实并非如此。棘螈有八根手指和脚趾，鱼石螈有至少七根脚趾，手指数量未知，而图拉螈则有六根手指和脚趾。所谓的五趾肢体基础直到石炭纪才得以奠定。

演化良机

AN EVOLUTIONARY OPPORTUNITY

无论最早的四足动物从哪一个种群演化而来，人们感兴趣的都是它们的祖先为何离开水而走向陆地，毕竟陆地上的温度变化更大，还要冒着被晒干的危险。人们曾在某一段时间认为这种演化是在容易受季节性干旱的环境中发生的。在这样的环境中，有些鱼为了离开不断干涸的池塘或溪流，长途跋涉去寻找另外一个可能还有水的家园。

目前的理论认为，最早的四足动物更有可能是因为受到水域里捕食者的压力才向陆地转移的。长有肺和肌肉发达的短粗四肢的原始四足动物为了躲避大型食肉鱼类，很有可能会爬出水面，爬上河岸。一旦登上陆地，它们就能从栖息在泥土和潮湿植被中的无数昆虫、蠕虫、蜗牛及其他无脊椎动物那里获得充足的食物来源。这样的需求激发了最终产生最早走向陆地的四足动物的演化。

从石炭纪到三叠纪的 1.5 亿多年时间里，早期的四足动物分化成许多不同的类群，其中 70 余科获得命名。它们的化石遗迹表明某些四足动物演化成为真正的两栖动物，统称为蟾蜥首目，而另一些则朝着羊膜爬行动物演化，统称为爬行型类。

早期四足动物的辐射型演化

RADIATION OF THE EARLY TETRAPODS

最早的四足动物化石，如鱼石螈，已被发现于格陵兰岛的泥盆纪晚期化石中。当时——约 3.7 亿年前，格陵兰岛尚属靠近赤道的欧美大陆的一部分，从现在的北美洲西部延伸到东欧。

这些早期四足动物及其近亲爬行动物的显著分布特征在于：到了二叠纪中期（约 1 亿年后），几乎所有的种类都只有在格陵兰岛这块前欧美大陆上才能找到，强有力地表明欧美大陆是它们首次演化并分化的基地。到了二叠纪中期之后，亚洲和冈瓦那大陆南部与欧美大陆相接，形成超级大陆泛大陆，两栖动物和爬行动物才开始向全球扩散。

在紧跟泥盆纪之后的石炭纪早期，古生代两栖动物品种有所增加。这些两栖动物几乎都属于水栖或半水栖动物。

到了石炭纪晚期时期，欧美大陆的许多地方变成了低洼的热带沼泽地，高达 15~40 米的针叶树和高达 7.5 米的树蕨从这些沼泽地里拔地而起，种子蕨和其他较小的植物也大量繁殖起来。各种昆虫、蜘蛛、千足虫和蜈蚣栖息在覆盖着森林地面的厚厚的落叶层里。巨脉蜻蜓是一种类似蜻蜓的大型昆虫，在树丛中飞来飞去，翼展可达 76 厘米。另一种类似蜈蚣的节肢动物远古蜈蚣虫长达 2 米，以落叶层为食。厚厚的落叶最终形成了丰富的煤矿。

该大陆的淡水鱼类多种多样，为两栖动物提供了丰富的食物来源。已知的石炭纪晚期两栖动物群总共构成 34 科 74 属，涵盖了所有古生代目级两栖类。在接下来的二叠纪，古生代两栖动物达到了种类的高峰期，已知的几乎有 40 科 100 属。然而，在二叠纪 4000 万年左右的时间里，两栖动物群发生了一个有趣的变化。

二叠纪早期的两栖动物因美国得克萨斯州的红色岩层而为人所熟知。这些红色岩层与密西西比河周围的地质环境一样，似乎形成于冲积平原或三角洲环境，两栖动物与早期似哺乳爬行动物盘龙在这里共同生活。

此时，两栖动物开始了走向陆地的决定性转变：约 60% 为陆地生物，约 15% 为半水栖，只有 25% 为完全水栖生物。

不久，两栖动物开始了征服大陆活动的高峰。人们在非洲南部的二叠纪晚期的干燥台地高原发现一个两栖动物群，其中的陆生和水栖生物种类已经持平，大多数陆生生物都已演化出保护性的躯甲。这一变化源于兽孔目动物和似哺乳爬行动物（见第 332 页至第 337 页）的兴起，它们将两栖动物从刚刚占有的陆地领地上驱赶了出来。

古老两栖动物的让贤

DEMISE OF THE ANCIENT AMPHIBIANS

三叠纪见证了原始的两栖动物最终被从陆地上驱赶出来的过程。尽管已知的原始两栖动物有 80 余属，它们仅占 15 科，并且都属于离片椎目，且几乎无一例外地都是水栖生物，但有些体形相当大。已知最大的原始两栖动物是来自非洲南部的古鳄，体长可达 4 米。

曾长期存在的原始两栖动物类群如今几乎已经绝迹了，仅有侏罗纪的两个属为人所知，一个分布在澳大利亚，另一个分布在中国。到了三叠纪，皮肤湿润的现代两栖动物的祖先已经出现。最早的青蛙——三叠蛙来自于三叠纪早期的马达加斯加；最早的有尾类（现代水螈和蝾螈所属的群体）骨头发现于侏罗纪的岩石。现代两栖动物的另一个目——蚓螈目（无足目）在化石遗迹中几乎寻不到踪迹。

从肉鳍到前腿

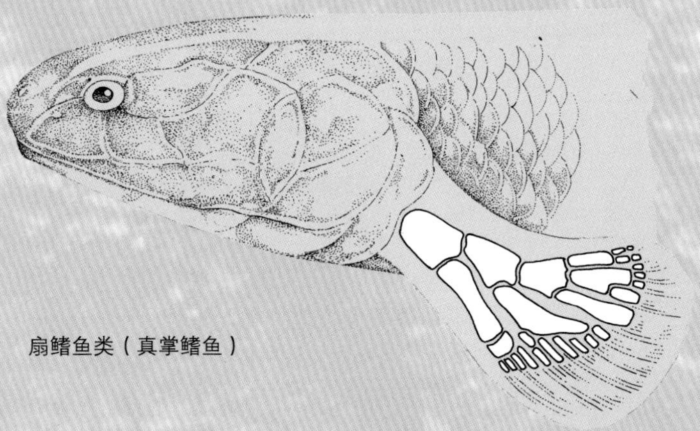

扇鳍鱼类（真掌鳍鱼）

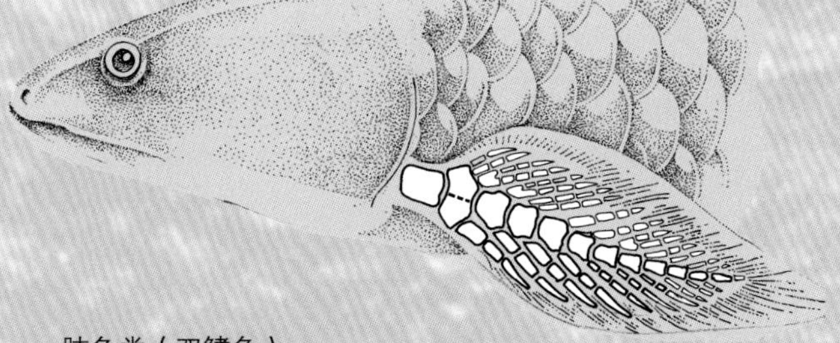

肺鱼类（双鳍鱼）

陆生动物的祖先是肉鳍鱼的一种。它可能是如真掌鳍鱼的扇鳍鱼类，也可能是以当今肺鱼为代表的肺鱼类。上图所示为两种鱼类的胸鳍内骨。

早期四足动物

EARLY TETRAPODS

最早登上干燥陆地的四足动物很有可能是从最早的水栖四足动物演化而来的。到了石炭纪，植被丰富的新陆生栖息地形成，无数的节肢动物生存其间，为走向陆地的四足动物提供了良好的生存环境。

以前这些动物被细分为三类：体形较大、锥形牙齿内有错综复杂的珐琅质的迷齿亚纲；牙齿简单的小型壳椎亚纲；诸如现今青蛙和蝾螈的现代滑体亚纲。但研究表明，迷齿亚纲和壳椎亚纲均包含血统不同的无亲缘类群，该分类方式从此被更改了。

棘螈科

FAMILY ACANTHOSTEGIDAE

到目前为止，本科仅有一个类群——棘螈。但是，这一原始四足动物的特征足以使它与鱼石螈区分开来，并被单独列为一个科。两对发育良好的肢体表明这些动物已经发生变化，但对这些肢体关节和内鳃的分析显示，它们从根本上仍然是水栖生物。

名称：棘螈（*Acanthostega*）

年代：泥盆纪晚期

地点：格陵兰岛

大小：长 60 厘米

20 世纪 80 年代新发现的棘螈化石革命性地改变了人们对这一早期四足动物的看法。它有着脆弱的腕骨和踝骨，后肢靠后，适于游泳而非行走。棘螈有八根手指，而不是脊椎动物的五根手指。棘螈保留了一些与鱼类相关的特征，如扁平的尾巴和侧腺系统。它没有发育良好的肋骨，但具备内鳃。

棘螈的颌内有一排尖锐的牙齿，表明它是以鱼类为食的活跃的食肉动物。

鱼石螈科

FAMILY ICHTHYOSTEGIDAE

早期四足动物的化石极为稀少，以至于目前多数种类都分属各自的科。另外，它们的相互关系也尚不可知，所以也没有高级分类。目前鱼石螈科化石仅发现于格陵兰岛的泥盆纪晚期岩石中。

名称：鱼石螈（*Ichthyostega*）

年代：泥盆纪晚期

地点：格陵兰

大小：长 1 米

鱼石螈是最早的四足动物之一，是比任何鱼类祖先都大的大型水栖动物，体躯深厚，头骨沉重，长满坚硬的骨头。其四肢发育良好，但并不像人们之前所想的那样适于陆地行走。其后肢与海豹一样朝后，更适合滑动，而非行走。它的足有七根脚趾，前肢是否有指尚不可知。如果其前肢与同时代的棘螈类似，则会有超过五根手指，以适应在湍急的河流中抓握植物，翻开沉积物以捕食节肢动物及软体动物。

该动物与鱼类相似的尾巴两侧扁平，柔弱的鳍更适合游泳而非陆地行走。其肋骨扁平，使侧面显得深厚。它还具有侧腺感觉系统，和鱼类用来感知波动的感觉系统相似，但只在水中有效。

鱼石螈的头骨扁平，眼睛高高地位于头顶上，其视野与现存水栖的鳄鱼相似。宽阔的嘴里长满锥形小尖牙。腭上也有牙齿，其中一些较长，形状似扇，与扇鳍鱼类的牙齿类似，非常适合活跃的食肉动物。

对鱼石螈和另一种早期四足动物的研究表明，它们并非如人们之前所想的是走向陆地的动物，而是更适应泥盆纪晚期大陆上湍急的浅河生活。

斜眼螈科

FAMILY BAPHETIDAE

该科为石炭纪早期四足动物，主要特征为眼窝呈锁眼形，前方有不同寻常的开口，可能用来容纳特殊的腺。

名称：尤克里塔螈（*Eucritta*）

年代：石炭纪晚期

地点：苏格兰

大小：长 25 厘米

这块新发现于 3.34 亿年前苏格兰岩石的化石包含了联结不同类群的四足动物的特征：其头骨类似两栖动物，腭类似爬行动物，眼窝属于斜眼螈科。它的发现支持了这样一种观点，即早期四足动物兴起之时，两栖动物和爬行动物之间还没有像现在一样的分化。

黑湖尤克里塔螈栖息在活火山环绕的浅湖中。

未定目

ORDER UNCERTAIN

剩下大概五个石炭纪四足动物类群发现于欧洲和北美洲。它们可以被分为不同的科，但并不符合任何已知的目。

名称：厚蛙螈（*Crassigyrinus*）

年代：石炭纪早期

地点：欧洲（苏格兰）

大小：长 2 米

厚蛙螈体形似鱼，像一条逐渐变细的长长的尾巴，有着类似鳍的小四肢。头长约 30 厘米，长满牙齿的颌能够大张。相距较近的眼睛大得异常。这些非同一般的特征都表明厚蛙螈已经不再使用四肢，重新回归水栖生活。它的牙齿与以鱼类为食的动物相似，流体学外形躯体表明它是游动迅速的食肉动物。大眼睛意味着它可能在石炭纪漆黑泥泞的沼泽中捕食猎物。

名称：格里尔螈（*Greererpeton*）

年代：石炭纪早期

地点：北美洲（美国西弗吉尼亚州）

大小：长 1.5 米

尽管格里尔螈随着最早的陆生离片椎目一同演化，之后不久却完全回归了水栖生活。它细长的型极为适合在水中左右摆动。低矮扁平的头部长约 18 厘米，细长的身体（有 40 块椎骨，是正常情况的两倍）末端是长长的尾巴。腿部较短，各有五根用于转向和制动的脚趾。

沿格里尔螈头骨两侧分布的开口凹槽是沿袭其鱼类祖先的特征，是用于感知水波的侧腺感觉器管道。格里尔螈的耳部结构不像陆生两栖动物一样发达。

在某些分类法中，圆螈科和离片椎目被列为一类，而在另一些分类法中则和石炭蜥目列为一类，其实它的头骨与两类中的大多数成员都不相同。

离片椎目

ORDER TEMNOSPONDYLI

离片椎目无疑是在约 3.3 亿年前的早石炭世末期演化的两栖动物。在随后的 1.2 亿年里，它们演化成多种多样（通常体形较大）的陆生动物。然而，随着陆生似哺乳爬行动物（见第 326 页至第 337 页）在二叠纪早期的兴起，离片椎目被迫退回之前的潮湿地区。离片椎目在侏罗纪早期已经灭绝，但在此之前，某些成员孕育出了无尾目，即现代青蛙和蟾蜍的祖先（见第 200 页）。

早期四足动物

EARLY TETRAPODS

名称：蚓螈（*Eryops*）

年代：石炭纪晚期到二叠纪早期

地点：北美洲（美国新墨西哥州、俄克拉荷马州和得克萨斯州）

大小：长 2 米

该大型半水栖动物属于蚓螈科，从石炭纪晚期（宾夕法尼亚亚纪）到二叠纪末期活跃于北美洲。

蚓螈健壮的体格和大大的头部由短粗的四肢支撑。背部覆有骨板，可能是在蚓螈从水中走向陆地时辅助支撑其躯体。

头部的尺寸和颌关节的位置表明蚓螈可能在水中捕食，生理学显示在陆地上如果不将头完全抬离地面，它的嘴可能不会张开。

蚓螈是其所在生物系的顶级食肉动物之一，是真正的两栖动物，以小型四足动物和鱼类为食。

名称：巨头螈（*Cacops*）

年代：二叠纪早期

地点：北美洲（美国得克萨斯州）

大小：长 40 厘米

巨头螈属于双顶螈科。该离片椎目科动物出现时间稍晚于蚓螈，在三叠纪早期灭绝。许多双顶螈科都是完全适应了陆地生活的两栖动物。

巨头螈及其近亲与某些蚓螈目动物一起很快适应了石炭纪较为干旱的气候。巨头螈已经极为适应陆地生活。其体表覆有骨板，脊椎骨上长有一排厚厚的装甲。它的腿也极为适合行走，结构上几乎与爬行动物没什么分别。每只眼睛后宽阔的开口（耳凹）都覆有一张紧绷的薄膜，起到鼓膜的作用。

名称：帆螈（*Platyhystrix*）

年代：二叠纪早期

地点：北美洲（美国得克萨斯州）

大小：长 1 米

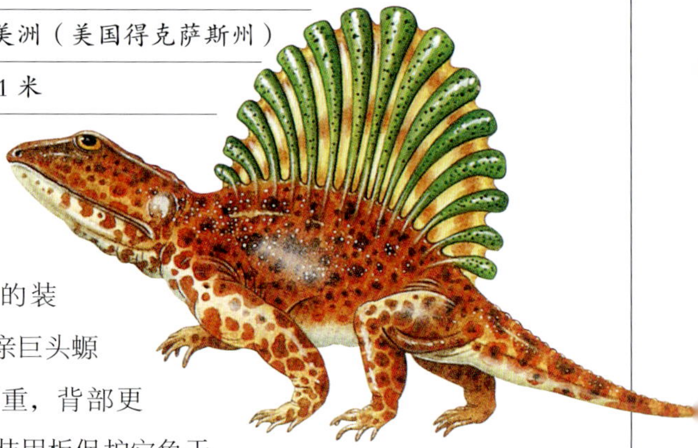

帆螈的装甲比起近亲巨头螈的更为厚重，背部更加强壮的装甲板保护它免于捕食者的袭击。某些食肉的盘龙目，如楔齿龙科的异齿龙，与帆螈生活在同一时期，并以帆螈及其陆生近亲为捕食对象。

帆螈最显著的特征是其背部壮观的“帆”，由从椎骨上长出的高耸的刺构成，血红的皮肤可能全面覆盖该结构。同时期的盘龙目如异齿龙和基龙，也有着巨大的帆。人们认为这些帆是辅助这些冷血动物调节体温的工具。

名称：盾甲螈（*Peltobatrachus*）

年代：二叠纪晚期

地点：非洲（坦桑尼亚）

大小：长 70 厘米

盾甲螈移动缓慢，是完全陆生的两栖动物。其躯体与犰狳一样，被包裹在厚重的装甲中，以保护它们免受当时的主要食肉动物——长着大犬齿的丽齿兽亚目动物（见第 333 页）的袭击。

盾甲螈的肩部和臀后的分布有宽盾，身体上有条带状紧密结合的骨板。该两栖动物的牙齿尚未发现，但可能与现代犰狳一样以昆虫、蠕虫和蜗牛为食。

名称：*Paracyclotosaurus*

年代：三叠纪晚期

地点：澳大利亚（昆士兰）

大小：长 2.3 米

到了三叠纪时期，两种似哺乳爬行动物——二齿兽和犬齿龙已经主宰了陆地，*Paracyclotosaurus* 及大头螈科的其他两栖动物被迫重返水中。这些三叠纪水栖动物普遍朝着躯体变扁平的趋势演化。身体庞大的 *Paracyclotosaurus* 的头顶扁平，长达 60 厘米。头部与颈部的连接点几乎与颌关节位于同一平面，仅需将头部抬起，嘴巴就能张开。

名称：异螈（*Gerrothorax*）

年代：三叠纪晚期

地点：欧洲（瑞典）

大小：长 1 米

水栖动物躯体扁平化的趋势在斜横蜥类上达到顶峰，异螈为其中之一。这种大型两栖动物可能静静地伏在小溪底部或湖底，躲藏在泥沙和卵石间，用它长在头顶上的眼睛搜寻鱼类。异螈甚至还可能用从口中悬挂的颜色鲜艳的肉饵来吸引鱼类，一旦鱼类进入抓捕区域，它便迅速合拢颌，将猎物困在嘴中。

异螈可能终生生活在水中，因为它们幼体时的三对羽状鳃仍然保留着。由此看来，这些化石两栖动物与其现代同类一样，在发育成为以肺呼吸的四足成体之前，都会经历一个以鳃呼吸的水栖幼体阶段。

石炭蜥目

Order Anthracosauria

石炭蜥目是起源于石炭纪时期并幸存到二叠纪中期的两栖四足动物，无论数量与种类都不能与离片椎目相提并论。其成员涵盖了爬行动物的祖先，被归于爬行型类。

名称：始螈（*Eogyrinus*）

年代：石炭纪晚期

地点：欧洲（英格兰）

大小：长 4.6 米

始螈是一种很长的水栖食肉动物，可能在石炭纪煤矿森林的三角洲和沼泽地里过着短吻鳄一般的生活。它长长的尾巴强劲有力地滑动着，背部似鱼类的高耸背鳍稳定着身躯，令它能毫不费力地追逐猎物。

名称：蜥螈（*Seymouria*）

年代：二叠纪早期

地点：北美洲（美国得克萨斯州）

大小：长 60 厘米

蜥螈的标本发现于得美国克萨斯州的红色岩层。它已经适应了陆地生活，具有很多爬行动物的特征（如腰带和肩带的结构）。

实际上，在蜥螈幼体化石被发现之前，人们最初认为它是一种爬行型类。它们的头骨清晰地呈现了鱼类侧腺感觉器的痕迹，其唯一的功能便是感知水的波动。

壳椎亚纲

LEPOSPONDYLS

与体躯庞大的离片椎目和爬行型类处于同一时代的是一种体形较小的食虫两栖动物，传统上归类为“壳椎亚纲”。如今人们知道这一分类包括了至少两个没有血缘关系的类群：已灭绝的蟾螈首目和现生滑体亚纲。这些两栖动物在石炭纪时期演化，活到了二叠纪末期。

在这大约 1 亿年的时间里，各种各样的蟾螈首目演化，外貌与蝾螈或蛇类趋同。这些动物可以归为三个大目——缺肢目、纳克螈目和鳞鲵目。

缺肢目

ORDER AÏSTOPODA

缺肢目是蟾螈首目中最早的类群，是所有两栖动物中最特化的动物。它们首次出现在石炭纪早期（密西西比亚纪）——比最早的四足动物鱼石螈（见第 194 页）登陆晚了大约 2000 万年。据推测，缺肢目可能最早是四足的，但腿部很快退化，变成了蛇形的穴居两栖动物。

这种特化的生活方式显然大有益处，毕竟缺肢目存在了 8000 多万年，直到二叠纪中期才灭绝。

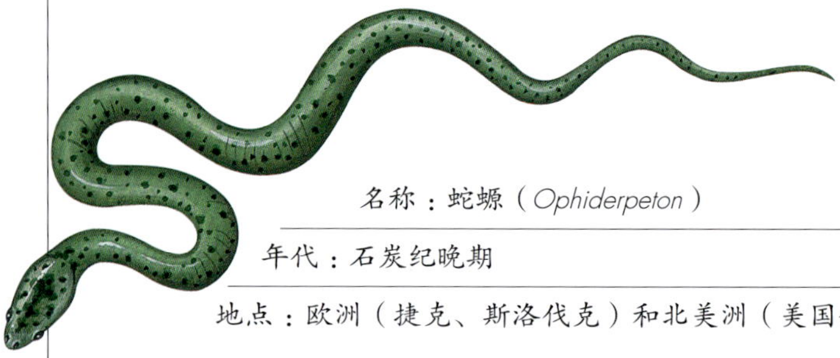

名称：蛇螈（*Ophiderpeton*）

年代：石炭纪晚期

地点：欧洲（捷克、斯洛伐克）和北美洲（美国俄亥俄州）

大小：长 70 厘米

该蛇形缺肢目动物全身共由约 230 块椎骨构成，骨骼上没有四肢的痕迹，眼睛较大，位于头骨前方，而头骨长约 15 厘米，结构与原始四足动物类似，但二者之间并未发现确定联系。

蛇螈是穴居动物，这在石炭纪晚期有着极大优势：森林地面和沼泽地堆积着大量的腐烂植被，形成了当今的矿床。昆虫、蠕虫、蜈蚣、蜗牛和其他无脊椎动物生存在这些废墟之间，为蛇螈提供了丰富的食物来源。

名称：*Phlegethontia*

年代：石炭纪晚期到二叠纪早期

地点：欧洲（捷克、斯洛伐克）和北美洲（美国俄亥俄州）

大小：长 1 米

尽管 *Phlegethontia* 与蛇螈一样有着蛇形身躯，而且可能过着穴居生活，它的头骨结构却非同一般。被窄骨分割开来的巨大开口，使得头骨结构十分轻盈（像现代蛇类一样有孔）。

游螈目

ORDER NECTRIDEA

游螈目是四足两栖动物，其外表似水螈，扁平的长尾巴在游动时提供推进力。它们是完全的水栖生物，在石炭纪晚期演化，到二叠纪末期灭绝。

早期游螈目的头骨结构与早期四足动物类似，四肢发育良好，各有五根脚趾。该目的后期成员前肢较小，各少了一根脚趾，某些种类的吻部也变得极为细长。

名称：*Keraterpeton*

年代：石炭纪晚期

地点：欧洲（捷克、斯洛伐克）和北美洲（美国俄亥俄州）

大小：长 30 厘米

Keraterpeton 的尾巴是其体长和头长总和的两倍有余。它

两侧扁平，为它穿梭泥泞的煤沼提供了推进力。五趾的后腿比四指的前腿长，眼睛位于短短的圆头骨远端。

尽管体躯细长，它的椎骨却并没有增多（平均 15-26 个），这一点与其他长体两栖动物大不相同，如石炭蜥目始螈的臀部前方就有 40 根椎骨（见第 197 页）。

名称：笠头螈（*Diplocaulus*）

年代：二叠纪早期到晚期

地点：北美洲（美国得克萨斯州）

大小：长 1 米

笠头螈有着非同一般的三角形扁平头部，与回旋飞镖十分相似。头骨后方两侧的两根骨头向后延长，形成三角形的两个尖。

笠头螈的躯体短小，四肢柔弱，尾巴不像其他纳克螈目动物那么长，这一生理特征使得一些古生物学家认为它靠扁平身体的上下波动穿梭于水中，而不像其他两栖动物一样使用尾巴。

笠头螈可能栖息在池塘和溪流底部。其头部两侧的三角形“翼”可能起着水翼的作用，使得它能迎着水流游动，或者这种奇怪的头型使得它难以下咽，以抵御当地体躯庞大的半水栖离片椎目，如蚓螈（见第 196 页）。

鳞鲵目

ORDER MICROSAURIA

鳞鲵目又称“小型蜥蜴”，是壳椎亚纲种类最繁多的动物：像蜥蜴一样的陆生动物，有腿的穴居生物，成体时还留有幼体的鳃的水栖生物。尽管种类繁多，所有的鳞鲵目的腿和尾巴都很短。

鳞鲵目于石炭纪晚期演化，并存活到二叠纪早期。它们可能是真螈和北冠欧螈的祖先。

名称：小鲵螈（*Microbrachis*）

年代：石炭纪晚期

地点：欧洲（捷克、斯洛伐克）

大小：长 15 厘米

小鲵螈有着水栖动物典型的细长躯体，由 40 多块椎骨组成。它的腿很小，对游动不起任何作用，而是通过身体和长尾巴的左右波动来游动。这一两栖动物可能以淡水浮游动物中小型的虾类无脊椎动物为食。

小鲵螈就是蟾蜥首目中的小人物，因为它还保留着幼体时期的羽状鳃。这一现象被称为滞留发生，许多现代蝾螈也有此类情况，如欧洲和北美洲蝾螈中的洞螈。墨西哥的美西螈也保留着其幼体时的蝌蚪形尾巴。

名称：*Pantylus*

年代：二叠纪早期

地点：北美洲（美国得克萨斯州）

大小：长 25 厘米

该鳞鲵目的主要特征是有鳞片的小躯体上长着一颗大头。它是适应良好的陆生动物，用短粗的四肢行走。它可能像现代蜥蜴一样生活，追逐昆虫和其他的小型无脊椎动物，并用无数的大钝牙将猎物压碎。

壳椎亚纲

LEPOSPONDYLS

无尾目

ORDER ANURA

无尾目——青蛙和蟾蜍——的成体是特化程度最高的脊椎动物，有着动物界最短的脊柱和最强的弹跳力。从无四肢的食植长尾巴游动的蝌蚪到用四肢弹跳的食虫无尾成体，无尾目经历了一次彻底的转变。

古生物学家们相当确定现代青蛙和蟾蜍就来自于陆生的离片椎目，很有可能就是蛤螈类（见第 196 页）。与现代青蛙类似的原始四足动物可以追溯到三叠纪早期（下图）。

名称：维尔蛙属（*Vieraella*）

年代：侏罗纪早期

地点：南美洲（阿根廷）

大小：仅长 3 厘米多

三叠蛙之后，出现了一个大约 3000 万年的演化鸿沟。接着，最早的青蛙出现在侏罗纪早期。

维尔蛙属是已知最古老的青蛙。从各方面来说，它的解剖学特征在实质上都与现代青蛙相同，都有着典型的格栅结构、长长的骨盆带（形似三叉）和长长的弹跳足。

名称：三叠蛙（*Triadobatrachus*）

年代：三叠纪早期

地点：马达加斯加

大小：长 10 厘米

这种小型蛙类生活在约 2.4 亿年前，其臀部结构表明它靠蹬出短后腿游泳。这一有力的运动可能经过数百万年的演化而变成现代青蛙的弹跳行为。

三叠蛙的头骨与现代青蛙极其相似。它可能在陆地上有着良好的听力，因为耳朵的骨质部位发育良好，并且两侧各有一个鼓膜来接收空气传播的声音。

三叠蛙身体相对较短，与原始两栖动物常见的 24 个椎骨相比，它仅有 14 个背椎，但与现代青蛙的 5 到 9 个背椎骨相比，它的椎体较长。它的尾巴也比较短，在现代无尾目身上已经退化。

三叠蛙是无尾目演化的一个过渡阶段，与其后裔的区别之大，足以使它单列一个已灭绝的目（原蛙目）和科。

名称：古蟾属（*Palaeobatrachus*）

年代：始新世到中新世

地点：欧洲（比利时和法国）和北美洲（美国蒙大拿州和怀俄明州）

大小：长 10 厘米

古蟾属是蛙类演化主线的一个分支，其大量化石保存在古近纪欧洲的淡水沉积物中，人们甚至发现了古蟾属的蝌蚪化石标本。

古蟾属的外表和行为可能与现代非洲爪蟾（*Xenopus laevis*）类似。由于身体呈流体学外形，蹼足强壮有力，它可能与鱼类一样是游泳能手。

有尾目

ORDER URODELA

水螈和蝾螈被统称为有尾目，首次出现在侏罗纪晚期。它们的现代后裔是特化程度最低的两栖动物：脊柱没有缩短，没有无尾目那样强壮有力

的弹跳足。与青蛙和蟾蜍不同的是，它们无需经历复杂的变形，因为幼体和成体生活方式类似，二者都是游泳的长尾食虫动物。

有尾目的祖先仍然是一个谜。它们可能与无尾目（有可能源自离片椎目，见第 195 页至第 197 页）来自同一个祖先，也可能是从鳞鲵目（见第 199 页）演化而来，不过将二者联系起来的化石尚未发现。

名称：卡拉螈（*Karaurus*）	
年代：侏罗纪晚期	
地点：亚洲（哈萨克斯坦）	
大小：长 20 厘米	

在已知的 1.5 亿年的演化过程中，蝾螈似乎变化极小。已知最古老蝾螈卡拉螈的结构实质上与现代蝾螈相同，其生活方式也可能相似——它是游泳能手和以蜗牛、蠕虫、甲壳类动物及昆虫为食的食肉动物。

未定目

ORDER UNCERTAIN

从演化方面来看，某些石炭纪晚期和二叠纪早期的陆生四足动物与脊椎爬行动物的祖先亲缘关系十分相近。它们被归于爬行型类，以能够围绕腭骨旋转的活动脑壳为主要特征。

名称：阔齿龙属（*Diadectes*）	
年代：二叠纪早期	
地点：北美洲（美国得克萨斯州）	
大小：长 3 米	

该属是二叠纪早期躯体最庞大的陆生动物之一。它的骨骼类似爬行动物，极为适应陆地生活，但有些特征使它不能被列为爬行动物。

阔齿龙属有着特化的头骨，长有骨质次生腭（高级爬行动物也具备这一特征，使得呼吸与咀嚼能同时进行，见第 329 页），但只是部分发育。短小强壮的颌内长有短粗的碾压型牙齿。

阔齿龙属可能以甲壳类动物为食，但它庞大的身躯表明它还会食用植物。倘真如此，它将是最早的植食两栖动物，与最早的植食爬行动物基龙生活在同一时代（见第 332 页）。

征服陆地的动物

CONQUERORS OF THE LAND

在脊椎动物的演化史中，每一个新的类群都必须具备某一个或多个新的特征，使得它们能更加如鱼得水地生活在祖先留下的环境中并取代祖先，否则它们就需要进一步开拓新的疆域。

彻底改变生命的卵

THE EGG THAT REVOLUTIONIZED LIFE

体形小于某个标准的脊椎动物几乎不能在陆地上存活。它们的四肢过于脆弱，无法支撑身体在陆地上行进，皮肤会迅速失去潮湿的保护层，进而脱水而死。两栖动物通过将生长分为两个阶段解决了这个问题。其卵首先发育成水栖的幼体，再逐步进食成长为小型的成体，此时离开水体，踏上陆地。爬行动物则有另外的解决之道。带壳的蛋这一创新之举使得爬行动物能够离开水体，并且安全地踏上陆地。它们略去了过去和现在的两栖动物仍然必经的幼体阶段。

爬行动物的蛋与鸟蛋类似，只是壳比较软且通常带有绒毛，而且水蛋白较少。蛋壳保护胚胎免于脱水致死和食肉动物的攻击。正在发育的爬行动物待在壳内十分安全，它们的发育时间也由此延长，并且只会在其体形在陆地上具有一定竞争力的时候才会破壳而出。

蛋壳难免会将爬行动物与周围的环境隔绝开来，因此，胚胎在发育过程中必须能够自给自足，其食物来源便是蛋黄和一系列独创的膜——羊膜、尿膜和浆膜，这些都将它们的蛋转变成了独立的生命支持装置。

现代爬行动物的蛋有着同样的膜。生物学家们确信有一

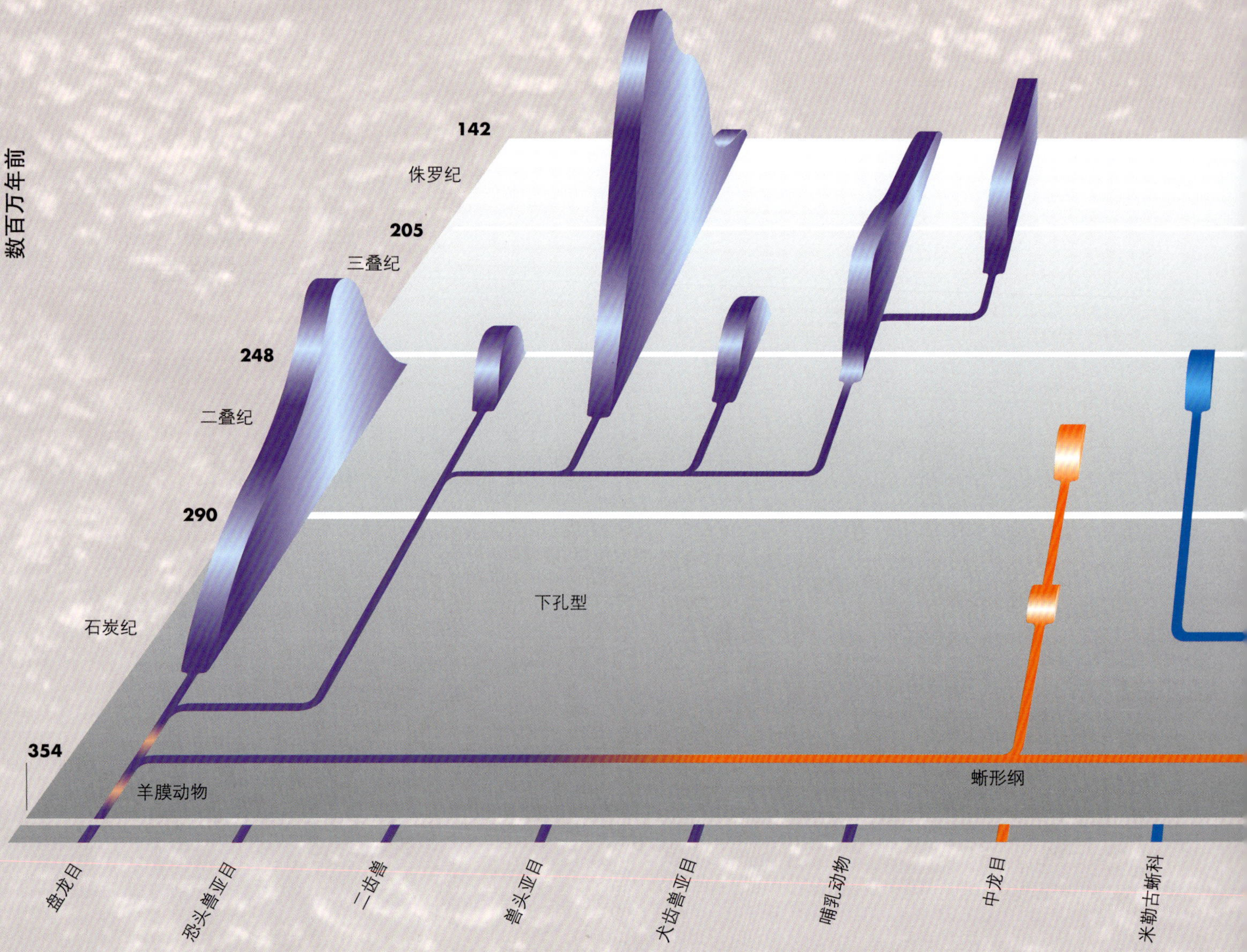

类原始爬行动物类群具备这一新的复杂的“膜”蛋特征，并且随后的所有类群都是基于这个特征发展的。

爬行动物成体的陆地适应
LAND ADAPTATIONS FOR ADULT REPTILES

尽管保护胚胎免于脱水致死是一大进步，但是征服陆地的壮举还需要另外两个重要因素才能实现。第一，爬行动物必须在脱壳之后防止自身被晒干致死。这一问题通过演化出防止水分流失的覆盖装甲或鳞片的骨质层而得到了解决。第二，为了生存，爬行动物必须演化出比其两栖动物祖先更有效的呼吸方式。两栖动物通过喉泵将空气压入肺部进行换气。爬行动物则演化出了一套新系统，即通过胸腔的扩张和收缩将空气吸入肺部再排出。这一系统仅受肺活量的限制，而不是嘴的大小。

然而，即便有了这些适应特征，现存的爬行动物仍然和两栖动物一样，受到一个方面的限制——它们都是冷血动物，换句话说，它们的能量几乎都来自太阳光的照射。当天气或气候变冷时，它们的体温就会降低，变得不再活跃。因此，爬行动物的生理要适应体温变低的变化，而且它们不能长时间保持活跃状态。

相反的是，体温恒定的鸟类和哺乳动物则通过食物获取能量，它们的体温相对较高且稳定。这也使得它们能够独立于周围环境，进而能更长时间地保持活跃状态。古生物学家们最近一直在争论恐龙属于冷血动物还是恒温动物。

与祖先一样，爬行动物和它们之前的鱼类都是通过左右摆动前行。爬行动物四肢的上半部分从身体两侧向外突出，所以每一步的距离决定于膝盖或肘关节到身体的距离。它们的足也呈一定角度向外突出，以抵消左右摆动所产生的侧向力。

如果它的脚能同时离开地面，其脚趾必然长度不同以均分体重。

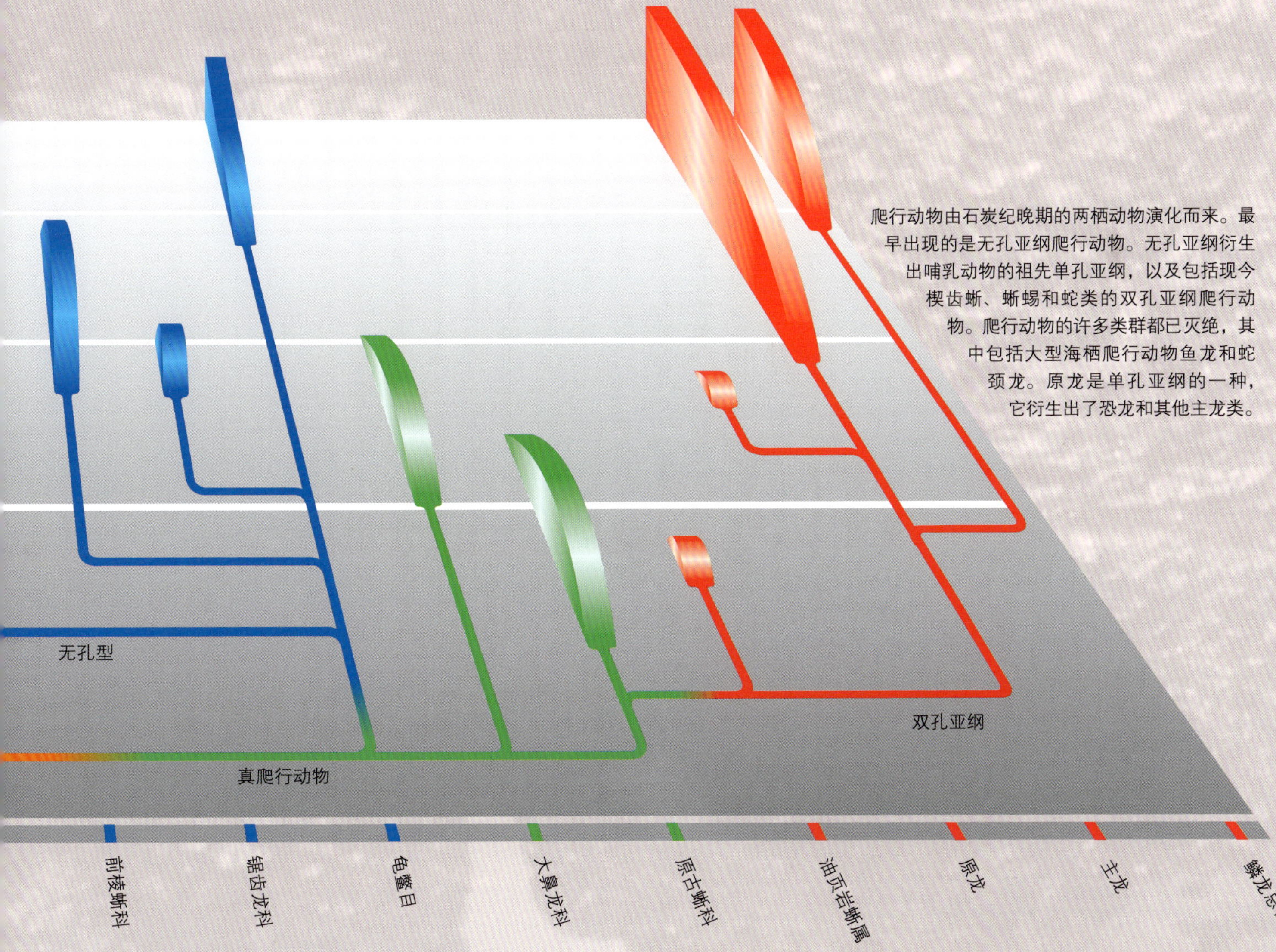

爬行动物由石炭纪晚期的两栖动物演化而来。最早出现的是无孔亚纲爬行动物。无孔亚纲衍生出哺乳动物的祖先单孔亚纲，以及包括现今楔齿蜥、蜥蜴和蛇类的双孔亚纲爬行动物。爬行动物的许多类群都已灭绝，其中包括大型海栖爬行动物鱼龙和蛇颈龙。原龙是单孔亚纲的一种，它衍生出了恐龙和其他主龙类。

有了这些身体结构和生理上的改变，爬行动物才能够完全征服陆地，甚至连最炎热的沙漠也不在话下。爬行动物演化的巅峰是大型恐龙，它们的体形是后来的哺乳动物也望尘莫及的。

爬行动物的辐射演化

RADIATION OF THE REPTILES

爬行动物由石炭纪晚期（宾夕法尼亚亚纪）某时段的四足动物演化而来。已知最早的爬行动物是林蜥（见第 206 页），它被保存在加拿大新斯科舍省的石炭纪晚期岩石中。这些岩石距今 3 亿年之久，比早期四足动物向陆地进发晚了 6000 万年。

林蜥之后，许多不同种类的爬行动物也演化出来。与早期两栖动物一样，所有的爬行型类也都被禁锢在古老的欧美大陆上。这些不同血统的爬行动物大多可以通过它们头骨上的开口布局加以区分。

羊膜卵

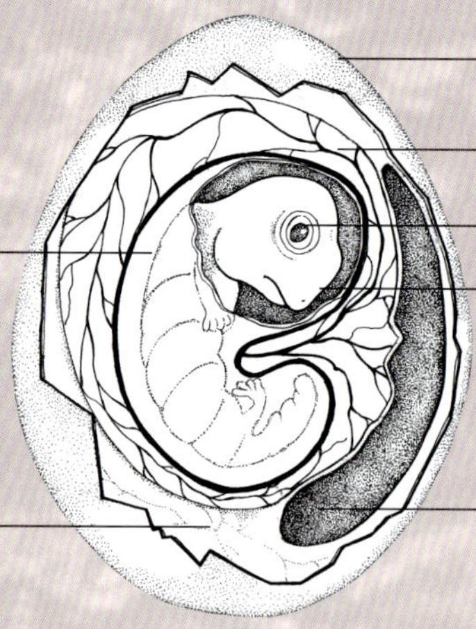

爬行动物蛋壳内有四种膜：羊膜、绒毛膜、尿囊和卵黄囊，它们为胚胎起到不同的保护作用，以乌龟为例。胚胎漂浮在充满液体的羊膜腔中，通过连接消化道的血管从周围的卵黄囊中获取营养，废物则被排入尿囊腔。氧气则通过绒毛膜进入蛋壳，而浆绒毛就位于多孔透气的蛋壳内。

爬行动物的起源

爬行动物是地球上发展最为成功的脊椎动物之一。尽管在 K-Pg 大灭绝期间爬行动物失去了所有的恐龙和无数的远亲，但是爬行动物（现有 6500 种）的种类仍然比哺乳动物（现存 4000 种）多。如今，大多数爬行动物都是体形较小的蜥蜴，且相当讽刺的是，整个爬行动物物种巨大的成就其实就来源于一种不太起眼的小型蜥蜴形生物。

有证据表明，发现于加拿大新斯科舍省石炭纪晚期地层的林蜥（下图）是已知最早的真爬行动物。更古老的类爬行动物，同时具备早期四足动物和爬行动物的特征，并被看作是“爬行型类”，如苏格兰的西洛仙蜥。

除头骨结构之外，还可以从脚踝和大血管的结构看出爬行动物之间的关系。有些爬行动物将一根踝骨弯成钩状，为其中一根足部肌肉提供了额外的平衡力（正如人类的跟骨为跟腱提供平衡力）。这种脚踝特征发现于所有的蜥蜴和龟类（包括现代龟鳖），也发现于其他“主龙类”血统——鳄鱼、恐龙及其近亲。

这些类群的现存物种的心脏附近的大血管也有一个非同寻常的结构，它们以螺旋形相互缠绕。综合头骨、脚踝和血管因素，古生物学家们确信这些爬行动物类群有着很近的血缘关系。

头骨结构
SKULL PATTERNS

原始爬行动物与两栖动物一样，头骨都是封闭的，除了眼孔和鼻孔之外，并无其他开口。它们的颌部肌肉与头骨骨顶的下部相连。

后期的大多数爬行动物的头骨重量有所减轻，因为某些部分的骨骼被一层更轻盈且类似肌腱的伸缩性物质所取代。这种物质会逐渐腐烂，不会形成化石，但它在头骨化石中的位置以骨头之间镂空的形式存在（称为颞颥孔）。这些孔不仅减轻了头骨的重量，还为颌部肌肉提供了更多的连接点，由此增加了嘴的咬合力。

头骨是否具备颞颥孔是区分爬行动物主要类群的基础特征，但这个标准最近受到质疑。最早的爬行动物（如林蜥和其他原古蜥科）都不具备颞颥孔，其头骨被称为无孔型头骨。

包括恐龙、翼龙和鳄鱼的主龙类爬行动物具备双孔型头骨，眼睛后各有一对孔。原始蜥蜴楔齿蜥科（现存唯一的成员为楔齿蜥）也有双孔型头骨。后来的蜥蜴头骨两侧下孔以下的骨边退化，它们的头骨变得更轻更灵活。蛇类将这一演化趋势发挥得淋漓尽致，其头骨的上孔和下孔之间的骨边已经完全退化。

其他的爬行动物类群归类相对较难。例如，已灭绝的海栖爬行动物幻龙和蛇颈龙就具备和大多数蜥蜴相似的头骨结构（有时被称作调孔型头骨）。这些类群似乎也源自双孔亚纲祖先。另外两种已灭绝的海栖爬行动物鱼龙和楯齿龙也具有调孔型头骨。这些动物各不相同，但也有异于蛇颈龙。每一个爬行动物类群都是从双孔亚纲演化而来，但人们并没有证据能够解释它们之间的遗传关系。已灭绝的双孔型食虫类喙头龙的起源也存在同样的不确定性。

爬行动物的移动方式

典型的爬行动物（如蜥蜴）的腿呈八字形向身体两侧张开，形成一种爬行步态，每走一步身体便会左右扭动。下图中的脊椎和四肢带着重显示，以展示其躯体的弯曲。

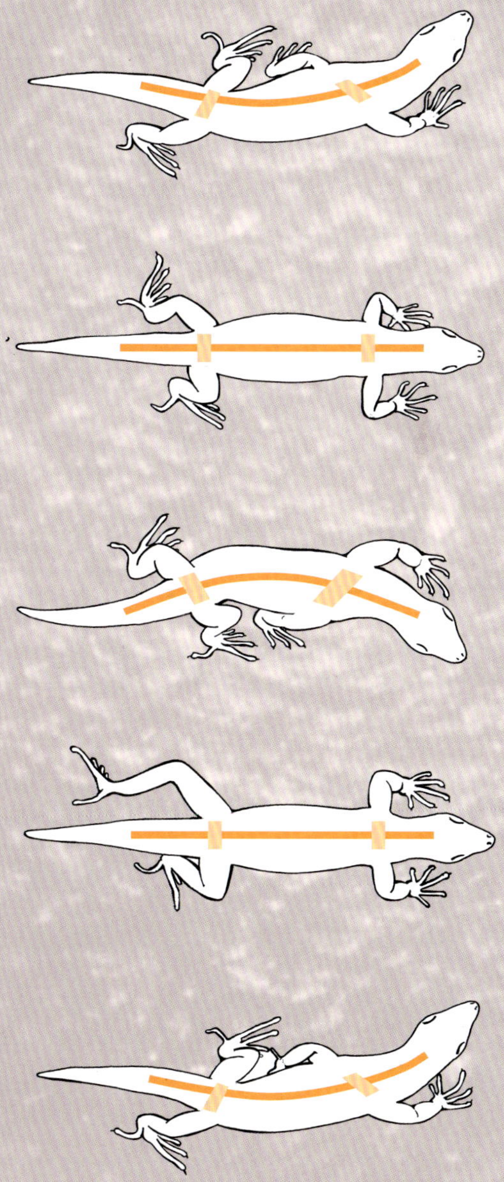

爬行型类

EARLY REPTILES

爬行型类

REPTILIOMORPHS

爬行型类是不完全具备爬行动物特征的脊椎动物。它们并非真正的爬行动物，可能是早期四足动物和真正的爬行动物之间的过渡形式。

名称	西洛仙蜥（*Westlothiana*）
年代	石炭纪晚期
地点	苏格兰
大小	长 30 厘米

西洛仙蜥于 1984 年首次发现，被昵称为“小蜥蜴里兹”。它以已知最古老的爬行动物和最古老的羊膜动物的身份登上头条。它能够产带壳的蛋，因此像两栖动物一样能在水外繁殖。“里兹”比之前发现于新斯科舍乔金斯的所谓最古老的爬行动物林蜥还早了大约 2600 万年。经过对西洛仙蜥头骨和头后骨骼的详细分析，人们发现它同时具备爬行动物和早期四足动物的特征，所以称之为“原羊膜动物”或“爬行型类”。

无孔亚纲

SUBCLASS ANAPSIDA

无孔亚纲是最原始的爬行动物，具有一个共同特征——头骨为沉重而又坚固的封闭式骨头，除了放置眼睛和鼻子（见第 205 页）的孔之外，别无它孔。控制颌部肌肉局限于这个坚硬的骨头内，由此限制了它们的大小和长度，也就意味着它们的嘴巴无法大张，闭合时也没多大咬合力。

高级爬行动物的颞颥孔演化后，颌变得更加灵活。这些双孔亚纲爬行动物及其后代的咬合力更强，嘴能张得更大，进而捕杀体形更大的猎物（见第 226 页）。

现存的无孔亚纲仅有一目，即龟类（包括龟和鳖，见第 210 页至第 213 页）。

另外两种原始爬行动物杯龙目和中龙目都已在约 2.5 亿年前灭绝。

大鼻龙目

ORDER CAPTORHINIDA

大鼻龙目（也被称为杯龙类）是最早、最原始的爬行动物，由 3 亿年前石炭纪晚期的两栖动物演化而来，但在 9000 万年后的三叠纪末期灭绝。

原古蜥科

FAMILY PROTOROTHYRIDAE

原古蜥科包括了已知最早的爬行动物。该科在石炭纪晚期首次出现，在二叠纪中期灭绝，生存时间长达 5000 万年。原古蜥科是众多特化类群演化之源，其后代包括主龙类爬行动物（见第 232–313 页）。

名称	林蜥（*Hylonomus*）
年代	石炭纪晚期
地点	北美洲（加拿大新斯科舍省）
大小	长 20 厘米

林蜥是已知最古老且完全适应陆地生活的脊椎动物。林蜥的类型与现代蜥蜴极为相似，它可能以昆虫和其他无脊椎动物为食，用圆锥形牙齿将食物碾碎吞食。它们的牙齿结构简单且没有特化，但有些前牙比其他牙齿略长，这一特征通常是高级爬行动物才具备的。

林蜥化石保存在新斯科舍省煤层中，可能它们钻入腐烂的巨大石松留下的洞内寻找无脊椎动物，结果被困在其中直至腐烂。

大鼻龙科
FAMILY CAPTORHINIDAE

大鼻龙科是生活在二叠纪的原始爬行动物，到灭绝时共生存了近 4000 万年，它们分布在非洲、亚洲、印度和北美洲。

尽管大鼻龙科是原始生物，但比起祖先原古蜥科却高级得多。它们的头骨更坚固，后脑已经与头顶和脸颊紧紧相连，颌内的数排牙齿能够咬碎坚硬的植物和硬壳动物。

名称：铗龙（*Labidosaurus*）
年代：二叠纪早期
地点：北美洲（美国得克萨斯州）
大小：长 75 厘米

这种原始爬行动物体格较大，身材矮胖，长有巨大的头部和短短的尾巴，其体形说明它很适应陆地生活。

铗龙是典型的大鼻龙科动物，颌内有数排牙齿能够同时发挥作用。这些牙齿在铗龙嘴内形成宽阔的表面，用于碾碎坚硬的植物和有壳无脊椎动物，如昆虫和蜗牛。

前棱蜥科
FAMILY PROCOLOPHONIDAE

该科从二叠纪晚期到三叠纪末期遍布全球，早期成员体形较小较轻。该科成员可能相当敏捷，追逐捕获昆虫和其他无脊椎动物，并用钉子状的小齿将它们碾碎。

不过，三叠纪中期以后的成员则成了齿列大不相同的大型生物，宽阔的臼齿显示它们可能以植物为食。

它们的头骨上长着外向的骨钉，据推测是用来抵御笨重的食肉动物的工具。

名称：深颌蜥（*Hypsognathus*）
年代：三叠纪晚期
地点：北美洲（美国新泽西州）
大小：长 33 厘米

深颌蜥是前棱蜥科较后期的成员，许多特征表明它是植食动物。宽阔矮胖的身躯表明它并不敏捷，宽阔的臼齿适合咀嚼坚硬的植物，头部周围的骨刺可能用来防御。

锯齿龙科
FAMILY PAREIASAURIDAE

锯齿龙科是早期原始爬行动物中体格最大的动物，体长可达 3 米。这些庞大的食肉动物有着短粗的四肢，而后期的锯齿龙科动物四肢逐渐向下生长以方便它们直立行走。

锯齿龙科于二叠纪中期出现在非洲南部，之后朝着欧洲和亚洲大量迁徙，直到二叠纪末期灭绝。

名称：锯齿龙（*Pareiasaurus*）
年代：二叠纪中期
地点：非洲南部及东部、东欧
大小：长 2.5 米

这种动物是锯齿龙科的典型代表。锯齿龙的背部受嵌入身体的骨板保护，粗壮的腿部以典型的爬行动物方式向外扩张，并且支撑着它庞大的身躯。它的头骨沉重且坚硬，并且长有骨刺和类似疣的肿块。

它的牙齿较小，呈叶形，带有锯齿状边缘，有助于咀嚼坚硬的植物。它的腭上也长有牙齿用以碾磨食物。

爬行型类

EARLY REPTILES

名称：盾甲龙（*Scutosaurus*）

年代：二叠纪晚期

地点：东欧

大小：长 2.5 米

具有锯齿龙科的典型特征：体格庞大，头部沉重且有骨刺，躯体有装甲（在盾甲龙身上发挥到了极致）。

这种锯齿龙科晚期的动物同时还演化出了比其祖先更直立的步态。它的腿向内生长，位于身体正下方，以支撑其庞大的身躯。这一演化趋势将会在之后的主龙类恐龙（见第 232–313 页）身上得到完善。

锯齿龙和盾甲龙等大型植食动物在二叠纪遍布东欧，这表明当时该地区的气候可能比较温暖而且稳定，否则这些行动缓慢笨重的爬行动物将无法因逃避寒冷环境而迁徙，也无法冬眠。

名称：埃尔金龙（*Elginia*）

年代：二叠纪晚期

地点：欧洲（苏格兰）

大小：长 60 厘米

埃尔金龙是锯齿龙科的最后类群之一，也是体形最小的锯齿龙。它的头部长有锯齿龙科特有的骨刺，但是这些骨刺在埃尔金龙小巧的头部上排列得很特别，可能是用于炫耀而非抵御——这种小巧的爬行动物来回地晃动它精致的头部可能是为了恐吓同性，但也可能是为了吸引异性的注意力。

米勒古蜥科

FAMILY MILLERETTIDAE

米勒古蜥科是眼后长有一对颞颥孔的无孔亚纲爬行动物。这一特征在无孔亚纲生物中显得极不寻常，因为无孔亚纲生物的头骨除了眼孔和鼻孔之外，通常没有其他的孔。

尽管存在着这样自相矛盾的特征，其头骨的其他特征还是稳稳地将米勒古蜥科置于无孔亚纲中。米勒古蜥科很有可能代表着爬行动物家族主线的一个分支，并且独立地演化出了这些孔。

米勒古蜥科都是小型食虫动物，生存于二叠纪中期到晚期的非洲南部，并且到目前为止并未在其他地方发现。

名称：米勒古蜥（*Milleretta*）

年代：二叠纪晚期

地点：南非

大小：长 60 厘米

米勒古蜥是小型蜥蜴形生物，动作敏捷迅速，能够捕食移动迅速的昆虫。其头骨上有一对颞颥孔，古生物学家曾以为米勒古蜥或米勒古蜥科其他近亲可能是高级的双孔亚纲，如几乎所有的现代爬行动物和已经灭绝的恐龙以及翼龙的祖先。

然而，已知最早的双孔亚纲纤肢龙目的油页岩蜥（见第 226 页）可以追溯到石炭纪晚期，它比米勒古蜥的演化还早了 4000 多万年。所以这一理论已经瓦解。

中龙目

ORDER MESOSAURIA

中龙目是早期水栖爬行动物，也是自其祖先采用陆地生活方式后第一个返回水中的类群。它们出现在二叠纪早期，但很快便灭绝了，仅南半球有它们的化石遗迹。

中龙科

FAMILY MESOSAURIDAE

中龙目仅有一科，其成员全部都是水栖生物。它们用宽宽的尾巴和长长的后腿游动，并用前肢掌控。中龙科生物可能用颌中的尖牙滤食水中的浮游生物。

名称：中龙（*Mesosaurus*）

年代：二叠纪早期

地点：非洲南部和南美洲（巴西）

大小：长 1 米

中龙是最早重返水栖生活的爬行动物之一，有许多水栖生物的特征：长长的侧扁的尾巴，上下可能各有一个沿躯体分布的鳍，它的后腿较长，脚骨细长分叉，可能有蹼，较短的前腿同样有宽阔的蹼足，尾巴和后腿提供推动力，前腿则用于掌控身体平衡。中龙的身体可以随意左右弯曲，这一点从它灵活的脊椎结构便可看出，但它的躯体不能扭动。肋骨极粗，这一特征也见于现代海牛目哺乳动物。

中龙的头部又窄又长，鼻孔向上，靠近眼睛，需要将头伸出水面才能视物和呼吸。它细长的颌部长着一排细长的牙齿，每颗牙齿都有独立的齿槽，这表明它是食肉动物，但是这些牙齿太过精美而不适于抓取猎物，很可能被用来过滤水中虾类动物，这一点与现代火烈鸟用梳子一般的嘴进食非常相似。

中龙在动物演化史上的重要性并不在于它的水栖适应特征，而在于它的地理分布。中龙的化石发现于非洲南部和南美洲东部，这样的分布是证明大陆漂移理论最早的证据之一：它们不可能游过南大西洋。唯一的解释便是中龙存活之时这两块大陆尚未分割开来。

海龟、陆龟、水龟

TURTLES,TORTOISES, AND TERRAPINS

龟鳖目

ORDER TESTUDINES (CHELONIA)

海龟、陆龟和水龟是远古爬行动物龟鳖目现存的成员。它们与其他爬行动物的区别在于除了头部、尾巴和腿之外，它们的躯体包裹在壳中。许多龟类可以将头和腿收回壳中以保护整个身体。

即便是追溯到三叠纪晚期，最早的龟类也有壳。事实上，现今的海龟和陆龟自 2 亿多年前就没发生过变化。

与其他无孔纲物一样，龟鳖也有坚硬的头骨，但除了眼睛和鼻孔外没有颞颥孔。为方便起见，它们被纳入无孔亚纲，但一些古生物学家认为它们特化程度较高并且生活方式不同于其他爬行动物，因而应该被单独列为一目——龟鳖目。

龟鳖目包括 230 种现存的海龟、陆龟和水龟，共有两个独特的亚目。它们根据头部缩进壳内的方式不同加以区分：一种是脖子向两边弯曲（侧颈龟亚目），另一种是垂直向后弯曲（曲颈龟亚目）。第三个亚目原颌龟亚目的成员现已全部灭绝，它是龟鳖目的祖先（右下图）。

原颌龟亚目

SUBORDER PROGANOCHELYDIA

原颌龟亚目是形似陆龟的陆生爬行动物，躯体有壳包裹。在约 2.15 亿年前的三叠纪晚期开始演化，而且非常可能是陆龟和水龟的祖先，但原颌龟亚目的祖先尚不可知。大多数古生物学家认为它属于无孔亚纳动物的早期类群，可能是锯齿龙科或前棱蜥科（见第 207–208 页）。

原颌龟科

FAMILY PROGANOCHELIDAE

大多数原始陆龟都属于原颌龟科，而且原颌龟科可以追溯到三叠纪晚期。保存最完整的原颌龟骨骼发现于德国，其他骨骼则来自东南亚、北美洲和非洲南部。现代海龟的许多特征就是在三叠纪早期形成的。

名称：原颌龟（*Proganochelys*）

年代：三叠纪晚期

地点：欧洲（德国）

大小：长 1 米

这是已知最原始的龟，但陆龟特有的形状和结构已成形。事实上，原颌龟与现代陆龟的外形极为相似，但是原颌龟不能将头和腿缩回壳内。

这只古老海龟的体形短宽，脊椎仅由 10 根细长的椎骨构成，这也是现代龟鳖类的一个特征，其脊椎也是除了青蛙之外的所有脊椎动物中最短的。原颌龟的短脖子（仅由八根椎骨构成）和头部都覆有骨瘤。

原颌龟背部覆有半球形宽阔的背甲，平展的胸甲保护着身体。它的壳由 60 块大小不同的骨板组成，并与壳下的椎骨和肋骨紧密结合，这个结构实质上与现代海龟和陆龟是相同的。然而，与其现代近亲不同的是原颌龟龟壳的边缘另有许多骨板，这些骨板向外突出给腿部提供防护。

龟壳会一直覆有带光滑的角的骨板。齿状突和其他装饰物就是用这些物质制成的（角自身并不会变成化石，但骨骼上的痕

迹显示了它们的存在）。

原颌龟仅有几颗牙齿位于腭上，除此之外，拥有像现代陆龟一样典型的无牙角质喙特征。原颌龟与现代陆龟一样，一生中的大部分时光都用于进食低矮的植物。

侧颈龟亚目

SUBORDER PLEURODIRA

该水栖龟目的某些成员幸存至今。它们因头部缩回壳内时，颈部向一侧弯曲的特殊方式而被称为“侧颈龟”，这一特征归功于它们左右灵活的短脖子和椎骨之间的关节系统。

侧颈龟亚目可追溯到侏罗纪，它们曾一度遍布全世界的河流湖泊。现存侧颈龟亚目生物仅 49 种，分为两科——侧颈龟科（下）和蛇颈龟科，全都生活在南部大陆的淡水中。

侧颈龟科

FAMILY PELOMEDUSIDAE

白垩纪晚期到古近纪期间，水栖龟是所有侧颈龟亚目中数量最多的，但现存的侧颈龟仅 19 种，它们分布在非洲和南美洲等热带地区的河流湖泊中。

名称：*Stupendemys*

年代：早上新世

地点：南美洲（委内瑞拉）

大小：长 2 米

这种龟（左图）已灭绝近 300 万年，在侧颈龟亚目中也算体形庞大。它是史上最大的淡水龟，其现代近亲的体形无一能及——现存奥里诺科河和亚马孙河最大的南美巨型侧颈龟长度仅长 75 厘米。

这种龟背部沉重的龟壳极为宽阔，身长 1.8 米左右，其体重使它能够长时间潜伏并以水中杂草为食。

曲颈龟亚目

SUBORDER CRYPTODIRA

曲颈龟亚目是龟鳖类中最成功的类群，大多数的现代陆龟和海龟都属于该类。它们中大部分都能将颈部降低直接缩回壳内。

曲颈龟亚目与近亲侧颈龟亚目都在侏罗纪时期演化，到该时期末期，曲颈龟亚目的物种已经变得极为丰富，并取代了各大海洋和湖泊中的侧颈龟亚目。陆地上也演化出了新的类型。

卷角龟科

FAMILY MEIOLANIIDAE

该科的陆生龟类出现在白垩纪晚期，在相对较近的更新世才灭绝，距今还不到 200 万年。虽然它们不能将头缩回壳内，却有着其他自我保护的方式。

名称：卷角龟（*Meiolania*）

年代：更新世

地点：澳大利亚（昆士兰州、新喀里多尼亚岛和豪勋爵岛）

大小：长 2.5 米

除了体形庞大之外，这种装备良好的陆龟最明显的特征是它头部绚丽的装饰。它的头上长有大量骨刺，两侧各有一个向外突出，这使得头部的总宽度能够达到 60 厘米。虽然这一特征也表明卷角龟不可能将头缩回壳内，但是它的背部有壳保护，尾巴长有一圈骨甲，尾端也有骨棒，可以让它在受袭击时保护自己。

海龟、陆龟、水龟

TURTLES, TORTOISES, AND TERRAPINS

陆龟科

FAMILY TESTUDINIDAE

现代陆龟都是曲颈龟亚目中最成功的陆龟科，其现代种类出现于约 5000 万年前的始新世，而且自此之后它们没发生实质上的变化。

为了容纳消化植物所需的大容量消化道，所有的陆龟都长有高耸的半球形龟壳。它们可以在受袭击时将头和腿缩回壳内，所以龟壳也起到保护作用。

名称	陆龟（*Testudo atlas*）
年代	更新世
地点	亚洲（印度）
大小	长 2.5 米

陆龟是有史以来最大的陆生龟，有时被称作巨壳龟（Colossochelys）。

这种威猛的生物体重约 4 吨，大象一样的腿以爬行动物的典型方式从两侧伸出，并支撑用于保护背部的大壳。陆龟厚实的足底长有爪垫，其体重均分在每只脚的五根大脚趾上，这一结构也见于现代大象。

陆龟可能与它的多数现代近亲（有些以蚯蚓和蠕虫为食）一样仅以植物为食。它可能会悠闲地用无牙的嘴啃食植物叶子，丝毫不用担心受到袭击。因为即便是剑齿虎这样的猫科食肉动物发动袭击，陆龟也会将头和腿缩回壳内，使它们毫无办法。

从大小和体重方面来说，能与这种已灭绝的陆龟相媲美的现代龟类是发现于厄瓜多尔海岸附近加拉帕戈斯群岛的加拉帕戈斯象龟，但这种大型动物长 1.2 米，仅是陆龟身长的一半，体重也仅有 225 千克。

原盖龟科

FAMILY PROTOSTEGIDAE

原盖龟科的成员中有许多是史上体形较庞大的海龟，虽然所有种类现均已灭绝，但在白垩纪晚期却十分繁盛。到了白垩纪晚期，原盖龟科已经演化出将所有海龟从其陆生近亲和河栖近亲区分开来的两个主要特征：第一，海中的食肉动物比陆地少，所以这些海龟无需再背负沉重的装甲，其龟壳结构变轻，使得它们比陆生近亲更能掌控自身。第二，前后肢的脚趾变长，形成宽阔的鳍状肢，游动时能提供更大的推进力。

海龟现存七种，归为两科。由于栖息地（尤其是用于筑巢的沙滩）受到人类的侵扰，所有物种均已处于濒危状态。栖息于温暖海域的绿毛龟和棱皮龟是原盖龟科里人们最熟悉的种类。无论是已灭绝的还是现存的种类，所有海龟都不能将其头和腿缩回壳内。

名称：古海龟（*Archelon*）

年代：白垩纪晚期

地点：北美洲（美国堪萨斯州和南达科他州）

大小：长 3.7 米

栖息在白垩纪海洋中的巨型龟的龟壳并不像其陆生和淡水近亲一样沉重分块，而是由脊椎生发出来的横向肋骨构成一个整体。这些肋骨很可能覆盖着一层厚厚的弹性表皮（如现代棱皮龟），而非通常的带角的骨板。

这种古老海龟的四肢已经转变成了巨大的桨，能够强力地上下拨开水。这一方法与企鹅在水下滑翔类似，它们通过拍动双翼来推进。古海龟的前鳍足发育完善，能为其游动提供主要的推进力。

与现代棱皮龟一样，古海龟也可能以水母为食，因为该爬行动物柔弱的颌和无牙的喙能轻易地咀嚼这些猎物柔软的躯体。

鳖科

FAMILY TRIONYCHIDAE

鳖科与海龟一样，首次出现在侏罗纪晚期。鳖科是特化的曲颈龟亚目的早期类群，也是演化得相对比较成功的一类，该科现存 30 余种，分布在北美洲、非洲和亚洲的淡水中。

鳖科的壳较矮，呈圆形，骨板上通常会有的角状层已经退化，改由一层柔软的皮革层覆盖，该科便由此得名。

名称：古鳖（*Palaeotrionyx*）

年代：古新世

地点：北美洲西部

大小：长 45 厘米

这种已灭绝的淡水龟是特化的曲颈龟亚目动物。与其大多数近亲不同的是它的脖子既长又灵活，每只脚上仅有三根脚趾，龟壳为皮革层，而非通常的角状骨板。

古鳖的外形和生活方式可能与其现存近亲——北美洲和非洲的软鳖相似。古鳖与它们一样是杂食性动物，用其尖利的喙割断水草或囫囵吞下昆虫、软体动物、小龙虾和更小的鱼类。

半水栖和海栖爬行动物

SEMI-AQUATIC AND MARINE REPTILES

若干种爬行动物在中生代返回海洋，并且逐渐适应了海栖生活。鱼龙和长脖子的蛇颈龙都是最成功的爬行动物，它们统治海洋的时间超过 1 亿年。

这些海栖爬行动物与其他各目甚至与同类爬行动物之间的关系都尚未明确，但是在一个方面的相似性就足以将它们列为一类：头骨位于眼后和颊骨下方位置有一对颞颥孔。

海栖爬行动物共有四个已灭绝的类群，每一种都代表了对海洋环境的不同适应程度。特化程度最低的当属三叠纪的楯齿龙（下图）。同属三叠纪的幻龙比较适应水栖生活（见第 216 页），而其近亲蛇颈龙（见第 218–221 页）则在整个侏罗纪和白垩纪（见第 222–225 页）称霸海洋。鱼龙与蛇颈龙共同生活在侏罗纪的海洋中，是海栖爬行动物中特化程度最高的。

楯齿龙目

ORDER PLACODONTIA

楯齿龙是所有海栖爬行动物中特化程度最低的。它们的出现和灭绝都发生在三叠纪，而在这 3500 万年左右的时间里，许多动物都演化了，但并不是完全适应开阔海域生活。楯齿龙目仅分布于特提斯海的近岸浅水区域，而特提斯海当时位于北部的劳亚大陆和南部的冈瓦那大陆之间。许多楯齿龙目动物的背部和胸部都有与龟壳类似的壳，用以保护它们免受食肉动物的侵扰。

楯齿龙科

FAMILY PLACODONTIDAE

该科半水栖爬行动物无论是在海岸上行走，还是在近岸浅水区游泳都十分在行。这两个区域都为它们提供了丰富的甲壳类食物，这些食物被它们宽阔的牙齿碾压得粉碎。

名称：楯齿龙（*Placodus*）

年代：三叠纪早期至中期

地点：欧洲（阿尔卑斯山脉地区）

大小：长 2 米

楯齿龙的头骨表明它是特化后的食肉动物，其牙齿已完全适应以甲壳类动物为食。颌前方的一排钝牙被用来抓取附着在岩石上的甲壳类动物——双壳类动物和腕足动物。后磨牙宽阔平滑，用于碾磨贝壳（楯齿龙科便由此得名，意为“平板牙”）。其腭上甚至也长有硕大的碾磨牙齿。

这种可怕的牙列由强力的腭肌驱动，而这些腭肌能够穿过其头骨两侧的颞颥孔，为颌提供强大的咬合力。

一些以硬壳软体动物、甲壳类动物和海胆为食的现代鲨鱼（如澳大利亚虎鲨，又名杰克逊港鲨鱼）也具有同样的特化牙齿。它们惊人的相似，以致许多古生物学家在楯齿龙牙齿发现之初认为它们属于古老的鲨鱼。

除了身体呈流体学外形之外，楯齿龙几乎不具备水栖生活的任何特征。它身体矮壮，脖子短粗，四肢与原始陆生爬行动物一样向身体两侧扩张，仅有的游动辅助设施是五趾之间的蹼和细长侧扁的尾巴，可能拥有鳍。

楯齿龙与所有楯齿龙目动物一样，胸部都由坚硬的腹肋装甲保护着。它的脊椎上长了一排骨瘤，用以保护身体。后期楯齿龙目动物的躯甲有较大程度的发展演化。

豆齿龙科

FAMILY CYAMODONTIDAE

这类楯齿龙目动物背部演化出了类似龟壳的壳。它们出现在三叠纪中期，在该时期末期灭绝。

这些有壳的楯齿龙目比楯齿龙（左图）更适应水栖生活，其外表和行为也越来越像现代龟类，但二者并无亲缘关系。无亲缘关系的动物演化出相似特征的现象叫作趋同演化。

名称：龟龙（*Placochelys*）	
年代：三叠纪中期至晚期	
地点：欧洲（德国）	
大小：长 90 厘米	

这种小型爬行动物十分适应在三叠纪中后期的海洋中生活。楯齿龙的身体又细又长，但龟龙的身体则变得又宽又平，而且像乌龟一样长着坚硬的、防御性的壳。龟龙的尾巴很短，四肢演化成细长的桨状，以在水中前进时提供推动力。

龟龙的头部结构显示它们主要以贝壳类为食。楯齿龙长着许多突前牙，龟龙则在相同的地方长着无齿的角质喙。这些角质喙仍然十分强大，能帮助龟龙从岩石中拔出贝壳。像楯齿龙一样强壮的肌肉，提供给龟龙巨大的咬合力，龟龙嘴边和腭上都长着宽阔的碾磨性牙齿，以对付猎物的贝壳。

无齿龙科

FAMILY HENODONTIDAE

这种带装甲的楯齿龙出现在三叠纪晚期。在豆齿龙科背上有的、与现代龟极为相似的壳，在许多无齿龙科背上也有，这些巨大的、骨质的壳覆盖在它们的背部。无齿龙科大部分牙齿都已经消失，取而代之的是类似现代龟的角质喙。

名称：无齿龙（*Henodus*）	
年代：三叠纪晚期	
地点：欧洲（德国）	
大小：长 1 米	

无齿龙的身体长宽相等，形状与现代龟类相同。背部和胸部都覆有不规则的多边形骨板，形成保护的壳使它免受其他海栖爬行动物（如三叠纪的鱼龙）的袭击。

无齿龙的壳的骨板比现代龟类要多，但二者的相同之处在于它们的壳都覆盖着一层板角。

无齿龙的头部极其平展，像个盒子。它们的颌内无牙，仅有类似现代龟类的角状喙，能够有效地将甲壳类动物的甲壳弄开并碾碎。

半水栖和海栖爬行动物

SEMI-AQUATIC AND MARINE REPTILES

未定目

ORDER UNCERTAIN

克劳迪欧蜥目是在二叠纪晚期演化的海栖爬行动物。它们的归类尚未确定，但可能是陆生始鳄目爬行动物（见第228–229页）和后来更高级的水栖爬行动物幻龙目及其近亲蛇颈龙之间的过渡阶段。

克劳迪欧蜥目至今仅发现一属，即半水栖的蜥蜴形克劳迪欧蜥，列为克劳迪欧蜥科。

名称：克劳迪欧蜥（*Claudiosaurus*）

年代：二叠纪晚期

地点：马达加斯加

大小：长 60 厘米

克劳迪欧蜥是脖子较长的蜥蜴形动物，其生活方式与现代海栖鬣蜥相似。克劳迪欧蜥可能会长时间伏在崎岖的沙滩上取暖，然后再去寻找食物。它在水底进食时，会把又长又灵活的颈部和小巧的头部探入水草中寻找可食用的植物和动物。它的腿部在游泳时可能与身体并在一起，身体变得更具流体学外形，进而减少水的阻力。它游动时的主要推进力来自身体和尾巴的左右摆动。

克劳迪欧蜥的骨骼内有大量的软骨，表明它依靠水的浮力悬浮在水中。另外，它的胸骨既不发达也没有骨化，这一点与真正的陆生动物不同，陆生动物的胸骨分开肋骨以便行走。克劳迪欧蜥的胸骨表明它的四肢并不适合在陆地行走。

幻龙目

ORDER NOTHOSAURIA

幻龙目是以鱼类为食的流体学外形海栖爬行动物。它们的颈部、躯干和尾巴都很长，足部有蹼，窄颌内有许多尖利的牙齿。它们的前腿比后腿更结实，表明它们主要靠前腿驱动。

幻龙目与楯齿龙目一样，都是在三叠纪期间演化和灭绝。有些古生物学家认为它们可能是陆生爬行动物和水栖蛇颈龙之间的过渡阶段，但幻龙目腭上和肩带的某些特征表明它们并非蛇颈龙的直系祖先而是其祖先的旁系。

幻龙科

FAMILY NOTHOSAURIDAE

幻龙目有几个科，但最知名的是发现于欧洲和亚洲海相地层的幻龙科。

名称：幻龙（*Nothosaurus*）

年代：三叠纪早期到晚期

地点：亚洲（中国、以色列和俄罗斯）、欧洲（德国、荷兰和瑞士）和北非

大小：长 3 米

这种典型的幻龙目动物可能与现代海豹生活方式相似，即在海中捕鱼、陆地休息。它具有几个适应水栖生活的特征：脚有五根长脚趾（几个保存完好的标本中还有蹼）；躯干、颈部和尾巴细长且灵活；尾椎骨的长度表明它可能有鳍；颌又长又细，带有环环相扣的尖牙用于捕鱼。

名称：鸥龙（*Lariosaurus*）

年代：三叠纪中期

地点：欧洲（西班牙）

大小：长 60 厘米

鸥龙体长仅20厘米，是体形较小（但并不是最小）的幻龙目。它具备诸多原始特征，如脖子短、脚趾短。因为脚趾短，所以脚趾之间蹼的面积很小，这不利于游泳。这种爬行动物可能长时间游荡在沙滩上或游弋在近岸的浅水区，以小鱼和虾类为食。

名称：色雷斯龙（*Ceresiosaurus*）

年代：三叠纪中期

地点：欧洲

大小：长 4 米

色雷斯龙的脚趾比其他幻龙目的长。事实上，它已呈现出多指型迹象，即每根脚趾的骨头（趾骨）数目都已增加。色雷斯龙的趾头变长，这就意味着脚也变长，而且色雷斯龙还具有两对似桨的鳍状肢，这些都是极为有效率的游泳器官。色雷斯龙提前具备了侏罗纪高级游泳健将蛇颈龙（见第 218–221 页）那似桨的庞大肢体。

皮氏吐龙科

FAMILY PISTOSAURIDAE

幻龙目与蛇颈龙之间较近的亲缘关系体现在皮氏吐龙科唯一的成员皮氏吐龙身上。皮氏吐龙的大部分骨骼都与典型的幻龙目（尤其是躯干骨骼）相似，但它的头骨和脊椎却还具备蛇颈龙的特征。

名称：皮氏吐龙（*Pistosaurus*）

年代：三叠纪中期

地点：欧洲（法国和德国）

大小：长 3 米

该海栖爬行动物可能是幻龙目和蛇颈龙目的过渡阶段，因为它同时具备两种动物的特征。它类似蛇颈龙的头部却有着幻龙的腭，而它类似幻龙的躯干却有着蛇颈龙所特有的坚硬脊椎。皮氏吐龙游动时，推动力大多来自似桨的四肢。它游动的方式与幻龙目和其他早期海栖爬行动物相反，后两者都靠左右摆动身体来游动，以尾巴为主要驱动力穿梭在水中。

皮氏吐龙长着一嘴锋利的尖牙，所以它可能是一种高效的食鱼动物，而幻龙和蛇颈龙也是靠锋利的尖牙生活。

海栖爬行动物

MARINE REPTILES

蛇颈龙目

ORDER PLESIOSAURIA

蛇颈龙目是中生代的大型海栖爬行动物，其中一些长度可达 14 米。它们的四肢演化成为窄长的鳍状肢，使得它们在水中穿梭时更灵活，更适应海栖生活。它们的手指和脚趾的骨头不再是仅有五块或更少，而是多达十块。蛇颈龙目身躯矮壮深厚，尾巴相对较短。

古生物学家们曾一度认为蛇颈龙目把它们的鳍状肢当作大型桨来使用——四肢前后移动以在水中“滑动”，然而最近有理论指出，蛇颈龙目的鳍状肢是大幅度上下移动的。这种移动方式更接近鸟类翅膀的扇动方式，它们的四肢只需以缓慢而有节奏的扇动便可在水中“滑翔”。

其鳍状肢呈水翼形，与飞机翼相似，前缘呈圆形，后端逐渐变细，形状可与现代企鹅的翼和海龟的鳍状肢相媲美，后两者都以“水下滑翔”的方式游动。

蛇颈龙目特化的四肢需要它的肢带作出改变，而肢带的结构也是这种海栖爬行动物所特有的。锁骨和三块髋骨中的两块块头较大，在其胸部形成宽阔的骨板，操作四肢的强力肌肉与这些大块的骨板相连。

密集的腹肋在下方连接肩带和腰带的骨骼，使它短小的躯干更加坚硬，并为庞大的鳍状肢提供结实的工作平台。这些腹肋也在蛇颈龙目上岸下蛋时起到保护作用。正如现代海龟胸部的骨板装甲一样，蛇颈龙目的腹肋在它们挥舞着庞大的鳍状肢、拖着笨重的身躯爬上沙滩时能够保护其腹部。

目前尚无证据表明蛇颈龙目能和鱼龙（见第 222-225 页）一样直接分娩幼仔，它们可能与现代海龟一样爬上岸，将蛋下在沙滩上筑好的巢内。不过蛇颈龙目上岸时可能比龟类更加笨拙，因为它们的长脖子不太灵活，此时也最容易受到食肉动物的攻击。与现代幼龟一样，刚刚孵化的蛇颈龙目在从沙滩爬到到海里的过程中会面临着极大危险。

蛇颈龙目的祖先尚不可知。古生物学家曾经认为它们可能是直接从幻龙目演化而来，但现在已经证实三叠纪中期的爬行动物皮氏吐龙（见第 217 页）可能性更大一些，因为皮氏吐龙的身体结构似乎是两类动物的过渡阶段——它有着幻龙目的躯干和蛇颈龙目的头骨。

蛇颈龙目有两个主类（或称总科），二者之间的主要区别在于脖子的长度和食性。蛇颈龙脖子较长，头较短，以小型海洋生物为食；上龙脖子较短，头部较大，能够咬住并吞咽体形更大的猎物。它们在海中共同生活了数百万年，但受到这些不同特征的制约，两类动物可能不会为食物而相互竞争，也可能不会与其近亲鱼龙目竞争，蛇颈龙和上龙都存活到了白垩纪末期。

蛇颈龙总科

SUPERFAMILY PLESIOSAUROIDEA

这种早期种类的长脖子海栖爬行动物是其他所有后期蛇颈龙的祖先。蛇颈龙总科首次出现在侏罗纪早期，并在该时期内发展壮大。其中的薄板龙科（见第 219 页）幸存到了白垩纪末期，是蛇颈龙总科最后灭绝的动物。

脖子和四肢变长是蛇颈龙总科内各科动物总的演化趋势，这一趋势在后期种类的身上达到了顶峰，其中某些动物的脖子长度可达躯干长度和尾巴长度的总和。它们巨大的似桨的鳍状肢使它们能够自由地穿梭于水中。

蛇颈龙目的前肢比后肢大。

蛇颈龙科以中等体形的鱼类和鱿鱼为食，长长的脖子使得头部能高高地抬出水面以寻找潜在的猎物。

蛇颈龙科

FAMILY PLESIOSAURIDAE

该科的动物头部较小，脖子长度中等，它的化石发现于侏罗纪早期的欧洲。

名称：蛇颈龙（*Plesiosaurus*）

年代：侏罗纪早期

地点：欧洲（英格兰和德国）

大小：长 2.3 米

蛇颈龙在 1.35 亿年的演化过程中似乎并未发生太大变化。作为该科最早的种类，它们已经演化出这些海栖爬行动

物所有的主要结构特征。

蛇颈龙有几个不同的类群，如巨头蛇颈龙，它的头部大于其他类群，但结构又为其所有的近亲树立了榜样。

蛇颈龙天生掌控能力强，但速度并不快，其食鱼的习性要求它必须精准地移动。举例来说，蛇须龙一侧的鳍状肢向前拨水另一侧向后拨水，它短小的躯干几乎就能原地转身，接着长长的脖子就会迅速伸向游动的猎物。

浅隐龙科

FAMILY CRYPTOCLIDIDAE

浅隐龙科的长脖子由近 30 块椎骨组成，头骨上长有一长鼻子，鼻孔位于鼻尖后方，生活时期从侏罗纪晚期一直持续到白垩纪晚期。

名称：浅隐龙（*Cryptoclidus*）

年代：侏罗纪晚期

地点：欧洲（英格兰）

大小：长 4 米

浅隐龙及该科其他物种都有与蛇颈龙一样的长度中等的脖子，但它演化出许多弯曲的尖牙，牙齿闭合时能够相互咬合，这一结构能让它更好地捕食小型的鱼类和虾类。

与其他侏罗纪晚期蛇颈龙一样，浅隐龙每一根脚趾的趾骨数量也更多，使其形成长长的灵活的桨，由此完成了四肢到鳍状肢的转变过程。

薄板龙科

FAMILY ELASMOSAURIDAE

薄板龙科是一个地质年代较广的类群，出现于侏罗纪早期，并在侏罗纪晚期和白垩纪种类增多。某些白垩纪晚期的薄板龙种类长有多达 76 块椎骨组成的超长的脖子。

名称：海鳗龙（*Muraenosaurus*）

年代：侏罗纪晚期

地点：欧洲（英格兰和法国）

大小：长 6 米

蛇颈龙类最成功的便是薄板龙科，薄板龙科成员的脖子是所有蛇颈龙类中最长的。海鳗龙是其早期种类。它们在侏罗纪中期演化，到白垩纪末期灭绝。

海鳗龙的脖子长度是其躯干和尾巴长度的总和，由 44 块椎骨组成。位于这种类似起重机的脖子末端的是它小巧的头部，其长度仅是全身长度的十六分之一。

蛇颈龙类所特有的短小而又僵硬的躯干在海鳗龙身上显得尤为结实且不灵活，而这种特征却使得其鳍状肢变成了更加有效的推动器官。

海栖爬行动物

MARINE REPTILES

名称：薄板龙（*Elasmosaurus*）

年代：白垩纪晚期

地点：亚洲（日本）和北美洲（美国堪萨斯州）

大小：长 14 米

“穿过龟的身体的蛇”是迪恩·科尼比尔（Dean Conybeare）对蛇颈龙目的描述。科尼比尔是一位 19 世纪的英国古生物学家，他对这些爬行动物做了许多基础性研究。薄板龙是已知最大的蛇颈龙类，其脖子的长度超过身体全长的一半，其身长约 14 米，脖子长约 8 米。

薄板龙有 71 块椎骨，比有 28 块颈椎骨的蛇颈龙还多。这一结构使得薄板龙能够侧向卷曲脖子，几乎能在身体两侧卷成两个完整的圈，但脖子纵向的灵活性仅有横向的一半。如果薄板龙在水下卷动脖子，它就会遇到巨大的阻力。

一些古生物学家认为这种长颈爬行动物肯定活动在开放性海域，因为它们需要把脖子露出水面。它们在有利位置发现鱼类或其他猎物后，长颈便会插入海中将猎物咬起来。现代的美洲蛇鹈和蛇鸟都有这种长颈，并且以同样的方式捕食。

上龙总科

SUPERFAMILY PLIOSAUROIDEA

上龙出现在侏罗纪早期，与祖先蛇颈龙生活在同一时代。它们是中生代的海中之王，追逐捕食鲨鱼、鱼龙以及亲蛇颈龙等大型海栖生物。它们演化出巨大的头部，有着结实的牙齿和肌肉强劲的颌。某些上龙的头长达 3 米。在演化过程中，上龙颈部的长度不断地缩短，它们的躯干逐渐呈流体学外形，进而提升了移动速度。与颈部最短的蛇颈龙至少 28 块颈椎骨相比，某些上龙的椎骨仅有 13 块，少得有些可怜。它们的体形也在后来的演化过程中逐渐变大，使其方便攻击体形更大的猎物。

名称：巨板龙（*Macroplata*）

年代：侏罗纪早期

地点：欧洲（英格兰）

大小：长 4.5 米

这类早期的上龙有着类似鳄鱼的细长头骨，按比例仅比早期蛇颈龙大一点点。它的颈部仍然很长，由 29 块略短的椎骨组成，是头部长度的两倍。

上龙的四肢逐渐演化成强劲的桨，趾骨数量也大幅度增加。其后肢变大而前肢没有，表明这两类动物的四肢用途并不相同。

名称：泥泳龙（*Peloneustes*）

年代：侏罗纪晚期

地点：欧洲（英国和俄罗斯等地）

大小：长 3 米

尽管体形小于巨板龙，但这种上龙（下图）却呈现出头部变大和颈部变短的演化趋势。它仅有 20 块颈椎骨，头部和颈部长度近乎一致。泥泳龙更加符合流体学外形的躯体使得它能够迅速游动以追逐猎物，长长的头部能让它触及短颈所不能触及的地方。其牙

齿也已适应了进食习惯——比食鱼的蛇颈龙牙齿稍钝、数目变少，这样的牙齿更有利于捕食软体的鱿鱼和碾碎菊石动物的硬壳。

名称：	克柔龙（*Kronosaurus*）
年代：	白垩纪早期
地点：	澳大利亚（昆士兰省）
大小：	长 12.8 米

澳大利亚的克柔龙是已知最大的上龙。它的头颅骨长达 2.7 米，几乎为全长的四分之一，其体形和力量都大于最凶猛的食肉动物暴龙（见第 265 页）。

在三叠纪和侏罗纪时期，现代澳大利亚所在的陆地一片干旱，但到了白垩纪早期，海水湮没了许多区域，环境变得温暖，而浅水区和适易的条件孕育了大量的鱼类以及捕食鱼类的头足类动物。克柔龙和其他短颈上龙游动控制力都很强，浅水区则是它们捕食的天堂。

名称：	滑齿龙（*Liopleurodon*）
年代：	侏罗纪晚期
地点：	欧洲（英格兰、法国、德国和俄罗斯等地）
大小：	长 12 米

这种大型上龙是晚期上龙科的典型代表。它有着与鲸鱼相似的外表：头部笨重，颈部较短较厚，躯干呈流体学外形。从它的肢带来看，它显然游动控制力极强，能在任何深度的水域游动。

与蛇颈龙相似，滑齿龙靠鳍状肢上下运动移动——用力地向下拨水驱动它向前进，通过反复运动，沿着其符合动力学躯干流动的水能将鳍状肢自动托起。后肢用力踢动水后再收回，减少反复运动中受到的水的阻力。

这种综合运动使它能够快速地长距离游动，也保证了它能捕食迅速游动的头足类动物。

海栖爬行动物

MARINE REPTILES

鱼龙目

ORDER ICHTHYOSAURIA

鱼龙是特化程度最高的海栖爬行动物。学名意为“鱼蜥蜴”，很好地描述了它的特征：食鱼，体形似鱼（它们是呼吸空气的爬行动物）。事实上，它们的体形确实与鲭鱼和金枪鱼类似，而极度流体学外形的体形使得这些现存鱼类的游动速度能达到每小时 40 千米。

与同辈蛇颈龙（见第 218–222 页）不同的是，鱼龙并不依靠似桨的鳍状肢游动，而是发育出了一根鱼形尾巴且依靠尾巴横向运动提供推进力，这与现代鲨鱼和金枪鱼的尾巴功能相似。

鱼龙很适应海栖环境，无需再像海龟和蛇颈龙一样上岸产蛋，而是在海中直接分娩幼仔。最受人瞩目的鱼龙化石记录了成年雌性鱼龙正在分娩幼仔的过程，这一过程被永远地保存了下来。

鱼龙目与现代海豚生活在相似的环境里，它们种类繁多，而且存活了 1 亿年之久。这些海栖生物驰骋于三叠纪早期的海洋之中，在侏罗纪时种类达到了巅峰，之后便一直衰落，直到白垩纪中期全部灭绝。它们的灭绝可能与高级鲨鱼的出现有关，后者此时已经演化出了现代形态，也是晚中生代海洋中（见第 170–172 页）的主要食肉动物。

鱼龙的起源尚不可知，唯一能确定的是它们来自某个陆生爬行动物类群，而的不是某个已知的海栖爬行动物。

萨斯特鱼龙科

FAMILY SHASTASAURIDAE

萨斯特鱼龙是最早出现的鱼龙之一，主要保存在北美洲的三叠纪中期沉积物中（已知较老的种类来自日本和中国，可追溯到三叠纪早期）。在演化的早期阶段，它们以鳗一样的方式运动，然而到了三叠纪末期，它们就已演化出了鱼龙特有的鱼形特征，并以现代鱼类的方式游动了。

名称：杯椎鱼龙（*Cymbospondylus*）

年代：三叠纪中期

地点：北美洲（美国内华达州）

大小：长 10 米

这种大型鱼龙类是最不具鱼形的动物之一。它的躯干和尾巴占全长的一大部分，背部和尾部均无鳍，而后期鱼龙则将演化出这些特征。然而，它却有着典型的喙形长嘴，里面长着尖利的牙齿，这表明它以鱼类为食。

杯椎鱼龙的四肢短小，与鱼鳍相似，而非后期鱼龙的不利于游动的扁跗节，所以可能被用于控制方向和制动。它的主要驱动力可能来自躯干的左右摆动。

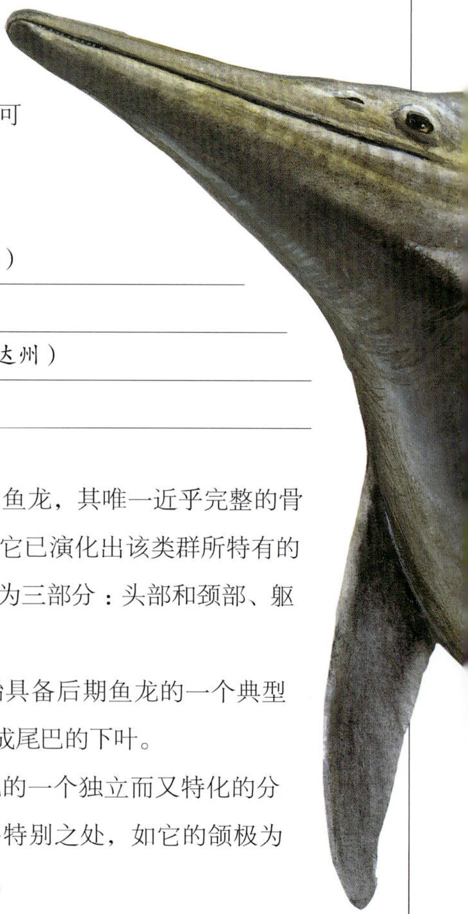

名称：沙尼龙（*Shonisaurus*）

年代：三叠纪晚期

地点：北美洲（美国内华达州）

大小：长 15 米

沙尼龙是已知最大的鱼龙，其唯一近乎完整的骨骼来自三叠纪晚期岩层。它已演化出该类群所特有的鱼形，巨长的躯干被等分为三部分：头部和颈部、躯干、尾巴。

沙尼龙的脊椎也开始具备后期鱼龙的一个典型特征——脊椎向下弯曲变成尾巴的下叶。

沙尼龙很可能是鱼龙的一个独立而又特化的分支，因为它的结构有许多特别之处，如它的颌极为细长，仅在前部长有牙齿。

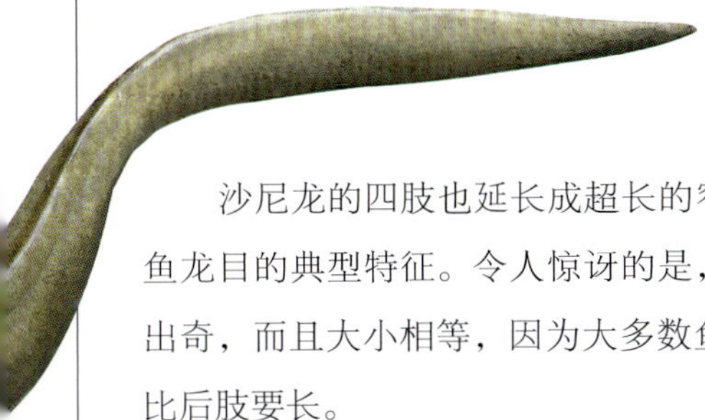

沙尼龙的四肢也延长成超长的窄扁跗节，但这并不是鱼龙目的典型特征。令人惊讶的是，它的扁跗节不仅长得出奇，而且大小相等，因为大多数鱼龙的一对前肢通常都比后肢要长。

混鱼龙科
FAMILY MIXOSAURIDAE

混鱼龙科背部发育出了用于平衡身体的鳍（和鱼类背鳍相似），这一游动辅助装置也出现在后期鱼龙类上，但混鱼龙科没有两片相等的典型鱼形尾巴，而这正是后期鱼龙科游动能力强的关键。

混鱼龙科的原始脊椎并未像后期鱼龙类那样向下弯曲形成尾巴，而是椎骨向上延伸，这个结构可能是用于支撑尾巴上方的一个小鳍。

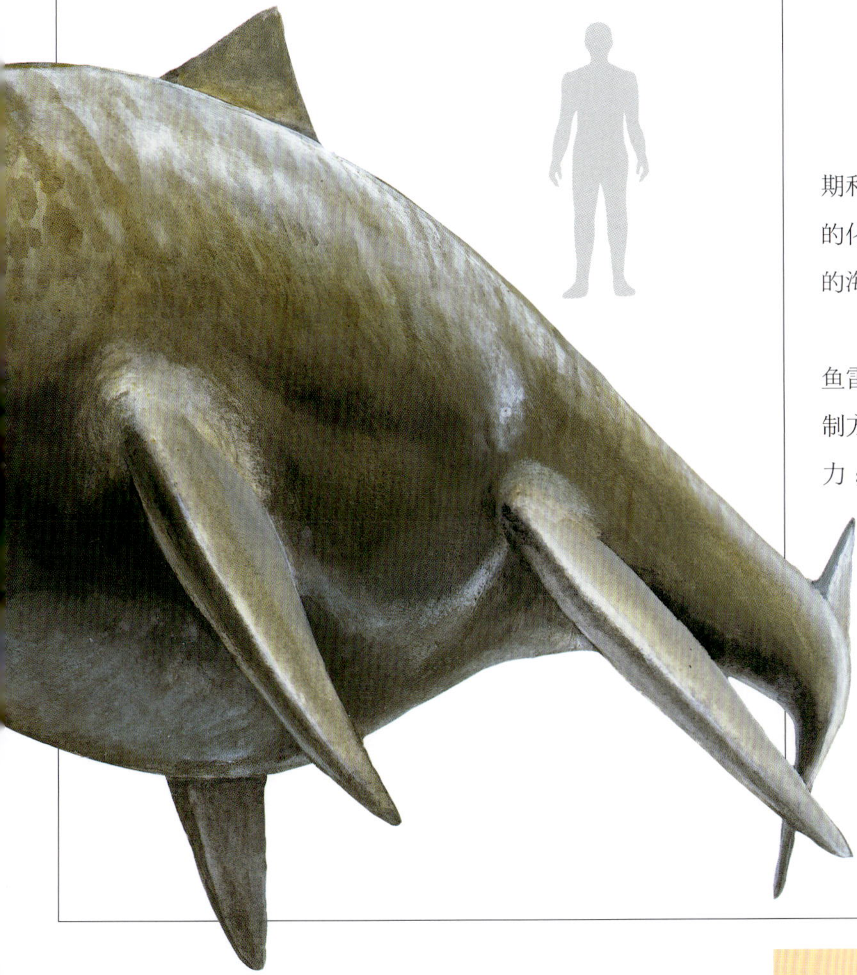

名称：混鱼龙（*Mixosaurus*）

年代：三叠纪中期

地点：亚洲（中国、东帝汶和印度尼西亚）、欧洲（阿尔卑斯山脉地区）、北美洲（美国阿拉斯加州、加拿大北极地区和美国内华达州）、斯匹次卑尔根岛

大小：长1米

混鱼龙的外表似乎是早期原始鱼龙（以222页杯椎鱼龙为例）和后期高级鱼龙之间的过渡阶段：鱼形躯体，背部有一个背鳍，尾巴上方可能也有一个小鳍；四肢经由演化过程变成短扁跗节，一对前肢长于后肢；每个扁跗节都由五趾组成，每根趾头都被额外的许多小骨（多趾型）增加了长度；其长长的窄颌长满尖利的牙齿，适于捕食鱼类。

鱼龙科
FAMILY ICHTHYOSAURIDAE

大多数典型的鱼龙都分属该大科，它们在整个侏罗纪时期和白垩纪早期迅速发展壮大。鱼龙科因一些保存极为完好的化石标本而知名，这些化石显示出它们是特化程度非常高的海栖动物。

鱼龙科演化出较完善的身体结构，身体呈流体学外形鱼雷状；背部长有用于平衡身体的背鳍；成对的短扁跗节控制方向；强壮的、拥有对称上下叶的鱼形尾巴用于提供推进力；尾骨之间的球窝式关节使它能左右大力地摆动身体。强壮的尾巴和高度灵活的躯体推动着它在水中迅速游动，这种游动方式也为现代移动迅速的鱼类所使用。鱼龙化石首次出现是在19世纪初，被安宁家族在英格兰南部海岸的莱姆里杰斯的侏罗纪页岩中发现。

海栖爬行动物

MARINE REPTILES

名称：鱼龙（*Ichthyosaurus*）

年代：侏罗纪早期至白垩纪早期

地点：欧洲（英格兰和德国）、格陵兰岛和北美洲（加拿大艾尔伯塔省）

大小：最长 2 米

鱼龙是人们最熟悉的史前动物之一，其化石形象地保存在德国南部侯兹马登页岩附近。这些岩石在侏罗纪早期沉积在浅水区，人们在这些岩石中发现了上百具完整的鱼龙骨骼，其中一些骨头仍然相互连接着。在几具成年鱼龙体内发现了幼仔的小骨，再加上某些标本里保存着幼仔从成年鱼龙体内分娩的情形（尾巴先出，与现代鲸鱼类似），充分说明这些海栖动物能在海洋中直接分娩幼仔。

许多标本周围沉积着薄薄的一层炭，清晰地显示出骨头上血肉尚存时的躯体形状。从这些化石可以看出鱼龙的身体结构：背部高耸的背鳍；半月形的尾鳍（尾侧鳍），脊椎骨向下弯曲形成的下叶；将四肢细长的趾头包围起来的水翼形短扁附节；一对前肢长于后肢。

鱼龙的鼻孔位于吻部后端，靠近眼睛，所以它需要伸出水面呼吸。鱼龙耳骨较大，可能将感知到的水的波动传给内耳以确定猎物的方向，但鱼龙定位猎物的主要器官是眼睛，它的眼睛很大而且非常敏感。

岩石中还保存了这些海栖爬行动物的粪便，即粪化石，它表明鱼龙以鱼类为食，同时捕食少量头足类动物。鱼龙的色素细胞化石也被保存下来，对其分析后发现鱼龙光滑的厚皮是红棕色的。

名称：大眼鱼龙（*Ophthalmosaurus*）

年代：侏罗纪晚期

地点：欧洲（英格兰和法国）、北美洲（美国西部和加拿大北极圈地区）和南美洲（阿根廷）

大小：长 3.5 米

大眼鱼龙的身体比其同辈鱼龙更具流体学外形，它的躯干呈水滴形，前半身巨大，呈圆形，逐渐变细到尾部成半月形的尾鳍。大眼鱼龙的前肢比后肢发达得多，表明前扁附节是负责掌控方向和稳定躯体的主要工具，而尾巴则从后部推动其身体。

大眼鱼龙最显著的特征是它的大眼睛。它们的眼窝半径大约 10 厘米，深度近达两侧头骨。它们的眼圈周围各有一圈骨板（巩膜环），不仅能防止软组织在外部水压下折卷，还能辅助聚焦（虽然所有鱼龙目的眼睛都有这些巩膜环，但大眼鱼龙的眼睛尤其引人注目。）

大眼鱼龙的巨型眼睛表明它是夜间捕食的动物。它们可能在水面附近捕猎，以鱿鱼为食，而鱿鱼又以吃浮游生物的鱼类为食。

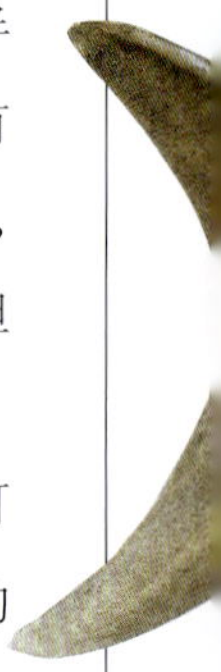

狭翼鱼龙科

FAMILY STENOPTERYGIIDAE

在侏罗纪时期，鱼龙科和狭翼鱼龙科是以不同形状的四肢来区分的。鱼龙及其所属科内的种类都有着宽阔的短扁跗节，趾头多于正常的五根，有的鱼龙每条腿上多达9根趾头；狭翼鱼龙科则恰恰相反，它们的扁跗节较长较窄，各由五趾组成，但每根脚趾上都多了一些骨头。

名称：狭翼鱼龙（*Stenopterygius*）

年代：侏罗纪早期至中期

地点：欧洲（英格兰和德国）

大小：长3米

在德国侯兹马登发现的鱼龙骨骼包括了一个保存完好的狭翼鱼龙标本。狭翼鱼龙的体形与鱼龙类似，只是该科鱼龙头部较小、扁跗节较窄。狭翼鱼龙的每个扁跗节由五趾构成，多出的骨头使得它的扁跗节更窄。

蛇嘴鱼龙科

FAMILY LEPTOPTERYGIIDAE

该科包括在鱼龙灭绝之前存在的最后一类生物。与较早的狭翼鱼龙（上图）一样，蛇嘴鱼龙的扁跗节也很窄，五趾各由多块趾骨组成。

名称：正犀龙（*Eurhinosaurus*）

年代：侏罗纪早期

地点：欧洲（德国）

大小：长2米

这种外表独特的鱼龙类与该科的其他已知种类都不相同。它上颌的长度是下颌的两倍，看起来像现代锯鳐。牙齿沿刀刃状的上颌向两侧突出，这一奇怪结构的功能尚不确定，和现代锯鳐的锯的功能一样都是待解之谜。人们猜测正犀龙可能用它探入海底的泥沙或水草和岩石，翻出比目鱼、虾类和章鱼等动物，也可能在左右迅速游入一群鱼类时弄伤并击昏它们。

名称：泰曼鱼龙（*Temnodontosaurus*）

年代：侏罗纪早期

地点：欧洲（英格兰和德国）

大小：长9米

这种大型生物（有时又称 *Leptopterygius*）游弋在侏罗纪温暖的浅水区，其移动受身体前端细长的扁跗节控制。泰曼鱼龙用巨大的尾巴推动身体，靠捕食大型鱿鱼和菊石动物为生。

早期双孔型动物

EARLY DIAPSIDS

双孔亚纲

SUBCLASS DIAPSIDA

现代爬行动物大多属于双孔型，它们也是3亿年多年前首次出现在石炭纪晚期的古老类群。这些动物的头骨与众不同之处在于它们眼眶后面的头骨两侧有一对颞颥孔。

颌肌与贯穿颞颥孔的韧带相连，使得它们的嘴可以张得更大，咬合力更强，以便轻松搞定大型猎物。

双孔型动物不仅是一个古老类群，还是演化史上的一个重要群体，因为它们是多数现代爬行动物（蜥蜴、蛇类和古蜥蜴）和主龙类（已灭绝的恐龙、翼龙以及现代鳄鱼）的祖先。

纤肢龙目

ORDER ARAEOSCELIDIA

纤肢龙目是最古老的双孔型爬行动物，它们体形较小，呈蜥蜴形，颈部较长，用于跑动的腿又细又长。已知的纤肢龙目仅有四个类群，分为两科。它们生活在石炭纪晚期到二叠纪中期，时间跨度约4000万年。

名称：油页岩蜥（*Petrolacosaurus*）

年代：石炭纪晚期

地点：北美洲（美国堪萨斯州）

大小：长40厘米

油页岩蜥是已知最早的双孔型爬行动物，它头骨两侧长有典型的双孔，其外表与现代蜥蜴十分相似，但它的腿更长，它的尾巴的长度是躯干和头部长度的总和。油页岩蜥的习性与现代蜥蜴的习性类似，它是活跃的捕食者，以昆虫和其他小型无脊椎动物为食。油页岩蜥的生息地是今堪萨斯州干燥的山地地区，该地区位于石炭纪晚期形成煤的沼泽之上。

油页岩蜥的颌长满了尖利的牙齿，还包括上颌的一排犬齿。这样的结构让人想起林蜥——已知最原始的爬行动物（见第206页）。

尽管油页岩蜥双孔的头骨上演化出了新的颞颥孔，但是它的颌仍然不是特别有力。这些颞颥孔可能被用于减轻头骨的重量，而不是为颌肌提供附着点，这一功能在后来的双孔型动物身上得到了体现。

名称：纤肢龙（*Araeoscelis*）

年代：二叠纪早期

地点：北美洲（美国得克萨斯州）

大小：长60厘米

纤肢龙是油页岩蜥（左图）的近亲，但却比油页岩蜥晚了数百万年。二者外表相似：同为蜥蜴形动物，都有着长长的跑动腿，长颈，头部较小。

纤肢龙的牙齿与其早期近亲的牙齿不同，油页岩蜥的牙齿尖利，而纤肢龙的牙齿则宽阔、钝圆，呈圆锥形，非常适合碾碎甲虫等昆虫的壳，这一点表明它可能是一种特化程度更高的生物。

纤肢龙有着双孔型头骨，但两对颞颥孔中的其中一个被骨头封锁，这一特征可能是为了加强头骨强度，发展出更大的咬合力，用以帮助它解决来之不易的食物来源。

未定目

ORDER UNCERTAIN

二叠纪中期没有留下双孔型爬行动物的化石遗迹，所以到目前为止尚未发现有任何证据显示它们在这个时期的演化过程。然而，许多特化的类群在二叠纪晚期出现，但不能确定它们之间有任何亲缘关系。

韦格替蜥科是这些特化的类群之一，仅有的几个成员也是来自马达加斯加岛和欧洲。

韦格替蜥科

FAMILY WEIGELTISAURIDAE

名称：空尾蜥（*Coelurosauravus*）	
年代：二叠纪晚期	
地点：马达加斯加岛	
大小：长 40 厘米	

这种爬行型类适合在空中滑翔，它与现今东南亚的飞蜥外表相似。

空尾蜥的身体两侧向外延伸生长，皮瓣与肋骨相连形成一对“翼”，翼展开可达 30 厘米。它可能与现代飞蜥一样栖息在森林中，以昆虫为食。它的腿在滑翔时会向身体两侧蹬，脚张开以增加空气阻力，进而减慢下降速度。

空尾蜥的头骨比其他早期双孔型动物轻，眼眶巨大，颅骨后方的骨头上演化出了一大块颈盾，可能是用以提高空气动力学性能的。

海龙目

ORDER THALATTOSAURIA

海龙目是三叠纪的另一个特化的早期双孔型爬行动物，它们已适应海栖生活，大部分时间都待在海中，只有在下蛋时才会上岸。

已知的少数几种海龙目动物来自欧洲和南美洲西部，它们分为三科，其中阿氏开普吐龙最有名。

名称：阿氏开普吐龙（*Askeptosaurus*）	
年代：三叠纪中期	
地点：欧洲（瑞士）	
大小：长 2 米	

随着越来越多的动物适应海栖生活，阿氏开普吐龙的颈部和躯体也变得更长更细。它的尾巴同样又细又长，极像一条丝带，尾巴的长度占了身体总长的一半。它的躯干和尾巴像鳗一样在水中游动，而它的脚宽阔且有蹼足，可控制方向和制动来调节方向和速度。

阿氏开普吐龙的颌很长，长满了锋利的牙齿。生物学家认为阿氏开普吐龙在深水中捕食，这一点是从它们的两个身体特征归结而来的：眼睛大，用于在海洋弱光层中视物；眼睛周围有一圈骨板，用于防止眼珠在深处被水压压爆。

早期双孔型动物

EARLY DIAPSIDS

离龙目

ORDER CHORISTODERA

在大约 1.4 亿年前的侏罗纪早期，离龙目这种构造奇怪的鳄鱼型爬行动物从双孔型动物演化主线中分化出来。离龙目栖息在北美洲、欧洲和亚洲东部的淡水中，直到古近纪的始新世才灭绝。

名称：鳄龙（*Champsosaurus*）

年代：白垩纪晚期至始新世

地点：欧洲（比利时、法国）和北美洲（加拿大艾尔伯塔省，美国蒙大拿州、新墨西哥州、怀俄明州）

大小：长 1.5 米

鳄龙在白垩纪晚期和古近纪栖息在欧洲和北美洲西部的河流与沼泽中。它的颌窄长，长满了细小的尖牙，很容易被误认为是现代印度鳄的近亲。虽然二者都属于双孔型爬行动物，但它们却不是近亲，它们的相似点只能用协同演化现象来解释，即特定的环境会使无亲缘关系的动物演化出同样的体形，通常也伴有同样的习性。

鳄龙可能通过左右摆动躯干和尾巴来游动，同时腿部紧贴侧腹使其躯体更具流体学外形，同样的游动方式在现代鳄鱼和海鬣蜥身上也能看到。

鳄龙是一种咬合力极强的食鱼爬行动物，它眼后极为宽阔的头骨为颌肌提供了大量的附着点，咬合力也因此变强。

始鳄目

ORDER EOSUCHIA

蜥蜴形始鳄目被认为是后期高级双孔型爬行动物的近亲，如今多以蛇类和蜥蜴类的生命形式存在（见第 230–231 页）。

始鳄目在二叠纪晚期首次出现，于三叠纪中期灭绝，共有四科，集中分部在非洲东部和南部以及马达加斯加。其中的坦噶蜥科包括两个代表种类（下图）。

名称：沙地欧龙（*Thadeosaurus*）

年代：二叠纪晚期

地点：马达加斯加

大小：长 60 厘米

陆生沙地欧龙的尾巴约 40 厘米长，占身体总长的三分之二。它每只脚上的五趾又细又长，并且较长的脚趾分布在外侧，它的脚抬起时大多数脚趾都能与地面接触，每一步都会受到地面的强力推送，走路也就更有力。它的胸骨变得很大，这一特征也会增加前肢走动的力度。

名称：霍瓦蜥（*Hovasaurus*）

年代：二叠纪晚期

地点：马达加斯加

大小：长 50 厘米

霍氏晰最显著的特征是尾巴，不仅长度是身体总长的三分之一，而且尾巴呈纵向扁平状。霍氏晰每块尾椎都向上下延长，最终便形成了一个宽阔坚硬的扁跗节，使其能灵活地游动。

霍瓦蜥另外一个非同寻常的特征是在多数化石标本的腹腔内都发现了大量卵石。可见，这些爬行动物是把卵石当作压载物吞下，使其能迅速潜入水中捕食猎物或在进食时处于水下的状态。

鳞龙总目

SUPERORDER LEPIDOSAURIA

涵盖现今蛇类和蜥蜴类共 6000 种动物的鳞龙总目的演化主线起源于二叠纪晚期的一个始鳄目。但鳞龙总目的第三目喙头目可就没那么成功了。

喙头目

ORDER SPHENODONTIDA

喙头目是鳞龙总目的一个古老种类，它们是双孔型动物向蛇类和蜥蜴类演化主线的一条支线。

喙头目曾是一个品种繁多的类群，于 2 亿多年前的三叠纪晚期出现，喙头目的许多科类都在随后的侏罗纪演化。在此之后，它们的种类开始减少，这可能是由于与真正的蜥蜴之间的竞争造成的。

整个喙头目唯一的幸存者是仅存于新西兰的喙头蜥。

名称：*Planocephalosaurus*

年代：三叠纪晚期

地点：欧洲（英格兰）

大小：长 20 厘米

该蜥蜴型动物是最早演化的喙头目之一。它身体的骨骼几乎与现今新西兰喙头蜥相同，但头骨却十分原始，其牙齿与颌相连，而非像高级蜥蜴那样附着于颌骨内的沟槽。

Planocephalosaurus 的牙齿十分坚硬，颌的咬合力也很强，它们以蠕虫和螺类为食，偶尔还捕食小型蜥蜴。

名称：腹躯龙（*Pleurosaurus*）

年代：侏罗纪晚期至白垩纪早期

地点：欧洲（德国）

大小：长 60 厘米

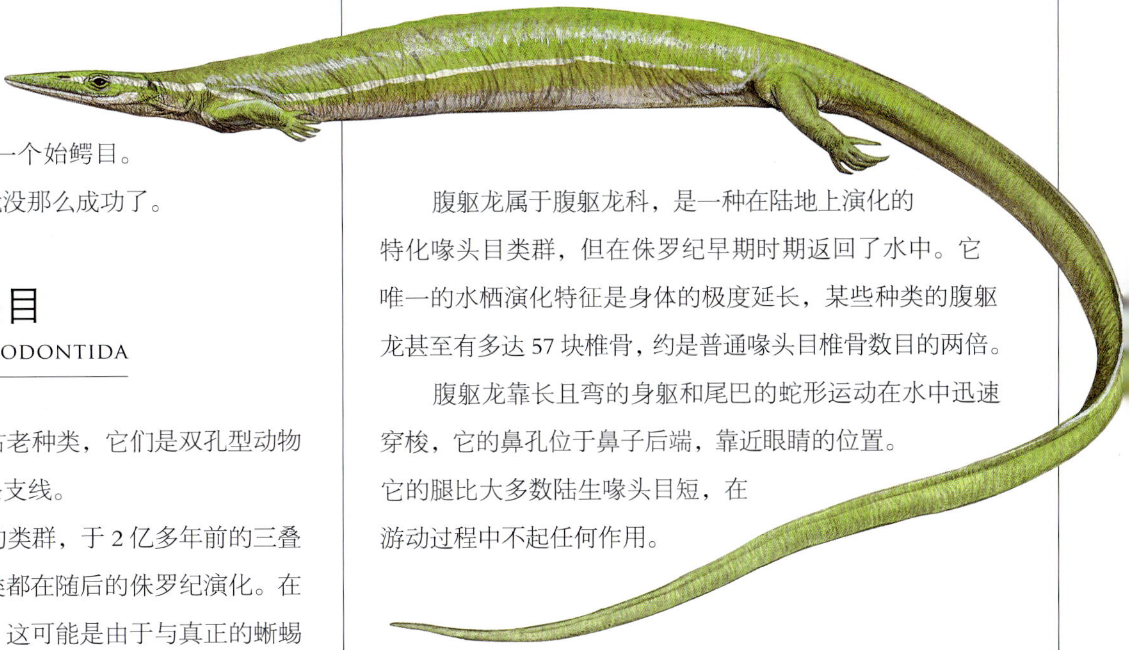

腹躯龙属于腹躯龙科，是一种在陆地上演化的特化喙头目类群，但在侏罗纪早期时期返回了水中。它唯一的水栖演化特征是身体的极度延长，某些种类的腹躯龙甚至有多达 57 块椎骨，约是普通喙头目椎骨数目的两倍。

腹躯龙靠长且弯的身躯和尾巴的蛇形运动在水中迅速穿梭，它的鼻孔位于鼻子后端，靠近眼睛的位置。它的腿比大多数陆生喙头目短，在游动过程中不起任何作用。

蛇类和蜥蜴类

SNAKES AND LIZARDS

有鳞总目

ORDER SQUAMATA

现今最成功的爬行动物种类由蜥蜴类和蛇类构成，约有 6000 种各式各样的走禽、滑翔动物、爬行动物、攀缘动物和穴居动物分布在除南极洲以外的各个大陆上。它们源自双孔型爬行动物的一条古老的血缘系统——二叠纪晚期（见第 228–229 页）的蜥蜴形始鳄目。另外一些现存的爬行动物，如海龟、陆龟和鳄鱼，则沿着其他不同的血缘系统演化（见第 210–213 页和第 242–245 页）。

将蜥蜴类、蛇类与其他所有双孔型爬行动物（包括其近亲喙头目，见第 229 页）区分开来的主要特征是蜥蜴类和蛇类的颌具有高度灵活性和强大的咬合力。这样的身体特征源于两个结构性变化：一个是将下侧一对颞颥孔包裹起来的下骨弓退化，为更大块颌部肌肉的发育提供了更大的空间；另一个是在头骨内形成一个移动的屈戌关节，这为颌的移动提供了更多的灵活度。

蜥蜴亚目

SUBORDER LACERTILIA

蜥蜴类是比蛇类更古老的类群，已知最早的蜥蜴型爬行动物是在二叠纪晚期栖息于非洲南部的小型食虫动物。能够描绘蜥蜴类在中生代上半时期演化过程的化石遗迹很少，但到了侏罗纪末期，该类群似乎经历一场大演化，所有现代主要类群的原始种类突然出现，其中包括壁虎、石龙子、鬣蜥、蛇蜥和巨蜥。

除了头骨变化使进食更有效率之外，其他的结构变化也使蜥蜴的听力变好，四肢关节的咬合面得到改进，行走也更方便。这些特征使蜥蜴成为行动迅速有效的捕食者，能够对付相对较大型的猎物。

孔耐蜥科

FAMILY KUEHNEOSAURIDAE

该科动物是已知最早的蜥蜴形爬行动物之一，它们通常被归为鳞龙型类，因为它与喙头目的亲缘关系可能比蜥蜴亚目还近。虽然它们属于原始动物，但它们却有着特化的生活方式，即用翼状薄翅膀在空中滑翔。

名称：孔耐蜥（*Kuehneosaurus*）

年代：三叠纪晚期

地点：欧洲（英格兰）

大小：长 65 厘米

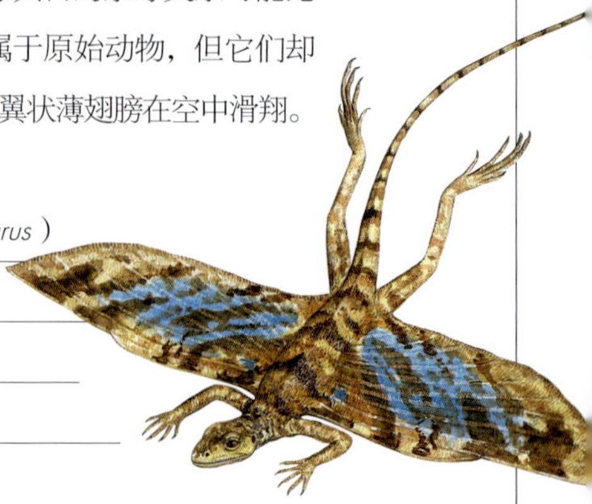

这种长腿蜥蜴能用一对薄薄的“翅膀”在空中滑翔，“翅膀”从前肢和后肢之间向外伸出，其翼展可达 30 厘米。

细长的肋骨构成滑翔翼的主体框架，这一结构在空尾蜥（见第 227 页）和现存东南亚的飞蜥中可见。

阿德蜥科

FAMILY ARDEOSAURIDAE

壁虎是现代蜥蜴类最早的类群，出现在侏罗纪晚期。唯一现存的壁虎科演化时间相对较晚，即 4000 万年前的晚始新世，该科涵盖了 670 余种动物，大都分布在温暖的热带区域。

名称：阿德蜥（*Ardeosaurus*）

年代：侏罗纪晚期

地点：欧洲（德国）

大小：长 20 厘米

这种原始壁虎头部扁平，眼睛巨大，可能与现代近亲一样夜间捕食动物。它动作敏捷，能用强有力的颌捉住昆虫、蜘蛛和较小的蜥蜴。它是否具备现代壁虎的“指垫”尚不可知（指垫是脚趾下特化的鳞片，“指垫”能使它们沿着平滑垂直的表面爬行）。

巨蜥科

FAMILY VARANIDAE

蛇蜥和巨蜥是所有陆生蜥蜴中体形最大的动物，它们出现在 8000 万年前的白垩纪晚期。自此之后少有改变，是一群体格庞大而又活跃的捕食者，分叉的舌头是它们的嗅觉器官。印尼科莫多巨蜥是巨蜥科的现代代表动物。

名称：古巨蜥（*Megalania*）

年代：更新世

地点：澳大利亚（昆士兰省）

大小：长 8 米

古巨蜥是印尼科莫多巨蜥的近亲，它们在不到 2000 万年前的澳大利亚平原驰骋，伏击在草原上摄食的有袋类动物，它们能用强劲的颌和锋利的、边缘有锯齿的牙齿撕咬大块的血肉。

沧龙科

FAMILY MOSASAURIDAE

这是一个极为成功却非常短命的巨蜥类旁系，它们极为适应白垩纪晚期的海栖生活。

名称：扁掌龙（*Platecarpus*）

年代：白垩纪晚期

地点：欧洲（比利时）和北美洲（美国阿拉巴马州、科罗拉多州、堪萨斯州和密西西比州）

大小：长 4.3 米

扁掌龙栖息在大约 7500 万年前的海洋中。它的尾巴与躯干等长且纵向扁平，沿尾巴上下各长有一个宽阔的直立鳍。扁掌龙通过蛇形摆动弯曲的长躯干和带鳍的尾巴前进，而短腿和宽阔的蹼足则用来控制方向。

鱼类和软体头足类动物是扁掌龙的食物，它用长长的尖颌上的圆锥形尖牙抓住猎物。扁掌龙也会捕食菊石动物，这些动物的软体包裹在螺旋形的硬壳内。

名称：浮龙（*Plotosaurus*）

年代：白垩纪晚期

地点：北美洲（美国堪萨斯州）

大小：长 10 米

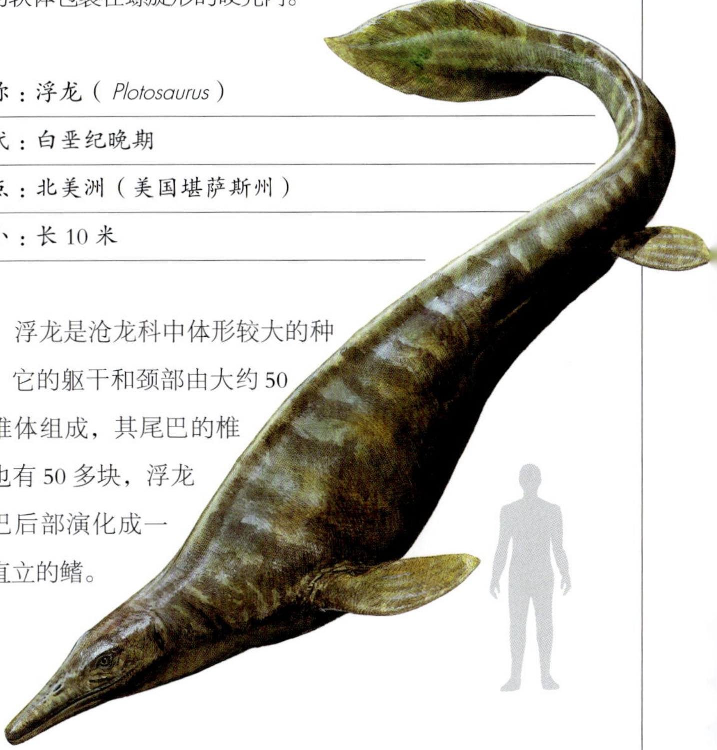

浮龙是沧龙科中体形较大的种类，它的躯干和颈部由大约 50 块椎体组成，其尾巴的椎体也有 50 多块，浮龙尾巴后部演化成一个直立的鳍。

它的四肢演化成为短扁附节，前肢因每根脚趾的趾骨较多而长于后肢。白垩岩中保存的骨骼印痕表明浮龙的体表与现代蛇类一样，都覆有一层鳞片。

蛇亚目

SUBORDER SERPENTES

现代蛇类在 2000 万年前的中新世演化，但已知最早的蛇类却出现在 1 亿年前，它来自白垩纪早期的北非，具有现代类群的许多特征：身体变长，四肢和两个下颞颥孔上方的骨弓退化，颌关节灵活性提高。人们认为蛇类是从某种穴居蜥蜴或水栖巨蜥类蜥蜴演化而来的。

名称：厚针龙（*Pachyrhachis*）

年代：白垩纪早期

地点：亚洲（以色列）

大小：长 1 米

水栖爬行动物厚针龙有着蛇类的长躯干和巨蜥类的宽头，它的四肢和肩带都已退化，但髋骨仍然可见踪迹。厚针龙宽阔的肋骨是以蛇形摆动来游动的。

恐龙及其近亲

DINOSAURS AND THEIR KIN

恐龙及其近亲鳄鱼和翼龙在中生代统治着天空、陆地和海洋。这个“主龙时代”始于2亿多年前，终于6600万年前左右。在此期间，自然界最厉害的野兽——恐龙出现了。食肉恐龙身高可达6米，食植恐龙身长可达26米，翼龙的翼展约12米。鳄鱼是“主龙类”现存的唯一类群。

主龙类在约2.5亿年前的二叠纪晚期迈出了演化的第一步——一个新的小型双孔型爬行动物支系。随后从它们又繁衍出多个爬行动物种类，曾被统称为槽齿目，但是现已证明该目包含了几个没有亲缘关系的种类。被称作基干主龙类的一支在随后的三叠纪繁荣壮大，其中的某些种类逐渐适应两条腿直立行走。恐龙（见第250–313页）和鳄鱼（见第242–245页）都是从三叠纪的基干主龙类演化而来，可能翼龙（见第246–249页）也是从基干主龙类演化而来。

曾统治世界的动物

PAST MASTERS OF THE WORLD

最早被记载下来的恐龙骨骼发现于英格兰，属于大型食肉恐龙斑龙（见第260页）和大型食植恐龙禽龙（见第287页），分别在1824年和1825年被引入科学界。十多年之后，英国解剖学家理查德·欧文爵士（Sir Riachard Owen）才意识到它们代表着一个已灭绝的类群，于是在1842年将其定名“恐龙”，意为“恐怖的蜥蜴”。

在随后的50多年中，人们在欧洲和北美洲发现了更多的恐龙，也提出了各种各样的分类方法。1887年，英国解剖

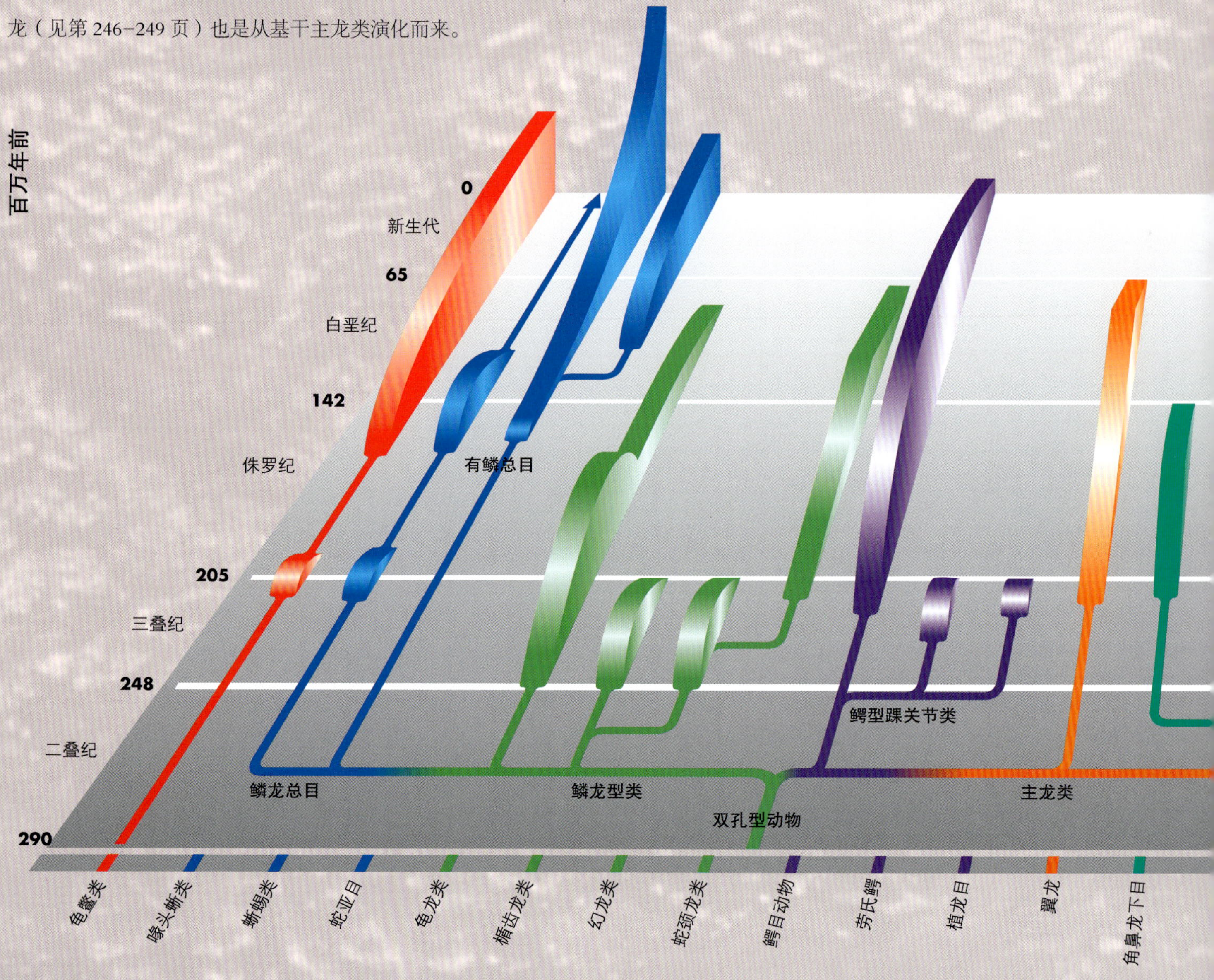

学家哈利·丝莱（Harry Seeley）发现有两种不同的骨盆（见第 234 页）。某些恐龙的骨盆为普通的爬行动物结构，丝莱称该种类为“蜥臀目恐龙”；另一些恐龙的骨盆则与现代鸟类相似，他称之为“鸟臀目恐龙”。

科学家曾认为这两个类群可能是从槽齿目不同类别物种演化而来，但目前认为它们可能拥有同一个祖先。

发现恐龙化石

DINOSAUR FINDS

最早的恐龙遗迹是 1835 年在北美洲康涅狄格河谷发现的三叠纪化石，这些足迹记录的是 2.2 亿年前大型两足动物的踪迹。马萨诸塞州阿默斯特学院神学和地质学教授爱德华·希区柯克（Edward Hitchcock）在 1848 年描述了这些足迹并得出它们是由大型鸟类留下的这一结论。1856 年，费城自然科学学院的约瑟夫·莱迪博士（Dr. Joseph Leidy）对北美洲恐龙骨进行首次描述，这些恐龙骨骼是发掘自蒙大拿州的恐龙牙齿，两年后他又描述了北美洲恐龙的首个骨架（鸭嘴龙，见第 291 页）。

美国中西部有大量 6600 万多年前的侏罗纪和白垩纪沉积物，人们在其中发现了海量的恐龙化石。这一发现源于两个著名的生物学家之间的竞争：耶鲁大学的奥赛内尔·查利斯·马什和费城自然科学学院的爱德华·德林克·科普。

第一块恐龙骨来自 1.5 亿年前的侏罗纪晚期，于 1877 年科罗拉多州的莫里森城发现，后在怀俄明州也有发现。马什和科普通过各自的方法找到恐龙标本，于是一场“恐龙之战”拉开了序幕。相互竞争的恐龙化石搜寻者大批前往西部。马什资助了怀俄明州科摩崖的六年挖掘工程，收集到了许多恐龙骨，科普也派了大量人手到怀俄明州和科罗拉多州收集。

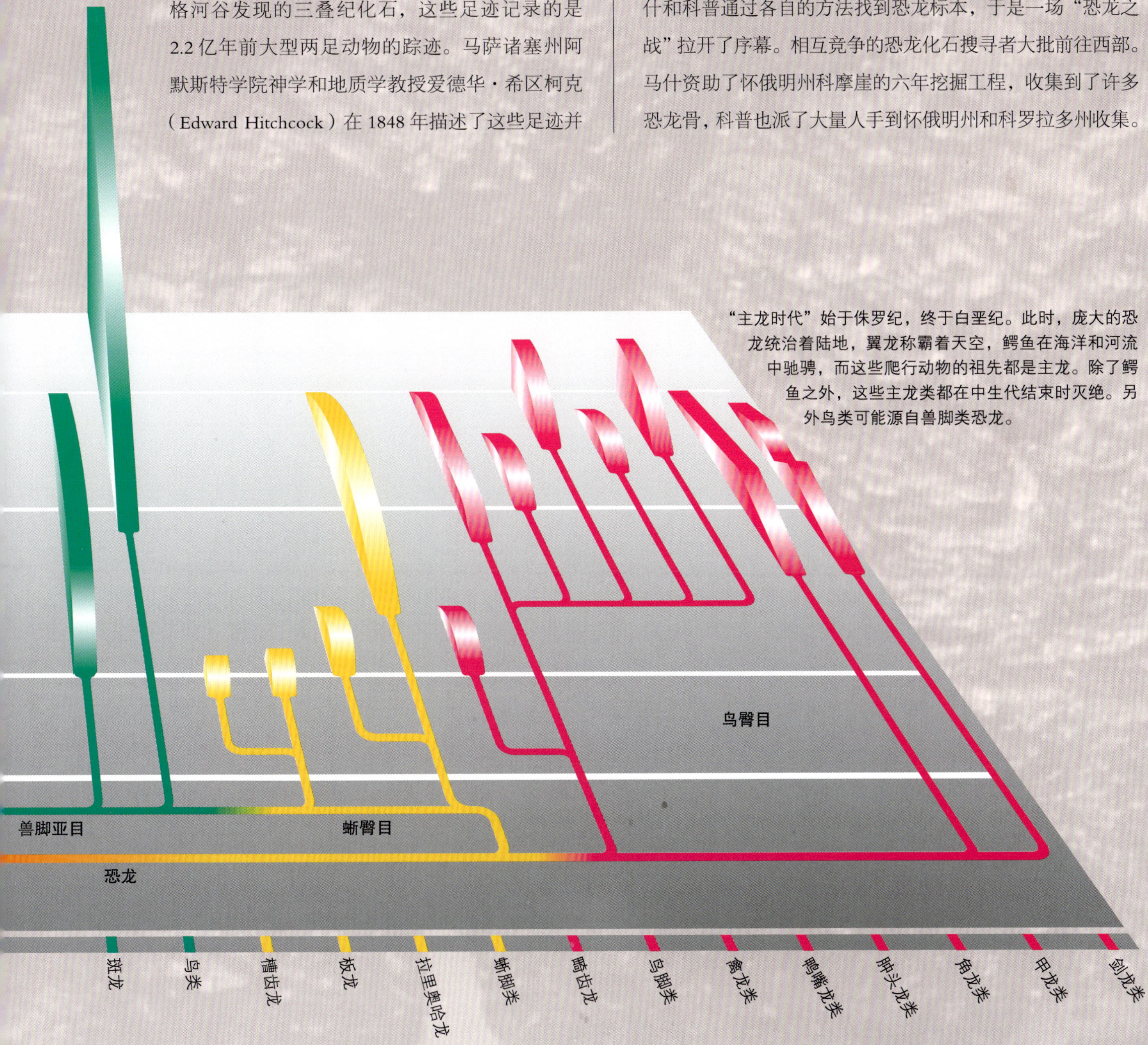

“主龙时代”始于侏罗纪，终于白垩纪。此时，庞大的恐龙统治着陆地，翼龙称霸着天空，鳄鱼在海洋和河流中驰骋，而这些爬行动物的祖先都是主龙。除了鳄鱼之外，这些主龙类都在中生代结束时灭绝。另外鸟类可能源自兽脚类恐龙。

马什和科普描述过许多从侏罗纪遗址发掘出的恐龙，其中包括如今众所周知的异特龙（见第 261 页）、角鼻龙（见第 250 页）、圆顶龙（见第 272 页）、梁龙、迷惑龙（见第 274–275 页）、弯龙（见第 286 页）和剑龙（见第 298 页）。

恐龙化石最丰富的地方是美国蒙大拿州和科罗拉多州的白垩纪晚期岩石，这些岩石在接近中生代末期约 1 亿年前至 6500 万年前时在此沉积。马什和科普之间的竞争，使人们发现了许多生物，其中包括似鸟龙（见第 253 页）、结节龙（见第 302 页）和三角龙（见第 310 页）。

加拿大也为世界贡献了一批恐龙。艾尔伯塔省红鹿河谷的白垩纪晚期沉积物由三方共同发现并发掘：美国自然历史博物馆、加拿大国家博物馆和加拿大安大略皇家博物馆。在该谷中发掘出多种恐龙，尤其是 1910 年到 1917 年期间更是硕果累累，其中包括暴龙类的艾伯塔龙（见第 263 页）、冠顶鸭嘴龙类的盔头龙（见第 295 页）和角龙类的戟龙（见第 319 页）。

1922 年到 1925 年期间，美国自然历史博物馆派人对蒙古国和亚洲中部的戈壁沙漠进行了首次考察。具有讽刺意味的是，这次探索的初衷是人类化石而非爬行动物化石，结果却意外发现了大量白垩纪晚期野兽，其中包括带巢穴和蛋的原角龙（见第 308 页）、蜥臀目恐龙窃蛋龙（见第 244 页）、伶盗龙和蜥鸟龙（见第 255 页）。

后来，人们在南美洲、非洲、澳大利亚、新西兰和南极洲也有发现恐龙。由于阿根廷也有了令人瞩目的新发现，南半球的恐龙分布地变得越来越重要。

非洲最为著名的恐龙化石地点就是东非坦桑尼亚的敦达古鲁（Tendaguru）了，因为这里曾发现大量的侏罗纪晚期恐龙，它们与美国西部的莫里森城的恐龙相似。

恐龙化石在非洲另外一个分布点是撒哈拉沙漠南部的尼日尔，发现于 1987 年，这里也藏有大量恐龙化石。最初的发掘工作挖出了体格庞大的蜥脚类食植圆顶龙和大型兽角类鲨齿龙的骨头。

全球分布

A WORLDWIDE DISTRIBUTION

尽管南半球的恐龙知名度低于北半球，但种类却不相上下。“蜥臀目”和“鸟臀目”都在三叠纪出现，此时所有的大陆都与泛大陆连接在一起，称为盘古大陆，所以任何一种陆生动物（恐龙也不例外）都可能迁徙到其他地区。

所有大陆在侏罗纪时期仍然相互连接，直到白垩纪晚期才出现了种群隔离的恐龙类群。此时北半球出现了两块分离

恐龙的臀部

恐龙演化成双腿直立行走时，也演化出为了带动后肢向前移动的新的肌肉附着点。蜥臀目恐龙的耻骨分别指向下方和前方，肌肉附着在耻骨上面。鸟臀目恐龙的肌肉则要么附着在肠骨的前突上，或者就像后期恐龙一样，附着在耻骨的新“前耻骨突”上。

蜥臀目恐龙（大椎龙）

鸟臀目恐龙（蒙大拿角龙）

的陆地区域——欧美大陆和亚美大陆。出于某些原因，亚美大陆上出现了许多白垩纪晚期的新种类，其中包括鸭嘴龙类、似鸟龙类、伤齿龙类、暴龙类和原角龙类。如此一来，如禽龙这种较为古老的恐龙种类就不会和这些新产生的近亲的竞争，也能在欧美大陆上生存更长时间。

目前发现的恐龙约有300个类群，其中约55%为蜥臀目，剩下的是鸟臀目。已知的恐龙中仅有7%来自三叠纪（几乎全是蜥臀目），28%来自侏罗纪，65%来自白垩纪，这其中的四分之三又仅发现于白垩纪晚期。具有更大意义的一点是，在白垩纪末期，有花植物发生爆炸性演化，分化出来的新品种能够适应全球的生息地，这种新的食物来源很可能导致恐龙新品种的出现。

恐龙的体温恒定？

Warm-blooded dinosaurs?

生物学家们一直认为恐龙与现在的爬行动物及其祖先两栖动物一样，都是冷血动物（变温动物）。但最近有人提出它们可能与现代鸟类和哺乳动物一样，都是恒温动物。

冷血动物主要依靠太阳获取热量和能量，恒温动物则恰恰相反，它们是从食物中获取能量。据称有许多证据支撑恐龙是恒温动物这一论点，对它们行迹的测量也表明某些恐龙是活跃的捕食者。据估计，它们的奔跑时速度高达每小时40千米，表明其代谢率非常高。人们在白垩纪的阿拉斯加北极圈内发现了恐龙化石，而通常情况下只有恒温动物才能承受这样极寒的环境。从许多方面来看，复杂的恐龙骨内结构都更像哺乳动物，而不是爬行动物，但这也可能表明它们生长迅速。

恐龙可能是个过渡物种——既不是冷血动物，也不是恒温动物。有些种类可能是恒温的，但某些大型恐龙的体积与表面积之比会使它们保持十分稳定的温度。

恐龙大灭绝

Mass-extinction of the dinosaurs

中生代末期发生的全球性恐龙灭绝事件包括众所周知的史前世界大灭绝事件，但与此同时也发生了一些其他灭绝事件，而翼龙、鱼龙、蛇颈龙和沧龙几乎都在白垩纪末期灭绝。另外一些海栖无脊椎动物，例如菊石动物、某些双壳类动物和许多微小的浮游生物也遭受了同样的厄运。

由于现代科技判断石头年份仅精确在数百万年之内，所以白垩纪时期的陆地和海洋大灭绝是否发生在同一时间尚不能确定。脊椎动物的灭绝似乎是一个逐步发展的过程，举例来说，鱼龙在白垩纪末期灭绝，而蛇颈龙、翼龙和恐龙在该纪末期可能只是变少而已。这些事实表明全球环境逐步变化而非人们所推崇的大灾难事件毁灭了大量生物。

海平面在白垩纪晚期下降得相对较快，平均气温下降，全球的气候变化无常，这些都可能导致翼龙和恐龙的数量逐步减少，如果恐龙依靠稳定的环境来维持体温，这样的影响就尤其大。

相反，许多微小的海栖无脊椎动物在白垩纪末期的灭绝似乎发生在一瞬之间，并且是同时发生的，时间正好与岩石中铱、锇和铑等稀有金属异常积聚的时间一致。这种内容丰富的岩层分布在50个地点左右，范围涵盖了北美洲、欧洲和新西兰，还有太平洋的深海沉积物。

美国科学家路易斯·阿尔瓦雷兹和沃尔特·阿尔瓦雷兹指出，这些金属在岩石中的比例与在陨石中的比例相同。1980年，他们提出一个理论：大约在6600万年前（白垩纪末期），一块直径约10千米的陨石撞击了地球。随后人们开始大规模寻找撞击坑，并在1991年发现了一个大小和年代符合该理论的撞击坑，它被约1千米厚的晚期沉积物埋藏在墨西哥尤卡坦半岛的希克苏鲁伯地区。想要估测该陨石坑的大小和被撞击出的石头的体积十分困难，但在1998年人们通过地球物理学测量实现了这一目标。

希克苏鲁伯陨石冲击出一个深12千米、宽100千米的大坑，并将50000立方千米的粉状岩石冲入大气层，释放出的岩尘、二氧化碳和二氧化硫对全球气候产生了很大影响，最初可能是气温下降，接着是明显的气候变暖，从而发生食物链断裂，最终导致脆弱的种群（包括恐龙）走向灭亡。此次陨石撞击对美洲区域产生了灾难性的影响，一道高1千米的浪潮将所有生命冲离沿岸区域，野火烧毁了内陆深处所有的森林和栖息其中的生物。可能用了100多万年的时间，环境才恢复正常。

早期主龙类

EARLY RULING REPTILES

主龙型下纲

INFRACLASS ARCHOSAUROMORPHA

支序分析表明羊膜动物可以分为三类：构成真爬行动物的双孔型和无孔型，还有一个下孔型。在约2.5亿年前的二叠纪晚期，双孔型爬行动物分化成为两类，这两类在后来变得极为重要。主龙型下纲衍生出了恐龙、鳄鱼和鸟类，而鳞龙型类又衍生出了蛇类和蜥蜴类。

主龙型下纲包括喙头龙目、原蜥形目和主龙类，其中原蜥形目在二叠纪中期崛起，主龙类在二叠纪末期崛起，另外一类则在三叠纪崛起。

大多数主龙型下纲动物都适应了陆地生活。它们的长腿比其他爬行动物更直接地位于体下，使得其身体更稳定、移动更迅速。与腿的演化相关的是足的改良，尤其是踝关节的关节构造和第一根脚趾（大拇趾）的灵活性的改变，这两点极大地提高了它们的移动能力。

原蜥亚目包括食肉的原龙类（该下纲已知最早的动物），如二叠纪晚期的原龙目和以异平齿龙为代表的三叠纪晚期食植喙头龙目。

主龙型下纲中最重要的种类莫过于主龙类，它们在三叠纪的演化即将改变陆生动物近两亿年的历史。主龙类衍生出了恐龙、鳄鱼、翼龙和鸟类。

名称：异平齿龙（*Hyperodapedon*）

年代：三叠纪晚期

地点：亚洲（印度）和欧洲（苏格兰）

大小：长1.3米

异平齿龙属于爬行型类的喙头龙目，在南美洲和非洲尤为普遍。它们是笨重的食植动物，在三叠纪中期到晚期期间十分繁盛，也是当时数量最多的爬行动物。

异平齿龙及其近亲虽然存活时间较短但极为成功，它们的成功源于其牙齿。它的上颌两侧各有一个宽阔的齿板，齿板上长有数排牙齿，中间则是一个沟槽，当颌闭合时，下颌的两排牙齿正好与这些沟槽咬合，进而产生巨大的切割力，这非常符合它食植的习性。

喙头龙目可能以种子蕨为食，种子蕨在三叠纪遍布各地，但是在三叠纪末期被松柏类所取代并灭绝。喙头龙目也在三叠纪末期灭绝，其食植生态位被新演化出的食植性恐龙所取代，“主龙时代”由此开始。

原蜥亚目

ORDER PROLACERTIFORMES

原蜥亚目出现在二叠纪中期，后在三叠纪大量繁衍。起初，它们与大型蜥蜴类似，颈部较长，但某些种类将这一趋势发挥到了极致。原蜥亚目与主龙共有许多特征，如长鼻子和窄头骨，以及向后弯曲的牙齿。

名称：原龙（*Protorosaurus*）

年代：二叠纪晚期

地点：欧洲（德国）

大小：长达 2 米

这种蜥蜴型爬行动物是已知最早的主龙形下纲动物。大约在 2.5 亿年前的二叠纪末期，原龙栖息在欧洲的沙漠里。

原龙是敏捷迅速的动物，长长的腿缩在体下，能够追捕快速移动的猎物——主要是昆虫。它的颈部由 7 块又大又长的椎体组成。

名称：长颈龙（*Tanystropheus*）

年代：三叠纪中期

地点：亚洲（以色列）和欧洲（德国和瑞士）

大小：长 3 米

原龙所特有的长颈在这种动物身上发挥到了极致。长颈龙的脖子比躯干和尾巴的总和还长，但它的脖子仅由 10 块椎体组成（只比原龙多了 3 块）。不过每块椎体都强烈生长。事实上，当初这些颈骨被发现时还被当作了腿骨。

长颈龙体形古怪得令人难以置信，一些古生物学家认为它们在陆地上不可能支撑如此长的脖子，所以只可能生活在水中，但长颈龙却不具备任何水栖特征。它们可能栖息在海岸边，将头伸入水中捕捉鱼类或甲壳类动物，并用钉状牙齿将猎物碾碎。

主龙亚纲

SUPERORDER ARCHOSAURIA

主龙是“主龙类”最壮观的动物，在中生代统治世界 1.8 亿多年：飞行爬行动物翼龙翱翔天际（见第 246-249 页）；恐龙驰骋在陆地（见第 250- 第 313 页）；唯一存活至今的主龙鳄鱼，则称霸海洋和淡水水域（见第 242-245 页）。

这些不同种类的动物都有一个共同特征——每只眼睛后方的头骨上各有两个颞颥孔（见第 205 页）。

最原始的主龙出现在 2.5 亿多年前的二叠纪晚期，在三叠纪迅速衍生出多个种类，随后在三叠纪末期灭绝。它们以很短的时间（少于 4000 万年）就从祖先演化成很成功的类型。重大分系发生之前，曾有些短命的种类生活在三叠纪早期和三叠纪中期，其中一条线衍生出了鳄鱼，另一条线则衍生出了恐龙和鸟类。

剩下的三叠纪主龙类不属于这两类中的任何一种，之前曾也被划分为槽齿目，但现在人们知道了它们是起源不同的复系类群。这些基干主龙类包括三叠纪早期的一些种类，如古鳄科，它们取代了二叠纪时期丽齿兽、派克鳄等食植性动物占据的生态位。来自南非三叠纪中期的小型主龙派克鳄有时被划入鸟鳄类，有时又被单列，但它标志着主龙类第一次重大演化的开端。近来，劳氏鳄科、植龙类和锹鳞龙科被划分为镶嵌踝类，与鳄形超目并列。

这些早期主龙类的总体演化趋势是逐步直立行走，尤其是后肢逐渐从以前的爬行位变成直接位于体下。这一趋势最终在鸟臀目动物身上得到完善，即用两条腿直立行走。

早期主龙类

EARLY RULING REPTILES

古鳄科

FAMILY PROTEROSUCHIDAE

古鳄科是最早出现的主龙类，时间是大约 2.5 亿年前的二叠纪晚期，发现地点为俄罗斯。某些古鳄科为水栖鳄形动物，其他的则完全适应了陆地生活。古鳄科在三叠纪遍布全球各地，并在三叠纪末期（约 2.1 亿年前）灭绝。

名称：加斯马吐龙（*Chasmatosaurus*）

年代：三叠纪早期

地点：非洲（南非）和亚洲（中国）

大小：长 2 米

加斯马吐龙（曾被称为古鳄）是已知最原始的主龙类动物。它与现代鳄鱼外表相似，可能也有着鳄鱼同样的习性。它的四肢强壮，各有五趾，水平从躯干向外突出，形成蜥蜴形爬行步态。

尽管加斯马吐龙可以在陆地上行走，但是它大部分时间可能还是待在水中，摆动长长的尾巴和躯体追逐鱼类猎物。它的颌内长满向后弯曲的尖牙，每颗牙齿都位于一个浅牙槽内，颌的端部骤然向下弯曲。其上颌也有牙齿，这一原始特征在后来的主龙类身上都已退化。

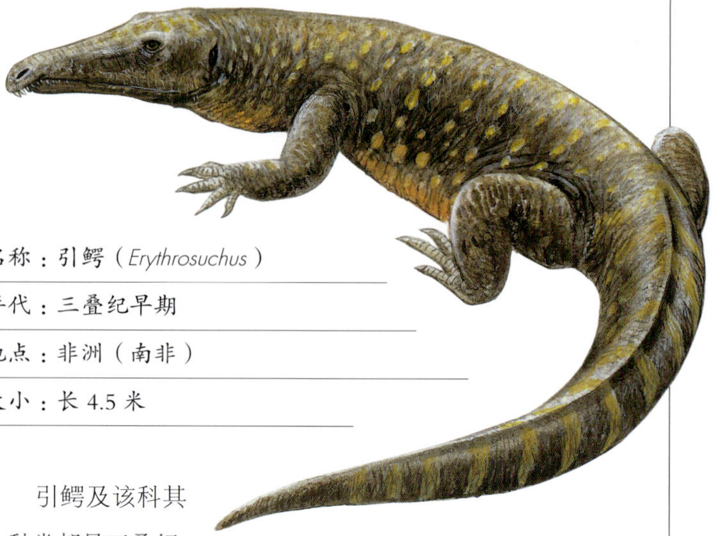

名称：引鳄（*Erythrosuchus*）

年代：三叠纪早期

地点：非洲（南非）

大小：长 4.5 米

引鳄及该科其他种类都是三叠纪早期和三叠纪中期（约 2.5−2.3 亿年前）体形最大的陆生食肉动物，有些体长可达 5 米。引鳄给其他陆生爬行动物的演化带来了深远的选择压力，例如这一时期出现一些如坚蜥目（属锹鳞龙科）和植龙类。

引鳄头部较大，长度可达 1 米，强有力的颌内长满尖利的圆锥形牙齿。它是顶级食肉动物，可能是以当时的食植性大型二齿兽为食。

它的腿比加斯马吐龙的腿更直接地位于其庞大身躯的下方，因此也表明这种活跃的食肉动物可以在陆地上更快速地移动。

劳氏鳄科

FAMILY RAUISUCHIDAE

该科鳄形主龙类动物是当时主要的陆生食植动物，有些劳氏鳄科体长可达 6 米。它们出现于三叠纪中期，并存活到该时期的末期。劳氏鳄科在美洲、东非和西欧均有分布。

劳氏鳄科的四肢不仅更直接地位于体下，而且还演化出了一个更有效率的踝关节，与脚跟一起提高了行走过程中足的平衡度和弯曲度。

名称：铁沁鳄（*Ticinosuchus*）

年代：三叠纪中期

地点：欧洲（瑞士）

大小：长 3 米

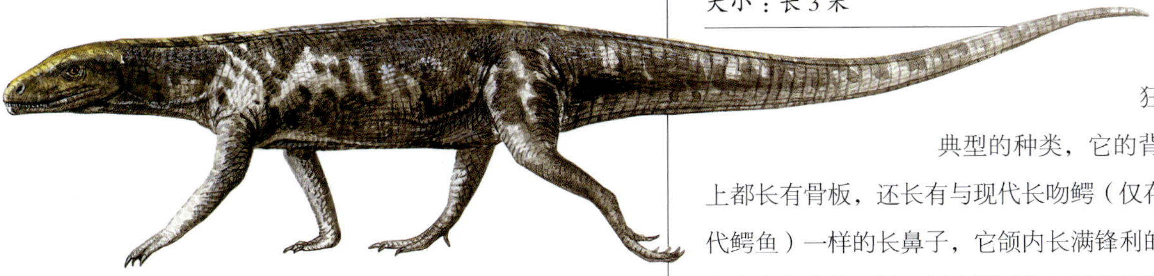

这种体形中等的劳氏鳄科动物的背部有两排小骨板，长长的尾巴上下都有鳞甲。从臀部结构、连接大腿骨的球窝式关节可以看出，铁沁鳄的后肢几乎直接位于体下，这与之前的主龙类爬行方式截然不同。

除此之外，铁沁鳄和其他劳氏鳄科的踝关节都已适应陆地行走，其中一块脚骨的某个部位演化成为脚跟。这是一个极为重要的演化，因为强有力的肌腱（功能等同于人类的跟腱）可以附着在脚跟上，起到弯曲足部的作用。

在脚跟出现之前，将脚抬离地面的是第五块脚骨（跖骨）或最外边的脚骨与第五块脚骨共同施力。有脚跟的动物可以缩短第五根脚趾的长度，某些完全退化，另一些则短到根本无法触及地面。

植龙科

FAMILY PHYTOSAURIDAE

植龙是水栖食肉动物，仅存于三叠纪晚期（约2.1亿年前）。它们长有鳄形重甲的躯干长达 5 米，很可能是当时主宰北半球河流的食肉动物。

植龙科是与真鳄类平行演化的典型例子：这两类爬行动物都源自同一个主龙原种，因相同的生活方式和环境因素而各自演化出了大致相同的结构。然而，植龙科与鳄鱼的区别在于，植龙科动物的鼻孔位于眼睛上方而非鼻尖。

名称：狂齿鳄（*Rutiodon*）

年代：三叠纪晚期

地点：欧洲（德国和瑞士）和北美洲（美国亚利桑那州、新墨西哥州、北卡罗来纳州和得克萨斯州）

大小：长 3 米

狂齿鳄是植龙科中典型的种类，它的背部、侧腹和尾巴上都长有骨板，还长有与现代长吻鳄（仅存于印度河流的现代鳄鱼）一样的长鼻子，它颌内长满锋利的牙齿，这是它捕食鱼类的绝佳工具。狂齿鳄可能还以其他爬行动物为食，因为在狂齿鳄化石的腹腔中还发现有某些植龙化石。

狂齿鳄及其近亲与现代鳄鱼十分相似，然而，能把二者直接区分开来的特征是鼻孔的位置：植龙的鼻孔位于鼻子后端的骨质突起处（靠近眼睛），而现代鳄鱼的鼻孔则位于鼻尖。

早期主龙类

EARLY RULING REPTILES

锹鳞龙科

FAMILY STAGENOLEPIDIDAE

与所有主龙类近亲不同的是，锹鳞龙科（又名“坚蜥目”）是食植动物。它们有着叶片状的小牙齿，庞大的身躯有躯甲覆盖。锹鳄龙科与短吻鳄外表相似，是主龙类的一个旁系，仅存于三叠纪晚期的欧洲和美洲。

名称：锹鳞龙（*Stagonolepis*）

年代：三叠纪晚期

地点：欧洲（苏格兰）

大小：长 3 米

锹鳞龙深厚的躯体是食植性坚蜥目动物的典型特征，它演化出了能够容纳消化植物所需的更长的肠道。作为移动缓慢的食植动物，锹鳞龙还需要用其沉重的躯甲来保护自身免受灵活的槽齿目近亲的袭击。

体形庞大的锹鳞龙有着不对相的小脑袋，它 3 米的身躯上挂着一个仅有 25 厘米的头。它狭窄的颌部前端没有牙齿，后端的钉状牙齿却足以应付坚硬的植物，如木贼、蕨类和新出现的苏铁属植物。它的吻部扁平，几乎与猪类似，这样的形状特别适合拱食林下植物。

名称：链鳄（*Desmatosuchus*）

年代：三叠纪晚期

地点：北美洲（美国得克萨斯州）

大小：长 5 米

这种大型北美洲坚蜥目动物的躯甲尤其繁多，其背部、尾部和胸部的部分区域都覆盖着四边形的骨板，而长达 45 厘米的骨刺从两肩突出。它的头部较小，鼻子像猪，脆弱的钉状牙齿适合食植。

鸟鳄科

FAMILY ORNITHOSUCHIDAE

古生物学家还不能确定鸟鳄科与恐龙之间的血缘关系，因为二者的四肢有一些共同特征，但其他方面则与鳄鱼相近，因此鸟鳄科和鳄鱼一起被归入镶嵌踝类主龙。它们分布在三叠纪晚期的苏格兰和南美洲。

名称：派克鳄（*Euparkeria*）

年代：三叠纪早期

地点：非洲（南非）

大小：长 60 厘米

派克鳄是鸟鳄科的早期成员，它从主龙类祖先演化而来的强有力的后腿和长尾巴使得鸟鳄科有了新的站姿。派克鳄体形较小且苗条，背部中央和尾巴上覆有骨板，后肢比前肢长约三分之一。

尽管大部分时间靠四肢站立，但是这种鸟鳄科动物也能够抬起前肢以逃避危险。它的长尾巴大约占身体总长的一半，奔跑时尾巴可以从臀部向后伸出以保持身体平衡。派克鳄双足直立后来成为三叠纪末期首次出现的食肉恐龙的常态（见第 250–253 页）。

派克鳄的头骨较大，重量却因骨头之间的数个宽颞颥孔而减轻。它的牙齿十分符合食肉的习性——又长又尖，稍稍向后弯曲，边缘处带有锯齿。

名称：鸟鳄（*Ornithosuchus*）

年代：三叠纪晚期

地点：欧洲（苏格兰）

大小：长 4 米

鸟鳄曾一度被古生物学家认为是原始恐龙，但现在被认为与鳄鱼的血缘关系更近。

鸟鳄的站姿与恐龙十分相似——后肢垂立于身下，能够直立行走。但鸟鳄平常主要依靠四肢行走，只会在遇到危险时才会使用双足站姿，这一点与派克鳄相似。

鸟鳄的原始特征包括：背部覆有两排骨板；骨盆短而宽，仅由三块椎骨与脊椎相连；后肢各有五趾；头骨相当发达，与大型兽脚类动物（如暴龙）极为相似。

名称：兔鳄（*Lagosuchus*）

年代：三叠纪中期

地点：南美洲（阿根廷）

大小：长 30 厘米

体形矮小的兔鳄及其近亲是已知鸟鳄科内与恐龙最相似的动物，相似处主要体现在髋骨结构和踝关节，以及细长的后肢（后肢内的胫骨几乎是大腿骨长度的两倍）。

兔鳄的腿骨结构是移动迅速的动物的一大特征，两足恐龙尤为常见。兔鳄与其他鸟鳄科一样，都能靠后肢直立。人们曾认为兔鳄最可能是恐龙的祖先。

未定科

FAMILY UNCERTAIN

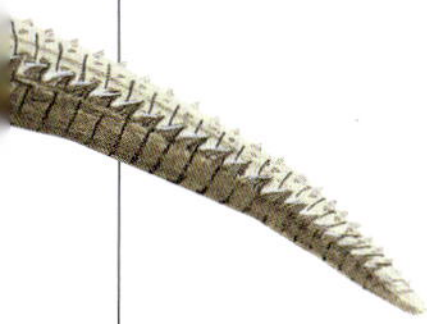

长鳞龙于 1970 年被首次命名，一些非同寻常的特征将它与任何已定名的科区分开来。古生物学家们不愿为单一种类命名一个新科，只愿意在获得更多的信息和标本后再作出分类决定。

名称：长鳞龙（*Longisquama*）

年代：三叠纪早期

地点：亚洲（吉尔吉斯斯坦）

大小：长 15 厘米

长鳞龙是古怪的蜥蜴形小鸟鳄科动物，不属于该科任何已知的亚目或科。它的躯干覆着交错的有脊的鳞片，背部长有一排特别显眼的鳞片。这些鳞片呈“V”字形，坚硬高耸，功能不明，可能是展示器官，也可能用于吸引异性交配，还可能用于恐吓竞争者。另外一些人则认为，这些鳞片可能用于空中滑翔或热交换，还有可能是处于羽毛演化的早期阶段。

鳄类动物

CROCODILES

鳄形超目

SUPERORDER CROCODYLOMORPHA

鳄类动物及其近亲是唯一存活至今的主龙类动物。自2.3亿年前左右的三叠纪中期首次出现以来，它们的结构一直保持连贯，几乎没有大的改变。

鳄鱼可能从主龙类（见第240–241页）的鸟鳄科演化而来，虽然现代鳄鱼更适应水栖生活而非陆地，它们却是从小型陆生食肉动物演化而来的，能够用细长的后肢直立跑动，而其现代近亲的四肢都很短。

鳄鱼的头骨较长、低矮、块头大，这是为了抵消颌强力闭合时产生的压力。肌肉附着在头骨后端，使得颌能够大张。次生腭骨将嘴与鼻腔隔开，使得它能够边进食边呼吸。

喙头鳄科

FAMILY SPHENOSUCHIDAE

喙头鳄科出现在三叠纪中期，是已知最早的鳄类动物，与体格轻盈的鸟鳄科极为相似，曾长期被误划入该类。这种原始鳄类动物适应了陆栖生活。

名称：股薄鳄（*Gracilisuchus*）

年代：三叠纪中期

地点：南美洲（阿根廷）

大小：长30厘米

在20世纪80年代早期之前，这种小型动物一直被归为鸟鳄科。它们与鸟鳄科动物一样身体轻盈，头部大得不成比例，能够靠细长的后肢直立奔跑，但它的头骨结构、颈椎结构和踝关节结构都使它位列鳄类动物。

股薄鳄极为适应陆栖生活，两排骨板沿脊椎延伸至尾尖，可能用长长的后肢追猎小型蜥蜴，再用内弯的尖牙和强力的颌将它们吃下。

跳鳄科

FAMILY SALTOPOSUCHIDAE

尽管真正的鳄类动物直到侏罗纪早期才出现，但它们的一些近亲在三叠纪晚期就已现身，如今都被列入鳄形超目。其中一些（如跳鳄科）刚出现时与鳄鱼长得完全不同，但确实都具备一些能将它们列入鳄类动物的重要特征。

名称：陆鳄（*Terrestrisuchus*）

年代：三叠纪晚期

地点：欧洲（威尔士）

大小：长50厘米

陆鳄体形较小，比股薄鳄（左图）更小巧，躯干较短，四肢尤其细长，后肢脚骨极度延长，尾巴几乎是躯干和头部总长的两倍。与其早期近亲相比，它的头像鳄类动物——更长更低。

从它轻盈的躯体——几乎与灵猩相同，但与该哺乳动物完全无任何血缘关系——来看，陆鳄必然驰骋在三叠纪晚期欧洲的干旱陆地上，用长长的颌吞下昆虫和小型蜥蜴。它可能主要以四肢奔跑，也可以轻易地直立起来以提高速度，同时用长尾巴保持平衡。

鳄目

ORDER CROCODYLIA

如今鳄类动物是仅有 8 个类群的小类群，由鳄鱼、短吻鳄和长吻鳄构成，都分布于热带地区，对于曾一度数量繁多、高度繁荣的物种来说，这实在是一种退化。海栖鳄类动物在侏罗纪尤其繁盛，尚能与其他海栖爬行动物一较高下，但到了古近纪和新近纪，其中一些海栖鳄彻底适应陆栖生活，与哺乳动物和鸟类为南美洲的顶级食肉动物竞争。

原鳄科

FAMILY PROTOSUCHIDAE

尽管头骨的外表与喙头鳄科相似，原鳄科却是长腿的陆栖动物，有些可能演化出了将嘴和鼻腔分开的次生腭，但这些是由肉膜构成，而非后期鳄类动物的骨膜。

名称：原鳄（*Protosuchus*）

年代：侏罗纪早期

地点：北美洲（美国亚利桑那州）

大小：长 1 米

该陆生鳄鱼的头骨比早期的喙头鳄科动物更像鳄鱼。短颌在鼻基底处向外扩张，在头骨后形成相当宽敞的区域，为颌肌提供了大片附着点，也就提高了咬合力。下颌前方的一对犬齿在嘴巴闭合时嵌入上颌两侧的牙槽内，这一点与现代鳄鱼相同。

中真鳄家族

DIVISION MESOEUCROCODYLIA

大多数原始鳄类动物属于该类群，但其中也包括了一些亲缘关系不太近的动物，把这些动物也和真鳄亚目一起列入该家族加以识别。

中真鳄类演化自侏罗纪早期，祖先很可能是原鳄科（左图），该类群已知最后一个成员可以追溯到较近的中新世，即 1500 万年前。大多和它们之前的动物一样是彻底的陆栖动物，要么就是半水栖。

其中的陆生科西贝鳄类在古近纪分布于南美洲，牙齿与食肉类恐龙类似，有锯齿状边缘，紧压成长长的刀刃状。有些古生物学家据此猜测它们可能是当时的主要食肉动物，因为那时还未有任何大型食肉哺乳动物到达南美洲。

完全水栖的中真鳄类仅有四科，其中真蜥鳄和地蜥鳄可能是最为人们所熟知的两种动物。

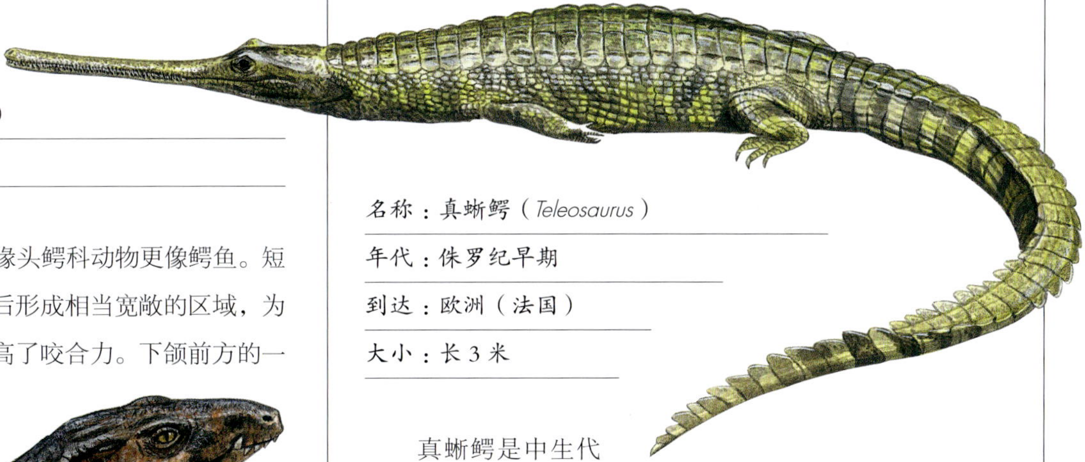

名称：真蜥鳄（*Teleosaurus*）

年代：侏罗纪早期

到达：欧洲（法国）

大小：长 3 米

真蜥鳄是中生代四科鳄类动物之一，在整个侏罗纪和白垩纪早期与鱼龙和蛇颈龙共同栖息于海洋中，可能与印度北部河流中的大鳄鱼外表相似。

该古老海栖鳄类动物躯干细长，背部有着与现代鳄鱼类似的沉重装甲。相比其陆生近亲，它那强有力的颌极窄、细长，长有数排尖利的牙齿，牙齿在嘴巴闭合时能够互相咬合，形成抓捕滑溜的鱼类或鱿鱼的绝佳渔栅。

真蜥鳄的前肢特别短，仅有后肢的一半，游动中可能与腹部持平，以使身体具有流体学外形。它通过长长的躯干和尾巴的蛇形摆动来在水中迅速游动，这一点与现代水栖蜥蜴类似。

鳄类动物

CROCODILES

名称：地蜥鳄（*Metriorhynchus*）

年代：侏罗纪中期到晚期

地点：欧洲（英格兰和法国）和南美洲（智利）

大小：长 3 米

地蜥鳄及其他地蜥鳄科动物是所有水栖鳄类动物中特化程度最高的，其沉重的背部躯甲已经退化，因为在水栖环境中这些东西并无必要，并且去掉躯甲还使它们能在水中更好地掌控游动姿势，也就形成了游动时必备的蛇形摆动。地蜥鳄的四肢已演化成似桨的鳍状肢，后肢长于前肢。尾巴演化成和鱼类相似的鳍，可以左右摆动，以推动它在水中顺畅地游动。这个鳍由其脊椎端部急剧下弯的尖支撑，而鱼型爬行动物鱼龙目（见第 222–225 页）也独立地演化出了同样的特征。

地龙是地蜥鳄属的另外一个成员，发现于南美洲和欧洲的侏罗纪晚期和白垩纪早期地层中。它与其近亲地蜥鳄的长度近乎相等，但体形更具流体学外形。其中一个保存极为完好的地龙化石标本发掘自德国南部，上面覆盖着一层炭，呈现出它活着时四肢上血肉尚存的状态，为古生物学家提供了价值不可估量的信息。其前侧鳍状肢大大地短于后一对，尾鳍十分庞大，脊椎的端部比地蜥鳄更加急剧地下弯形成下叶。

名称：伯尼斯鳄（*Bernissartia*）

年代：白垩纪早期

地点：欧洲（比利时和英格兰）

大小：长 60 厘米

该鳄类动物与其近亲相比显得体形较小，在约 1.3 亿年前的白垩纪早期栖息于从英格兰东南部延伸到比利时的瓦尔登湖。伯尼斯鳄是半水生生物，从其颌内两种类型的牙齿即可看出：前端的牙齿长而尖利，用于捕捉鱼类；后端的牙齿宽阔平展，用于碾碎甲壳类动物或动物死尸的骨头。

真鳄亚目

SUBORDER EUSUCHIA

该真鳄类动物包括现存鳄鱼 21 种，短吻鳄和凯门鳄 7 种以及印度食鱼鳄 1 种。鳄鱼和短吻鳄在白垩纪晚期便已形成其现代类型，而它们的祖先在 8000 万年前的侏罗纪晚期就已出现。鳄鱼和短吻鳄可能从半水栖的中真鳄类演化而来。

真鳄亚目数量曾一度比如今更为繁多，分布更为广泛。它们栖息在中生代的沼泽、河流湖泊中，与庞大的恐龙处于同一时代，也会在恐龙靠近水边时将它们当作猎物。

长满躯甲的强壮体魄、巨大的头部和切肉的牙齿，都是鳄类动物对付体形更大的恐龙的武器。一旦猎物被拖入水中，鳄类动物就将它牢牢地抓住，次生腭保证它们在水中张开嘴巴时不会吸入水。

名称：恐鳄（*Deinosuchus*）

年代：白垩纪晚期

地点：北美洲（美国得克萨斯州）

大小：估计长 15 米

该超大型鳄类动物（上图）仅有头骨被发现，而仅头骨的长度就达 2 米。假设恐鳄与其他鳄类动物有着同样的身体比例，它的总长就可达 15.2 米，是大部分鳄类动物的数倍。恐鳄意为“可怕的鳄类动物”，这一名字就反应出了它雄伟的体魄。

恐鳄在白垩纪末期栖息在美国得克萨斯州的沼泽内，可能静静地趴着伏击途经的恐龙，这一点与现代尼罗鳄捕食水边饮水的哺乳动物和鸟类相似。与早期鳄类动物不同的是，所有的真鳄亚目动物（如恐鳄）嘴部都有一个次生腭，使得它们能够在水下抓取猎物时不会吞入水，对于这些水栖食肉动物而言是一个极大的优势。恐鳄可能与其现代同类一样吞食石头用作潜水压载物。

不过有些古生物学家对恐鳄的这一生活方式持有争议。他们认为恐鳄的身体大小没有头骨所显示的那么大，实际上是躯干短小、四肢较长的陆生动物。在发现更多的骨骼化石之前，这种大型鳄类动物的生活方式将仍然是未解之谜。

大型鳄类动物不仅仅存在于中生代，喙嘴鳄就是发现于印度上新世沉积物中的大鳄鱼，虽说仅有颌部的部分骨骼化石，但据此推断它的体形应该与恐鳄差不多。

名称：锯鳄（*Pristichampsus*）

年代：始新世

地点：欧洲（德国）和北美洲（美国怀俄明州）

大小：长 3 米

许多躯甲沉重的真鳄亚目在古近纪栖息在陆地上，锯鳄（下图）便是这些陆生鳄类动物的典型代表。它的长腿极为适合奔跑，足上有蹄，而非爪子，这是适应陆生生活方式的特征。它可能以新演化出来的哺乳动物为食，而哺乳动物数量繁多，并在全球范围内取代了恐龙。

锯鳄恐怖的牙齿始于食肉习性：中间尖利，两侧扁平，有锯齿边缘，极像牛排餐刀。这些牙齿几乎与最大的食肉恐龙比如暴龙和艾伯塔龙的牙齿相同。当单个的锯鳄牙齿被发现于古近纪的沉积物中时，古生物学家起初以为它们属于兽脚类恐龙，误把它们当作这些庞大的生物活到了古近纪的证据。

飞行爬行动物

FLYING REPTILES

翼龙目

ORDER PTEROSAURIA

翼龙目是第一类采用飞行移动方式的脊椎动物。这些飞行爬行动物以表皮构成的“翼”飞翔，翼沿每只前爪的第四根长手指展开，在大腿部位重新与躯干连接。

这些飞行爬行动物出现于三叠纪，比已知最早的鸟类始祖鸟（见第 318 页）还早了 7000 万年。它们在整个侏罗纪和白垩纪早期繁衍发达，衍生出许多种类，其中有些是史上最大的飞行动物，后来该目开始衰落，最后一个种类也在中生代末期灭绝。翼龙化石分布于除南极洲以外的世界各地，主要发现于海相地层中。

翼龙目有两个亚目（如下），最早也最原始的是“喙嘴龙类”；较晚的种类则包括了较为人所熟知的飞行爬行动物——翼手龙类。

“喙嘴龙亚目”

SUBORDER “RHAMPHORHYNCHOIDEA”

已知最早的翼龙类动物在 1.9 亿年前的三叠纪晚期时已演化成高级飞行动物。它们在侏罗纪末期灭绝之前曾遍布全球各地。

名称：真双型齿翼龙（*Eudimorphodon*）

年代：三叠纪晚期

地点：欧洲（意大利）

大小：翼展为 75 厘米

真双型齿翼龙因意大利北部的海洋岩石中的化石而知名，是典型的喙嘴龙类，颈部较短，有着骨质尾巴，且尾巴占总长 70 厘米的一半左右。它的头很大，但身体轻盈，原因在于双孔型头骨内有两对颞颥孔。

构成真双型齿翼龙翅膀的膜状表皮附着在每只前爪的第四根手指（由四根超长的指骨构成）上，并通过一块细长的掌骨与腰部连接。其翅膀在大腿两侧与躯干相连，从两侧手腕骨到脖子底部还另有一片较小的膜状表皮。

真双型齿翼龙明显是活跃的飞行动物，可像现代鸟类一样扇动双翼。其胸骨演化成为宽阔平展的板，飞行肌肉附着其上，相比现代飞行鸟类庞大的中肋，它们的脊就比较低矮了。

真双型齿翼龙的尾巴在飞行过程中向外直直地伸出，椎骨被骨化腱连接成灵活的轴，平衡了它相对较重的前半截躯干。和其他的许多喙嘴龙类一样，它们的尾巴尖上都有一个垂直的菱形下垂物，可能在飞行中起到方向舵的作用。

真双型齿翼龙的颌较短，长有两种牙齿，一种是前端较长的钉状牙齿，一种是后端较短的宽牙齿。这种翼龙目动物可能在海面上方低飞，大眼睛适于从海面上搜寻猎物。

名称：双型齿翼龙（*Dimorphodon*）

年代：侏罗纪早期

地点：欧洲（英格兰）

大小：翼展为 1.2 米

双型齿翼龙有着喙嘴龙类典型的比例不协调的大头，长约 20 厘米，占总长的四分之一，但其体形极像角嘴海雀，体躯深厚而窄，这一点不同于其近亲。这样的结构似乎毫无缘由，因为从它们的牙齿可以看出其颌结构简单，所以这样的头形可能是宣示领地或求偶行为的展示，与现代犀鸟或大嘴鸟的炫耀性头部作用相同。

翼龙类动物的行走方式长久以来都存在争议。通过对双齿形翼龙的臀部和腿部的研究，有些古生物学家认为它们像鸟类一样直立行走，两腿正位于体下，所以能跑得相当快。但 1986 年其他类型翼龙动物的发现则表明双型齿翼龙可能是个例外。最近的这些发现表明它的腿骨上半截从髋部向两侧突出，只可能形成类似蝙蝠的笨拙爬行步态。也有人认为它们长时间挂在悬崖和枝条上，用爪子一样的手指和脚趾爬到这些有利地形，接着再休息。

名称：喙嘴龙（*Rhamphorhynchus*）

年代：侏罗纪晚期

地点：欧洲（德国）和非洲（坦桑尼亚）

大小：翼展为 1 米

这种翼龙为人所熟知，因为它保存在德国南部的索伦霍芬纹理细密的页岩中，这里还发现了已知最早的鸟类始祖鸟，其羽毛印痕清晰可见（见第 318 页）。

由膜状表皮构成的喙嘴龙翼也完好地保存在这些页岩中。显微镜研究表明从翼的前端到后端都分布有细纤维，其作用是提高翼的强度，这一结构与支撑现代蝙蝠翅膀的辐射状手指相同。

喙嘴龙颌较长较窄，长有外向的尖利牙齿，与鱼叉上的倒钩类似。某些喙嘴龙标本的嗉囊和胃里发现有鱼类残迹；它的习性则是掠过水面，长长的尾巴伸出以保持平衡，同时用长嘴抓取鱼类。

名称：掘颌龙（*Scaphognathus*）

年代：侏罗纪晚期

地点：欧洲（英格兰）

大小：翼展为 1 米

虽然掘颌龙与喙嘴龙一样有着短脑袋、长牙齿，颌端较钝，但它是食昆虫动物还是食鱼动物尚不能确定。

该典型喙嘴龙类一个标本的头骨颅骨保存完好，足够科学家们来研究它。该颅骨的尺寸表明掘颌龙的大脑比其他体形同样大小的爬行动物大得多，几乎与现代鸟类大小相等。

古生物学家已经研究了控制不同感官的区域的相对大小，发现掘颌龙和几乎所有近亲都有着极好的视力，但嗅觉较差。

它的小脑和相连的脑叶都极为发达，显示出其移动敏捷，也证明了小型翼龙能够像现代小型鸟类一样拍打翅膀的理论。

名称：索德斯龙（*Sordes*）

年代：侏罗纪晚期

地点：亚洲（哈萨克斯坦）

大小：翼展为 50 厘米

很长一段时间以来，古生物学家们都在争论恐龙和翼龙目属于变温动物还是恒温动物。这两种主龙类活跃的捕食习性都表明它们代谢率十分之高，并且能够控制自身体温。

为了证明这一理论，一些古生物学家认为恐龙和翼龙目覆有一层隔热绒毛或毛发，作为控制体温的辅助工具。恐龙尚未发现相关证据，然而 1971 年人们在乌拉尔山脉东南部发现了一个索德斯龙标本，证明了翼龙目符合该理论。从纹理细密的沉积物中的印痕看来，它的躯干似乎密密地覆盖着一层皮，而尾巴和两翼则光秃秃的。

覆盖索德斯龙的毛发的性质尚未确定，不过人们假设它在细节上与哺乳动物的毛发不同，但起着相同的作用，即隔热和保暖。翼龙目的毛发可能和鸟类的羽毛一样，都是从爬行动物的鳞片演化而来。

飞行爬行动物

FLYING REPTILES

名称：蛙嘴龙（*Anurognathus*）

年代：侏罗纪晚期

地点：欧洲（德国）

大小：翼展为 30 厘米

这种相对较小的喙嘴龙亚目动物头部深厚，嘴巴较短，长有强劲的钉状牙齿，适于碾磨。这一结构表明蛙嘴龙可能以昆虫为食。

与其他喙嘴龙亚目不同的是，蛙嘴龙尾巴较短，加上体形较小，使得它在追逐和移动迅速的飞行中有着高超的掌控能力。

翼手龙亚目

SUBORDER PTERODACTYLOIDEA

翼龙目是人们最熟知的飞行爬行动物，在侏罗纪晚期已站稳脚跟，而其近亲喙嘴龙亚目则已灭绝。翼龙目撑过了白垩纪，但仅有少数几种幸存到了该时期末期。

这些翼龙与之前的喙嘴龙有着基本相同的结构，但尾巴较短，脖子较长，头骨也更长一点。

翼手龙亚目包括从已知最小的翼龙到一些有史以来最大的飞行脊椎动物。

名称：翼手龙（*Pterodactylus*）

年代：侏罗纪晚期

地点：非洲（坦桑尼亚）和欧洲（英格兰、法国和德国）

大小：翼展可达 75 厘米

翼手龙具备翼手龙亚目的所有典型特征。有着短尾巴、长脖子和极长的掌骨，第四根长手指支撑着它宽阔的翅膀。

目前已发现许多翼手龙属动物，每个种类的头部大小和形状都不相同。本处所示的种类为冠氏翼手龙，它有着窄长的颌，长有尖利的牙齿用于吞食鱼类。

名称：南翼龙（*Pterodaustro*）

年代：侏罗纪晚期

地点：南美洲（阿根廷）

大小：翼展为 1.2 米

南翼龙最显著的特征是其非同寻常的嘴巴。它的嘴巴细长、向上弯曲，占头部总长的一大半（约 23 厘米）。下颌密密麻麻地长着数千颗长牙齿，上颌也有许多小牙齿。

这种翼龙目动物可能通过张开嘴巴掠过水面进食。当水流过颌时，其中的小型浮游生物就会被困在筛子似的牙齿中间，这一进食方式可与现代须鲸相媲美。

名称：西阿翼龙（*Cearadactylus*）

年代：白垩纪早期

地点：南美洲（巴西）

大小：翼展为 4 米

西阿翼龙的颌端部较宽（与现代大鳄鱼类似），边缘长有数颗大牙。这些牙齿在嘴巴闭合时能相互咬合，形成将滑溜的鱼类猎物紧紧抓住的渔栅，接下来的任务就交给无数的圆锥形牙齿了。

名称：准噶尔翼龙（*Dsungaripterus*）

年代：白垩纪早期

地点：亚洲（中国）

大小：翼展为 3 米

准噶尔翼龙的鼻子上长着一个独特的骨质冠，颌窄长，向上弯曲，端部形成一个尖。这种钳子形嘴巴能够将甲壳类动物从石头上夹下来或从海岸边的裂缝中夹出来，再用颌后端的扁平牙齿将壳碾碎。

名称：无齿翼龙（*Pteranodon*）

年代：白垩纪晚期

地点：欧洲（英格兰）和北美洲（美国堪萨斯州）

大小：翼展为 7 米

无齿翼龙是已知翼展最长的翼龙目动物之一，可能是一个滑翔高手。它无尾的短身躯相对较重，约 17 千克，空中掌控能力极好（与现代短尾战斗机相似），可能依靠上升热气流翱翔在海洋上空。

无齿翼龙的头后有一巨大的冠，长度几乎与头骨相等，其功能尚不可知，有可能是飞行辅助装置，也可能是稳定装置；可能用于控制转向或制动，也可能仅仅是抵消细长、沉重头部的空气动力学装置。

无齿翼龙的颌内无齿，这对于翼龙目而言十分罕见。它很可能像现代鹈鹕一样用嘴巴捞起鱼类，再整个吞下。

名称：风神翼龙（*Quetzalcoatlus*）

年代：白垩纪晚期

地点：北美洲（美国得克萨斯州）

大小：翼展可能达到 12 米

该大型翼龙目动物仅发现有碎片，保存在非海相地层中，据推测是翅膀极为窄长、体重约 86 千克的大型动物。若这些发现无误，那么风神翼龙就会成为史上最大的飞行脊椎动物。

风神翼龙可能是滑翔高手，栖息在深远的内陆（这一点不同于其翼龙目近亲），靠上升气流翱翔在地面以上。与现代秃鹰一样，它在很远的地方就能看见腐肉，并用长脖子和无齿的颌探入正在腐烂的恐龙尸体内。不过，它的颈椎结构表明它极为灵活敏捷。

肉食性恐龙

CARNIVOROUS DINOSAURS

兽脚亚目

SUBORDER THEROPODA

庞大的蜥臀目恐龙族系根据其食性分为两个不同种类（亚目），即食植的蜥脚型亚目（见第 266–277 页）和食肉的兽脚亚目。

角鼻龙下目

INFRAORDER CERATOSAURIA

按传统分类法，肉食性兽脚类根据其体形细分成下目：体形庞大的食肉动物（见第 258–265 页）；体形中等、每只脚上均有一个猎杀爪的食肉动物；体形较小、身体轻盈的猎手，即角鼻龙属，骨骼中空壁薄，构成尾巴和大部分轻盈的身躯。不过它们之间的亲缘关系尚不清楚，分类法也有多种。

角鼻龙科

FAMILY CERATOSAURIDAE

该科以鼻子上的小角为主要特征，在侏罗纪晚期，分布于北美洲和东非。其与斑龙的相似性引起分类上的争论，有时又被列入肉食龙类。

名称：角鼻龙（*Ceratosaurus*）

年代：侏罗纪晚期

地点：北美洲（美国科罗拉多州和怀俄明州）

大小：长 6 米

其鼻子上的角的功能尚不清楚，可能是用于防卫或者性展示。角鼻龙是活跃的肉食性动物，庞大的颌内长有弯曲的尖牙，粗短的前肢长有四爪，每只脚上有三根脚趾。背部一排骨板构成锯齿状突起，可能为体温调节装置。

其足迹发现于美国西部的莫里森组，显示它们为群居动物，可能协作捕杀大型猎物。

腔骨龙科

FAMILY COELOPHYSIDAE

腔骨龙科是小型肉食性兽脚类中最古老、最原始的种类，存在于大约 5000 万年前，即从三叠纪晚期到侏罗纪早期。

它们与其直系祖先（早期主龙类）略有不同，为移动迅速的食肉动物（可能集体猎食），依靠长腿奔跑，脖子和长尾巴向外伸出以保持平衡。前肢短于后肢，头部呈楔子型，颌内长有许多尖利的牙齿。

名称：原美颌龙（*Procompsognathus*）

年代：三叠纪晚期

地点：欧洲（德国）

大小：长 1.2 米

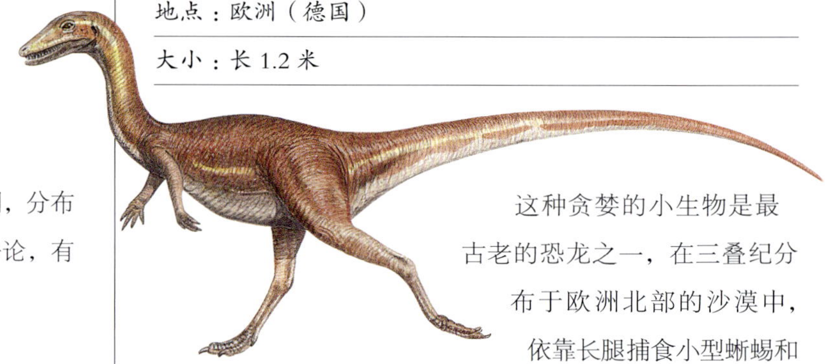

这种贪婪的小生物是最古老的恐龙之一，在三叠纪分布于欧洲北部的沙漠中，依靠长腿捕食小型蜥蜴和昆虫等猎物，奔跑时四根脚趾仅有三根着地。

其前肢各有五根手指，这一特征较为原始，因为演化的趋势是手指和脚趾数目减少。

名称：跳龙（*Saltopus*）

年代：三叠纪晚期

地点：欧洲（苏格兰）

大小：长 60 厘米

跳龙是已知体形最小、体重最轻的恐龙之一，与其近亲原美颌龙相似，但体形更小、体重更轻。它的体形比家猫还短，

体重可能只有 1 千克。

跳龙的每只前肢虽保有五指这一原始特征，但第四指和第五指都已变小，不过其臀与脊椎之间的结构比原美颌龙高级。脊椎上的四块荐椎与臀部相连（其近亲仅有三块），为长而灵活的双腿提供相当坚固的支架。

名称：腔骨龙（*Coelophysis*）

年代：三叠纪晚期

地点：北美洲（美国康涅狄格州和新墨西哥州）

大小：长 2.4–3 米

腔骨龙体形相对较大，发现于 1947 年新墨西哥州幽灵农场。不同尺寸的多块骨骼堆积在一起，其中数十块是完整的，有幼年的，也有成年的，长度为 1–3 米不等。这一发现表明它们过着群体生活，也可能同时死亡。

该恐龙是凶猛的猎手，天生就是速度健将。其骨骼中空的细长躯干重量可能不足 23 千克，脖子、尾巴和腿都又长又细，尾巴占体长的一半左右。窄长的头部长有许多尖利的牙齿，每颗牙齿都有锯齿状的切割边缘。鸟形足上长有三根用于行走的带尖爪的脚趾。前肢各有四根手指，但仅有三根能够抓取猎物。

腔骨龙逡巡在高山林地间，在溪流湖泊附近集体猎食，猎物包括鼩鼱形的小型哺乳动物。新墨西哥州发现的两具成年骨骼的体腔内含有幼年腔骨龙，起初古生物学家认为它们能够直接分娩幼年腔骨龙，而不是像其他爬行动物一样靠产卵繁殖，但其髋骨太窄，不适合分娩，故得出它们可能同类相食的结论。

手盗龙类

DIVISION MANIRAPTORA

该兽脚类与鸟类具有许多共同特征，尤其是前肢。事实上，在某些现代分类法中，该类包括了鸟类。它们还具备其他共同特征，如改良的尾骨和朝下的耻骨。

未定名科

FAMILY NOT NAMED

名称：原始祖鸟（*Protarchaeopteryx*）

年代：侏罗纪晚期到白垩纪早期

地点：中国

大小：长 1 米

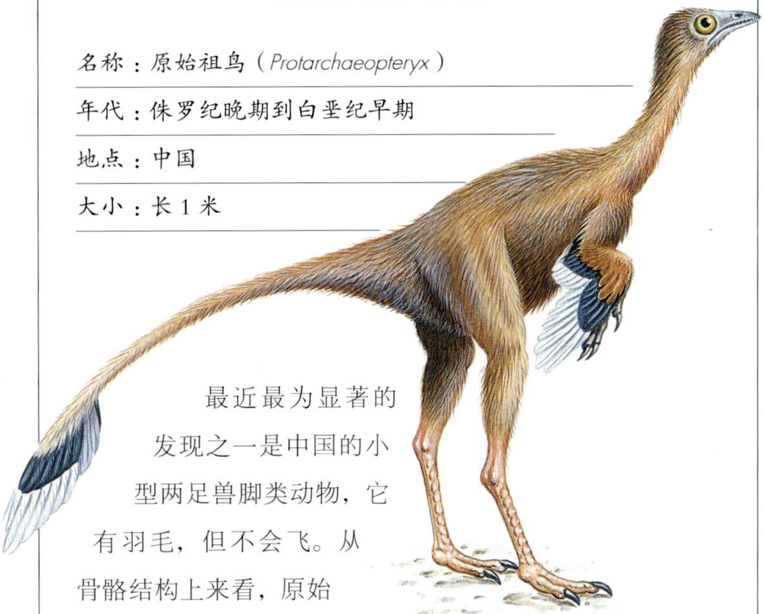

最近最为显著的发现之一是中国的小型两足兽脚类动物，它有羽毛，但不会飞。从骨骼结构上来看，原始祖鸟是典型的虚骨龙科动物，但其外形又与最原始的始祖鸟相似。原始祖鸟头骨较短，牙齿还保有原始的锯齿状，其骨骼类似鸟类中空轻盈，有一块“叉骨”，前肢短于后肢。前肢因长有弯曲的尖利爪子而延长，尾巴有 28 块椎骨。最为重要的一点是其胸部、尾巴和大腿的细绒毛（长约 2–3 厘米）也保存了下来，一簇簇的对称羽毛（长 10 厘米）附着在尾端和前肢上。

虚骨龙科

FAMILY COELURIDAE

虚骨龙科从侏罗纪晚期到白垩纪早期在全球各地繁衍发达，是身体轻盈的活跃食肉动物，靠长腿奔跑，用前肢上各有的三根爪状手指抓取猎物。

名称：虚骨龙（*Coelurus*）

年代：侏罗纪晚期

地点：北美洲（美国怀俄明州）

大小：长 2 米

虚骨龙头较小（仅长约 12 厘米），构造简单，具有早期恐龙特有的鸟形中空骨骼。这一活跃的食肉动物分布于北美洲的森林和沼泽中，前肢各有三根爪状手指，又长又强壮，能够抓住小型猎物的皮肉。

肉食性恐龙

CARNIVOROUS DINOSAURS

美颌龙科

FAMILY COMPSOGNATHIDAE

该科仅有一个已知成员，与虚骨龙生活在同一个时期，且与它们极为相似。

名称：美颌龙（*Compsognathus*）

年代：侏罗纪晚期

地点：欧洲（德国和法国）

大小：长 60 厘米

这种像鸡一样大小的两足动物可能重达 3.6 千克，是敏捷的猎手。它骨骼中空、脖子长、有用于平衡的长尾巴、长有钳子状手指的短前肢、细长的后肢、长有三根爪状脚趾的鸟形足（第四根小脚趾指向后方）。

美颌龙与始祖鸟（见第 318 页）类似，二者都生活在侏罗纪晚期德国南部树木葱郁的岛屿和潟湖中。

名称：中华龙鸟（*Sinosauropteryx*）

年代：侏罗纪晚期到白垩纪早期

地点：中国

大小：长 1.2 米

中华龙鸟、原始祖鸟和尾羽龙都于 1996 年首次发现于中国的同一个地方，但中华龙鸟是第一只有羽毛的恐龙。这种鸡一样大小的兽脚亚目动物长着长长的尾巴、短粗的前肢，手掌特化程度较高，是活跃的食肉动物，其胃部化石中含有一只蜥蜴和一只小型哺乳动物。这也是第一次在雌性恐龙体腔内发现卵蛋。卵蛋化石的分布显示出爬行动物典型的一对输卵管，而非鸟类的单个输卵管。一道高约 4 厘米的毛发状刘海或冠可能从头延伸至尾巴，这些原始羽毛与飞行无关，可能用于掩护、展示或种族辨识。

中华龙鸟与虚骨兽脚类美颌龙有着近亲关系且外表相似。

似鸟龙科

FAMILY ORNITHOMIMIDAE

所谓的“似鸟龙”是虚骨龙类的一个特化的旁系。它们与鸵鸟高度相似，身体比例相同，只是前肢较长，长有三根强劲的手指，似乎生活方式也与鸵鸟相似，所以更流行的称呼是“似鸵龙”。它们在白垩纪中期广泛分布于北美洲和东亚，但在该时期末期之前便已灭绝。

该科所有动物都是大型长腿短跑健将，据估计速度能达到 35–60 千米每小时。它们可能群体从草原上迁徙，移动时还能照顾幼仔。

与其他恐龙不同的是，似鸟龙科没有牙齿，仅有一个鸟形喙，用于碾碎小型动物和昆虫。其他的特征还有大得异常的眼睛和大脑，使得它们成为协调能力强、智商高的猎手。

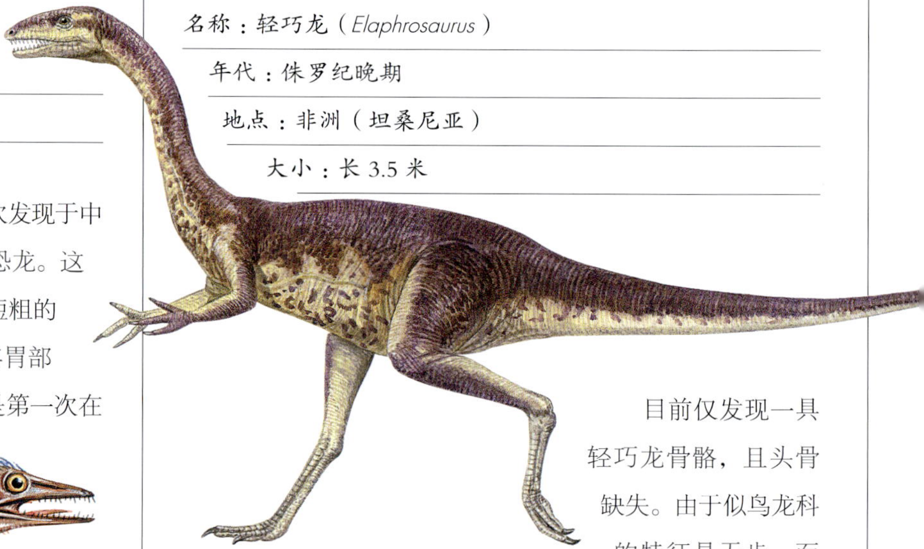

名称：轻巧龙（*Elaphrosaurus*）

年代：侏罗纪晚期

地点：非洲（坦桑尼亚）

大小：长 3.5 米

目前仅发现一具轻巧龙骨骼，且头骨缺失。由于似鸟龙科的特征是无齿，而同一个沉积物中还发现了可能属于轻巧龙的零星的牙齿，所以它是否属于该科尚不能判定。

不过，从结构上来看，其余部分的骨骼似乎是侏罗纪虚骨龙类和后来的白垩纪似鸟龙科的过渡阶段，轻巧龙或其近亲也许是似鸟龙科的祖先。

名称：似鸸鹋龙（*Dromiceiomimus*）

年代：白垩纪晚期

地点：北美洲（加拿大阿尔伯塔省）

大小：长 3.5 米

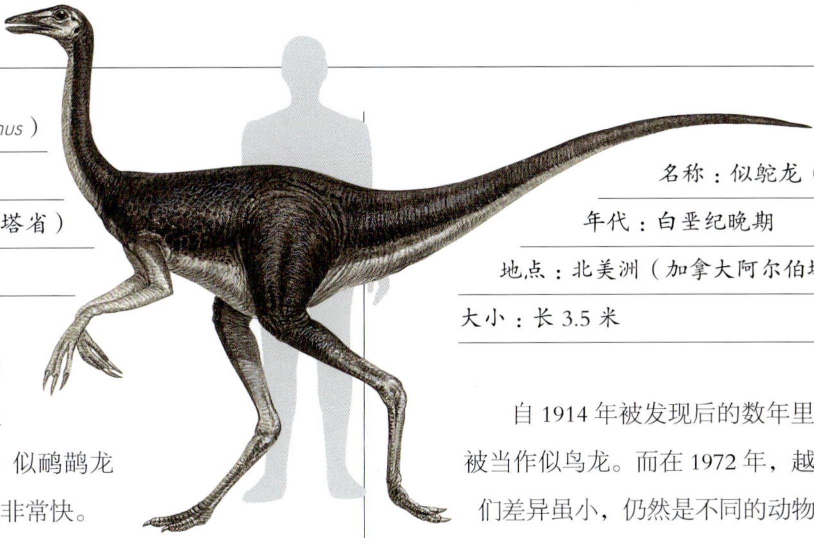

似鸸鹋龙有着细长的后肢，胫骨比股骨长约百分之二十，这是短跑速度的保障。似鸸鹋龙奇长的胫骨表明它的奔跑速度非常快。

从似鸸鹋龙的头颅和眼窝可以看出它的脑和眼睛都大得异常（比例上大于现代任何陆生动物），很可能于入夜后在它所栖息的落叶林里追猎小型哺乳动物和蜥蜴。

名称：似鸟龙（*Ornithomimus*）

年代：白垩纪晚期

地点：北美洲（美国科罗拉多州和蒙大拿州）和亚洲（中国）

大小：长 3.5 米

这种鸵鸟般的恐龙是典型的似鸟龙科动物。它的头较小，头骨较薄，头颅较大，无齿，无喙形颌。

似鸟龙奔跑时身体与地面平行，外伸的超长尾巴保持平衡，强劲的韧带将尾骨连接在一起形成坚固的结构，使尾巴保持硬直。脖子向上弯曲成 S 形，将头部高高抬起，以最大程度地利用其大眼睛。前肢在地面以上晃荡，灵巧的爪状手指随时准备抓取猎物。

与其他似鸟龙科动物一样，似鸟龙也可能是杂食性动物，以树叶、果实、昆虫、蜥蜴、哺乳动物等小型动物为食，还可能袭击其他恐龙的巢穴，偷吃它们的蛋。若被恐龙家长逮着，它会利用极强的奔跑能力开溜，据估计速度可达 50 千米每小时。

名称：似鸵龙（*Struthiomimus*）

年代：白垩纪晚期

地点：北美洲（加拿大阿尔伯塔省和美国新泽西州）

大小：长 3.5 米

自 1914 年被发现后的数年里，似鸵龙（下图）都被当作似鸟龙。而在 1972 年，越来越多的研究表明它们差异虽小，仍然是不同的动物。

似鸵龙的前肢比其近亲长，手指上弯曲的爪子也更为强壮，生存年代也略早于似鸟龙。似鸵龙会单独沿着更为开阔的原野上的河流捕猎，而似鸟龙则栖息在浓密的柏树沼泽和森林中。

名称：似鸡龙（*Gallimimus*）

年代：白垩纪晚期

地点：亚洲（蒙古）

大小：长 4 米

似鸡龙是已知最大的鸵鸟形恐龙（下图）。平尖而宽阔的喙上长着长鼻子，铲子状前肢似乎不利于抓取猎物，所以它可能是特化的动物，前肢用于挖掘其他恐龙的蛋。

1965 年，人们在戈壁沙漠的白垩纪晚期沉积物中发现了体形更大的鸟形恐龙恐手龙，由一对肩胛骨和前肢组成。从肩部到三根强劲的爪状手指，每个前肢长 2.5 米，每块爪骨长约 25 厘米，指甲则更长。由于尚未发现其他部分的骨骼，所以只有在获得更有把握的证据之后，才能确定它是否分属单独的一科。

肉食性恐龙

CARNIVOROUS DINOSAURS

窃蛋龙科

FAMILY OVIRAPTORIDAE

该无牙兽脚类动物在白垩纪晚期分布于亚洲东部，因其存疑的食性而被命名为“偷蛋的龙”。它们头部较大，喙较深较短，与其近亲似鸟龙科（见第252–253页）的窄长头骨和尖喙恰恰相反。

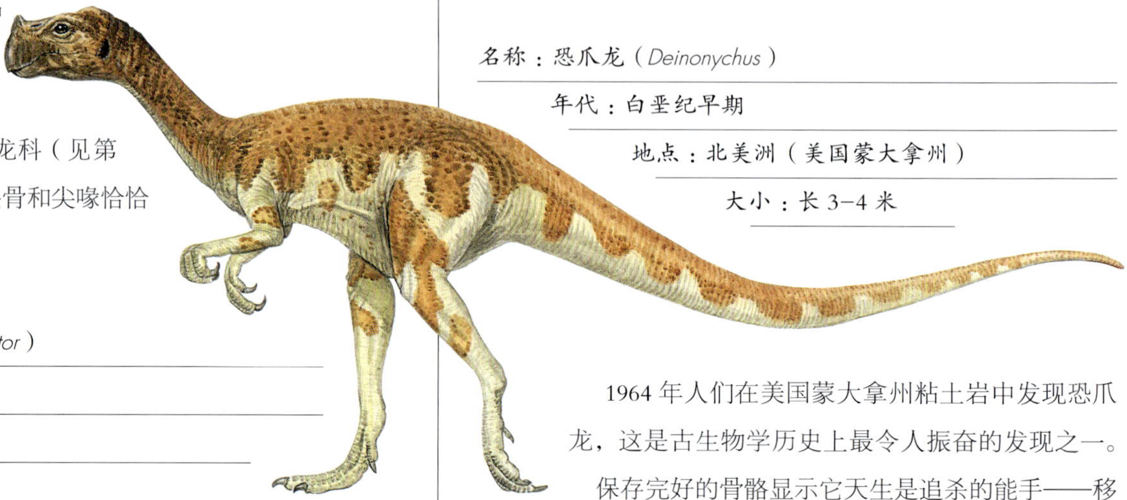

名称：窃蛋龙（*Oviraptor*）

年代：白垩纪晚期

单独：亚洲（蒙古）

大小：长 1.8 米

窃蛋龙科是以“窃蛋龙”命名的，其头骨迥异于其他任何恐龙。它的头似鹦鹉，又短又深，喙粗短，无齿。强劲的肌肉支撑着弯曲的颌，并使喙足以碾碎骨头等硬物。鼻子上端另有一个角状小突起。

不过，窃蛋龙的躯体却属于小型的肉食性手盗龙类（见第251页）。每个前肢上各有三根抓取用的手指，指甲极度弯曲（长约8厘米）。它靠细长的后肢直立行走，后肢上各有三根爪状脚趾，靠外伸的长尾巴保持平衡。

1924年第一个窃蛋龙标本被发现，其中保存有一窝蛋，当时认为属于植食性恐龙原角龙（见第308页）。据人们推断，这只“偷蛋贼”是在袭击巢穴的过程中被沙暴吞没掩埋。不过，如今人们在其中一颗蛋内发现了窃蛋龙的胚胎，似乎人们完全误解了它，它很可能是因不愿抛弃巢穴和未孵出的蛋而死。

驰龙科

FAMILY DROMAEOSAURIDAE

该科是白垩纪北美洲和亚洲最令动物们闻风丧胆的食肉动物之一。它们有着虚骨龙类轻盈的躯干，速度快，又有着食肉龙类的大头。虽然驰龙科的体形并不比当时的许多其他食肉动物大，却仍是可怕的捕猎者。它们每只脚的第二根脚趾上都长有一个镰刀状的大爪子，是其致命武器，另外还有尖利的牙齿和用于抓取猎物的爪状手指，大脑较大，能够集体猎食。这些是它们与手盗龙类和鸟类的共同特征。

名称：恐爪龙（*Deinonychus*）

年代：白垩纪早期

地点：北美洲（美国蒙大拿州）

大小：长 3–4 米

1964年人们在美国蒙大拿州粘土岩中发现恐爪龙，这是古生物学历史上最令人振奋的发现之一。保存完好的骨骼显示它天生是追杀的能手——移动迅速、敏捷，智力超群。

恐爪龙有着虚骨龙类典型的轻盈身躯，很可能就是从虚骨龙类演化而来的。其平均体长为3米，高约1.8米，重68千克左右。它的大嘴里长着许多切肉用的牙齿，这些牙齿向后弯曲，能够从猎物身上撕下大块血肉。对于兽脚类而言，其前肢较长（不过仍然比后肢短），悬挂在坚实的肩胛带。每只手各有三根用于抓取的手指，手指上长有曲度较大的长爪子。

其后肢细长，胫骨较长，每只脚上各有四根爪状脚趾。第一根脚趾为残肢，这一点是后来的多数兽脚类所共有的特征；第三根和第四根脚趾分担全部的体重。

第二根脚趾的显著演化为恐爪龙提供了最具攻击力的武器，其名字也由此得来，意为“恐怖的爪子”。每只脚上的第二根脚趾都有一个镰刀状大爪子，长13厘米。恐爪龙单脚站立，用另一只脚上像匕首一样的爪子刺入猎物的血肉。

在奔跑时，恐爪龙脚上的镰刀状爪子收拢，完全不接触

地面，躯干与地面平行，外伸的长尾巴保持平衡。其尾巴由从椎骨长出的几束骨轴保持牢固，形成一个使尾巴整体直立的支撑结构。它的大脑袋（从头颅的大小即可看出）能够协调精确的神经系统来控制如此复杂的运动。

人们在蒙大拿州的一处化石遗迹中发现，五具完整的恐爪龙骨骼旁躺着一只名为腱龙的大型食植动物，体长 7.3 米左右（见第 284 页）。这种尸体的积聚可能是二者死亡后偶然被洪水冲入空洞或河盆中造成的。

或许人们可以据此重现大约 1.4 亿年前的场景：一小群恐爪龙包围了这只食植动物，有几只跳上它的背部，爪状手指紧扣着它，匕首状的猎杀爪反复刺入它厚实的表皮，而腱龙则可能甩动粗壮的长尾巴伤害或杀死几只袭击者，或者用后腿暴跳起来压在恐爪龙身上。不过，它最后很可能因失血过多而被打垮身亡，而这群食肉动物则静候其旁。

恐爪龙的身体解剖显示出它的食肉习性，某些古生物学家将之视为它们是恒温动物的有力证据，认为它们与现代鸟类和哺乳动物（见第 235 页）一样，都能够控制自身体温。

名称：驰龙（*Dromaeosaurus*）

年代：白垩纪晚期

地点：北美洲（加拿大阿尔伯塔省）

大小：长 1.8 米

该动物在 1914 年发现于加拿大，是最早发现的镰刀状爪子恐龙，驰龙科即得名于它，但直到 1964 年恐爪龙被发掘出来，人们才真正了解了驰龙的本质和重要性。在此之前，它要么被看作大型虚骨龙科动物，要么被当作小型食肉龙类，最新的发现则表明它是一个过渡种类，同时具有两种兽脚类的某些特征。

驰龙仅存有头骨和一些古怪的骨头，但从这些贫乏的遗骸中，古生物学家们拼凑出一个体形小于恐爪龙的恐龙形象，它智商高，动作敏捷，是贪婪的食肉动物，脚趾上长有巨大的猎杀爪，但比恐爪龙的爪子略小。

名称：伶盗龙（*Velociraptor*）

年代：白垩纪晚期

地点：亚洲（蒙古和中国）

大小：长 1.8 米

1971 年在蒙古的一项发现令人瞩目，其中有两具骨骼化石——伶盗龙与原角龙（见第 308 页）。二者显然进行了一场苦战，因为伶盗龙临死前用手爪紧扣着原角龙的头盾，镰刀状的爪子深深地刺入原角龙的腹部，而原角龙在临死之前也可能用角状喙刺入了伶盗龙的胸部。这一场景从总体上展现出了驰龙科凶猛的习性，伶盗龙便是典范。

驰龙科一般都有着较短的深厚头部，而伶盗龙的头部较长，低矮，且鼻子扁平，这是它与其他驰龙科动物的主要区别。除了它的镰刀状爪子相对较小，其他方面都与别的驰龙科动物相似。

肉食性恐龙

CARNIVOROUS DINOSAURS

名称：蜥鸟盗龙（*Saurornitholestes*）

年代：白垩纪晚期

地点：北美洲（加拿大阿尔伯塔省）

大小：长 1.8 米

1978年，人们发现了该恐龙的头骨、牙齿和一些上肢骨，至于它属于驰龙科还是“鸟形蜥蜴”的蜥鸟龙科尚不能确定。

从仅有的遗骸中可以看出，蜥鸟盗龙的大脑比一般的驰龙科大（但在蜥鸟龙科中并非如此），手臂为了抓取物体已经演化得很强劲。上图是根据现有证据制作的复原图，但仍然存有很大的想象性。

蜥鸟龙科

FAMILY SAURORNITHOIDIDAE

与驰龙科一样，这些“鸟形蜥蜴”也是行动迅速、高智商、贪婪的食肉动物，不过体形较小、体重较轻，每只脚上也长有镰刀状猎杀爪。

蜥鸟龙科的头骨有着最明显的演化，其脑腔较大，相对体重而言，它们的脑腔容量大约是现代近亲鳄鱼的七倍有余。除了高度发达的神经系统，它们还有大眼睛，非常可能会双目视物。

由此可以得出结论，白垩纪晚期分布于北美洲、欧洲南部和蒙古的蜥鸟龙科是凶猛的肉食性恐龙之一。

名称：蜥鸟龙（*Saurornithoides*）

年代：白垩纪晚期

地点：亚洲（蒙古）

大小：长 2 米

蜥鸟龙头骨呈鸟形（较长，扁平，较轻），脑容量却很大，使它的智力远远高于当时的大多数恐龙。从眼窝来看，它的眼睛相对头部显得十分巨大，眼睛的位置说明它能够双目视物，能够判定与猎物之间的距离。

大眼睛显示其夜行习性。蜥鸟龙和该科其他动物都可能在入夜后才会活跃起来，穿梭于森林中捕猎小型哺乳动物和爬行动物。

名称：细爪龙（*Stenonychosaurus*）

年代：白垩纪晚期

地点：北美洲（加拿大阿尔伯塔省）

大小：长 2 米

细爪龙是所有恐龙中智力最高的，相对体形而言，它的脑腔是目前已知最大的，比现代鸸鹋还大。将它的大脑尺寸与现代哺乳动物大脑比较之后，科学家们认为细爪龙的智力水平相当于负鼠。

细爪龙化石仅发现有不完整的骨骼，结构上似乎与蜥鸟龙（左图）相差不大，导致某些古生物学家认为二者实际上是同一种动物。不过，细爪龙标本的爪状手指比蜥鸟龙更加细长，其总体重量也较轻，估计重为 27–45 千克。

与该科其他动物一样，细爪龙也有着大眼睛，每只眼睛宽约 52 毫米，尺寸与现代鸵鸟相同。大脑袋、大眼睛和细长的躯干结合起来，构成了一只反应极快、感官发达、敏捷的夜间食肉动物。

重爪龙科

FAMILY BARYONYCHIDAE

该科建于 1986 年，仅有一个类群，即重爪龙，其头骨呈鳄形，窄长，适于食鱼。非洲新发现的棘龙科有着同样的演化特征，二者可能为近亲。

名称：	重爪龙（*Baryonyx*）
年代：	白垩纪晚期
地点：	欧洲（英格兰）
大小：	长 6 米

两个不同寻常的特征将这种大型兽脚类恐龙与其他恐龙区分开来。第一个特征是弯曲的大爪子，长约 30 厘米，由此得名重爪龙，意为“大爪子”，昵称“爪龙”。不过这只爪子并未与骨骼相连，所以是位于前肢或后肢尚不确定。

古生物学家们猜测爪子位于前肢，因为与其他兽脚类相比，它的前肢更厚实、强劲，也才能够抬得动如此庞大的武器。除此之外，如果位于后肢，重爪龙庞大的身躯也很难挥动这只爪子。

第二个特征是重爪龙的头骨更像鳄鱼头骨，又长又窄。颌内长有许多小尖牙，数目是一般兽脚类的两倍。其头上还有一个骨质冠脊，脖子不像其他兽脚类一样灵活，也不是典型的 S 形。

从这两个特征和骨骼内发现的鱼类遗骸可以推断出这一神秘动物的习性，它可能沿河岸四足行走，用前肢上鱼叉状的长爪子从水中抓出鱼类，现代灰熊也具备同样的捕食技能。

肉食性恐龙

CARNIVOROUS DINOSAURS

肉食龙下目

INFRAORDER CARNOSAURIA

有史以来体形最大的陆生肉食动物就来自该下目的兽脚类恐龙，即肉食性恐龙。最近这一分类的基础受到质疑，因为许多特征可能都源于体形大小的趋同。暴龙体形庞大，称霸白垩纪，是人们最熟悉的动物。

然而，它们作为食肉动物的效率却存有争议。事实上，其中最大的（如暴龙和特暴龙）很可能时不时变身食腐动物，身份属于恐龙中的跟班，而非霸主，其庞大的身躯可能不能进行持续不断的追击，但可能会像现代老虎一样伏击，瞬间袭击猎物。

除了这些庞大的生物之外，生活在同一时期的还有些体重较轻、更加灵活的小型肉食性恐龙。

斑龙科

FAMILY MEGALOSAURIDAE

最古老、最为人所熟知的肉食性恐龙即属于该科，其化石分布在北美洲、非洲和欧洲，从侏罗纪早期到白垩纪结束，它们总共存在了 1.4 亿年之久。

该科动物都是大块头，巨大的头部又高又窄，颌强劲有力，长有许多锯齿状利牙，前肢虽短却强壮，后肢长而粗壮，每只脚上各有三根伸展开的爪状脚趾（微小的第四趾尚存），足以支撑庞大的身躯，又能让它迅速地移动。

名称：巨齿龙（*Teratosaurus*）

年代：三叠纪晚期

地点：欧洲（德国）

大小：长 6 米

这是一只令人费解的恐龙。古生物学家用其骨骼碎片（主要是牙齿）暂时拼出了一只原始肉食性恐龙的模样。

巨齿龙是大型两足生物，头部巨大，长有许多弯曲的尖牙，躯干沉重，颈部较短，尾巴长而直立。结实的后肢端部长有三根强壮有力的爪状脚趾，用于行走和撕裂血肉（第四趾尚存，但较微小），短而粗壮的前肢长有带弯曲爪子的抓握性手指。

根据巨齿龙的遗骸和非洲南部发现的相关的碎片，古生物学家推断在肉食性恐龙主线出现的 6000 万年前（即侏罗纪早期），当时一群大型肉食性兽脚类就已存在了，所以巨齿龙可能是斑龙科已知最早的近亲。

不过，另有一些古生物学家则认为巨齿龙可能是原蜥脚类恐龙（见第 266–269 页）的早期种类，或者是槽齿龙的大型种类，因为恐龙的原始祖先就从槽齿龙（见第 267 页）演化而来的。

名称：原角鼻龙（*Proceratosaurus*）

年代：侏罗纪中期

地点：欧洲（英格兰）

大型：长 5 米

该早期肉食性恐龙仅存有一个头骨，虽然长度高于平均值，其基本特征仍然与其他原始肉食性恐龙相同，但鼻子上的小角是其非典型特征，说明它可能是角鼻龙的祖先，也可能是角鼻龙的早期种类，因为这些兽脚类恐龙的特征就是鼻子上有角（见第 250 页）。通过复原可以看出原角鼻龙是典型的肉食性恐龙：大头、短脖子、

躯干沉重、尾巴长、前肢较短、长有爪状手指、长腿用于奔跑，各长有三根脚趾。

名称：双脊龙（*Dilophosaurus*）

年代：侏罗纪早期

地点：北美洲（美国亚利桑那州）

大小：长 6 米

双脊龙发现于侏罗纪早期地层，是已知最早的大型肉食性恐龙，在该岩层分布广泛，表明它们属于包括蜥脚类和兽脚类在内的大族类。1942 年，双脊龙被加利福尼亚大学的一支探险队首次发现，似乎体格较轻盈，这一点听起来略有矛盾，但它的结构是肉食性恐龙和虚骨龙科之间的过渡形式。它的头较大，但骨头较轻，而颈部、尾巴和前肢都很细长（典型的虚骨龙科特征，见第 251 页）。

双脊龙的头骨异于任何种类，两侧各有一个垂直的半圆形冠脊，尽管冠脊的某些地方极薄，却有垂直的骨头支撑，冠脊的端部在头后方逐渐变窄，形成刺突。

这些头部冠脊的作用尚不清楚。有些古生物学家认为它们的作用是性展示，且仅雄性具有该冠脊，这一理论的依据是并非所有的双脊龙标本都具有冠脊。事实上，最初发掘出来的几具骨骼上根本没有冠脊，因而被看作是斑龙（见第 260 页）的一种，并且这些冠脊实际上并未附着在头骨上，而是位于头骨附近，所以不仅其真实位置尚存许多疑问，属于其他恐龙的可能性也很大。

从双脊龙的颌可以看出它的习性：下颌强壮，尖利的长牙齿较薄；上颌前方有一簇牙齿独立于其他牙齿，这一结构也见于现代鳄鱼。

尽管双脊龙有着大头和强壮的颌，它却不是靠咬噬来杀死猎物的，因为它的薄牙齿和精巧的双脊都太过脆弱，而更可能是靠爪状脚和手爪抓住并撕裂猎物。或者像其近亲一样是食腐动物，靠更大型肉食性恐龙残留的食物生存。

名称：美扭椎龙（*Eustreptospondylus*）

年代：侏罗纪中期到白垩纪晚期

地点：欧洲（英格兰）

大小：长 7 米

该早期斑龙科动物近乎完整的骨骼发现于英格兰南部，1964 年被首次命名，在此之前一直都被当作斑龙。这具如今展列在牛津大学博物馆的骨骼虽然构造上与斑龙类似，却证明美扭椎龙有别于斑龙，虽然其头骨仍然有部分缺失，它仍然是所有欧洲肉食性恐龙标本中保存最为完好的。

肉食性恐龙

CARNIVOROUS DINOSAURS

名称：斑龙（*Megalosaurus*）

年代：侏罗纪早期到晚期

地点：欧洲（英格兰和法国）和非洲（摩洛哥）

大小：长 9 米

斑龙又称“大蜥蜴”，虽算不上最大或最重的恐龙，却也有着不少“第一”的名号。1676 年在英格兰发现的史上第一块恐龙骨可能就属于斑龙。它是 19 世纪 20 年代首个被科学命名的恐龙，其化石也是促使英国古生物学家理查德·欧文于 1842 年为整个种类命名的三个化石之一。理查德·欧文命名了“恐龙”，意为“恐怖的蜥蜴”。

斑龙是种庞大的生物，总长 9 米，身高 3 米，活重约 900 千克。肌肉发达的短脖子支撑着巨大的头部，强有力的颌内长满带有锯齿边缘的弯曲牙齿，手指和脚趾都极为强壮且有爪子，这些武器都足以让斑龙袭击并杀死长颈的大型食植性恐龙（见第 270–277 页）。

斑龙的足迹保存在英格兰南部的页岩中，揭示了这种庞大的两足动物是如何靠两腿直立行走的：脚趾略向内弯，长尾巴可能随每一步左右摆动，起到平衡沉重身躯的作用。

异特龙科

FAMILY ALLOSAURIDAE

异特龙科的体格与斑龙类似，只是更大一点。它们是侏罗纪晚期最大的肉食性恐龙，遍布世界各个大陆，但很快被更大型的生物所打败，即白垩纪的暴龙（见第 263–265 页）。

名称：永川龙（*Yangchuanosaurus*）

年代：侏罗纪晚期

地点：亚洲（中国）

大小：长 10 米

该大型肉食性恐龙的骨骼发现于中国西南部的四川省，于 1978 年获得命名，如今北京自然博物馆、四川自贡恐龙博物馆、重庆自然博物馆等地都有其标本展列。

永川龙是典型的异特龙：头部巨大；颌强壮有力，长满向后弯曲的尖牙，边缘有锯齿，形似牛排切刀；脖子短而厚实，但非常灵活；长尾巴纵向扁平，占总体长度的一半，在它用柱子一般的大腿跑动时直直地向外伸出以平衡窄厚的身躯；全部体重由三根巨大的爪状脚趾支撑（大拇趾照例向后弯曲）；前肢较短，有三根强壮的爪状手指。

永川龙的颌前方长有更多牙齿，且鼻子上有骨质肿块，故而其头骨迥异于其他异特龙科动物。

名称：异特龙（*Allosaurus*）

年代：侏罗纪晚期到白垩纪早期

地点：北美洲（美国科罗拉多州、犹他州和怀俄明州）、非洲（坦桑尼亚）和澳大利亚

大小：长 12 米

该大型肉食性恐龙是异特龙科最大的成员，可能是侏罗纪晚期最恐怖的猎食者。异特龙体重在 1–2 吨之间，身高在 4.6 米左右。

从表面上看，异特龙是和它生活在同一时代的近亲斑龙的放大版（对页上图），不过也有其自身的独特之处。例如，眼睛上方有两个骨质肿块，一道眉骨从眼睛中间一直延伸到鼻尖，使得它的形状极为独特。头骨一侧鼻子附近的一个开孔应该是盐腺所在。异特龙上颌有五对牙齿，而斑龙则有四对。

异特龙的头骨虽大，重量却小，原因在于头骨骨头之间有许多大颞颥孔，这些颞颥孔将坚固的结构变成了错综复杂的骨架，由此减轻了头骨的重量。这些骨头之间仅松散地相互连接（该结构也见于其他大型肉食性恐龙，如角鼻龙，见第 250 页），一定程度上提高了灵活度，也增加了轻盈的头骨的力量。

专家们一直对异特龙作为捕食者的效率持有争论，有些古生物学家认为它过于笨重，不能追杀猎物，因而可能以腐肉为生，另一些则相信它虽然体形庞大，行动起来却十分敏捷，甚至可能集体猎食当时的大型植食性恐龙，如迷惑龙和梁龙。事实上，北美洲西部发现的迷惑龙骨骼上确实有类似异特龙牙齿的痕迹，同样的断齿也四散在其他的迷惑龙标本周围。

1927 年人们在美国犹他州发现克利夫兰－劳埃德恐龙采石场，仅此一处就有成千上万的恐龙骨骼，其中包括 44 只异特龙。这些遗骸中的个体从 3 米的幼仔到成年恐龙不等，剩下的遗骸还包括了鸟脚亚目、剑龙类、甲龙类和蜥脚类恐龙，以及另一种兽脚类恐龙角鼻龙，从这些遗骸中可见当时恐龙种类之繁多。

肉食性恐龙

CARNIVOROUS DINOSAURS

棘龙科

FAMILY SPINOSAURIDAE

棘龙科是特化的大型白垩纪兽脚类恐龙，有些种类的脊椎延长成高耸的冠背，或称“帆”，与帆背的盘龙类似，可能也起到同样的温度调节作用。

在非洲新发现的棘龙科长有鳄形长鼻子，显示其与重爪龙之间可能有着较近的亲缘关系。若这一推论属实，还能说明白垩纪早期期间有一海上航道连接非洲和欧洲。

名称：高棘龙（*Acrocanthosaurus*）

年代：白垩纪早期

地点：北美洲（美国俄克拉荷马州）

大小：长 13 米

1950 年，该大型食鱼恐龙的多具骨骼被发现于北美洲，其名字高棘龙意为“脊背很高的蜥蜴”，指的是它背部长出的冠背，长度可达 30 厘米。

高棘龙的冠背与栖息在世界其他地区的近亲相比显得较低，如欧洲西部的顶棘龙的冠背就是脊椎的四倍长，而非洲的棘龙冠背高 1.8 米以上（右图）。

名称：棘龙（*Spinosaurus*）

年代：白垩纪晚期

地点：非洲（埃及和尼日尔）

大小：长 12 米

棘龙是该科最显眼的动物，不仅体形庞大，位列身躯庞大的肉食性恐龙之首，其背部的“帆”也极为奢华，比一个现代人还高。长 2 米的球棒形宽“帆”从脊椎上耸起，同时长有一层表皮，整个结构让人想起盘龙目的异齿龙（见第 331 页）背部那高耸的帆。

这种背帆结构既古怪又十分脆弱，其功能尚不清楚。一种理论认为是体温调节装置，当动物站立时，帆转向朝着太阳的一侧，其宽阔的皮肤表面布满了血管，能够迅速吸收热量。之后温暖的血液流遍全身。需将体温降下时，它只需将帆朝向风吹的一侧，散发出热量即可。

棘龙的优势在于能在早晨迅速升高体温，抢在身体冰冷僵硬的猎物之前做好热身，其猎物主要是其他爬行动物。

另一种理论认为它的帆颜色鲜艳，被雄性用作性展示工具吸引雌性的注意力，也可能在常有的地盘争夺战中被雄性用来互相恐吓。

无论是作为热交换器官，还是性展示工具，这两种理论似乎都能说得通。在棘龙栖息于非洲西部的同一时期、同一区域还生存着长着背帆的大型两足植食性恐龙豪勇龙（见第288–289页）。因此，人们有足够的理由认为同样的环境或气候因素会影响到这些结构的形成和发展。

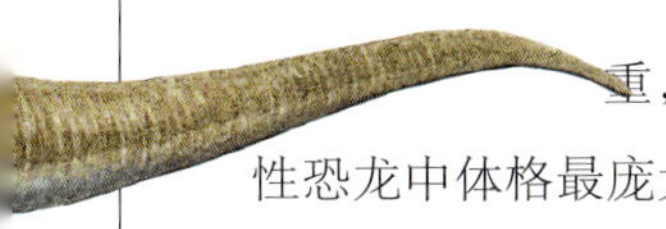

骨质帆会极大地增加棘龙的体重，估计总重可能在6吨左右，与肉食性恐龙中体格最庞大的暴龙相近（见第265页）。

棘龙的前肢在大型兽脚类中大得异常，有时可能四足站立，这一姿势也异于两足的肉食性恐龙。还有一点不同的是，它的牙齿是直的，而不是弯曲的。

暴龙科

Family Tyrannosauridae

史上最大的陆生肉食性动物就属于暴龙科。该科是一个特化的小类群，目前确认的类群不到12个，但其成员却激发了人们对食肉性恐龙的面貌和行为方式的流行看法。

最近以来，暴龙科的演化关系及其在分类学上的位置受到一些恐龙专家的质疑。根据其踝骨上的一些特化结构，有人认为它与似鸟龙科（见第252–253页）和伤齿龙科有着更近的亲缘关系，因此应和它们一起被划入 *Arctrometatarsalia* 亚门。

暴龙科的化石发现于亚洲和北美洲西部。作为一个种类，它们出现在白垩纪晚期，在该纪末期神秘的大灭绝中和其他恐龙一起消失，生存时间还不到1500万年，从生物演化的角度来看，不过是弹指一瞬。

暴龙科体下第二套肋骨高度发达。这些特殊的肋骨和短前肢可能有一种作用，即暴龙科休息时腹部着地，内脏靠这些特别的肋骨支撑，不至于被庞大的体重压碎。而当它站起时，细小的前肢防止它庞大的身躯向前滑跌，在站立过程中起到稳定作用。

另一种理论认为这些前肢被雄性用于在交配过程中扶持雌性。

名称：	艾伯塔龙（*Albertosaurus*）
年代：	白垩纪晚期
地点：	北美洲（加拿大阿尔伯塔省）
大小：	长8米

这种“小型”暴龙科具有该科所有的共同特征：体格大、头大、躯干较短、臀部强壮的长尾巴平衡着躯干。柱子一样的后肢长有分开的三根脚趾，足部支撑着巨大的体重。

艾伯塔龙及该科的其他成员都是特化的兽脚类动物。它们的前肢与其躯干相比显得微不足道，短得连嘴都够不到，每只手上仅有两根手指，非常适于抓取猎物。尽管其颌能够大张，头骨的骨骼却十分僵硬，没有异特龙类（见第260–261页）头骨的那种高度灵活性。

肉食性恐龙

CARNIVOROUS DINOSAURS

名称：分支龙（*Alioramus*）

年代：白垩纪晚期

地点：亚洲（蒙古）

大小：长 6 米

这种庞大的肉食性恐龙横行在亚洲中部陆地，遇见什么都吃，无论生死。因为体形过于庞大，其作为食肉动物的能力值得怀疑，可能以鸭嘴龙类和甲龙类为食，也会吃其他肉食性恐龙残留的猎物，它庞大的体形或许连最凶猛的捕猎者也会被吓跑。

许多特暴龙骨骼发现于蒙古，其中有些是完整的，可以分析出该暴龙科恐龙的直立站姿。其结构几乎与暴龙相同，但体格更轻，头骨更长。它的背部几乎呈水平状，躯干在臀部得到平衡，灵活的长脖子朝着躯干急剧弯曲，沉重的头部几乎与脖子呈直角，形成鸟状姿势。从发现的化石看来，特暴龙的头部朝着肩部后仰，这一情况通常出现在动物死亡之时，因为颈部的韧带变干收缩，将头部后拉成不自然的姿势。

以分支龙为代表的亚洲暴龙与典型的暴龙科动物有着头骨形状的差异，即该科大部分成员头骨深厚，鼻子较短，而分支龙及其近亲的头骨较浅，鼻子却很长。两眼之间和鼻尖上还长有骨质突起，可能是区分性别的特征，雄性的这些结构大于雌性，用于献媚或恐吓其他雄性。

分支龙及其近亲在白垩纪晚期栖息在亚洲和北美洲西部，如今的亚洲和北美洲大陆在当时是一块超级大陆，如今将二者分隔开来的白令海峡在当时是一片干旱的陆地。不过北美洲部分被一道浅海从南向北一分为二，西侧与亚美大陆相接，东侧与欧美大陆相接。

包括暴龙科在内的各种动物可以自由地往返于亚洲和北美洲西部，但能够穿过障碍到该大陆东半部分的就相对较少了。不过，美国东部曾发现一只与艾伯塔龙（见第 263 页）相似的暴龙遗骸。

名称：特暴龙（*Tarbosaurus*）

年代：白垩纪晚期

地点：亚洲（蒙古）

大小：长 14 米

名称：达斯布雷龙

（*Daspletosaurus*）

年代：白垩纪晚期

地点：北美洲（加拿大阿尔伯塔省）

大小：长 8.5 米

该体格庞大的肉食性动物深短的颌内长有比暴龙还大的牙齿，但数量较少。每颗牙齿都如匕首般锋利，呈弯曲状，边缘有锯齿。强壮的颌、爪状足和庞大的身躯（体重可达 3.6 公吨）是惧龙的三大武器，被它用来杀死横行北美洲大陆北部森林的大型角龙。

名称：暴龙（*Tyrannosaurus*）

年代：白垩纪晚期

地点：北美洲（加拿大阿尔伯塔省、萨斯喀彻温省，美国蒙大拿州、得克萨斯州和怀俄明州）和亚洲（蒙古）

大小：长 15 米

该兽脚类恐龙是肉食性恐龙中最大的，也是已知最大的陆生食肉动物。

暴龙的平均长度为12米，高达6米，体重大约为7吨（比现代非洲成年公象还重）。仅头部就长 1.25 米有余，每颗牙齿长度都在 15 厘米左右。

目前尚未发现暴龙的完整骨骼，不过自 1902 年在美国被首次发现之后，它的许多骨骼和牙齿都已经出土。早期的复原通常不太准确，组装起来的骨骼显示它长有鞭子状的尾巴，身体呈 45° 向后弯曲。但随着其他暴龙骨骼的发现，如蒙古的特暴龙，如今我们对它的站姿有了更准确的认识。

对暴龙结构的调查引起了它是否为可怕的食肉动物方面的争论，它的臀部和腿部显示它只可能是移动缓慢的食腐动物，仅能笨重地小步移动。

通过计算，人们还发现它的体重和高度过大，如果奔跑中跌倒，冲撞力足以撞碎其头骨，而细小的前肢根本无法缓解冲撞力。

不过，有些古生物学家认为其眼后的头骨异常宽阔的区域，就是用来固定超级强劲的颌肌的。综合其他特征，如强健的锯齿边牙齿、灵活而强有力的脖子、与视觉和嗅觉相关的大片脑部区域以及可能的双目视物，这些发现都倾向于说明它是活跃的食肉动物。

据推测，暴龙的食物可能主要由鸭嘴龙构成。这些鸭嘴龙科（见第 290–297 页）则以北美洲的阔叶树为食，群居，遇到危险时靠两足迅速冲刺逃跑。所以暴龙很可能躲藏在树林中伏击猎物。任何形式的冲撞力都会被其强健的牙齿、坚实的头骨和强有力的颈部抵消。

早期植食性恐龙

EARLY HERBIVOROUS DINOSAURS

蜥脚型亚目

SUBORDER SAUROPODOMORPHA

蜥脚型亚目恐龙的生活方式完全不同于其同时期的兽脚类恐龙。尽管它们同属蜥臀目，兽脚类是两足的食肉动物（见第250–265页），而蜥脚类则主要是四足的植食性动物。二者在步法上的差异表现在脚骨上，但它们的生活却有着千丝万缕的联系，因为蜥脚型亚目可能是较为大型的肉食性恐龙的猎物。

原蜥脚下目

INFRAORDER "PROSAUROPODA"

与兽脚类一样，蜥脚型亚目恐龙也可以根据其体形进行分类。有的体形较大，脖子和尾巴很长，属于蜥脚类下目（见第270–277页）。迷惑龙（曾用名雷龙）是最著名的蜥脚类恐龙。

有的蜥脚型亚目恐龙体形较小（不过仍然相对较大，长9米有余），属于原蜥脚下目。如其名字，原蜥脚下目是"蜥脚类之前的恐龙"，它们生活在三叠纪晚期。以前人们认为原蜥脚下目是蜥脚类的直系祖先，如今的理论否认了这一看法，统一被看作是蜥脚类的一个旁系，而这一旁系在侏罗纪早期遭受了致命的毁灭。

原蜥脚下目被认为演化自似兽脚类祖先，两个可能性极大的遗骸都来自于南美洲：南十字龙是已知唯一的三叠纪中期恐龙，长约2米；艾雷拉龙来自三叠纪晚期，长3米。二者似乎都是活跃的两足肉食动物，都有着宽大的头部和长尾巴。

近蜥龙科

FAMILY ANCHISAURIDAE

近蜥龙科涵盖了大部分最早期的原蜥脚下目恐龙，也就是最早出现的恐龙之一。该科成员体格都相对较小（长不足3米），躯干轻盈，和四肢一样细长，头小，长颈，长尾巴。

近蜥龙科似乎是恐龙类中的食植性试验品，它们的牙齿呈圆柱形，较钝，边缘有锉刀状锯齿，与现代植食性蜥蜴的牙齿类似，如南美洲的陆生鬣蜥蜴。这些锯齿有助于切割植物，进而帮助消化。它们的前肢仅稍微短于后肢，表明它们可能大部分时间保持四足站立姿势。这种特征也让它们可以更容易地够到地面上的植物。不过它们的踝关节十分强健，也高度发达，表明它们也可以后肢站立，用前肢撕扯高处的植物。

有些古生物学家认为近蜥龙科原蜥脚下目恐龙可能是鸟臀目恐龙的祖先（见第278–313页）。近蜥龙（下图）的某些部位显得尤其小，其细长的脖子、肩部和前肢的结构以及股骨和踝关节的细节都与早期鸟脚类畸齿龙（见第279页）的结构类似。

名称：近蜥龙（*Anchisaurus*）

年代：侏罗纪早期

地点：北美洲（美国康涅狄格州）和非洲南部

大小：长2.1米

这种早期恐龙可能是小型原蜥脚下目的典型代表。它有着高耸的小头，颈部灵活，躯干细长，前肢比后肢短三分之一。每只手上都有五根手指，外侧的两个都比较短。大拇指上长有大爪子，可能用来将植物连根拔起，也可能用于搏斗。

其圆形钝牙表明近蜥龙以植物为食。

当时的湿地长满蕨类和木贼，针叶树和掌状苏铁生长在较为干旱的山地地区。但所有的植食性动物，现代种类也包括在内，都比食肉动物需要更大的消化系统，因为坚硬的纤维植物比肉类所需的消化时间更长。所以，近蜥龙细长的躯干内臀部前方有着巨大的胃和很长的肠道。这些庞大的内脏会使两足动物失去平衡，所以有人认为，近蜥龙及其近亲大部分时间肯定以四足站立以保持平衡。

大约2亿年前，当今的所有大陆在当时都连接成一块超级大陆，而近蜥龙就生活在这一时代。所以在北美洲东部海滨和非洲南部等差异极大的地区发现近蜥龙实不稀奇，这也进一步证实了板块漂移理论。

名称：槽齿龙（*Thecodontosaurus*）

年代：三叠纪晚期到侏罗纪早期

地点：欧洲（英格兰）和非洲南部

大小：长2.1米

槽齿龙的体形与近蜥龙类似，不过颈部较短，牙齿更多。它的化石在1843年发现于英格兰西南部临近布里斯托尔的地方，并首次得名。这些骨头保存在三叠纪沉积物中，而这些沉积物则是之前的石炭纪形成的页岩冲刷到沟壑和洞穴中沉淀下来的。在三叠纪晚期盛行于欧洲的沙漠性气候中，也即槽齿龙生活的年代，这些页岩往往构成干燥的高原地貌。

将这些气候和岩石证据拼凑之后，人们认为槽齿龙生活在干燥的高地区域，可能就在页岩洞穴入口之内或其附近，死亡后则被后来的三叠纪沉积物所覆盖，也可能被雨季的奔流冲进沟壑和洞穴中。

槽齿龙有着许多蜥脚型类的基本特征，有时会和其他类群被划入槽齿目的一个单独的科内。

名称：埃弗拉士龙（*Efraasia*）

年代：三叠纪晚期

地点：欧洲（德国）

大小：长2.4米

埃弗拉士龙由埃伯哈德·弗拉士发现于1909年，并以他的名字命名，它比其原蜥脚下目近亲稍大，但结构方面总

体类似。与原蜥脚下目相同的是，它们也有着多功能的手。长长的手指上有灵活的“拇指”，能够抓取小型植物和大把叶子。其腕关节也十分发达，所以它的手掌可以轻易地按压在地面上，形成四足行走的步态。

不过埃弗拉士龙有一个原始特征：仅有两块荐椎将臀部与脊椎相连接，这使得它的臀部及后肢结构并不坚固。其他所有的“蜥臀目”恐龙都至少有三块椎骨将臀部与脊椎相连。

埃弗拉士龙仅仅是三叠纪晚期的德国大量存在的原蜥脚下目恐龙之一，其他的还有板龙、鞍龙和槽齿龙，还有其他的兽脚类动物，如植龙、劳氏鳄科和坚蜥目。人们认为它们是从别的地方迁徙至此，但具体位置尚不可知。

早期植食性恐龙

EARLY HERBIVOROUS DINOSAURS

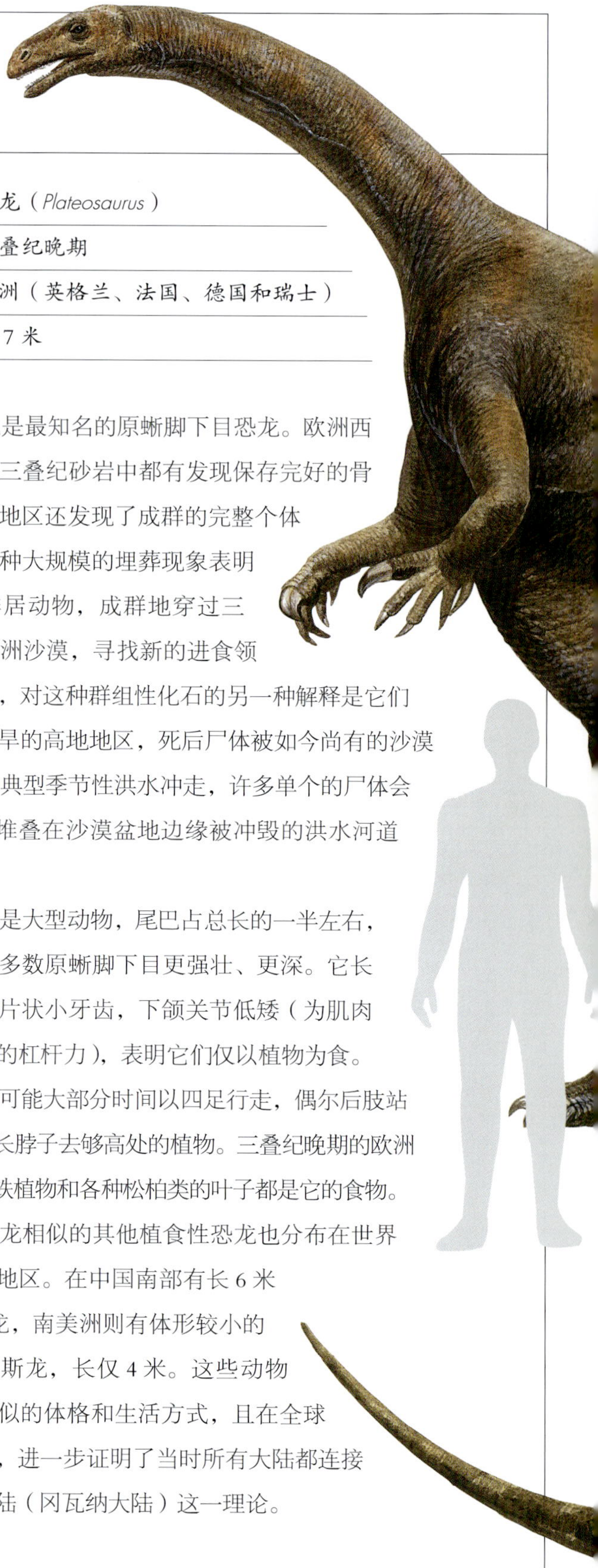

板龙科

FAMILY PLATEOSAURIDAE

这些四肢强壮的大型原蜥脚下目恐龙是其同代近蜥龙科的增大版，其身躯比例让人想起后来繁盛在侏罗纪晚期和白垩纪的大型蜥脚类，如迷惑龙（见第 275 页）。

名称：巨椎龙（*Massospondylus*）

年代：三叠纪晚期

地点：非洲（南非和津巴布韦）和北美洲（美国亚利桑那州）

大小：长 4 米

巨椎龙是非洲南部最普遍的原蜥脚下目恐龙。1854 年，英国古生物学家理查德·欧文用非洲发现的几块大椎骨首次为它命名。根据这些骨骼，他称之为巨椎龙，意为“大椎骨恐龙”。

巨椎龙极为细长灵活的脖子上高耸着一个小头，具有五指的手十分巨大，手掌特别宽，可以用于行走或抓取食物。每根“大拇指”都长有弯曲的大爪子。

某些巨椎龙骨骼的胃内发现有磨光的石头，这些石头被巨椎龙吞下时还有棱角，可以帮助它消化坚硬的植物。许多现代鸟类也会在砂囊内存有石子，目的与此相同。由于巨椎龙的大部分时间可能用于进食，为了保持其庞大的体形，这些石子很可能被迅速磨光，变得毫无用途，接着会被反刍出去，换上有棱角的新石子。

名称：板龙（*Plateosaurus*）

年代：三叠纪晚期

地点：欧洲（英格兰、法国、德国和瑞士）

大小：长 7 米

板龙是最知名的原蜥脚下目恐龙。欧洲西部各地的三叠纪砂岩中都有发现保存完好的骨骼，某些地区还发现了成群的完整个体化石，这种大规模的埋葬现象表明它们是群居动物，成群地穿过三叠纪的欧洲沙漠，寻找新的进食领地。不过，对这种群组性化石的另一种解释是它们独居在干旱的高地地区，死后尸体被如今尚有的沙漠典型季节性洪水冲走，许多单个的尸体会堆叠在沙漠盆地边缘被冲毁的洪水河道内。

板龙是大型动物，尾巴占总长的一半左右，头部比大多数原蜥脚下目更强壮、更深。它长有许多叶片状小牙齿，下颌关节低矮（为肌肉提供更大的杠杆力），表明它们仅以植物为食。

板龙可能大部分时间以四足行走，偶尔后肢站立，伸出长脖子去够高处的植物。三叠纪晚期的欧洲繁盛的苏铁植物和各种松柏类的叶子都是它的食物。

与板龙相似的其他植食性恐龙也分布在世界的其他地区。在中国南部有长 6 米的禄丰龙，南美洲则有体形较小的科罗拉多斯龙，长仅 4 米。这些动物都有着相似的体格和生活方式，且在全球分布极广，进一步证明了当时所有大陆都连接成超级大陆（冈瓦纳大陆）这一理论。

名称：鼠龙（*Mussaurus*）

年代：三叠纪晚期到侏罗纪早期

地点：南美洲（阿根廷）

大小：可能长 3 米

1979 年，当古生物学家们在阿根廷南部发掘出一群保存完好的小型恐龙化石时，他们以为发掘出了最小的恐龙种类，当即便称之为“鼠蜥蜴”。不过，这些骨骼所在的巢内还有两颗几乎完好的小恐龙蛋，最长的轴线也仅有 25 厘米。最大的骨骼仅长 20 厘米，头部和眼睛很大，颈部较短，这些都是幼仔的特征，而非发育完全的成年恐龙特征。如今古生物学家们认为成年鼠龙科长达 3 米，身体比例属于典型的“原蜥脚下目”。

黑丘龙科

FAMILY MELANOROSAURIDAE

黑丘龙科包括了最大的原蜥脚下目恐龙，有些专家认为它们甚至可能是早期典型的大型食植性蜥脚类恐龙。

黑丘龙科完全以四足行走，这一点和其同代体重更轻、体形更小的近蜥龙科（见第 266–267 页）不同，后者也能以两足行走。

名称：里奥哈龙（*Riojasaurus*）

年代：三叠纪晚期到侏罗纪早期

地点：南美洲（阿根廷）

大小：长 10 米

这种大型原蜥脚下目恐龙的四肢骨、肩带和腰带都比其近亲板龙类（上页）大得多，表明它需以四足支撑体重。其骨骼也发生了相应的改良，四肢骨又厚又硬，垂直位于身下。臀部通过三块椎骨与脊椎相连，为腿部形成稳固的结构，椎骨上还有一层相互连接的表皮来保持脊椎坚硬。

里奥哈龙以阿根廷西北部的里奥哈省命名，同时发现的还有另一个基底性恐龙，即板龙属的科罗拉多斯龙。鼠龙也是发现于南美洲巴塔哥尼亚地区的原蜥脚下目恐龙。综合起来，它们显示出三叠纪晚期的原蜥脚下目的数量和体形都有了快速和相当程度的增长（至少其中一些如此）。其他有着相同体格和结构的恐龙也在同一时期分布于非洲南部，如三叠纪晚期的吕勒龙和土巴龙以及侏罗纪早期的火山齿龙。火山齿龙具有许多混合特征，其中一些是“原始的”原蜥脚下目特征，另一些则是“高级的”蜥脚类特征，因此可能与中生代的大型长颈蜥脚类有着较近的亲缘关系。

长颈植食性恐龙

LONG-NECKED BROWSING DINOSAURS

蜥脚龙下目

INFRAORDER SAUROPODA

在 2 亿年前到 6600 百万年前之间，最大的植食性动物——实际上也是史上最大的陆生动物——就是体形庞大的长颈四足蜥脚类恐龙。作为一个类群，它们生存了大概 5000 万年：出现在三叠纪晚期或侏罗纪早期，在侏罗纪晚期达到顶峰，白垩纪末期灭绝。即便是在演化早期，大多数的蜥脚类也都体形庞大，长度都在 15.2 米以上。

所有蜥脚类的体平面结构相似：超长的颈部顶部长有一颗小头；用于安放大型肠道的深长躯干；腿部壮实如柱子，脚上长有五根分开的脚趾；厚实的长尾巴逐渐变尖成鞭子状。

即便是早期蜥脚类恐龙，其骨骼上的两个特化适应特征也十分明显。第一，椎骨上产生了巨大的空洞，极大地减轻了它的重量，同时又能保证它骨骼的结构强度。这种空心化随着蜥脚类的演化越来越极端，以至于骨骼仅沿着应力线发育（与起重机吊臂的钢支柱类似）。

骨骼的第二个特化特征是四块（后来的种类是五块）荐椎将腰带和脊椎紧紧地连接起来，为其沉重的躯体和尾巴提供了坚实的支撑。

鲸龙科

FAMILY CETIOSAURIDAE

鲸龙科是在侏罗纪到白垩纪这一阶段遍布全球的最原始蜥脚类恐龙。它们的名字意为“鲸蜥蜴”，指的是其身躯庞大。

鲸龙科成员仍留有两个原始特征：第一，椎骨仅部分空心化；第二，臀部由四块荐椎与椎骨相连，比后期的蜥脚类结构脆弱。它们可能与侏罗纪晚期的大型蜥脚类祖先有较近的亲缘关系，不过这个种类的界定仍然十分不明确。

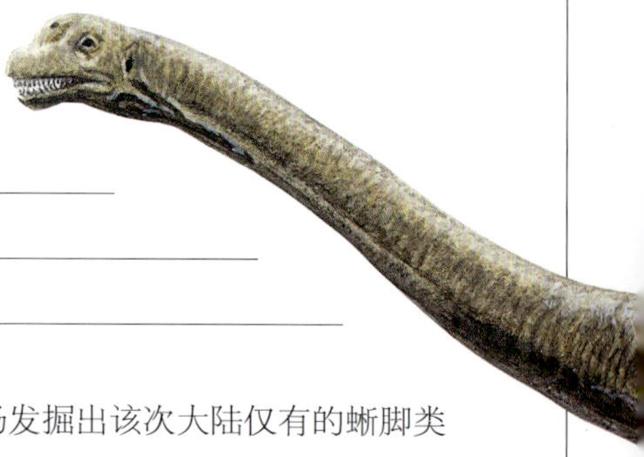

名称：巨脚龙（*Barapasaurus*）

年代：侏罗纪早期

地点：亚洲（印度）

大小：长 15 米

印度中部的一片牧场发掘出该次大陆仅有的蜥脚类恐龙，也是世界上已知最古老的蜥脚类。巨脚龙可能与后来的原蜥脚下目共同生活。

从体格上来看，巨脚龙遵循了蜥脚类共有的体平面，和生活在同一时代的火山齿龙类似，后者是非洲南部已知唯一的三叠纪蜥脚类。巨脚龙仅颈部和部分脊椎空心化，以减轻体重。牙齿呈勺子状，有锯齿边缘，适于食用植物。

名称：鲸龙（*Cetiosaurus*）

年代：侏罗纪中期到晚期

地点：欧洲（英格兰）和非洲（摩洛哥）

大小：长 18.3 米

这种大型蜥脚类的骨头在 1809 年发现于英格兰南部的牛津郡，比人们首次听说“恐龙”一词早了 32 年。有人认为它属于某种大型海栖生物，故名“鲸龙”或“鲸蜥蜴”。另有人认为这些骨头属于某种大型鳄鱼。直到相似的蜥脚类简棘龙骨骼被发现于北美洲科罗拉多州三叠纪晚期岩层，人们才真正了解了它的本质。

鲸龙体格庞大，但相比一般蜥脚类，其脖子和尾巴较短。体重可达 9 吨以上，脊椎几乎没有空心化，故而十分沉重。

1979 年从摩洛哥出土的一具鲸龙骨骼揭示了其大小，单股骨就长 1.8 米以上，其中一块肩胛骨长 1.5 米有余。支撑如此庞大身躯所需的食物量必然十分巨大。

腕龙科

FAMILY BRACHIOSAURIDAE

腕龙科动物是蜥脚类中的庞然大物。它们从侏罗纪中期到白垩纪早期遍布北美洲、欧洲和非洲东部。该科所有动物结构相似，超长的脖子上高耸着一颗小头，体躯深厚，尾巴较短。它们与其他蜥脚类的区别在于其前肢比后肢长，所以其躯干从肩部向下倾斜，与现代长颈鹿类似。

直到最近，人们才判断腕龙科不仅涵盖了史上最重的恐龙，而且还有史上最大的陆生动物，这就是腕龙（下图）。但最近在北美洲的发现表明尚有更大的蜥脚类存在。在 20 世纪 70 年代，两只蜥脚类恐龙的大块骨骼发现于科罗拉多州，非正式名称为超龙和极龙。1986 年，更大的骨骼从新墨西哥州现身，暂名地震龙。有些遗骸十分巨大，说明这些生物长 30 米有余。有块肩胛骨长 2.4 米，单个的椎骨长 1.5 米。

名称：腕龙（*Brachiosaurus*）

年代：侏罗纪晚期

地点：北美洲（美国科罗拉多州）和非洲（坦桑尼亚和阿尔及利亚）

大小：长 23 米

在所有尚存完整骨骼的陆生动物之中，腕龙的骨骼是最大、最重的，其完整骨骼陈列在柏林的洪堡大学古生物学博物馆，是史上最大的骨骼，没有之一。在 1908 年到 1912 年期间，一个大学的考察队在东非坦桑尼亚发现了腕龙骨骼，其平均长度为 23 米，高 12.6 米，肩部离地 6.4 米，仅上臂骨（或称肱骨）就长达 2.1 米。体重为 80 吨，几乎是其他已知蜥脚类大型恐龙迷惑龙的三倍，相当于 12 只现代成年非洲公象。

支撑腕龙如此沉重身躯的秘诀在于其脊椎结构。每块椎骨两侧都有大量空心化骨头，使得由薄片和骨骼支撑的横切面呈锚形。如此一来，它们的骨骼就成了工程学的杰作，即轻盈的框架，由超级强壮但却十分灵活的椎骨构成，各块椎骨相互连接，沿应力线提供最大程度的力量。

腕龙有着较深的穹形脑袋，鼻子宽阔平展。相较其躯干而言，头部显得较小，脑腔也同样很小。

长颈植食性恐龙

LONG-NECKED BROWSING DINOSAURS

腕龙颌内排列着尖利的钉子状牙齿，眼睛上方的头顶上长有两个巨大的鼻孔（外鼻孔），这一点与其他蜥脚类恐龙类似。

起初，鼻孔的位置令古生物学家以为腕龙及其他体形庞大的近亲大部分时间都生活在水中，以柔软的杂草为食，鼻子位于水面以上呼吸空气。但人们现在认识到，淹没其躯干的深水所产生的压力会导致它呼吸困难，甚至根本无法呼吸。这些大型蜥脚类遗留下来的足迹和行迹也证实了它们并非水栖动物，而是陆生动物。

动物的肉质鼻孔并不一定靠近其外鼻孔。如现代大象，它们的骨骼外鼻孔都位于头骨上部，但却通过象鼻顶部的肉质鼻孔呼吸。这就引发了一个疑问，某些蜥脚类动物有类似象鼻一样的鼻子吗？

蜥脚类巨大的外鼻孔还可能有另外一种功能，即体温调节：其鼻孔可能覆有潮湿充血的皮肤，帮助它在酷热的天气里保持大脑的凉爽。

腕龙的脖子特别长，占身高的一半左右。其颈椎骨数目与普通蜥脚类没什么区别（在 12 块到 19 块之间），但每块的长度都是背椎的三倍。

其前肢长于后肢，这一点在蜥脚类中属于异类，但却是腕龙科的典型特征。所以它的整个躯干从肩部的最高点向下倾斜，类似现代长颈鹿，使得它能够到其他恐龙无法企及的高度。

圆顶龙科

FAMILY CAMARASAURIDAE

相比同时代的腕龙类和梁龙类，圆顶龙科的成员都小得多。它们的颈部和尾巴较短，头骨更高，鼻子也更钝平。其牙齿也与其他蜥脚类大不相同，呈勺子状，较长，齿尖前指。所有这些特征都表明圆顶龙科所食用的植物不同于当地的大型蜥脚类，也不会和它们产生食物上的竞争。

名称：	圆顶龙（*Camarasaurus*）
年代：	侏罗纪晚期
当地：	北美洲（美国科罗拉多州、俄克拉荷马州、犹他州和怀俄明州）
大小：	长 18 米

在侏罗纪，这种蜥脚类恐龙随处可见，它们可能成群结队地漫步于北美洲西部潮湿的热带平原上。其沉重的勺子状牙齿可以轻松地应付纤维性植物，如蕨类和木贼，还能够到针叶树较低的树枝，撕扯下满嘴的针状硬树叶。

圆顶龙头骨顶部长有巨大的外鼻孔，加上脸部较短，令有些古生物学家猜测这种蜥脚类有长鼻子，与现代大象相似，功能也相同。不过，另一些科学家则认为这些外鼻孔是为大脑降温的冷却装置（类似于腕龙，见第 271–272 页）。

幼年圆顶龙与成年圆顶龙发现于同一个美国西部岩层系（即莫里森岩层），表明幼年恐龙随大部队一起，可能因这块侏罗纪大陆的热带气候典型的季节性干旱，被迫为寻找食物而进行大迁徙。

另外一个圆顶龙生活方

式的线索来自同一岩层中单独的一堆光滑卵石，这些石头可能是从它们胃中反刍出来的。许多蜥脚类，包括圆顶龙，都会吞食有棱角的石头以帮助消化坚硬的植物。（许多现代鸟类也会出于同样的原因吞食石子。）石头被磨圆之后就不再具有辅助消化的作用，随即会被反刍出来，并以新的有棱角石子代替。

名称：盘足龙（*Euhelopus*）

年代：侏罗纪晚期或白垩纪早期

地点：亚洲（中国）

大小：长 15 米

尽管盘足龙和圆顶龙分居地球两端，这两种蜥脚类却有着很近的亲缘关系，并且体形相似。不过，差异还是有的，如盘足龙的脖子较长，由 17−19 块加长的颈椎构成（圆顶龙脖子较短，仅有大约 12 块颈椎骨）。除此之外，盘足龙不像其近亲一样具有“哈巴狗”似的扁鼻子，头部更长，鼻子更尖。但与圆顶龙一样，盘足龙也有着沉重的勺子状牙齿，头顶也有巨大的外鼻孔。

名称：后凹尾龙（*Opisthocoelicaudia*）

年代：白垩纪晚期

地点：亚洲（蒙古）

大小：长约 12.2 米

由于蒙古隔壁沙滩出土的一具骨骼头部和颈部缺失，这种蜥脚类的具体大小和外貌如何只能靠猜测。不过，骨骼的其他部分保存完好，似乎是典型的流体学外形圆顶龙科，但相对较小。

将后凹尾龙与其他已知蜥脚类区分开来的是它的尾椎骨的咬合方式。通常情况下，蜥脚类的椎体的前关节面内凹，以前指的结构相互咬合。而后凹尾龙的尾椎骨则是后关节面内凹，且凹陷向后朝向尾巴。这种特征使其得名后凹尾龙，意为“尾椎骨后端空心化的龙”。

后凹尾龙尾巴特殊的连接方式形成了稳固而有力的结构。有些古生物学家认为它们靠后腿站立采食最顶端的树枝时，尾巴作为支撑，以起到稳定身躯的作用。其他的蜥脚类恐龙，如梁龙科（见第 274−276 页）和巨龙科（见第 277 页）似乎都会以同样的方式用尾巴支撑身体。

长颈植食性恐龙

LONG-NECKED BROWSING DINOSAURS

梁龙科

FAMILY DIPLODOCIDAE

梁龙科是脖子极长、尾巴更长的蜥脚类恐龙，它们的躯干和四肢细长，头部小巧。不过尽管身体很长，与其庞大的近亲腕龙（见第 271–272 页）相比，它们的身体却很轻盈，原因在于梁龙科的椎骨已经变成由骨片组成的网格状，目的就在于减轻体重，同时又能承受最大程度的应力。

梁龙科在侏罗纪晚期到白垩纪时遍布全球，但在白垩纪末期似乎开始衰落，仅剩少数几个类群分布在亚洲东部。

名称：梁龙（*Diplodocus*）

年代：侏罗纪晚期

地点：北美洲（美国科罗拉多州、蒙大拿州、犹他州和怀俄明州）

大小：长 26 米

梁龙体形巨大，某些标本长度可达 30 米，其个体的平均长度为 26 米。其体长的大部分为长脖子（约长 7.3 米），以及超长的尾巴（约长 14 米）。高耸的窄躯干仅长 4 米，小巧的头部仅长 60 厘米多一点。尽管体形庞大，梁龙仅重 10 吨，是腕龙（见第 271–272 页）体重的八分之一，是迷惑龙体重的三分之一，而后两者都没有梁龙长。之所以出现这种情况，原因在于它的椎骨结构轻盈，空心化到几乎成为洞穴的地步，但这些遗留的骨片仍然十分强劲，足以支撑它庞大的身躯。

梁龙意为“双梁”，指的是其每块尾椎骨下方各有一对铁砧形或滑轨形骨头。当梁龙拖着尾巴行走在凹凸不平的地面上时，这些骨头能保护尾巴下部脆弱的血管和组织。

受美国钢铁大亨安德鲁·卡内基资助的考察队，于 20 世纪之交时在怀俄明州发现了一具保存完好的梁龙骨骼。人们对这具骨骼进行多次翻模，并送往全球八家博物馆。可惜的是，怀俄明州的骨骼标本并不完整，前脚骨一直都没有找到。不过为了完成翻模，人们以圆顶龙（与梁龙同时生活在怀俄明州的蜥脚类恐龙）的脚为模型制作，结果发现并不准确。这一错误从其前脚就可看出，梁龙的每只脚上只有一根爪状脚趾，而非图中所示的三根。

梁龙的后肢长于前肢，这在蜥脚类中是很平常的（腕龙科除外）。其躯干从高耸的臀部向下倾斜，较低的背部、臀部和尾巴上部的椎骨都发育出较高垂直的神经棘，为操控庞大脖子和尾巴的强劲肌肉提供了诸多附着点。

梁龙很可能习惯后腿站立，尾巴盘起来形成“第三条腿”以保持平衡。它伸出超长的脖子，就能够到遍布侏罗纪陆地的针叶树最顶端的果实和枝叶。和如今大量长颈鹿聚居的非洲部分地区一样，1.5 亿年前的树木也会有一条明显的“食用线”，这条线以下的叶子都会被吃得干干净净。不过现代的食用线高度仅有 6 米，而侏罗纪的食用线则高达 15 米。

体形大到能够袭击梁龙的仅有异特龙科成员，如异特龙，其体重可达 2 吨（见第 261 页）。梁龙对付这种凶猛食肉动物的唯一武器就是其尾巴和前腿，再加上沉重的身体。长而灵活的尾巴受强劲的背肌驱动，鞭子一样的尾巴尖能将捕食者打晕。它还可以后肢站立，用粗壮的前肢碾压袭击者。

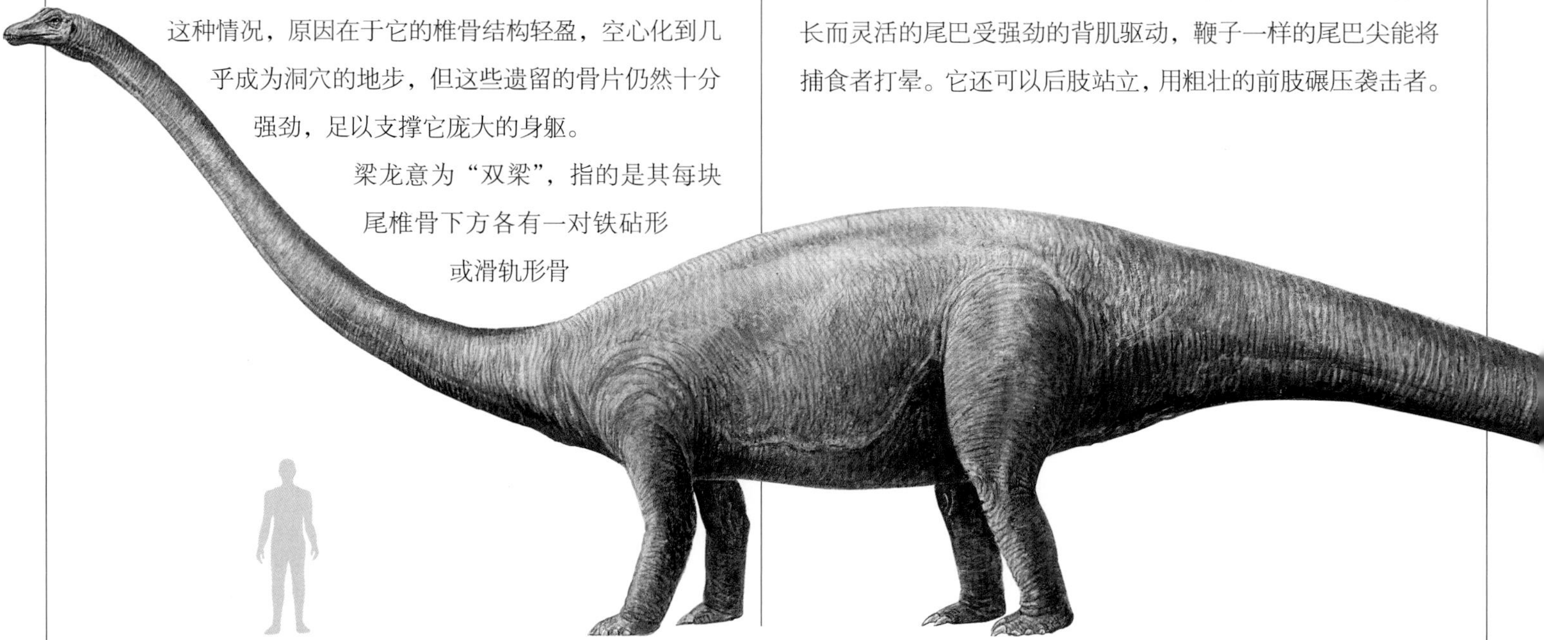

名称：迷惑龙（*Apatosaurus*）

年代：侏罗纪晚期

地点：北美洲（美国科罗拉多州、俄克拉荷马州、犹他州和怀俄明州）

大小：长 21.3 米

体形庞大的植食性恐龙迷惑龙曾一度被称为雷龙，意为“雷声隆隆的蜥蜴”，指的是它 30 吨的庞大身体行走在今美国西部家园时发出的噪声。但雷龙之名是第二个命名的，所以根据严格的科学惯例，称呼它的首个名字——迷惑龙更合乎规范。

在 1975 年前，虽然其余部分的骨骼已经发现了大约 100 年，迷惑龙的头骨仍不为人所知。相比其躯干，迷惑龙的头部很小，长仅 55 厘米，而其总长为 20 米。尽管体长不及梁龙，迷惑龙的体重却更胜一筹。二者的颌前部都有细长的钉子状牙齿，这些牙齿并不坚固，磨损之后会被新的牙齿所取代。牙齿中间有缝隙，牙端有奇怪的外向型磨损。这些体形体重庞大的动物终生都是食植动物，大部分时间都用来吃食低能量的植物以维持生计。之前这些牙齿呈钉子状的蜥脚类恐龙的习性一直是一个谜团，如今研究发现，这些磨损是在从树枝上撕扯树叶时造成的，“缺口”牙起到耙子的作用。

迷惑龙和梁龙都能用后腿站立以够到最高处的植物，不过对于体重比梁龙大三倍的迷惑龙来说，这样有点困难。但是迷惑龙庞大的的体重又可用于对付异特龙等食肉动物，它可以后肢站立，用粗壮的前肢打击对手。不过这种策略并非百试不爽，因为目前发现的许多迷惑龙骨骼上都有类似异特龙（见第 261 页）牙齿的痕迹，也可能是异特龙并未解决掉迷惑龙，而是碰到其尸体，正好饱餐一顿。

迷惑龙的尾巴长于梁龙，由不少于 82 块相互咬合的椎骨构成（而梁龙有 73 块）。与梁龙相同的是，迷惑龙尾椎骨下方也长有一对骨质滑轨，能够保护尾部柔软的组织。

迷惑龙沉重的尾巴是驱赶对手的利器，受强劲的背肌驱动，而背肌则附着在从躯干的椎骨突出的神经棘上。

与梁龙一样，迷惑龙每只脚上也各有五根短脚趾，前脚“大拇趾”各有一爪子，后腿各有三根爪子。其踝关节内有多块楔形承重软骨（与现代大象类似），可提高灵活度，分散其体重。

长颈植食性恐龙

LONG-NECKED BROWSING DINOSAURS

名称：叉龙（*Dicraeosaurus* ）

年代：侏罗纪晚期

地点：非洲（坦桑尼亚）

大小：长 12.6 米

名称：马门溪龙（*Mamenchisaurus* ）

年代：侏罗纪晚期

地点：亚洲（蒙古）

大小：长 22 米

并非所有的梁龙科都是庞然大物，叉龙（上图）就是该科内相对较小的类群。它也有着其他方面的不同点，如脖子较短，头部较大，尾巴没有鞭子尖。

叉龙从脊椎上突起的神经棘为肌肉提供了附着点，但并不像梁龙和迷惑龙一样直立。每根神经棘顶部分叉，呈 Y 形，故得名叉龙，即“分叉的龙”。这些高耸的神经棘并不像其他梁龙科恐龙一样仅仅局限在较低的背部和尾巴上部，而是沿着整个背部分布，甚至延伸到脖子上。或许这些神经棘携有强壮的韧带，将数块椎骨同时连接起来，为脊椎提供更多力量。

叉龙的化石发现于富含化石的今坦桑尼亚敦达古鲁组。这些侏罗纪晚期岩石还出土了诸多其他恐龙，其中包括庞大的蜥脚类腕龙和剑龙科钉状龙（见第 300 页），后者是剑龙的近亲（见第 298–299 页）。所有这些食植动物相安无事地共同生活在非洲东部的热带河流平原上，以不同高度的不同植物为食，由此避免了相互竞争。

马门溪龙的脖子是所有已知恐龙中最长的，也是所有动物中最长的。其脖子结构如此特殊，现在古生物学家曾将它单列为一科——马门溪龙科。

马门溪龙的脖子几乎占总长度的一半，由 19 块颈椎构成，每一块的长度都是 12 块背椎的两倍有余，且各有一个细长的骨质支架与后一块颈椎骨重叠，提供了巨大的力量和支撑。

在行走时，马门溪龙僵硬的脖子必须与身体呈水平角度向外伸出，其活动仅限于脖子和头部之间的灵活关节，再加上肩部的左右摆动。据推测，这种超长的脖子令马门溪龙比当地的其他蜥脚类恐龙更具优势。它后腿站立时能够获得新的食物来源，即针叶树最顶端树枝刚长出的新叶。

1986 年，庞大的蜥脚类恐龙化石被发现于新墨西哥州的侏罗纪晚期沉积层中。这些化石尚需研究，且并未正式命名，但暂时称之为地震龙（“引发地震的蜥蜴”），以显示其可能有的庞大身躯。经过初步测算，这种生物长 40 米，其身体比例似乎与梁龙科相似，但前腿较长。如果早期的发现准确无误，那么地震龙就是史上最大的陆生动物。

巨龙科

FAMILY TITANOSAURIDAE

巨龙科是蜥脚类最后一个科，一直存活到了白垩纪末期。该科恐龙分布广泛，遍布全球，南部大陆尤多，存在时间内大约为 8000 万年。该科成员并非各个如其名字一样像“泰坦”巨人（希腊神话中的巨人）般庞大。大多数的平均体长为 12.2–15.2 米，相比某些腕龙科和梁龙科显得很小。到目前为止，巨龙科仅发现有残骸，而没有完整骨骼。它们的结构大致与梁龙类似，但颈部较短，高耸的头部直直地向下朝着鼻子倾斜。除了坚实的椎骨之外，有些种类的背部还长有骨盾，这在蜥脚类中是极为独特的。

名称：萨尔塔龙（*Saltasaurus*）

年代：白垩纪晚期

地点：南美洲（阿根廷）

大小：长 12 米

该体形中等的蜥脚类恐龙在 1970 年被发现于阿根廷西北部的萨尔塔省，起初令古生物学家们大为惊奇。一组骨骼周围环绕的是上千块骨板，多数较小，宽约 5 毫米，有些较大，宽约 11 厘米，且长有角状钉。

恐龙的表皮一般都不会保存下来，所以我们对其性质了解很少，或一点都不了解，只能猜测它们作为爬行动物，身上肯定会有鳞片。但这里就有一个绝佳的证据：萨尔塔龙活着时，这些骨板散布于它厚实的背部和身体两侧，构成唯一的防御性躯甲，不然这个毫无抵抗力的食植动物就无法对抗当时的肉食性恐龙（见第 258–265 页）。其尾巴十分灵活，在萨尔塔龙两足跳跃获取高处的食物时起到支撑身体的作用。

这种独具躯甲的蜥脚类动物主要分布在南美洲，表明这块大陆在白垩纪中期可能已经与北方的广阔大陆分离，后者还包括了北美洲和欧亚大陆。中美洲在白垩纪中期位于水下，所以南美洲动物群可能独自演化，而没有经历演化变异。

名称：阿拉摩龙（*Alamosaurus*）

年代：白垩纪晚期

地点：北美洲（美国蒙大拿州、新墨西哥州、得克萨斯州和犹他州）

大小：长 21 米

在 6600 万年前的白垩纪末期恐龙大灭绝发生前，阿拉摩龙就是最后生存的蜥脚类恐龙。在白垩纪晚期，世界上许多地方的气候都发生了急剧变化，北美洲的许多低地变成潮湿的沼泽森林，成为鸟脚类（见第 278–297 页）的地盘，但仍然有些干旱的高地供蜥脚类恐龙生存。

因此，大型蜥臀目恐龙的这个分支应该是与阿拉摩龙共同灭绝了。它是生存到最后的恐龙，可能出于一种巧合，它以圣安东尼奥的著名要塞阿拉摩命名，而这里正是 1836 年得克萨斯独立时当地人与墨西哥人最后战斗的地方。

基干鸟臀类、畸齿龙科和肿头龙科

BASAL ORNITHISCHIA, HETERODONTOSAURS, AND PACHYCEPHALOSAURS

鸟臀目

ORNITHISCHIA

鸟臀目的成员全都是食植动物。大多数鸟臀目恐龙的颊骨从脸颊边缘向内轻微弯曲，牙齿两侧的空间可能由肉脸颊围绕，防止食物在长时间的咀嚼过程中从嘴两边掉出。这些侏罗纪和白垩纪小型到中型（长 10 米）植食性恐龙成功的主要原因，可能就在于这种脸颊。与这一成功相关的还有其早期无脸颊竞争者的灭绝，即三叠纪的原蜥脚类（见第 266–269 页）。

鸟臀目分为多个类群，某些类群包括躯甲各种各样的四足动物。剑龙类的背部长有骨板（见第 298–300 页）；甲龙类有着骨板状的表皮，尾端有“锤”（见第 291–305 页）。角龙类则具有头角和骨质颈盾（见第 306–313 页）。

鸟脚类以两足行走，可能是其他鸟臀目恐龙的祖先。它们的大小、习性和分布各异，但结构都十分相似。鸟臀目是极为成功的类群，其存在贯穿了整个侏罗纪和白垩纪，时间长达 1.48 亿年。

名称：	小盾龙（*Scutellosaurus*）
年代：	侏罗纪早期
地点：	北美洲（美国亚利桑那州）
大小：	长 1.2 米

小盾龙是已知有甲板的鸟臀目恐龙。数排骨钉覆于其背部和侧腹，形成一层皮甲。或许为了抵消这一额外的重量，小盾龙的尾巴特别长，约为总体长的一半。当小盾龙需要用两腿奔跑以躲避攻击者时，尾巴会向外直直地竖起，以辅助平衡。

小盾龙的前肢也长于其他基干鸟臀类恐龙，表明小盾龙可能以四足行走觅食和休息，以躯甲为首要的防御武器。

基干鸟臀类

BASAL ORNITHISCHIA

已知最早的鸟脚类就属于此类，可追溯到 2 亿年前左右的侏罗纪早期。此时基干鸟臀类达到全盛，遍布全球。从外表上来看，它们体形较小，类似蜥蜴，但以细长的双腿直立行走。从表面上来看，它们与小型的肉食性兽脚类（见第 250–265 页）相似。在某些分类法中，它们被列在鸟脚亚目之外，但仍属于鸟臀目。

名称：	莱索托龙（*Lesothosaurus*）
年代：	侏罗纪早期
地点：	非洲（莱索托）
大小：	长 1 米

这种小型动物身体轻盈，健步如飞，极为适合在非洲南部炎热干旱的平原上生存。它的长腿、短前肢、灵活的脖子和细长的尾巴为后来的所有鸟脚亚目设定了基本模式。它的头骨较小较短，面部平坦，与现代鬣蜥蜴类似。尖牙有槽边，咀嚼时上牙齿轮流嵌入下牙齿，所产生的切割运动能够应付坚硬的植物。

非洲南部发现的一对莱索托龙蜷缩在一起，周围全是磨损的废弃牙齿，不过两具骨骼的头骨内都长有全套牙齿。根据这一发现，有些古生物学家认为它们与许多现代沙漠动物一样，最炎热干旱的几个月在地下睡眠，这些牙齿可能是在睡眠过程中脱落，而后长出了新的牙齿。

莱索托的另一发现包括一块颌骨和一些牙齿，这些稀少的化石被称为法布尔龙，但它很可能与莱索托龙是同一种生物。

畸齿龙科

FAMILY HETERODONTOSAURIDAE

畸齿龙科成员与基干鸟臀类十分相似，也生活在同一时代，但与基干鸟臀类的牙齿不同。事实上，畸齿龙科的牙列在恐龙界都是独一无二的，在大多数其他爬行动物中也是如此。

畸齿龙科是最早演化出脸颊的恐龙之一，能在咀嚼时将食物保留在嘴内。其颌内有三种牙齿，各有不同的用途（见畸齿龙，右图）。该科的名字就反应出它的典型特征——“牙齿多样的蜥蜴”。

名称：棘齿龙（*Echinodon*）

年代：侏罗纪晚期到白垩纪早期

地点：欧洲（英格兰）

大小：长 60 厘米

该畸齿龙科恐龙仅发现有颌骨，但足够令古生物学家得知棘齿龙的头比莱索托龙短，且牙齿非同一般。大多爬行动物的牙齿大小形状相同，但棘齿龙前颌有一对又长又尖的犬齿，与现代猫类和狗类的“虎牙”类似。与其同时代的鸟脚亚目畸齿龙也具有同样的牙齿特征。

名称：畸齿龙（*Heterodontosaurus*）

年代：侏罗纪早期

地点：非洲（南非）

大小：长 90 厘米

畸齿龙兔子般大小的头骨在 1962 年被发现于南非的好望角省，随后其完整骨骼也被发现。它的体形与基干鸟臀类相似，都是体形较小、身体轻盈的两足食植动物。

不过畸齿龙的出名之处就在于其牙齿。通常来说，爬行动物的牙齿大小形状都相同，而畸齿龙有三种牙齿，其齿型让人联想到哺乳动物，不过畸齿龙与哺乳动物演化系没有任何联系。

上颌的前部牙齿小而尖（与哺乳动物的门齿类似），下颌没有与之对应的牙齿，而下巴骨上长有一角质喙。这块骨头（称为前齿骨）是鸟臀目恐龙所特有的，其他任何爬行动物，或者任何脊椎动物，都没有这块骨头。通常情况下，构成下颌的两块齿骨会在中间会合形成下巴。

在上牙齿和角质喙之后的是两对犬齿状大牙（与哺乳动物的犬齿类似），下颌的那一对正好能嵌入上颌的一个牙窝内。犬齿之后则是大牙，这些都是像凿子一样带有切割边的长牙（与哺乳动物的臼齿类似）。每种牙齿都自有其功能。颌前端的尖利牙齿与角质喙共同用来夹断树叶；大牙像剪子一样将树叶切开并磨碎。

其犬齿的作用尚无人知晓。肉食性哺乳动物的犬齿是用来撕扯血肉的，可畸齿龙是食植动物。人们发现的一些畸齿龙头骨上没有犬齿，甚至犬齿所在的牙窝也不存在。这使得一些古生物学家认为只有雄性畸齿龙具有犬齿，且是用来相互打斗的。根据这一理论，没有犬齿的头骨可能属于雌性。

基干鸟臀类、畸齿龙科和肿头龙科

BASAL ORNITHISCHIA, HETERODONTOSAURS, AND PACHYCEPHALOSAURS

名称：皮萨诺龙（*Pisanosaurus*）

年代：三叠纪晚期

地点：南美洲（阿根廷）

大小：长 90 厘米

皮萨诺龙是已知演化成功的最古老而又长命的鸟臀目恐龙。它生活在三叠纪晚期，比任何其他“鸟臀目”恐龙都早了几百万年。

尽管其化石十分稀少，古生物学家们仍然认为皮萨诺龙属于畸齿龙科。目前发现的该科所有成员都生活在非洲南部或南美洲，被人们看作证明这些南方大陆在三叠纪晚期仍然连为一体的有力证据。

肿头龙下目

INFRAORDER PACHYCEPHALOSAURIA

又叫“厚头蜥蜴”的肿头龙头骨呈穹窿状，使其面目诡异。肿头龙下目的恐龙前额较高，脑壳很厚，由许多极厚的骨头组成。有些种类的背部和头部两侧还具有骨盾、瘤状突和骨刺，甚至鼻子上也有分布。

大多古生物学家认为这些大头恐龙的生活方式与现代山羊类似。和山羊这种哺乳动物一样，肿头龙下目也是群居，且雄性很可能要通过竞争性的撞头搏斗来建立啄序。

从其他方面来看，肿头龙下目与鸟脚亚目相似，二者都属于两足食植动物，都有五指的手爪、三趾的脚和沉重的长尾巴。该下目十分稀少，主要分布在白垩纪晚期的北美洲和亚洲中部。而一种称为雅尔龙的肿头龙下目比这些更早，来自于白垩纪早期的英格兰南部岩层。

肿头龙科

FAMILY PACHYCEPHALOSAURIDAE

肿头龙科有着该下目典型的高穹窿厚头骨，表明它们可能有着竞争性的撞头搏斗习性。

名称：剑角龙（*Stegoceras*）

年代：白垩纪晚期

地点：北美洲（加拿大阿尔伯塔省）

大小：长 2 米

剑角龙的整个身躯似乎都是为了给它用于撞击的头部提供力量。当动物冲向对手时，其头部呈直角下垂，脖子、躯干和尾巴形成一条直线，以臀部为平衡点。它的头盖骨是由坚硬的骨头组成的穹窿，其内的小脑袋可以受到很好的保护。当剑角龙与对手顶头相对时，这块穹窿区域可以吸收下方的主要冲撞力。发育完全的剑角龙体重可达 54.4 千克。

穹窿内的骨头“粒”与穹窿表面垂直，这使得骨头粒能够承受巨大的冲撞力。

剑角龙与其他肿头龙下目恐龙一样，都有着稍微弯曲且边缘呈锯齿状的小牙齿，十分适合碾碎植物。它们的生活习性可能与现代的绵羊和山羊类似。

名称：倾头龙（*Prenocephale*）

年代：白垩纪晚期

地点：亚洲（蒙古）

大小：长 2.4 米

倾头龙的头部穹窿完全为球形，一排骨刺和骨瘤环绕其背部和坚实的头骨两侧。雌性倾头龙的头骨可能比雄性更小更低，正如美国落基山脉的现代大角羊一样，其雌性的角都比雄性小。

与其他肿头龙下目恐龙一样，倾头龙也可能有着大眼，嗅觉极为敏感。它们生活在高地森林中，以树叶和果实为食。

名称：肿头龙（*Pachycephalosaurus*）

年代：白垩纪晚期

地点：北美洲（加拿大阿尔伯塔省）

大小：长 4.6 米

肿头龙是肿头龙下目中的庞然大物，不过目前仅发现其头骨，长约 60 厘米。它头顶的巨大穹窿由坚硬的骨头构成，厚度在 25 厘米左右。其厚实的头骨像一巨大的安全帽，在雄性互相顶头撞击时能够吸收强大的冲撞力。

肿头龙不仅是肿头龙科内最大的成员，也是在白垩纪末期它的植食性近亲和肉食性表亲灭绝之前幸存的最后一类。

平头龙科

FAMILY HOMALOCEPHALIDAE

平头龙科的头骨穹窿较平坦，古生物学家们认为它们的头骨用于头部相抵，而非撞击。

名称：平头龙（*Homalocephale*）

年代：白垩纪晚期

地点：亚洲（蒙古）

大小：长 3 米

平头龙意为“平坦的头部”，指的是其头顶没有穹窿。它的头部平坦，呈楔形，不过头盖骨十分厚实。其头上布满纹孔和骨瘤，使得一些古生物学家认为它们与加拉帕戈斯群岛的现代海栖鬣蜥蜴一样，相互竞争的雄性都会经常以头相撞。

平头龙臀部很宽，古生物学家们对此有不同解释。有些认为在雄性竞争者搏斗时，臀部能够吸收其冲撞力。另一些则认为这样的臀部表明它们能够直接分娩幼仔。

基干鸟脚类

BASAL ORNITHOPODA

基干鸟脚类

BASAL ORNITHOPODA

基干鸟脚类就是恐龙界的“瞪羚”。它们很可能过着群居生活，与现代麋鹿相似，并且时刻保持警惕。一旦出现危险，它们会高速奔跑，轻盈的身躯和善于奔跑的长腿使得它们能够迅速撤退。

基干鸟脚类是最成功的恐龙种类之一。它们从侏罗纪晚期到白垩纪末期总共生存了约 1 亿年，遍布世界各地。

基干鸟脚类还是恐龙演化中的一个重要类群。古生物学家认为基干鸟脚类衍生了鸟脚亚目的两个主要类群，即人们较为熟知的禽龙类（见第 286−289 页）和数量众多的鸭嘴龙类（见第 290−297 页）。

基干鸟脚类的食植习性与基干鸟臀类（见第 278−279 页）相似，但生活在侏罗纪较早期的基干鸟臀类灭绝之时，正是基干鸟脚类崛起之日。事实上，年代学证据加以其他相似点，使得一些古生物学家认为基干鸟臀类就是基干鸟脚类的直系祖先。

从结构上来看，基干鸟臀类与基干鸟脚类十分相似，但基干鸟脚类发生了若干结构改良。例如，它们演化出了防止食物从嘴边掉出的脸颊，上下牙能够咬合，而不像基干鸟臀类的牙齿那样交替咬合。这一点能让它们更好地咀嚼和研磨食物。

基干鸟脚类的臀部也比基干鸟臀类更为发达。耻骨的一部分（称为耻骨前突）向前突出，为后腿肌肉提供了额外的附着区域（见第 234 页），提高了奔跑能力。但这块额外的骨头仍然很小，为食植动物庞大的肠道留有足够空间，所以这些肠道仍然如常位于臀部前方。

1979 年人们在美国蒙大拿州的白垩纪晚期岩层挖掘出了 10 个恐龙巢穴。每个巢穴都有 24 个椭圆形小恐龙蛋，呈圆形排列，全部尖端朝下。同一地区还发现了基干鸟脚类幼仔化石。根据这些间接证据，古生物学家们曾认为基干鸟脚类幼仔在孵出之后会立即离开巢穴，但会留在附近，受父母一方或双方照料。但后来证实这些恐龙蛋是兽脚类伤齿龙的蛋，因此上述言论受到质疑。

名称	橡树龙（*Dryosaurus*）
年代	侏罗纪晚期到白垩纪早期
地点	北美洲（美国科罗拉多州、犹他州和怀俄明州）、非洲（坦桑尼亚），可能还有大洋洲（澳大利亚）和欧洲（英格兰和罗马尼亚）
大小	长 3 米

橡树龙是基干鸟脚类中最大的恐龙之一。尽管它是该类最早的成员之一，它的身体结构却有着许多先进之处。例如，每条细长的腿上都有三根脚趾。上颌前方没有牙齿，与下颌前方的角质喙相对应的是无齿的坚硬肉垫，这个结构对于切割植物十分有效。

与该类其他长腿短跑高手一样，橡树龙的胫骨比股骨长得多。它的奔跑力量来自结实的腿部肌肉，而这些肌肉集中在较短的股骨和胫骨上。其长脚靠轻盈但有力的肌腱驱动。

有了这些特征，其双腿便能如长钟摆一样运动，长度够长，重量却很轻，所以它的摆动时间或“周期”很短。奔跑时，它的后腿迅速前后摆动，这对于需要高速移动的动物而言是一个明显的优势。

另一个更深层且必要的提高速度结构是尾巴，尾巴抵消了橡树龙体前大型肠道和躯干的重量。尾巴直立后就进一步提高了其平衡能力，这是由于连接尾椎骨的肌腱发生了骨化。这种结构使橡树龙有了更高的速度，这也是现代麋鹿和瞪羚所具备的结构。

橡树龙明显是一个分布广泛的鸟脚亚目恐龙，其化石分布在北美洲西部和东非之间。这些大陆在侏罗纪开始分裂，但仅仅是北大西洋最初的形成将它们互相分开，动物仍然可以借道欧洲（这里也发现了疑似橡树龙的化石）陆地、白令海峡和阿拉斯加迁徙，因为这些地方仍然连接着。这一迁徙佐证了为何美国西部富含化石的莫里森岩层发现的恐龙化石与坦桑尼亚敦达古鲁山的化石如此相似。

与橡树龙共同生活的有：大型的植食性恐龙（迷惑龙、梁龙和腕龙），小型而凶猛的肉食性恐龙（虚骨龙和轻巧龙）以及大型肉食性恐龙（异特龙和角鼻龙）。

名称：棱齿龙（*Hypsilophodon*）

年代：白垩纪早期

地点：欧洲（英格兰和葡萄牙）和北美洲（美国南达科他州）

大小：长 1.5 米

仅在英格兰南部沿岸怀特岛白垩纪早期岩层一个地方，就发现了 20 具完整的棱齿龙骨骼。这一发现可能意味着一群动物同生共死，它们很可能就是被 1.2 亿年前左右淹没欧洲北部的浅海浪潮给困死的。

棱齿龙是该类的典型代表，意为“牙齿边缘很高”，指的是其有槽的长牙。它的上牙与下牙交合而形成平坦的表面，非常适于咀嚼和碾碎植物，这种牙齿是基干鸟脚类的典型特征。

奇怪的是，与侏罗纪晚期较早期的近亲相比（见橡树龙，第 282 页），棱齿龙却具备某些原始特征。例如，每只脚各有四趾，上颌前部有牙。这些牙与下颌的无齿角质喙闭合时，形成切割植物的有效装置（与畸齿龙类似，见第 279 页）。

棱齿龙可能也长有甲板，背部两侧各有一排薄薄的骨质鳞片，但古生物学家们并不确定。

自 19 世纪被发现以来，对棱齿龙的研究就是古生物学研究的典范，也说明即便有着完整的化石，古生物学家们仍然需要通过现存生物的结构，来推断新发现物种的生活习性。1870 年，当棱齿龙被托马斯 · H. 赫胥黎首次命名时，当时的古生物学家们因它的外形与现代树袋鼠相似而困惑不已。在差不多一个世纪的时间里，经典图解都把它描绘成像鸟一样栖息在树上，四根脚趾中的三根抓着树枝，第四根后指。这一重构干净利落地填补了任何恐龙都不曾占据的生态位，因此，一个树栖的植食性鸟脚亚目恐龙构想形成了。

但直到 1974 年，棱齿龙的骨骼才得到重新认识。古生物学家们得出结论，认为并无证据表明它栖息在树上，事实上，它是特别适应陆栖生活的动物，能够用两足迅速奔跑。

基干鸟脚类

BASAL ORNITHOPODA

名称 奥斯尼尔龙（*Othnielia*）

年代 侏罗纪晚期

地点 北美洲（美国犹他州、怀俄明州）

大小 长 1.4 米

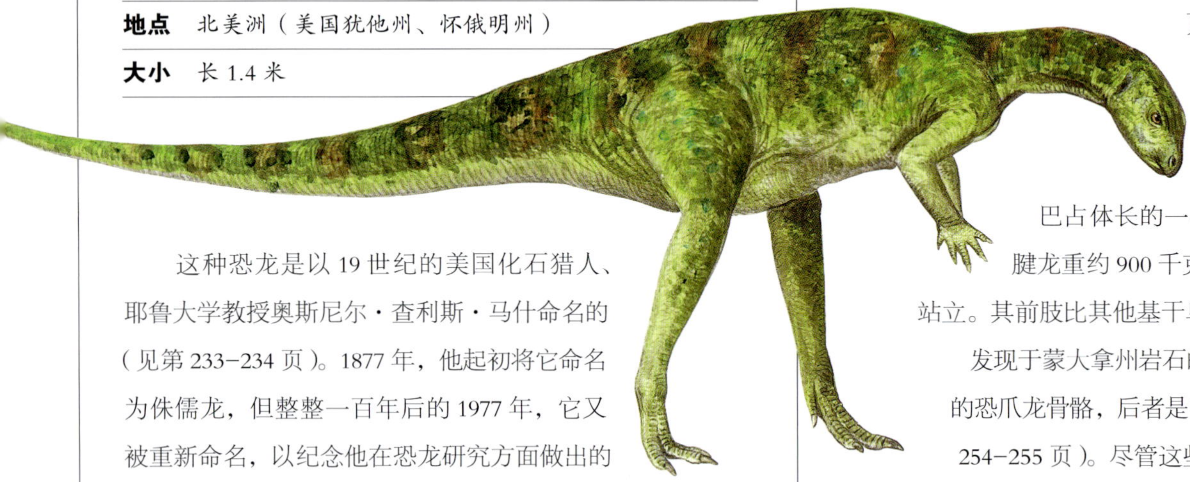

这种恐龙是以 19 世纪的美国化石猎人、耶鲁大学教授奥斯尼尔·查利斯·马什命名的（见第 233–234 页）。1877 年，他起初将它命名为侏儒龙，但整整一百年后的 1977 年，它又被重新命名，以纪念他在恐龙研究方面做出的杰出贡献。

奥斯尼尔龙是典型的基干鸟脚类恐龙，长腿，长尾巴，身体轻盈，前肢较短，前肢长有五指，只是牙齿略有不同。这些牙齿在比例上小于其他基干鸟脚类恐龙，并且整体覆有珐琅质，而不是只在用于碾磨的表面上。

奥斯尼尔龙很可能以更为坚硬的植物为食，保护性的牙齿珐琅质就是为了防止过度磨损。坚硬的纤维性食物，也就意味着奥斯尼尔龙要在下咽消化之前，将食物碾磨得更加精细。为了辅助咀嚼，奥斯尼尔龙与其近亲一样都长有脸颊，咀嚼时能将食物包裹在嘴内。

名称 腱龙（*Tenontosaurus*）

年代 白垩纪早期

地点 北美洲（美国亚利桑那州、蒙大拿州、俄克拉荷马州和得克萨斯州）

大小 长 7.3 米

相比其他基干鸟脚类恐龙，这种恐龙大得出奇，所以有些古生物学家把它列入禽龙科（见第 286–288 页）。确实，它的头骨与禽龙科特别相似，但牙齿与牙列却又使它稳坐基干鸟脚类内。腱龙的尾巴占体长的一半，且极为厚重。据估计，腱龙重约 900 千克，大部分时间可能以四足站立。其前肢比其他基干鸟脚类更长、更粗壮。

发现于蒙大拿州岩石的腱龙骨骼周围有五具完整的恐爪龙骨骼，后者是当时凶猛的食肉动物（见第 254–255 页）。尽管这些尸体很可能是在动物死亡后，偶然被暴洪聚集到一起，不过臆测一下，这种群葬可能是庞大的食植动物遭遇一群食肉动物的结果。

恐爪龙体长虽仅有 3 米，却有着切割型尖牙，脚上也长有匕首状爪子。体躯庞大的腱龙可能与它有过一场恶战，用长有重爪的脚踢对手，或者把巨大的尾巴当鞭子使，但与灵敏的食肉动物的致命武器相比，这些防御实在是微不足道。

名称 奇异龙（*thescelosaurus*）

年代 白垩纪晚期

地点 北美洲（加拿大阿尔伯塔省、萨斯喀彻温省和美国蒙大拿州、怀俄明州）

大小 长 3.5 米

名称 帕克氏龙（*Parksosaurus*）

年代 白垩纪晚期

地点 北美洲（加拿大阿尔伯塔省）

大小 长 2.4 米

奇异龙发现于北美洲西部白垩纪晚期岩层的最顶层，体形和骨架都比近亲——典型的小型轻体棱齿龙——大得多。奇异龙很可能并非基干鸟脚类，而属于禽龙科。

若干特征将奇异龙与其他基干鸟脚类恐龙区分开来：上颌前部有牙齿；每只脚上各有五趾（而基干鸟脚类有三根或四根脚趾）；股骨与胫骨等长（基干鸟脚类的胫骨比股骨长）。

其腿骨结构强有力地证明奇异龙并非瞪羚似的短跑高手，相反，它移动缓慢。尽管其体形不适合迅速逃跑，其背部皮肤中的数排骨刺却能够稍微提供一点保护。

长命的基干鸟脚类在白垩纪末期的恐龙大灭绝之时仍然存活着，而帕克氏龙就是其中一种。它的体形与其他基干鸟脚类恐龙类似，都有着短前肢、长胫骨和善于短跑的脚，僵直的尾巴用于平衡身体。它的头相对较小，颊齿有嵴，角质喙取代了门齿，但头骨差别较小，尤其是大眼睛。白垩纪早期的棱齿龙（见第 283 页）似乎是与帕克氏龙亲缘关系最近的近亲。

帕克氏龙很可能靠近地面找寻食物，在低矮的林下植物中嗅来嗅去，有选择性地用窄喙咬喜欢的食物。

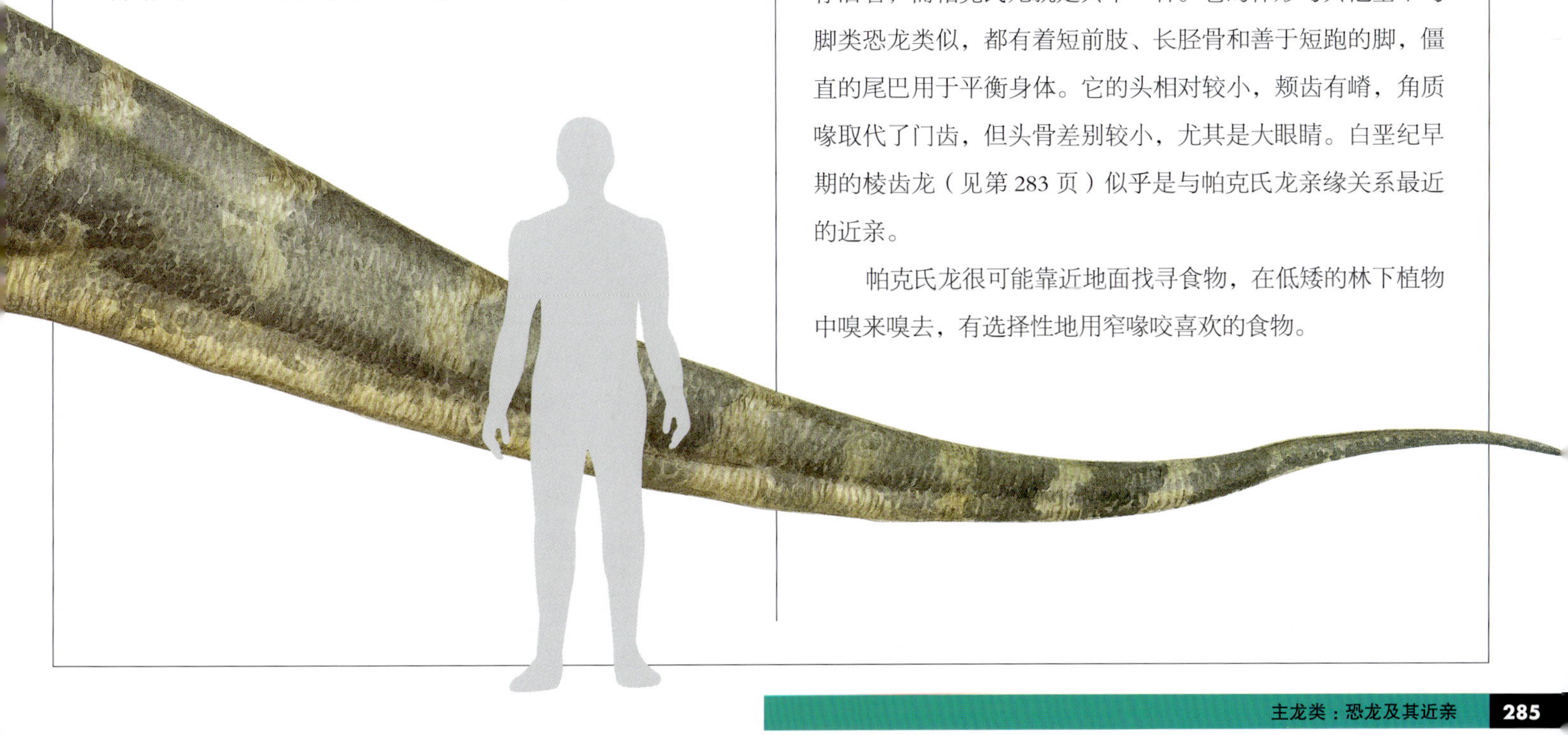

禽龙类

IGUANODONTS

禽龙科

FAMILY IGUANODONTIDAE

大约 1.7 亿年前的侏罗纪中期，禽龙类开始出现并遍布全球。禽龙是该大型食植性鸟脚亚目恐龙科中最知名的一种，在今北极圈也有发现，当然数千年前这里并无冰雪覆盖。禽龙类在白垩纪早期达到数量和种类的顶峰，之后走向衰落，并在白垩纪末期灭绝。

与其类似瞪羚的基干鸟脚类（见第 282–285 页）祖先不同的是，禽龙类并未演化成为奔跑型恐龙。它们的躯干庞大，骨骼较大，股骨长于胫骨（短跑型恐龙的相应长度正好相反），前后肢都有笨重的蹄子状指甲。由此可见，禽龙类很可能移动缓慢，大部分时间以四足站立，以木贼等低矮植物为食。其喙形嘴扯下叶子，带边缘的长颊齿再将叶子磨成碎片。这些恐龙也可以用后足站立，以够到更高的植物，或逃避猎杀。

自 19 世纪早期被首次发现以来，禽龙类的站姿经历了数次不同的解读。最早根据其与现存爬行动物鬣蜥蜴的相似性，它们被看作四足动物。然而，随着在 19 世纪末越来越多的完整标本的发现，人们意识到其前后肢有着显著差别，再加上庞大的尾巴，人们将它与哺乳动物中袋鼠的结构和习性作比较，想象它们用肌肉发达的大尾巴支撑身体，以够到树冠层的植物。最近，人们发现其尾椎骨中有骨化的韧带相互连接，并保持尾巴僵直，所以尾巴更像是平衡躯干的装置，并且很可能呈半四足型站姿，确实与袋鼠十分类似，既可以两足站立，也可以四足站立。

名称：卡洛夫龙（*Callovosaurus*）

年代：侏罗纪中期

地点：欧洲（英格兰）

大小：长 3.5 米

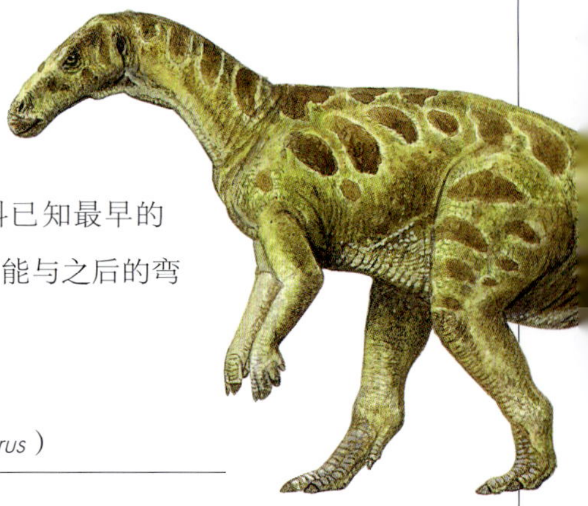

卡洛夫龙仅存一块股骨，不同于与其同时代的近亲基干鸟脚类，事实上是禽龙科已知最早的成员，其结构和外形可能与之后的弯龙类似（下图）。

名称：弯龙（*Camptosaurus*）

年代：侏罗纪晚期

地点：欧洲（英格兰和葡萄牙）和北美洲（美国科罗拉多州、南达科他州、犹他州和怀俄明州）

大小：长 6 米

弯龙与卡洛夫龙一样，都是禽龙科的原始种类。弯龙被发现的骨骼数量众多，主要分布在美国西部的莫里森岩层，表明它们当时十分繁盛。

弯龙的头骨与其祖先棱齿龙差异很大，显得很长、低矮而又宽阔；由于骨头的缝隙已经闭合，所以很重；吻部细长，颌尖为无牙的喙嘴；一块骨板将呼吸道与嘴部的进食区域分隔开来，使得它能够边呼吸边咀嚼，这是食植动物的一个重要演化，因为它们大部分时间都要靠进食来供养庞大的身躯。弯龙的腿长而有力，各长有三根蹄子状脚趾；股骨巨大，略有弯曲；前肢比后肢短很多，但也长有蹄子状指头，所以前肢也能当脚用。

名称：禽龙（*Iguanodon*）

年代：白垩纪早期

地点：欧洲（英格兰、比利时和德国）、北美洲（美国犹他州）、非洲（突尼斯）和亚洲（蒙古）

大小：长 9 米

禽龙在恐龙界的地位当之无愧。它是第二只被发现的恐龙，而“恐龙”一词当时尚未出现。其大胫骨的一部分在 1809 年发现于英格兰南部，1819 年又发现了一些牙齿和其他骨头。当时的科学家们以为这些牙齿属于某大型哺乳动物，而吉迪恩·曼特尔作为地质学家和狂热的化石猎人，认为这些牙齿属于爬行动物，并且与今中美洲和南美洲的鬣蜥蜴相似。他为之命名禽龙，并在 1825 年向科学界做出说明。曼特尔曾试过复原，但由于可用信息太过稀少，这一复原具有很大的猜测性。他所复原的禽龙是一种类似恐龙的野兽，尾巴沉重，头部较小，类似蜥蜴。他还将一只短角放在禽龙的鼻子上，其实这是它的一根大拇指。

直到 1877 年，禽龙的性质才真正为人所知。当年，在比利时的小镇贝尔尼萨尔，一群挖煤工人发现了许多大块骨头，后来证明属于 31 只禽龙。这些大型骨骼如今陈列在布鲁塞尔的皇家国家自然科学研究所。

禽龙站立高度为 5 米，长 9 米，可能重 4.5 吨。成群的禽龙漫步在白垩纪的热带陆地上，以河边的蕨类和木贼为食。尽管它们通常以四足行走，但也可以直立行走，用长长的尾巴作为支撑。

该大型恐龙的头部前端长有突出的鼻子和强有力的喙嘴。颊齿能强有力地碾磨，当下颌抬高时，上颌骨可以分开，接着颊齿的根部相互错位，将食物碾碎。

其腿长而壮，各有三根粗壮的脚趾，脚趾上有蹄子状的指甲。短前肢各有五根手指，可大面积张开，用于四足行走。其中三根手指有蹄子状指甲，第五根手指（又称“小指”）十分灵活，能够抓取或勾取食物送到嘴中。第一根手指（或称“大拇指”）形成突出的长钉，从手掌向两侧突出。1825 年，曼特尔仅发现一根这样的大拇指，由于不知来自哪个部位，他误将之当成角放在了禽龙的鼻子上。

这些大拇指的作用尚不清楚，可能用于撕扯植物，也可能用来抵御同时代的斑龙（见第 260 页）等食肉动物，或者是用于求爱和交配的性显示器官。

与斑龙一样，禽龙也在英格兰南部的岩石中留下了足迹，大量的踪迹表明它们成群直立地经过此地。南美洲和今北极圈以北的斯匹次卑尔根岛也发现了类似的足迹，但并未发现骨头，这表明 1 亿年前的禽龙分布是多么广泛。

禽龙类

IGUANODONTS

名称：曼特尔龙（*Mantellisaurus*）

年代：白垩纪早期

地点：欧洲（英格兰）

大小：长 4 米

曼特尔龙是禽龙的近亲，二者生活在同一个时期的同一个地域。事实上，有些古生物学家认为曼特尔龙就是禽龙的一个品种。

与其赫赫有名的近亲不同的是，曼特尔龙的化石十分稀少，仅发现于英吉利海峡附近的怀特岛。其与禽龙的唯一区别在于从脊椎上长出的神经棘的长度。这些神经棘很长，在曼特尔龙背上形成极为突出的脊状，使得某些古生物学家认为它们代表了“鳍背”鸟臀目恐龙的早期演化阶段，如豪勇龙（下图）。

曼特尔龙属于英格兰南部的威尔德动物群，那儿是欧洲品种最多的白垩纪早期恐龙集聚地，其中涵盖了棱齿龙和荒漠龙等鸟脚亚目、禽龙的某些品种、结节龙科的林龙和钉背龙、早期的肿头龙科雅尔龙、若干蜥脚类（包括腕龙科、泰坦巨龙科和梁龙科）和若干兽脚类。

名称：豪勇龙（*Ouranosaurus*）

年代：白垩纪早期

地点：非洲（尼日尔）

大小：长 7 米

豪勇龙的完整骨骼在 1965 年发现于尼日尔东南部的撒哈拉沙漠南部地区。尽管这些化石被确认属于禽龙类，但其外观却在该科显得与众不同。从肩部开始到尾巴的一半处，其背部中央长有一排高耸的神经棘。这些神经棘都是从脊椎生发出来的椎突，覆有皮肤，形成突出的“鳍”或“帆”。

另外一个恐龙种类，即蜥臀目的棘龙科，背部也具有同样的鳍（见第 262–263 页）。事实上，棘龙科的大型肉食性棘龙就与豪勇龙同时栖息在尼日尔。

蜥臀目和鸟臀目恐龙的鳍的功能尚不确定，但许多研究者认为是恐龙调节体温的装置。在白垩纪西非炎热的环境中，棘龙和豪勇龙等大型动物很容易体温过热。鳍朝向太阳时，巨大的表面会吸收热量，而当背向太阳时，会迅速散发热量。这种高耸的脊椎神经棘会使豪勇龙的躯干和尾巴十分僵硬，但这一点又因其灵活的脖子得到了补偿。有些古生物学家推测，这些高耸的神经棘实际上支撑着豪勇龙背部的肌肉型瘤凸，与今美洲野牛类似。豪勇龙的头骨也与其他禽龙类不同，较长，低矮，逐渐倾斜成宽阔平展的鼻子。豪勇龙头骨的总体外形会让人想起后来的鸟臀目恐龙，即出现在白垩纪晚期的鸭嘴龙（见第 290–297 页）。豪勇龙的头骨上长有一对骨质瘤凸，更增加了其与头上长有低矮冠突的鸭嘴龙的相似性。

从其他方面来看，豪勇龙与禽龙类似，都具有五指的手，不过比禽龙的小得多，五指也比禽龙的短得多，仅第

二根和第三根手指有“行走蹄”。三趾的脚上长有沉重的蹄子状指甲，脖子短而灵活。

总而言之，豪勇龙与该科其他成员生活方式类似，可能移动缓慢，以嫩叶为食，大部分时间四足行走，用角状鸭嘴喙切割树叶、果实和种子等。

名称：木他龙（*Muttaburrasaurus*）

年代：白垩纪早期

地点：大洋洲（澳大利亚昆士兰省）

大小：长 7.3 米

尽管澳大利亚一般被认为恐龙化石很少，过去几年来的发现却大量增加，以昆士兰省最甚。该地区的白垩纪地层中有两种蜥脚类恐龙，但最多的还是甲龙类恐龙（敏迷龙）和大型鸟脚亚目木他龙。后两者都十分特别，可能具有地方血统，表明澳大利亚在白垩纪早期就已被孤立。

木他龙在 1981 年从今昆士兰省中部的草原里被发掘出来。从结构上看，它与禽龙类似，仅头骨上有细微差别。眼睛前方的鼻子上长有一个骨质瘤凸，古生物学家们认为这是性展示器官，外形上与后来某些鸭嘴龙类的冠突类似，如小贵族龙（见第 291 页）。

另外，有证据显示其外鼻孔极为细长，表明嗅觉对该动物极为重要。

名称：原巴克龙（*Probactrosaurus*）

年代：白垩纪早期

地点：亚洲（中国）

大小：长 6 米

到了约 1 亿年前的白垩纪早期末期，禽龙类在数量和品种上均已达到顶峰，并广泛分布在全球范围内。它们从白垩纪中期开始衰落，在白垩纪晚期就很少出现了。

亚洲东部的原巴克龙和澳大利亚的木他龙是少数几个存活到中生代末期的禽龙类恐龙。

禽龙类的终结很可能与一个最成功的植食性鸟脚亚目恐龙的崛起有关，这就是白垩纪晚期已经十分普遍的鸭嘴龙类（见第 290–297 页）。与西非的豪勇龙一样（第 288 页），原巴克龙的结构也有与鸭嘴龙类相似的特征，但目前仅有不完整的头骨。由此看来，它可能与鸭嘴龙类的祖先是近亲，也可能就是鸭嘴龙类的早期种类。

鸭嘴龙类

DUCKBILLED DINOSAURS

鸭嘴龙科

FAMILY HADROSAURIDAE

鸭嘴龙科是鸟脚亚目恐龙中最普遍、品种最多、演化最完善的种类，它们的成长历程在主龙类历史上是最为成功的。该科起源于亚洲中部，到白垩纪晚期便已遍布北半球各个大陆。它们通过当时的陆桥东迁至北美洲，又从这里再次东迁至欧洲。

然而，鸭嘴龙科的扩张从某种程度上受到限制，因为南方的冈瓦纳大陆在白垩纪晚期已经分裂，各个大洲在不断漂移。非洲、印度和澳大利亚都无鸭嘴龙科化石，但明显有些种类成功迁徙到了南美洲，因为一种名为独孤龙的原始平头鸭嘴龙科被发现于阿根廷南部的白垩纪晚期岩石中。这些恐龙可能沿着今中美洲所在的火山岛链从北美洲进入了南美洲。

从外表上看，鸭嘴龙科各不相同，其头上的冠脊和瘤凸多种多样，不过它们的结构都一模一样。该种类的共同特征是脸庞前部延长呈宽阔平展的鼻子和无牙的喙。这个喙与现代鸭子的嘴十分相似，故得名“鸭嘴龙科”。

尽管鸭嘴龙科颌前方无牙，其上颌和下颌却有诸多颊齿。新生出的牙齿不断地取代因食物过于坚硬而磨损的旧牙齿（见埃德蒙顿龙，第 293 页）。这在恐龙中是一个独特的演化特征，很可能也是该科如此成功的主要原因。

鸭嘴龙之所以成功，很可能还因为白垩纪有花植物（被子植物）出现，并在白垩纪末期覆盖了全球表面。所以，鸭嘴龙的食物除了蕨类、木贼、苏铁和针叶树之外，又加进了有花植物。鸭嘴龙的竞争力可能是其他植食性恐龙衰落的重要因素，如禽龙和大型蜥脚类，因为它们不能与什么都吃的新来者相抗衡。

所有的鸭嘴龙科恐龙后肢都长于前肢，且前后肢都长有蹄子状指甲，以用于行走。它们很可能大部分时间以四足站立食嫩叶，但在逃避猎杀时也会两足站立，迅速逃跑，逃跑过程中尾巴起到平衡作用。

根据冠脊类型的不同，鸭嘴龙科分成两个不同的亚科。第一个亚科的扁平头上长有坚固的骨质冠脊——有些甚至根本没有冠脊，即鸭嘴龙亚科。鸭嘴龙亚科是该科最成功、存在时间最长、分布最广泛的恐龙，也是最后一批灭绝的恐龙。

第二个亚科长有高耸的穹窿状头，冠脊华丽而中空，称为赖氏龙亚科（见第 295–297 页）。赖氏龙亚科似乎起源自北美洲，且被限制在该大陆上。

名称	巴克龙（*Bactrosaurus*）
年代	白垩纪晚期
地点	亚洲（蒙古和中国）
大小	长 4 米

巴克龙是已知最早、体形最小的鸭嘴龙科恐龙，似乎是两个亚科之间的过渡阶段。其头部低矮扁平，无冠脊，有窄长的喙（这些都是鸭嘴龙亚科特征），但其体形却与赖氏龙亚科相似。它具有鸭嘴龙科典型的牙列，长有一组颊齿，都位于嘴巴后方，能够碾碎坚硬的植物。巴克龙很可能是该科的早期演化阶段，可能源自禽龙科的一种，如中国的原巴克龙（见第 289 页）。

名称：小贵族龙（*Kritosaurus*）

年代：白垩纪晚期

地点：北美洲（加拿大阿尔伯塔省、美国蒙大拿州和新墨西哥州）

大小：长 9 米

小贵族龙是鸭嘴龙科典型的平头龙。尽管其头部并无冠脊，它的头骨结构却显示出冠脊的初步阶段，即眼睛前方的鼻子上那一块骨质大瘤凸。

这一坚硬骨质瘤凸的作用尚不明确，可能是性展示器官，仅雄性拥有，用于求爱和交配。或者，这些瘤凸可能与肿头龙加厚的头骨盖有着同样的作用（见第 280-281 页），即在雄性之间经常发生的撞头战斗中，被用于吸收冲撞力。这种战斗可能发生在每个季节的开端，目的是决定领导权和对雌性动物的控制权。

与大多数鸭嘴龙科恐龙一样，小贵族龙的上下颌也各有五对或六对碾磨型颊齿。颌内的数排牙齿逐渐向磨损面生长，只有最上排的牙齿才会每次都用到。

有些古生物学家认为小贵族龙和鸭嘴龙其实并非分属不同的属，而是同一种动物的不同标本。

名称：鸭嘴龙（*Hadrosaurus*）

年代：白垩纪晚期

地点：北美洲（美国蒙大拿州、新泽西州、新墨西哥州和南达科他州）

大小：长 9 米

鸭嘴龙意为“大蜥蜴”，是北美洲第一种被发现的恐龙。其骨骼发现于新泽西州，1858 年被美国宾夕法尼亚大学的解剖学教授约瑟夫·莱迪复原并命名。约瑟夫·莱迪发现鸭嘴龙的结构与禽龙相关，后者的化石首次发现于英格兰南部，并在 1825 年被命名（见第 287 页）。

莱迪避免了曼特尔的错误，即早早地、错误地将禽龙复原成为四足恐龙型动物，因为他手头上有更完整的骨骼，而且本身是训练有素的解剖学家。相较之下，曼特尔手头的化石并不完整，且他虽身为医师，却并无脊椎解剖方面的任何经验。

莱迪从鸭嘴龙的结构推断出它能够靠后足行走，他用其奔跑姿势证明鸭嘴龙是两足行走动物，用后腿站立，短前肢悬于胸前，躯干与地面平行，靠外伸的长尾巴保持平衡。

鸭嘴龙是鸭嘴龙科的典型成员。与小贵族龙一样，它低矮的长头上也没有冠脊，但鼻子上有一个大瘤凸，由坚固的骨头构成，可能覆有坚硬的厚皮。鸭嘴龙的喙位于颌的前方，无牙，但颌后方有几百颗牙齿，因坚硬的食物而磨损的牙齿会不断被新生牙齿所取代。

鸭嘴龙的上下颌能够上下左右移动，这种大范围的运动产生强有力的咀嚼和碾磨，在吞咽之前将食物碾碎，有助于消化。

鸭嘴龙类

DUCKBILLED DINOSAURS

名称：慈母龙（*Maiasaura*）

年代：白垩纪晚期

地点：北美洲（美国蒙大拿州）

大小：长 9 米

慈母龙发现于 1978 年，给生物学家研究恐龙生活提供了新的契机。同年，一个完整的筑巢点也发现于蒙大拿州。这是一个 7500 万年前的托儿所，鸭嘴龙在这里产蛋，幼仔即可在安全的环境中生长，免受猎食者的侵扰。

这一惊人发现由以下部分组成：一具成年骨骼（应该是雌性）；数具幼仔骨骼（各长 1 米）；一个化石化巢穴内的一群初生个体（各长约 50 厘米）；数个恐龙蛋完整的巢穴，四周有破碎的蛋壳。

这些巢穴本身由堆积的泥土构成（早已变成坚硬的石头），各个直径长约 3 米，高 1.5 米。每个土堆中央都有一陨坑形洼地，直径约为 2 米，深约 0.75 米。巢穴之间的间隔约为 7 米，表明雌性恐龙下蛋的地方十分靠近，因为慈母龙的平均长度为 8 米左右。

这些巢穴内发现的恐龙蛋化石明显经过精心摆放，一层一层地呈圆形放置在坑内。母恐龙可能每下一层蛋都会用沙土覆盖，下完蛋后再用泥土覆盖整个巢穴，这样就能保持孵化时的温度，也能防止猎食者侵扰。

从这一育儿地点可以看出，这些鸭嘴龙科恐龙明显是群居动物。雌性结群筑巢，可能每年都会返回同一地点，这一点与海鸟、乌龟和鱼类等现代动物类似。在能够自我防卫之前，幼仔会一直跟随母恐龙，许多现代种类也是如此。

名称：山东龙（*Shantungosaurus*）

年代：白垩纪晚期

地点：亚洲（中国）

大小：长 13 米

山东龙体形庞大，头部扁平，是最大的鸭嘴龙之一。在 20 世纪 70 年代，一具几乎完整的骨骼发现于中国东部的山东省，其复原骨骼如今陈列在北京自然博物馆。

山东龙尾巴极长，几乎占总长的一半，目的是抵消其体重——可能超过 4.5 吨。当它直立行走时，尾巴向后伸出，在臀部平衡躯干。

山东龙尾巴深厚，两侧扁平，与鳄鱼尾巴类似。由于这一特征，古生物学家们起初认为鸭嘴龙大部分时间待在水中，靠尾巴游动。但是，其尾巴的椎骨由骨化腱连接，十分不灵活，不适于做桨。除此之外，其尾椎骨上下的神经棘向后倾斜，而真正的水栖动物的骨刺是垂直的，为强壮的游泳肌肉提供附着点。

山东龙及其近亲跳入河中只可能是为了躲避食肉动物。

名称：鸭龙（*Anatosaurus*）

年代：白垩纪晚期

地点：北美洲（加拿大阿尔伯塔省）

大小：长 10 米

该科“鸭嘴龙”一名就源自这一北美洲西部的宽阔扁头恐龙。鸭龙这一称呼实际上意为“鸭

名称：埃德蒙顿龙（*Edmontosaurus*）

年代：白垩纪晚期

地点：北美洲（加拿大阿尔伯塔省和美国蒙大拿州）

大小：长 13 米

形蜥蜴”，指的是其无牙的角状喙。鸭龙的化石证据十分完善，目前发现有数具保存完好的骨骼。根据这些标本，古生物学家推断出鸭龙长 9 米有余，高 4 米左右，可能重约 3.6 吨。两个“木乃伊化”的标本也被发现，其肌腱干枯，胃内容物完好。这一发现极为罕见，信息量却很大。通过对胃内容物的分析，人们发现这两只恐龙的最后一餐由松针、嫩枝、种子和果实组成。

其表皮的印痕也保存在周围的岩石上。虽然所有的皮肤早已腐烂，这些印痕仍然显示出鸭龙身上覆有厚厚的一层表皮。

该木乃伊化标本还被发现，每只手爪上三根主要手指之间长有蹼状皮肤，起初被认为是证明鸭嘴龙为水栖生物的证据，蹼状手和平展的尾巴用于游泳。然而，通过更加仔细的研究，人们发现这些手爪并不能大范围伸张，蹼状皮肤更像是行走时承重的肉垫枯萎之后的残迹，与现代骆驼一样生有老茧。结合每只手爪上各两根的主手指所具有的蹄子状指甲，这一对“蹼”的解读支撑了现有的理论，即鸭嘴龙科是以四足行走的真正的陆生动物。

该大型平头鸭嘴龙的头骨多有发现，牙齿保存得尤为完好，具备典型的鸭嘴龙牙列。在无牙的喙嘴后，成排的紧密牙齿在上下颌内形成名副其实的碾磨通道。随着上部牙齿的磨损脱落，下部会长出新牙取而代之。无论何时，埃德蒙顿龙的嘴内都会有超过 1000 颗牙齿。

每颗牙齿的外部边缘都覆有坚硬的珐琅质，比构成其他牙齿的齿质磨损更慢，结果就使得每颗牙齿的切割脊都具有直立的坚硬珐琅质。由于排列紧密，成排的牙齿会形成粗糙的碾磨表面，用于碾碎食物。

埃德蒙顿龙的颌部结构与禽龙类似（见第 287 页），即上颌可以在下颌上移动，所以嘴部闭合时，牙齿会互相碾磨。这一特征会在牙齿之间产生碾磨运动，足以碾碎最坚硬的植物。事实上，如鸭龙胃内容物所示，埃德蒙顿龙及其近亲都以粗糙的植物为食。

与其他鸭嘴龙科恐龙一样，埃德蒙顿龙也有长尾巴，用于两足站立奔跑时平衡躯干。其尾巴特别长，与山东龙类似（左页），尾椎骨下方长有神经棘（脉弧），偶尔进入水中有助于游动。

鸭嘴龙类

DUCKBILLED DINOSAURS

名称：原栉龙（*Prosaurolophus*）

年代：白垩纪晚期

地点：北美洲（加拿大阿尔伯塔省）

大小：长 8 米

原栉龙是典型的鸭嘴龙亚科恐龙，头部长有坚固的骨质冠脊。其头骨与平头的鸭嘴龙类似，如鸭龙（见第 292–293 页），但鼻骨从宽阔的吻端延伸到头顶，形成低矮的骨质冠脊，又在头顶形成一个小骨瘤。由于这一冠脊在原栉龙的近亲身上更为显著，所以它可能是该科后来成员的祖先，如栉龙。

名称：栉龙（*Saurolophus*）

年代：白垩纪晚期

地点：北美洲（加拿大阿尔伯塔省和美国加利福尼亚州）和亚洲（蒙古）

大小：长 9 米

这一大型鸭嘴龙科的脸部呈上扬的曲线，一端是宽阔扁平的吻部，一端则是从头顶向后倾斜的坚硬骨质冠脊的尖部。亚洲种的冠脊大于其北美洲近亲，相应躯干也比较大，长约 12 米。

冠脊是鼻骨的延长部分，鼻腔贯穿其中。这一点令某些古生物学家认为它们具有大量鼻腔组织，膨胀之后可产生嘶吼声。骨质冠脊是这一可膨胀气囊的支撑，扩大了其面积，由此也提高了效率。由于鸭嘴龙是群居动物，这种声音是便捷的交流方式，距离较远时尤其如此。

名称：青岛龙（*Tsintaosaurus*）

年代：白垩纪晚期

地点：亚洲（中国）

大小：长 10 米

青岛龙的头顶长有独角兽一样的角，面貌诡异，与其近亲都不相似。

这根骨柱的尖端较大，有凹痕，冠脊的基底和鼻孔之间有连通。这些特点使得

一些古生物学家认为一层表皮连着角，或者连接着角尖和喙嘴。这一层皮肤可以像气球一样膨胀，作为一个信号器官，要么用于求爱，要么用于威胁竞争者。其颜色可能十分鲜艳，且十分显眼。

然而，另一些古生物学家认为，这只角在原始青岛龙标本的复原中被放错了位置，它理应像栉龙一样后置。

名称：盔龙（*Corythosaurus*）

年代：白垩纪晚期

地点：北美洲（加拿大阿尔伯塔省和美国蒙大拿州）

大小：长 9 米

该大型北美洲鸭嘴龙头部长有巨大的半圆形冠脊，体重几乎达到 4.5 吨。其冠脊从眼睛正前方突出，形成高耸的窄扇形，向下弯至脑后。

不同的盔龙标本的冠脊大小不同，这可能是该鸭嘴龙的不同品种，更可能是同一品种的不同生长阶段，即幼年标本的冠脊远远小于成年标本。不同性别之间也可能存在着大小差异，即发育完全的雄性冠脊最大。

盔龙是典型的鸭嘴龙科赖氏龙亚科动物，这类动物头顶长有中空的冠脊（实心的冠脊是鸭嘴龙科的典型特征，见第 290–294 页）。作为一个种类，冠脊中空的恐龙似乎起源自北美洲，并主要局限在该大陆的西部地区，不过亚洲东部也发现有盔龙标本。如此广泛的分布证明了北美洲西部和亚洲东部在白垩纪晚期曾连接成一块大陆，即“亚美大陆”，周围被浅浅的陆海所环绕。

穹窿状冠脊由极度膨胀的鼻骨构成，冠脊的中空部分其实就是鼻腔。鼻腔贯穿于冠脊中，并回环到鼻子。这样的结构引出了多种理论，有些可能性较大。例如，以前的看法是鸭嘴龙是水栖动物，所以带有许多中空管道的冠脊是某种换气装置，使得它的嘴巴和鼻子在水下时也能够呼吸空气。另一种理论认为冠脊是空气储存装置，如此一来，盔龙在水底游动或进食时就能利用其补给了。

如今人们已经明白盔龙完全适应了陆地生活，是群居性动物，以坚硬的松针、木兰叶子、种子和各种果实为食。受到暴龙等食肉动物的威胁时，它们会以两足迅速逃跑，甚至会逃入水中自救。

关于中空的冠脊的作用，还有更多的理论存在，而它极可能涵盖上述某些或所有功能。首先，中空的冠脊内具有回旋的管道系统，可以起到声音共振的作用，产生的声音用于群体之间的交流。发出这些声音的目的各不相同，或者是警告群体内其他成员危险临近，或者用于赢得交配对象，或者用于恐吓竞争者，也可能用于辨识不同的群体。

最近美国的研究结果似乎证实了这一理论。一个赖氏龙亚科冠突的精准模型被建造出来，实验表明这些鸭嘴龙科恐龙能够通过这一结构发出类似雾号的声音。这种洪亮的隆隆声能传出很远，为栖息在森林中的动物们提供了群体内和群体之间的有效交流方式。平头实心冠脊的鸭嘴龙（属于鸭嘴龙亚科）脸上可膨胀的鼻囊可能也起到同样的作用。

第二种理论认为中空的冠脊内长长的呼吸道是降温系统，其表面附有一层潮湿的粘膜，通过粘膜蒸发可以降低周围组织的温度。当盔龙在炎炎烈日下的旷野中进食时，或者与食肉动物经历一场大战后，这一结构能够给它降温。

第三种理论认为盔龙中空的冠脊提高了它的嗅觉，有助于寻找食物、探知危险和跟随其族群。

在盔龙被发现之后，人们又在蒙大拿州发现了一只冠脊十分原始的鸭嘴龙科，称为原鹅龙。它的冠脊比盔龙小得多，但也有着同样典型的 S 形呼吸道。有些古生物学家认为原鹅龙可能是冠脊中空的鸭嘴龙科里最原始的种类，而另一些则认为它不过是盔龙的未成年标本。

鸭嘴龙类

DUCKBILLED DINOSAURS

名称：亚冠龙（*Hypacrosaurus*）

年代：白垩纪晚期

地点：北美洲（加拿大阿尔伯塔省和美国蒙大拿州）

大小：长 9 米

另一种头上长有突出的半圆形冠脊的恐龙是亚冠龙。其冠脊与盔龙类似，只是较低较宽，另外也不像盔龙那样急剧地从脸上突出，而是以缓和的曲线向前倾斜。由于亚冠龙被发现的岩层略晚于盔龙，所以它很可能就演化自较早期的盔龙。

这两个大小相似的鸭嘴龙科恐龙之间还有另一个差别，即亚冠龙的脊椎骨向上延伸成高耸的神经棘，在其背部形成覆有表皮的隆脊。这一隆脊的作用可能是调节体温，与其他爬行动物类似，如帆背的盘龙类（见第 330–332 页）或肉食性棘龙类（见第 262–263 页）。

其足迹表明这些大型鸭嘴龙科恐龙大部分时间以四足行走。

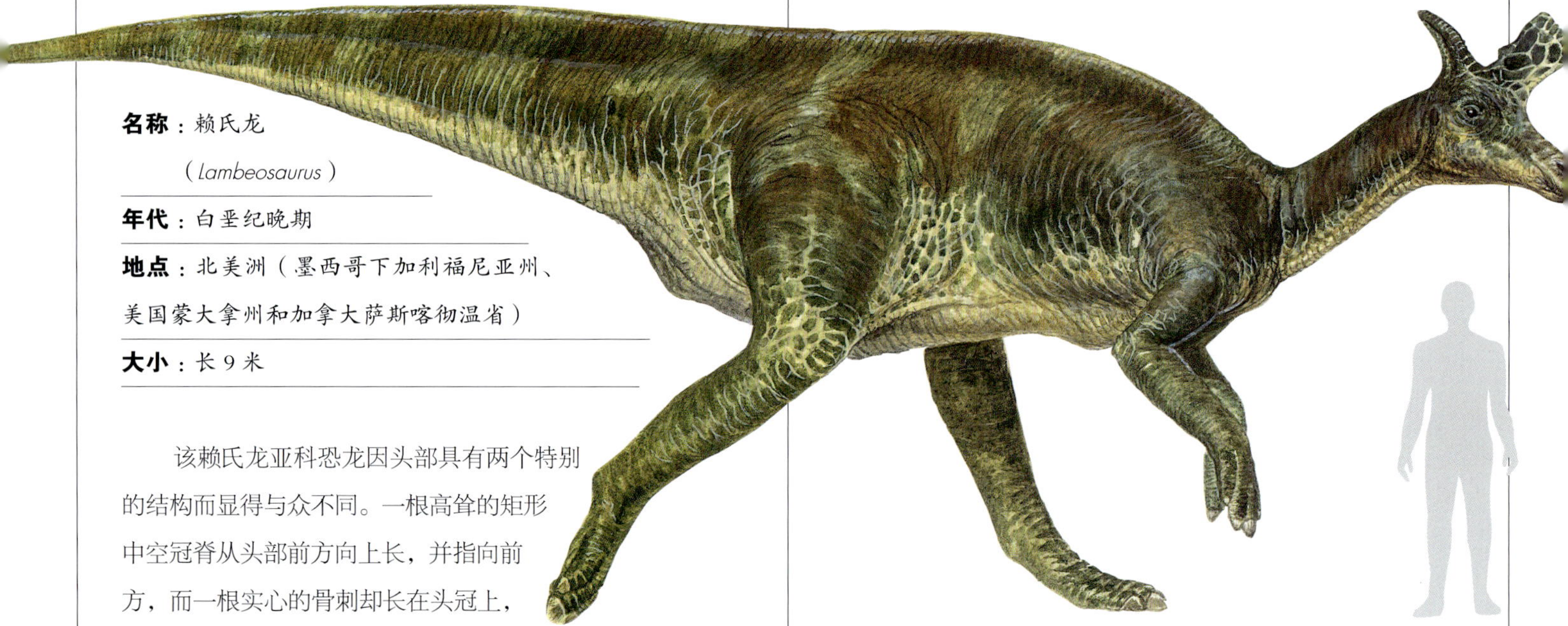

名称：赖氏龙（*Lambeosaurus*）

年代：白垩纪晚期

地点：北美洲（墨西哥下加利福尼亚州、美国蒙大拿州和加拿大萨斯喀彻温省）

大小：长 9 米

该赖氏龙亚科恐龙因头部具有两个特别的结构而显得与众不同。一根高耸的矩形中空冠脊从头部前方向上长，并指向前方，而一根实心的骨刺却长在头冠上，且指向后方。这种 V 形结构看起来十分丑陋，就好像长在灵活的长脖子上一样。

与该科其他成员相同的是，赖氏龙以四足行走，并以低矮的植物为食。其灵活的脖子使它无需换位置就能轻易够到周围的低矮植物。

加利福尼亚的赖氏龙标本似乎是鸭嘴龙科的庞然大物。尽管其化石只有碎片，被发现的骨骼的大小和重量都表明其主人长度可达 16.5 米，比任何已知的鸭嘴龙都大。

名称：副栉龙（*Parasaurolophus*）

年代：白垩纪晚期

地点：北美洲（加拿大阿尔伯塔省、美国新墨西哥州和犹他州）

大小：长 10 米

与栉龙一样（见第 294 页），副栉龙的鼻子也短于其他鸭嘴龙科恐龙，头顶长有一个后指的角状冠脊。但二者的共同之处仅限于此，因为属于赖氏龙亚科的副栉龙的冠脊不同于其鸭嘴龙亚科近亲，它不是实心的，而是像一个中空的管道，长度是栉龙的数倍。事实上，这个冠脊长度可达 1.8 米。其内部结构与盔龙类似，一对鼻腔从鼻子向上直达冠脊顶端，接着又回环到鼻子中。

另一个冠脊较短、鼻腔曲度更大的头骨起初被看作副栉龙的单独品种，后来人们认为它属于长冠脊品种的雌性恐龙，根据性别具有大小不同的冠脊。

副栉龙的独特之处在于肩后的背部有一凹陷，当它的脖子自然呈 S 形时，其冠脊的尖部正好在凹陷处与背部相接。有些古生物学家认为当他们从密集的林下植物中奔跑时，此冠脊恰好放进凹陷中，像导向板一样把低悬的树枝扫上去，使其远离躯干。现代鹤鸵的头冠通常就以同样的方式用于开路。

副栉龙的尾巴也十分特殊，纵向特别高。这使得有些研究者认为它的尾巴可能颜色鲜亮，且可能在求爱的过程中用作信号装置，也可能在它们交配时或在穿过森林时帮助群体积聚到一起。除此之外，还有人认为其头后长有皮褶，松松地连接着颈部和冠脊。这一皮褶也可能颜色鲜亮，起到同样的展示作用。

如果中空的冠脊确实是声音共振器官（见盔龙，第 295 页），那么副栉龙的长冠脊发出的声音，会与盔龙那高耸的半圆形冠脊发出的声音不同。事实上，赖氏龙亚科的头饰大小和形状差别如此之大，很可能不同的品种有着相当不同的叫声。

白垩纪晚期北美洲的森林必然回响着各种声音——有冠脊中空的鸭嘴龙亚科发出的隆隆雾号声，也有冠脊为实心的邻居用鼻囊发出的吹喇叭声。

副栉龙的骨骼巨大，尤其是肩部、臀部和前腿。前肢坚实壮硕的肌肉说明副栉龙大幅度使用前肢行走。其臀部区域也长有扩大的髋骨可供增多的肌肉附着，同时提供后肢站立所需的力量。

这些鸭嘴龙科源自白垩纪中期，广泛分布于北部大陆，而南部大陆少有发现。它们在白垩纪晚期时品种极为丰富，演化迅速，虽说某些类群发生了转变，不过从恐龙整体而言，该科也是白垩纪末期物种大灭绝的主要受害者之一。

覆盾甲龙类

ARMORED DINOSAURS

覆盾甲龙亚目

SUBORDER THYREOPHORA

近来，鸟臀目恐龙被分为两个亚目，即角足亚目和覆盾甲龙亚目。后者包括剑龙类和甲龙类，以及更加原始的腿龙类，以背部和两侧平行的数排骨质盾板为特征。

腿龙科

FAMILY SCELIDOSAURIDAE

腿龙科在恐龙界的地位多有争论，有些古生物学家坚信它们是剑龙科的祖先，而其他人则认为它们是甲龙科的祖先。本书中将腿龙科与剑龙科、甲龙科并列，共同作为覆盾甲龙亚目的一个分类。

名称：腿龙（*Scelidosaurus*）

年代：侏罗纪早期

地点：欧洲（英格兰）

大小：长 4 米

到目前为止，腿龙仅发现两具骨骼，且都来自侏罗纪早期英格兰南部的多赛特。第一个标本大约发现于 1860 年，第二个则是将近一个世纪之后的 1955 年。

腿龙似乎是最早、最原始的鸟臀目恐龙之一。头小（仅长约 20 厘米），喙内无牙，脆弱的颌内长有叶片状小牙齿。不过其躯干十分庞大且装甲坚固：背部覆有骨板，骨板上长有平行的数排骨钉，从脖子延伸到尾巴尖，同时分布在两侧上部。正是这些装甲结构令某些古生物学家相信腿龙就是甲龙的原始品种，不过这一关系并未得到普遍的认同。

剑龙下目

INFRAORDER STEGOSAURIA

剑龙类是鸟臀目恐龙中一个与众不同的种类：头小，身躯庞大，以脊椎两侧覆有两排大块骨板为特征；沉重的尾巴上具有成对的长而尖的棘刺。

与其鸟脚亚目近亲一样，如禽龙类（见第 286–289 页）和鸭嘴龙类（见第 290–297 页），剑龙类也是食植动物，且可能群居。但与更加灵活的鸟脚亚目恐龙不同的是，剑龙类完全以四足行走，无法以两足逃避猎食者，造成这一不便的罪魁祸首正是其躯甲。遭受袭击时，它们很可能坚守阵地，甩出长有棘刺的尾巴，某种程度上还能用背上的骨板做保护。

剑龙科

FAMILY STEGOSAURIDAE

所有众所周知的剑龙类都属于该科，剑龙也不例外。它们演化自大约 1.7 亿年前的侏罗纪中期，其种类在侏罗纪末期达到顶峰。剑龙类分布广泛，遍布北美洲西部、欧洲西部、东亚和东非。到了白垩纪早期，剑龙类开始衰落，不过有些种类可能在孤立地区存活到了白垩纪末期。

名称：剑龙（*Stegosaurus*）

年代：侏罗纪晚期

地点：北美洲（美国科罗拉多州、俄克拉荷马州、犹他州和怀俄明州）

大小：长达 9 米

该类装甲龙是科罗拉多州的代表，也是剑龙科最大最知名的恐龙。其背部两侧长有两排宽阔的骨板，形似大箭头，从头后一直延伸到尾巴的中间。有些骨板高 60 厘米以上。

沉重的尾巴长有成对的尖利棘刺，各长约 1 米。不同种类的棘刺数目不一：装甲剑龙有四对，狭脸剑龙有两对。

这些骨板在剑龙背部的准确分布并无人知晓。尽管许多保存完好的标本已被发现，其中最好的一具陈列在科罗拉多州丹佛自然历史博物馆，但被发现的骨板实质上并未附着在骨骼上。有些古生物学家坚信骨板平铺在皮肤内或皮肤上，在背部和腹部上侧形成防御性装甲。

不过，大多数古生物学家都认为这些骨板几乎垂直竖立，或呈之字形分布，或成对分布，构成棘刺般的防御，保护剑龙免于同时代肉食性恐龙的袭击，如异特龙（见第 261 页）。骨板上还可能长有坚硬的角，与现代牛类的角类似。

或者，骨板上被薄薄的一层充满血液的皮肤覆盖。这一理论使得某些古生物学家认为骨板具有完全不同的功能，即热交换功能，虽原始，却能十分有效地调节体温。近乎垂直的骨板交替分布在背部，当朝向太阳时，大块的表面积和富足的血液供应能够迅速吸热（由此提高其体内温度），背向太阳时又能迅速散热。

剑龙尾巴上坚实的长棘刺可能长有角，无疑是防御武器。剑龙会左右摆动沉重的长尾巴，对攻击者造成巨大伤害。

平均而言，剑龙长 6 米，重可达 2 吨。长有蹄子的后腿是前腿的两倍长，这一显著特征意味着它的躯干从臀部的最高点向前倾斜。

高耸的棘刺从臀部脊椎和尾巴根部向上突出，可能是强壮的背部肌肉的附着点。这一结构表明剑龙可以毫不费力地将前肢抬离地面，进而从低矮的树枝上取食。

这种巨型恐龙的头骨仅长约 40 厘米，大脑也相应较小，大小仅如核桃。剑龙并不特别适合咀嚼植物：颌前方的喙没有牙齿，颊齿又小又脆弱。为了消化食物，剑龙很可能吞食石子存到胃里（与多数植食性恐龙类似），帮助碾碎坚硬的植物。

在剑龙后肢上方的臀部椎骨内长有一令人颇感兴趣的空腔，位置正是其脊髓通过的地方。古生物学家据此猜测这个位置容有“第二脑”，用于控制它的后肢运动。这一“脑子”是神经组织的集聚地，位于股神经和后肢神经相交处。事实上，所有的脊椎动物都具有这一额外的“脑子”，但其大小与臀部的大小有关：臀部较大的动物，如恐龙，其臀部“脑子”就大于其头骨中的脑子。

另一种理论认为该空腔容有糖原腺体，其产生的大量糖原物质会在肌肉紧张时提供额外的能量。

覆盾甲龙类

ARMORED DINOSAURS

名称：钉状龙（*Kentrosaurus*）

年代：侏罗纪晚期

地点：非洲（坦桑尼亚）

大小：长 5 米

东非剑龙类钉状龙与剑龙处于同一时代，其保存完好的化石发现于今坦桑尼亚富含化石的敦达古鲁山。

钉状龙体形不如其北美洲近亲大，装甲却丝毫不逊色。其脊椎两侧长有两排三角形窄骨板，成对地沿脖子、肩部和背部前半部分分布。在背部中间位置，成对的尖利棘刺取代骨板（有些长约 60 厘米）并一直延伸到尾巴尖。除此之外，其臀部两侧各有一根超长的棘刺突出，在猎食者从两侧攻击时提供很好的保护。

名称：沱江龙（*Tuojiangosaurus*）

年代：侏罗纪晚期

地点：亚洲（中国）

大小：长 7 米

沱江龙是在中国发现的诸多覆盾甲龙之一，也是亚洲发现的第一只剑龙类恐龙，现有近乎完整的标本。其结构与剑龙类似，头窄小，牙齿短，体格庞大。其背部长有十五对骨板，这些骨板在臀部和尾巴上变得更加高耸、更像棘刺。和狭脸剑龙一样，沱江龙的尾巴上也有两对长棘刺。

沱江龙与剑龙一样，都不能靠后足站立，这一推论源于剑龙脊椎上突出的神经棘（为肌肉附着点）并没有出现在沱江龙和钉状龙身上，表明后两者均为地面觅食动物。

名称：乌尔禾龙（*Wuerhosaurus*）

年代：白垩纪早期

地点：亚洲（中国）

大小：长 6 米

这只中国剑龙类仅存少量骨骼碎片和零散的骨板，所以此处的复原图具有很大的猜测性。乌尔禾龙是少数存活到白垩纪早期的恐龙之一，不过，另一种可能属于剑龙类的南印度龙也被发现于侏罗纪晚期的印度岩层中。当时的印度很可能是一块岛屿型大陆，与其他大陆隔绝，在其他品种灭绝时，少数几个种类在这里存活了下来。

甲龙下目

INFRAORDER ANKYLOSAURIA

剑龙在侏罗纪末期的衰落可能与另一种覆盾甲龙类的崛起有关。覆盾甲龙类在白垩纪遍布北方大陆，白垩纪末期时主要分布在亚美大陆。

与剑龙类一样，覆盾甲龙类也是体形庞大的四足食植动物，也有装甲，但其骨板不同于剑龙类，是更加有效的防御武器。其脖子、背部、侧腹和尾巴完全被马赛克型平骨板覆盖，这些骨板嵌入厚实的皮革内，且长有角，大小不同的骨刺和瘤凸从骨质装甲上突出。

甲龙下目有两个明显的分支：结节龙科颅骨狭窄、背覆箭状鳞甲；甲龙科颅骨宽阔，尾巴尖有一个由骨骼愈合起来的大球。

结节龙科

FAMILY NODOSAURIDAE

结节龙科是甲龙下目两科中最早最原始的种类，在白垩纪遍布北方大陆。有些古生物学家认为它们可能起源自侏罗纪晚期的欧洲，后来蔓延到北方的其他大陆。有些种类至少还到达南半球，如最近发现于澳大利亚的敏迷龙。

结节龙科头骨较窄，长度大于宽度。从脖子到尾巴的躯干覆有坚硬的骨板，侧腹具有长棘刺。

结节龙科内的相互关系尚有某种程度的不确定性，未来的发现无疑将会让人们重新考虑该科的分类。

名称：林龙（*Hylaeosaurus*）

年代：白垩纪早期

地点：欧洲（英格兰）

大小：长 6 米

林龙是能确认结节龙科身份的最早的恐龙。其化石在 19 世纪 20 年代晚期首次发现于英格兰南部的苏塞克斯郡，1832 年由英国古生物学先驱吉迪恩·曼特尔命名。迄今为止，其骨骼仍然位于其化石所在的岩石中，不过人们已经计划用乙酸来提取其骨骼。乙酸能够溶解将岩石颗粒凝结在一起的方解石，由此释放出骨骼化石。

在新的证据到手之前，本书中的林龙复原图必然有很大程度的猜测性。其窄头、长有骨板的躯干和尾巴，以及侧腹上向外突出的棘刺都是结节龙科的典型特征。

名称：多刺甲龙（*Polacanthus*）

年代：白垩纪早期

地点：欧洲（英格兰）

大小：长 4 米

这种“多棘刺”的甲龙类与林龙生活在同一时代。事实上，有些古生物学家认为两者是同一种动物。多刺甲龙的化石由结实的后腿骨和坚硬的骨板骨刺构成。

由于其化石并不完整，骨板的具体排列方式尚不可知，此处的复原图是人们对它的传统认知。成对沉重的垂直骨刺保护着其肩部和背部上半部分；相互连接的骨盾覆盖着其臀部；两排垂直的小棘刺一直延伸到沉重宽厚的尾巴尖。

覆盾甲龙类

ARMORED DINOSAURS

名称：蜥结龙（*Sauropelta*）

年代：白垩纪早期

地点：北美洲（美国蒙大拿州）

大小：长 7.6 米

来自美国西部的蜥结龙是白垩纪结节龙科已知最大的成员，据估计，其体重在 3 吨以上。

蜥结龙庞大的身躯包裹在骨质装甲之中，从脖子到逐渐变细的长尾巴尖横向覆盖着条带状有角的骨板，骨板嵌入皮肤内，形成覆盖整个背部的灵活而又结实的表皮，从两侧发起的进攻都会被侧腹上的一排尖利棘刺所阻挡。这种移动缓慢的植食性动物需要此类防御，以抵抗当时的肉食性恐龙的袭击。

名称：林木龙（*Silvisaurus*）

年代：白垩纪早期

地点：北美洲（美国堪萨斯州）

大小：长 3.4 米

林木龙覆有结节龙科所特有的沉重骨甲。其脖子由厚实的骨板包裹，骨板间距较大地覆盖着其背部和尾巴，巨大的棘刺位于侧面。不过人们把林木龙看作该科的原始种类，因为大多数结节龙科恐龙颌前方的喙都没有牙齿，而林木龙的上颌仍留有牙齿。一些古生物学家据此认为它可能是之后的某些结节龙科恐龙的祖先。

与大多数结节龙科和后来的甲龙下目相同的是，林木龙头骨内的骨骼数目大量减少，重量减轻，充满了空腔和呼吸道，这些都可用于发出声音与群体内的其他动物交流。这种发声在恐龙中是十分常见的：例如，群居的鸭嘴龙（见第 290–297 页）头部长有膨胀的鼻腔或中空的冠脊，被用来发出声音，以便在群体间交流。

名称：结节龙（*Nodosaurus*）

年代：白垩纪晚期

地点：北美洲（美国堪萨斯州和怀俄明州）

大小：长 5.5 米

结节龙是典型的结节龙科恐龙，该科即得名于它。其躯甲呈条带状从脖子到尾巴横向分布：矩形窄骨板覆盖着肋骨，与大块骨板交替填补其中的空白。数百个骨质节点从宽阔的骨板上突出，故得名结节龙，意为“有结节的蜥蜴”。结节龙的头骨细长窄小，牙齿脆弱——这是结节龙科的典型特征。其肩部和臀部发育得强壮有力，足以承托巨大的体重，粗壮的腿上长有宽阔的蹄子状脚。其腰带改良成为承重结构，不再与典型的鸟臀目（见第 278–313 页）结构相似。

数具仰躺的结节龙骨骼被发现于美国堪萨斯州的白垩纪晚期海相地层中，它们可能是被杀死后冲入海洋的一个小群体，也可能是死后偶然积聚到一起的单个个体。

无论是何种原因，它们在河中漂流时，腐烂的器官产生的气体会使尸体膨胀，再加上其背部沉重的躯甲，都会令它们重心不稳，所以翻转过来，以仰躺姿势漂浮在溪流中。它们最终肚子朝上沉入海底泥土中，并以这种姿势保存了下来。

名称：厚甲龙（*Struthiosaurus*）

年代：白垩纪晚期

地点：欧洲（法国、匈牙利和罗马尼亚）、大洋洲（澳大利亚）

大小：长 2 米

厚甲龙是结节龙科已知最小的种类，也是整个甲龙类中最小的。有人据此认为它可能在岛屿上演化，因为许多大型动物被限制在隔绝的栖息地时都会演化成矮小的品种，这是食物来源受限导致的演化特征。例如，在古近纪，地中海的岛屿上就演化出了矮小的大象和河马。现代的一个例子则是苏格兰北部设得兰群岛上的矮种马。

到了大约 8000 万年前的白垩纪晚期，今欧洲的大部分地区被浅海覆盖，岛屿是仅有的干燥陆地。一群厚甲龙可能逃上孤岛并演化出了较矮小的品种，这一点与加拉帕戈斯群岛动物群的发展十分相似。

无论其演化环境如何，厚甲龙仍然保留了甲板。其背部覆有各式各样的装甲：脖子周围的是骨板；背部和尾巴上的是小骨突；两侧腹部长的是棘刺。

人们对厚甲龙的化石仍然理解得不够彻底，其不完整的骨骼被赋予了各式各样的名字。

名称：胄甲龙（*Panoplosaurus*）

年代：白垩纪晚期

地点：北美洲（加拿大阿尔伯塔省和美国蒙大拿州、南达科他州、得克萨斯州）

大小：长 4.4 米

胄甲龙是已知的最后一种结节龙科恐龙，与某些近亲相比，其体形属于中等，但体格巨大，包裹在一层厚厚的躯甲里。据估计，其体重可达 3.6 吨。

胄甲龙的躯甲由宽阔的四方形骨板构成，骨板上长有脊棱，以宽带状沿脖子和肩膀横向分布，背部其余地方覆有较小的骨钉。朝前方和两侧突出的大棘刺保护着其两侧腹部，尤以肩部最长。

胄甲龙的头部也长有厚实的骨板。这些骨板紧紧地嵌入下面的头骨，二者的界限已经消失。但从内部来看，这些坚固的骨质盒子内充满了空腔和呼吸道，一道骨质腭将呼吸系统与嘴部分隔开来，使得它能够边呼吸边进食。其吻端较窄，表明胄甲龙在地面附近寻觅自己喜欢的植物。

胄甲龙很可能积极抵抗袭击者，这一点与它的许多近亲不同，因为它们只会蹲在地面上，靠骨板躯甲保护自身，而胄甲龙则会发动进攻，用带棘刺的肩部冲撞袭击者。其前腿十分强壮，肘部天生长有强壮的肌肉，说明它控制能力极强，能够靠四肢灵活地应对敌手。进攻性特别强的朝天犀牛是其最恰当的现代对照。

覆盾甲龙类

ARMORED DINOSAURS

甲龙科

FAMILY ANKYLOSAURIDAE

甲龙科在白垩纪末期变得十分繁盛，大范围取代了分布于北美洲和东非的近亲结节龙科。与结节龙科一样，甲龙科的背部也长有厚实的骨板和骨刺，但其头部甲板更为发达，尾巴尖也具有一个独特的武器：由骨骼愈合起来的大球，像锤子一样挥舞起来或许会对袭击者造成致命伤害。

甲龙科体格如坦克，某些种类的大小也与坦克相似。甲龙科比结节龙科更短更矮壮，大块头的臀部和后肢支撑着沉重的球棒形尾巴。其臀部至少由八块荐椎与脊椎相连，为后肢提供了超级坚固的固定点。其髋骨本身退化成不具任何形状的一大块，不再具备鸟臀目典型的鸟形臀部特征。

名称：篮尾龙（*Talarurus*）

年代：白垩纪晚期

地点：亚洲（蒙古）

大小：长 5 米

篮尾龙具备甲龙科的典型特征：带装甲的头部外扩出一对棘刺，形似耳朵；另一对棘刺从脸颊上穿出；颌前方长有无牙齿的喙，后方长有脆弱的小牙齿。

其桶状躯干覆有厚实的骨板，骨板边缘为侧腹上的骨刺。尾巴末端的尾锤由三块愈合的骨块组成，与尾椎骨构成一个整体。其椎骨由骨化腱连接，所以在行走过程中，它的尾巴会抬离地面。尾巴根部十分柔软，长满肌肉。

当篮尾龙受同时代的特暴龙（见第 264 页）之类的暴龙科威胁时，它会将球棒形的尾巴甩向袭击者，尾巴的硬度也会增加尾端的力量。

名称：包头龙（*Euoplocephalus*）

年代：白垩纪晚期

地点：北美洲（加拿大阿尔伯塔省）

大小：长 5.5 米

我们有关甲龙科的知识大部分来自 20 世纪 70~80 年代对包头龙的研究。条带状躯甲嵌入背部表皮，点缀着巨大的骨钉，沉重的骨板覆盖着脖子，巨大的矩形棘刺保护着其肩部和尾巴根部。

从外表来看，其头部是一个沉重的骨头盒子，上面覆盖的骨板与头骨愈合，而头骨内部则布满甲龙科和结节龙科所特有的错综复杂的空腔和呼吸道。包头龙脸部两侧长有结实的棘刺，就连眼睑也不例外，遇到危险时可以垂下来保护眼睛。这些骨质眼睑不过是附属结构，其真正的眼睛由普通的柔软薄膜组成。包头龙宽脸的前半部分长有无牙齿的角质喙，它可能不挑食，有什么就吃什么。其近亲结节龙科吻部较窄，可能会挑选自己的食物。

名称：美甲龙（*Saichania*）

年代：白垩纪晚期

地点：亚洲（蒙古）

大小：长 7 米

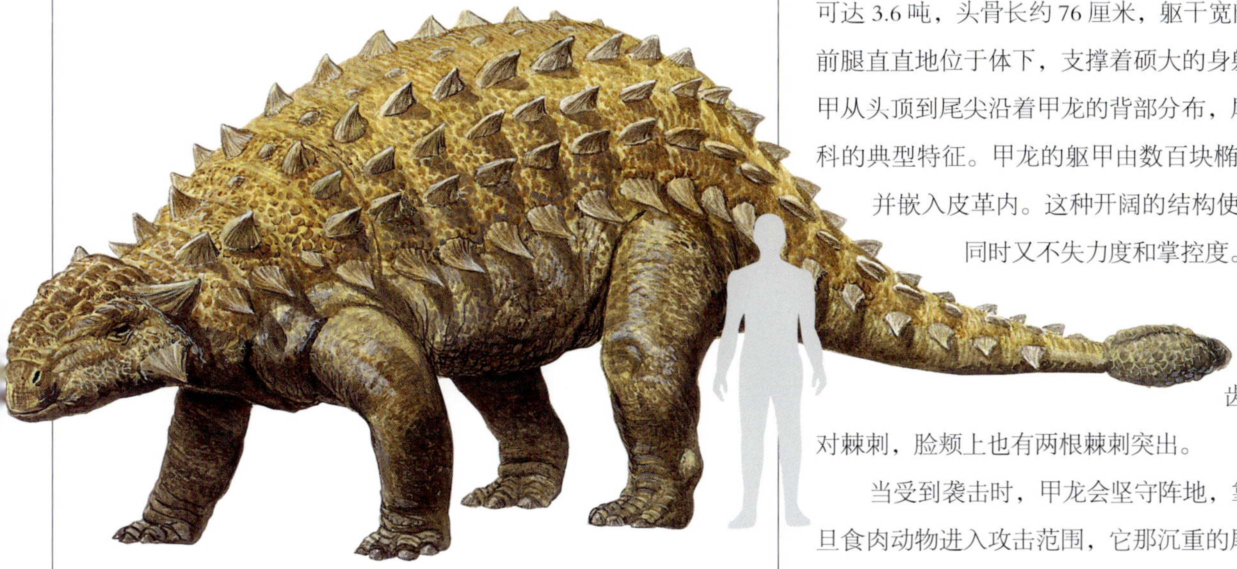

美甲龙的大头上长有浮雕形大骨块，腹部两侧的棘刺外凸，整个背部和尾巴都覆有带疙瘩的数排骨板。

其头骨内的呼吸道比其他甲龙科恐龙更复杂，在降温、加湿所吸入的空气方面效果也许更佳。将鼻腔与嘴分隔开的骨质腭也比其他甲龙科更结实，使得它能够食用更坚硬的植物。也有证据表明一个盐腺与美甲龙的鼻子相通。

总而言之，所有这些特征都说明美甲龙栖息在炎热干旱的环境中，正好与其被发现的今蒙古戈壁沙漠的寒冷气候相反。

名称：甲龙（*Ankylosaurus*）

年代：白垩纪晚期

地点：北美洲（加拿大阿尔伯塔省和美国蒙大拿州）

大小：长达 10 米

甲龙是最后一种存活到白垩纪末期的覆盾甲龙类恐龙。它是该科最大的恐龙，甲龙科即得名于此。它体形巨大，重可达 3.6 吨，头骨长约 76 厘米，躯干宽阔矮胖。粗壮有力的前腿直直地位于体下，支撑着硕大的身躯。厚实的条带状躯甲从头顶到尾尖沿着甲龙的背部分布，尾尖巨大的尾锤是该科的典型特征。甲龙的躯甲由数百块椭圆形骨板组合而成，并嵌入皮革内。这种开阔的结构使得骨板极具灵活性，同时又不失力度和掌控度。

甲龙鼻子平钝，脸部宽阔，喙内无牙齿。头后两侧各有一对棘刺，脸颊上也有两根棘刺突出。

当受到袭击时，甲龙会坚守阵地，靠躯甲保护自身。一旦食肉动物进入攻击范围，它那沉重的尾锤就会大力地左右摆动，目标一被击中就会受重伤。

角龙类

HORNED DINOSAURS

角龙下目

INFRAORDER CERATOPSIA

该下目如今和肿头龙下目、鸟脚下目一同归于角足亚目，原因在于它们具有一些共同特征。角龙下目所有成员都有五颗或更少的前颌骨牙齿，且前颌骨和后颌骨之间有一缺口。

角龙下目是鸟臀目的最后一个类群，随后这个占统治地位的爬行类遭遇了中生代末期的大灭绝。

角龙下目起源自白垩纪末期，灭绝之前整体存在了2000万年，虽然从地质学上来说十分短暂，它们却遍布了北美洲西部和亚洲中部。

它们躯甲精良，但武器仅限于头部，不像甲龙类（见第301–305页）背部有厚重的骨板覆盖。高级的角龙下目头大，头前方长有鹦鹉似的尖喙；眉骨或（和）鼻子上长有尖利的长角；从头骨后方长出的大块“骨盾”向前弯曲，保护脖子和肩膀。

角龙下目的成功通常与它们高效的切割牙齿和强有力的颌有关。这些恐龙甚至可以吃食最坚固的植物，包括相对较新的食物来源，如与木兰相似的灌木类有花植物——在白垩纪晚期开始遍布全球。角龙下目可能群居在高地森林中，以低矮的树木和地面植物为食。

鹦鹉嘴龙科

FAMILY PSITTACOSAURIDAE

鹦鹉嘴龙是鸟臀目的稀有种类，仅存于东亚的白垩纪早期岩石。其头骨的许多特征表明它们是角龙下目的祖先。不过，其长尾巴和相对轻盈的身体则与瞪羚一样的基干鸟脚类（见第282–385页）相似，很可能就是来自这一血统。

与基干鸟脚类一样，鹦鹉嘴龙科也能用两足逃避猎食者，有人据此认为早期角龙下目就来自鹦鹉嘴龙科，为两足动物，后来才转为四足站姿。

名称：鹦鹉嘴龙（*Psittacosaurus*）

年代：白垩纪早期

地点：亚洲（中国、蒙古和俄罗斯西伯利亚）

大小：长2.5米

头骨扁平，没有牙齿的弯曲角质喙，这只亚洲恐龙的名字就来源于此，鹦鹉嘴龙意为“鹦鹉一样的蜥蜴”。

其头顶一块厚厚的骨脊使脑后呈方块状，是下颌强劲肌肉的附着点，随后的几百万年，它将演化成后来的角龙下目所特有的大型颈盾。鹦鹉嘴龙的颊骨外扩，形成一对角状突出物，这是后来的角龙下目颈盾的先兆。鹦鹉嘴龙有着灵活的长脖子，每只前肢上各四只钝爪，后腿长，前肢短，长尾巴用于保持两足站姿。

人们认为角龙下目的祖先就出自鹦鹉嘴龙科，但并不可能就是鹦鹉嘴龙，因为它仅有四根手指，而角龙下目则有五根。另外，鹦鹉嘴龙的喙内没有牙齿，而早期角龙下目的原角龙科的喙内后部长有牙齿。

数只鹦鹉嘴龙幼仔化石已被发现，其中一只长度仅有24厘米，是已知最小的恐龙。

原角龙科

FAMILY PROTOCERATOPSIDAE

原角龙科包括了所有原始、早期的角类恐龙，不过仅有少数长有角。它们与鹦鹉嘴龙起源自亚洲的同一地区（也可能源自鹦鹉嘴龙血统），不过是比鹦鹉嘴龙晚了几百万年的白垩纪晚期，后来还扩散到了北美洲西部。

与之前的鹦鹉嘴龙科一样，原角龙科也能直立行走，但很可能大部分时间以四足站立进食，只在遇到猎食者时才会两足逃跑。

原角龙科比后来的角龙科近亲体形小得多，也有鹦鹉嘴龙科典型的鹦鹉嘴形喙，但不同的是，它们的上颌有牙齿。人们认为这是原始特征，更高级的角龙科已经退化。

原角龙科头上无角，或仅有雏形，不过已经生出颈盾雏形，在后来的角龙科身上特别明显。

名称：微角龙（*Microceratops*）

年代：白垩纪晚期

地点：亚洲（中国和蒙古）

大小：长 60 厘米

微角龙是已知最小的角龙类。它可能并非后来的角龙科的直系祖先，而是主要种类的一个早期特化旁系。

微角龙身体轻盈，靠两足奔跑，胫骨长度是股骨的两倍，说明它是短跑健将。不过，相比其他两足恐龙，其前肢也相对较长，很可能主要以四足行走，只在遇到危险时才会两足逃命。其习性与北美洲的基干鸟脚类等鸟脚亚目恐龙相似。

名称：纤角龙（*Leptoceratops*）

年代：白垩纪晚期

地点：北美洲（加拿大阿尔伯塔省、美国怀俄明州）和亚洲（蒙古）

大小：长 2.1 米

纤角龙是已知来自北美洲的少数原角龙科恐龙之一，因为该科大部分都生活在亚洲。从外表来看，纤角龙是体形轻盈的鹦鹉嘴龙科和体重较大的早期角龙类的过渡阶段。它既可四足行走，也可两足，后腿特别适合奔跑，这一点从其细长的胫骨即可看出。每只手上的五根爪状手指都能抓取大量叶子送入口中。

纤角龙头骨后方的骨头向上突出，形成高峰，这是鹦鹉嘴龙科肌肉附着点和角龙类颈盾的过渡阶段。

名称：弱角龙（*Bagaceratops*）

年代：白垩纪晚期

地点：亚洲（蒙古）

大小：长 1 米

该小型原角龙科恐龙代表了角龙类演化主线的另一个特化旁系。其躯干矮胖沉重，尾巴长，结实的腿支撑身体，前腿有五趾，后腿则有四趾。

弱角龙具备后来的角龙类才有的若干特征，如头骨后方有一突出的骨脊（角龙科颈盾的雏形），两侧脸颊各有一叶子状突起（角龙科头盾的一部分），鼻梁中间长有虽然短小却很明显的角（形成角龙科的大角）。除此之外，它的前上颌牙齿已经退化，该科其他成员都还保留着这一原始特征。不过虽然具备这些高级特征，弱角龙可能并非角龙科的直系祖先。

角龙类

HORNED DINOSAURS

名称：原角龙（*Protoceratops*）

年代：白垩纪晚期

地点：亚洲（蒙古）

大小：长达 2.7 米

该早期角龙类恐龙的成年个体平均长约 2 米，重约 180 千克，其巨大沉重的头骨后方长有发育完全的宽阔颈盾，为长有牙齿的喙嘴肌肉提供附着点。

尽管原角龙无角，其鼻梁中间也长有明显的肿块，更像是冠脊，而非角。年龄较大的雄性标本肿块加大，表明它可能在相互竞争的雄性之间用于撞头搏斗。

原角龙几乎大部分时间都以四足站立，但其后腿仍然比前腿长，所以它也可能如其疑似祖先鹦鹉嘴龙科一样，能够直立奔跑。

纤角龙和三角龙等食植恐龙都长有肌肉发达的脸颊，防止咀嚼时食物掉出来。然而到目前为止，人们尚未发现有力的证据，表明它们的颌上可能长有坚硬的骨质表皮，比脸颊的咀嚼效率低。这一点可能将改变我们对恐龙进食方式的认知。

名称：蒙大拿角龙（*Montanoceratops*）

年代：白垩纪晚期

地点：北美洲（美国蒙大拿州）

大小：长 3 米

这只北美洲恐龙（右图）外表与原角龙（上图）相似，只不过鼻梁上长有明显的角，某些古生物学家据此把它看作更为高级的角龙科成员。但是，蒙大拿角龙具备原角龙科典型的原始特征，即前上颌有牙齿，脚上有爪子，而非蹄子。

蒙大拿角龙体形中等，尾巴却因脊椎上长出的长神经棘而显得极深。其化石证据还显示它的尾巴超级灵活，能够轻易地快速左右摆动。对此的解释是它的尾巴可能颜色鲜亮，在交配季节用于性展示，或者在起种群内用于身份识别。

角龙科

FAMILY CERATOPSIDAE

该科是北美洲西部发现的数目最多的白垩纪大型食植恐龙，其化石近些年在中国山东地区也有发现。

这些食植动物完全以四足行走，无需担忧同时代暴龙（见第 266 页）和艾伯塔龙（见第 263 页）等两足肉食性恐龙的袭击。其巨大的头部长有长而尖利的角，头骨后方长出的大块骨盾保护着脖子。从身体比例来看，它的头较大较重，柱子一样的腿上长着带蹄子的重脚，支撑着覆有沉重躯甲的身体。它们还有数量上的安全保障，大群的角龙类穿梭在高地森林中，用它们无牙齿的尖利喙嘴搜索并切割植物。

角龙科分为两条演化支线，有些的颈盾较短，鼻梁上长着大角，有些则颈盾较长，大角长在眉骨上。

名称：尖角龙（*Centrosaurus*）

年代：白垩纪晚期

地点：北美洲（加拿大阿尔伯塔省和美国蒙大拿州）

大小：长 6 米

尖角龙是短颈盾家族的典型代表（曾用名独角龙）。尖角龙的鼻梁上长有长角，与现代犀牛有点类似（某些品种的角向前弯曲），眉骨上则有两根短角。

颈盾位于头后，波浪形边缘长有骨刺。颈盾两侧各有一个大开口，活着时会有表皮覆盖，其他部分也同样如此。这些开口减轻了骨质结构的重量，其边缘也为强劲的颌肌提供了额外的附着点。牢固的球窝状关节连接着头部和颈部。这一结构靠近头骨前方，大概在眼部以下，如此一来，头部前方的大角就平衡了头后沉重的颈盾。灵活的关节使得尖角龙能够迅速地转动庞大的脑袋，这一点对于移动缓慢的动物而言至关重要，因为头部武器是其唯一抵御外敌的工具。有些颈椎相互愈合，增加了力量，而前半身的肌肉也十分发达。

与所有角龙科恐龙一样，相比原角龙科，尖角龙的尾巴相对较短，仅有尾尖能着地。与其原角龙科近亲不同的是，这些四足动物不能两足站立，所以无需长尾巴来平衡。

名称：厚鼻龙（*Pachyrhinosaurus*）

年代：白垩纪晚期

地点：北美洲（加拿大阿尔伯塔省）

大小：长 5.5 米

到目前为止，人们仅发现了两块厚鼻龙头骨，由于没有角，它显得十分特别。眉骨上原本会长角的地方，仅长有一大块骨垫。

对于这种奇怪的骨垫，人们有两种说法。有些古生物学家认为它的功能与肿头龙科较厚的头骨盖相同，都用于种群内雄性之间的搏斗。另一些则认为这些骨垫不过是眉骨上的角脱落后留下的瘢痕组织。该理论的支持者希望最终能找到眉骨上的角完整的标本，从而一劳永逸地解决这一争端。

角龙类

HORNED DINOSAURS

名称：戟龙（*Styracosaurus*）

年代：白垩纪晚期

地点：北美洲（加拿大阿尔伯塔省和美国蒙大拿州）

大小：长 5.2 米

装甲精良的戟龙是短颈盾角龙类家族体形最庞大的恐龙之一。其鼻子上长有大直角，指向前上方，眼睛之上的两根角较小。颈盾巨大，如古代舞者头上的装饰，顶部排列着六根大骨刺，有些与鼻角大小相当，边缘还有数根防御性的小骨刺。

与其他短颈盾角龙科恐龙相同，其颈盾也有两个覆有皮肤的大开口，大大减轻了骨质结构的重量。

戟龙显然能够保护好自身，它会像犀牛一样低着头冲击袭来的暴龙等食肉恐龙，巨大的鼻角能够撕裂食肉恐龙柔软的腹部，其骨质颈盾上结实的骨刺也能防止颈部被对手强劲的颌咬伤。

颈盾上的骨刺可能也是极为有效的防御武器。如果戟龙与对手或者自己种群内的雄性竞争者两头相抵，这些骨刺就会从其面前突出，使它看起来十分可怕，足以吓跑大部分袭击者。现代非洲大象也用头部两侧的大耳朵吓唬其他动物。

名称：三角龙（*Triceratops*）

年代：白垩纪晚期

地点：北美洲（加拿大阿尔伯塔省、萨斯喀彻温省和美国科罗拉多州、蒙大拿州、南达科他州和怀俄明州）

大小：长 9 米

三角龙是人们最为熟知的角龙科恐龙，在该种类中数量最多，体重最重，体形最大。据估计，其体重可达 10 吨，比现代非洲成年公象还重。单单长有短颈盾的头骨就长达 2 米。

大约 7000 万年到 6600 万年前，大群的三角龙在北美洲西部一直生存到白垩纪晚期末期，是最为普遍的角龙类，也是生存到最后的短颈盾家族成员。

三角龙意为“面部长有三根角”。尽管三角龙属于短颈盾种类，即鼻角长于眉骨上的角，其面部角的结构却与长颈盾恐龙类似（如下页的开角龙）。它有一短小厚实的鼻角，两根较长的眉骨角，各长 1 米以上。某些品种的眉骨角可能更长，远远超出鼻子。

三角龙也与该科其他成员不同，其颈盾为一块实心骨

头，没有开口，表明它的主要作用是防御性盾牌，而不是颌肌的附着点。某些品种的颈盾边缘还长有带尖的肿块，与大型藤壶类似，为它们提供了更多防护。

三角龙的头骨巨大结实，比其他比较脆弱的恐龙头骨更容易保存。多年来，人们在北美洲西部发现上百具保存完好的标本。1889 年，著名的美国化石猎人奥斯尼尔·查利斯·马什首次为它命名。到了世纪之交，据说另一位名叫巴纳姆·布朗的美国化石猎人已经找到了 500 多颗头骨。

时至今日，人们以头骨结构的差异作为区分，已命名了超过 15 种三角龙。不过，其中一些可能属于某些品种的不同性别和不同生长阶段，因而总的种类会变少。

人们发现的头骨、角和颈盾都有损伤和疤痕，表明三角龙常常相互搏斗，角角相抵，用头盾相互推挤，而不会用尖利的角造成实质性的伤害。这些武器的威力只会对真正的敌人造成伤害，比如同时代的暴龙或艾伯塔龙。

名称：开角龙（*Chasmosaurus*）

年代：白垩纪晚期

地点：北美洲（加拿大阿尔伯塔省）

大小：长 5.2 米

开角龙是典型的长颈盾恐龙，头骨长而窄，眉骨上长有一对向上弯曲的长角，鼻梁上仅有一根较短的角。其骨质颈盾十分庞大，从头后一直延伸到颈部和肩膀上部，边缘长有棘刺和骨突。两侧各一个大开口，使得整个颈盾成了围绕这些开口的框架。所以尽管骨盾很大，其重量却很轻，使得头部能够轻易地摆动。

这一巨大的骨盾无疑是用于显摆的结构，且很可能颜色鲜亮。由它形成的宽阔的头部区域是对猎食者或竞争的雄性等对手的警告，或者是针对雌性的性显示，头部摆动时的效果最为明显。同一个群落的雄性可能会齐心协力共同对敌，遇到危险时将幼仔圈起来，朝敌人甩动庞大的头部和颈盾。

有些古生物学家认为开角龙在必要时能迅速奔跑，这一结论是从其某些结构特征得出的。例如，其肩胛骨并没有与其他骨骼紧密结合，也没有锁骨固定其位置。所以肩胛带会随着前肢前后移动，有助于它迅速奔跑。

相反，其臀部牢靠，通过八块荐椎与脊椎相连，为沉重的后肢提供了坚固的附着点。

角龙类

HORNED DINOSAURS

名称：无鼻角龙（*Arrhinoceratops*）

年代：白垩纪晚期

地点：北美洲（加拿大阿尔伯塔省和美国犹他州）

大小：长 5.5 米

无角鼻龙意为“鼻子上没有角”，由其发现者威廉·帕克斯命名（他于 1925 年从红鹿河将之发掘出来），因为他认为它没有鼻角。帕克斯认为应有单独的一块骨头支撑鼻角，而这一看法已被证明有误。无角鼻龙原本应该长角的地方却长了一大块骨突，现代解读认为这个骨突就足以证明角的存在。不过，由于国际承认的生物命名法基于历史优先律，这只恐龙就不得不顶着一个张冠李戴的名字了。

无角鼻龙是长颈盾恐龙开角龙（见上页）的近亲，但它与短颈盾的三角龙也有相似之处，如脸部较短，鼻子上方长有向前弯曲的眉骨角。它还长有中等大小的鼻角。

无角鼻龙的颈盾上有圆形开口，减轻了颈盾的重量。颈盾本身就很大，与开角龙类似，边缘呈深圆齿型，拉大了骨突的间距。

该北美洲角龙类的化石并不像同科其他成员那么普遍，这可能源于它本身数目并不多，也或者跟它们的宜居地点有关：它们可能栖息在干旱的高地，而这些地方不容易生成化石。

名称：准角龙（*Anchiceratops*）

年代：白垩纪晚期

地点：北美洲（加拿大阿尔伯塔省）

大小：长 6 米

长颈盾的准角龙生活在白垩纪末期，稍晚于其近亲开角龙。事实上，有些古生物学家认为准角龙可能是开角龙的后裔。尽管准角龙比其近亲开角龙稍大，其身体却更具流体学外形。庞大的身躯较长，尾巴较短，高耸的颈盾相当窄。其巨大的眉骨上长有两个向前弯曲的窄长角，较短的鼻角直指前方。

准角龙的颈盾被一条骨脊从中线分开，骨脊两边的骨头上都长有中等大小的开口，颈盾顶部边缘有一对像角一样的突出物指向前方。

准角龙的化石发现于三角洲的沉积物中，混合着煤矿，可以追溯到白垩纪晚期最顶层的岩石。准角龙化石的发现地表明它们生活在沼泽或周围地区，用尖利的喙和碾磨型颊齿以水涝环境中丰富的植物为食，如沼泽柏树、蕨类、大型红木和苏铁等。

名称：五角龙（*Pentaceratops*）
年代：白垩纪晚期
地点：北美洲（美国新墨西哥州）
大小：长 6 米

与准角龙一样，五角龙也可能是稍早的白垩纪晚期开角龙的后裔。它也长有巨大的颈盾，边缘生有小棘刺。某些品种的骨盾延长到背部中间，表面多达四个开口，大大减轻了其重量。

当它被发现时，科学家们以为自己找到了面部长有五根角的恐龙，五角龙即由此得名。事实上，五角龙面部也是普遍的三根角：鼻梁上短粗的鼻角和眉骨上一对向前弯曲的长角。其余的两根“角”不过是脸颊骨的分支，而这是长颈盾角龙类的普遍特征。

名称：牛角龙（*Torosaurus*）
年代：白垩纪晚期
地点：北美洲（美国蒙大拿州、南达科他州、得克萨斯州、犹他州和怀俄明州）
大小：长 7.6 米

牛角龙名字意为“像牛一样的蜥蜴”，发现于白垩纪晚期最顶层的岩石，是长颈盾角龙类中最庞大也是最后一种恐龙，与角龙类最大的短颈盾三角龙生活在同一时代。大约 7000 万年前，两种恐龙会成群结队地穿梭于北美洲的陆地，最近有研究认为牛角龙其实就是三角龙。

牛角龙的头骨是已知所有陆生动物中最大的，无论是现存的还是已灭绝的都不例外，长度可达 2.6 米。巨大的颈盾有体长的一半，从头后生发出来，形成掏空的薄板，具有常见的一对大开口。颈盾边缘平滑，缺少通常会有的几根骨刺。

牛角龙的眉骨上长有两根大角，尖利的大喙上方有一根较短的角从鼻梁上突出，三根角都呈直线，且指向前方。

很少有食肉动物会袭击牛角龙这样的庞然大物。它的体重在 8 吨左右，粗壮的腿移动速度相当快，头部有装甲，巨大的颈盾保护着它的脖子和背部上半部分，其余的躯干则覆有厚实的躯甲，有了这些，它甚至能与体形最大的肉食性恐龙干上一架。不过，到了白垩纪末期，恐龙的日子已经屈指可数了。随着全球性的大灭绝，“恐龙时代”在 6600 万年前左右结束，若干其他主要种类也在同一时期消亡，如蛇颈龙、鱼龙和海中的菊石类，以及空中的翼龙类。后来的古近纪岩层中都未发现这些种类的任何踪迹。

过去几年来，人们对这次大灭绝提出了多种理论。各种假设，如来自外太空的细菌攻击，温度改变，仅孕育一种性别的幼仔，或者蛋壳太厚胚胎无法破壳而出，可谓众说纷纭。如今人们已经普遍接受白垩纪末期曾发生过一次大撞击（见第 235 页），海平面发生巨大变化，二者都会对全球食物链造成重大影响。不过，为什么某些生物存活下来，而其他的却走向灭绝，未解之谜仍然很多。

天空霸主

MASTERS OF THE AIR

征服天空是脊椎动物最后一次伟大挑战，为此它们的结构和生理都需要发生巨大变化，而这些变化在获得强大飞行能力的哺乳动物和爬行动物中是独立进行的。可以说，在会飞的爬行动物中，最成功的莫过于鸟类。

飞行工程学

FLIGHT ENGINEERING

鸟类是公认的天空霸主，无论是过去还是现在，其数量和种类都超过了其他飞行动物（现存鸟类共有166科左右）。它们的成功在于演化出了动物界独特的结构——羽毛。这些符合空气动力学的结构演化自爬行动物的鳞片。羽毛轻盈，受损后可轻易更替，正好与翼龙和蝙蝠脆弱的皮翼相反。

演化出羽翼之后，鸟类获得了在空中飞翔所需的大片表面积，改良的前肢完全用于飞翔，着陆后收拢，展开时则完全适应两足直立行走。

扑翼飞行的动力来自其占体重15%–30%的大块肌肉。这些肌肉从翅膀上生发出来，连接着肩带。

其胸骨极大，中部下方长有突出的龙骨，这两个表面都为强劲的肌肉提供了大量的附着区域，而肌肉还附着在相互

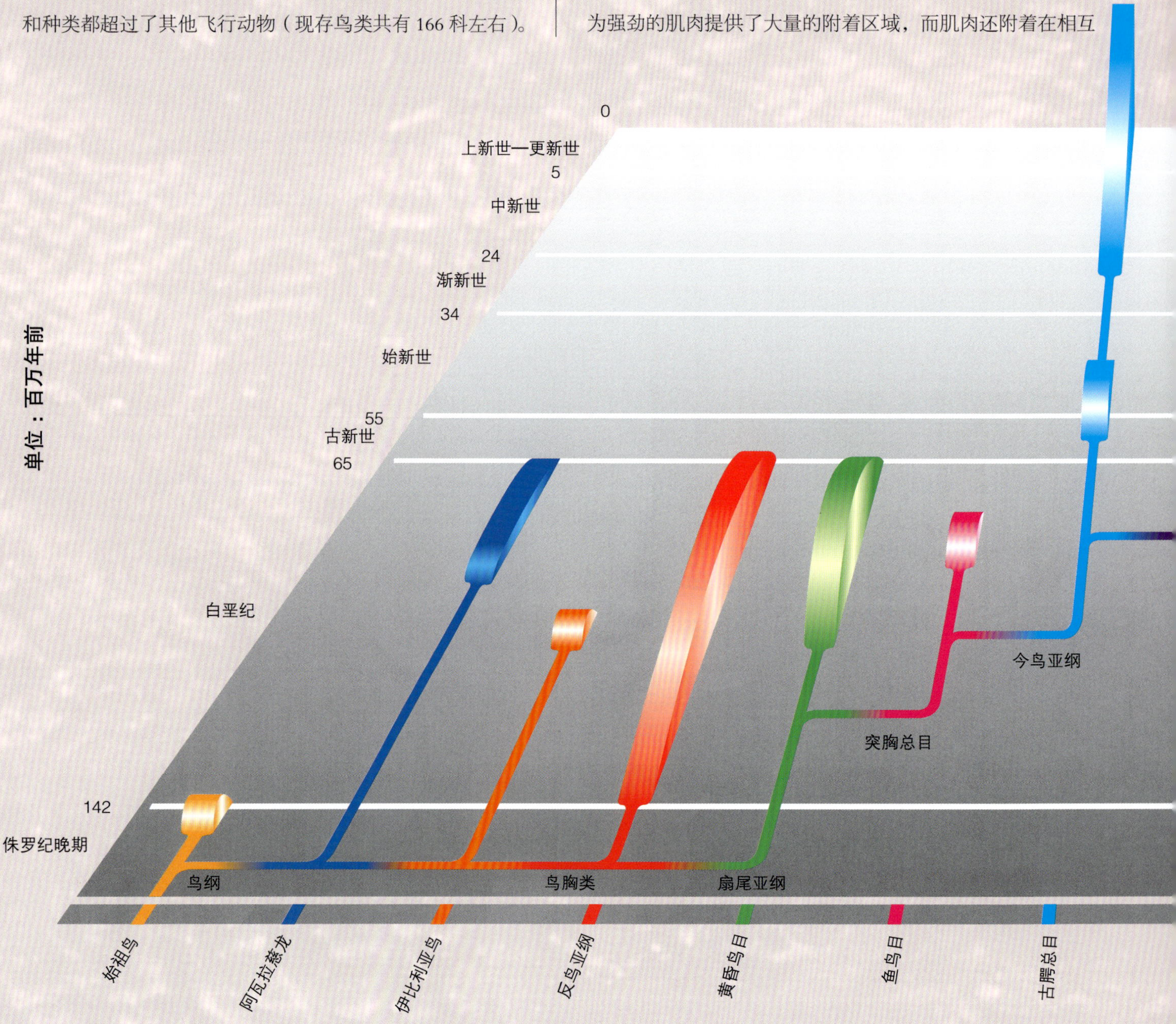

连接构成叉骨的锁骨以及连接叉骨和胸骨的薄膜上。

为了给这些肌肉提供长度和空间，肩部关节上移，与脊椎持平，而为了抵消飞行肌收缩所产生的强大力量，胸骨也从肩部关节和脊椎上收缩回来。

若鸟类需要着陆，其后肢必须长而有力，所以胫骨和某些踝骨（新增的跗跖骨）已经变长。腿部前后摆动所需的强劲肌肉附着在改良的腰带上，且腰带骨骼也已变长。髂骨从臀部关节向前突出，通过 11 到 23 块椎骨与脊椎紧紧相连（而大多数爬行动物仅有 2–3 块）。耻骨和坐骨都从臀部关节向后突出。

为了在行走时保持平衡，鸟类的躯干都很短，重心向后转移到腿的中间，集中在脚部以上的某个点，大块胸骨也位于两膝之间。

鸟的翅膀起到驱动和控制方向的作用，不再需要长尾巴来保持稳定，所以尾巴蜕化成“尾综骨”，尾羽能够直立，形成作用类似车闸的扇面。

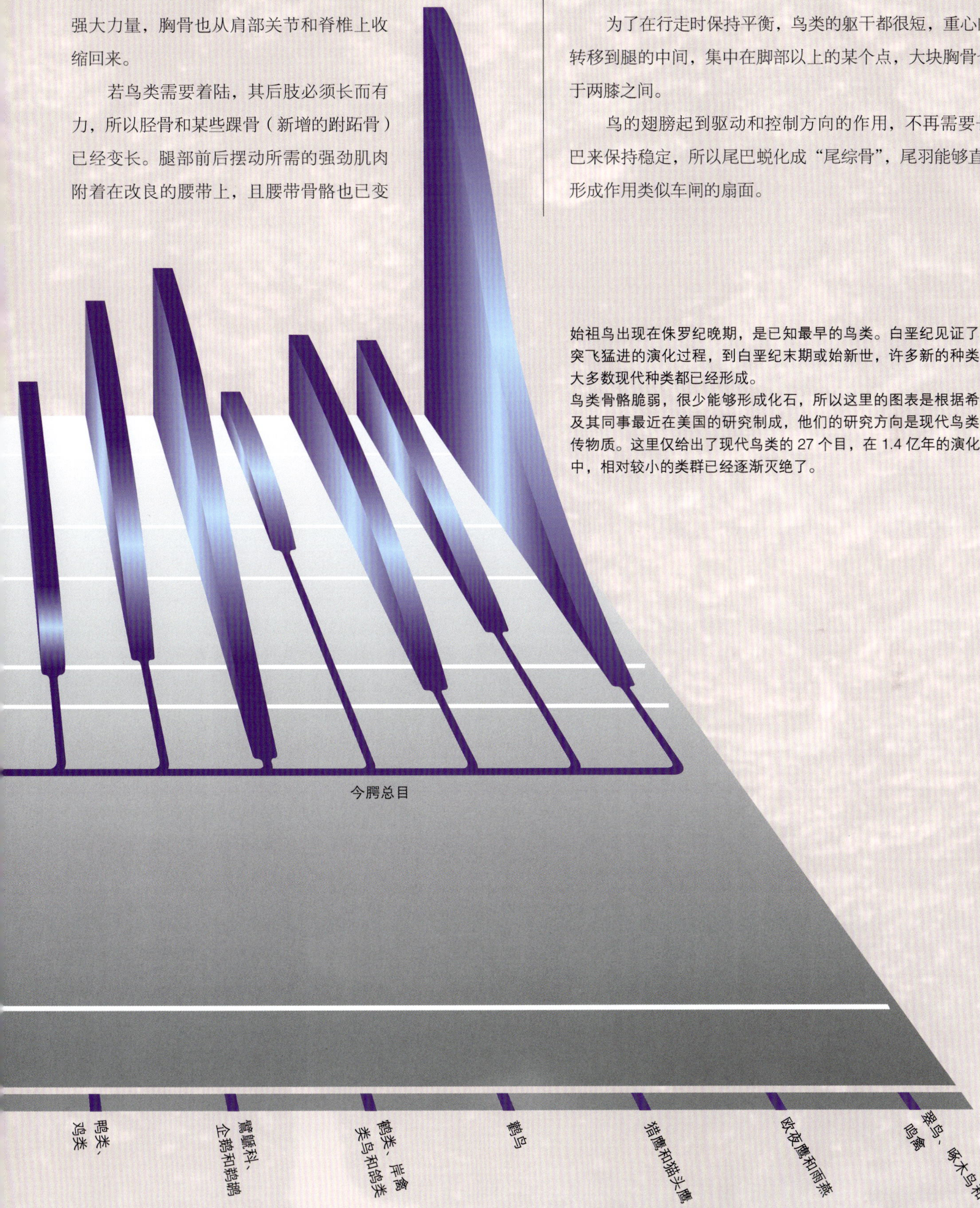

始祖鸟出现在侏罗纪晚期，是已知最早的鸟类。白垩纪见证了鸟类突飞猛进的演化过程，到白垩纪末期或始新世，许多新的种类以及大多数现代种类都已经形成。
鸟类骨骼脆弱，很少能够形成化石，所以这里的图表是根据希布利及其同事最近在美国的研究制成，他们的研究方向是现代鸟类的遗传物质。这里仅给出了现代鸟类的 27 个目，在 1.4 亿年的演化过程中，相对较小的类群已经逐渐灭绝了。

为改变加油

FUELLING THE CHANGES

为了满足飞行的能量需求，鸟类的生理机能也要发生变化。其呼吸系统变得更加高效，主呼吸道上由无数气囊组成的独特结构使得空气能持续不断地供给肺部。鸟类为恒温动物，所以其能级不会随环境温度而改变，其羽毛起到隔热作用。

始祖鸟：第一只鸟

ARCHAEOPTERYX: THE FIRST BIRD

现代鸟类的骨骼与任何爬行动物的骨骼都有着天壤之别，所以在始祖鸟被发现于侏罗纪晚期灰岩之前，人们都不能确定无疑地推断出鸟类的起源。它是爬行动物和鸟类在时间和结构上的过渡阶段。

始祖鸟保存在纹理细密的沉积物中，所以骨骼周围的羽毛印痕清晰可见。其羽毛和翅膀的形状都与现代飞行鸟类非常相似。它也有叉骨，是飞行肌的附着点。始祖鸟翅膀上的羽毛十分现代化，符合动力学的、不对称飞羽的根部还长有细绒毛。

始祖鸟的颌内长有小尖牙，后来的鸟类则用无牙齿的角质喙取而代之。前肢上有三根分开的脚爪（与现代鸟类部分连接的脚爪结构不同），骨质长尾巴两侧的长羽毛能够提供升力。

始祖鸟可能栖息在树上，以树上的昆虫为食，以扑翼飞行和滑翔飞行两种飞行方式穿梭在树木之间。它还会偶尔着地，再用尖利的脚爪爬回树上。

除了翅膀的比例之外，始祖鸟的骨骼也与小型两足恐龙极为相似，如美颌龙，大多古生物学家都认为始祖鸟就源自此类恐龙。

自 1861 年第一根始祖鸟羽毛被发现于巴伐利亚索伦霍芬的侏罗纪晚期岩层之后，其羽毛的演化问题就一直困扰着科学家们。它的羽毛有两种主要类型：长而结实的飞羽和较细小蓬松的绒毛。飞羽是典型的不对称结构。但羽毛最初的功能肯定不是飞翔，因为生物不可能先演化出某结构再去利用它。

最大的可能性是用于身体隔热，这对于缺乏防御机制的小型动物尤为重要，因为它们要始终保持活跃，警惕食肉动物的袭击。鸟类是恒温动物，羽毛既能保温，又能防止体温过高。

直到最近，还有人认为羽毛是鸟类独有的，而在中国发现的长有羽毛的恐龙则推翻了这一观点。在中国发现的原始祖鸟（见第 251 页）还引起了有趣的问题，即羽毛的预适应角色。由于对称的羽毛分布在手臂和骨质长尾巴上，这些恐龙不能够飞行。某些恐龙的头冠上还长有类似羽毛的结构，从头部一直向下延伸到脖子和背部，其躯干也覆有一层细小的绒毛。

羽毛的隔热作用显而易见，可手臂和头冠上的羽毛必然有着其他功用，最明显的就是性展示或物种识别。

西班牙中部拉斯奥亚斯的最新发现也有助于填补化石记录中的鸿沟。拉斯奥亚斯遗址曾是古代湖泊，在白垩纪早期到白垩纪中期期间充满颗粒细密的石灰质泥土沉积物，能够保存极为精细的结构。西班牙的这些沉积物让人有机会一睹鸟类的早期演化历程，其中一种名为伊比利亚鸟的鸟类，似乎能够建立起始祖鸟和最早的反鸟亚纲之间的联系。

“迷失的一环”之战

THE “MISSING LINK” CONTROVERSY

作为爬行动物和鸟类的中间环节，始祖鸟是达尔文进化论的主要证据之一。在 1861 年被发现时，它的重要性就已得到公认，也因此不断成为渐变演化理论质疑者的攻击目标。1985 年，英国天文学家弗雷德·霍伊尔和 N.C. 维克勒马辛哈指出，许多演化革新都是地外病毒雨的后果，受病毒感染的生物具备了新特征。他们还认为白垩纪末期的恐龙灭绝和鸟类、哺乳动物的演化都源于这种病毒雨。

始祖鸟的存在比白垩纪晚期早了 8000 多万年，成了病毒雨理论的致命弱点，于是霍伊尔和维克勒马辛哈又说始祖鸟的标本是伪造的，不过人们已经证明了始祖鸟化石的真实性。

始祖鸟是最重要的化石之一，其特征无可置疑地将爬行动物和鸟类联系在一起。

鸟类的演化

THE EVOLUTION OF BIRDS

始祖鸟与现存鸟类多种化石之间的时间断链主要是在白垩纪（约7000万年前），而一种古老有牙鸟类（与现代鸟类关系很小或根本没有关系）的化石则部分填补了这一鸿沟。白垩纪共有两个不同寻常的种类（亚纲），其中一个是反鸟亚纲，发现于阿根廷，命名于1981年。人们对该亚纲所知仍然甚少，不过其腿部、上臂骨和肩带的某些特征却将它们与其他所有鸟类区分开来。

另一个种类是齿鸟亚纲，该纲为鸟类的演化又提供了一次重大机遇。这些原始海鸟颌内长有牙齿，某些已经丧失了飞行能力，其他的则翅膀尚在，可能与现代燕鸥类似。

某些鸟类已经丧失了飞行能力，这种情况出现在没有主动攻击的食肉动物时期，如白垩纪末期，恐龙灭绝，肉食性哺乳动物尚未出现。不会飞翔的鸟类演化自相对安全的地区，如南美洲。

现存不会飞翔的鸟类（鸵鸟、鸸鹋、几维鸟、食火鸡和美洲鸵）以及已经灭绝的恐鸟和象鸟都属于平胸鸟。它们都具有骨性腭和肩带，说明它们可能起源于会飞的祖先。

现存鸟类及其化石代表归为今鸟亚纲。它们都具有复杂的骨性腭结构，古生物学家据此认为它们起源于共同的祖先。

关于现代鸟类的起源，人们的争议颇多。有些专家宣称少数古近纪前鸟类化石属于现代种类，如鸻形目（岸禽类鸟）和潜鸟目（鸭类）。另一些专家则认为仅有少数几个鸟类谱系从白垩纪的灭绝中幸存下来。

鸟类骨骼不容易保存，所以其化石极其缺乏。在未来的几十年里，人们或许能够发现更多保存更完好的鸟类化石。

鸟类实质上保留了同样的骨骼结构。但现有化石所揭示的信息与现代鸟类之间的相互关系少之又少。由于化石数量较少，羽毛的印痕又极少形成化石，谁也不能底气十足地说史前鸟类长得什么样。这里的复原图体现了人们对鸟类的传统认知，是根据已知的化石名称和对现代相关种类的研究加上一定程度的猜测制作而成。

不过近几十年，中国辽西出土了大量的带毛恐龙和鸟类化石，获得了大量中生代鸟类的演化信息。这些宝贵的信息能帮助我们更好地认识史前鸟类。

从爬行动物到鸟类

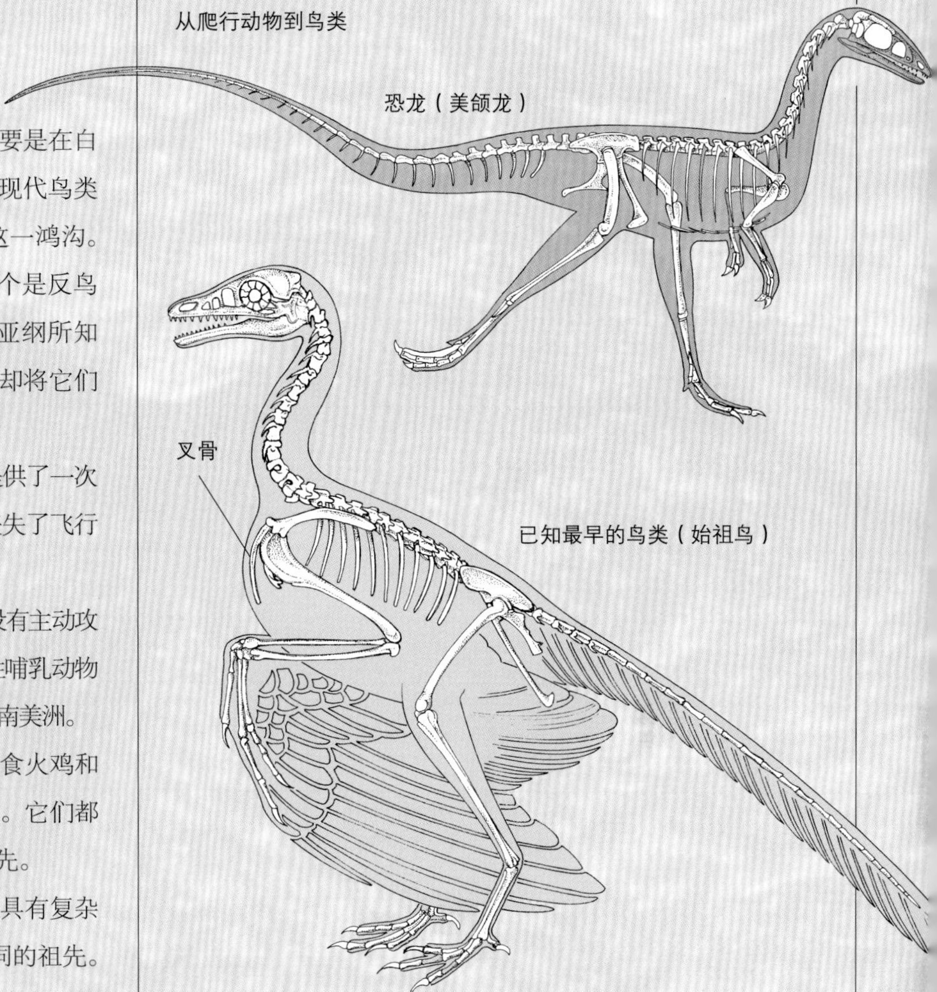

古生物学家认为，鸟类起源于能够用细长的后腿直立奔跑的小型肉食性恐龙。美颌龙（上图）的骨骼与始祖鸟（已知最早的鸟类，中图）的骨骼十分相似，二者都有用于奔跑的长腿、骨质长尾巴、鸟形足、爪状指和尖利的牙齿。不过，始祖鸟具有羽毛，这无疑是鸟类特征，其羽毛印痕保存在岩石中。始祖鸟的锁骨还形成了典型的鸟形叉骨。

现代飞行鸟类（右图）躯干短小紧凑，以腿部为中点保持平衡。其胸骨已演化出大块龙骨，为飞行肌提供了附着点。尾巴蜕化成残肢（尾综骨），颌内无牙齿。

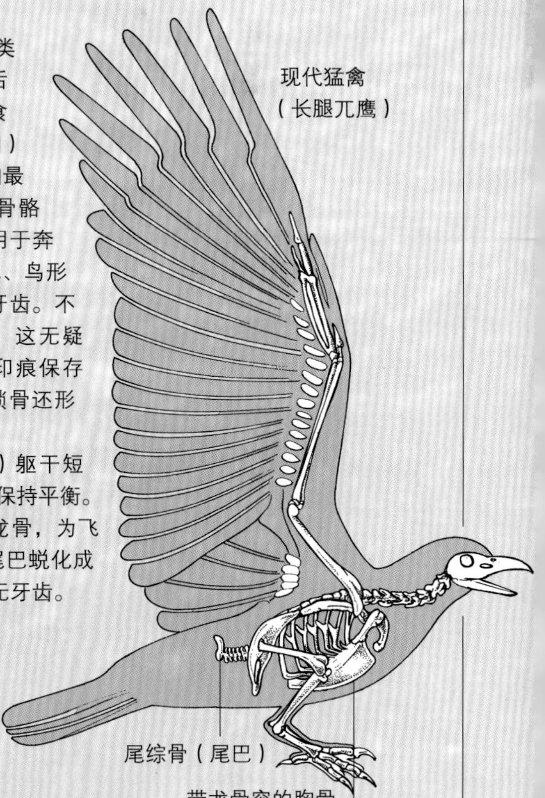

早期鸟类和不会飞翔的鸟类

EARLY AND FLIGHTLESS BIRDS

鸟纲

CLASS AVES

这一高度成功的飞行脊椎动物大家庭包括了 160 科近 9000 种现存种类，其中 134 科都有化石，另有 77 科已灭绝的种类。尽管近些年已取得了较大进步，但理解鸟类种系演化上的主要困难仍然存在，因为分子学和形态学证据显示出了各不相同的连系。

始祖鸟科

FAMILY ARCHAEOPTERYGIDAE

这个“古鸟科”目前仅有一个类群，即始祖鸟，而且可能仅有这一个。它是已知最早的鸟类，在演化史上的地位举足轻重，因为它的结构连接了两个主要物种——爬行动物和鸟类。

名称：印板始祖鸟（*Archaeopteryx lithographica* ）

年代：侏罗纪晚期

地点：欧洲（德国）

大小：长 35 厘米

始祖鸟的发现是古生物学历史上的经典案例。1861 年，在德国南部的索伦霍芬采石场里，一批颗粒细密的灰岩正在被切割。这些石块来自侏罗纪晚期，已有 1.5 亿年的高龄，其中一块平板上露出近乎完美的始祖鸟骨骼——已知的第一只鸟。不仅大部分脆弱的骨骼保存完好，羽毛的印痕也清晰可见，仍然自然地长在翅膀和尾巴上。这个标本的模型如今陈列在伦敦自然历史博物馆。

1877 年，人们在同一地点发现了第二个更加完整的标本，这一块岩石和其中的无价之宝如今都陈列在柏林的洪德堡大学博物馆。目前已知的标本还有四个。

这些生物大小与现代鸽子差不多，头小，眼睛大，颌内有尖牙，骨质尾巴较长，下肢细长，较长的一端各有三根爪状指，有着典型的鸟形足。始祖鸟的小腿很长，说明它善于奔跑。

其形象并不与大多数现代鸟类相同，但始祖鸟有着两个无可置疑的鸟类特征，即发育良好的叉骨（由两块锁骨连接构成）和附着在长长的手臂和尾巴上的鸟类特有的羽毛。

若不是这些类似鸟类的特征，始祖鸟很容易就被误认作虚骨龙类的小型两足肉食性恐龙（见第 250–253 页）。事实上，直到 20 世纪 70 年代早期，1951 年于德国发现的始祖鸟标本都一直被当作美颌龙，而后人们才注意到它的羽毛印痕。

多数古生物学家认为始祖鸟是食虫动物，生活在空旷的森林中，靠飞翔或滑翔穿梭在树木之间。它可能会在飞行中抓住同样在飞的昆虫，或者出其不意地俯冲栖息在地面上的无脊椎动物。其爪状指能够抓住树干，也能在树枝之间攀爬，为下一次飞行做准备。

始祖鸟的胸骨较小，与现代鸟类带龙骨突的大块胸骨不同，而这正是强劲的飞行肌附着的主要区域。有些古生物学家认为始祖鸟的羽毛仅仅是为了隔热，而非用于飞行。可以断定，这种古老鸟类与其现代近亲一样，都是恒温动物。通过控制体温，它能够过上更主动的捕食者生活。

不过，始祖鸟翅膀上羽毛的结构和排列方式仍然与现代鸟类相似，虽然飞行能力比不上后者，但几乎可以断定就是用于飞行。

齿鸟亚纲

SUBCLASS ODONTORNITHES

该“有牙的鸟类”生活在白垩纪。齿鸟亚纲与现代鸟类相似，只不过颌内的牙窝长有小尖牙。

它们已经演化出持续飞翔所需的主要结构特征（而有些已经退化）：可供强劲的飞行肌附着的宽阔龙骨。其祖先所具有的骨质长尾巴也已退化。

鱼鸟形目

ORDER ICHTHYORNITHIFORMES

该目成员为原始海鸟，可能以鱼类为食，在北美洲的白垩纪晚期海相地层中十分普遍。从其强壮的龙骨可以看出，它们善于飞行。

名称：鱼鸟（*Ichthyornis dispar*）

年代：白垩纪晚期

地点：北美洲（美国堪萨斯州和得克萨斯州）

大小：高 20 厘米

首次发现于 19 世纪 70 年代，这种古代鸟类长有牙齿的颌起初被认为属于沧龙——同时代以鱼类为食的海洋蜥蜴（见第 231 页）。该爬行动物与鱼鸟保存在同一块岩石中，有着与之相似的颌和牙齿。

鱼鸟及其类群内的其他鸟类的结构与现代大型海洋燕鸥相似，但从身体比例来看，它的头部和喙更大。其巨大的胸骨表明它飞行能力很强。

黄昏鸟形目

ORDER HESPERORNITHFORMES

该白垩纪有牙鸟类是特化的潜水海鸟，已经丧失了飞翔能力。尽管它们有着发育良好的胸骨，其龙骨却已经变小，翅膀也已退化。这些鸟类在白垩纪覆盖北美洲中部的浅海中捕食鱼类，并在海岸浅水区筑巢。

名称：黄昏鸟（*Hesperornis regalis*）

年代：白垩纪晚期

地点：北美洲（美国堪萨斯州）

大小：高 1.8 米

这种不能飞翔的大型鸟类与其他有牙海鸟的不同之处在于它的翅膀几乎已经完全消失。它靠位于身体后方巨大的蹼足强力踢水游动，以现代潜鸟和鸊鷉的方式推动自身前进。

黄昏鸟可追逐游动迅速的鱼类和水下的鱿鱼，用带有尖利牙齿的长喙抓住滑溜的猎物。它可能像现代潜鸟一样在水边筑巢，登上陆地后会变得十分笨拙，且毫无抵抗力。

今鸟亚纲

SUBCLASS NEORNITHES

“新型鸟类”涵盖了所有的近代鸟类。它们从白垩纪早期开始适应各式各样的环境，大多数现代种类的代表出现在 5000 万年前左右的早始新世。人们目前已知几个已灭绝的种群和类群，下列几个特别引人注目。

鸵形目

ORDER STRUTHIORNITHIFORMES

不能飞翔的大型长腿鸟类统称平胸鸟，而平胸鸟就属于该目。它们的翅膀都很小，胸骨上为飞行肌提供附着点的龙骨突已经消失。

平胸鸟最早出现在白垩纪或古近纪，相互分离的大陆上演化出了不同的品种。如今，该种类现存的是澳大利亚和新几内亚的鸸鹋和食火鸡、新西兰的几维鸟、南美洲的美洲鸵和非洲的鸵鸟（之前也曾存在于欧亚大陆）。

两个十分引人注目的类群最近才灭绝——马达加斯加的象鸟和新西兰的恐鸟。

早期鸟类和不会飞翔的鸟类

EARLY AND FLIGHTLESS BIRDS

名称：象鸟（*Aepyornis titan*）

年代：更新世至近代

地点：非洲马达加斯加岛

大小：高达 3 米

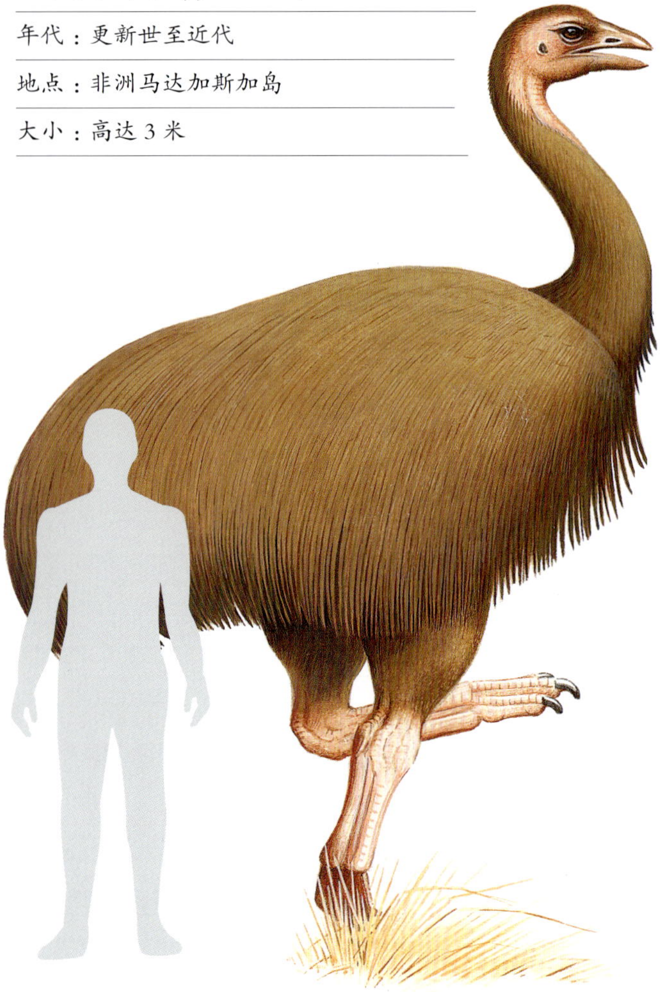

这个种类是已灭绝的隆鸟属中最大的，体重可达 500 千克。其为世人熟知的名字——象鸟——来源于阿拉伯传说中的“巨鸟”，据说这种鸟能够搬得动一头大象。

象鸟的腿上长有三根分得很开的粗壮脚趾。长而厚的股骨表明它不适合奔跑。

象鸟的蛋长 30 厘米有余，容积为 9 升，重可达 10 千克。

隆鸟属鸟类没有特别的防御武器。它没有牙齿，没有爪子，也没有翅膀，仅用体形和力气对抗食肉动物。不到 1500 年前，当人们涉足马达加斯加岛时，隆鸟的类群仍然存活着，直到 17 世纪才逐渐灭绝。

名称：最大恐鸟（*Dinornis maximus*）

年代：更新世至近代

地点：新西兰

大小：高达 3.5 米

最大恐鸟是有史以来最高的鸟类，比马达加斯加岛巨大的象鸟还高，但身体却轻了不少。它是最近才灭绝的诸多不会飞翔的新西兰恐鸟种类之一。

人类在大约 10 世纪到达新西兰岛群岛，随后的 800 年里，他们通过烧毁树林发展农业，毁掉了大部分森林，又残酷地猎杀恐鸟，致使它们在 19 世纪之前完全灭绝。

所有的恐鸟体形都很庞大，腿部重，脖子长。在缺乏大型食肉动物和食植动物的条件下，这些移动缓慢的鸟类占据了原本属于食嫩叶哺乳动物的生态位，以丰富的种子和果子为食。

名称：巨鸸鹋（*Emeus crassus*）

年代：更新世至近代

地点：新西兰

大小：高 1.5 米

这种鸟的高度仅有最大恐鸟的一半，小腿尤其粗大，与身体不成比例。它的足也十分宽阔，行走极度缓慢，最容易被以鸸鹋为食的猎食者下手。

现代几维鸟是新西兰的象征，某些古生物学家则把它看作特化的恐鸟。相比已经灭绝的近亲，现存的三个品种体形较小，高度不足 60 厘米。

鸽形目

ORDER COLUMBIFORMES

现代鸽类自白垩纪晚期或古近纪首次出现以来，几乎没发生太大变化。体形较大的鸽形目种类起源于温暖的岛屿，这里没有食肉动物，尤其是在更新世，若干大型不能飞翔的种类栖息在印度洋的马斯克林群岛。

名称：渡渡鸟（*Raphus cucullatus*）

年代：更新世至近代

地点：毛里求斯

大小：高 1 米

渡渡鸟是大型陆生鸽类，也是人类破坏习性的另一个牺牲品。它们移动缓慢且不会飞翔，极易成为在印度洋岛屿上暂时休息的水手的储备食物。

渡渡鸟与现代火鸡大小相差无几，覆有柔软的绒毛。身躯肥胖（重 23 千克左右），头大，秃脸，有着带钩的大喙和卷曲的簇状尾巴，羽毛小而无用，步法笨重，靠粗壮有趾的脚蹒跚而行，以低矮的植物、种子和落果为食。

毛里求斯岛上没有天敌，渡渡鸟缓慢的步伐不受打扰，也不会陷入危险，致使它无法对抗大型食肉动物，甚至无法逃脱饥饿的水手的魔掌。渡渡鸟不仅容易被登岛的人捕食，还会成为被引入岛上的动物的猎物（如猪和狗）。于是渡渡鸟在 17 世纪就灭绝了，距其首次被发现还不足 200 年。

鹳形目

ORDER CICONIIFORMES

该大类涵盖了现代岸禽类鸟——涉水鸟类（水禽除外，见第 325 页“雁行目”）、海鸟和典型的猛禽。大多数鹳形目起源自白垩纪末期，并演化成栖息在不同环境的物种。鹰等猛禽从始新世以后就分布十分广泛。

名称：哈斯特鹰（*Harpagornis moorei*）

年代：更新世至近代

地点：新西兰

大小：可能高 1 米

比起现代近亲鹰类和旧大陆秃鹫，哈斯特鹰大不了多少，但更加强壮，且体格更加沉重。哈斯特鹰的腿短粗，有爪，喙深厚，钩的弯曲幅度特别大，翼展可达 2.1 米。

哈斯特鹰与恐鸟共同生活在新西兰，也在几乎同一时间灭绝——可能就是 17 世纪。由于新西兰群岛并无其他大型食肉动物，哈斯特鹰会以较小的恐鸟为食，如巨鸸鹋，或者以其他同样已经灭绝的鸟类为食，如不能飞翔的鹅。

鸸鹋是体形巨大的猎物，但它们移动缓慢，再加上相对较小的头部和较长的脖子，都使得它们无法抵御空中袭击。可以肯定地说，鸸鹋就是猛禽最容易捕获的猎物。

水禽和陆禽

WATER AND LAND BIRDS

名称：*Palaelodus ambiguus*

年代：晚渐新世至早渐新世

地点：欧洲（法国）

大小：高 60 厘米

该大小中等的长腿岸禽类鸟与现代涉禽、水禽、海鸟以及猛禽都有近亲关系（统称鹳形目，见第 321 页）。

古生物学家通常认为 *Palaelodus* 及其近亲代表了早期火烈鸟，但最近的评估则表明它们更可能起源自岸禽类鸟，且从岸禽类鸟家族分化得较晚，在晚渐新世到早渐新世栖息分布在欧洲、北非和北美洲。

古生物学家对于 *Palaelodus* 的头形和喙形所知甚少，该复原图（上图）是人们对其的传统认知。不过，其腿骨结构表明它可能潜入水中游动进食，与现代潜水鸭子类似，而非在浅水中蹚来蹚去。

名称：大海雀（*Pinguinus impennis*）

年代：更新世至今

地点：欧洲西部沿岸的小岛屿（不列颠群岛）、格陵兰岛、冰岛和北美洲（美国缅因州、加拿大拉布拉多地区）

大小：高 50 厘米

1844 年，鹳形目的另一个成员——大海雀在冰岛沿岸的小岛屿上最终灭绝。多年来，水手们吃它的肉，砸它的蛋，切割其皮下的隔热脂肪层作灯油。

大海雀名不副实，体形并不大很大，高仅有与其最相似的现代刀嘴海雀的一半，二者的不同之处在于大海雀已丧失飞翔能力。大海雀很好地适应了海洋生活，与现代所有海雀一样靠蹼足浮在水面上，在水下追逐猎物时则靠微小的翅膀推进。

大海雀的腿位于身体后方，在陆地上可以直立行走，不过行走缓慢，姿态怪异。它在容易上岸的岛屿上筑巢，在裸露的平地上孵化单颗卵蛋。它们的巢穴极易受到攻击，要么被水手当场杀死，要么像羊一样被圈养在船上。

大海雀起源自 200 万年前左右的更新世，而海雀科的其他成员则可追溯到中新世或更早。在更新世的冰川期，大海雀向南游弋，在地中海和佛罗里达都曾存在。

尽管与南半球的现代企鹅并无任何近亲关系，大海雀的生活方式和外貌都是企鹅的北方翻版。事实上，大海雀最早命名为“企鹅”，名称来自早期水手，如今的企鹅是根据它们命名的。

名称：阿根廷巨鹰（*Argentavis magnificens*）

年代：晚中新世

地点：南美洲（阿根廷）

大小：高 1.5 米

与其身体相比，阿根廷巨鹰的翅膀十分巨大。尽管目前仅有部分骨头被发现，但其翼展在 7.3 米左右，是现存翅膀最长的信天翁的两倍。

这种大小的鸟类并不靠扑翼飞行，而是在食物源之间滑翔，尽量少扑棱翅膀以保存体力。从高处着陆时，它会借白天的上升热气流停驻在空中。与现代信天翁一样，它的起飞技术也可能十分怪异。

与其现代近亲新世界的秃鹫一样，阿根廷巨鹰很可能也是食腐动物。其深厚的钩喙用于刺破死亡动物的表皮，而非用于攻击活物。在中新世阿根廷开阔平原的大型植食性哺乳动物是其丰富的食物来源，但这种大型鸟类极易受食物和气候变化的影响，所以它们的命运与南美洲早期的哺乳动物息息相关（见第 390–397 页）。

阿根廷巨鹰与鹳的亲缘关系比其他猛禽更近，事实上，它们与鹳有着共同的祖先，只是在古近纪就已分化。

名称：璃莱军舰鸟（*Limnofregata azygosternum*）

年代：早始新世

地点：北美洲（美国怀俄明州）

大小：高 30 厘米

璃莱军舰鸟似乎是现代军舰鸟的祖先。如今的军舰鸟已成为特化的海洋鸟类，与鹈鹕是近亲，几乎已完全适应了海上飞行生活。但在 5000 万年前，它们才刚刚开始演化，而璃莱军舰鸟就是演化至一半的产物。

璃莱军舰鸟的基本结构与现代军舰鸟类似（但生活方式方面的极端适应特征较少），腿和足的尺寸虽已变小，却仍然比现代种类大得多、长得多。从比例上看，与最大的现代军舰鸟翼展达 2.5 米的长翼相比，它的翅膀比较短，翼展仅约 1 米。其喙较短，比现存种类更细，钩子形状较不明显。

不过，与现代军舰鸟不同的是，璃莱军舰鸟并不会在海上靠热气流滑翔，而是靠扑棱翅膀，且栖息地域也较广泛，如淡水、湖水和深远的内陆。它的外表和进食方式更像鸥，比其现代近亲相比，更可能降落在水面上，后者则无需落在水面上就能抓起鱼类和鱿鱼。

水禽和陆禽

WATER AND LAND BIRDS

名称：骨齿鸟（*Osteodontornis orri*）

年代：晚中新世

地点：北美洲（美国加利福尼亚州）

大小：高 1.2 米

骨齿鸟是“骨齿的”滑翔海鸟中的一种，同时具有鹈鹕和信天翁的特征。它们很可能起源自白垩纪晚期的同一个祖先，而到了晚古新世，它们已经高度发达，成了古近纪最大的海鸟，从而阻止了较大型的信天翁的演化。

骨齿鸟的躯干较大，腿和脚很像大型海燕，窄长的翅膀适于持续滑翔，某些较大型品种的翼展可达 6 米，且可以硬着伸开，但在迅速转向方面没有太大作用。

骨齿鸟头上长有类似鹈鹕的沉重长喙，飞行过程中可以向后放在肩膀上，与现代鹭或鹈鹕相似，长度也与现代鹈鹕相等，但更圆更结实，端部长有喙钩。两颊骨边缘都长有类似牙齿的大大小小的突起，当喙闭合时，下颌上的突起就会嵌入上颌腭上的深槽内。

骨齿鸟的翅膀结构表明它可能从水面或稍下一点抓起猎物，喙部的骨刺十分适合抓取滑溜的鱼类和鱿鱼。倾斜的喉咙顶部表明其背后长有弹性大囊，用于暂时储藏鱼类。

人们对这些鸟类的筑巢习性一无所知。它们可能会选择被水淹没的岛屿，方便起飞时助跑。它们滑翔时需要微风，而非狂风，其在 200 万年前左右的终结可能就源于更新世越来越复杂多变的天气。

鹤形目

ORDER GRUIFORMES

鹤形目起源自 9000 万年前的白垩纪晚期，迅速演化成一个大家族，有小而强壮的飞翔鸟类，也有不能飞翔的大型品种。如今的大多数鹤形目都是水生鸟类，如长腿鹤和秧鸡、雌红松鸡和黑鸦，还有一些陆禽品种，如鸨和喇叭鸟。

名称：恐鹤（*Phorusrhacus inflatus*）

年代：早中新世至中中新世

地点：南美洲（巴塔哥尼亚地区）

大小：高 1.5 米

恐鹤体形中等，属于在新近纪成为南美洲主要食肉动物的不能飞翔鸟类的一员。所有的恐鹤都长有强壮的奔跑腿、小而无用的翅膀和带有鹰形大喙的大头。有些品种是庞然大物，高 3 米，其中一个品种的头部长 50 厘米以上。

南美洲在古近纪已变成了岛屿型大陆，恐龙已经灭绝，又没有大型食肉动物出现取代其位置，恐鹤及其近亲就填补了空缺的生态位。有些古生物学家认为恐鹤也是食腐动物，深厚的钩喙用于撕裂死亡动物的血肉，也用于抓取猎物。

这些强大的鸟类在早更新世灭绝，但其亲缘关系最近的近亲很可能就是今南美洲草原上的两个叫鹤品种。这些小型陆禽能够飞翔，但更喜欢行走。

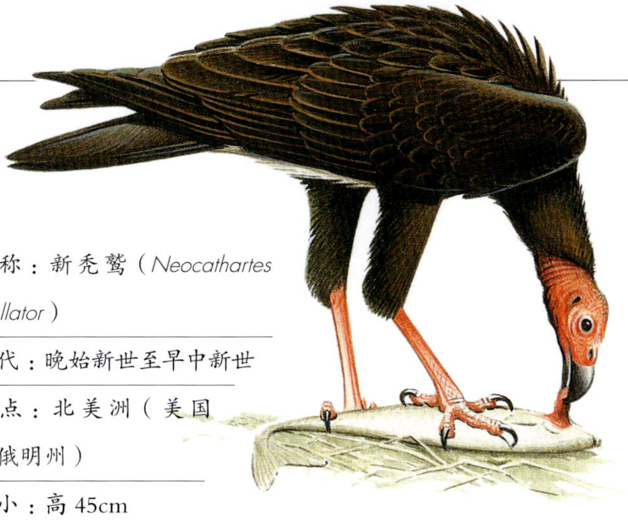

名称：新秃鹫（*Neocathartes grallator*）

年代：晚始新世至早中新世

地点：北美洲（美国怀俄明州）

大小：高 45cm

新秃鹫最初被认为是改良后适于奔跑的新世界秃鹫，似乎是鹤形目陆禽高鸟科的肉食性成员。其体形细长，能够飞翔，但从结构上来看，它可能大部分时间都在陆地上猎食。

新秃鹫可能像现代蛇鹫一样用长腿追逐猎物，爪状足和鹰形喙能够轻易地对付啮齿类和爬行动物。

名称：巨型不飞鸟（*Diatryma gigantea*）

年代：早始新世

地点：欧洲（比利时、英格兰和法国）和北美洲（美国新泽西州、新墨西哥州和怀俄明州）

大小：高 2.1 米

巨型不飞鸟是不会飞翔的大型鸟类，栖息在古生代和始新世时的北美洲和欧洲西部，当时这两块大陆仍然是一体的。

与该科其他成员一样，它也是体形很大，翅膀很小，不会飞翔，粗壮的腿上长着结实的爪状足。其巨大的头部（长有庞大的钩喙）几乎与现代马头一般大。

有些古生物学家认为巨型不飞鸟之所以能在北半球成为主要的食肉动物，是因为当时没有别的大型猎食者存在。所以，与后来的南美洲恐鹤一样，巨型不飞鸟可能就是最主要的食肉动物。

而另一些古生物学家则认为巨型不飞鸟实际上是食植动物，用边缘锋利的大喙剪破坚硬的植物，如草丛或灌木丛。

雁形目

ORDER ANSERIFORMES

现代水禽——鸭类、鹅类和天鹅类——的祖先都属于该目，它们在白垩纪就早早地与其他鸟类分化开来。

名称：普瑞斯比鸟（*Presbyornis pervetus*）

年代：白垩纪晚期到早始新世

地点：欧洲（英格兰）、北美洲（美国犹他州和怀俄明州）和南美洲（巴塔哥尼亚地区）

大小：高 1 米

普瑞斯比鸟是该科的典型代表，其长腿、长脖子、细长的身子使得古生物学家起初以为它是火烈鸟，而后来发现的头部和喙则与现代鸭类相似。

从大量的骨头和卵蛋化石来看，普瑞斯比鸟似乎成群结队于湖边的浅水区，在大片空旷的聚落区筑巢，还会蹚入浅水中，用宽阔平展的喙过滤小动物和植物，这与现代涉禽鸭类的捕食方式相同。

哺乳动物的祖先

ANCESTORS OF THE MAMMALS

在3亿多年前的石炭纪晚期，加拿大新斯科舍省温暖潮湿的热带雨林里栖息着两种爬行动物。二者几乎一模一样，都是体形较小，蜥形，腿和脚都位于身体两侧。其中一种叫作林蜥，以昆虫为食，同时又要防止被其他动物吃掉——如长有坚固下颌和尖牙的大型食肉动物始祖单弓兽。

林蜥是已知最早的爬行动物（见第206页），而在接下来的8000万年时间里，蛇齿龙科的始祖单弓兽将成为爬行动物界首个主宰陆地的动物，贯穿了从二叠纪到第三纪的大部分时间。这就是似哺乳爬行动物，得名如此，源于它们的演化史产生了哺乳动物——现今品种最多、最成功的脊椎动物（见第338-441页）。

起初，似哺乳爬行动物并没有显出丝毫的先兆，仅有头骨的一个特征显示它们与哺乳动物的密切关系，即一对颞孔位于眼窝后下方，这一特征将它们与其他爬行动物区分开来。同样的结构——名为下孔——也见于哺乳动物，只不过经过改良的颞孔更大而已。其他爬行动物属于无孔亚纲（无颞孔）或双孔亚纲（两个颞孔），其现存后裔分别是海龟、陆龟以及蜥蜴、蛇类和鳄类。

人们认为，似哺乳爬行动物及其后裔哺乳动物的颌之所以更强劲，其直接原因就是头骨上下孔的发育。与此相应的还有新的牙列形成，即典型的哺乳动物牙列——大小形状各异，功能各不相同：边缘锋利的门齿用于切割，尖犬齿用于撕扯，带有碾磨型表面的颊齿用于咀嚼。

似哺乳爬行动物的崛起

RISE OF THE MAMMAL-LIKE REPTILES

最早的下孔型爬行动物是盘龙类（见第330-332页），从小如始祖单弓兽的生物演化出了多种大型爬行动物，肉食性和植食性兼而有之。它们的顶峰是在二叠纪早期，占陆生动物群的70%左右。其化石在美国得克萨斯州尤为普遍，大约2.8亿年前，该地区温暖潮湿的热带三角洲冲积平原孕育了大量早期两栖动物和鱼类，为当时陆栖的主要食肉动物盘龙类提供了丰富的食物来源。

到了二叠纪中期，一个更高级的似哺乳爬行动物种类从盘龙类分化出来，并完全取而代之，这就是哺乳动物的直系祖先兽孔目。它们的化石首次发现于二叠纪晚期俄罗斯欧洲部分的岩石中，其突然现身表明它们可能更早之前就已出现在海拔更高的高地（这不易形成化石）。

在二叠纪期间，这些兽孔目动物的生存范围扩大到巨大的南方冈瓦纳大陆，许多品种的化石就发现于非洲南部低洼盆地内的卡鲁岩石中，另一些则发现于从新形成的乌拉尔山脉上冲刷到俄罗斯欧洲部分的沉积物中。再后来，在三叠纪，兽孔目动物扩散到亚洲、南美洲乃至南极洲，而当时这些大陆连成一体，形成超级大陆盘古大陆。

兽孔目在三叠纪中期之前一直是陆地的霸主，其习性兼具了肉食性、植食性和虫食性。不过，两个新陆生爬行动物类群在当时涌入它们的生态位，即早期的肉食性主龙类（见第250-265页）和植食性喙头龙类（见第236页）。

之后，兽孔目开始逐渐衰落，到了5500万年后的侏罗纪中期，最后一个类群也最终灭绝（即犬齿兽亚目的三列齿兽，见第337页）。但在此之前，其成员已孕育出了第一批哺乳动物——小型鼩鼱形动物还要再等待1.5亿年才能进入脊椎动物历史的镁光灯下。

通过这些不起眼的小生物，下孔亚纲爬行动物笑到了最后，因为到了白垩纪末期，占据了生态位的大型恐龙已经灭绝，其统治时代结束，而似哺乳爬行动物则存活下来，并将以哺乳动物的身份继承地球的统治权。

迈向恒温的关键步伐

VITAL STEPS TOWARD WARM-BLOODEDNESS

哺乳动物比爬行动物的高级之处在于他们能够调节体温。哺乳动物是恒温动物，爬行动物是冷血动物（见第235页），但毫无疑问，早期的哺乳动物和爬行动物一样仍然是冷血动物，仍然以太阳为其体温的主要来源。早期下孔亚纲化石的发现为此提供了有力证据，如楔齿龙科的盘龙。其中有些动物的背部长有覆着表皮的帆，其作用必然是用于调节体温，即寒冷时吸收热量，温暖时散发热量（见异齿龙，第331页）。

盘龙类不具有如此明显的调节装置，而早期的兽孔目（如恐头兽类）可能仅仅通过庞大的身躯来调节体温：躯干越大，容积越大，保留的热量就更多，储存的热量能够降低环境温度波动所产生的影响。

不过，后来的兽孔目爬行动物演化出了其他特征，使它们完全摆脱了太阳这一能量来源。它们提高进食频率，吃进更多食物，加快消化速度，提高新陈代谢效率，把食物当作了主要的能量来源。

这一控制体温的新方式需要它们做出许多改变，如更加强有力的颌和牙齿，更好的移动方式，更好的呼吸控制，以及更好的用来保持体内温度的外部隔热器官。

牙齿的演化
DENTAL DEVELOPMENTS

似哺乳爬行动物的革新之一就是演化出了形状大小各不相同的牙齿（称为"异型齿"牙列）。就连最早的盘龙类也具有三种不同的牙齿：前方用于抓取食物的门齿，中间用于戳刺的长门齿和后方用于撕咬的颊齿。

在普通的爬行动物牙齿结构中，所有这些牙齿都会周期性全部被更替掉，磨损的旧牙齿全部丢掉：偶数颗的牙齿先被更替，接着是奇数颗。而更高级的兽孔目则摒弃了这一爬行动物"整体替换"换牙方式，它们的牙齿在一生中仅更替数次。

这种新型换牙方式是一个巨大进步，意味着每颗牙齿在颌内留存的时间更长了，上下齿相对应的齿冠就能演化出复杂的齿脊和齿谷，使得咬合更加精确，所形成的粗糙表面会将食物切割、碾磨成碎浆，之后再吞咽下去。经过精细咀嚼的食物可以更快更容易地消化，也就能更快地释放身体所需

似哺乳爬行动物以盘龙类形式出现在石炭纪晚期，均为发育完全的陆生动物。人们认为其中有些（包括基龙）能够用背部的大块控温"帆"来调节体温。
楔齿龙类是高级的似哺乳爬行动物——兽孔目的祖先，其中许多是凶猛的食肉动物，在二叠纪期间统治着陆地，其他的则是大型食植动物，如二齿兽。

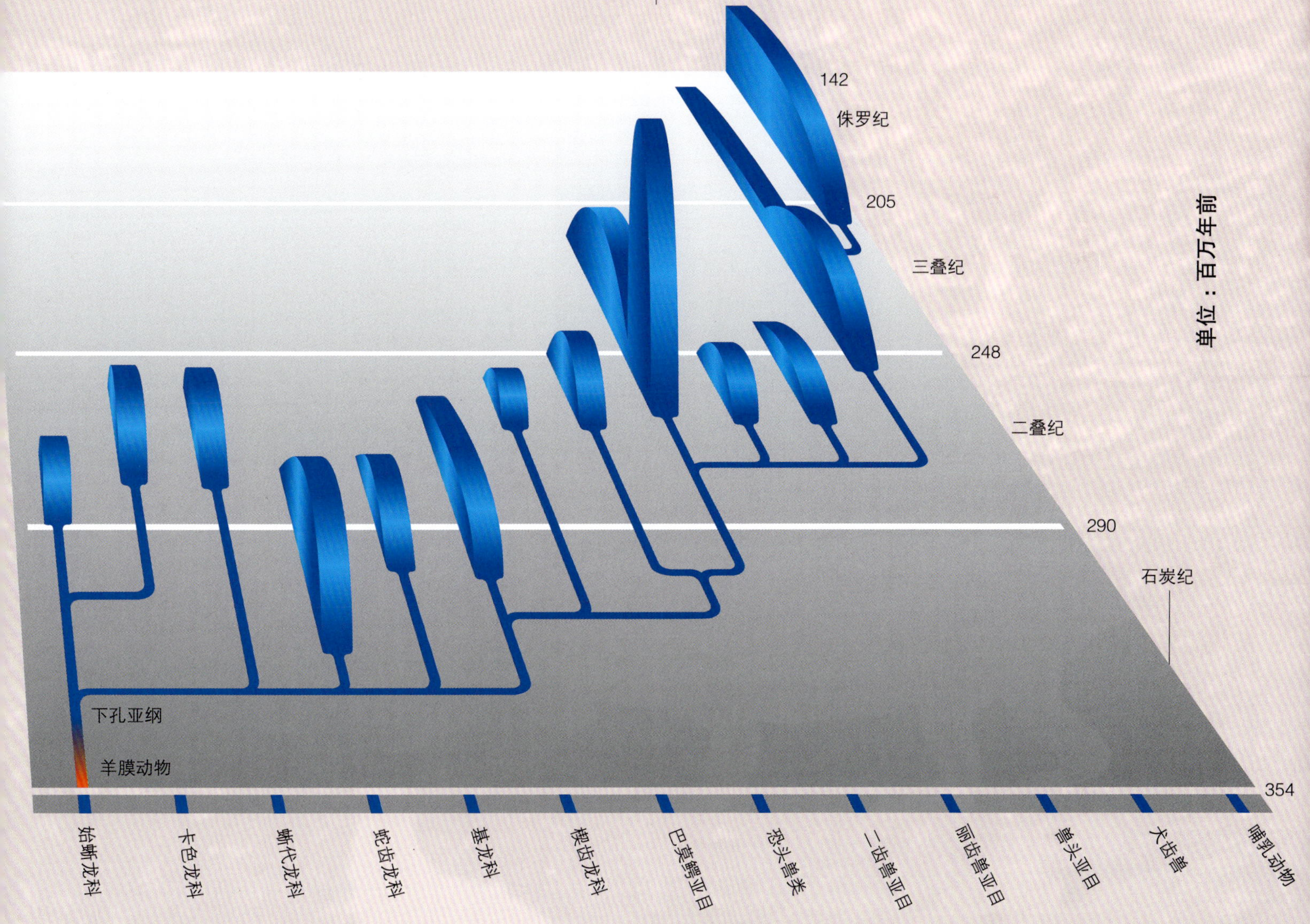

的重要营养成分。

似哺乳爬行动物的颌和头骨也有所改变。首先，下孔亚纲头骨上的颞孔变大，为演化出更长的颌肌提供了空间；第二，头骨后侧变长，两侧消减，也为颌肌提供了更多生长空间。这两个变化都使得颌肌变得更强劲，咬合力也因此变大。

第三，下颌结构也有改良。在以前，一些颌肌附着在颌前方的大块齿骨上，另一些则附着在后方数块较小的齿骨上。这些较小的齿骨在兽孔目身上逐步变小（在哺乳动物的颌内已经完全消失，消除了下颌骨关节之间可能存在的弱点），齿骨的后侧也发育了高耸的凸缘（冠突），为更大更强劲的颌肌提供了更多的附着点。

另外一个与似哺乳爬行动物颌骨相关的小变化在提高哺乳动物的听力方面起到了重大作用。似哺乳爬行动物头骨和下颌之间的关节由两块骨头构成，而这两块骨头逐渐退回到哺乳动物的中耳，在这个位置与已经存在的镫骨相连，形成了三块骨头构成的链条（因其形状而被称为锤骨、砧骨和镫骨）。声音通过这一链条从外耳传入充满流体的内耳耳道。

这三块小骨在耳内的结合可见于三叠纪兽孔目的化石。事实上，通过实时观测现代哺乳动物胚胎在子宫内的发展进程，这些变化仍然能够看到，其所提供的演化变异证据，与始祖鸟作为爬行动物和鸟类的中间环节，有着异曲同工之妙。

哺乳动物头部两侧还长出一对肉质副翼，虽说这些外耳的具体出现时间并不确定，第 337 页所示的某些晚期兽孔目却已经具备了。

四肢的演化

LIMB IMPROVEMENTS

在似哺乳爬行动物的颌和牙齿发生变化的同时，骨骼的变化也使得它们的四肢更为有效。石炭纪晚期原始的盘龙类（如始祖单弓兽）仍然以过时的爬行动物步态移动，即左右弯曲身体，四肢水平外伸。

到了二叠纪早期，楔齿龙科（如异齿龙）已经演化出新的更好的移动方式。其股骨和后肢骨头的形状，以及脊椎关节的形状都表明它的后肢在移动的同时，还伴有脊椎的上下弯曲。

从异齿龙之后，似哺乳爬行动物的演化史就这样书写了：四肢和躯干垂直的灵活性迅速稳步提高，而非“过时的”水平爬行。

除此之外，其脚部改变了与腿部的相对位置，即从向两侧突出转为前指，脚趾变短，长度趋于一致。

整个移动体系更有利于迅速移动，因为如今仅仅通过加长四肢和脚部的数根骨头，就加大了步距，同时提高了腿部摆动速度。

改善了的呼吸

BETTER BREATHING

高级兽孔目爬行动物的其他特征有力地说明了它们与其

高级的似哺乳爬行动物（三叉棕榈龙）

三叉棕榈龙以哺乳动物步态行走，腿部位于身体正下方，牙齿和颌十分强劲，下颌长有高冠突，强有力的颌肌附着其上。它的腹腔可能由肌肉横膈膜封闭，使得肺部能更有效地扩张伸缩，提高了呼吸效率。

后裔哺乳动物一样，都是恒温动物。例如，三叉棕榈龙等犬齿兽的肋骨长度急剧缩短，表明放置重要器官（肺部和心脏）的体腔前部已经完全被一层肌肉组织封闭，即横膈膜。这一演化引发了一系列事件，如提高了肺部气体进出的速度和频率，由此提高了血液中的含氧量，使得组织能够更快地利用氧气，加速消化或增大肌肉力量，以用于追逐猎物或躲避食肉动物。

由于恒温动物的组织需要持续的氧气供应，哪怕呼吸停止一小会儿都不行。这一需求与咀嚼时将食物保留在嘴内冲突，所以有些高级兽孔目（如兽头亚目和犬齿兽）就演化出次生腭，这块骨隔板将呼吸道与嘴部分隔开来，使它们能够边咀嚼边呼吸，从而解决了这一问题。这种结构的存在也进一步证明了似哺乳爬行动物体温恒定的理论。

为生存而隔热
INSULATION FOR SURVIVAL

人们并不知道似哺乳爬行动物是否覆有毛发或毛皮，大型动物是不需要隔热的（而许多兽孔目个头都很大），因为表面积减小，散热面积也就小了。不过，在三叠纪末期，似哺乳爬行动物向哺乳动物最终转化时也伴有体形锐减，这一点有着重大意义。

第一批哺乳动物，如巨带兽（见第 342 页），都是小型鼩鼱形生物。它们很可能长有毛发，体温恒定，具有哺乳动物的腺，也就是说，它们具备真哺乳动物的特征。它们还可能是夜间穴居动物，但这方面并没有发现直接的化石证据。人们所知的仅仅是与听力和嗅觉相关的脑部区域变大，这两点对于夜间穴居动物而言十分重要。其牙齿表明它们以昆虫为食，作为夜间穴居动物也是一项优势，可以避免与同样以昆虫为食的鸟类和蜥蜴竞争。夜间穴居习性还可以让它们免于各种爬行食肉动物的猎杀，或许还有助于它们免于白垩纪发生的大灭绝。

从似哺乳爬行动物到哺乳动物

盘龙（蜥代龙科）

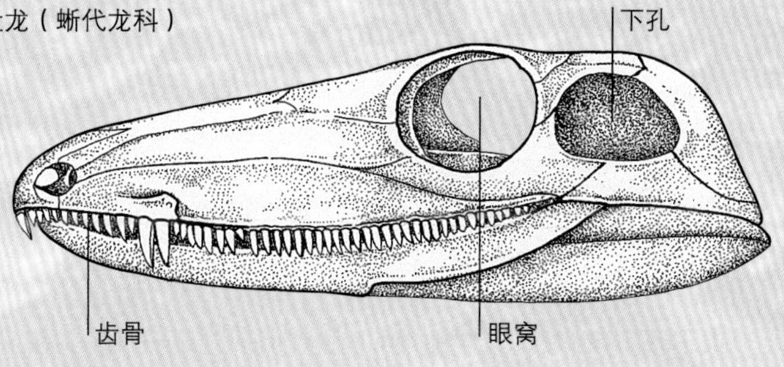

原始兽孔目（原犬鳄龙属）

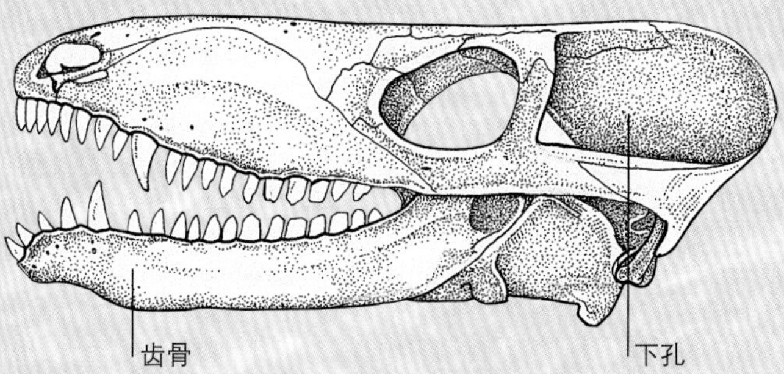

最早的哺乳动物（摩尔根龙）

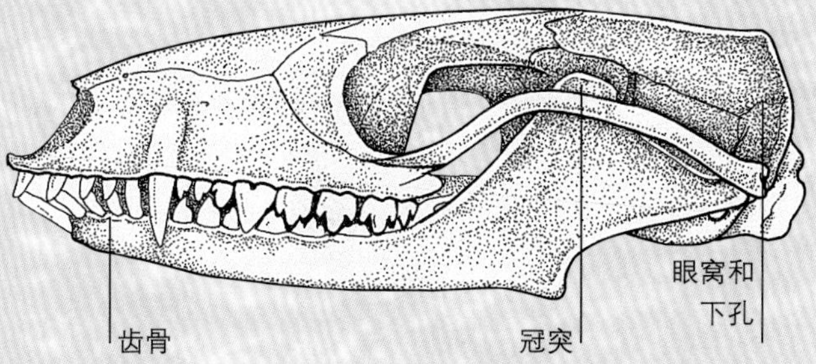

哺乳动物强劲的颌来自其祖先头骨和下颌的渐进性变化。以最早的似哺乳爬行动物盘龙来说，其下颌由数块骨头组成，齿骨最大。而较为高级的兽孔目的头骨更高耸，下孔变大，可以附着更长的颌肌，其齿骨也是最大的。哺乳动物的眼窝和下孔融合，下颌完全由齿骨形成，齿骨上有一冠突，形成额外的肌肉附着点。兽孔目下颌后方的小骨则位于哺乳动物的中耳，构成传声链条的一部分。

盘龙类和兽孔类

PELYCOSAURS AND THERAPSIDS

下孔亚纲

SUBCLASS SYNAPSIDA

哺乳动物的祖先——盘龙类和兽孔类——和哺乳动物自身都有着同样的下孔型头骨（见第205页）。每个眼窝后的大颞孔为更长的颌肌的发育提供了空间，颌部由此变长，能够大张，提高了咬合力，方便它们对付大型猎物。

盘龙目

ORDER PELYCOSAURIA

盘龙目是最早演化的下孔型似哺乳爬行动物，首次出现在大约3亿年前的石炭纪晚期，此时爬行动物刚刚登上陆地。与爬行型类一样，盘龙目最初也是小型蜥蜴形生物，后来演化出不同类型，体重变大，颌部变强，牙齿大小形状各异。

蛇齿龙科是最早最原始的盘龙类，也是其他三科的祖先。从进化论原则来讲，肉食性楔齿龙科是最重要的种类，因为它们是兽孔目爬行动物的直系祖先，又是哺乳动物的间接祖先。

基龙科是大型食植动物，与楔齿龙科是近亲，但头骨和牙列不同。卡色龙科同属植食性动物，在盘龙目中演化最晚。

蛇齿龙科

FAMILY OPHIACODONTIDAE

该科的六到七个种属从石炭纪晚期延续到二叠纪中期，包括了已知最早最原始的盘龙类。

名称：始祖单弓兽（*Archaeothyris*）

年代：石炭纪晚期

地点：北美洲（加拿大新斯科舍省）

大小：长50厘米

该小型蜥蜴形蛇齿龙科动物是已知最早的盘龙类，其化石与已知最早的爬行动物无孔型林蜥来自同一个石炭纪晚期地点。这些岩石表明此处为温暖潮湿的热带气候，长有大片针叶树和丰富的蕨类、石松等林下植物。在低地的沼泽里，大量腐烂植物堆积（形成如今的煤矿），为昆虫和其他无脊椎动物提供了食物和繁殖场所，而它们又吸引了林蜥等食虫动物，后者又成了新演化的下孔型大型爬行动物的猎物，如始祖单弓兽。

始祖单弓兽已经比其他早期无孔型爬行动物高级了很多，其颌十分强劲，能够大开大合。尽管牙齿仍然形状相同，又尖又利，但大小已经有了差别，其中包括了颌前部的一对大犬齿。这些牙齿表明它们肉类食物的多样性。

名称：蛇齿龙（*Ophiacodon*）

年代：二叠纪早期

地点：北美洲（美国得克萨斯州）

大小：长3.6米

蛇齿龙显示出盘龙目演化的速度，其头骨已从早期近亲始祖单弓兽（左图）的低矮小头变成了深厚的窄头，使长颌肌有了更多的生长空间。蛇齿龙的后肢比前肢长，相对位于身体正下方，所以虽然它仍以典型的爬行动物姿势爬行，却可能比始祖单弓兽跑得更快。

蛇齿龙比早先的盘龙类大了不少，这一因素可能有助于它调节自身体温。据估计，它的体重在30千克到50千克。为了支撑这一可观的重量，它很可能偶尔待在水中，在河流冲积平原和沼泽中走来走去，用细长的颌捕食鱼类和两栖动物，再用尖牙将它们扯碎吃掉。

蜥代龙科

FAMILY VARANOPSEIDAE

该科包括四到五种小型盘龙类，都来自二叠纪早期，且全部发现于北美洲。它们四肢细长，骨骼轻盈，被看作是活跃的食肉动物。

名称：蜥代龙（*Varanosaurus*）

年代：二叠纪早期

地点：北美洲（美国得克萨斯州）

大小：长 1.5 米

蜥代龙与蛇齿龙（左页）生活在同一时期的同一个地点，很可能在同一沼泽中争抢鱼类。其头骨也是深厚窄长，颌部细长，长有小尖牙，与现代巨蜥体形相似。

楔齿龙科

FAMILY SPHENACODONTIDAE

楔齿龙科是大型盘龙目中最大的种类，由 8 个肉食性类群构成，最著名的“帆背”盘龙类异齿龙也包括其中。

名称：楔齿龙（*Sphenacodon*）

年代：二叠纪早期

地点：北美洲（美国新墨西哥州）

大小：长 3 米

这种大型楔齿龙科动物是该科的典型，其头骨深厚窄长，长有庞大的颌和多种牙齿：长犬齿、匕首状门齿和切割型小颊齿。楔齿龙是第一种演化出如此特化牙齿的动物，也是第一种大型陆生食肉动物。

楔齿龙的脊椎神经棘细长，是大量背部肌肉的附着点，使它能够猛然冲向猎物。该科其他成员的神经棘也很长，支撑着一块巨大的“帆”，其作用可能是调节体温。

名称：异齿龙（*Dimetrodon*）

年代：二叠纪早期

地点：北美洲（美国俄克拉荷马州和得克萨斯州）

大小：长 3 米

异齿龙背部巨大的“帆”为其赢得了“帆背龙”这一流行名字，“帆”应该是一种原始体温调节装置。

帆的框架是其脊柱上细长的神经棘，中间处最长可达 1 米。活着的异齿龙脊柱上覆有一层表皮，且可能富含血管。

异齿龙的日常生活就是早上将帆朝向太阳，像太阳能加热器一样吸收热量，提高血液温度，血液在体内循环，从而提高其体内温度，使它能够开展每日的觅食大业。而若要降温，比如说在一场费力的追逐之后，异齿龙会将帆背对太阳，对着风，以散发热量。

这些下孔型楔齿龙科与毫无亲缘关系的双孔型爬行动物恐龙之间存在着趋同演化现象。棘龙（见第 262–263 页）和豪勇龙（见第 288–289 页）都是在白垩纪期间生活在西非的恐龙，背部也长有用于控制温度的帆。

根据推算，一只重约 200 千克的异齿龙需要一个半小时才能将体温从 26℃升到 32℃，若没有帆，同样体形的异齿龙需要用三个半小时以上的时间才能提高到同样的体温。

异齿龙巨大的犬齿和发育良好的碾臼齿齿说明它确为可怕的食肉动物，其名称意为“两种不同的牙齿”。异齿龙的猎物可能包括其他盘龙类，这些没有帆的动物在太阳温暖身躯之前行动缓慢而迟钝。

盘龙类和兽孔类

PELYCOSAURS AND THERAPSIDS

基龙科

FAMILY EDAPHOSAURIDAE

该“帆背”盘龙类从石炭纪晚期生存到二叠纪中期，具有数个食植性适应特征，如腭上牙齿形成宽阔的碾磨表面。

名称：基龙（*Edaphosaurus*）

年代：石炭纪晚期到二叠纪早期

地点：欧洲（捷克和斯洛伐克）和北美洲（美国得克萨斯州）

大小：长3米

基龙背部长有与异齿龙类似的大块帆，只不过基龙的帆上从上到下都有横梁。除了能够调节体温之外，这些帆还可能用于展示——要么用于交配，要么用于恐吓，且可能颜色鲜艳。

这种体格庞大的盘龙并不活跃，速度也不快。其躯干较长，呈桶状，用于放置大型消化道，四肢较短，矮壮结实，爬行步态不适合奔跑，牙齿为植食型。除了沿颌分布的排列紧密的钉子状牙齿，其上腭也长有牙齿，形成宽阔的咀嚼通道，非常适合切割和碾碎植物。

卡色龙科

FAMILY CASEIDAE

这些二叠纪中期盘龙类包括大型和小型种类，发现于北美洲和欧洲。它们的牙齿具有食植性特征，其管状胸腔可容纳消化植物所需的大型肠胃，也说明了它们的食植习性。

名称：卡色龙（*Casea*）

年代：二叠纪早期

地点：欧洲（法国）和北美洲（美国得克萨斯州）

大小：长1.2米

以卡色龙为代表的卡色龙科是最后一个出现的盘龙类，时间是在二叠纪早期，后成为数量最多的植食性盘龙类，几乎一直繁盛到二叠纪末期。

卡色龙是该科体形较小的成员之一，比较壮硕的近亲长可达3米，重可达600千克以上。所有的卡色龙属都有着深厚巨大的躯干，胸腔空间巨大，放置着消化植物的长肠道。其微小的头部呈正方形，头骨后方长有巨大的颞孔，前方则长有巨大的鼻孔。

卡色龙下颌没有牙齿，这在盘龙类中显得十分独特。上颌的牙齿如厚实的钝钉，边缘呈波浪形，与现代食植蜥蜴类似。数颗小牙齿从上腭突出。这种牙列表明它们以坚硬的植物为食，如需要碾磨和咀嚼的蕨类和木贼。

兽孔目

ORDER THERAPSIDA

兽孔目为高级下孔亚纲爬行动物，是食植性楔齿龙科的后裔，也是哺乳动物的直系祖先。尽管第一批兽孔目化石发现于二叠纪晚期的基部，它们却早在2千多万年前的二叠纪早期就已从楔齿龙科分化出来，之后迅速遍布全球，南极洲也不例外。

兽孔目分为数个亚目（见第482页），仅有犬齿兽亚目（见第336–337页）存活到了侏罗纪。

名称：渐衰鳄（*Phthinosuchus*）

年代：二叠纪晚期基底

地点：欧洲（俄罗斯等地）

大小：长1.5米

该原始兽孔目仅存的头骨与楔齿龙科十分类似，只不过眼后的下孔较大，犬齿更为突出。古生物学家认为它的结构是盘龙目和兽孔目的过渡阶段。

名称：伟鳄兽（*Titanosuchus*）

年代：二叠纪晚期

地点：非洲（南非）

大小：长 2.5 米

伟鳄兽属于头骨很大的恐头兽类，食肉动物，颌前方长有锋利的门齿和尖尖的犬齿，后方则是用于切割肉类的切牙。它的主要猎物是其植食性近亲。

名称：麝足兽（*Moschops*）

年代：二叠纪晚期

地点：非洲（南非）

大小：长 5 米

南非的卡鲁地层中发现了许多兽孔目，其中就有这种食植性的恐头兽类（左下图）。它的头骨巨大，体躯深厚，前额骨极为厚实，表明它们会因统治权问题而发生撞头争斗，这一点与肿头龙科相似（见第 280–281 页）。

麝足兽前肢短粗，向两侧突出，较长的后腿位于臀部正下方，短颌内长有无数颗凿子状边缘的牙齿，用于切割植物。

名称：雷塞兽（*Lycaenops*）

年代：二叠纪晚期

地点：非洲（南非）

大小：长 1 米

雷塞兽又称“狼面兽”，是一种身体轻盈的小型食肉动物，生有善于奔跑的长腿。它属于丽齿兽类——二叠纪晚期雄霸非洲南部和俄罗斯欧洲部分的食肉动物，可能成群猎食，猎物为大型植食性兽孔目，如麝足兽。其犬齿特别长，头骨前半部分异常深厚，支撑着鼻子。

名称：鼩肢兽（*Galechirus*）

年代：二叠纪晚期

地点：非洲（南非）

大小：长 30 厘米

这种小型蜥蜴形爬行动物应该属于二齿兽的早期成员——数量最多、最成功的食植性兽孔目（见第 334–335 页）。不过，鼩肢兽的牙齿表明它们其实是食虫动物。许多古生物学家则认为它可能仅仅是某成年兽孔目的幼仔。

兽孔目

THERAPSIDS

二齿兽亚目

SUBORDER DICYNODONTIA

二齿兽亚目是最成功、分布最广泛的植食性兽孔类（似哺乳爬行动物）。它们出现在二叠纪晚期，存活到了三叠纪末期，时间跨度将近 5000 万年。唯一一个比二齿兽亚目活得还久的兽孔目是犬齿兽亚目，即哺乳动物的直系祖先。

二齿兽亚目头骨和颌部的高级演化是它们成功的主要原因，它们脑后的下颞孔极度扩大，可供更长更强壮的颌肌操控其嘴巴，下颌与头骨之间的铰链也让颌能够前后碾磨，极为适合磨碎植物，另外，其牙列也十分独特。这些适应特征使得二齿兽亚目能够对付各种各样坚硬的植物。

名称：罗伯特兽（*Robertia*）

年代：二叠纪晚期

地点：非洲（南非）

大小：长 45 厘米

作为最早出现的一批二齿兽亚目之一，罗伯特兽早已具有其后来的亲近典型的特化牙列。其颌部前方有一与龟类相似的角质喙，上颌内一对獠牙状犬齿是仅剩的牙齿（其名字就印证了这一结构，意为“两科犬齿”）。

罗伯特兽犬齿正前方有一凹痕，坚硬的树干、嫩枝和树根都会填入此处，接着被尖利的喙碾碎。

名称：小头兽（*Cistecephalus*）

年代：二叠纪晚期

地点：非洲（南非）

大小：长 33 厘米

二齿兽亚目有多种习性，有些为半水栖，有些则在针叶林中啃食嫩叶，而有些则栖息在地下，如小头兽。

这种生物头部呈楔形，扁平，躯干较短，前肢短粗，长有宽阔的脚趾，与现代鼹鼠类似。它可能用强壮的前肢挖开泥土，寻找蠕虫、螺类和昆虫。

名称：二齿兽（*Dicynodon*）

年代：二叠纪晚期

地点：非洲（南非和坦桑尼亚）

大小：长 1.2 米

二齿兽上颌具备典型的一对獠牙型犬齿，二齿兽亚目的名称就来源于此，意为“两颗犬齿”。这些犬齿可能用来将植物连根拔起。

另一个植食性爬行动物——锯齿龙——与二齿兽生活在同一时代，这些生物有的体形庞大，装甲厚密，颌内长有一整套叶片状牙齿，与二齿兽几乎没有牙齿的角质喙区别较大。这两种没有亲缘关系的爬行动物因食物不同而避免了相互竞争。

名称：水龙兽（*Lystrosaurus*）

年代：三叠纪早期

地点：非洲（南非）、南极洲、亚洲（中国和印度）和欧洲（俄罗斯等）

大小：长 1 米

水龙兽的化石在 20 世纪 60 年代晚期发现于南极洲。这种粗壮的植食性动物的广泛分布进一步证明了，在二叠纪晚期和三叠纪期间，印度和所有的南方大陆都连为一体，构成冈瓦纳大陆。

水龙兽过去常常被当作一种爬行的“河马”——常在浅水中打滚，以水草为食。新的分析表明它可能以更耐磨的植物为食，且为穴居动物。两种习性都是适应了半干旱气候的动物所特有的。

名称：肯氏兽（*Kannemeyeria*）

年代：三叠纪早期

地点：非洲（南非）、亚洲（印度）和南美洲（阿根廷）

大小：长 3 米

1985 年，肯氏兽或其近亲的头骨被发现于澳大利亚，为冈瓦纳大陆的存在又增添了证据。该二齿兽亚目动物是完全适应了陆栖生活的食植动物，肢带形成大块骨板，用于支撑巨大、笨重的躯干。

肯氏兽头虽大却很轻，源于眼睛、鼻孔和颌肌的颞孔都比较大。满嘴的叶子和树根会被强力的角质喙翻来覆去，接着被无牙齿的颌部切割成碎片。

兽头亚目

SUBORDER THEROCEPHALIA

俄罗斯欧洲部分和非洲南部的二叠纪晚期岩层中含有高级似哺乳爬行动物的化石，即兽头亚目。它们还分布于亚洲东部和非洲东部、南部地区，且一直存活到三叠纪中期。

名称：埃里斯蜥兽（*Ericiolacerta*）

年代：三叠纪早期

地点：非洲（南非）

大小：长 20 厘米

该蜥形生物是活跃的食虫动物，从其小牙齿和细长的四肢即可看出。

三叠纪早期非洲植物繁盛，木贼、蕨类、针叶树和早期苏铁应有尽有，哺育了大量二齿兽类，也为许多昆虫和其他无脊椎动物提供了栖息地和食物，而这些又成了埃里斯蜥兽等小型兽头亚目动物的可口食物。

兽孔目

THERAPSIDS

犬齿兽亚目

SUBORDER CYNODONTIA

犬齿兽亚目是最成功的兽孔类爬行动物，从二叠纪晚期到侏罗纪中期，它们存活了大约8000万年，不仅存活时间最长，还是世界上最成功的现代物种——哺乳动物的直系祖先。

第一批犬齿兽亚目化石发现于俄罗斯欧洲部分和非洲南部的二叠纪晚期岩石，具有许多高级的哺乳动物特征。例如，下颌颌骨变少，具有次生腭，颊齿齿冠结构复杂。

如此高级的特征表明这些爬行动物演化的时间早得多，可能是在二叠纪较早时期。它们的祖先可能来自肉食性楔齿龙科盘龙类（见第331页），后者已经演化出了控制体温的原始方式。

虽然化石中并无迹象，但犬齿兽很可能覆有毛发，用于隔热和保持较高的体温。

名称：	原犬鳄龙（*Procynosuchus*）
年代：	二叠纪晚期
地点：	非洲（南非）
大小：	长60厘米

原犬鳄龙并非典型的犬齿兽亚目动物，但其有趣之处在于，它虽是该种类最早最原始的成员之一，却特化成为水栖生物。

其躯干后部和尾巴比一般犬齿兽亚目灵活，且在类似鳄鱼的游动过程中，都能左右摆动。尾椎骨扁平，表面积增加，成为更有效的游泳装备。四肢呈桨状，与现代水獭类似。

尽管具备这些特化特征，原犬鳄龙仍然是所有犬齿兽亚目祖先的近亲。

名称：	三叉棕榈龙（*Thrinaxodon*）
年代：	三叠纪早期
地点：	非洲（南非）和南极洲
大小：	长50厘米

三叉棕榈龙比其早期近亲原犬鳄龙更具似哺乳爬行动物特征，它是身体结实的小型食肉动物，强壮的后腿呈直立姿势，可能善于迅速奔跑。其躯干细长，明显分为两段，即胸椎和腰椎（在脊椎动物中尚属首例）。分段的标志是肋骨：仅胸椎长有肋骨，形成独特的胸腔，用于放置重要器官。

与现存哺乳动物一样，三叉棕榈龙也可能有横膈膜这一肌肉组织封闭胸腔。当它呼吸时，横膈膜的移动会十分有效地充满或排空肺部，这是体温调节的一个重大进步。另一个能证明三叉棕榈龙能够调节体温的证据是，它的次生腭将呼吸道与嘴部完全分开，使它可以一边呼吸，一边将食物更久地留在口内，咀嚼成小块之后有助消化。

三叉棕榈龙的骨骼还发生了许多其他的结构性变化。例如，其中一块脚骨发育出了脚后跟，辅以强壮的韧带，能够使它的脚抬离地面。其脚趾等长，均匀地分散了体重。

三叉棕榈龙的下颌还出现了另一个哺乳动物趋势：两边的牙齿都分布在同一块齿骨上，而齿骨则随着颌部后方小骨的消失变得更大。犬齿兽的下颌骨单一化趋势将使下颌更加强壮。

名称：犬颌兽（*Cynognathus*）

年代：三叠纪早期

地点：非洲（南非）和南美洲（阿根廷）

大小：长 1 米

犬颌兽的颌说明它是毫无疑问的凶猛食肉动物。它是最大的犬齿兽亚目之一，体格健壮，后肢位于躯干正下方，头部长度在 30 厘米以上。

实际上，它下颌的两侧由一块齿骨构成，三种牙齿就长在齿骨上：用于切割的门齿；用于戳刺的犬齿；用于碾磨的颊齿。齿骨后方的冠突与头骨相连，使颌能够大张，还为更多的颌肌提供了附着点，增加了咬合力。

名称：啮颌兽（*Massetognathus*）

年代：三叠纪中期

地点：南美洲（阿根廷）

大小：长 48 厘米

在犬齿兽亚目的数十个科内，仅有三科涵盖了食植动物，以啮颌兽为代表的横齿兽属就是牙列十分独特的植食性动物。其颊齿特别大，齿冠上有数个齿脊和齿谷，下颌的牙齿嵌入上颌牙齿，颊齿和颌后部小犬齿之间有间隙，这一点可能与现代啮齿动物和兔类功能相似。啮齿动物能用颊齿将食物夹在颌内后方，同时还可以咀嚼。颊齿的精确匹配以及将咀嚼集中在颌内后方的优势，使得啮颌兽及其近亲成为高效的植物加工者。

名称：小鸵兽（*Oligokyphus*）

年代：侏罗纪早期

地点：欧洲（英格兰）

大小：长 50 厘米

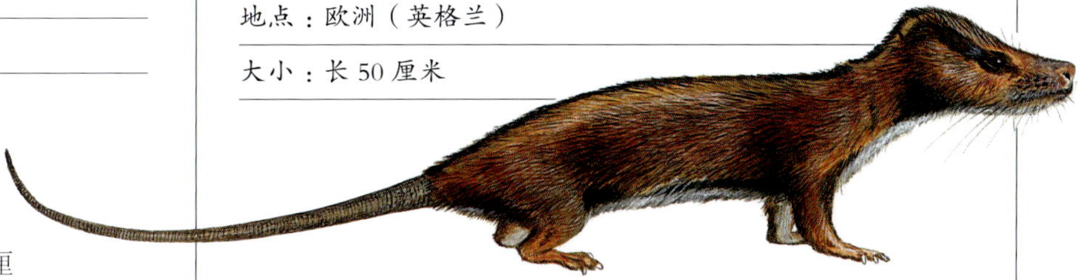

小鸵兽及植食性三列齿科内其他成员都是在三叠纪出现。它们是所有兽孔目中生存时间最长的种类，也是唯一存活到侏罗纪的似哺乳爬行动物。

小鸵兽外表与现代鼬鼠相似，躯干和尾巴都很细长，其前后肢与哺乳动物相同，均位于躯干正下方。这种小型犬齿兽亚目动物已经形成了完全直立的四足步态，这一点与其他前肢摊开的兽孔目正好相反。

植食性小鸵兽的牙列也与其他犬齿兽亚目有着极大的区别。它没有犬齿，前方的一对门齿与海狸等啮齿动物的牙齿一样大。与啮颌兽相同的是，门齿和正方形颊齿之间也有一道巨大的空隙。

上颌的颊齿长有三排牙尖，牙尖中间为凹槽，下颌牙齿上两排牙尖正好嵌入这些凹槽内，使得牙齿能够准确咬合。

小鸵兽与哺乳动物是如此相似，以至于古生物学家多年来一直认为它确属哺乳动物，但它下颌后部的小骨显示出了它与爬行动物的紧密关系。

全方位的演化

THE EVOLUTION OF VERSATILITY

哺乳动物一词源自该脊椎动物种类（人类也包括在内）最重要也最独特的特征：雌性的乳腺能够分泌乳汁给幼体哺乳。即便是产蛋的哺乳动物——针鼹和鸭嘴兽——也具有乳腺。

哺乳具有重要的进化论意义。母体可将幼体留在巢穴里前去进食或捕猎，之后分泌乳汁，为幼体提供稳定的高营养食物。幼体除了睡觉和吃奶别无他事，故而能够迅速成长。

哺乳动物的第二个重要特征是具有毛发，这些毛发通常形成厚实的毛皮，其主要作用是保持体温，因为哺乳动物需要恒定的体温。大多数哺乳动物的体温恒定，且通常高于环境温度。例如，人类的正常体温在37℃左右。如果空气温度较低，人类就会颤抖，需要穿上衣服保暖；如果空气温度较高，人类就会通过出汗散发热量。

有了恒定的体温，哺乳动物可以无视外界条件而保持长久的活跃状态，但它们也为此付出了沉重代价：必须大量进食才能产生如此高度活跃状态所需的能量。

已知最早的哺乳动物出现在大约2.2亿年前的三叠纪晚期。在整个侏罗纪和白垩纪期间，哺乳动物只占世界陆地动物群的一小部分，占据统治地位的是爬行动物，尤其是恐龙。

中生代的哺乳动物都是鼩鼱或田鼠大小的小型生物，以

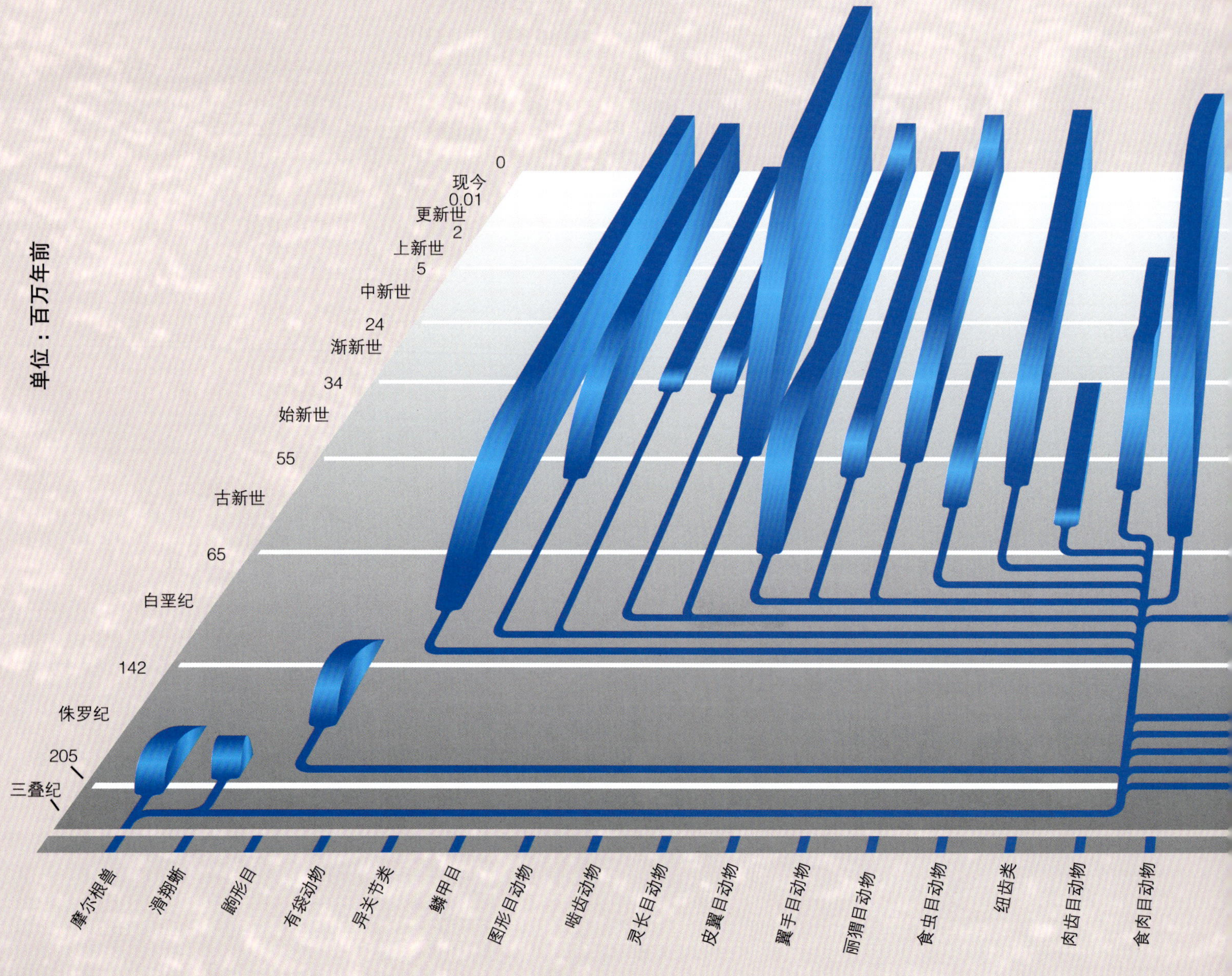

小型动物的腐肉为生。其他的早期哺乳动物，如多瘤齿兽目，可能与现代田鼠一样都以植物为食。

随着古生代的结束，世界发生了翻天覆地的变化。陆地上最大的变化是恐龙消失。随后的新生代始于6500万年前，自此以后，陆地上的主要生命形式是有花植物、昆虫、鸟类和哺乳动物。

哺乳动物的崛起

THE RISE OF THE MAMMALS

热带雨林、温带树林和大草原的出现为哺乳动物提供了新的栖息地。哺乳动物遍布世界各个大陆、多数大型岛屿和海洋。时至今日，除了海滨的海狮，南极洲是唯一一块没有哺乳动物生存的大陆。不过，在5000万年前的始新世，南极洲还是树木丛生的大陆时，有袋动物还生存其间。

哺乳动物的多样性在大约1500万年前的中新世达到顶峰，自那以后，全球气候恶化，导致了始于200万年前左右的更新世大冰期。热带地区的多样化程度永远是最高的，而热带栖息地的衰减是哺乳动物数目减少的重要原因。不过，冰川时期的冷热交替也促使了超大型哺乳动物的演化，如毛茸茸的猛犸象、巨鹿和地獭，而这些生物都在过去的12000年里灭绝了。

哺乳动物积极的生活方式，对神经系统控制的要求很高，因此它们长有一个庞大而复杂的大脑，能够快速处理从眼睛、鼻子和耳朵等器官接收到的信息。

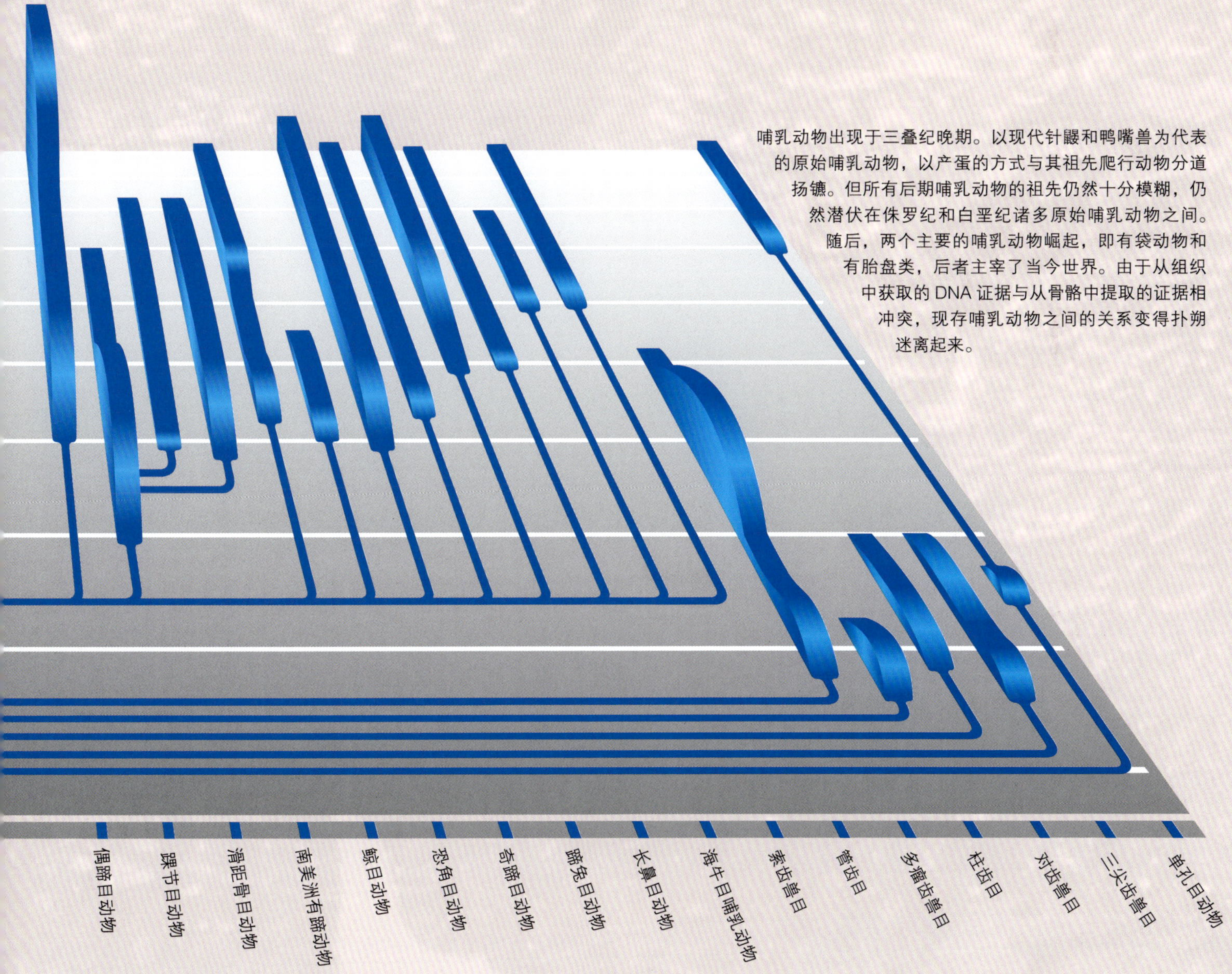

哺乳动物出现于三叠纪晚期。以现代针鼹和鸭嘴兽为代表的原始哺乳动物，以产蛋的方式与其祖先爬行动物分道扬镳。但所有后期哺乳动物的祖先仍然十分模糊，仍然潜伏在侏罗纪和白垩纪诸多原始哺乳动物之间。随后，两个主要的哺乳动物崛起，即有袋动物和有胎盘类，后者主宰了当今世界。由于从组织中获取的DNA证据与从骨骼中提取的证据相冲突，现存哺乳动物之间的关系变得扑朔迷离起来。

四肢的演化

LIMB ADAPTATIONS

随着早期鼩鼱形小型哺乳动物演化成大型种类，它们也从地下爬上树木，进入灌木丛林，有些进入水里，有些则飞向天空。

想要利用不同的环境，哺乳动物的四肢就需要演化出相应的适应特征。鼩鼱具有最原始的五趾型足，迅速奔跑的食肉动物（如家猫）的足实质上就是这种足的扩大版，只不过内趾已经消失。攀援型哺乳动物则演化出了具有长手指（脚趾）的手臂和腿。

生活在大草原和热带稀树草原的哺乳动物腿部细长，长有蹄形足，而蹄形足哺乳动物的腿只有一个用途，即行走。其足部向两侧扭转的能力已经丧失，侧边的指（趾）也已消失，仅剩两趾（如牛类）或单趾（如马类）。食肉动物却不能走上这一精简道路，因为它们的四肢功能多样：行走、奔跑、爬行、挖掘、攀爬和游动以及抓握、戳刺猎物。为了适应生活方式的多样性，它们的四肢仍然保留着原始结构。

海豹和海狮用高度改良的四肢游动：四肢上部较短，足细长，呈蹼状，作用类同桨。相比之下，鲸类的主要动力来自尾鳍的上下移动，其前肢已变异成为鳍，用于控制方向，后肢则已完全消失。

蝙蝠类的三根手指呈辐射状，延长后像雨伞的辐条一样支撑着由薄皮构成的翼膜，由此将前肢转变成“翅膀”。

哺乳动物的指（趾）端主要有三种骨质赘生物：指（趾）甲、爪子和蹄子。灵长目动物、象类和犀牛类具有指（趾）甲；食肉动物的爪子最发达，不过挖掘动物也不逊色；马类和羚羊类等生活在有草平原和灌木丛中的哺乳动物则长有蹄子，山羊和沙漠骆驼也同样具有蹄子。

由此看来，通过延长或缩短其原始五趾型（五指型）四肢，或者骨骼与手指（脚趾）的蜕化，基本的猫形腿已经变异得让哺乳动物几乎能在任何环境中移动。

哺乳动物的牙齿

MAMMAL TEETH

在各种栖息地之间迅速移动的能力使哺乳动物可利用的食物品种大大增多，这一点又反过来需要一种首先获取植物，再将植物碾碎成易消化的物质的牙齿。它们还需具有高效的消化系统，才能从食物中最大程度地萃取营养成分。

哺乳动物的分类主要根据牙齿、四肢的结构和布局方式，也就是说，以其进食和移动方式为标准。由于它们需要移动才能获得食物，所以这两个功能是息息相关的。

哺乳动物的牙齿由坚硬的磷酸钙构成，极易形成化石，且比其他任何部位都保存得久。动物死后，其牙齿可能保存上百年，乃至上千年。

哺乳动物的一生有两套牙齿：第一套在断奶后便会长出，存在时间较短，在动物进食时迅速生长。第二套为永久牙齿，会取代第一套。非特化的原始哺乳动物有 44 颗牙齿，齿列独特，形状和功能各异：每个半颌由 3 颗门齿、1 颗犬齿、4 颗前臼齿和 3 颗臼齿共 11 颗牙齿构成。极少有哺乳动物毫无改变地保留这一“原始”齿列，因为很多牙齿都已消失，剩下的则进一步特化。

门齿位于上下颌前方，通常具有横刃，用于咬住和切碎食物。特殊情况包括缺失两颗门齿，剩余的成为獠牙或切割工具。

食肉动物的犬齿是类似獠牙的小齿，用于撕扯和抓住猎物，有些动物的犬齿变长，形成剑齿。大多数的食植动物（如兔类、牛类和马类）的犬齿都已消失或仅剩残留部分。

门齿和犬齿通常由前臼齿和臼齿（合称颊齿）之间的间隙隔开，食植动物尤其如此，使得它们的牙齿能同时发挥不同的作用。

与门齿和犬齿一样，前臼齿的形状也十分简单，咬合面仅有一个“牙尖”，但有两个牙根。前臼齿的数目通常很少，可能已经特化。以鬣狗科为例，它们的前臼齿较厚，低矮的锥状物用于碾碎骨头，而在许多植食动物身上，这些前臼齿已经“臼齿化”，即具有臼齿的形状和碾磨功能。

臼齿通常是最复杂的牙齿，在乳齿系中没有齿，也最晚长出。臼齿有多个牙尖和牙根，哺乳动物的各科和各类群的牙尖结构都是恒定的，所以在辨识和分类上具有重要价值。

原始哺乳动物臼齿的牙尖呈倒三角形，在嘴巴闭合时，这些牙尖形成之字形切割边缘，能够切割软性食物，如蠕虫或昆虫，而当嘴巴完全闭合时，则能完全将食物切断。

食肉动物则改善了这一切割动作，演化出了剪子一样的裂齿，用于切割肉类。而植食动物臼齿上多出的第四个尖将三角形变成了正方形，形成一个稳固的平面，当嘴巴闭上，上下颌相接触，食物被碾碎。左右运动、前后运动和循环运动都会将食物破碎，接着吞入肚中。

哺乳动物的适应特征（始剑虎）

哺乳动物的牙齿和足十分适应各种生活方式。大多数哺乳动物有四种牙齿：门齿、犬齿、前臼齿和臼齿，其处理食物的功能各异。对于狗类等食肉动物而言，犬齿用于杀死猎物，门齿用于刺入皮肉，臼齿和前臼齿用于切割血肉。马类等食植动物则用强劲的门齿切割植物，用臼齿和前臼齿碾碎食物，其犬齿已经消失或数目减少，前后牙之间的牙间隙将颌部的切割和碾磨动作一分为二。刺猬等食虫动物则用门齿抓握猎物，用臼齿刺穿并切割软性食物。

食肉动物的四肢十分原始且非特化，用于捕捉猎物和移动。相反，食植动物的足专用于在地面上行走，副马属的侧边脚趾数目已经减少。食虫动物长有轻盈的非特化五趾型足，能够施展挖、抓、爬、游和跑等多种功能。

繁殖和分类

REPRODUCTION AND CLASSIFICATION

哺乳动物的繁殖十分复杂，传统上根据这一点分成两个大类，即卵生的原兽亚纲和胎生的真兽亚纲。

原兽亚纲是较为原始的种类，据信涵盖了多瘤齿兽目等已灭绝的类群和现存的单孔目动物，但并没有直接证据表明已灭绝的类群属于卵生，事实上，许多小型动物的骨盆开口比现存卵生动物小得多，因此也有它们并非卵生的动物的说法。或许正是这些形态学上的限制，才促使它们像有袋动物一样，孕育并分娩不成熟的活幼体。单孔目存活到今天的仅有澳大利亚的针鼹和鸭嘴兽唯一的一个品种。辨识单孔目化石难度相当大，而已知的少数几个灭绝种类与现存单孔目的关系也悬而未决。

有袋动物无胎盘，被归入后兽次亚纲。相比真兽亚纲（又称有胎盘亚纲），有袋动物的幼体分娩时十分不成熟，之后要爬入母体的袋中，靠袋中乳头提供的营养继续生长。分子数据表明有袋动物比有胎盘类更原始，与单孔目亲缘关系更近。它们从第三纪到白垩纪的化石保存完好，但该种类祖先的化石却鲜有发现。

高级的真兽亚纲，其胎儿在子宫内发育，通过胎盘获取母体血液中的营养。贯穿整个第三纪（古近纪和新近纪）的化石十分丰富，大多数种类都至少有一部分现存品种，不过，有些种类已经灭绝了，如踝节目和肉齿目。二者的相互关系及起源问题也都尚未解决。分类问题也因分子证据和形态学证据上的相互矛盾而加剧，此外，除了近期灭绝的白氏斑马和猛犸等种类，大多数已灭绝种类的生物分子标记物——脱氧核糖核酸蛋白，用于分析基因组成——也不为人所知。（西伯利亚和阿拉斯加永久冻土层内冰封的猛犸和北美野牛保存完好，足以提供分子证据）。

原始哺乳动物

PRIMITIVE MAMMALS

原兽亚纲

SUBCLASS PROTOTHERIA

最原始的哺乳动物都属于该“第一批哺乳动物”种类。某些现代分类法将现存哺乳动物（真兽亚纲）和已灭绝的种群做出了更明显的区分，后者的大多数被归入哺乳形类，几乎与原兽亚纲等同。不过，最近从美国得克萨斯州三叠纪晚期岩石（阿得尔王兽）和中国侏罗纪早期岩石（中国尖齿兽）中发现的化石残片并不适合该分类。另外，原始哺乳动物之间的相互关系也十分模糊，主要是因为大部分化石仅由牙齿构成。尽管如此，人们仍然认为它们起源自犬齿兽亚目（见第 336–337 页），这是存在于约 2.2 亿年前三叠纪晚期的下孔型爬行动物。

唯一现存的原兽亚纲是单孔目，即针鼹和鸭嘴兽，二者都仅存大洋洲。单孔目的繁殖方式仍具有其祖先爬行动物特征——产卵。不过，新孵出的幼体接着会吸食母乳，这一点与所有哺乳动物相同。

摩尔根兽科

FAMILY MORGANUCODONTIDAE

作为一个已灭绝的种类，摩尔根兽科——据信代表最早期的哺乳动物——已经无法进行分子测定，目前最好与孔耐兽科、鼩形目等已灭绝的种类并列，位于现生哺乳动物类群之外。

这些著名的最早期哺乳动物生活在三叠纪晚期的沙漠环境中，都是覆有毛皮的小型生物，长仅 12 厘米左右，与现存最小的哺乳动物大小相仿。其外表与现代鼩鼱相似，但从许多方面来看，它们与其祖先高级似哺乳爬行动物兽孔目具有相似性（见第 332–337 页）。

它们的移动方式属于哺乳动物，速度也相当快，但无法持续跑太长时间。发育完善的尖切牙说明它们以昆虫为食，其咀嚼运动十分复杂，上下颌能够左右移动到极限，这就意味着食物能够迅速被消化，并释放高新陈代谢率（恒温哺乳动物的特点）和食肉习性所需的重要能量。与现代小型哺乳动物一样，摩尔根兽科醒着的大部分时间都在进食，而且还可能在夜间出没。

摩尔根兽科的化石发现于欧洲、非洲南部和亚洲东部。

名称：巨带兽（*Megazostrodon*）	
年代：三叠纪晚期到侏罗纪早期	
地点：非洲（莱索托）	
大小：长 12 厘米	

摩尔根兽科的巨带兽外表与现代鼩鼱相似，其行为方式也可能相同。不过，其四肢略向外突出，意味着它的爬行比较笨拙，效率不如现代鼩鼱。

巨带兽可能在落叶层和林下植物中猎食昆虫和其他小型无脊椎动物，且可能是在夜间，此时它才能不成为肉食性恐龙的美餐。

其体形从莱索托发现的近乎完整的骨骼即可看出，与它亲缘关系较近的动物化石还发现于中国和英国，这些骨骼与原始哺乳动物十分相似。

小贼兽科

FAMILY HARAMIYIDAE

该类所知甚少的原始哺乳动物长有宽阔的颊齿，起源自三叠纪晚期，存活到侏罗纪中期。小贼兽科可能与多瘤齿兽目的祖先有亲缘关系。

名称	小贼兽（*Haramiya*）
年代	三叠纪晚期到侏罗纪早期
地点	欧洲（英格兰和德国）
大小	长 12 厘米

小贼兽仅存几颗单独的牙齿。这一残存的化石表明它像缩小版田鼠，用宽阔的颊齿碾碎食物，可能以低矮植物为食，如苏铁类植物的果实。

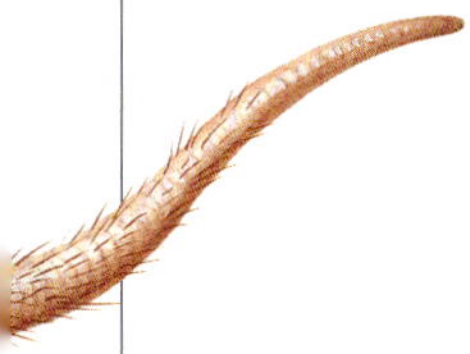

多瘤齿兽目

ORDER MULTITUBERCULATA

多瘤齿兽目是最早的植食性哺乳动物，起源自侏罗纪晚期和白垩纪早期，某些种群存活到了渐新世。它们是中生代哺乳动物中数量最多的，从老鼠大小到现代海狸般大小（对于原始哺乳动物而言已经很大了）不等，外表类似啮齿动物，但二者绝不可能有任何亲缘关系。其相似性尤其表现在牙齿结构上，但这不过是因为同样的生活习性和进食习性所导致的适应特征。

与啮齿动物一样，多瘤齿兽目颌前方也长有撕咬型门齿，后方为碾磨型前臼齿和臼齿。两种牙齿被牙间隙分开，使得它们能够独立运动。一排碾磨型颊齿上有许多牙尖，能够切断坚硬的植物。

它们的颌部只能上下运动，不能像早期食虫哺乳动物（巨带兽，左页）那样左右运动。多瘤齿兽目与其他哺乳动物种类没有相似的亲缘关系，可能独立地演化自似哺乳爬行动物。

最近发现于蒙古白垩纪晚期的近乎完整的骨骼将使我们进一步理解这一种类，以及它与其他原始哺乳动物之间的关系。

羽齿兽科

FAMILY PTILODONTIDAE

羽齿兽科由尾巴较长的动物组成。其尾巴能够抓握，作为第五肢，用于抓握所栖息的树木的枝干。它们的足也具有适应攀爬的特征：和松鼠一样，由于踝关节十分灵活，羽齿兽科的脚趾也能向后指，使得它们能够头朝下爬下树干。其脚趾还能大大张开，加上尖利的爪子，抓握时更加牢靠。其化石主要发现于北美洲。

名称	羽齿兽（*Ptilodus*）
年代	早古新世到晚古新世
地点	北美洲（美国落基山脉附近、新墨西哥州和加拿大萨斯喀彻温省）
大小	长 50 厘米

除了可以抓握的长尾巴之外，羽齿兽的外表与现代松鼠类似，生活方式可能也大致相同，即在树枝之间蹦来跳去。

羽齿兽的下前臼齿较大，呈匕首状，可能用于剥掉坚果和种子的坚硬外壳。

原始哺乳动物

PRIMITIVE MAMMALS

Dryolestids 科

FAMILY DRYOLESTIDAE

Dryolestids 科所在演化分支最终衍生出了现代哺乳动物。该科成员的化石仅有牙齿和颌骨，这些化石显示它们已完全具有哺乳动物的颌部结构，爬行动物颌内的三块骨头已经在中耳相交，形成锤骨、砧骨和镫骨。这些小骨构成交流通道，声音通过这里传入内耳。

名称：*Crusafontia*

年代：白垩纪早期

地点：欧洲（葡萄牙）

大小：长 10 厘米

Dryolestids 科的 *Crusafontia* 仅存数颗牙齿。其复原图（上图）是根据该科发现自葡萄牙侏罗纪晚期的另一个成员相对完整的骨骼制作而成。

古生物学家相信 *Crusafontia* 可能与小型松鼠相似，生活在树上，以果实、坚果和种子为食，长尾巴可用于抓握。

Crusafontia 的骨盆带骨骼显示它的繁殖可能与有袋动物相同，即分娩出较不成熟的幼体，再将它们装入袋内度过最初的几周。

真兽亚纲

SUBCLASS THERIA

本大类涵盖了大多数已灭绝哺乳动物及其现存近亲。真兽亚纲又细分成三个大目，分别是仅存于中生代的古兽类；现存澳大利亚和美洲的有袋动物；包含其他现存哺乳动物和许多已灭绝哺乳动物的真兽下纲（又称有胎盘类）。

后兽亚纲

INFRACLASS METATHERIA

真兽亚纲的两个下纲——后兽亚纲和真兽下纲——在白垩纪起源自同一个祖先。后兽亚纲仅有一目，即有袋目，第 346–349 页会详述这一种类，这里描述的其原始成员是为了和其他原始动物做比较。

名称：阿法齿负鼠（*Alphadon*）

年代：白垩纪晚期

地点：北美洲（加拿大阿尔伯塔省和美国新墨西哥州）

大小：长 30 厘米

阿法齿负鼠等原始有袋目可能与现代负鼠十分相似，都属于食肉动物，食物范围广泛，包括昆虫、小型脊椎动物和果实。它们可能生活在树上，攀爬能力强，脚上长有可对置的脚趾，这些脚趾能够并在一起抓牢，尾巴可用于抓握。其

小体形和树栖习性意味着它们无需与白垩纪晚期的恐龙直接为食物而竞争，故而能与恐龙共同生存。

真兽下纲（有胎盘类）
INFRACLASS EUTHERIA (PLACENTALIA)

真兽下纲动物（或称有胎盘类）的幼体在子宫吸收一段营养后才会出生，此时已经发育良好。有胎盘类动物占现代哺乳动物的一大半，分成大约 24 个目（见第 482–483 页）。

古猬兽科为已知最早的科之一，可能是演化主线的一个分支，而不是后期有胎盘类动物演化的一个直接阶段。

名称：	古猬兽（*Zalambdalestes*）
年代：	白垩纪晚期
地点：	亚洲（蒙古）
大小：	长 20 厘米

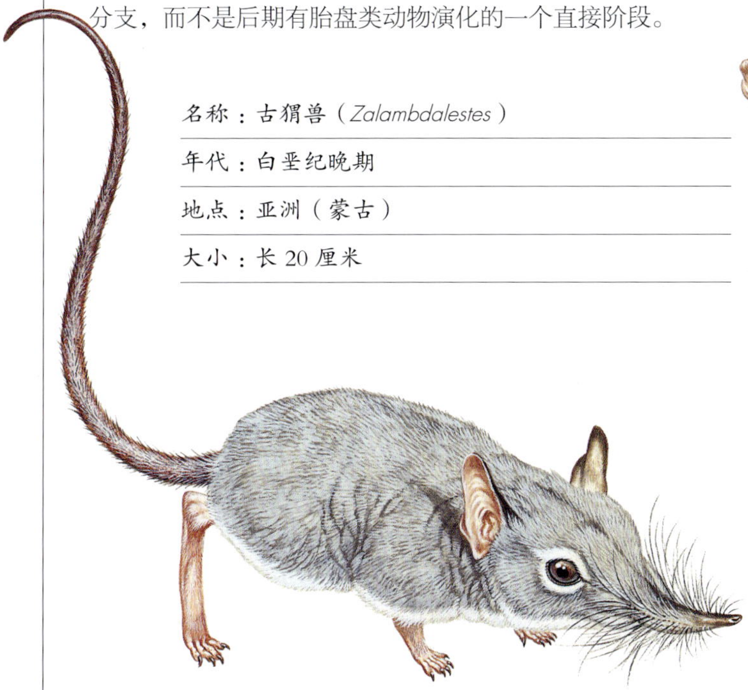

古猬兽与现代象鼩十分相似，尾巴长而上举，小腿力道十足，后腿长于前腿，脚骨极为细长，脚趾不能相互接触（也不可对置），而这是抓握牢靠的重要因素，所以古猬兽不太可能擅长攀爬。

古猬兽的大脑很小，眼睛较大，行为方式可能与现代象鼩类似，即在林下植物中追逐昆虫，并用长门齿捕捉。

灵长目
ORDER PRIMATES

灵长目很可能是有胎盘类动物中最古老的了，可追溯到远至 7000 万年前左右的白垩纪晚期。灵长目较高级的种类会在第 430–441 页详述，这里所讲的原始种类据说为该目奠定了长寿的基础，放在这里是为了与其同时代的哺乳动物做比较。

副镜猴科由许多与现代树鼩相似的小型动物构成，而树鼩可能是后来的狐猴、猿猴和猩猩的祖先。

不过，有些古生物学家并不把副镜猴科看作灵长目，而是把它们列入单独的一类，称为灵长型类。

名称：	普尔加托里猴（*Purgatorius*）
年代：	白垩纪晚期到早古新世
地点：	北美洲（美国蒙大拿州）
大小：	可能长 10 厘米

除了能从美国蒙大拿州白垩纪晚期岩石中发现的单个臼齿做出一些推断之外，古生物学家对这种小型动物所知甚少。不过，即便如此之少的证据也很重要，因为它属于已知最早的灵长类。其臼齿与现代狐猴相似。一个较为后期但具有亲缘关系的早古新世生物的牙齿比较完整，表明普尔加托里猴可能为杂食性动物。但是，从它娇小的身躯来看（体重不超过 20 克），它最可能是食虫动物。

有袋动物

MARSUPIALS

有袋目

ORDER MARSUPIALIA

有袋目——包括澳大利亚的袋鼠和树袋熊以及美洲的负鼠——是哺乳动物所有目中最古老的种类。它们起源自大约1亿年到7500万年前的白垩纪晚期。

有袋动物最独特之处在于它们的繁殖方式。胎盘类哺乳动物（包括大多数哺乳动物，人类也在其中）通过子宫内的胎盘养育幼体，直到幼体发育到相对成熟的阶段才会分娩。而有袋目分娩的幼体弱小而不成熟，仅比胚胎好一点。之后，这些小生物在母体肚皮上的袋内吃奶，接着在母体之外长大。

相比传统的形态学分类方式而言，最近的分子数据使有袋哺乳动物和胎盘类哺乳动物之间的差异变得更大。有袋动物与原始的卵生单孔目亲缘关系更近。

有袋动物似乎起源自南美洲或北美洲，其中一个种类通过南极洲（当时比现在温暖）到达澳大利亚，另一个有袋动物种类则借道北美洲到达欧洲，而白垩纪晚期不断漂移的大陆之间的短距离使它们能够实现这一壮举。在第三纪期间，有袋动物独自在南美洲繁衍发达，且早于胎盘类哺乳动物出现，而澳大利亚则是它们如今的大本营。

还有一个有袋动物种类在早始新世期间通过北美洲进入欧洲，在渐新世已经到达北美洲和亚洲中部，这就是负鼠科，其代表为现存的负鼠。人们认为负鼠是最原始的有袋动物，已知最早的有袋动物就属于该科。

到了早中新世，负鼠科有袋动物已经在北美洲灭绝，到了中新世中期，它们也从欧洲消失了。尽管它们从未重返欧洲，却在300万年前左右，通过新形成的巴拿马陆桥从南美洲再次进入了北美洲。

不过，南美洲的有袋动物受到北美洲胎盘类哺乳动物的侵袭，如今几乎已经灭绝。这是因为在上新世期间，两块大陆之间横亘着一条中美洲陆桥。这座陆桥十分脆弱，在巴拿马接轨之前也并不长久存在。

尽管需要与胎盘类哺乳动物相互竞争，澳大利亚的有袋动物如今仍然繁荣昌盛，这可能是澳大利亚在第三纪期间通过缓慢漂移向北移动的缘故。这种漂移运动相对较快，所以在数百万年时间里，澳大利亚的气候从温带气候变成了热带雨林气候。为了适应这种变化，有袋动物不得不同时演化，由此造就了基因上十分强悍的种群。但是，有些物种的数目却因人类活动而急剧减少（如树袋熊）或已经灭绝（如塔斯马尼亚岛上的“狼”，或称袋狼）。

相反的是，南美洲在此期间原地未动，动物们几乎不需要费多大力气去演化，所以胎盘类动物在这里遇到了相对原始且基因较弱的动物群，也就很容易取而代之。

古鬣狗科

FAMILY BORHYAENIDAE

该科演化自负鼠科祖先，完全由已灭绝的南美洲肉食性有袋动物构成。尽管与其他大陆的胎盘类哺乳动物毫无亲缘关系，古鬣狗科却有着短小的四肢和与狗类十分相似的头骨，其体形和生活方式因此与猫类、狗类、熊类和其他肉食性胎盘类哺乳动物相似。这就是趋同演化的典型例子。

名称：卡拉袋鼬（*Cladosictis*）

年代：晚渐新世到早中新世

地点：南美洲（巴塔哥尼亚地区）

大小：长80厘米

卡拉袋鼬是原始的肉食性有袋动物，形状和大小可能与水獭类似，躯干和尾巴较长，四肢较短。它可能蹦跳于林下植物间，搜寻、追逐和猎取小型哺乳动物和爬行动物，也会在水中捕捉鱼类，甚至会以爬行动物或鸟类的蛋以及昆虫为食。其牙列与肉食性胎盘类哺乳动物相似，共有三种牙齿，即前方用于抓握猎物的门齿，中间用于杀死猎物的尖犬齿，后方用于切割肉类的前臼齿和臼齿。

名称：原鬣袋犬（*Borhyaena*）	
年代：晚渐新世到早中新世	
地点：南美洲（巴塔哥尼亚地区）	
大小：长 1.5 米	

某些古鬣狗科动物与熊十分相似，都有着沉重的躯干和扁平足。狼般大小的原鬣袋犬是该科的典型，而其他亲缘关系较近的种类则从狐狸般大小到如熊一般庞大。

原鬣袋犬是当时主要的食肉动物，其猎物包括仅存南美洲的植食性有蹄哺乳动物（见第 390–397 页）。短小的四肢说明原鬣袋犬并不善于奔跑，它很有可能伏击猎物，甚至可能是食腐动物。

袋剑虎科

FAMILY THYLACOSMILIDAE

该大型肉食性有袋动物的头骨已经变得与胎盘类哺乳动物剑齿虎十分相似。其门齿已经消失，极长的上犬齿演化并持续生长，构成强大武器。

名称：袋剑虎（*Thylocosmilus*）	
年代：晚中新世到早上新世	
地点：南美洲（阿根廷）	
大小：长 1.2 米	

袋剑虎与北美洲和欧洲的剑齿虎类似（见第 366–368 页），一对上犬齿演化成为匕首状长剑齿，远远突出到嘴部下方。这两个毫无亲缘关系的生物的颈部和颌部肌肉发达，使得剑齿下落时有着极大的杀伤力。强劲的颌能够大大张开，不会影响牙齿活动。

与剑齿虎不同的是，袋剑虎的下颌并没有门齿或齿鞘保护。另外，其剑齿在一生中会不断生长，这一点与啮齿动物的门齿类似。

袋剑虎的猎物是移动缓慢的大型有蹄哺乳动物，只需往颈部迅速一咬即可击杀，因为剑齿会造成极深的伤口，猎物大多会因失血过多而死。

兔袋兽科

FAMILY ARGYROLAGIDAE

兔袋兽科成员与现代袋鼠和跳鼠十分相似，但它们之间并无亲缘关系。和这些啮齿动物一样，兔袋兽科可能也生活在干旱的沙漠环境中，大多数是夜行动物。它们可通过一系列跳跃在开阔的地面上迅速移动，并以沙漠植物的芽和根为食。

名称：兔袋兽（*Argyrolagus*）	
年代：晚中新世到晚上新世	
地点：南美洲（巴塔哥尼亚地区）	
大小：长 40 厘米	

与现代更格卢鼠和其他沙漠啮齿动物一样（与这些动物并无亲缘关系），兔袋兽以细长的两趾型后肢快速在开阔的地面上奔跑，细长沉重的尾巴起到平衡作用。它们的头部也略似啮齿动物，不过长有尖尖的鼻子。其眼窝巨大，远远位于头骨后方，表明它们仅在夜间觅食。其牙齿表明它们以沙漠植物为食。

有袋动物

MARSUPIALS

尸袋猬科

FAMILY NECROLESTIDAE

该科仅有的成员为已灭绝的尸袋猬，它的特化程度如此之高，根本无法与其他动物并列。不过，它的颌和牙齿确实与非洲现存的金鼹鼠有些相似，而金鼹鼠本身也是极为复杂的种类，目前被列入食虫目。

名称：尸袋猬（*Necrolestes*）

年代：早中新世

地点：南美洲（巴塔哥尼亚地区）

大小：可能长 15 厘米

该小型生物仅存鼻子诡异地上扬的颌尖标本，其鼻子尖可能是肉质中隆，可能是触觉器官，可辅助它寻找食物，与现代星鼻鼹鼠鼻子周围复杂的触须作用类似。

根据这些细小的牙齿，古生物学家认为尸袋猬以昆虫或蠕虫为食，可能是穴居动物，所以才得来令人毛骨悚然的名字，意为“挖坟的野兽”。

袋狮科

FAMILY THYLACOLEONIDAE

该狮形有袋动物科在上新世和更新世期间栖息于澳大利亚，并在澳大利亚的草原上猎食。研究表明，它们可能与现代袋貂负鼠和袋鼠有着近亲关系。

名称：袋狮（*Thylacoleo*）

年代：更新世

地点：澳大利亚（新南威尔士州、昆士兰省、西澳大利亚和南澳大利亚）

大小：长 1.7 米

这一“有袋狮子”脸部较短，似猫。向外突出的前门齿变异成为猎杀齿，与肉食性胎盘类哺乳动物的犬齿相似，而其犬齿本身却微不足道。后牙形成强劲的切割型匕首。

人们曾一度认为袋狮那不同寻常的前牙是用来撬开坚果和果实的，不过最近的发现表明，其牙齿上的磨损符合食肉习性，它们可能以当时的大型袋鼠和袋熊为食。

双门齿兽科

FAMILY DIPROTODONTIDAE

该澳大利亚有袋动物大类主要由食植动物构成。双门齿兽科只有一对前指的下门齿，上门齿有一到三对，无犬齿，门齿和颊齿之间有一道很长的牙间隙，这一点与啮齿动物类似。后足上的第二和第三根脚趾的尺寸大大减小，且裹在一层组织内，这一特征被用于理毛。

双门齿兽科起源于中新世中期，一直存活到全新世，很可能是因澳大利亚土著猎杀而灭绝。目前人们认为该科与现存袋熊有近亲关系。

名称：双门齿兽（*Diprotodon*）

年代：更新世

地点：澳大利亚（南澳大利亚）

大小：长 3 米

植食性有袋动物在双门齿兽及其近亲身上达到了体形的巅峰。从外表看来，双门齿兽与犀牛般大小的袋熊十分相似。

这一庞大的生物可能以特种含盐灌木为食，它们会用爪子将植物连根拔起。此类灌木的化石发现于多个双门齿兽化石标本的胃内。

双门齿兽的躯干、头部和脖子都十分庞大，四肢也十分强壮。其脚为跖行足或扁平足，体重由手掌和脚掌分担，而不是落在脚趾上，这一点与熊类似。与其他哺乳动物的足不同的是，这种动物的外趾（小趾）是最长的，这一独特结构没有明显的功能。

完整的双门齿兽骨骼发现于湖泊泥土中。在这些动物生存的干旱气候中，空旷地带的湖泊会形成盐结皮，沉重的双门齿兽很容易跌入其中，并被底层的泥土掩埋。

袋貘科

FAMILY PALORCHESTIDAE

该大型食肉动物科从中新世到更新世生活在澳大利亚，在有袋动物中的地位相当于地懒在胎盘类哺乳动物中的地位。

名称：袋貘（*Palorchestes*）

年代：中新世到更新世

地点：澳大利亚

大小：长 2.5 米

该动物鼻骨在头骨上的位置说明它可能会有长鼻。若果真如此，袋貘将会与大型有袋动物貘十分相似。

袋貘的前腿十分健壮，各有带巨大爪子的五趾。这一特征使得专家们认为它可能将树枝拉近去够叶子。

袋鼠科

FAMILY MACROPODIDAE

袋鼠科是人们最为熟悉的现代有袋动物，共 11 个类群，分布在澳大利亚和新几内亚岛等地。

袋鼠科起源自中新世，在上新世演化较大型类群。它们适应了多种栖息地：平原、山坡和森林（甚至还有树栖类群）。

尽管上新世的大灭绝大量削减了该科的多样性，袋鼠科仍然是分支最大的有袋动物，现存 14 个大袋鼠类群。

名称：巨型短面袋鼠（*Procoptodon*）

年代：更新世

地点：澳大利亚

大小：长 3 米

已灭绝的袋鼠总体比现代类群大，且有着不同的特征，巨型短面袋鼠是其中最大的，其独特之处就在于它的面部很短。它与现代袋鼠的区别还在于每只后足上都有一根长长的功能趾（第四趾），脚趾两边为无趾甲的突起。不过，巨型短面袋鼠很可能与现代袋鼠一样迅速跳跃，短距离速度可达 50 千米 / 时。

巨型短面袋鼠是食植动物，与大多数现代袋鼠一样以草类和低矮植物为食。其他已灭绝的袋鼠则是食嫩叶动物，它们利用高度优势去够树枝上的叶子。

雕齿兽、树懒、犰狳和食蚁兽类

GLYPTODONTS, SLOTHS, ARMADILLOS, AND ANTEATERS

贫齿类群

COHORT EDENTATA

贫齿类群以今食蚁兽、树懒和犰狳为代表，类群名称（分为多个目）意为“无牙”，但事实上仅食蚁兽完全没有牙齿，贫齿类群的其他成员都有牙齿，不过已经退化成钉状，通常没有牙根或保护性珐琅质覆盖物。

贫齿类群涵盖了一些世界上最古怪的哺乳动物。除了长鼻子的现存食蚁兽、躯甲灵活的犰狳和尽人皆知的树懒，该类群还包括了数个古怪的已灭绝种群，有坦克般的雕齿兽，其身上长满坚固而不可移动的躯甲，也有大型地懒，高可达 1.8 米。这两种史前动物在更新世期间都遍布南北美洲。

食蚁兽和犰狳完全适应了以蚂蚁和白蚁为食，雕齿兽、地懒和树懒则是植食动物。

贫齿类群首次出现在古近纪，但它们的演化起源仍是个谜团。其现存种类的分子数据并不如其他哺乳动物那么完整，但足以看出它们与食肉动物、鲸类和偶蹄目动物有着惊人的亲缘关系。该类群曾有显赫的历史，但从少数仍然存活的种类身上却找不到证据。

始贫齿兽科

FAMILY METACHEIROMYIDAE

这些最早最原始的贫齿类群动物与该类群其他种群的关系尚不确定。始贫齿兽科可能是带躯甲的食蚁兽或穿山甲（鲮鲤）的祖先。

名称：始贫齿兽（*Metacheiromys*）

年代：中始新世

地点：北美洲（美国怀俄明州）

大小：长 45 厘米

始贫齿兽腿短，爪子尖利，尾巴长而重，与现代猫鼬类似。不过，它的头窄长，更像是犰狳。其犬齿强劲，颊齿已经全部消失，取而代之的是角质垫，无疑是用于碾碎猎物的。

始贫齿兽栖息在密集的亚热带森林中，这些森林在中新世覆盖着美国西部的部分地区。其前脚的爪子比后脚上的大，所以它可能刨食，将埋在土中的蚂蚁、甲虫和蛴螬挖出来。

异关节类

ORDER XENARTHRA

异关节类（又称异关节目）指的是脊椎骨之间额外的关节，为该目典型特征。这些关节使得雕齿兽和犰狳等多种动物能支撑沉重的躯甲，或者令大型地懒将自己庞大的身躯摆成近乎直角，以够到较高树枝上的叶子。

异关节类于 6000 万年前左右的古新世出现在南美洲，在岛屿型大陆上独自繁衍，不受其他食肉动物和演化变异的影响。之后，在约 500 万年前的早上新世，古近纪期间曾连接两个美洲的陆桥重新形成，雕齿兽、地懒和犰狳缓缓借道该陆桥向北而去。

磨齿兽科、大地懒科和二趾树懒科

FAMILIES MYLODONTIDAE, MEGATHERIIDAE, AND MEGALONYCHIDAE

今中美洲和南美洲树懒的外表与行为习惯都与其祖先——已灭绝的地懒——大为不同，其中许多地懒体形过大，一辈子也不可能将自己的身体拖到树上，所以只能永远待在地面上。最大的一种名为大地懒，体形是现存近亲的 10 倍左右。

地懒移动缓慢，是绝对的植食动物。它们出现在 3500 万年前左右的早渐新世，一直存活到近代。

名称：中新懒兽（*Hapalops*）

年代：早中新世到中新世中期

地点：南美洲（巴塔哥尼亚地区）

大小：长 1 米

到了 2000 万年前的中新世，地懒已经在南美洲站稳了

脚跟。中新懒兽是该种类的早中新世成员，其体形比后来的近亲较小。

其短头、粗躯干和长尾巴都压在细长的前肢和更长更重的后肢上。脚趾上弯曲的长爪子迫使它以前足上的关节行走，这一点与现代大猩猩相似。

体格轻盈的中新懒兽可能用尖利的爪足吊在树上，伸出长腿去够多汁的叶子和果实。

与其他贫齿类群动物相同的是，中新懒兽的牙齿也很少，颌内仅剩 4 到 5 对颊齿。

名称：大地懒（*Megatherium*）

年代：更新世

地点：南美洲（巴塔哥尼亚地区、玻利维亚和秘鲁）

大小：长 6 米

该大型生物是已知最大的地懒，重可达 3 吨。头部深厚，似熊，颌内有强韧的肌肉，驱动仅剩的钉状颊齿碾磨植物。

尽管大地懒与现代大象体形相差无几，它却能用粗壮的后肢直立，厚实的尾巴也起到支撑作用（这种两足姿势与庞大的植食性恐龙相似，如迷惑龙，见第 275 页）。大地懒用这种姿势吃食树顶的嫩叶，靠带三只爪子的前足勾下树枝。

名称：舌懒兽（*Glossotherium*）

年代：上新世到更新世

地点：北美洲（美国加利福尼亚州）

大小：长 4 米

洛杉矶的拉布雷亚牧场沥青坑发现了该大型地懒的多个完好标本。300 万年前左右，它们通过新形成的陆桥从南美洲来到这里，却遇到了渗到表面被水掩盖的原油黏坑。

舌懒兽体格庞大，头大尾重，带爪子的长足内弯，其近亲也是如此，故而像大猩猩一样以关节行走。舌懒兽可以后足站立，长爪子能将食物送到嘴边。从其粪化石中的植物来看，它们似乎栖息在沙生灌木中。

大地懒的灭绝距今仅 11000 年，人类对此是否负有责任尚不明确。

雕齿兽、树懒、犰狳和食蚁兽类

GLYPTODONTS, SLOTHS, ARMADILLOS, AND ANTEATERS

雕齿兽科

FAMILY GLYPTODONTIDAE

雕齿兽科是犰狳形巨型动物，可以看作是哺乳动物中的重甲龙类（见第 301–305 页）。大约 2000 万年前，约 50 个类群从早中新世出现，在 500 万年到 300 万年前的上新世和更新世期间，它们在南美洲和北美洲南部的草原上达到了巅峰。雕齿兽科一直存活到有史时期，巴塔哥尼亚印第安人的传说中多有提及。

雕齿兽科是食植动物，颌前方无牙齿，后方则有强韧的碾臼齿。其颌部巨大深厚，颊骨上有向下的突起，为咀嚼草类和其他坚硬植物所需的强韧肌肉提供了附着点。

雕齿兽科的某些种类十分巨大，其中最大的是雕齿兽，在 200 万到 1.5 万年前的更新世期间生活在阿根廷，大小如小汽车，躯甲坚固如坦克（高 1.5 米，长 3.3 米）。雕齿兽科起源自躯甲呈环状的犰狳形动物。

在约 200 万年前的上新世，其躯甲融为一体，形成穹窿状坚固贝壳，其背部包裹在多边形马赛克状骨板内，头上还有骨盔，尾巴上长有环状或结实的管状骨头。这一躯甲占其体重的 20%（大象的长牙仅占 3%）。

名称：星尾兽（*Doedicurus*）

年代：更新世

地点：南美洲（巴塔哥尼亚地区）

大小：长 4 米

星尾兽除了身上的躯甲之外，尾端还有一强悍的防御武器：一根长满骨刺和角的棒形骨刺。这一结构与古代骑士手里拿的狼牙棒十分相似，很可能用于甩向古鬣狗等敌手（见第 346–347 页）。

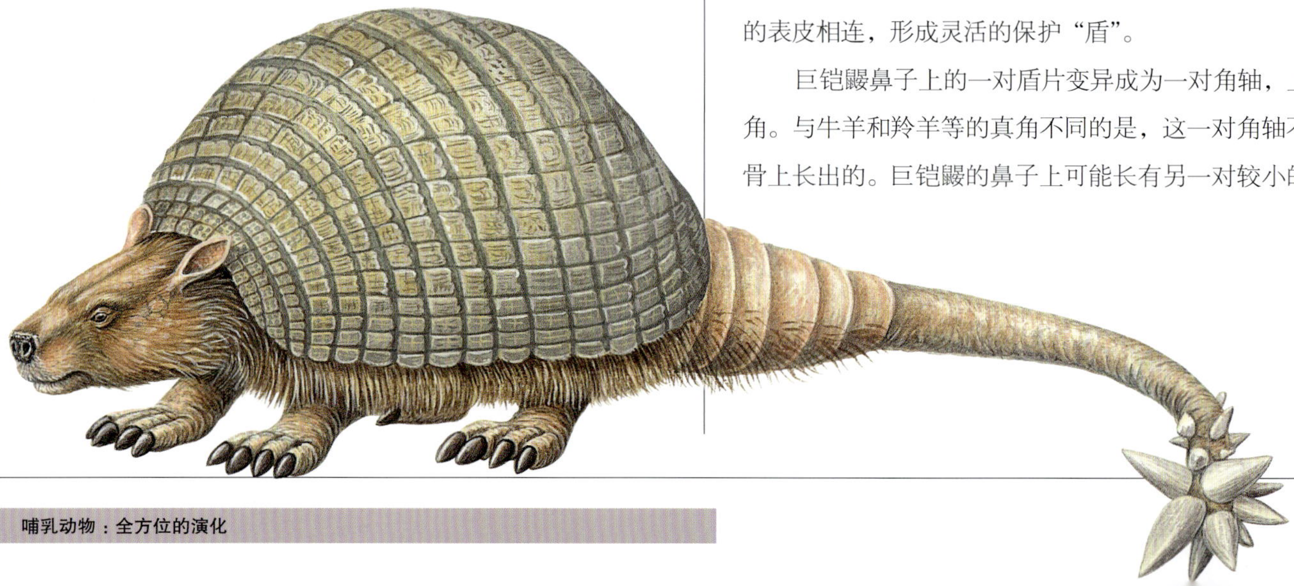

犰狳科

FAMILY DASYPODIDAE

大约 6000 万年前，犰狳科从晚古新世的阿根廷现身。到了约 3000 万年前的晚渐新世，数个类群已经演化出了现代犰狳所具有的融为一体的躯甲，而二者实质上非常相似，且被归为一科。犰狳一直仅分布在美洲：现存的 20 个种类几乎全都发现于南美洲和中美洲，最近发现的一种则将足迹留到了美国的南部区域。

名称：巨铠鼹（*Peltephilus*）

年代：渐新世到中新世

地点：南美洲（巴塔哥尼亚地区）

大小：长 6 米

巨铠鼹的躯甲与其他犰狳科动物相似，都是从表皮长出，由带角的坚硬骨板构成，呈带状分布在躯干上，与下面的表皮相连，形成灵活的保护“盾”。

巨铠鼹鼻子上的一对盾片变异成为一对角轴，上面长有角。与牛羊和羚羊等的真角不同的是，这一对角轴不是从头骨上长出的。巨铠鼹的鼻子上可能长有另一对较小的角。由于贫齿类群的特征是具有犬齿形大牙齿，所以巨铠鼹可能是食肉动物或食腐动物。

食蚁兽科
FAMILY MYRMECOPHAGIDAE

食蚁兽科又称“真食蚁兽”（与完全无亲缘关系的有袋类食蚁兽作区分，如现代袋食蚁兽），是以蚂蚁和白蚁为食的高度特化动物。它们的化石十分罕见，所以人们对其演化史也所知甚少。其早期种类始食蚁兽是大约 2000 万年前的早中新世种类，它已经是典型的食蚁兽。

名称：	欧食蚁兽（*Eurotamandua*）
年代：	中新世中期
地点：	欧洲（德国）
大小：	长 90 厘米

近来，一只食蚁兽的化石在德国法兰克福附近的油页岩沉积物中被发现，命名为欧食蚁兽。在此之前，古生物学家一直认为食蚁兽仅存在于南美洲。从管状长鼻子、无牙的弱颌和长有巨大爪子的强劲四肢来看，它就是食蚁兽无疑，且与现代有颈圈的小食蚁兽十分相似。

食蚁兽的化石十分罕见，所以这一令人惊喜的欧洲化石如何列入食蚁兽类总体发展历程尚不可知。欧食蚁兽典型的食蚁特征从德国该发现地点的蚂蚁化石即可看出。有人宣称欧食蚁兽并不属于食蚁兽科，而是一个与食蚁兽科毫无亲缘关系的食蚁胎盘类哺乳动物，只不过演化并适应了相似的生活方式（称为形态趋同现象）。

穿山甲科
FAMILY MANIDAE

穿山甲科是鳞甲目唯一的一个分科。该科的成员为穿山甲——一种古怪的哺乳动物，身上覆有密密麻麻的毛发构成的重叠的保护性角质鳞片。这一独特的躯甲使它们看起来像会动的大松球，蜷缩成球状就变成了坚不可摧的盾。穿山甲四肢短粗，特别适于挖掘昆虫等猎物，有时还用于挖穴栖息。

人们经常把穿山甲和食蚁兽、犰狳分为一类，因为它们有着相似的生活方式：它们用狭长的、带有黏性的舌头捕食蚂蚁和白蚁，并以它们为食。但是这种分类方法可能只是因为排列的便利性，而不是亲缘关系的反映。

这些动物的极端特化特征令人们很难判断它们的真正关系，不过，分子数据表明，与其他贫齿类群动物一样，穿山甲也与食肉目有着惊人的亲缘关系。现存的 7 个类群都被归在穿山甲属下，主要分布在热带非洲和东南亚地区。

名称：	始穿山甲（*Eomanis*）
年代：	中始新世
地点：	欧洲（德国）
大小：	长 50 厘米

始穿山甲是已知最早的穿山甲，其保存完好的化石来自曾挖掘出欧食蚁兽骨骼的同一片油页岩沉积物。始穿山甲的鳞片也保存了下来，明显可以看出它与如今的穿山甲十分相似。它也许能够闭上眼睛、耳朵和鼻孔，以防止蚂蚁叮咬，其现代品种也会如此。从始穿山甲胃内的化石来看，它的食物由植物和昆虫构成。

食虫类和肉齿类

INSECTIVORES AND CREODONTS

许多个目的现存和已灭绝动物传统上都被归入食虫总目，其根据是对现存刺猬、鼩鼱和鼹鼠的形态学认知。已灭绝的椏兽目就是一例，它曾被列入食虫类，而如今则被看作与象鼩有关。类似情况还有，皮翼目（包括现存会飞的狐猴）和翼手目（包括现存的蝙蝠类）一起被划在了食虫类之外。

分子数据显示食虫类、食肉类和其他现存种类之间的关系十分复杂，食虫类的这个自然单位的地位也仍然存疑，如今被看作分类学上的“废纸篓”。不论如何，它仍然是一个原始类群，以现存胎盘类最古老的种类与刺猬一起列在胎盘类哺乳动物的底部。

椏兽目

ORDER ANAGALIDA

椏兽目是兔形挖穴哺乳动物，发现于亚洲东部的古近纪岩层，曾一度被看作象鼩的近亲，如今人们发现它与啮齿动物和兔类有更多的共同点。

名称：椏兽（*Anagale*）

年代：早渐新世

地点：亚洲（蒙古）

大小：长 30 厘米

椏兽的某些方面可能与现代兔子类似，但尾巴较长，耳朵可能较短。它能奔跑，而非像兔子一样蹦跳，这种行为模式和移动方式从其后腿腿骨的比例即可看出。

椏兽的后腿比前腿略长，足上带有铲状爪子。它可能在土壤中搜寻甲虫、蛴螬和蠕虫之类的猎物。许多被发现的标本的牙齿磨损十分彻底，表明它们还吃土壤，这或许是获取食物最简单的方式了。

皮翼目

ORDER DERMOPTERA

皮翼目动物常被叫作“飞狐猴”，这一名字的惑人之处在于皮翼目既不是狐猴，也不能飞行。存活到如今的仅有两个种类：东南亚的马来亚鼯猴和菲律宾鼯猴，二者都是绝对的食植动物。

这些现代动物长不足 30 厘米，能够用皮翼在树木之间滑翔 137 米。虽然尚无直接证据，但人们猜测中古新世和早始新世的皮翼目也能做到。

中新世的鼯猴化石与现代种类之间存在着一个巨大空缺。有证据表明皮翼目与蝙蝠、树懒和灵长目有着很近的亲缘关系，并且与食虫类来自同一个祖先。不过，这一关系也不是十分确定，它们之间的共同性或许仅仅是无亲缘关系的种群之间的趋同演化而已。分子数据仅证明它们与树懒和蝙蝠有较大联系。

名称：游弋兽（*Planetetherium*）

年代：晚古新世

地点：北美洲（美国蒙大拿州）

大小：长 25 厘米

游弋兽的化石发现于数百万年前密集的湖滨柏树林形成的煤矿中。

与鼯猴一样，游弋兽的每颗门齿都被分成前指的梳子形状，每个“根部”上又有大约五颗“牙齿”，其功能不明，可能用于理毛，也可能用于铲土和拉扯出食物。

翼手目

ORDER CHIROPTERA

翼手目（俗称蝙蝠）是唯一演化出有真正飞翔能力的哺乳动物。翼手目的这一丰功伟绩正是通过将前肢变异成滑翔翼取得的。这些滑翔翼由翼膜构成，由四根细长的手指支撑。

大多数现代翼手目都以回波定位探知夜幕和黑暗栖息地的障碍物、猎物和天敌。蝙蝠发出的高频声波会沿原路返回，敏感的耳朵接收之后，它们会加以分析，再根据所获得信息作出反应。

这一独特的天然雷达体系的演化需要其喉头、鼻子、耳朵和大脑发生极高程度的变异。然而，这一演化过程目前尚无法解释，因为所涉及的身体器官都不能形成化石。

现存翼手目有两个不同的亚目。小蝙蝠亚目（又称小蝙蝠）是目前为止数量最多的，现存 780 种，除了南北极地区和高山以外，世界各地均有分布。大多数小蝙蝠都是小型穴居动物，眼睛较小，耳朵较大，且通常十分复杂敏感。许多小蝙蝠的鼻子上还长有特化的突起，用于回波定位。

它们的牙齿质地和布局很大程度上取决于其食物，而大多数都在飞行中捕捉昆虫，上臼齿有 W 形排列的切割边缘。少数品种为食肉动物。

第二个亚目是大蝙蝠亚目（又称大蝙蝠），现存 170 个种类。这些属于果蝠，仅分布于旧大陆的热带地区。它们是狐形脸的大型动物，别称飞狐。大蝙蝠不具有小蝙蝠那样复杂的大耳朵和精巧的鼻子。

传统上，蝙蝠和“飞狐猴”（皮翼目）及树懒（树鼩目）被归为一类，但最近从一只小蝙蝠身上获取的分子数据将它们置于与食肉类更近的位置。

名称：伊神蝠（*Icaronycteris*）

年代：早始新世

地点：北美洲（美国怀俄明州）

大小：长 14 厘米，翼展为 37 厘米

伊神蝠几乎与现代小蝙蝠完全相似，但仍具有少数十分原始的特征。它的翼相对较短较宽，口内有大量牙齿，布局方式与食虫动物类似。其躯干并不如现代蝙蝠那么灵活，尾巴较长，与后腿之间没有网状皮肤相连。其大拇指和食指各有一爪（现代蝙蝠仅大拇指有爪子），用于在洞穴墙壁或其他支撑物上垂直悬挂。即便是在演化早期，蝙蝠就已经是头下脚上栖息了。

伊神蝠的生活方式无疑与现代小蝙蝠类似，即在飞行中捕捉昆虫，极可能是在夜晚鸟类较少的时候，低低地从水面上飞过。

许多保存极为完好的蝙蝠化石都来自德国法兰克福附近的梅瑟尔中新世中期油页岩沉积物，其翼膜仍然清晰可见，该区域发现的蝙蝠胃容物化石证实了它们属于食虫动物。

食虫类和肉齿类

INSECTIVORES AND CREODONTS

食虫总目

SUPERORDER INSECTIVORA

食虫目的化石来自 1 亿年前的白垩纪中期，因而是已知最早的胎盘类哺乳动物。尽管并不完整，这些化石仍然涵盖了北半球大约 150 个类群，分布在非洲、东南亚和中美洲。南美洲仅有一个现存鼩鼱种类。

几乎所有的食虫类动物都很小，或夜间活动，或在早晨和黄昏时活动。它们的视力通常较差，而听觉和嗅觉较好。许多种类的鼩鼱都会利用回波定位。由于体形较小，新陈代谢率高，它们必须几乎无间断地进食。

食虫类是极为成功的动物，它们的栖息地十分广泛，生活方式多种多样，从地下穴居到半水栖都有。其食物同样丰富多样，除了昆虫之外，它们还吃蠕虫、软体动物和其他无脊椎动物，以及鱼类、两栖动物、爬行动物、鸟类、哺乳动物和少量植物。为了应付如此多样性的食物，无论已成化石的种类，还是现存的种类，两者的牙列都十分完善。

食虫类的骨骼基本与哺乳动物的底版没多大区别，每只脚上各有五根脚趾，行走方式为跖行（脚掌和足底着地）。鼹鼠和金鼹鼠的前肢则变短变强，便于挖掘。

丽猬目

ORDER LEPTICTIDA

丽猬目是诸多鼩鼱形哺乳动物原始种类之一，来自约 7000 万年前的白垩纪晚期。它们在古近纪丰富多产，分布在北美洲、亚洲、非洲和欧洲。

名称：长鼻跳鼠（*Leptictidium*）

年代：中始新世

地点：欧洲（德国）

大小：长 75 厘米

长鼻跳鼠可能与现代象鼩相似，只不过后肢和尾巴更长。它是两足奔跑动物，与人类和某些较小型的食鱼恐龙相同。其后腿细长轻盈，似鸟类，大多数肌肉都集中在股骨上。前肢长度不及后肢的一半，适于抓取食物。躯干较短，长尾巴起到平衡作用。

长鼻跳鼠不止以昆虫为食，某些骨骼中还有小型哺乳动物骨头、蜥蜴骨头和植物的化石。

双褶齿猬目

ORDER LIPOTYPHLA

双褶齿猬目包括 5 个灭绝科和 7 个现存科，后者包括刺猬、鼩鼱、鼹鼠以及西印度群岛的沟齿鼠、非洲的金鼹鼠、马达加斯加岛的无尾猬和中美洲的獭鼩。

名称：*Palaeorycfes*

年代：早古新世到早始新世

地点：北美洲（美国新墨西哥州）

大小：长 12.5 厘米

一块保存完好的头骨显示 *Palaeorycles* 的外表与现代鼩鼱十分相似，躯干光滑，鼻子突出，长有用于碾磨昆虫的小牙齿。尽管主要以昆虫为食，如甲虫和毛虫，它的食物范围可能极为广泛，小型脊椎动物也包括在内。如此泛化的动物非常适于演化成更特化的种类，所以 *Palaeorycles* 及其近亲很可能演化成古近纪的大型食鱼哺乳动物——即肉齿类。

肉齿目

ORDER CREODONTA

在约 6000 万年到 3000 万年前的古近纪，肉齿目是全球范围内（南美洲和澳大利亚除外）处于支配地位的食肉哺乳动物，然而到了 700 万年前左右的晚中新世，它们已经全部消失了。不过在消失前，它们演化出了各种各样的生命形式，从白鼬般大小到熊类般大小应有尽有，将食肉目远远甩在身后。

肉齿目与食肉目之间的主要差别在于肉齿目脑子较小，没有包裹中耳的骨头。它们的脚骨（肉齿目的腕骨没有连成一体，爪骨上有凹槽）和牙齿也大相径庭，具有裂齿功能的牙齿更是如此（呈剪刀状用于切割肉类的牙齿）。

肉齿目有 50 个左右的类群，分成两科——牛鬣兽科和鬣齿兽科。过去人们曾认为肉齿目是现代食肉动物的祖先，最近的研究则表明肉食目可能并非自然类群，而是具有不同起源的种类。

名称：裂齿兽（*Sarkastodon*）

年代：晚始新世

地点：亚洲（蒙古）

大小：长 3 米

在大约 3500 万年前的晚始新世，中亚出现了许多大型哺乳动物，最著名的是雷兽、爪兽和犀牛（见第 402–409 页）。为了捕食这些大型猎物，肉齿目的体形也随之变大。裂齿兽比最大的熊还大，是其中最大的动物之一。其牙齿又大又重，厚如现代灰熊的牙齿。裂齿兽的食物范围可能十分广泛。

在大约 5500 万年到 4000 万年前的古新世和始新世期间，栖息在北半球的其他牛鬣兽科包括了与狼獾和老虎类似的动物。

名称：鬣齿兽（*Hyaenodon*）

年代：晚始新世到早中新世

地点：北美洲、欧洲（法国）、亚洲（中国）和非洲（肯尼亚）

大小：长 1.2 米

鬣齿兽科是肉齿目较晚出现的科，体形比牛鬣兽科大。它们起源自始新世，存活到晚中新世，分布在北美洲、亚洲、欧洲和非洲。

鬣齿兽属分布广泛，生存时间较长，涵盖许多类群，体形从白鼬到庞大如鬣狗。其细长的腿和趾行足（仅脚趾着地）表明鬣齿兽能够奔跑，不过其分开的脚趾则说明它们跑得并不会很快。鬣齿兽的习性可能与鬣狗类似，即以其他动物为食，也会吃已死亡动物的腐肉。

鼬鼠类和熊类

MUSTELIDS AND BEARS

食肉目

ORDER CARNIVORA

猫类、灵猫类、獴猴类、犬类、熊类和熊猫、白鼬、鼬鼠以及水獭、海豹、海狮和海象，所有这些哺乳动物都属于食肉目这个大类。食肉目的所有动物都是肉食性动物，意为“食肉的动物”，牙齿都有一个共同特征。现存食肉动物（及其祖先）都有一对切牙，称为裂齿，专门用于切割肉类。不过，食肉目的某些成员（如海豹）的牙齿已经退化，因为它们主要以鱼类为食，不再需要牙齿。

但是，并非所有以肉类为食的动物都属于食肉目。例如，有牙的鲸类就不是“真正的食肉动物”，不过其中的逆戟鲸则属于该目，且是以其他鲸类、海豹和海鸟为食的可怕食肉动物。

已经灭绝的肉齿目（见第 357 页）并不属于食肉目，也不属于贪得无厌的肉食性恐龙。反之，并非所有食肉目成员都仅以肉类为食，如熊类和獾类就属于杂食动物，其食物包括多种动物和植物。

除了用于切肉的裂齿之外，真食肉动物的颌内前方还长有尖利的小门齿和尖利的大犬齿，分别用于抓握猎物和杀死猎物。

食肉目传统上被分成两个主类，即裂脚亚目和鳍脚亚目。不过如今人们认识到该目内的相互关系远远没那么简单，这一点也在更现代化的分类法中得以体现。已灭绝的小古猫被单独区分，猫型亚目（猫类和鬣狗类）也和犬型亚目（犬类、鼬鼠、灵猫和熊类）区分开来。由海豹、海狮和海象组成的鳍足亚目仍然保留。分子分析将食肉目与鲸类和偶蹄动物划为平级。

食肉动物出现在白垩纪晚期或早古新世，时间在大约7000万年到6500万年前。它们与食虫动物（见第354、356页）演化自同一祖先，但在3500万年前的渐新世之前，食肉动物并不太引人注目。此时的它们开始取代肉齿目，后者在此之前是统治陆地的肉食性哺乳动物。

小古猫类

FAMILY MIACIS

小古猫类是最早出现的真正的食肉类，时间是在6000万年前的古新世。这是一个“人为”归类的科，因为其中包括了亲缘关系不是特别近的动物，不过这种归类法倒也很方便地将早期食肉动物与较为现代的种类区分开来。小古猫类大多是生活在林地的小型哺乳动物，其留下的极为稀少的化石表明它们在很多方面与肉齿目相似，只不过智商更高，裂齿更为发达。

名称：小古猫（*Miacis*）

年代：古新世到中始新世

地点：欧洲（德国）

大小：长 20 厘米

在树枝间蹦来蹦去的小古猫与现代林貂极为类似。其四肢的形状、灵活的肩部和肘关节表明它极为适应在所栖息的热带沼泽森林树木之间穿梭。

小古猫的生活方式也可能与林貂相似，以地面和树上的小型哺乳动物和鸟类为食，偶尔还有昆虫、鸟蛋和果实。小古猫的一个原始特征是全套44颗牙齿，这是哺乳动物牙齿的基数，而后来更高级的食肉动物的牙齿则在特化过程中退化了许多。

鼬科

FAMILY MUSTELIDAE

鼬科很可能在古近纪演化自小古猫类。该科的现代成员包括鼬鼠、白鼬、獾和水獭、灵猫、麝猫和獴猴，全都是些身体细长的食肉动物。

名称：河兽（*Potamotherium*）

年代：早中新世

地点：欧洲（法国）

大小：长 1.5 米

河兽是已知最早的水獭，与其现代同类一样，其躯干细长弯曲，腿较短。它可能以跳跃的方式穿梭于河岸低矮植物中，其背部呈弓形，头部紧贴地面。河兽的嗅觉不怎么发达，但听觉和视觉却很敏锐，有助于它在水中捕猎鱼类。

河兽无疑是游泳健将，其细长的流体学外形躯干破水而行，灵活的脊椎使它能够潜水并在水底高速猛冲。

水獭是唯一一个化石记录较多的鼬类，原因可能在于它们栖息在水附近，被埋入沉积物进而变成化石的机会更大。古生物学家认为海豹科（见第 370 页）就演化自鼬类。

浣熊科

FAMILY PROCYONIDAE

浣熊科包括现代浣熊、熊猫和长吻浣熊，首次出现于约 3500 万年前的早渐新世。它们的前臼齿和臼齿上具备真食肉动物典型的切肉牙尖。但该科的现代成员已经丧失了这一结构，其前臼齿和臼齿已经返祖为单纯的碾磨功能。

这一牙列满足大多数现代浣熊科的杂食习性。不过，大熊猫的食物几乎仅有竹笋，所以它与熊类的亲缘可能比浣熊更近。

名称：*Plesictis*

年代：早渐新世和早中新世

地点：亚洲（中国）、欧洲（法国）和北美洲（美国）

大小：长 75cm

该树栖食肉动物眼睛很大，可能用来夜间捕食，长尾巴用于保持平衡。它与现代蓬尾浣熊类似，可能是其直系祖先。它的生活方式可能也与蓬尾浣熊类似，即在树木之间蹦蹦跳跳。

与其他浣熊科动物一样，*Plesicits* 的牙尖也较钝，臼齿的横切面为正方形，表明它可能为杂食动物，以蛋、昆虫和植物为食，同时还捕猎小型哺乳动物和鸟类。

名称：恰帕熊（*Chapalmalania*）

年代：晚上新世

地点：南美洲（阿根廷）

大小：长 1.5 米

该浣熊科动物通过中美洲陆桥从北美洲南下，到了南美洲之后，它们演化成为许多特化品种。恰帕熊是大型浣熊，与现代大熊猫十分相似。它体形庞大，所以其化石最初被认为属于熊类。与大熊猫一样，恰帕熊的食物也可能十分单一，即主要以山坡的植物为食。

鼬鼠类和熊类

MUSTELIDS AND BEARS

半犬科

FAMILY AMPHICYONIDAE

半犬科存在于5000万年前的始新世到500万年前的中新世之间，是“熊狗”动物。

半犬科是品种丰富多样且极为成功的大型食肉动物，分布在欧洲、亚洲和北美洲。当肉齿目衰落时，半犬科取代了其生态位，后又在上新世（500万年前左右）被真犬类所取代。

半犬科俗称“熊狗”，指的是它与这两种动物的相似性：体形和体格似熊，行走时脚掌完全着地（称为跖行步法，为熊类和人类共有的行走方式），而不是仅用脚趾（称为趾行步法，行走飞快的猫类和犬类就用此法）；头的形状和牙齿的结构似犬。

名称：半犬（*Amphicyon*）

年代：中渐新世到早中新世

地点：欧洲（法国和德国）和北美洲（美国内布拉斯加州）

大小：长2米

半犬是典型的“熊狗”，看起来很像长有尖利狼牙的大熊。其颈部厚实，腿部强壮，尾巴沉重，生活方式可能与现代棕熊或灰熊相似，以多种植物和食物为食，靠强壮的前肢击杀猎物。

对于生活在3000万年前古近纪晚期北半球平原上的其他生物而言，半犬一定是令它们胆战心惊的食肉动物。其中一个化石品种名为巨型半犬，来自中新世的欧洲，体形几乎与现代老虎一般大。

熊科

FAMILY URSIDAE

熊科由熊类构成，在分类学上与犬科、浣熊科和鼬科统称犬型亚目。

熊科与其他食肉目动物相比，较晚出现在化石记录中，在渐新世首次出现在欧洲，之后几乎遍布整个地球。

尽管今非洲并没有土生土长的熊类，过去却有两个单独的熊类记录。在约500万年前的上新世期间，原始的郊熊（右图）生活在非洲西南部，棕熊则在更新世期间生活在非洲北部的阿特拉斯山脉，一直幸存到现代。

熊类是杂食性动物，逮着什么吃什么，如小型哺乳动物、鱼类和昆虫，另外还有果实、蛋和坚果，当然还有蜂蜜。它们基本上每天都在寻找食物，视力和听力较差，不过嗅觉却十分灵敏。

其牙列也反映了它们食物的广泛性。熊类拥有并未特化的门齿、长犬齿和数目减少或已经退化的前臼齿（无切肉牙尖），以及带有圆牙尖的宽阔平展的臼齿。臼齿很可能经常被用于碾碎作为其主要食物的坚硬植物。

发现于美国西北部海岸阿福格纳克岛和舒亚克岛森林的现代科迪亚克棕熊是世界上现存最大的陆生食肉动物。

名称：郊熊（*Agriotherium*）

年代：晚中新世到更新世

地点：非洲（纳米比亚）、亚洲（中国）和欧洲（法国）

大小：长 2 米

尽管如今在非洲已找不到熊类的踪迹，过去却还是存在的，郊熊曾经生活在非洲西南部，体形十分庞大，甚至比科迪亚克棕熊还大。它还十分原始，与犬类在许多方面都很相似。不过，它的牙齿是典型的熊类结构，所以大可放心地推测它属于杂食动物。

名称：半熊（*Hemicyon*）

年代：早中新世到晚中新世

地点：亚洲（蒙古）、欧洲（法国和西班牙）和北美洲（美国）

大小：长 1.5 米

尽管体形庞大，半熊的躯体对于熊类而言却显得十分轻盈。确实，它看起来更像是大型犬类，其名字也有“半犬”的意思。它的肉食性可能比其他熊类更显著，所以是活跃的捕食者。其腿部强壮有力，足部结构说明它是趾行动物，而不像现代熊类一样整个脚掌着地（跖行动物）。这一趾行结构是迅速奔跑的适应特征，表明半熊在空旷的平原上猎食，很可能成群结队。

名称：洞熊（*Ursus spelaeus*）

年代：更新世至近世

地点：欧洲（奥地利、德国、荷兰、西班牙、英国、罗马尼亚、俄罗斯等地）

大小：长 2 米

熊属现存的有棕熊或灰熊、北极熊和美国黑熊，而在更新世，洞熊则是数量极多且十分庞大的种类。

洞熊在上个冰川世纪峰值期间生活在欧洲，通常靠在阿尔卑斯山脉地区的洞穴中冬眠躲避寒冷的冬季。从发现的一组化石来看，许多熊通常会聚集到一起共同度过这一年一度的漫长休眠。

以奥地利的龙穴为例，这里有 3000 多具熊类化石，其中许多似乎都在睡眠过程中死亡，可能正处于休眠期中。

尽管体形庞大、外表骇人，洞熊却可能是植食动物，被尼安德特人捕杀（见第 441 页），而且它们的骨头在他们的仪式中十分重要。

犬类和鬣狗类

DOGS AND HYENAS

犬科

FAMILY CANIDAE

犬科是一个全面发展的成功种类，包括了现代狐狸、豺、郊狼、狼和犬类。其演化历史长达4000万年，因而适应了各种各样的栖息环境和多样化的食物习性。作为食肉目（见第358页）的成员，犬科与水獭和鼬鼠、猫类和獴猴以及海豹、海狮和海象等都有亲缘关系。

犬科第一个为人所知的品种来自约4000万年前的晚始新世，最早的犬科动物腿部相对简短，与獴猴和灵猫相似，而非现代犬类。它们的分布几乎仅限于北美洲，而这里是犬科演化的中心，直到600万年前的中新世，犬科才传播到了其他大陆。

从早渐新世（3500万年前）仅有的5个类群，到晚中新世（1000万年前到600万年前）的42个类群，犬科品种十分丰富。此时是它们的巅峰，此后就衰落到了现存的12个类群，其中包括家养犬。

犬科的牙齿十分有助于它们适应多样化的栖息环境和食物，除了尖利的大犬齿（犬齿一词意为“似犬的牙齿”）和发育良好的切牙（裂齿）之外，其颌后方还长有强悍的臼齿，所以它们是杂食动物无疑，食物从骨头到肉类、昆虫和果实。

犬科还演化出了超强的嗅觉、灵敏的视觉和敏锐的听觉。它们的长四肢和超强的持久力，再加上以脚趾着地的方式奔跑（称为趾行步法），使它们能够敏捷地长距离追踪猎物，直到精疲力尽。

今鬣狗和狼类的智力和群居习性也提高了它们捕猎、躲避捕食者、成功哺育后代和占领新栖息地的各种能力。

名称：贪犬（*Phlaocyon*）

年代：早中新世

地点：北美洲（美国内布拉斯加州）

大小：长80厘米

正如黄昏犬外表类似猫类，贪犬则与浣熊科成员相似（见第359页）。不过，其头骨的若干特征表明它们属于犬科，是较为原始的成员。贪犬的生活方式可能与现代浣熊十分相似。虽然其足无疑似犬，四肢却更适合爬树，而非奔跑。它的头部短宽，眼睛靠前。

贪犬的下颌弯曲，与浣熊的下颌相似，臼齿和前臼齿都是碾磨型牙齿，其牙列中并无犬类所特有的切肉牙尖。牙型和种类表明贪犬可能是杂食动物，以种子、果实、昆虫和鸟蛋，以及小型哺乳动物和鸟类等多种食物为食。

名称：黄昏犬（*Hesperocyon*）

年代：早渐新世到早中新世

地点：北美洲（美国内布拉斯加州）

大小：长80厘米

黄昏犬是活跃的小生物，外表类似獴猴或灵猫，是犬科最早出现的成员之一。其躯干和尾巴长而灵活，腿部短小而虚弱，五趾呈分散状，看起来不是很像犬类。不过，其耳骨结构和牙列都说明它无疑属于原始犬科动物。

该生物的头骨化石表明内耳的多个部分包括在骨骼内，而非软骨，这一似犬特征将黄昏犬与更为原始的食肉目动物小古猫（见第 358 页）区分开来。

黄昏犬上颌两侧的最后一颗臼齿都已消失，相比完整的 44 颗牙，它们仅剩 42 颗。上颌的最后一对前臼齿和下颌的第一对臼齿都变异成切肉（裂齿）牙尖，这是犬类和其他真食肉动物（被归入食肉目的动物）的典型特征。

名称：新鲁狼（*Cynodesmus*）

年代：晚渐新世到早中新世

地点：北美洲（美国内布拉斯加州）

大小：长 1 米

新鲁狼是最早一批与现代犬类相似的犬科动物之一。其大小和形状与今北美洲和中美洲的郊狼相差无几。不过，它的脸较短（犬类典型的长鼻子要到演化的极后期才会出现），躯干仍然较长，尾巴沉重。

新鲁狼的腿具有十足的犬类特征，但仍然不如现代犬类那般有效地用于奔跑。北美洲空旷的草原此时尚未形成，而这些草原的发展促进了移动迅速的食植哺乳动物的演化，进而导致了迅足猎食者的出现，如犬类。

新鲁狼的足上仍然是各有五趾，第一根比其他的都小。其爪子狭窄，可部分伸缩，与猫类相似，而非后期狗类的那种又厚又钝的承重结构。它可能像猫一样伏击猎物，而非像狗一样去追捕。

名称：食蟹狐（*Cerdocyon*）

年代：更新世

地点：南美洲（阿根廷）

大小：长 80 厘米

犬科在第三纪的北美洲继续演化。由于两块大陆之间有海间隔，属于该科的动物并不能到达南美洲。之后，在新近纪末期的上新世（约 500 万年前），中美洲陆桥重新形成。大约 200 万年前，犬类在早更新世进入南美洲，早期狐类食蟹狐就是这批南下的动物之一。

200 万年后，食蟹狐分布在哥伦比亚到阿根廷北部之间。蟹类只是这种杂食性夜间捕猎者的食物的一部分。根据季节的不同，它们还以大鼠、小鼠、蛙类和昆虫为食，在夜间调动其敏感的听觉，蹑手蹑脚而又“迅速出击”，往往能一击制敌。食蟹狐还会食用果实和腐肉，以及所能找到的任何生物的蛋。其更新世近亲可能也有着同样的机会主义生活方式。

犬类和鬣狗类
DOGS AND HYENAS

名称：恐犬（*Bornphagns*）

年代：晚中新世到早更新世

地点：北美洲（美国内布拉斯加州）

大小：长 80 厘米

恐犬属于恐犬亚科，该科首次出现在大约 800 万年前的晚中新世，为食腐犬类。

恐犬体格沉重，呈球状，肿胀的前额令它有点似熊，不过，其似鬣狗的食腐习性部分反映在颌内巨大的臼齿上。为了容纳强劲的颌运动所需的大量肌肉，其头骨也已变短。这一综合了强悍颌部和碾臼齿齿的结构使得恐犬能够嚼碎动物尸体的骨头，进而食用骨内柔软而富含营养的骨髓。

恐犬广泛分布在北美洲，和欧洲、亚洲和非洲的同代生物占据同样的生态位，以死亡动物的腐肉为食，或抢夺其他食肉动物杀死的猎物。恐犬在北美洲生态环境中的食腐角色最终被更特化的犬类所取代，如恐狼。

名称：恐狼（*Canis dirus*）

年代：更新世至近代

地点：北美洲（美国加利福尼亚州）

大小：长 1.5 米

犬属包括狼、郊狼、豺类和狗 9 个现存种类，野狗和家养狗都在其中，从大丹到吉娃娃，应有尽有。过去的种类更多，其中最知名的是恐狼。从表面上看，这种史前狼与其现代同类十分相似，只是体格更大。它可能是食腐动物，而非捕猎动物，恐犬等恐犬亚科动物在早更新世灭绝之后，恐狼便占据了其生态位。

在今洛杉矶市所在的拉布雷亚牧场沥青坑，人们共发掘出 2000 多块恐狼化石。约 25000 年前，原油溢出地面并蒸发掉，剩下黏浊的沥青池。这些沥青池困住粗心的动物，如地懒和大象，濒死的动物又会招来食肉动物，如恐狼，而它们也同样被困其中。

这些动物的化石翔实记录了更新世的动物生活。恐狼和剑齿虎曾经历过打斗，因为它们的骨骼上通常带有双方可怕的牙齿留下的疤痕。

智力较高而活跃的捕食者——如当代的狮子和犬类都很少被困于此，看上去它们很享受危险的沥青池所带来的猎物。

鬣狗科

FAMILY HYAENIDAE

同属食肉目的鬣狗科出现相对较晚，时间是约 1500 万年前的中新世中期。它们可能起源于非洲大陆，之后遍布旧大陆。如今，鬣狗科与猫型亚目并列，二者被认为来自灵猫科（灵猫亚科及其近亲）。

新世界唯一已知的鬣狗科动物是 *Chamaporthetes*，这种动物在更新世期间生活在北美洲，后来分布在非洲、亚洲和欧洲。它是移动迅速的捕食者，而非食腐动物，腿和牙齿与现代猎豹相似。事实上，它在非洲还得与同样生活在更新世的真猎豹相互竞争。

北美洲哺乳类食腐动物的角色很快便被重齿的恐犬亚科所取代，如恐犬。它们的食物习性和生活方式与其他地方的鬣狗大致相同。

如今，鬣狗科仅分布于非洲和亚洲较为温暖的区域。尽管它们主要是食腐动物，却也是敏捷的高智商捕食者，成群结队地追逐迅足类哺乳动物，如瞪羚。鬣狗科有着沉重的碾骨型牙齿，强大的消化系统能够吸收骨骼中的有机物质，不能消化的骨片、蹄子、角、韧带和毛发等会被反刍出来。

名称：	鼬鬣狗（*Ictitherium*）
年代：	中新世中期到早上新世
地点：	非洲（摩洛哥）和欧洲（希腊）
大小：	长 1.2 米

鼬鬣狗是最早的鬣狗科动物之一，与灵猫（獴猴和麝猫的近亲，见第 369 页）的体格和外表相似。其牙齿也与灵猫相似，非常适于食虫习性，而不是像鬣狗那样的碾骨型牙齿。

鼬鬣狗与其原始近亲一同是当时分布最广泛的捕食者。事实上，在上新世的某一个阶段，其化石远超其他所有食肉目动物的总和。

该动物的化石经常成群出现，表明洪水可能将它们同时冲走。这种早期鬣狗科动物很可能已经演化出较为高级的社会秩序，并和现代鬣狗一样成群结队地追猎。

名称：	前斑鬣狗（*Percocruta*）
年代：	中新世中期到晚中新世
地点：	广泛分布于非洲、亚洲和欧洲
大小：	长 1.5 米

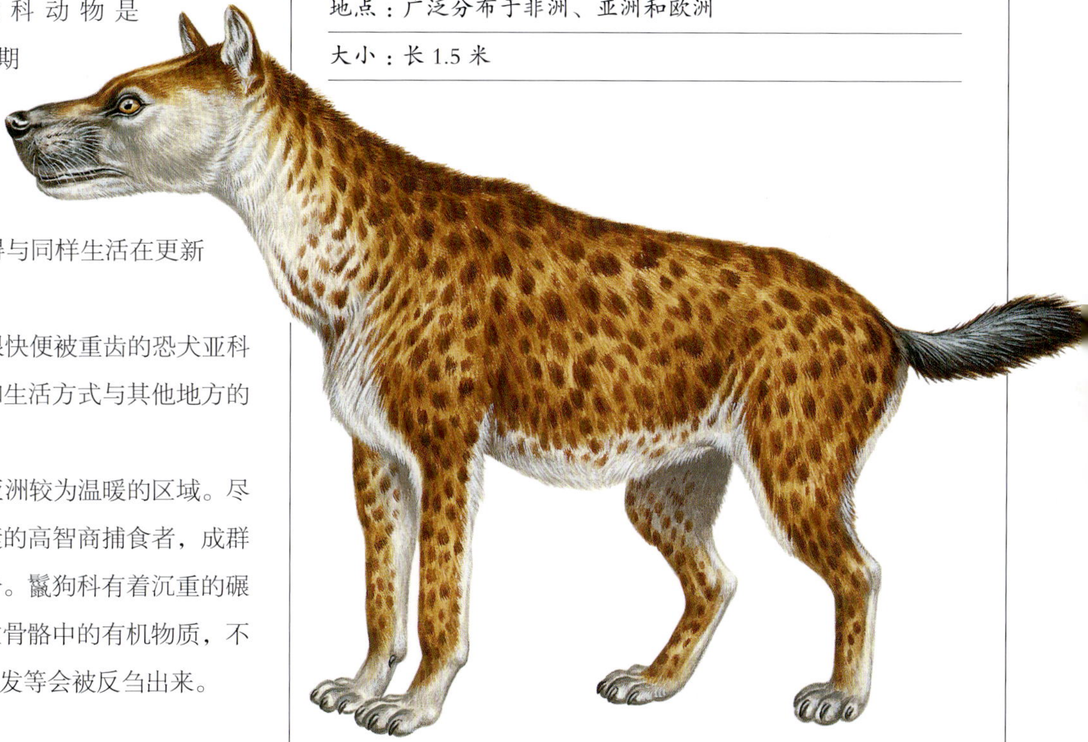

前斑鬣狗属是史上最大的鬣狗科动物。巨型前斑鬣狗发现于中国，体形与现代狮子不相上下。

尽管体形庞大，前斑鬣狗却与今非洲草原的斑点鬣狗十分相似。这种动物在更新世比现今分布更为广泛，其化石在非洲、欧洲和亚洲均有发现。

与其现代近亲一样，前斑鬣狗的头部很大，口鼻短粗，颌部十分强悍，长有特别适合食腐习性的碾骨型牙齿。它的站姿也是现代近亲所特有的倾斜型，前肢强壮有力，后肢较短，可能以同样的大步伐行走。

猫类和獴类

CATS AND MONGOOSES

猎猫科

FAMILY NIMRAVIDAE

猎猫科是最早演化的猫类，时间是在约 3500 万年前的早渐新世，一直存活到 800 万年前的晚中新世。猎猫科的成员有时又被称为假剑齿猫，以和真剑齿猫作区分，后者属于猫科。

猎猫科身体低矮颀长，尾巴较长，显著的上犬齿（剑齿）比现代猫类的长，同时又比真剑齿猫短，不过下犬齿又相对较长。

名称：猎猫（*Nimravus*）

年代：早渐新世到早中新世

地点：欧洲（法国）和北美洲（美国科罗拉多州、内布拉斯加州、南北达科他州和怀俄明州）

大小：长 1.2 米

即便早在早渐新世，这种假剑齿猫也在欧洲和北美洲与其他剑齿猫生活在同一时期，如始剑虎，并与它们竞争食物和栖息地。

猎猫的身体圆滑，很可能与非洲和亚洲的现代狩猫相似，不过背部相对较长，足部与犬类更相似。猎猫的头较短，眼睛所在的位置保证它们能够直视前方。对于捕食动物而言，这是一个十分重要的演化，因为立体视觉能让它们准确判定与猎物之间的距离。

猎猫的爪子较薄且十分尖利，可以部分收缩，防止在奔跑时受到损伤。

猎猫可能以小型哺乳动物和鸟类为食，像多数现代猫类一样靠伏击，而非像犬类一样靠穷追不舍。

猫科

FAMILY FELIDAE

现代猫科包括人们十分熟悉的狮子、老虎、猎豹和家猫。

猫科是所有哺乳动物猎食者中特化程度最高的动物。大约 1500 万年前，当新近纪的草原环境形成时，犬类和猫类也应运而生。它们以大草原的植食动物为食。在这种空旷的地面上，任何猎物都能老远看见危险的临近，所以要想做一个成功的猎食者，要么是老奸巨猾的追踪者，要么是步伐迅捷的奔跑健将。猫类采用了第一个策略，即隐秘伏击，而犬类则采用了第二个策略，靠追逐来捕捉猎物。

有些猫类（如虎）则演化成为独居的猎食者，它们靠追踪和伏击来捕获并杀死猎物。其他猫类（如狮子）则过着群居合作的生活，靠协调良好的狮群来追踪猎物。

一旦猎物被捕获，猫类还有两种策略来将其杀死。使用第一种的是“咬杀猫类”，所有的现代品种都涵盖在内。这些动物用尖利的犬齿咬中猎物的脖子，一击制敌于死地。第二种策略是剑齿猫的专利，而它们都已经灭绝了。这些动物用发育良好的犬齿给猎物造成重伤，再等它们流血致死即可。

除了真剑齿猫之外，还有一个猫科种类也演化出了类似剑齿的牙齿，这一点与原始猫科动物相同。剑齿猫通常被误称作“剑齿虎”，而它们与大型猫科的老虎并无太近的血缘关系。

猫科演化自早渐新世，起源自灵猫科。

名称：始剑虎（*Eusmilus*）

年代：渐新世

地点：欧洲（法国）和北美洲（美国科罗拉多州、内布拉斯加州、南北达科他州和怀俄明州）

大小：长 2.5 米

相比现代大型猫科动物，这种美洲豹大小的猫类躯干较长，腿部较短。始剑虎首次出现在始新世末期的欧洲，时间是约 4000 万年前，后来通过当时尚存的白令海峡陆桥向东迁徙，在渐新世到达北美洲。

始剑虎是假剑齿猫类的典型，它的一对上犬齿扩大成发育完善的尖利“剑齿”。下犬齿则比较微小，许多其他牙齿已经消失。始剑虎的颌内仅有 26 颗牙齿，相比某些食肉目的 44 颗显得较少。

颌关节变异到可呈 90° 角张开，给剑齿充分的活动空间。下颌上沿着剑齿长有骨质齿鞘，在嘴巴闭合时保护牙齿免受损坏。始剑虎在这一方面与有袋类的袋剑虎（见第 347 页）相似，不过二者之间并无亲缘关系，其相似性不过是相似的生活环境导致无亲缘关系的动物出现相似的特征（称为趋同演化现象）。

始剑虎及其他假剑齿猫同时生活在同一个地区，且有证据表明它们曾有交集。一枚发现于北美洲的猎猫头骨前额被刺破，这个洞的大小正好与始剑虎的剑齿相符合。不过这一伤口并不致命，猎猫从这次打斗中存活下来，并一直活到伤口愈合。

名称：巨剑齿虎（*Megantereon*）

年代：晚中新世到早更新世

地点：非洲（南非）、亚洲（印度）、欧洲（法国）和北美洲（美国得克萨斯州）

大小：长 1.2 米

巨剑齿虎属于早期真剑齿猫，很可能是其他剑齿猫类的祖先。它的牙齿不长，看起来并不像佩剑，其尺寸和形状更像是匕首，所以巨剑齿虎的直系近亲通常被称为匕首牙猫类（源自苏格兰语的匕首“dirk”一词）。

长犬齿的发育有助于这些强悍的捕食者捕捉并杀死同一栖息环境中的大型厚皮植食性哺乳动物。从追踪猎物到扑杀猎物仅需一次短暂而迅猛的跳跃和冲击，在脖子上的致命一咬会使猎物流血至休克，紧紧扼住猎物的喉咙很快就能将它们送上黄泉路。

在大约 300 万年前到 200 万年前的晚上新世和早更新世，巨剑齿虎遍布地中海地区，后又在晚中新世从印度北部的起源地传向非洲和北美洲。

猫类和獴类

CATS AND MONGOOSES

名称：剑齿虎（*Smilodon*）

年代：晚更新世

地点：北美洲（美国加利福尼亚州）和南美洲（阿根廷）

大小：长 1.2 米

剑齿虎是典型的剑齿猫科动物。与其他猫科动物不同的是，它的尾巴较短，与现代短尾猫相似。整个身躯十分健壮，肩部和颈部的肌肉结构保证硕大的头部能向下产生巨大的冲刺力。其颌能张到 120°，上颌一对巨大的剑齿能够直接刺向猎物。

其剑齿的横断面呈椭圆形，不仅能保留力量，还能在刺入猎物时将摩擦力降至最低。剑齿的后缘还长有像牛排切刀一样的锯齿，使其能更轻易地撕破猎物的血肉。

剑齿虎可能以移动缓慢的厚皮大型动物为食，如猛犸和野牛。由于不能在脖子上一击制敌于死地，剑齿虎可能会在猎物的侧腹或前肢造成重伤，再等待猎物血尽而亡。

洛杉矶的更新世拉布雷亚牧场沥青坑共发掘出了 2000 多具剑齿虎骨骼，其他食肉目动物的数目也同样多，如恐狼（见第 363 页）。这些动物并不如现代食肉目那么狡猾，因而被已经困在其中的大型动物所吸引。其中所发现的剑齿虎品种为加州剑齿虎，已被加利福尼亚州当作该州的标志性化石。

另外一个剑齿虎种类发现于阿根廷。大约 500 万年前，当南北美洲之间的陆桥在上新世之初形成时，它们便在更新世迁徙到了北美洲。

名称：似剑齿虎（*Homotherium*）

年代：早更新世到晚更新世

地点：非洲（埃塞俄比亚）、亚洲（中国和印度尼西亚）、欧洲（英国）和北美洲（美国田纳西州和得克萨斯州）

大小：长 1.2 米

除了剑齿猫科动物和匕首齿猫科动物之外，还有一类似剑齿猫科动物，之所以有此称呼，是因为它们用于猎杀的犬齿比剑齿猫科动物较短较平展。其后部牙齿为强悍的切割型牙尖（裂齿），用于切割肉类。从侧面看去，由于前肢比后肢长，似剑齿虎有着鬣狗科的倾斜身躯。行走时，它的整只脚都会稳稳地接触地面，这一点和熊类及人类相似，称为“跖行步法”，与大多数其他猫科动物的趾行步法正好相反。

似剑齿虎一直存活到 14000 年前更新世冰盖形成的末期。似剑齿猫科动物可能以其他猛犸为食，因为美国得克萨斯州发现的幼年猛犸的化石旁边还有一架似剑齿虎骨骼。似剑齿虎可能在更新世的冰川世纪因北半球的猎物消失而灭绝。

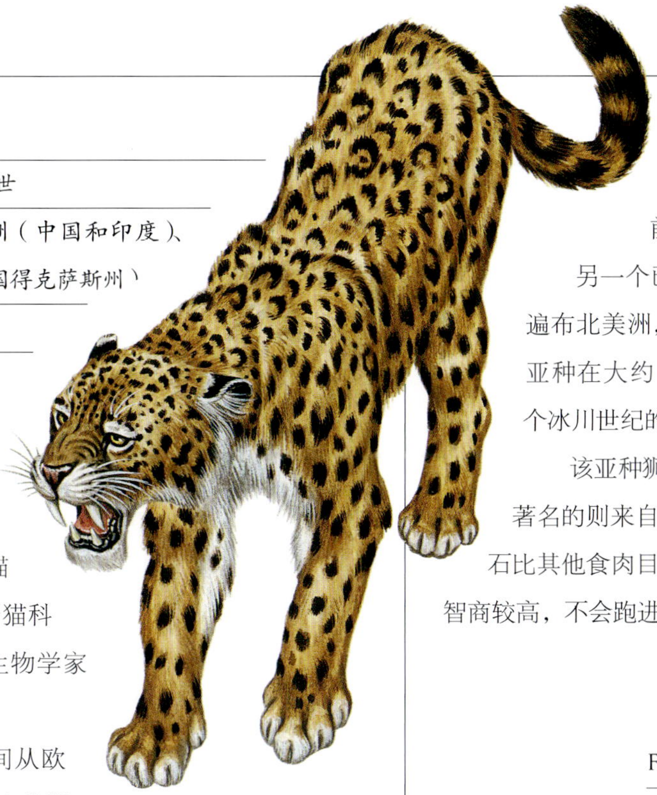

名称：恐猫（*Dinofelis*）

年代：晚上新世到中更新世

地点：非洲（南非）、亚洲（中国和印度）、欧洲（法国）和北美洲（美国得克萨斯州）

大小：长 1.2 米

恐猫是黑豹大小的猫科动物，相比剑齿虎、似剑齿虎，扁平的犬齿较短，却又比其他猫科动物长。关于恐猫属于猫科的哪个亚科的问题，古生物学家仍各持己见。

恐猫在早更新世期间从欧亚大陆和北美洲灭绝，但在非洲存活到中更新世。中国阿氏恐猫（为纪念奥地利古生物学家亚伯教授而命名）是已知最大的恐猫。

名称：豹属（*Panthera*）

年代：更新世至今

地点：非洲（南非）、亚洲（印度）、欧洲（英格兰）和北美洲（美国加利福尼亚州）

大小：长达 3.5 米

现代狮子被发现于今非洲部分地区和印度西部的吉尔国家森林公园。作为典型的刺咬猫科动物，其犬齿（相比大多数已灭绝猫科动物较短）刺入猎物脖子令其窒息而死。尖利的长爪子可完全收缩，收拢到一层表皮之下，以防止变钝。

狮子共有两个较出名的已灭绝亚种。穴狮来自欧洲，可能是史上最大的猫科动物，比现代狮子西伯利亚亚种西伯利亚虎大 1/4。洞穴岩画和其他考古发现表明穴狮在欧洲东南部一直存活到有史时代，其最后的大本营是大约 2000 年前的巴尔干半岛。

另一个已灭绝的狮子亚种是美洲拟狮。该种类遍布北美洲，且在南美洲北部也有发现。显然，该亚种在大约 35000 年前到 20000 年前期间，借道上个冰川世纪的白令海峡迁徙到了北美洲。

该亚种狮子的化石发现于美国阿拉斯加州，但最著名的则来自洛杉矶的拉布雷亚牧场沥青坑。狮子化石比其他食肉目动物的化石更稀有，原因可能在于狮子智商较高，不会跑进沥青坑内。

灵猫科

FAMILY VIVERRIDAE

该小型食肉动物科包括现代灵猫、麝猫和獴猴。灵猫科是最古老的食肉目之一，其祖先可追溯至大约 6000 万年前的中古新世。它们还是所有食肉目动物中适应性最强、特化程度最低的动物。早期灵猫科分别在中新世和渐新世衍生出了鬣狗科和猫科。

灵猫科大多躯干较长、腿部较短。许多是伺机而动的杂食性动物，食物范围广泛，从蚯蚓、软体动物、鱼类、鸟类和爬行动物（獴猴还以蛇为食），到蛋、腐肉和果实。

该种类如今分布广泛，旧大陆热带大部分地区都能找到（灵猫科是马达加斯加岛唯一的食肉目种类），但它们的化石却十分稀少。

名称：*Kanuites*

年代：中新世

地点：非洲（肯尼亚）

大小：长 90 厘米

灵猫科在演化过程中变化极小，*Kanuites* 可能与现存麝猫相似。其尾巴较长，爪子或许能像现代猫类一样收缩。它可能为杂食动物，可栖息在树上，也可栖息在地面上。

海豹、海狮和海象

SEALS, SEALIONS, AND WALRUSES

鳍脚亚目

SUBORDER PINNIPEDIA

食肉目不仅包括陆地上的猫类、犬类和熊类等食肉动物，还包括了海栖食肉动物，统称为鳍脚亚目。其中包括了现代海狮和海狗（海狮科）、海象（海象科）和真海豹（海豹科），所有这些动物的足都已变异成为鳍状肢或鳍脚。

鳍脚亚目可能在大约 3000 万年前的晚渐新世起源自北半球，直到约 1000 万年后的中新世才传播到南半球。曾有观点认为海狮和海象起源自似熊的祖先，真海豹演化自水獭类食肉目动物，目前的观点则认为整个鳍脚亚目都演化自同一个鼬科祖先（鼬鼠、水獭及其近亲，见第 358–359 页）。

海豹科

FAMILY PHOCIDAE

海豹与犬科或猫科动物并不相似，但它们同属食肉目。海豹科可能演化自水獭类祖先，如河兽（见第 359 页），时间是在约 3000 万年前的晚渐新世。它们出现于欧洲水域，后南北向迁徙到北冰洋和南冰洋，向西到达太平洋，过着海栖食鱼生活，不过仍会离开海洋上岸繁殖。

海豹科通常被称为“真海豹”，以与海狮科（海狮和海狗）作区分。如今的海豹科比海狮、海狗和海象数量更多、品种更丰富，但其化石却非常稀少。

名称：弓海豹（*Acrophoca*）

年代：早上新世

地点：南美洲（秘鲁）

大小：长 1.5 米

弓海豹可能是现代豹海豹的祖先。它是食鱼动物，但是看起来却十分不适应海栖生活，大部分时间都会待在岸上或岸边。其鳍状肢不太发达，颈部较长，流体学外形不如现代海豹（较类似其水獭祖先），鼻子较尖。

海熊兽科

FAMILY ENLIARCTIDAE

海熊兽科是海狮科最早演化的成员，也是现代海狮、海狗和海象的祖先。它们生活在大约 2300 万年前的早中新世，与海豹科一样，也可能起源自鼬科动物。

在约 1800 万年前的中新世，海熊兽科衍生出另一个已灭绝的早期海豹科，即皮海豹科。再后来，在大约 1500 万年前，某些海熊兽科动物演化成海象科。在约 1300 万年前的中新世中期演化的另一条支线则衍生出了海狮科，包括海狮和海狗。

名称：海熊兽（*Enaliarctos*）

年代：早中新世

地点：北美洲（太平洋沿岸）

大小：长 1.5 米

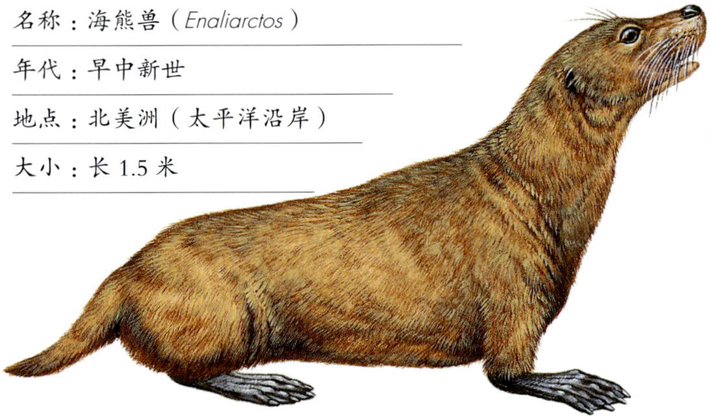

这一外貌原始的海栖哺乳动物代表的是陆栖食肉动物向海栖生活转变的早期阶段。海熊兽几乎是水獭和海狮的中间产物，其颊齿仍然像陆生犬类一样具有切肉的牙尖（裂齿），躯干呈流体学外形，与水獭极为相似，腿部独特，具有尾巴，而足已经变异成为鳍状肢。

与现代海生水獭一样，海熊兽也可能既待在水中，又会登上陆地，以多种海洋动物为食，其中包括鱼类和贝类动物。它们已经演化出了海狮特征，如大眼睛、连接触须的复杂感官，以及用于探知水下声音来向的内耳。这些感官都有助于海熊兽发现猎物。嗅觉可能与现存鳍脚亚目动物一样，在猎食过程中起到的作用较小。

皮海豹科

FAMILY DESMATOPHOCIDAE

皮海豹科是原始海狮的一个分科，表面上与海豹科的海豹相似，具有适应同种生活方式的同类特征。

二者最明显的区别是后肢的结构。海狮、海狗和海象能将后肢转向前方以方便在陆地上移动，而这是真海豹类所做不到的。

名称：皮海豹（*Desmatophoca*）

年代：中新世中期

地点：亚洲（日本）和北美洲（美国加利福尼亚州和俄勒冈州）

大小：长 1.7 米

现代海狮的流体学外形躯干自皮海豹就已出现。与现代近亲相同的是，皮海豹的前肢也比后肢强劲，其足也变异成鳍状肢，脚趾长而外张，有蹼状表皮相连，形成的大面积有助于游动。四肢的所有骨头都已变短，但强度有所提高。

尽管皮海豹仍具有尾巴，正好与海狮相反，不过已经大为缩减，仅如其头骨一般大小。与其祖先海熊兽一样，它的眼睛也很大，表明视力在猎食中具有重要地位。其听力并未完全发育，尚不能探知水底声音，但无疑已经能满足其在陆地上的需求。

海象科

FAMILY ODOBENIDAE

海象科与海狮、海狗的区别在于它们适应了以贝类动物为食，而非鱼类。雄性和雌性的上犬齿都已变大，形成一对沉重的獠牙，用于从海底攫取甲壳类猎物。

到了约 500 万年前的早上新世，至少有五个海象类群生活在北太平洋海岸，其中许多与海狮极其相似。在约 800 万年前的晚中新世，某些早期海象横跨分隔南北美洲的海道。到了 300 万年后的早上新世，它们已经北迁至美国和欧洲的大西洋沿岸水域。

在后来的上新世，起源地太平洋中的海象灭绝，北大西洋的种类却十分繁盛，并在 100 万年前左右，通过北冰洋重新回到了北太平洋地区。

尚存的海象属栖息在从东加拿大和格陵兰岛到北欧亚大陆和西阿拉斯加之间的北冰洋海域。海象是北极地区爱斯基摩人的重要食物来源。

名称：拟海象（*Imagotaria*）

年代：晚中新世

地点：北美洲（太平洋沿岸）

大小：长 1.8 米

拟海象被归入海象科，但其外表和行为方式却与海狮相似，所以可能是海象演化的一个 过 渡 阶段。海狮的犬齿用于捕捉鱼类，而拟海象的犬齿已经变大，但并未形成像海象那样挖掘贝类动物的獠牙。其后齿也尚未形成现代海象用于碾碎贝壳的宽阔牙齿，所以它可能以鱼类和贝类动物为食。

海豹、海狮和海象

SEALS, SEALIONS, AND WALRUSES

索齿兽目

ORDER DESMOSTYLA

索齿兽目是一群古怪的水栖哺乳动物，“海马”一称恰如其分。该目的成员大小如马驹，外表也与马驹相似。在约2500万年前到500万年前之间的中新世，它们生活在北太平洋沿岸。

从佛罗里达沿岸发现的一个化石表明，索齿兽目借道约500万年前的上新世时分隔南北美洲的海道，从太平洋进入了大西洋。不过，索齿兽目的起源、相互关系和食物习性仍然是未解之谜。古生物学家普遍认为它们与长鼻目和海牛目有关。

名称：索齿兽（*Desmostylus*）

年代：中新世

地点：亚洲（日本）和北美洲（太平洋沿岸）

大小：长1.8米

索齿兽是索齿兽目的典型成员。其体格如河马，行为方式可能也与河马相似，躯干短粗，粗壮的腿上长有宽阔的脚，脚上各有五根带蹄的脚趾。

前肢下半截的骨骼完成愈合成坚固的柱状，也就意味着要想转脚，就得转动整条腿。其在水下靠点脚前进，与现代河马在河底行走的方式相同。而在陆地上，这一结构就使索齿兽显得十分笨拙。

上下颌的前半部分都很长，长有前指的獠牙，由极长的门齿和犬齿构成。索齿兽的头与生活在同一时代的嘴扁如铲的象类相似（见第383-386页）。索齿兽非同一般的后牙形成数簇直立的圆柱形。

索齿兽过着两栖生活，在沿岸浅水区游荡，用强悍的前獠牙将贝类动物从岩石上扯下，甚至还会潜入水底寻找食物。一些古生物学家认为它还会以潮水带来的水草为食。

海牛目

ORDER SIRENIA

海牛目是唯一一个完全适应了水栖食植生活的哺乳动物。现有三个海牛类群（海牛属）和一个儒艮类群。海牛目的第五个类群斯氏海牛适应了冷水环境，以北太平洋海底的海藻为食，但已在1768年灭绝。该目所有的成员躯干都呈球形，前肢变异成鳍状肢，无后肢，尾巴平展，与鲸类相似，用于在水中悠闲地游动。

海牛目来自早始新世的匈牙利。其演化历程仍然是未解之谜，不过许多古生物学家认为它们演化自与有蹄类亲缘关系较近的某种海牛，与大象来自同一个祖先。最近的分子分析支持了海牛与大象之间的演化联系。

在始新世期间，气候相对温暖，地中海和加勒比海的热带浅水区生长着大量的海草，为海牛目提供了主要的食物。不过，当渐新世气候变冷时，这些海草草地缩减，海牛目适应了以南美洲沿岸河流的淡水植物为食。其牙齿因坚硬的草类磨损而需要持续更替。

名称：始新海牛（*Prorastomus*）

年代：中新世中期

地点：西印度群岛（牙买加）

大小：可能长1.5米

始新海牛是已知最原始的海牛目动物，目前仅发现有头骨、部分脊椎和肋骨，所以此处的复原图含有猜测成分。

始新海牛的头骨表明它并没有特化到适应海栖生活，实质上很可能还是陆栖动物。其厚实的鼻子和双冠脊的颊齿表明它以柔软的植物为食。

名称：*Rytiodus*

年代：中新世

地点：欧洲（法国）

大小：长 6 米

到了约 4000 万年前的晚中新世，儒艮属已经站稳脚跟，且与现代品种相似。

Rytiodus 体形庞大，大约是其唯一现存种类的两倍。它具备海牛目的所有典型特征：躯干肥而光滑，后肢已经消失，尾巴强壮有力，适于游泳。它的前肢演化成了鳍，其骨头十分厚重，肋骨尤其如此，起到压载物的作用，为 *Rytiodus* 提供合适的浮力。它在沿岸的浅海海底捕食，上颌一对剑齿形獠牙使得它能够将海草和海藻连根拔起。

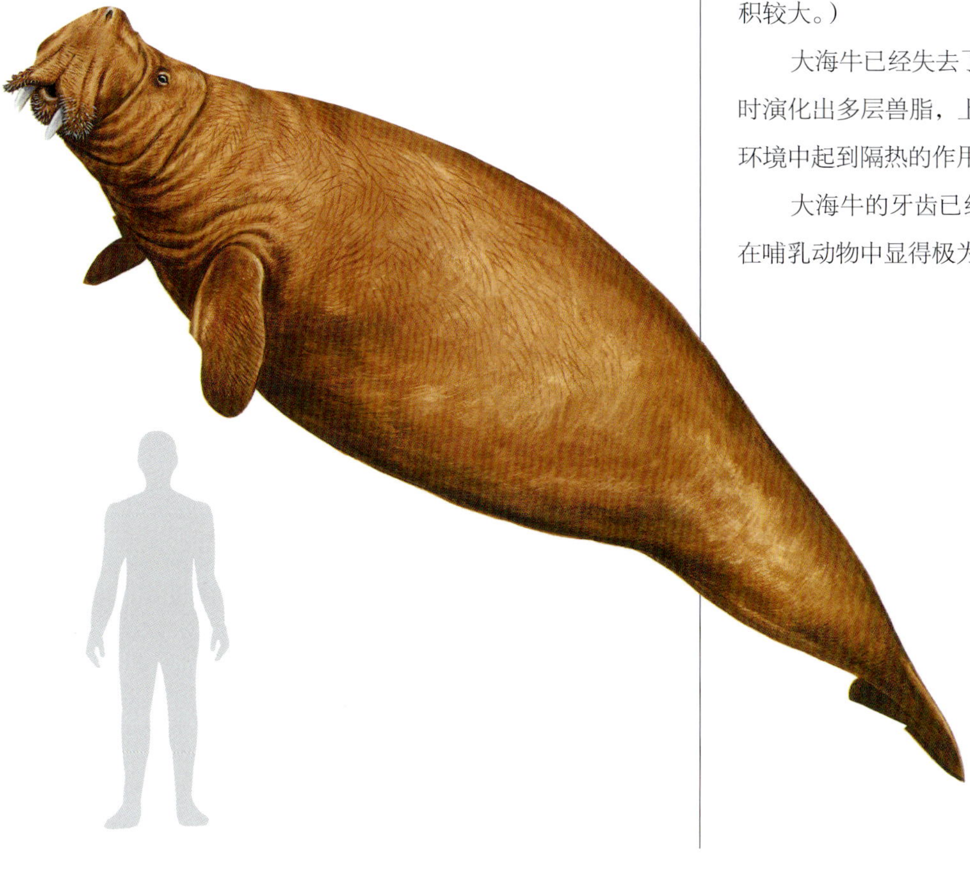

名称：大海牛（*Hydrodamalis gigas*）

年代：上新世至近代

地点：北极和北太平洋

大小：长 8 米

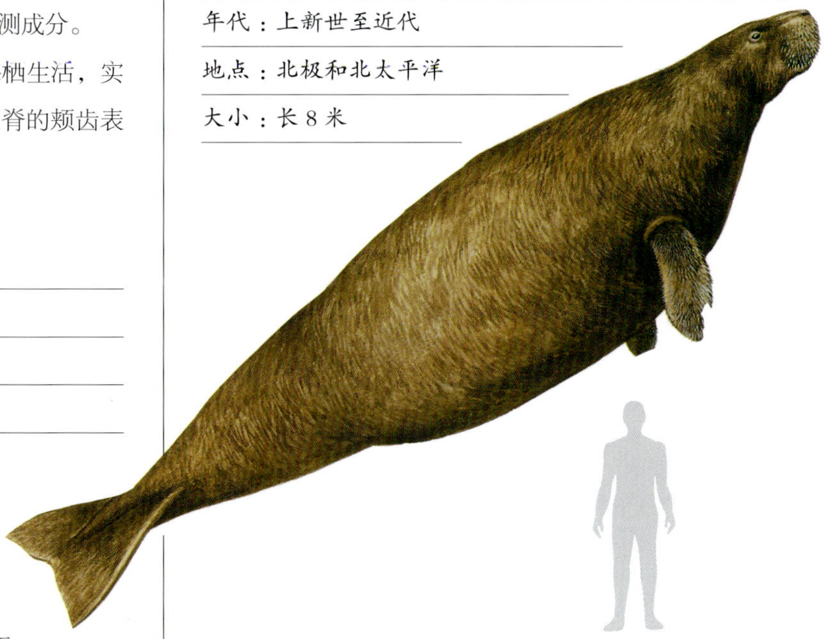

这种大型海牛目动物最近才灭绝，也叫做氏海牛（名字来自 1741 年发现它的德国自然学家格奥尔格·斯特拉）。

大海牛曾被列入儒艮家庭，起源自约 20 万年前的更新世末期，直到最近的 1768 年才（因人类捕猎）灭绝。其庞大的体形可能是为了适应北方的冷水环境而形成。（大型动物比小型动物能更好地保有热量，因为小型动物的相对表面积较大。）

大海牛已经失去了其他海牛目动物所具有的厚肋骨，同时演化出多层兽脂，上面覆有一层树皮一样的厚皮，在冷水环境中起到隔热的作用，也因此太过沉重而无法潜入水中。

大海牛的牙齿已经完全消失，只能以漂浮的海草为食，在哺乳动物中显得极为独特。

鲸类、海豚类和鼠海豚类

WHALES, DOLPHINS, AND PORPOISES

鲸目

ORDER CETACEA

鲸类、海豚类和鼠海豚类等体形大、智商高的海生生物是唯一一个一生都生活在海洋中的哺乳动物目。它们是所有哺乳动物中特化程度最高的动物，躯干圆滑呈流体学外形，形似鱼类，游动自如，一生都拒绝到陆地上生活。不过，它们还保留了基本的哺乳动物特征，如体温恒定，能够哺育后代，还需要呼吸空气。

已知的鲸目共有 140 个类群。现存的 40 个类群发现于全世界的海洋，另有淡水海豚生活在南美洲、印度和中国的河流中。不过，许多现代种类已经濒临灭绝。

鲸目可能在古近纪之初演化自陆生的早期有蹄类（见第 378 和 398 页），时间大约在 6500 万年前。最近的分子分析支持了这一猜测，并将鲸目与有蹄类（牛、鹿和猪等偶蹄动物）一同归入鲸偶蹄目。这一个大目又与食肉目和奇蹄目（马类）有着密切联系。从细节上看，如今的鲸类似乎与水栖的反刍动物海牛亲缘关系最近。

鲸类有三个亚目：原始的古鲸亚目，现已全部灭绝；现代齿鲸亚目，或称“齿鲸类”，包括庞大的抹香鲸和所有海豚、鼠海豚；以及须鲸亚目，或称“须鲸类”。须鲸类包括了史上最大的动物——蓝鲸，其长度可达 30 米，体重可达 130 吨。

古鲸亚目

SUBORDER ARCHAEOCETI

古鲸亚目演化自 5400 万年前的早始新世，是最早出现的鲸目动物。它们起源自两栖哺乳动物，起初体形较小（长度不超过 3 米），为海豹形四足生物，水栖适应特征并不多。但到了约 1500 万年前的始新世末期，它们已经变成巨大的像蛇动物，且十分适应海栖生活。

名称：巴基鲸（*Pakicetus*）

年代：早始新世

地点：亚洲（巴基斯坦）

大小：长 1.8 米

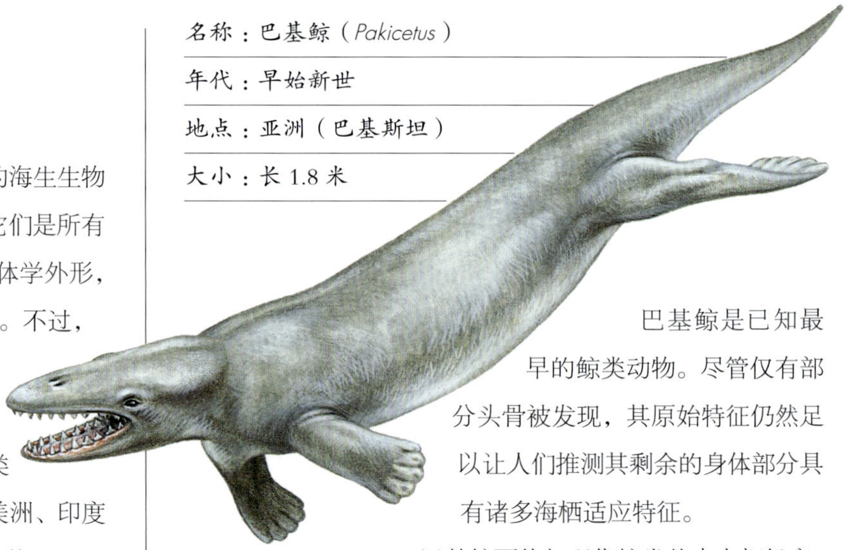

巴基鲸是已知最早的鲸类动物。尽管仅有部分头骨被发现，其原始特征仍然足以让人们推测其剩余的身体部分具有诸多海栖适应特征。

巴基鲸可能与现代鲸类外表大相径庭。其牙齿与中爪兽目相似，如安氏中兽（见第 378 页），颊齿也有着相同的三角形牙尖结构。这表明巴基鲸从陆生食肉有蹄类演化过来的时间并不长。

巴基鲸的耳朵并不适应水下生活，所以它可能大部分时间生活在陆地上。该早期鲸类所在的沉积物中发现的其他陆生动物证明了这一推测。

巴基鲸的总体面貌可能与海豹十分相似，四肢呈桨形，在陆地上移动相当古怪，但在河中和特提斯海东岸的河口中确实游刃有余。这一水域在约 5000 万年前的古近纪仍然存在于亚洲东部边缘地带。

名称：原鲸（*Protocetus*）

年代：中始新世

地点：智利和亚洲（地中海地区）

大小：长 2.5 米

原鲸比巴基鲸仅晚了800万年，但其外表已经十分似鲸了。它的躯干流体学外形更好，接近现代鲸类的形状。其前肢平展似桨，后肢极度缩减，且仍然外凸，在游动中的作用极小。

原鲸的尾巴上可能长有一对水平的叶，称为尾片，这一点可从该区域的椎骨结构看出。尾片的上下运动推动着它在海中稳稳地游动。

原鲸的头骨变得很长，鼻子较窄。其牙齿分布在颌的前方，十分尖利，牙尖呈锯齿状。以之字形分布在颌前方。这些牙齿抓握住猎物，后齿则将猎物切断。原鲸及其他早期鲸类无疑在沿岸浅水区捕食鱼类。

原鲸鼻孔的位置已经开始向头后部移动，不再像最早期的鲸类那样位于鼻尖。原鲸的嗅觉仍然很敏锐，但视觉可能是它捕食的最重要感官。与巴基鲸相反的是，原鲸的耳朵非常适应水下听音，不过它不太可能已经演化出现代鲸类所具有的复杂的回声定位系统。

名称：	轭根鲸（*Zygorhiza*）
年代：	晚始新世
地点：	北美洲（大西洋沿岸）
大小：	长6米

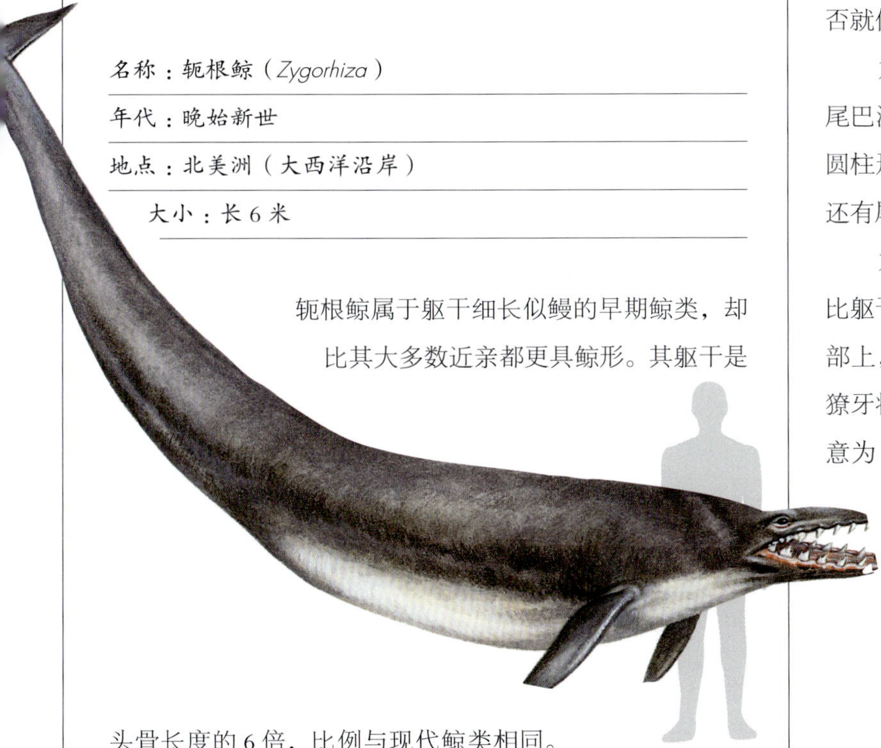

轭根鲸属于躯干细长似鳗的早期鲸类，却比其大多数近亲都更具鲸形。其躯干是头骨长度的6倍，比例与现代鲸类相同。与现代鲸类不同的是，其头部通过独特的短颈附着在躯干上，而颈部由哺乳动物通常具有的7块颈椎骨构成。其桨状前肢的肘部以下都已消失（而现代鲸类的前臂骨都已与上臂愈合），有助于它们在水中掌握航向。早期鲸类可能与其祖先两栖动物一样，仍然在陆地上交配繁殖。

名称：	龙王鲸（*Basilosaurus*）
年代：	晚始新世
地点：	北美洲（大西洋沿岸）
大小：	长达25米

当这只大型早期鲸类的化石在19世纪30年代被发现时，人们曾认为它们是某种恐龙。这种与轭根鲸同属一科的动物看起来绝对像是一条庞大的海蛇。事实上，约一个世纪以前，其骨头确实被用于一场海蛇恶作剧。

龙王鲸的蛇形躯干由极长的椎骨构成的脊椎支撑。其肋骨较短，仅分布在躯干的前半部分。腰带骨仍存在，位于其躯干三分之二的位置，后肢的骨头也仍然与其相连。不过，这些后肢骨太过细小，很难想象它们能有什么作用，它们是否就位于体内也还是个问题。

龙王鲸必然通过左右摆动长躯干和尾巴游弋在始新世的海洋中。为了能使其圆柱形躯干变成有效的游动工具，其尾巴上还有尾片。

龙王鲸的头是早期鲸类的典型，虽然相比躯干而言显得较小。其鼻孔高高地位于吻部上，牙齿的大小形状各异。前牙尖利呈獠牙状，后牙有锯齿边缘（曾用名械齿鲸，意为“锯齿边缘的牙齿”）。其牙列表明它以深海的鱼类和鱿鱼为食，这一点与较大型的现代齿鲸目类似，如抹香鲸。

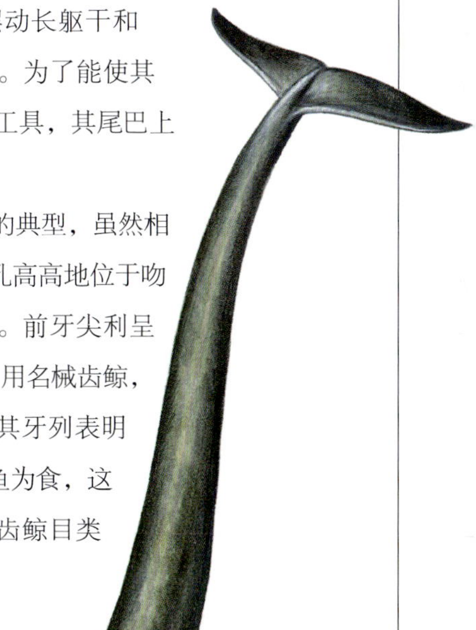

鲸类、海豚类和鼠海豚类

WHALES, DOLPHINS, AND PORPOISES

齿鲸亚目

SUBORDER ODONTOCETI

齿鲸亚目可能在约4000万年前的晚始新世演化自古鲸亚目，占现代鲸类的大多数，其中包括抹香鲸、剑吻鲸和巨头鲸，以及逆戟鲸、白鲸和独角鲸，还有海豚和鼠海豚等。所有这些现代种类都已在1000万年前左右的晚期出现。

齿鲸亚目的牙齿比古鲸亚目的简单，牙尖已经消失，从而形成圆钉或圆锥形。某些齿鲸亚目的颌内有数颗牙齿，其他的则几乎无牙。

名称：原鲨齿鲸（*Prosqualodon*）

年代：渐新世到早中新世

地点：澳大利亚、新西兰和南美洲

大小：长2.3米

原鲨齿鲸及其近亲可能是其他所有齿鲸的祖先。它可能与现代小海豚相似，鼻子窄长，长有尖利的捕鱼牙齿。但它的牙齿十分原始，因为颌后方仍有三角形牙齿，正如早期鲸类古鲸亚目一样。

原鲨齿鲸的头骨由于前端发生若干变异而变得轻盈：首先，其颈部变短，头后部与躯干愈合，不再需要过多的支撑和保护；第二，由于仅以鱼类为食，早期鲸类复杂的颌部结构已经简化；第三，由于嗅觉不再作为定位猎物的首要感官（听觉取而代之），其嗅觉器官已经退化。

原鲨齿鲸的鼻孔位于头顶的两个眼窝之间，在此处形成喷水孔（见于现代鲸类）。潜水过程中堆积的废气在它冒出水面时会通过喷水孔喷薄而出。

名称：剑吻古豚（*Eurhinodelphis*）

年代：中新世中期到晚期

地点：亚洲和北美洲（太平洋沿岸）

大小：长2米

在约3000万年前的渐新世，齿鲸亚目分化成多个类群。剑吻古豚就是长鼻鼠海豚剑吻古豚科的典型代表。其耳朵结构已经比早期齿鲸亚目更为复杂，所以它可能已经具有现代齿鲸的回波定位复杂系统。

现存鲸类依靠超声声呐来定位并捕捉猎物以及在水下寻找方向。它们放射出的高频咔哒声在水中传播，遇到物体即反弹回来，回声经过其大脑的分析，即可判定该物体的大小、形状、速度和二者之间的距离，当然还有其可食性，往往准确度极高。

与现代海豚相同的是，剑吻古豚的头骨略不对称，即一侧的结构不同于另一侧。这一布局可能与适应生活方式的新能力有关，如追逐移动迅速的猎物和以极高的精准度进行导航。

剑吻古豚最典型的特征是其长鼻子。它的鼻子顶端没有牙齿，作用可能与现代剑鱼的“剑”相似，即刺入并击昏猎物，再用颌夹住。

须鲸亚目

SUBORDER MYSTICETI

须鲸亚目首次发现于可追溯到约 3500 万年前的早渐新世新西兰海相岩层中。这些早期种类的化石旁边还富含浮游生物，这正是它们的食物。须鲸亚目的演化可能源于早更新世南部海洋整体的温度下降，这激发了微观植物的生长，从而引发了以微观植物为食的小型自由游弋动物的发展。这一丰富的食物来源在南部海洋尤其多产，此地人称磷虾。尽管每次张嘴都要吸入和放出大量的水，它们却无法吞下任何较大的猎物，因为其咽喉宽度从未超过 22.5 厘米，即便最大的须鲸亚目动物也不例外。

须鲸亚目演化出了以浮游的小型虾形动物和底部甲壳类动物为食的独特方式。其颌内无牙齿，而是变异成支撑大块的骨质纤维（称为鲸须）的板。鲸须板从上颌两侧悬出，形成自然的过滤器，水或海底沉积物都能从中通过，以捕捉其中的大量浮游生物和甲壳类动物。

须鲸亚目现存仅八个类群，大多数也因人为捕猎而面临严重威胁。灰鲸是灰鲸科仅存的品种，而露脊鲸科现有三个种，须鲸科则有六个种。露脊鲸的滤食器官演化最彻底，鲸须板长 4.5 米有余，而品种丰富的须鲸科的颌两侧各有 300 多块鲸须板，其中包括了庞大的蓝鲸。蓝鲸长 30 米，重 144 吨，是史上最大的哺乳动物。在摄食期到来时，这些鲸鱼每天从极地海洋营养丰富的水中消耗多达 4 吨的浮游贝壳类动物。

现存种类的扩展可追溯到中新世，但它们的化石在晚期之前极其稀少，而新须鲸此后数量开始减少。所以很可能是现存的须鲸亚目动物取代了新须鲸科。

名称：新须鲸（*Cetotherium*）

年代：中新世中期到晚期

地点：欧洲（比利时、俄罗斯、摩尔多瓦等地）

大小：长 4 米

新须鲸属于演化自晚渐新世的早期须鲸亚目动物，在约 1500 万年前的中新世达到顶峰。新须鲸与今北太平洋的灰鲸十分相似，但长度不及灰鲸的三分之一。其鲸须板可能极短，不过尚无法确定，因为鲸须和角、毛发一样，都不能形成化石。其头骨化石保留了血管的痕迹，这些血管在它活着时持续供应血液，人们可以从中推测出许多东西来。

新须鲸及其近亲可能被噬人鲨所捕食，因为噬人鲨被发现的牙齿化石长度堪比一头小鲸鱼。

早期食根动物和食嫩叶动物

EARLY ROOTERS AND BROWSERS

大多数有蹄类动物都是大型食植动物，它们以草根或植物嫩叶或草类为食。早期食根动物和食嫩叶动物种类丰富多样，多以树叶、嫩枝和根茎为食，有些则演化成为食腐动物。已经特化的食植动物，如马类、牛类和鹿类都演化自这些早期有蹄类动物，后在中新世期间遍布全球，从森林向外迁徙，以利用正在形成的草原带来的机遇。

某些早期有蹄类动物曾被看作肉食性哺乳动物的原始目，如肉齿目，这一混淆表明哺乳动物在新生代末期逐渐趋同。

熊犬目

ORDER ARCTOCYONIA

该目数量众多，品种多样，大多是小型哺乳动物，仅比今家养犬类大一点。它们的头骨长而低矮，一整套牙齿相当统一（用于碾磨而非咬噬）。

熊犬科

FAMILY ARCTOCYONIDAE

熊犬科是熊犬目最早原始的科，可能与后来的有蹄类动物祖先亲缘关系较近。熊犬科大多四肢较短，体格笨重，大小如小熊。

名称：古中兽（*Chriacus*）

年代：早古新世到早始新世

地点：北美洲（美国怀俄明州）

大小：长 1 米

这种灵活的攀爬动物可能生活在古近纪北美洲热带森林中，以昆虫、小型动物和果实为食。其四肢强壮有力，关节灵活，尾巴能半抓握，跖行足（整只脚掌都贴于地面）上长有长爪子。其前肢可能用于挖掘，后肢则类似攀爬动物。

中爪兽目

ORDER MESONYCHIA

食植哺乳动物（多瘤齿兽目除外）在古新世之初繁盛时并无天敌。到了 6000 多万年前的中古新世，一些原始而趋同化的旁系演化成为中爪兽目。这类有蹄动物从狼般大小到长 5–6 米的大型动物，远远大于任何现存陆生食肉目动物，仅有恐龙可与之相媲美。与它们亲缘关系最近的是熊犬科和鲸类。

中爪兽科

FAMILY MESONYCHIDAE

中爪兽科属于中爪兽目，包括狼型、鬣狗型或熊型杂食动物，都能利用新的食物来源，从狐狸般大小到庞大的安氏中兽，体形各不相同。中爪兽科一直繁盛到约 3500 万年前的早渐新世，此时肉齿目和之后的真正的食肉目开始成为主要的猎食者。

中爪兽科与鲸类、海豚类头骨基部骨骼和牙齿的分布具有相似性，表明尽管栖息地和生活方式不同，它们仍然可能是后两者的祖先（见第 374–377 页）。

名称：安氏中兽（*Andrewsarchus*）

年代：晚始新世

地点：亚洲（蒙古）

大小：长 4 米

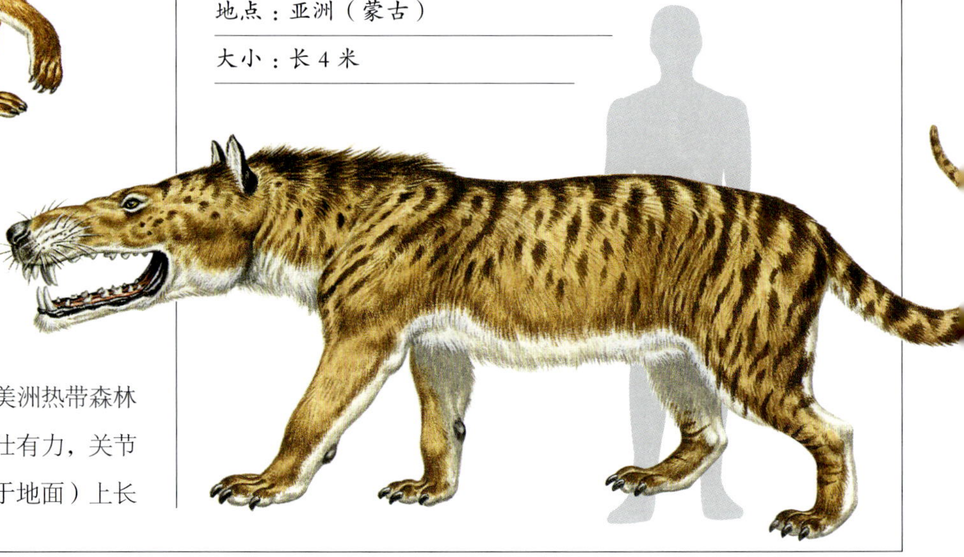

安氏中兽头骨长近一米，是已知最大的陆生肉食性哺乳动物。其牙齿巨大，适于碾磨和撕裂食物。由于并未发现完整骨骼，安氏中兽的习性仍然是未解之谜。与其近亲的对比表明它并非猎食者，而是与今多数鬣狗一样为食腐动物。

全齿目
ORDER PANTODONTA

该已灭绝的古近纪食嫩叶动物目品种多样，在 6000 万年前到 4000 万年前的古新世和始新世最为繁盛。在亚洲，少数全齿目一直存活到约 3500 万年前的早渐新世。该目分为十科左右，广泛分布于亚洲和北美洲，占据了多个植食生态位。其起源和相互关系尚未厘清。

冠齿兽科
FAMILY CORYPHODONTIDAE

该科某些成员小若老鼠，但大多体格庞大，有些则大如犀牛。冠齿兽科为半水栖动物，以块茎、根茎和其他植物为食。

名称：冠齿兽（*Coryphodon*）

年代：晚古新世到中始新世

地点：广泛分布于北美洲、欧洲和亚洲东部

大小：长 2.25 米

冠齿兽是大型动物，犬齿与海牛类似，雄性的犬齿更为发达。与海牛的另一个共同点，是冠齿兽也生活在沼泽和湿地中，用其獠牙将植物连根拔起。其臼齿上两个突出的横嵴表明它以森林中的嫩叶为食。

腿的上半截长于下半截，提供了支撑庞大身躯所需的力量，但不适合快速奔跑。

冠齿兽的大脑较小，大脑与体重的比例为 90 克 /500 千克，是所有哺乳动物中最小的。

恐角目
ORDER DINOCERATA

恐角目是古近纪最大的哺乳动物，又称恐角兽，指的是其头骨上的三对骨质突起，雄性还有一对剑齿形上颌长獠牙。

恐角目是犀牛形大型哺乳动物，起源自晚古新世和始新世的北美洲和亚洲，时间在约 5500 万年前。它们的演化历程仍然是个谜团。

尤因他兽科
FAMILY UINTATHERIIDAE

除了一个蒙古类群头上没有角，也没有剑齿形犬齿，恐角目的其他成员都涵盖在该科内。

尤因他兽是当时最大的陆生哺乳动物，骨骼庞大，四肢沉重，足部宽阔外张，但它们的脑子极小，其与身体的比例比许多恐龙也大不了多少。尤因他兽在约 3500 万年前的渐新世灭绝，其生态位被大型食植动物雷兽科所取代（见第 402–403 页）。

名称：始王兽（*Eobasileus*）

年代：晚始新世

地点：北美洲（美国怀俄明州）

大小：长 3 米，肩高 1.5 米

始王兽上颌长有一对剑齿形犬獠牙，头上长有 6 块骨质突起，与犀牛十分相似。这些钝“角”可能覆有皮肤，可能仅鼻子上的一对角覆有杂乱的角毛，这一点和犀牛相同（见第 406–409 页）。

其下颌的门齿极小，上颌门齿已经完全消失，表明它的舌头和獠牙是最重要的进食器官。

早期食根动物和食嫩叶动物

EARLY ROOTERS AND BROWSERS

裂齿目

ORDER TILLODONTIA

裂齿目是食植动物的一个小类，大小如现生的熊类，都已灭绝。

裂齿目可能与全齿目或熊犬目有亲缘关系，但其起源及与其他早期哺乳动物的关系，乃至其习性都是未解之谜。不过，古生物学家从其化石可以确认他们在古新世和始新世曾广泛分布于北美洲、亚洲东部和欧洲。

履爪兽科

FAMILY ESTHONYCHIDAE

熊形大型履爪兽科曾被看作裂齿目唯一一科，他们属于在古近纪演化并迅速分化的多个食植性哺乳动物科之一。在从古新世到始新世期内（3000 万年），它们遍布北美洲和欧亚大陆温暖的内陆流域，灭绝后被另一个哺乳动物分支所取代。

名称：*Trogosus*

年代：早始新世到中始新世

地点：北美洲（美国怀俄明州）

大小：长 1.2 米

从远处看，这种大型动物的蹲伏躯干、短头和平足都与现生的熊类相似，一旦张开嘴巴，*Trogosus* 巨大的凿子形门齿就会显现出来，使它看起来像是庞大的老鼠或兔子。与啮齿动物相同的是，其门齿也适于啮咬：前表面覆有珐琅质，一生中会不断生长。颌后方的碾磨齿不断磨损，表明 *Trogosus* 以坚硬的植物为食，很可能用爪子将根茎拔出地面。

纽齿兽目

ORDER TAENIODONTA

纽齿兽目是又一个古近纪食植动物小类，今已灭绝，仅发现于北美洲，体形从老鼠般大小到如熊一般。和裂齿目一样，纽齿兽目的起源及与其他哺乳动物的相互关系仍然是个谜团。

纽齿兽目在古新世演化迅速，远远超过任何已知哺乳动物，特化成为挖掘动物。

带齿兽科

FAMILY STYLINODONTIDAE

带齿兽科为纽齿兽目唯一的科。与履爪兽科一样，它们也是古近纪北美洲演化速度较快的哺乳动物科之一。

名称：柱齿兽（*Stylinodon*）

年代：早始新世到晚始新世

地点：北美洲（美国怀俄明州、科罗拉多州和犹他州）

大小：长 1.3 米

柱齿兽用于挖掘的前肢短而有力，爪子十分强悍，大小如熊，躯干如土豚，脸似猪。

已发现的化石翔实地记录了该动物的牙列。柱齿兽巨大的颌内没有门齿，犬齿变成无根的巨大啮噬凿子。钉状颊齿表面附有窄带状珐琅质。其颊齿在一生中不断生长，表明它以粗糙的根茎为食。

蹄兔目

ORDER HYRACOIDEA

该目植食性哺乳动物在约 3500 万年前的早渐新世期间品种丰富且数量繁多，并在始新世从起源地占据了多个生态位。

某些蹄兔目动物与貘相似，某些则与马类相似，还有的与兔类相似，如现代蹄兔。某些体大如猪，但多数都较小型。蹄兔目随着放牧动物的扩张而衰落，现仅存非洲和中东某些地区的 7 个种类，其中最著名的就是岩狸。

该目现有的种类使得人们可以对其进行分子分析，其结果表明它可能与长鼻目和海牛目有着较近的亲缘关系。

上新蹄兔科

FAMILY PLIOHYRACIDAE

所有古近纪灭绝的蹄兔种类都归入该科，后来灭绝的蹄兔和现存的种类都归入蹄兔科。

名称：*Kvabebihyrax*（未定名）

年代：晚上新世

地点：欧洲（高加索）

大小：长 1.6 米

已灭绝的蹄兔种类与现代品种的巨大区别从 *Kvabebihyrax* 身上即可看出。它身材短粗，小眼睛高高地位于头骨上，更像小型犀牛，而非蹄兔。鼻子较短，一对大门齿向下突出，两对下门齿扁平而呈水平状，当嘴巴闭合时，上门齿正好嵌入下门齿的牙尖中间。

重脚目

ORDER EMBRITHOPODA

已灭绝的重脚目是古近纪到新近纪早期的食植动物，曾广泛分布于亚洲、欧洲东部并进入北非。它们并不符合任何演化模型，也无明显的祖先或后代，不过小而简单的脑部结构说明它们可能与长鼻目或海牛目有着较近的亲缘关系。

重脚兽科

FAMILY ARSINOITHERES

犀牛形重脚兽科是该目唯一的科。

名称：重脚兽（*Arsinoitherium*）

年代：早渐新世

地点：非洲（埃及）

大小：长 3.5 米，肩高 1.8 米

重脚兽最引人注目的特征是底部愈合的两块圆锥形突起，这块突起覆盖着从鼻子到头中间的区域。除了外貌之外，重脚兽仅外表与犀牛相似。其“角”中空，表面有血管的踪迹，表明其上覆有表皮，至少在幼年时如此。头部更高的地方长有两个较小的突起，看起来很像长颈鹿那覆有表皮的网状角。

重脚兽长有整套 44 颗未特化的牙齿，显然是食植动物，且可能在河边的森林中以嫩枝叶为食。不过，其颊齿上高耸的横嵴表明它还能够咀嚼更粗糙的植物。从生态学角度来看，重脚兽可能相当于北美洲的尤因他兽（见第 379 页）和雷兽（见第 402–403 页）。

早期象类和乳齿象类

EARLY ELEPHANTS AND MASTODONTS

长鼻目

ORDER PROBOSCIDEA

非洲象和印度象是一度品种丰富、数量繁多的长鼻目仅存的两个种类。它们最主要的特征就是牙齿的演化和四肢适应不断增加的体重。

最近对大象 DNA 的分析导致人们对长鼻目亲缘关系的认知发生重大改变。起初，其分子数据似乎支持传统上将它们与有蹄类并列的分类法，如今这一观点已经改变，人们把长鼻目列为单独的目，与海牛目和蹄兔目并列。据信它们起源自原始有蹄类的一个基底原种，该原种还衍生出了现代蹄兔类（见第 381 页）和水栖的海牛目（儒艮和海牛，见第 372–373 页）。

长鼻目从始新世非洲北部起源时仅如猪一般大小（如始祖象），无长鼻，到了 5000 万年后的上新世，它们已经成为遍布所有大陆的大型动物（大洋洲和南极洲除外）。

它们的演化包括了体形不断变大、柱状长腿不断发展以承托沉重的躯干。与此相关的是它们演化出了平足，能够将其体重均匀地分散到地面上。该特征极为成功，因为尽管体形庞大，现代象类在坚硬的地面上却几乎不会留下任何脚印。除此之外，随着头部变大、脖子变短，其鼻子不断变长，其牙齿也减少到仅剩数颗臼齿。上颌的第二对门齿——后期象类特化成獠牙——也已变大。下犬齿及第一对前臼齿都已消失，而臼齿则不断演化成具有厚实牙冠和牙谷的宽牙齿，适于咀嚼和碾碎粗糙的植物。其鼻子和獠牙最初是为了使高大的短颈动物能够够到地面或树上的植物，不过也具有展示和求偶功能。

到了约 200 万年前的更新世，猛犸象和乳齿象在北部大陆繁衍发达，后突遭冰川世纪的大灭绝。在西伯利亚，一些猛犸象被困冰中，其皮毛和肉体都保存完好。唯一幸存下来的象科已在南方较为温暖的环境中迅速演化起来。目前已知的共有 4 科。

莫湖兽科

FAMILY MOERITHERIDAE

“莫湖兽”化石发现于埃及法尤姆省的湖中，其名源于该湖的古希腊名字 Moeris。莫湖兽科是长鼻目的短命科之一，反应了该目在晚古近纪的最初分化。

名称	莫湖兽科（*Moeritherium*）
年代	晚始新世到早渐新世
地点	非洲（埃及、马里和塞内加尔）
大小	高 60 厘米

这种与猪一般大小的低矮动物更像是貘或小型犀牛，而非象类。其外鼻孔位于头骨前方，表明它可能没有鼻子，但它们可能有宽阔厚实的上嘴唇能够帮它在沼泽植物中寻找食物。莫湖兽重约 200 千克，可能与犀牛一样是半水栖动物，且眼睛和耳朵也高高地位于头骨上，以便在水中行走时还能兼顾水面上的动静。

不过莫湖兽也具有向象类生活方式转化的若干特征。其头骨长而低矮，后部的大片区域用来附着强劲的颈部肌肉，下颌很深。其牙齿十分原始，虽小却近乎全套，下犬齿已经消失。即便在象类演化的早期阶段，它们的两颗门齿已经很类似獠牙了。

莫湖兽尽管具有诸多原始特征，其本身却可能并非其他长鼻目的祖先。莫湖兽是寿命极长的类群，它们一直存活到渐新世其他更高级象类的出现。

恐象科

FAMILY DEINOTHERIIDAE

恐象科是下颌的獠牙向下弯曲的大型象类。它们可能在早中新世演化自非洲，后迅速传播到欧洲中部和南部以及亚洲南部。

恐象科在整个上新世期间几乎没有任何变化，后退回非洲地区，并在约 200 万年前全部消失。

名称：恐象（*Deinotherium*）

年代：中新世到更新世

地点：欧洲（德国和波西米亚）、亚洲（印度）和非洲（肯尼亚）

大小：高 4 米

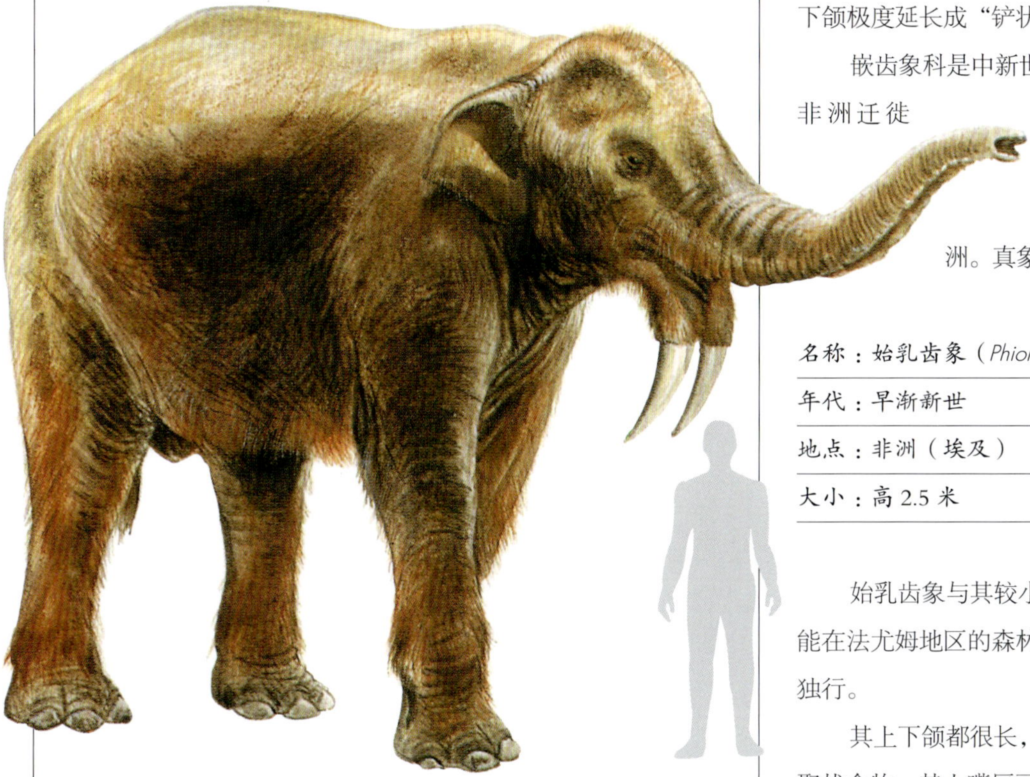

该象类最引人注目的特征是獠牙，其功能仍是古生物学家们争论的焦点。

恐象上颌无长牙，而下颌的长牙则呈直角向下弯曲，形成两个弯曲角度很大的獠牙。这样的结构和形状显得可能性不大，所以在 19 世纪 20 年代，当科学家们尝试复原恐象时，就把獠牙放颠倒了。它可能能用这些古怪的獠牙来搜索食物，即扒下树皮或挖出块茎。

几乎毫无变化却能生存达 2000 万年之久，恐象显然称得上是一种极为成功的动物。

嵌齿象科

FAMILY GOMPHOTHERIIDAE

嵌齿象科是真象类的三个科之一，其中一科为象科，包括了猛犸象和真正的大象，另外两科则为食嫩叶的乳齿象：嵌齿象科和更为高级的乳齿象科。真象类在早中新世期间迅速演化，衍生出多个互不相同的分支，但都在上新世和更新世灭绝了。乳齿象科出现在约 3500 万年前的早渐新世，早期品种的上下颌都相当长，较高级的种类则要么上颌较短、下颌极度延长成“铲状獠牙”，要么下颌退化如现代大象类。

嵌齿象科是中新世主要的大型哺乳动物，在早中新世从非洲迁徙到欧洲南部和印度次大陆，在中新世中期到达北美洲，又在约 200 万年前的更新世自身灭绝之前到达南美洲。真象类在约 500 万年前逐渐取而代之。

名称：始乳齿象（*Phiomia*）

年代：早渐新世

地点：非洲（埃及）

大小：高 2.5 米

始乳齿象与其较小的远亲始祖象生活在同一时期，它可能在法尤姆地区的森林中食嫩叶，而始祖象则在沼泽中踽踽独行。

其上下颌都很长，下颌扁平的獠牙外凸成勺子状，用于聚拢食物。其上嘴唇可能延长成原始的鼻子，与其奇怪的下颌相协调。上颌较短的獠牙可能被用作防御性武器。

早期象类和乳齿象类

EARLY ELEPHANTS AND MASTODONTS

名称：嵌齿象（*Gomphotherium*）

年代：早中新世到早上新世

地点：欧洲（法国）、非洲（肯尼亚）、亚洲（巴基斯坦）和北美洲（美国内布拉斯加州）

大小：高 3 米

这种长有四根獠牙的乳齿象类分布广泛，其化石已发现于四个大洲——欧洲、非洲、亚洲和北美洲。由于发现者都会给它命名，所以其名字多种多样，包括三棱齿象和四扁齿象等。

嵌齿象的下颌及与之平行的长牙都已大大延长。其嘴巴可能与等长的鼻子共同用于撕扯叶子和其他植物。

嵌齿象属的大多数成员都以灌木的叶子为食，但有一个类群生活在沼泽中，并以柔软的水生植物为食。

随着嵌齿象的演化，其颌内的牙齿不断减少，剩下的则演化出了许多高冠脊，增加了嘴内的碾磨面积。

这一牙齿适应特征十分必要，因为它们要应付维持嵌齿象庞大身躯所需的大量植物。

名称：铲齿象（*Platybelodon*）

年代：晚中新世

地点：欧洲（高加索山脉）、亚洲（蒙古）和非洲（肯尼亚）

大小：高 3 米

铲齿象与生活在欧洲和亚洲的变齿象一样，也是獠牙像铲子的乳齿象科食嫩叶动物。其獠牙的铲状结构比变齿象的更短更宽，且缩到两边以给上颌的獠牙提供空间。

铲齿象明显与变齿象有着同样的生活习性，即在浅河中跋涉，以水草残渣为食。

长鼻目的近亲种类此时还栖息在欧亚大陆和北美洲，表明两块大陆之间可能有一条迁徙路径，即通过今白令海峡所在的陆桥。

其铲状獠牙是独特进食方式的特化表现，这就意味着和其他高度特化的生物一样，由于不能迅速适应，它们很容易受环境改变的影响，所以存活的时间并不长。

名称：互棱齿象（*Anancus*）

年代：晚中新世到早更新世

地点：广泛分布于欧洲和亚洲

大小：高 3 米

互棱齿象下颌较短，鼻子可用于抓握，看起来与现代象类相似，但它的腿较短，一对獠牙极长，可达 3–4 米，几乎与其剩余的躯体等长。

互棱齿象似乎已适应了树林生活，既可从高树枝上吃食嫩叶，又可从森林底部的落叶层中寻找食物。它们在草原取代树林时走向灭绝。

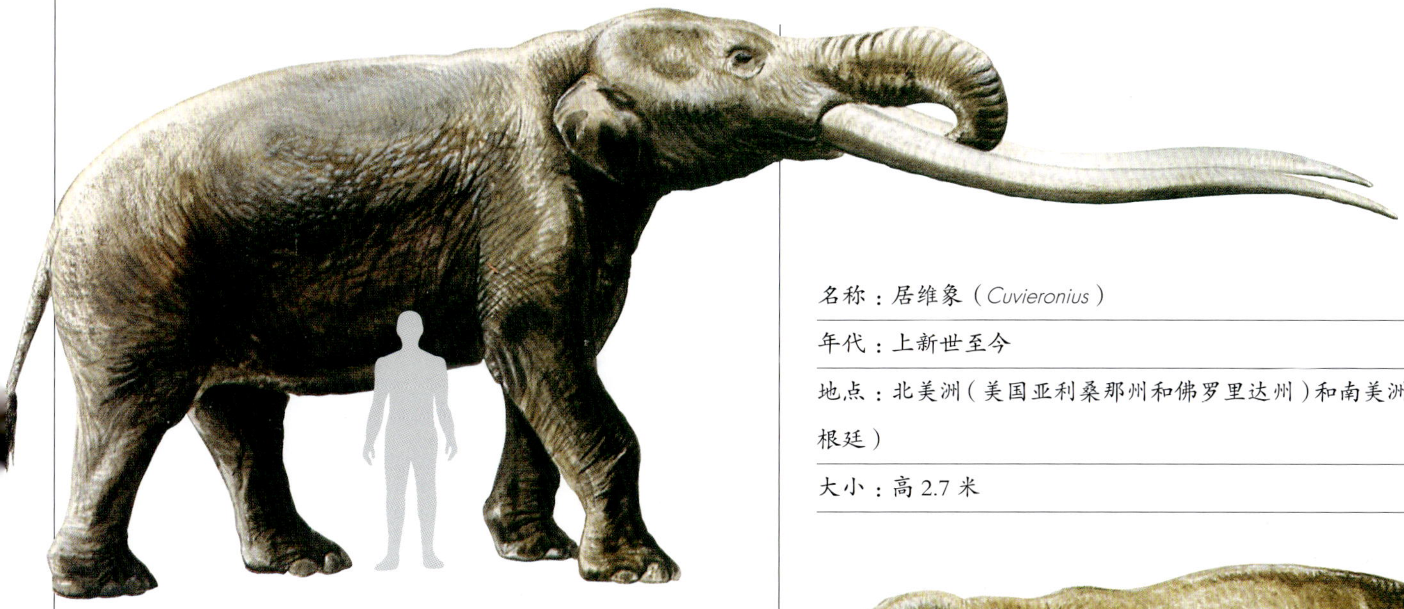

名称：居维象（*Cuvieronius*）

年代：上新世至今

地点：北美洲（美国亚利桑那州和佛罗里达州）和南美洲（阿根廷）

大小：高 2.7 米

名称：变齿象（*Amebelodon*）

年代：晚中新世

地点：北美洲（美国科罗拉多州和内布拉斯加州）

大小：高 3 米

变齿象在晚中新世期间栖息在北美洲的大草原上，以横穿草原的河流中的水生植物为食。从大小和外表上看，变齿象与现代象类十分类似，但它们的头骨和獠牙差别较大。长下颌上的扁平獠牙紧紧挨着，形成带有 1 米以上切割边缘的铲子。

变齿象将水生植物夹握在扁平的鼻子和獠牙之间，再从河底的淤泥中连根拔出，然后抬起铲形牙用鼻子将食物送入口内。

居维象是以伟大的法国古生物学家、比较解剖学奠基人拜伦·乔治·居维（1769 年 –1832 年）命名的。居维象是相当小的嵌齿象科动物，最显著的特征是像独角鲸一样螺旋形扭转的獠牙。

人们一般不会将象类与南美洲联系起来，而居维象的化石却发现于南北美洲的山地，其同义词 Cordillerion——“来自山地”——就反映了这一现象。

居维象起源自中新世末期的北美洲西部，在约 200 万年前的更新世期间迁徙到了南美洲。它们的分布从东部的大草原蔓延至西部的安第斯山脉，远至南部的阿根廷。它们因人类狩猎而灭绝，时间是公元 400 年前后。

乳齿象科、猛犸和现代象类

MASTODONTS, MAMMOTHS, AND MODERN ELEPHANTS

名称：剑乳齿象（*Stegomastodon*）

年代：晚上新世到更新世

地点：北美洲（美国内布拉斯加州）和南美洲（委内瑞拉）

大小：高 2.7 米

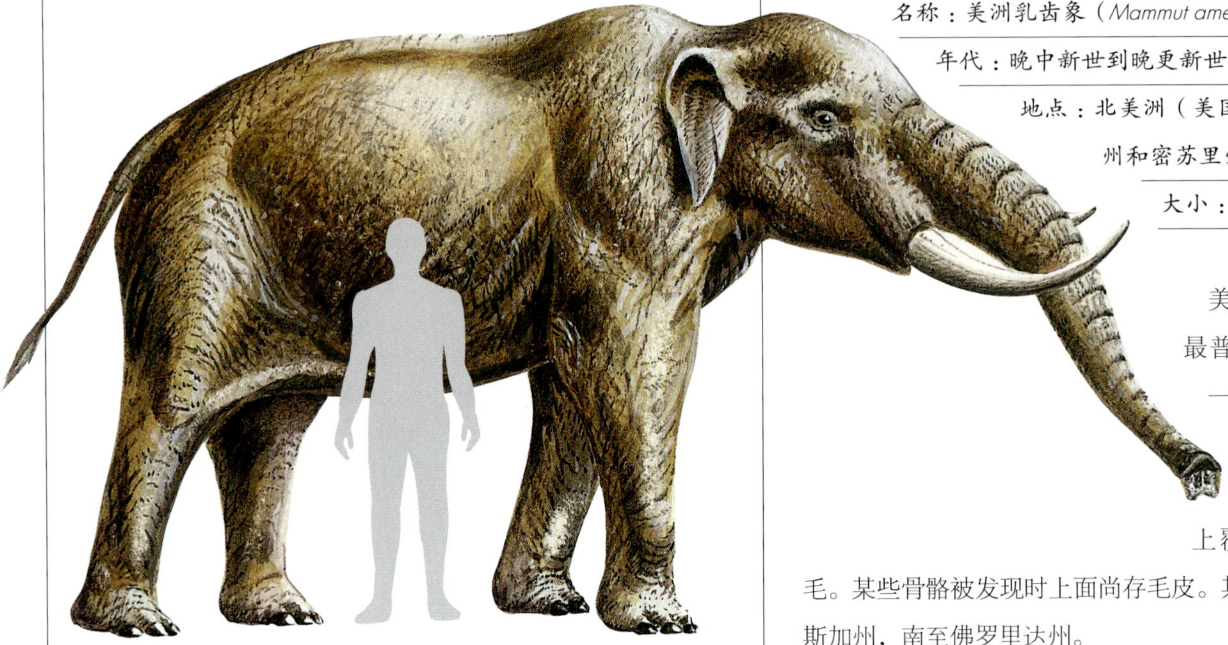

剑乳齿象也属于嵌齿象科动物，但它更像是变短变粗壮了的现代象类。它的下颌较短，无下獠牙，上獠牙则向上弯曲。

剑乳齿象的颊齿比其祖先更精细化，其上覆有螺旋形珐琅质，形成粗糙的表面和有效的碾磨运动，这些特化的牙齿使剑乳齿象能够以草类为食。

剑乳齿象是少数到达南美洲的长鼻目动物之一，中美洲陆桥在 300 万年前左右刚一形成，它们就迁徙了过去。在达到如今的规模之前，这道陆桥在更新世期间曾数次断裂重聚。每当火山链和褶皱山浮出水面，新一批动物迁徙的道路就打开了。

剑乳齿象在约 100 万年前从北美洲灭绝，不过在委内瑞拉与早期人类和谐共存。

乳齿象科

FAMILY MAMMUTIDAE

尽管名为 Mammut，它们却并非猛犸象，而是乳齿象类。它们的颊齿边缘有低矮的尖头，形成中间带有牙谷的横嵴，这一点正好与嵌齿象科相反，后者的横嵴上的牙尖更为复杂，而且中间的牙谷上长有许多小尖头。

名称：美洲乳齿象（*Mammut americanum*）

年代：晚中新世到晚更新世

地点：北美洲（美国阿拉斯加州、纽约州和密苏里州）

大小：高 3 米

美洲乳齿象是北美洲最普遍的长鼻目动物之一。与多毛的猛犸象一样，它也属于寒冷气候动物，身上覆有一层蓬松的长毛。某些骨骼被发现时上面尚存毛皮。其化石分布北至阿拉斯加州，南至佛罗里达州。

其头部长而低垂，长有一对上扬的巨大獠牙，成群结队在云杉树林中以嫩叶为食，可能与现代人类生活在同一时期。与多毛的猛犸象一样，美洲乳齿象也在不到 10000 年前灭绝。其他乳齿象科动物则分布于非洲、欧洲和亚洲，但这些象类都没有毛发覆盖。

象科

FAMILY ELEPHANTIDAE

现代象类就属于该科。它们与较早的近亲乳齿象科的不同之处主要在于牙齿的形状。真象类下颌的长牙已经消失，从而改良了其咀嚼方式。乳齿象科用复杂的旋转动作碾碎食物，而象类则将食物切开或剪开。

咀嚼动作的变化也同样影响了牙齿，使它们变得更高、表面更长且覆有更复杂的珐琅质。许多品种的颌内上下左右各只有一颗碾磨型牙齿。

这四颗牙齿个具有多达 20 个横向珐琅质褶皱圈，内部填充有较软的牙本质，中间有薄薄的一条接合剂相互隔离，整个碾磨表面由此形成近乎平坦的大块区域，很像锉刀的锉面。珐琅质、牙本质与接合剂之间矿物磷酸盐的细微硬度差异导致不同的磨损率，因此，有横嵴和褶皱的表面轮廓及其加工食物以供消化的有效性就得以保持下来。

矿化磷酸盐在碾磨粗糙植物过程中十分耐磨，象类的食物包括坚硬而粗糙的硅质草、树皮和嫩枝。尽管具有这一结构，其牙齿还是会被食物磨损，因而需要经常更替，不过新的牙齿只有在上一颗牙齿完全损坏后才会长出。

象类在进食或扯下树皮时还会用长牙挖出植物的根茎，同时又能作为武器，雄性则用它来展示力量和体形。长牙本身就是变长了的上门齿，由牙本质、软骨组织和钙质构成。

象科的许多成员幸存到了冰川世纪，但之后不久便灭绝，部分原因可能是早期人类的捕猎。这些已灭绝的象科类群包括：欧亚大陆的树林古象；矮种象，如栖息在地中海岛上的欧洲矮象；两种猛犸象，分别为真猛犸和 *Mammuthus jeffersoni*。猛犸象的活动范围主要局限在加利福尼亚州南部沿岸的岛屿和西伯利亚的北极海岸。这种隔绝和对不断减少的资源的激烈竞争使得猛犸象个体的体形都有所减小，而其表亲——美洲乳齿象——则也在同一时间加入了灭绝行列。

现存的象科仅有两个类群。较小的印度象栖息在印度次大陆、中南半岛、马来西亚、印度尼西亚和中国南部的森林中，据信现存的野生印度象不足 50000 头。较大的非洲象栖息在撒哈拉沙漠南部非洲大陆的草原和森林中，是现存最大的陆生动物。

名称：古象（*Elephas antiquus*）

年代：中更新世到晚更新世

地点：欧洲

大小：高 3.7 米

古象体形庞大，四条腿很长，长牙长而直，尖端略弯。

古象的骨骼在欧洲更新世的沉积物中比较普遍。在更新世的冰川世纪中，冰盖在北半球的大块区域来来去去。到了冰盖退缩期——称为间冰期，气候就会变暖，有时甚至比如今的气候更暖，亚热带气候甚至向北延伸到了英格兰。古象是温暖气候动物，经常光顾当时这些地方尚存的苍郁的树林。繁茂的植物哺育了大量哺乳类动物。象科的同代动物还有犀牛、河马、鹿、马类和野牛，以食植动物为猎物的顶级食肉动物也已出现。这一场景可能与现代非洲的自然动物保护区十分相似。每一次间冰期结束后，冰盖就会南移，古象也随之南下。其在北方陆地的地位被适应了寒冷气候的猛犸所取代。

乳齿象科、猛犸和现代象类

MASTODONTS, MAMMOTHS, AND MODERN ELEPHANTS

名称：欧洲矮象（*Elephas falconeri*）

年代：晚更新世

地点：地中海岛屿（塞浦路斯、克里特岛、马耳他、西西里岛、卡拉布利亚南部和一些较小的希腊岛屿）

大小：高 90 厘米

象属包括了现代印度象——亚洲象。象属最早的成员起源自约 500 万年前上新世的非洲，之后传入欧洲和亚洲。许多已灭绝的矮象或许是单独的物种，但也可能是母系的分支。

欧洲矮象高不足 1 米，栖息在地中海的岛屿上。其祖先可能是欧洲的纳玛象，它们在早更新世迁出非洲，向西传到欧洲中部、印度和中国，有些甚至到达日本。

在冰川期海平面较低时，纳玛象能够到达马耳他、塞浦路斯、克里特岛和撒丁岛。而当间冰期冰川融化海平面升高时，这些地区就变成了地中海内孤立的岛屿。在这种隔绝环境中，欧洲矮象应运而生。同类矮象还出现在东南亚的西里伯斯岛。

在这些岛屿上，自然选择往往倾向于能最大程度利用少量食物的动物，低矮的品种藉此开始演化，其现代的对应动物就是苏格兰群岛北部的设得兰群岛矮种马，甲龙科的厚甲龙（见第 303 页）也可能属于此类。然而，啮齿动物等小型动物的经历却正好相反：地中海岛屿上的啮齿动物通常比其他地方的大。在缺乏天敌的情况下，它们已经不必再保持能够迅速窜入洞穴中的小型细长身材。

名称：南方猛犸（*Mammuthus meridionalis*）

年代：早更新世

地点：欧洲（西班牙）

大小：高 4.5 米

猛犸是分布广泛的食植动物，它们已经适应了寒冷气候，且在早更新世期间从非洲迁徙到了欧亚大陆和北美洲。

南方猛犸是最早适应寒冷气候的动物之一。它们起源自约 200 万年前的欧洲南部树林，此时的气候寒冷，但并非酷寒。其祖先可能来自遥远的东部，或来自非洲。

南方猛犸的面貌总体与现代印度象类似，只不过獠牙更大更壮观。它可能是许多后来特化程度较高的猛犸象的祖先，如欧洲的真猛犸和北美洲的帝王猛犸。

名称：哥伦比亚猛犸（*Mammuthus columbi*）

年代：晚更新世

地点：北美洲（美国卡罗莱纳州、佐治亚州、路易斯安那州和佛罗里达州）

大小：高 3.7 米

哥伦比亚猛犸是美洲猛犸之一，它们在更新世晚期较温暖的时候，通过白令海峡从亚洲迁到了北美洲。哥伦比亚猛犸栖息在北美洲大陆东南部的温暖草原上，有的甚至远至南方的墨西哥。

哥伦比亚猛犸长有扭曲的獠牙，使它与长獠牙向后水平弯曲的帝王猛犸区分开来。后者的分布区域较靠近西部，其化石也被发现于洛杉矶的拉布雷亚牧场沥青坑。

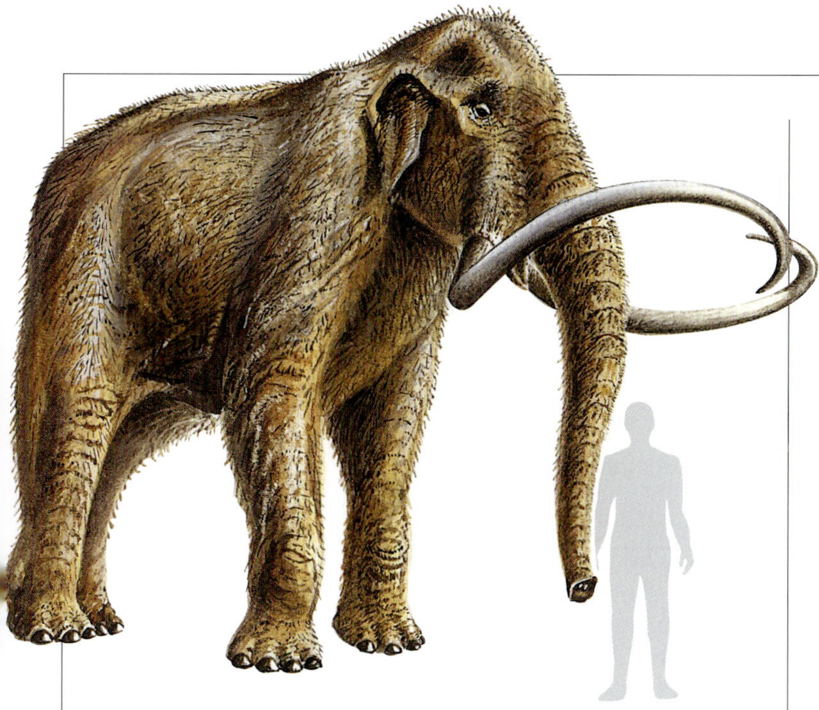

名称：草原猛犸（*Mammuthus trogontherii*）

年代：中更新世

地点：欧洲（英格兰和德国）

大小：高 4.5 米

草原猛犸是稀树草原猛犸象。它们在中更新世栖息在欧洲中部，环境比其祖先时期更加寒冷，且由于这一严酷的的环境，它们可能是最早演化出毛皮的动物。它们可能成群结队地横跨寒冷的草原，以其中生长的粗糙草类为食。

草原猛犸是最大的猛犸象之一。其螺旋状的獠牙——雄性的獠牙比雌性的厚——极长，有时可达 5.2 米。

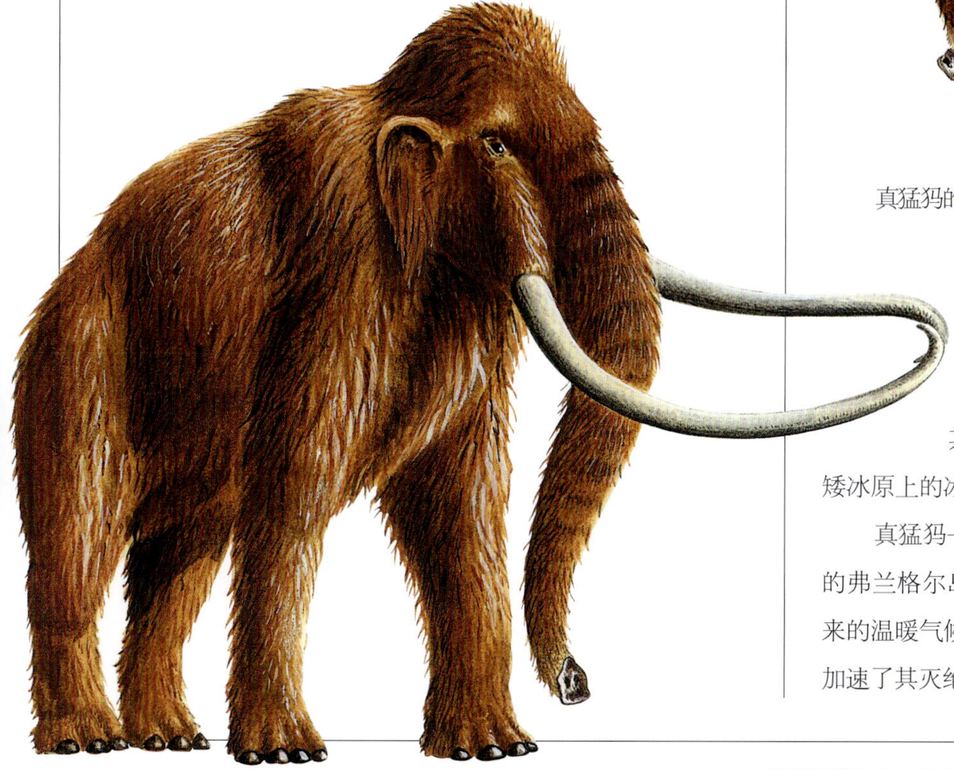

名称：真猛犸（*Mammuthus primigenius*）

年代：晚更新世

地点：欧洲、亚洲和北美洲

大小：高 2.7 米

真猛犸即长毛象，是人们心目中猛犸象的典范。它的体形相对较小，生活在苔原的寒冷环境中，身上覆有一层蓬松的毛皮和富有脂肪的驼峰。

由于在西伯利亚和阿拉斯加的冻土中发现的化石保存极其完好，古生物学家们对该动物的软体解剖和面貌十分熟悉。另外还有早期人类亲眼所见并在法国和西班牙洞穴墙壁上刻画出的图像。

真猛犸的皮毛由黑色长毛构成，而非多数复原图中常见的红色。保存下来的标本身上的红色是其毛发在动物死亡后发生化学反应的结果。它们还有一层细绒毛和厚厚的一层脂肪来辅助隔热。其头后方有一脂肪驼峰，其作用明显是在严酷的冬季提供营养。其象牙上的刮痕表明弯曲的獠牙被用来刮走低矮冰原上的冰雪。

真猛犸一直存活到约 10000 年前，矮种猛犸则在北冰洋的弗兰格尔岛上存活到 6000 年前。伴随上次冰川期结束而来的温暖气候可能减少了其数量，早期人类的过度捕猎可能加速了其灭绝。

南美洲有蹄哺乳动物

SOUTH AMERICAN HOOFED MAMMALS

在第三纪期间，南美洲所孕育的一批哺乳动物与今澳大利亚的如出一辙的古怪而独特，而且成因也有诸多相同之处。随着大陆不断的漂移和海平面上升，曾属于基本完整大陆的南美洲与北美洲分裂，后又与非洲和南极洲分开。到了约 5000 万年前至 6000 万年前之间的古近纪，南北美洲之间有一片开阔的海洋，或者说一些稀疏的岛链。

那一时期，南美洲哺乳动物的演化原种共有三个：有袋类（见第 346–349 页）、原始贫齿类（食蚁兽、树懒和多毛犰狳，见第 350–353 页）和一些早期食根动物及食嫩叶动物（见第 378 页、398 页）。由于北美洲与旧大陆有连接，所以基本上继承了其他所有的哺乳动物原种，而南美洲仅剩啮齿动物和灵长类。

从古新世到上新世约 5000 万年或更久的时间里，南北美洲之间的陆桥再次形成，在此之前，南美洲的哺乳动物隔绝在一个没有肉食性胎盘类哺乳动物存在的岛屿型大陆上，而这些原种得此良机，演化出的多个品种占据了本属于其他地方其他物种的生态位。

随后数页所讲述的是南蹄目，即被隔绝的早期食根动物和食嫩叶动物的后裔。

滑距骨目

ORDER LITOPTERNA

滑距骨目多数为马形和骆驼形动物，牙齿基本上比世界上其他地方的有蹄类更简单：牙列基本保持完整，前后颊齿之间的牙间隙演化到了最高阶段。

该目动物的腿和足有时与奇蹄类动物类似（如马、貘和犀牛，见第 398–409 页）。它们的上肢还都倾向于变短，下肢变长。带蹄的脚趾也减少到三个或一个，全身的体重都靠第三趾承受。

不过也有例外。前后肢的桡骨和尺骨与胫骨和腓骨并没有如马类那样愈合在一起，且踝骨更为简单（它们的名字意为“简单的踝骨”）。

第斗兽科

FAMILY DIDOLODONTIDAE

该长命科的归属尚不明朗。一些权威人士将它们与早期食根动物和食嫩叶动物归入熊犬目（见第 378 页），其他专家则认为它属于滑距骨目，而把它看作二者的过渡阶段或许更为适宜。

该科最早的化石来自约 6000 万年前的古新世，在 5000 万年后的中新世中期仍然能找到其踪迹。

名称：第斗兽（*Didolodus*）

年代：早始新世

地点：南美洲（阿根廷）

大小：可能长 60 厘米

该动物的牙齿与最早期的有蹄类动物特别相似。

第斗兽是行走迅速的食嫩叶动物，奔走于森林的林下植物中，以低矮的树木和灌木的叶子为食，它们及其近亲可能是其他大多数南美洲有蹄类的祖先。

原马形兽科

FAMILY PROTEROTHERIIDAE

南美洲广阔的大草原加速了体形轻盈的善跑动物的演化。

原马形兽科（“第一种生物”）为生活在晚古新世到晚上新世的马形动物，它们与北美洲的早期马类一样发生了许多相同的适应变化，有时还早于其他地区。不过原马形兽科不太可能吃牧草，因为从它们的牙列判断属于食嫩叶动物。

名称：双滑距兽（*Diadiaphorus*）

年代：早中新世

地点：南美洲（阿根廷）

大小：长 1.2 米

优雅的双滑距兽很像是短颈的羚羊或小马驹，大小如羊，具有马类的三趾足。

双滑距兽下肢的一对骨骼（桡骨和尺骨及胫骨和腓骨）并未像后来的真马类一样愈合，但仍然极为细长。中趾（第三根）变得极大，承受了全部体重，而两边的脚趾（第二根和第四根）则已萎缩。

其头部相对较短较深，脑壳很大，低冠齿与马类的相差较大，表明双滑距兽可能以巴塔哥尼亚平原上的植物、灌木和树木的嫩叶为食。

名称：	涂鸦兽（*Thoatherium*）
年代：	早中新世
地点：	南美洲（阿根廷）
大小：	长 70 厘米

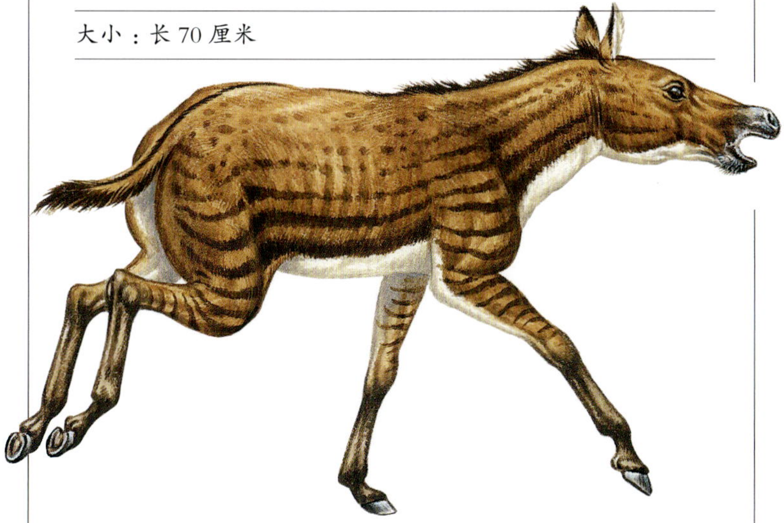

涂鸦兽是已知最小的滑距骨目动物，可能与小瞪羚相似。其足和腿相对身体较长，跑起来可能十分优雅。下肢的一对骨骼变短却并未愈合，真马类和第斗兽都表现出来的外趾退化在涂鸦兽身上达到极致，其另外两趾的参与比今单趾马类的还要小。其牙列也仍然十分原始，由此推测涂鸦兽以叶子为食，而非草类。

在早中新世品种达到巅峰之后，原马形兽科便在约 300 万年前的晚上新世灭绝了。

后弓兽科

FAMILY MACRAUCHENIIDAE

这些古怪的驼形动物长有犀牛形足，具有长脖子和长鼻子，曾一度被认为是已灭绝的驼类。这也并非毫无根据的猜测，因为今美洲驼及其驼科近亲都生活在这一区域（见第 418–421 页）。不过二者之间的区别很明显，因为任何相似之处都是趋同演化的结果，即生活在同一环境中的不同动物演化出相同的习性。

后弓兽科存活时间较长，占了第三纪大部分时间，可能还存活到了更新世，直至几千年前才灭绝。

名称：	滑距貘（*Thesodon*）
年代：	早中新世
地点：	南美洲（阿根廷）
大小：	长 2 米

滑距貘在南美洲大草原上慢跑而行，脖子细长，以嫩叶和草类为食，与现代栗色羊驼十分相似。二者的主要区别在于足，滑距貘的足为三趾，因此更沉重。滑距貘的鼻孔在头骨上的位置表明它还具有鼻子，但相比现代高鼻羚羊则逊色不少。

下颌细长，口内长有全套44颗牙齿，是胎盘类哺乳动物牙齿的最大值，对于处在第三纪后期的植食动物而言极为反常。

南美洲有蹄哺乳动物

SOUTH AMERICAN HOOFED MAMMALS

名称：后弓兽（*Macrauchenia*）

年代：更新世

地点：南美洲（阿根廷）

大小：长 3 米

后弓兽（“长颈驼”）是滑距獏的后期增大型版本，其习性仍然是未解之谜。它具有某些驼形特征，如体形、姿势、小头和长颈，但它的三趾足却似犀牛，且可能长有大象鼻，因为其鼻孔在眼睛之间的位置伸入头骨。

一些古生物学家认为象鼻的存在说明它们的半水栖习性，另一些则认为这证明其鼻孔周围长有唇，闭合时能阻隔灰尘。象鼻加上高冠颊齿还说明后弓兽可能同时以嫩叶和牧草为食。

其腿极长，前肢膝部以下长于上半段，这是奔跑动物的共同特征。但由于后肢的比例正好相反，所以它不太可能跑得特别迅速。

闪兽目

ORDER ASTRAPOTHERIA

闪兽目虽小却多有代表，是生活在晚古新世到中新世中期的低矮食植动物。某些大如犀牛，长有长牙和较小的象鼻。

闪兽科

FAMILY ASTRAPOTHERIIDAE

虽说闪兽科许多完整的骨骼都能够复原，其习性以及与其他南美洲有蹄类的关系却仍然成谜。

名称：闪兽（*Astrapotherium*）

年代：晚渐新世到中新世

地点：南美洲（阿根廷）

大小：长 2.5 米

除了体形较大之外，闪兽是该科的典型代表。其头较短，前额上有因气窦变大而形成的穹窿。

其犬齿在一生中不断生长，形成 4 根长牙。宽阔的下门齿向外突出，可能与上颌的角垫一同用于切割植物。

关于鼻子是否存在的证据相互矛盾。其鼻骨极短，高高地位于前额上，表明其具有象鼻，但它具有象鼻的意义又十分不明显：闪兽的脖子并不特别短，头也能很轻易地接触地面，所以其“象鼻”很可能只是膨胀了的鼻子。

闪兽躯干长而低矮，背部和腿部脆弱，后肢比前肢更柔弱。其足小而跖行（体重完全由平足承受）。

它很可能是水栖动物，行走在浅水中，与北半球的两栖犀牛一样以水生植物为食（见第 408 页）。

Trigonostylopidae 科

FAMILY TRIGONOSTYLOPIDAE

古生物学家们认为 Trigonostylopidae 科可能由闪兽科组成，也可能自成一科。它们与闪兽科的主要相同之处在于其突出的犬齿，而剩下的牙齿则表明它们与滑距骨目的亲缘关系更近。

名称：*Trigonostylops*

年代：晚古新世到早中新世

地点：南美洲（阿根廷）

大小：可能长 1.5 米

Trigonostylops 仅存头骨，因而很难推断其基本面貌和习性。它的牙齿极为原始，但从下犬齿的大尺寸来看，它仍属于闪兽目动物，其余的躯干也可能与闪兽相似。

焦兽目

ORDER PYROTHERIA

南美洲的哺乳动物是趋同演化的典范，即无亲缘关系的动物在相同的环境中演化出了相同的结构和特征。焦兽目就像美洲的“大象”，但其起源尚不清楚。

焦兽科

FAMILY PYROTHERIIDAE

焦兽科是该目的主科。它们广泛分布在阿根廷、巴西、委内瑞拉和哥伦比亚，贯穿了始新世和早渐新世。

名称：焦兽（*Pyrotherium*）

年代：早渐新世

地点：南美洲（阿根廷）

大小：长 3 米

焦兽的化石首次发现于阿根廷德塞阿多的火山灰沉积物，故得名，意为“来自火里的动物”。自那以后，南美洲的其他地区又多次发现该动物的标本。

生前的焦兽可能与其同时代的非洲早期象类钝兽相似。焦兽庞大的躯干支撑在柱状腿上，脚趾短而宽，脖子短而粗，头上长有象鼻和大到形成长牙的门齿。其上颌还长有两对较短的扁长牙，下颌长有一对长牙。

南美洲有蹄哺乳动物

SOUTH AMERICAN HOOFED MAMMALS

南方有蹄目

ORDER NOTOUNGULATA

南方有蹄目字面意思为“南方有蹄的动物”，是南美洲有蹄类中最大的目，4个亚目共有100个左右的类群，这些亚目可能在古新世末期南北美洲相互分离时就已经形成。

南美洲的与世隔绝使得其哺乳动物种类能够独立演化，其中许多品种占据了在其他地方本属于其他物种的生态位。

许多南方有蹄目动物体形较小，外形和习性都与兔子或海狸相似。其他的大型种类则与羊、疣猪、马类、犀牛和海马等相似。它们之间的亲缘关系从该目独特的牙尖结构和耳骨上即可得到证实。

尽管多数标本都来自南美洲，还有少数来自晚古新世和早中新世的北美洲沉积物。后者很快便即灭绝，自此之后该目仅存于南美洲。

南方有蹄目在渐新世达到巅峰，且在中新世期间仍然十分繁盛，之后便走向衰落，无现存品种。最后一批南方有蹄目在约100万年前的更新世从南美洲消失，因为刚刚形成的巴拿马地峡开启了北方哺乳动物种类的入侵之路。

古南美有蹄亚目

SUBORDER NOTOPROGONIA

古南美有蹄亚目是最原始的南方有蹄目动物。该亚目动物首次出现在化石记录中时都具有原始特征，包括全套44颗牙齿、低冠齿特化程度较低且前后颊齿之间无牙间隙。

古南美有蹄亚目仅存于古新世和中新世，其成员在约4500万年前灭绝。

南柱兽科

FAMILY NOTOSTYLOPIDAE

南柱兽科形似啮齿动物，前方长有突出的门齿，后方的前臼齿和臼齿由牙间隙分隔开来。不过，其长有牙根的凿子形门齿并不像其他啮齿动物那样不断生长，而十分适合刺杀。

名称：南柱兽（*Notostylops*）

年代：早中新世

地点：南美洲（阿根廷）

大小：可能长75厘米

南柱兽形似兔子，生活在林下植物中，以草本植物和其他低矮植物为食。其躯干相当普通，仅有少数适应特征使得它能适应特定的生态位。

为了容纳该科典型的啮齿型牙列，南柱兽的脸可能较深较短。

型兽亚目

SUBORDER TYPOTHERIA

型兽亚目与啮齿动物具有许多相同特征，就连牙齿也十分相似：二者高级成员的门齿和颊齿都适应了咬噬植物，且在一生中不断生长，以弥补食物所带来的高磨损率。

型兽亚目的某些成员体形可能与现代黑熊相似，但大多数体形较小。

中间兽科

FAMILY INTERATHERIIDAE

中间兽科多数为形似啮齿动物的小型哺乳动物。它们存在时间较长，其化石可追溯到晚古新世到晚中新世。

名称：原齿兽（*Protypotherium*）

年代：早中新世

地点：南美洲（阿根廷）

大小：长40厘米

原齿兽大小如兔，尾巴和腿较长，鼠形头部逐渐变尖，形成尖嘴。它具有整套 44 颗牙齿，且不具备专门应对某种食物的特化特征。它颈短体长，尾巴长而粗，细长的腿尽头是长有爪子的脚掌。原齿兽可能以叶子为食，并像啮齿动物一样穿梭在南美洲大草原上。

黑格兽亚目
SUBORDER HEGETOTHERIA

与型兽亚目一样（通常也被划入该亚目），黑格兽亚目也具有兔形和啮齿形体格。它们是效率极高的咬噬动物。后来的品种在门齿和颊齿之间演化出了牙间隙，而所有的牙齿都会在一生中不断生长。

它们出现在中始新世，直到约 300 万年前的上新世才走向灭绝。

黑格兽科
FAMILY HEGETOTHERIIDAE

黑格兽科由兔形动物组成，该科的许多成员后腿较长，使它们大步慢跑的姿势极为典型。

名称：厚南兽（*Pachyrukhos*）

年代：晚渐新世到中新世中期

地点：南美洲（阿根廷）

大小：长 30 厘米

厚南兽与兔子具有许多相似特征，且在南美洲占据了兔子的生态位。它们尾巴较短，后肢比前肢长得多，后脚也较长，也像兔子一样蹦蹦跳跳。

其头也形似兔子，形成尖嘴，牙齿适于食用坚果和粗糙的植物。厚南兽听觉器官极为发达，可能意味着它们的耳蜗较长且很大。这些特征都表明它们属于夜行动物。

箭齿兽亚目
SUBORDER TOXODONTA

箭齿兽亚目在始新世、渐新世和中新世期间分布广泛且品种繁多（某些的体形可与马类乃至犀牛相媲美），在中美洲陆桥形成之后灭绝。

“箭齿”意为“像箭一样的牙齿”，指的是它们的颊齿像两侧弯曲。与其他南方有蹄目动物亚目一样，它们也具有低冠齿，早期种类具有整套牙齿，后来则逐渐特化。其颊齿变大，覆有坚硬的牙骨质，许多种类还演化出了牙间隙。

外锯兽科
FAMILY ISOTEMNIDAE

外锯兽科演化较早，是箭齿兽亚目中最原始的科。

名称：涂氏兽（*Thomashuxleya*）

年代：早始新世

地点：南美洲（阿根廷）

大小：长 1.3 米

涂氏兽是为纪念 19 世纪的英国自然学家、古生物学家托马斯·赫胥黎而命名的。

涂氏兽体格健壮，形似羊，为非特化动物，适应特定习性的特征极少。其头部相比躯干而言显得较大，口内长有全套 44 颗牙齿。

不过，它的犬齿变大而形成外突的獠牙，所以它能够像疣猪一样在林下植物中以根茎为食。

它强壮的四肢与原始有蹄类相似，相对较短的脚为趾行足，即所有重量由脚趾承担，而非脚底。涂氏兽很可能步态轻盈，与野猪不同（见第 412–413 页）。

南美洲有蹄哺乳动物

SOUTH AMERICAN HOOFED MAMMALS

Notohippidae 科

FAMILY NOTOHIPPIDAE

“*Notohippid*”意为“南方马类”。它们曾被看作是真马类的祖先，其实二者的相同之处（主要在于头骨形状和切割型门齿）却是趋同演化的结果，即无亲缘关系的动物在相同的环境中演化出了相同的习性。从根本上来说，它们属于南方有蹄目。而该科与南方有蹄目和滑距骨目的其他种类一样，都在古近纪和新近纪早期的南美洲极为繁盛。*Notohippidae* 科动物出现于中始新世（约 4300 万年前），一直存活到中新世中期（约 1400 万年前）。

名称：*Rhynchippus*

年代：早渐新世

地点：南美洲（阿根廷）

大小：长 1 米

Rhynchippus（意为长鼻马）是南美洲有蹄类动物与世界其他地方无亲缘关系动物趋同演化的典例，与其类似的对象就是马类。*Rhynchippus* 的躯干较长，脚趾上有爪子，所以骨骼并非马形，但牙齿却与食牧草的马类或犀牛相似。

它的犬齿并未像其他大多数箭齿兽亚目动物一样形成獠牙，而是与门齿的大小和形状相同。这些牙齿都较高，十分适合切割植物。大颊齿表面具有螺旋形珐琅质，适于碾磨粗糙的植物，且覆有牙骨质。

利昂马科

FAMILY LEONTINIIDAE

利昂马科与其他种类的关系尚不明朗，但从其成员的足部结构来看，将它归入箭齿兽亚目也还算合理。

利昂马科是体格健壮的动物，某些成员具有犀牛形角。

名称：小弓兽（*Scarrittia*）

年代：早渐新世

地点：南美洲（阿根廷）

大小：长 2 米

小弓兽是利昂马科仅有的成员，其骨骼保存完好。

这种体格臃肿的动物与笨拙的平足犀牛相似，躯干和颈部较长，因而整体十分沉重。它的腿短而粗壮，足为三趾蹄脚，尾巴极短。胫骨和腓骨在顶部部分愈合，这就意味着其足不能向两侧翻转。

小弓兽的脸较短，颌内长有全套 44 颗低冠齿，特化程度较低。

巨弓兽科

FAMILY HOMALODOTHERIIDAE

巨弓兽科的典型特征是爪状趾，与生活在旧大陆和北美洲的爪兽类极为相似（见第 404 页）。巨弓兽科起源自早渐新世，与利昂马科和箭齿兽科在新近纪早期和新近纪晚期的美洲南部极为繁盛，后在晚中新世灭绝。

名称：巨弓兽（*Homalodotherium*）

年代：早中新世到中新世中期

地点：南美洲（阿根廷）

大小：长 2 米

巨弓兽体形如美洲驼，是唯一一个已知的巨弓兽科动物。

与其他南方有蹄目动物不同的是，巨弓兽的前脚掌上四根“手指”长有爪子，而非蹄子。其前肢比后肢长而笨重，后肢为跖行足（体重全由脚掌承担），前肢则为趾行足（体重全由脚趾承担）。这一典型特征使得巨弓兽的肩部高于臀部。

这些特征使得巨弓兽可能为半两足动物，可能后肢站立，以低矮树枝的嫩叶为食。

箭齿兽科

FAMILY TOXODONTIDAE

箭齿兽科包括的动物牙冠都极高且曲度较大，牙根能不断生长，以弥补食用南美洲大草原粗糙植物所造成的磨损。它们与犀牛极为相似，某些品种的鼻子上甚至还长有角。箭齿兽科出现于约 3000 万年前的渐新世，于晚更新世灭绝。

名称：箭齿兽（*Toxodon*）

年代：渐新世到更新世

地点：南美洲（阿根廷）

大小：长 2.7 米

箭齿兽是犀牛形动物，笨重的躯干呈桶状，靠结实的短腿支撑，而有蹄子的三趾跖行足则相对较小。由于后腿比前腿长，其身体略向前倾斜。

其头部前方十分宽阔，或许长有能用于抓握的肉质嘴唇。头骨从鼻子正后方开始变窄，像犀牛一样之后再次变宽。其牙齿表明它同时食嫩叶和牧草，能够切割咀嚼南美洲大草原坚硬的草类和叶子。

名称：*Adinotherium*

年代：中新世早期到中期

地点：南美洲（阿根廷）

大小：长 1.5 米

Adinotherium 像是羊形的箭齿兽，只不过没那么笨拙。其前腿相对长于其他箭齿兽科动物，所以肩部与臀部几乎同高，无驼峰。

Adinotherium 头骨上还长有小角，可能为某种展示结构。

马类

HORSES

有蹄类哺乳动物是今大型植食性陆生动物的主要种类，其最早的代表是早期食根动物和食嫩草动物（见第378−381页），它们在约6000−5000万年前的古新世和始新世占据着统治地位，而约2000万年前，许多种类借助较为干旱的中新世气候下形成的广阔草原开始演化。

除了原始的食根动物和食嫩叶动物，有蹄类分为两个大目：奇蹄目（右）在古近纪有多个类群，而今仅剩马类、犀牛类和貘类；另外一个现代有蹄类目为偶蹄目（见第410−425页），现今的种类远远超过以前任何时期，包括鹿类、羊类、山羊类和牛类、猪类、西貒、河马、长颈鹿、骆驼类和美洲驼类。

与早期食根动物和食嫩叶动物不同的是，大多数高级的有蹄类都适应了快速奔跑：对于受敏捷的猎食者威胁的中小型动物而言，这是一个明显的演化。它们的大腿较短，小腿细长，腿骨与脚骨愈合，使得它们无需扭转踝关节就能飞奔。其肌肉集中在大腿骨骼上，力量通过一系列肌腱传送到腿的其他部位。其踝关节比较僵硬，以脚趾着地行走，脚趾数量减少却变长，减轻了体重，而蹄子本身也是一大块脚趾甲。

奇蹄目通常都有一或三根脚趾，大部分体重集中在中趾上，而偶蹄目的体重则分散在两根或四根脚趾上。

其他与以牧草为食有关的演化特征还包括数组变大了的碾臼齿齿、一套适于消化纤维素（食物中的复杂碳水化合物）的复杂肠道和成群结队的集体生活。有些种类还演化出了由角、骨头甚至乱毛构成的头骨突起，其功能多种多样，但都能用于防御和性展示。

对马类和其他奇蹄目动物亲缘关系的分子证据还对公认的观点产生了另一个冲击。以前，DNA数据似乎证明奇蹄目与岩狸（蹄兔目）、象类（长鼻目）和海牛（海牛目）有亲缘关系，而如今则与鲸偶蹄目（鲸类加上偶蹄类，如猪和牛）和食肉目归为一类。这一联系得到了古生物学证据的有力支持。

奇蹄目

ORDER PERISSODACTYLA

奇蹄目可能源于约5500万年前的晚古新世。

奇蹄目共有3个亚目：包括马科和雷兽科（见第398−403页）的马型亚目、爪兽亚目（见第404页）和角型亚目——貘科（见第405页）和犀科（见第405−409页）。

名称：古兽马（*Palaeotherium*）	
年代：晚始新世到早渐新世	
得到：欧洲	
大小：肩高75厘米	

古兽马在1804年被伟大的解剖学家乔治·居维叶首次命名，被归入从古近纪（始新世－渐新世）的欧洲奇蹄目的古兽科。

貘形古兽马在古近纪期间生活在欧洲的热带森林中，短粗的躯干非常适于在森林中吃嫩叶，在哺乳动物演化史上曾多次演化。

长头和短鼻子使得它能从低矮的灌木上吃嫩叶，而窄身材和长腿则使它能在密集的树林中奔跑。

与马类不同的是，古兽马的脚趾在演化过程中并未减少：所有的古兽马前肢都有四根脚趾，而后肢则有三根，使得它们分散的脚能在多沼泽的森林泥土上行走。

古兽马可能成群结队，其证据来自被发现的化石中通常数目较多。某些古兽马可大如犀牛。

马科

FAMILY EQUIDAE

马科的祖先为小型弹跳型动物，它们体形如犬，在早始新世的森林中吃嫩叶。随着约 2000 万年前中新世普遍干旱气候的到来，潮湿的森林开始让位于广阔的野地，而在其他地区（主要为北美洲）则让位于广阔的草原，而现代马科——马、斑马和驴——恰恰适应了这种环境。

人们通常把马科的演化描述成直线型，随着时间的推移，其体形增大，脚趾数目减少，牙形不断发生改变。其中许多演化特征都与习性和栖息地的改变有关，如从小森林和树林的食嫩叶动物演化到广阔大草原的迅捷的食牧草动物。

而真实的情况却十分复杂而有趣。许多奇蹄目动物演化于第三纪，整体的“演化树”更像是分支众多的灌木。当然，有些“种系”界定尚不明确，但随着研究的推进，整个关系网会变得越来越清晰。

名称	始祖马（*Hyracotherium*）
年代	早始新世
地点	广泛分布于亚洲、欧洲和北美洲
大小	肩高 20 厘米

虽然始祖马的名字（*Hyracotherium*）与岩狸（*Hyrax*，见第 381 页）有些相似，但二者却并非近亲，而是上个世纪错误命名的结果，叫 *Eohippus*（最初的马类）较为名副其实，但科学界保留了前一个称呼。

始祖马是已知最早的马科动物，据信是其他马类的祖先，也可能是古兽科的祖先。

不过，相比现代马类，始祖马的体形较小，长仅约 60 厘米。头骨较长，口内长有全套 44 颗牙齿，显示了它的原始性。其牙齿为低冠齿，适于咀嚼热带森林树木和灌木柔软的叶子。

与古兽马一样，始祖马的前肢有四趾，后肢则有三趾，使得其脚极大且不同于真马。其大部分体重都承托在第三根脚趾上，可以说提前具备后期才会有的演化模型。

其躯干较长，呈弓形，外形似驼峰。

脑子的相对大小和复杂度表明始祖马十分警觉，智力较高，这也可能是马类整体存活下来的一个重要因素。

始祖马在始新世期间分布广泛，但当欧洲和亚洲的马在约 3500 万年前的早渐新世灭绝时，北美洲的马科的演化则更上一层楼了。

名称	渐新马（*Mesohippus*）
年代	中渐新世
地点	北美洲
大小	肩高 60 厘米

在森林变成野地的地方，马类不再局限于行走在林下植物中，而是开始演化出慢跑和快跑能力。

渐新马大小如灰狗，躯干长约 1.2 米，比其之前的任何种类都大，不过它的三趾足很轻。中间的脚趾比其他的长。

其前臼齿开始与臼齿趋同，也就增加了咀嚼面积和效率，但仍然属于低冠齿。其进食习性与始祖马相似，可能以灌木和低矮树木的叶子为食。这种牙齿所需的颌较浅，所以它的头长而尖。

马类

HORSES

名称：安琪马（*Anchitherium*）

年代：早中新世到中新世中期

地点：北美洲传至亚洲和欧洲

大小：肩高 60 厘米

马类的演化并非简单的“直线型”，许多旁系在今天并无后裔。安琪马就代表了一个极为成功却十分守旧的分支。

安琪马在约 2500 万年前的早中新世的北美洲出现，大小和形状与渐新马十分相似，为三趾食嫩叶马类，以潮湿的森林中柔软的植物嫩叶为食。它穿过曾经连接现代阿拉斯加和西伯利亚的白令陆桥，广泛分布于亚洲和欧洲。约 1500 万年前，北美洲的安琪马被中新世中期的第一批食牧草马类所取代，却在亚洲和欧洲幸存了下来。在大约 500 万年前的中新世期间，安琪马才在中国灭绝。

名称：副马（*Parahippus*）

年代：早中新世

地点：北美洲

大小：肩高 1 米

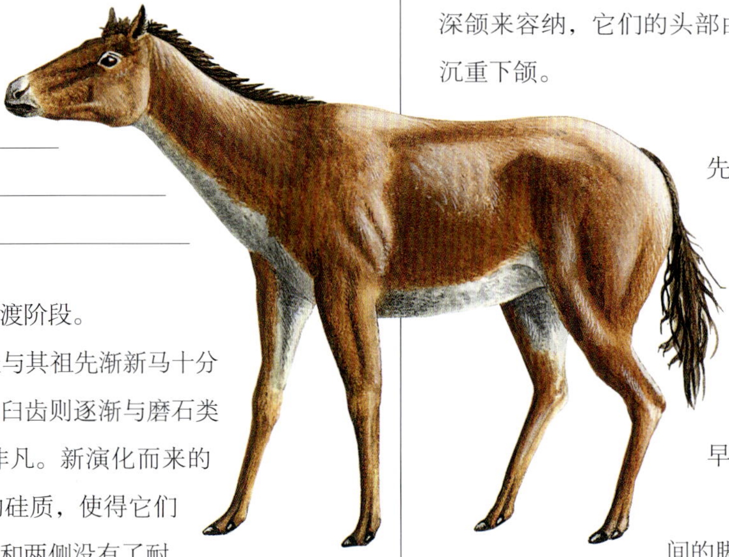

副马是马类演化的过渡阶段。

其足仍有三趾，外表与其祖先渐新马十分相似，不过躯干较大，而臼齿则逐渐与磨石类似，最后一个变化意义非凡。新演化而来的草类细胞壁中含有粗糙的硅质，使得它们难以切割和咀嚼。若牙冠和两侧没有了耐磨的“牙骨质”，它们的牙齿磨损的速度更快。因此，副马很可能闯入树林去利用新的营养来源——正在开疆扩土的草原。

名称：草原古马（*Merychippus*）

年代：中新世中期到晚中新世

地点：北美洲（美国内布拉斯加州）

大小：肩高 1 米

草原古马是已知最早完全以草类为食的马类，它们曾漫步于今美国内布拉斯加州的大草原上。

它们的牙齿为高冠齿——牙齿持续生长的时间迄今最长——且中间覆有牙骨质，它们还延续了渐新马的演化，其前臼齿如今已与臼齿一样具有了碾磨功能。高冠齿需要深颌来容纳，它们的头部由此演化出了现代马类所具有的沉重下颌。

草原古马的脖子比其食嫩叶祖先长，因为它大部分的时间都会将嘴埋在草之间。从头骨到肩膀之间的脖子还演化出了一条强劲的韧带，其弹性使得它能轻易将沉重的头抬起，这也就意味着它能觉察敏捷的猎食者，如早期犬类和猫科动物。

草原古马仍具有三趾，但仅由中间的脚趾承重（两侧的脚趾并不着地）。除此之外，腿上一根弹性极好的韧带连系着肌肉和腿骨，起到弹簧的作用，进一步提高了活动效率，也使得它们的脚和小腿越来越轻盈。这条韧带的压缩吸收了每一步所带来的冲击力，起到防止踝关节损伤的作用，之后再释放收缩过程中所存储的力量，将脚抬起走出下一步。

名称：三趾马（*Hipparion*）

年代：中新世中期到更新世

地点：广泛分布于北美洲、欧洲、亚洲和非洲

大小：肩高 1.4 米

以草原为生的马类出现之后也迅速衍生出许多不同的品种，其中仅有马科幸存下来。

三趾马是约 1500 万年前中新世期间出现的诸多食牧草动物之一。该类群极为成功，在中新世从北美洲传到亚洲、欧洲和非洲。而在非洲，它一直存活到约 200 万年前的更新世。

这种有牙的生物与现代马相似，但和草原古马一样具有三趾，其中两根大幅度退化，已经不能着地。

名称：南美土著马（*Hippidion*）

年代：更新世

地点：南美洲

大小：肩高 1.4 米

整个第三纪的南美洲似乎都没有马类存在，但并不能说是环境阻止了它们，因为这里已经养育了双滑距兽（见第 391 页）等马形滑距骨目动物。在约 500 万年前的早上新世期间，连接南北美洲的陆桥再次形成，马类得以向南迁徙并在那里繁衍生息。

南美土著马就是其中之一，且可能是草原古马的后裔。它们可能与小型驴子相似，头部较大。不过，其长而精巧的鼻骨却与其他马类迥然不同，说明南美土著马在北美洲的隔绝环境中不断偏离马类主线，直到在约 8000 年前灭绝为止。

现代马科包括斑马类、驴类和野生及家养马类，似乎在约 400 万年前出现于北美洲，并从那里传到了亚洲、非洲和欧洲。

奇怪的是，南北美洲的所有马类都在约 8000 年前灭绝，且直到 400 年前才再次出现，且是因为人为引入。有些古生物学家猜测，美洲土著马的消亡可能是破坏性传染病引起的，如粘液瘤病等。

貘类和雷兽类

TAPIRS AND BRONTOTHERES

雷兽科

FAMILY BRONTOTHERIIDAE

奇蹄目还包括另外两个不寻常的已灭绝的食植动物，即雷兽科和爪兽科。雷兽科因其巨型身体而得名。在约 5000 万年前的早始新世，该科的犀牛形生物从北美洲和亚州东部演化，其祖先是与第一批马类相似的小型动物。尽管它们仅存在了 1500 万年，却有 40 多个品种获得命名。

雷兽科以柔软的森林植物嫩叶为食。某些品种演化出巨大的角和大犬齿，且总体趋向于体形变大。虽然常被称为“角”，雷兽科的头部突起里却并没有角，也并不像犀牛一样由密实的毛构成，而更像是长颈鹿的网状角，是覆有一层厚皮的角状结构。由于雄性的突起大于雌性，所以可能用于性展示，也可能在搏斗中用作武器。

在雷兽科达到演化巅峰之后不久，环境变得更加干旱，更广阔的树林也越来越多，演化更倾向于能够在平原上吃食牧草和生活的轻盈动物，于是雷兽科在中渐新世灭绝，并被犀科所取代。

名称：始雷兽（*Eotitanops*）

年代：早始新世到中始新世

地点：北美洲和亚洲

大小：肩高 45 厘米

若能回到早始新世，看一群始雷兽漫步于森林中的林下植物，一眼看去恐怕难以将始雷兽与其远亲始祖马区分开来。二者都属于食嫩叶的哺乳动物，前脚有四趾，后脚有三趾。始祖马衍生出了优雅的马类，而始雷兽则演化成为巨大而笨重的小脑雷兽，连渐新世都没撑过。它在早始新世栖息于北美洲，但在亚洲则一直存活到了中始新世。

名称：长鼻雷兽（*Dolichorhinus*）

年代：晚始新世

地点：北美洲

大小：肩高 1.2 米

长鼻雷兽的外表与小型无角的犀牛相似，其头部特别长。它的低冠齿仅适于咀嚼柔软的森林树叶，生活方式也可能与现代犀牛类似。它们和整条雷兽演化线一样，都继承了祖先的四趾前脚和三趾后脚。马类和羚羊等脚趾数目减少的足型适于迅速奔跑，而雷兽科却没有演化出这种足型。

名称：渐雷兽（*Brontops*）

年代：早渐新世

地点：北美洲

大小：肩高 2.5 米

随着始新世转入渐新世，雷兽科的体形也越变越大，甚至比现今的犀牛还大，而且鼻子上演化出了与众不同的骨质突起。

人们发现的渐雷兽骨骼上有部分愈合的肋骨骨折，支持了雄性头骨上的突起在争夺领地的搏斗中作为武器使用的理论。这一骨折说明它的腹部受到对手的沉重一击，因为当时没有其他动物能对它造成如此巨大的伤害。呼吸所带来的肋骨运动妨碍了折断的骨头正常愈合。

渐雷兽最著名的骨骼发现来自形成于沼泽中的岩石。它明显栖息在沼泽性树林中，因被沼泽吞噬而死。

名称：大角雷兽（*Embolotherium*）

年代：早渐新世

地点：亚洲（蒙古）

大小：肩高 2.5 米

大角雷兽的头部是后来雷兽科动物演化出来的丑陋形状的典型。它从脑后向前猛然下滑，形成深沟，之后又向上形成鼻子上的一根“角”。眼睛靠前，正处于鼻孔后方和角根，浅脑壳给脑子留的地方并不多，和其他大型雷兽科动物一样，其脑子跟人的拳头大小差不多。

大角雷兽出现在亚洲的戈壁沙滩证明了其分布广泛性，也说明它们强盛之时是多么成功。

名称：雷兽（*Brontotherium*）

年代：早渐新世

地点：北美洲

大小：肩高 2.5 米

这种巨型哺乳动物的骨头在美国南达科他州和内布拉斯加州的荒野里十分常见。当地的苏人部落常将它们看作神话中的动物——能在空中电闪雷鸣一般飞驰的神马，故得名“雷兽”。

雷兽本身也确实是最大的动物之一，比现代犀牛还大。它的鼻角呈 Y 形，向上扬起比后脑还高。

其肩膀的椎骨有许多向上凸起的脊柱，明显用于附着强劲的颈部肌肉，以支撑沉重的头部和夸张的双角。

它可能还长有肉质嘴唇和可用于抓握的舌头，故而可以从灌木上选择并慢慢咬下多汁的嫩枝。它的牙齿结构相对简单，仅能用于咀嚼柔软的植物。

雷兽与其他雷兽科动物一样，似乎过着群居生活，漫步在广阔而树木繁盛的树林中。它们行走于当时为极度活跃的活火山地区——形成中的落基山脉的山脚。时不时的火山爆发会将成群的雷兽埋在火山灰中，今天的骨骼化石就形成于这些火山沉积物中。

貘科和雷兽科

TAPIRS AND BRONTOTHERES

爪兽亚目

SUBORDER ANCYLOPODA

爪兽亚目为奇蹄目的第二个亚目，其中包括的一些古怪动物给古生物学家带来不少难解之谜。

该亚目共有 2 科。始爪兽类最早出现，基本与其他原始奇蹄目动物相似，在约 5000 万年前到 3500 万年前的始新世和早渐新世时栖息在亚洲东部和南美洲。

爪兽科是爪兽亚目的第二个科，也是最重要的科。它们可能在始新世出现在亚欧大陆，并在中新世传播到了非洲和北美洲，然后在亚洲东部和非洲地区几乎毫无演化变化地生存到了约 200 万年前。

爪兽科

FAMILY CHALICOTHERIIDAE

其他奇蹄目动物的脚趾上都有蹄子，而这些动物却演化出了爪子，且明显不能奔跑。某些高级爪兽科动物（如来自中新世的欧洲爪兽）的牙列和其他特征表明它们是森林食嫩叶动物，或许可以后足站立，以够到头顶树上和灌木的多汁叶子。

尽管化石十分稀少，爪兽科却是十分成功的种类，曾繁盛了近 5000 年。

形似爪兽的动物画像出现在可追溯到公元前 5 世纪的西伯利亚墓穴装饰上。另外，人们还时不时说在肯尼亚的森林中见到了所谓的楠迪熊——一种据说具有大猩猩站姿的生物，前肢比后肢长，长有熊形爪子和马脸。无怪乎有人会说爪兽还活着了。

名称：石爪兽（*Moropus*）	
年代：早中新世到中新世中期	
地点：北美洲	
大小：长 3 米	

爪兽科动物常被称为“带爪子的马类”。但这一类比并不恰当，虽说二者的头部和躯干确实有些相似，但爪兽科动物四肢很沉重且不适于奔跑，爪兽科的牙齿为低冠齿，表明它们属于食嫩叶动物，而非食牧草动物，以树木的柔软叶子为食，而非坚硬的草茎。

石爪兽的背从臀部向上倾斜到肩部，前肢长且具有三根长爪子，后肢三根脚趾上的爪子较短。首次被发现的爪子由于没有其他骨骼，曾一度被认为属于某种食蚁兽。

爪子的功能仍然是个未解之谜。它们可能用于将根茎连根拔出，但其牙齿并没有因这种食物而出现磨损。或者，石爪兽可以后足站立，用前肢从树上折下树枝，但其肘关节的灵活度并不足以实现这一动作。石爪兽很可能以两种方式中的一种进食，爪子还被用作防御性武器。

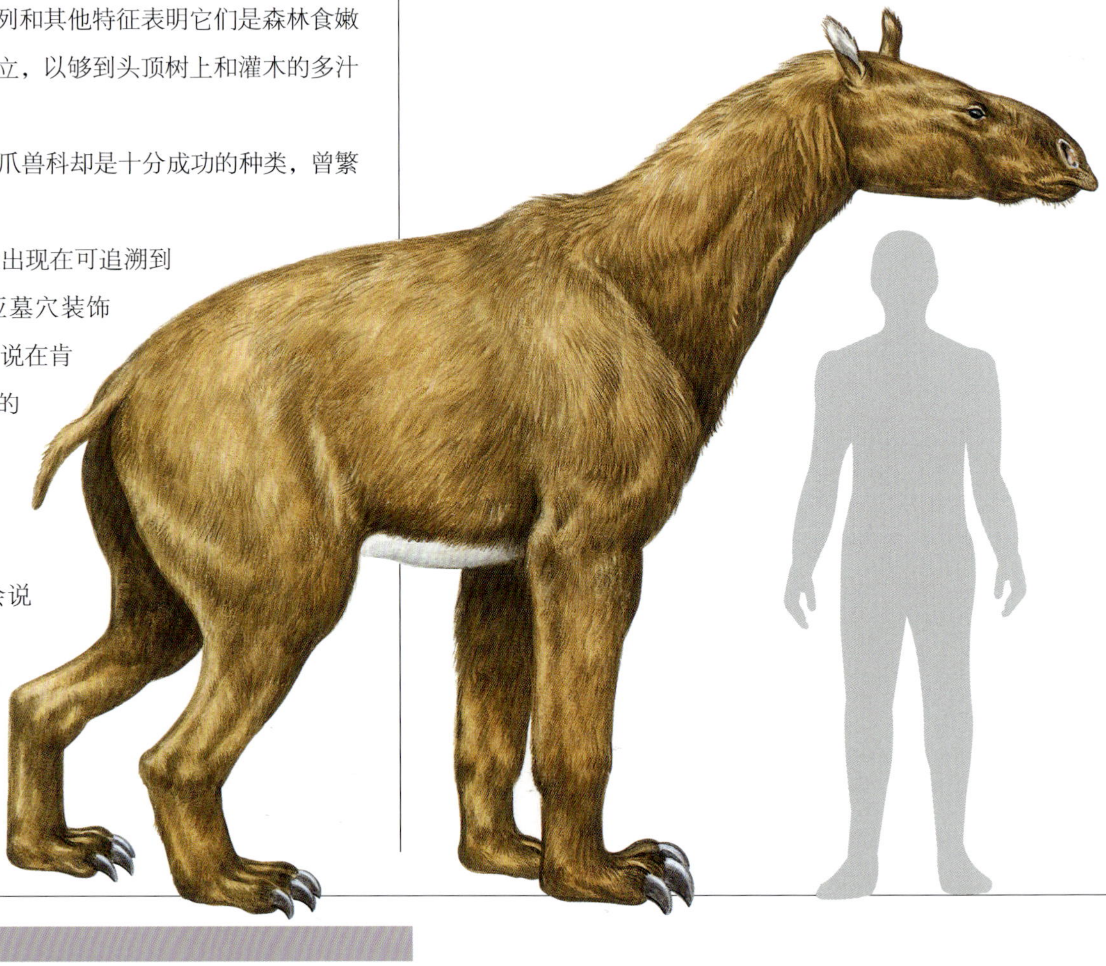

角型亚目

SUBORDER CERATOMORPHA

奇蹄目的最后一个亚目包括了貘科和犀科（见第 406-409 页）。

貘科是最早出现的奇蹄目动物之一，约在 5500 万年前的早始新世，与第一批爪兽科动物（见左页）和马类（见第 398-401 页）同时出现。

貘是臃肿的短鼻子热带食嫩草动物，广泛分布于欧洲、亚洲和北美洲，南半球最近才有发现。貘在较为温暖的欧洲、亚洲和北美洲一直存活到了约 1 万年前的晚更新世。

从演化角度来说，貘科是最“保守”的哺乳动物之一。在貘类存活的 5500 万年时间里，它们的变化十分微小。与古兽马（见第 398 页）一样，貘科的体形也十分适合在密集的热带森林中穿梭。确实，这种低矮紧凑的体形是如此成功，许多其他不同种类也都分别演化出来，如西貒（见第 412-413 页）和水豚。

沼貘科

FAMILY HELALETIDAE

沼貘科是最早的貘科之一，与现代品种十分相似，只不过体形较小，更加轻盈。

名称：犀貘（*Heptodon*）

年代：早始新世

地点：北美洲（美国怀俄明州）

大小：长 1 米

犀貘是早期沼貘科动物，已演化出典型的貘形躯干，但没有长鼻。现代貘类独特的短鼻子，此时才刚刚在沼貘（沼貘是犀貘的近亲，中始新世和晚始新世期间生活在北美洲和亚洲）身上以上唇的肉质突起形式出现。鼻子是极为重要的演化特征，貘类把它当作是活的工具来抓取眼前的食物，还用于抓握嫩枝和树叶。

貘科

FAMILY TAPIRIDAE

现代貘所属的貘科可追溯到约 4000 万年前的早渐新世。

现存貘类的四个种都归于一个貘属，两种位于中美洲和南美洲北部，另外两种位于东南亚，北方无任何现存种类。

这种零散的分布通常被科学家看作是南部冈瓦纳超大陆存在的证据。人们相信这些动物在大陆缓慢漂离之前就横跨大陆迁徙，才有今时今日。

名称：中新貘（*Miotapirus*）

年代：早中新世

地点：北美洲

大小：长 2 米

貘类动物的典型特征——躯干沉重，腿和尾巴较短，大头，鼻子短而灵活，脖子较短——早早就出现在奇蹄目演化史上，自此以后也没再发生改变。

中新貘可能与现存貘一样为夜行动物，可能也同样全能，能够适应各种不同的环境。中新貘的化石发现于从海平面到海拔 4500 米的范围内。

犀牛类

RHINOCEROSES

犀牛及其近亲都属于奇蹄目。与后来外趾全部消失且仅剩一根脚趾的马类不同的是，大多数犀牛都具有三根脚趾，体重由中趾或第三根脚趾来承托。

貘犀科

FAMILY HYRACHIDAE

貘犀科是貘类（见第 405 页）和犀牛类的过渡阶段。后者在约 4000 万年前的晚始新世演化自类似貘犀的貘类动物。

名称：貘犀（*Hyrachyus*）

年代：早始新世到晚始新世

地点：北美洲（美国怀俄明州）、亚洲（中国）和欧洲（法国）

大小：长 1.5 米

貘犀总体上与犀貘（见第 405 页）相似，但体形稍大，体格更为臃肿。它普遍而分布广泛，许多品种已被发现，体形大小从现代貘到现代狐狸不等。

貘犀似乎是后来貘类和犀牛类的祖先。确实，它与后者的原始品种如此相像，经常被归入犀牛类，只不过身体较轻盈罢了。

犀超科

SUPERFAMILY RHINOCERATOIDEA

犀超科的字面意思为"鼻角"，源于希腊语，是角型亚目中最大的超科。事实上，仅有犀科一科演化出了"角"，而且这些也并非真正的角，而是由密集的毛发构成的骨质突起。

犀超科源于中始新世，适应了全球森林让位于草原的环境变化，其表亲雷兽的不适应性导致了它们的灭绝（见第 402–403 页）。不过，犀牛类的巅峰已经是往日烟云，如今仅存五个种。

犀牛类的演化史相当复杂，分为三科。

跑犀科

FAMILY HYRACODONTIDAE

无角的跑犀科约有数十个类群，是该科类最早最原始的科。它们可能演化自与貘犀较近亲的貘类。

其巨大而有效的颊齿与貘类相似，但门齿和犬齿则已不同的方式变异。较早期的跑犀科动物体形似马，四肢细长，后期的则更加健壮。

名称：跑犀（*Hyracodon*）

年代：早渐新世到早中新世

地点：北美洲（加拿大萨斯喀彻温省、美国达科他州和内布拉斯加州）

大小：长 1.5 米

跑犀是身体轻盈、奔跑迅速的动物，与矮种马不同。与马类相同的是，其脚趾数量也已减少，所以足变得更轻，能够迅速移动，所有的腿部肌肉都集中在大腿，所有脚上都有三根脚趾。

不过，其大而沉重的头部与身体不成比例，该阶段尚无演化出角，对付当地鬣齿兽等食肉动物的唯一防御措施就是逃跑。其后齿是典型的犀牛模型，为低冠齿，适于咀嚼叶子。

名称：	巨犀（*Indricotherium*）
年代：	渐新世
地点：	亚洲（巴基斯坦和中国）
大小：	长 8 米

跑犀这样身体轻盈、平足的小型动物逐渐演化成史上最大的陆生哺乳动物，这似乎有点不现实，但所有的证据都指向了这一点。

巨犀又称俾路支兽，以主要标本被发现的巴基斯坦州命名，体形庞大。据估计，其体重约 30 吨，是已知最大的猛犸象的两倍，差不多是最重的现代大象的 4 倍。单头骨就长 1.3 米，但这与全身大小相比，就相对较小了。

背部的椎骨和长颈椎骨为中空的撑杆，与最大的恐龙相似，既减少了体重，又能保持力量。腿似象，但全部体重仅由 3 根脚趾支撑，这是犀牛的普遍模式。再次申明，它们无角，事实上其鼻骨十分脆弱。

犀牛类化石的前牙差别较大，但巨犀的牙齿却十分古怪。上下颌各仅有两颗前牙，上颌的一对下指如獠牙，下颌的一对前指。由于有证据表明它们长有灵活的大上嘴唇，这样的结构利于巨犀像长颈鹿一样咀嚼高于地面 8 米的树顶嫩叶。

巨犀可能以小家庭为单位生活，以干旱而广阔的草原上零星的树木为食。

人们发现的一具骨骼来自沼泽泥土形成的岩石，很容易想象出如此巨大的生物陷于沼泽中的痛苦。

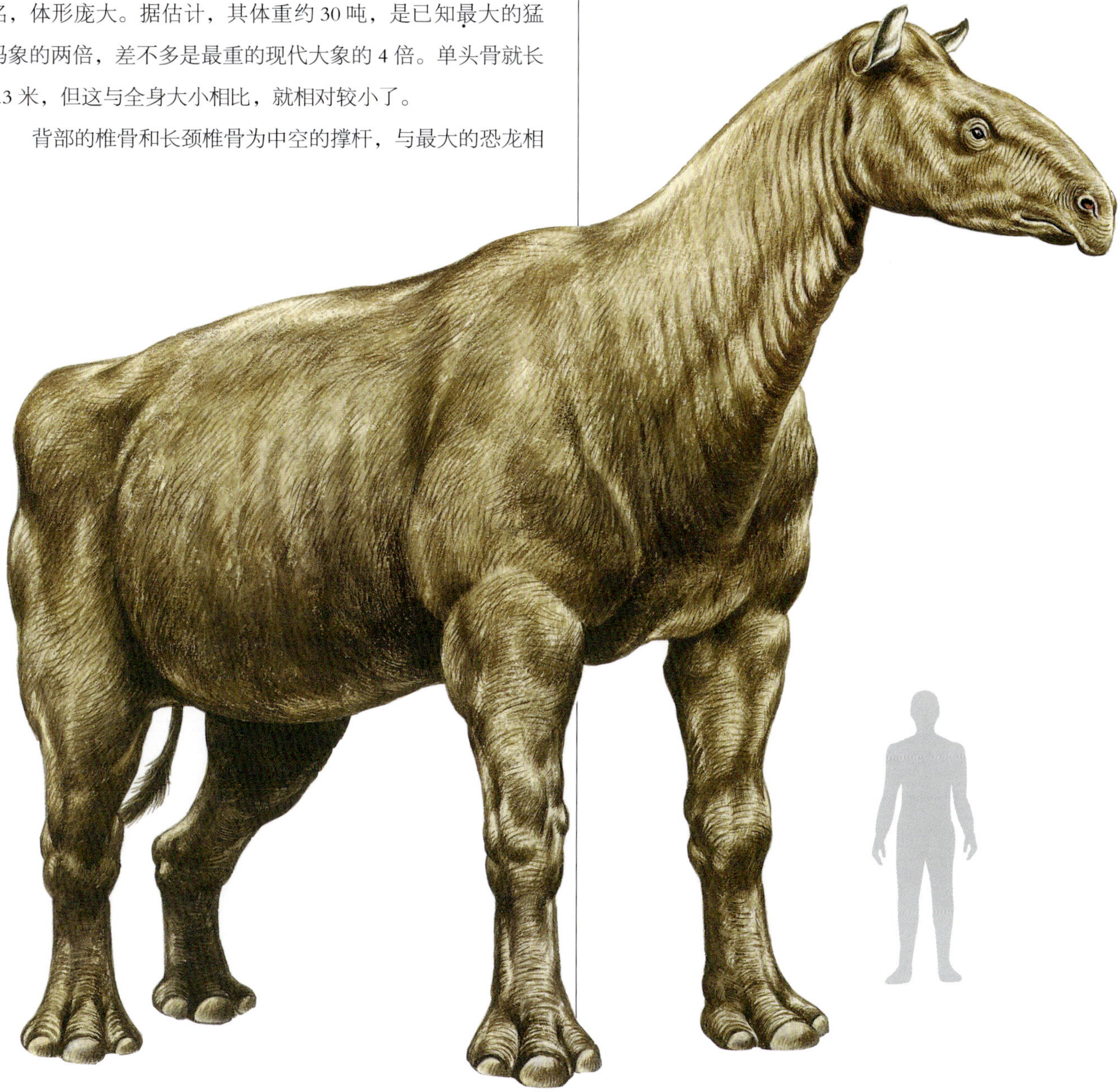

犀牛类

RHINOCEROSES

两栖犀科

FAMILY AMYNODONTIDAE

两栖犀科是短命的始新世和渐新世种类，形似河马，约有 10 个属，可能为两栖动物，躯干庞大，四肢短粗。另外两科的犬齿较短或已经消失，而两栖犀科的犬齿却十分巨大，有曲度，且持续生长。

两栖犀科当时取代了冠齿兽等水栖全齿目的栖息地（见第 379 页），后来又被犀科的远角犀等水栖品种所取代（下页）。

名称：后两栖犀（*Metamynodon*）

年代：晚始新世到早中新世

地点：北美洲（美国内布拉斯加州和南达科他州）和亚洲（蒙古）

大小：长 4 米

后两栖犀及其近亲被发现于由河沙和碎石构成的岩石中，表明这些生物天生主要为水栖动物。后两栖犀外表与河马相似，头部扁宽，脖子短，躯干为巨大的桶状，腿短。前腿有四趾，在犀牛类中十分突出。

头骨中间的突起可能用于附着颌肌，以应付粗糙的木质食物。

河马形大门齿可能用于在河底泥土中寻找食物。它还可能长有能够抓握的嘴唇。

另外一个水栖适应特征是眼睛。其眼睛高高地位于头骨上，使得它能够在水下时打量周围。

犀科

FAMILY RHINOCEROTIDAE

现代犀牛属于该科。它们在晚始新世或早渐新世从北美洲、亚洲、欧洲和非洲演化，并在这些地区繁衍生息，后在上新世开始衰落，于 500 万年前的中新世末期在北美洲全部灭绝。

它们在北美洲的灭绝比巴拿马地峡的形成早了 200 万年，所以未曾到达过南美洲，而曾一度遍布亚欧大陆北部的多毛披毛犀（下页）也未曾穿过白令陆桥到达北美洲。

犀科动物食物种类和栖息环境丰富多样。许多为食嫩叶动物，有些则成为特化的食牧草动物。该科的某些成员演化出了厚毛皮，使得它们在北方地区连更新世的冰川世纪都能撑过。某些种类长有由密集的毛发构成的“角”，但并未形成化石。

这种如今仅次于大象的大型陆生动物的持续衰落似乎与气候变化有关，也与人类的崛起有关。在 50 个类群里，现存仅 5 个种。

名称：三角犀（*Trigonias*）

年代：早渐新世

地点：北美洲（美国蒙大拿州）和欧洲（法国）

大小：长 2.5 米

已知最早且保存完好的犀科动物为三角犀。它的总体外貌已经与现代犀牛相似，只不过鼻子上无角，颌内的牙齿也比现存任何种类的犀牛多，实际数目则因品种不同而变化。三角犀的前脚长有五趾，第五根极为微小，不能着地，表明在轻型三趾跑足形成之前，它们便已与其他犀牛从演化线上分离了。

名称：远角犀（*Teleoceras*）

年代：中新世中期到晚中新世

地点：北美洲（美国内布拉斯加州）

大小：长 4 米

与两栖犀科一样，犀科动物也演化出了河马外形，远角犀就是一个典型代表。它的躯干长而魁梧，腿短粗，有时甚至会将躯干拖到地面上。它的腿很可能在水下用于点地走动，而非在陆地上行走。

这种非凡的生物与现代河马最大的不同之处在于鼻子上的圆锥形角。这一特征可能仅雄性具有，且用于防御或展示。

名称：板齿犀（*Elasmotherium*）

年代：更新世

地点：欧洲（俄罗斯南部）和亚洲（俄罗斯西伯利亚地区）

大小：长 5 米

随着古近纪的森林被新近纪晚期的草地所取代，许多动物也随之适应，板齿犀是其中状况最佳的。

板齿犀没有门齿，只能用嘴唇拔草。它的颊齿与大马相似，为高冠齿，覆有牙骨质，也有珐琅质褶皱，适于咀嚼粗糙坚硬的草类。牙齿磨损之后，珐琅质褶皱会形成横嵴，提供额外的碾磨表面。其牙齿没有牙根，但会不断生长，以抵消磨损。

由于缺乏藏身地，草地上的动物要么靠跑得快躲避猎食者，要么就是体形庞大、装备精良，让猎食者看了就不敢下手。作为已知最大的真犀牛——几乎与现代大象一般大小，板齿犀采用的是后一种策略。

板齿犀的“角”长 2 米，着实令人叹服。大多数犀牛的角都长在鼻子上，而板齿犀的角却长在前额上。这里有巨大的骨质穹窿，想来比鼻尖的基底承托这么一大角要稳固许多。

名称：披毛犀（*Coelodonta*）

年代：更新世

地点：欧洲（英国）和亚洲（俄罗斯西伯利亚东部）

大小：长 3.5 米

披毛犀起源自上新世的亚洲东部，从那里迁入欧洲（而非进入北美洲），成为冰川世纪的多毛犀牛。

披毛犀的鼻子上有一对巨大的角，雄性老犀牛的前一根角长度可达 1 米以上。

与多毛猛犸象一样（见第 389 页），披毛犀庞大的身躯和蓬松的毛发使得它能够抵挡与北半球大冰盖接壤的苔原和稀树草原上的酷寒。通常情况下，它们的毛发并不会形成化石，人们之所以知道这些蓬松毛发的存在，是因为在西伯利亚冰冻岩石中保存下来的尸体。另外，早期人类曾猎食这种动物，并将它描绘在法国南部 3 万年前的穴壁上。

猪类和河马类

SWINE AND HIPPOPOTAMUSES

偶蹄目

ORDER ARTIODACTYLA

偶蹄目是蹄子为偶数的动物，是分布最广泛、数量最多的奔跑型食牧草动物。

它们与远亲奇蹄目的区别在于每只脚上通常具有四根或两根承重脚趾，而非三根或一根，形成半圆形蹄子，后衍生出猪、鹿和牛特有的“偶蹄”。

在约5000万年前的始新世，偶蹄目首次以小型兔形食植动物出现，比奇蹄目演化慢得多（见第398–409页）。大多数种类都出现在约3700万年前的始新世末期，并迅速取代了其竞争对手。

过去几年来，分子分析一直强调偶蹄目与鲸鱼（鲸类动物）的亲缘关系，而新的分析证实了这一观点，并将二者合起来归入鲸偶蹄目，与食肉目和马类（奇蹄目）并列。

除了猪类（猪、西貒和河马）之外，所有的偶蹄目动物都能反刍，即“咀嚼反刍出来的食物”以提高消化效率。能够反刍的胃分成三到四个腔，第一个是瘤胃。吞咽下的食物通过第一和第二腔，在这里发酵之后，再反刍出来进一步咀嚼。只有在充分被咀嚼后，这些食物才会向整个消化道送去。

这一复杂的的消化系统提高了中新世坚硬植物的营养产出率，从而扩大了偶蹄目的栖息地，也有助于它们的成功繁衍。

有蹄类，尤其是偶蹄目，对人类演化和社会发展的重要性不可忽视。人们追猎它们，然后驯养了一些品种，极大地增加人类可利用的资源，如奶、毛绒、运输工具和驱动农具的能量来源。身挂农业器具的有蹄类提高了收割植物的可能性。

猪形亚目

SUBORDER SUINA

“Suina”（猪）和Swine一样都来自拉丁语。猪形亚目包括不能反刍的偶蹄目——河马、猪、野猪和其他许多已灭绝的种类。

这些种类通常被看作是偶蹄目亚目的原始动物，大多具有最简单且近乎完整的牙齿，消化系统的复杂程度也最低。虽说胃内也有两到三个腔，但不会反刍。

双锥齿兽科

FAMILY DICHOBUNIDAE

双锥齿兽为小型原始动物，形似兔子，而非有蹄类。由于其中许多动物的脚上长有五根脚趾，将它们划入偶蹄目似乎不太恰当，不过其骨骼的某些特征表明其他偶蹄目动物正是从它们衍生出来的。

名称：古偶蹄兽（*Diacodexis*）

年代：早始新世

地点：欧洲（法国）、北美洲（美国怀俄明州）和亚洲（巴基斯坦）

大小：长50厘米（含尾巴）

古偶蹄兽是已知最早的偶蹄目动物，牙齿简单，具有五趾（且与多数偶蹄目动物一样，第三和第四根脚趾最长），脚趾上可能还有小蹄子。古偶蹄兽生活在森林的林下植物中，以灌木的嫩叶为食。

古偶蹄兽与麂鹿的形状和基本外貌相似，只不过耳朵较短，尾巴较长。它的腿也相对长于兔子，前肢和后肢等长。如此体形表明古偶蹄兽善奔跑，而非蹦跳。事实上，它是已知适应程度最高的始新世奔跑型动物，其关节使脚只能上下运动，脚骨和小腿骨长于大腿骨，这是奔跑迅速的动物的典型特征。

巨猪科

FAMILY ENTELODONTIDAE

这些猪形动物可能在晚始新世起源自亚洲，在欧洲和亚洲广泛分布，后又传入北美洲。它们在渐新世期间最为繁盛，某些则在北美洲一直存活到约 2000 万年前的早中新世。该科的某些成员体形庞大，比例可与河马相媲美。

巨猪科最显著的特征是下颌两侧有两对骨质突起。

名称：古猪兽（*Archaeotherium*）

年代：早渐新世到早中新世

地点：北美洲（美国科罗拉多州）和亚洲（中国和蒙古）

大小：长 1.2 米

古猪兽的头窄而似鳄鱼，看起来很像现代疣猪。头骨极长，眼下和下颌均长有骨质突起。这些骨突可能具有装饰作用，也可能用于附着十分强悍的颌肌，以便碾碎坚硬的块茎和根茎。古猪兽的牙列表明它与现代猪一样什么都吃，有时还会吃食动物尸体的腐肉。

古猪兽肩部很高，这源于脊椎上一系列长神经棘。这些神经棘附着支撑着沉重头部所需的强悍颈部肌肉。

古猪兽大脑本身较小，但与嗅觉相关的嗅叶极大。古猪兽可能大部分时间头部低垂，在渐新世的泥土中拱来拱去寻找食物。

名称：恐颌猪（*Daeodon*）

年代：早中新世到晚中新世

地点：北美洲（美国内布拉斯加州和南达科他州）

大小：长 3 米

巨猪科的体形在北美洲的杂食性恐颌猪身上达到了巅峰。它与古猪兽相似，体形大小却如公牛。

恐颌猪身体比例似猪，但有证据表明它那长而沉重的头骨使得它的脸与众不同。例如，它的鼻子并非扁平，鼻孔位于嘴巴两侧，而非前方。与古猪兽一样，眼下颧弓上的长骨突和颌下的骨突都是为了附着特化的肌肉，可能有助于咀嚼，但具体功能不明。但可以肯定的是，恐颌猪与古猪兽一样都在地面附近进食，长嘴弥补了短颈的劣势。

猪类和河马类

SWINE AND HIPPOPOTAMUSES

石岩兽科

FAMILY ANTHRACOTHERIIDAE

石岩兽科多被发现于煤炭沉积物，可能与河马科有亲缘关系。它们算是旧大陆类群，许多成员在始新世到更新世期间出现在亚洲，后迁入北美洲，这里的化石主要来自渐新世。

石岩兽科多与河马相似，可能以水栖生活为主，也可能是河马取代了它们的水生生态位。

名称：*Elomeryx*

年代：晚始新世到晚渐新世

地点：欧洲（法国）和北美洲（美国达科他州）

大小：长 1.5 米

河马型 *Elomeryx* 躯干较长，腿短粗，头长而表面似马。它的牙齿十分特殊，长犬齿极为适合将水生植物连根拔起，勺子状门齿则极为适合挖掘泥土。

与其他偶蹄目动物退化到仅剩两根脚趾不同的是，*Elomeryx* 前脚长有五趾（第一根为残留趾），后脚有四趾。如此宽阔的脚掌有助于在柔软的泥土上行走。

河马科

FAMILY HIPPOPOTAMIDAE

河马科可追溯到晚中新世，是较近代的种类。它们可能演化自石岩兽科（上图），并继承了其沼泽食根习性生态位，也可能演化自化石野猪类。

该科的名字来源于拉丁语“河流中的马类”，指的是该科大部分成员的水栖习性。不过，现存侏儒河马等却栖息在森林中，另外一个仅存的品种是几乎完全水栖的非洲河马。

名称：河马（*Hippopotamus*）

年代：晚中新世至近代

地点：亚洲、非洲和欧洲

大小：长 4.3 米

更新世非洲的怪物河马与现存非洲河马之间唯一的明显区别，是前者巨大的身躯和特别突出的眼睛。它们的眼睛像潜望镜一样从头骨上突出，当整个身体位于水下，仅有眼睛、耳朵和鼻孔可见时，能为它提供全景视觉。

若不论这些差异，古老的巨兽河马与其现代同类形状近乎相同，笨重的身躯更适合水中漂浮，而非陆地行走，腿短而粗，宽阔的脚掌十分适合在泥土中行走。它的嘴也很宽，犬齿形成挖掘水生植物专用的大獠牙。

西貒科

FAMILY TAYASSUIDAE

西貒科又称野猪科，与近亲猪类特别相似，以至于在化石中很难区分开来。但与活体猪类则立马能区分出来，因为西貒的犬齿在嘴闭合时不会外凸。它们的脚也有差异，西貒仅有两根脚趾（外趾数目减少），而猪则有四根脚趾（外趾较多）。

现存西貒仅限于南美洲和北美洲西南部，但大多数化石发现于北美洲，该科从渐新世在这里演化。西貒化石则广泛分布于亚欧大陆和非洲。

西貒科曾经是、将来也会是生存能手，它们成功地生活在从沙漠到热带雨林等不同环境中。

名称：平头猪（*Platygonus*）
年代：渐新世到晚更新世
地点：北美洲（大平原）和南美洲
大小：长 1 米

平头猪比现代野猪大，腿也较长。与其现代近亲一样，平头猪主要生活在森林中，不过也有栖息在较为开阔的大平原地区的，这一点或许有助于解释其适于奔跑的长腿的形成。

平头猪的鼻子与猪相似，都由一块平板构成，鼻孔朝前。这样的鼻子十分适合在地面上寻找根茎、草类或果实。

平头猪为食植动物，这一点从它比猪类更复杂的反刍消化系统即可看出。尽管吃的是草，它的牙齿却几乎与食肉动物相似，长而直，且像针一样锋利。这种牙齿对于食植习性并无必要，所以可能被用作武器，以对抗大型猫科动物的攻击。

猪科

FAMILY SUIDAE

猪科可能在渐新世的旧大陆（可能是亚洲）出现，在欧洲出现的时间较晚，为中新世，但它们从未涉足美洲地区。

尽管猪科是杂食动物，而非食植动物，它们却占据了美洲西貒科的生态位。猪科化石与其现存后裔一样，包括了栖息地范围十分广泛的动物：从热带雨林到大草原树林，甚至还有半水栖环境。

猪科化石通常较为丰富，在辅助地质学家判断陆地沉积物的相对年代上作用相当大，还在比对和推断含有原始人类化石的东非地层上具有重要意义。

名称：巨疣猪（*Metridiochoerus*）
年代：晚上新世到早更新世
地点：非洲（坦桑尼亚）
大小：长 1.5 米

巨疣猪与早期人类生活在同一时代，是生活在非洲东部的巨型疣猪。

它的头大而重，上下颌的犬齿都向外向上形成曲度极大的獠牙。巨疣猪的颊齿很高，长有结构复杂的牙尖，表明它的杂食习性。

岳齿兽类和早期有角食嫩叶动物

OREODONTS AND EARLY HORNED BROWSERS

胼足亚目

SUBORDER TYLOPODA

胼足意为“脚掌有垫”，是一个涵盖较广的偶蹄目分类。胼足亚目包括了旧大陆的兔形新兽类、新大陆的猪形岳齿兽类和骆驼类。

从许多重要方面来看，它们都处于猪类（猪、野猪和河马，见第 412–413 页）和真反刍类（长颈鹿、鹿和牛，见第 422–425 页）的过渡阶段。

胼足亚目首次出现在约 4000 万年前的晚始新世，渐新世期间分布广泛，一直存活到 500 万年前的晚中新世。现存仅有骆驼类——骆驼、美洲驼及其近亲（见第 418–421 页）。

新兽科

FAMILY CAINOTHERIIDAE

新兽科是胼足亚目中最原始的科之一。与任何物种的最原始成员一样，新兽科也是泛化动物，仅具有少数后期成员才会演化出来的特征。

新兽科的大多数成员大小、外形和跳跃性移动方式都与兔相似。

名称：新兽（*Cainotherium*）

年代：晚渐新世到早中新世

地点：欧洲（西班牙）

大小：长 30 厘米

新兽是小型兔形动物，后肢长于前肢，大脑中与听觉、嗅觉有关的部位高度发达。这一特征说明新兽可能长有兔形长耳朵，同时还可能长有敏锐的鼻子。除了外表相似之外，新兽还与兔子有着相似的习性，即在林下植物中蹦来跳去，以多种植物的嫩叶为食。

不过新兽明显属于偶蹄目动物，即便在演化的早期阶段，它的四肢就已经变得细长，仅有两趾和覆有蹄子的残留外趾。

还有一点与兔子不同的是，新兽的牙齿特化程度并不高。其颌内具有哺乳动物的整套 44 颗牙齿，前后颊齿之间没有牙间隙，所以几乎呈一道连续的线。不过，后齿相当宽阔，有五个牙尖，非常适于咀嚼和碾碎植物。

新兽及其近亲可能与早期兔子和野兔竞争同一个生态位，最后以失败而告终（见第 429 页）。它们仅分布于欧洲，早中新世之后再无后裔。

岳齿兽科

FAMILY MERYCOIDODONTIDAE

胼足亚目可能演化自猪形亚目，这一关系从同时具备猪类和驼类典型特征的岳齿兽科即可看出。它们是身材矮壮、四肢短粗、各脚具有四趾的动物。岳齿兽科（其名意为“反刍牙齿”）有时被雅称为 Oreodonts——“牙齿如山岳一般”，指的是它们被发现的地方的地形。它们的牙齿具有一些高级特征，暗示了其与反刍动物的关系。其牙齿不断行，无牙间隙，也不缺少。上犬齿短粗，呈凿子状。下犬齿则缩减到与门齿大小相同，特化的颊齿为明显的月牙形（带有数对新月形横嵴）。这些特征产生了持久的碾磨表面，适于咀嚼植物。

岳齿兽科演化自约 3500 万年前晚始新世的欧洲，是极为成功的树林和草原食嫩叶动物。有证据表明它们在整个渐新世和中新世早期极为繁盛，接着在约 500 万年前灭绝。

该科的成员品种丰富，适应了不同的栖息环境。某些岳齿兽科动物的化石具有长尾巴和带爪子的脚趾，与爬树动物相似；另一些则具有犀牛形高眼睛和鼻孔，是半水栖环境的典型适应特征。

名称：高齿羊（*Merycoidodon*）

年代：早渐新世到晚渐新世

地点：北美洲（美国南达科他州）

大小：长 1.4 米

高齿羊是该科的典型，与猪或野猪略相似，躯干较长，腿较短。

古生物学家们认为高齿羊可能并不特别会奔跑，因为它的四肢骨并未愈合。另外，它的小腿几乎与大腿等长，脚上各有四根脚趾。

它的头也呈猪形，只不过具有全套 44 颗牙齿。其牙列的最显著特征是下犬齿已呈现出门齿的外形，后来的骆驼类和鹿都继承了这一特征。

高齿羊的另一个古怪特征是眼睛前方的头骨上有一深坑，里面可能容纳某种腺体。事实上，现代鹿类的这个地方就有一个腺体，用于散发气味标识领地。关于这个深坑，一种理论认为高齿羊是与鹿相似的陆生动物。

大量的高齿羊化石保存在南达科他州荒原的渐新世岩床里。从其出现及数量来看，它们可能大群漫步在该地区的树林和草原上。

名称：*Brachycrus*

年代：早中新世到中新世中期

地点：北美洲（大平原）

大小：长 1 米

Brachycrus 是在北美洲出现得较晚的岳齿兽科动物。尽管某些方面与其近亲高齿羊类似，但它体形较小，特化程度也较高。

其头骨和颌较短，实际上形似猿类，眼窝面朝前方，鼻子远远位于后方的头顶，表明它具有貘形短鼻子。*Brachycrus* 可能用鼻子嗅出地下的食物并将其拱出来。

名称：岳齿兽（*Promerycochoerus*）

年代：早中新世

地点：北美洲（美国俄勒冈州）

大小：长 1 米

有迹象显示某些岳齿兽科动物为两栖动物，像河马一样生活在当时的沼泽和河流中。岳齿兽可能就属于此类半水栖动物，原因在于它的躯干极长，四肢又短又粗，这些特征通常是两栖动物才具有的。岳齿兽共有两个主要品种：有着貘形长脸的 *Superbus* 岳齿兽和近乎猪形短脸的 *Carrikeri* 岳齿兽。

岳齿兽类和早期有角食嫩叶动物

OREODONTS AND EARLY HORNED BROWSERS

原角鹿科

FAMILY PROTOCERATIDAE

原角鹿科意为“最早的角”，由与现代鹿类相似的10个早期动物属组成，但事实上它们与骆驼类的亲缘关系更近。原角鹿科栖息在约3500万年前北美洲温暖的南部森林中，从晚始新世一直存活到早渐新世。

这些动物最显著的特征是“角”（实际上是骨质突起，而非真正的角），雄性的角高度发达，而雌性的角要么退化，要么就彻底消失。

某些种类的头骨上仅仅长有各不相同的肿块和突起（网状角），有些则长出复杂的杈状结构（茸角）。雌性角的缺失说明这些角可能主要用于性展示，而非武器，不过后来的原角鹿科动物无疑会在与对手争夺领地或配偶时拳“角”相向。

偶蹄目头骨突起的演化，无论是角、茸角或网状角，都与体形大小、社会行为模式和领地结构息息相关。

早期反刍动物体形较小，以柔软的植物为食，为此它们要跑很远，必要时用长犬齿防御。

反刍动物离开森林进入了正在形成中的新灌木丛林地，并适应了以此处较为坚硬的植物为食。有了这一变化，动物获取足够食物以保证生存所需的领地面积便大为减少。

随着领地边界的缩小，保卫领地的重要性也就与日俱增。这一演化压力意味着性别差异更加明显。体形较大、皮糙肉厚且长有茸角或角的雄性保护着一群雌性和后代，打败来自外界的一切挑战。原角鹿科就展示了这些变化的出现。

在某些分类法中，反刍动物被看作一个已灭绝的类群，并被给予与胼足亚目相同的生态学地位。

名称：原角鹿（*Protoceras*）	
年代：晚渐新世到早中新世	
地点：北美洲（美国南达科他州）	
大小：长1米	

这种优雅的鹿形小动物生活在北美洲西部的高山树林地带。它是该科的早期成员，前后肢仍具有原始的四趾。

原角鹿乃至所有原角鹿科动物最显著、最不似鹿的特征是角在其面部的分布。与鹿的装饰角不同的是，这些角不会每年脱落，“角”这一称呼也名不副实。它们实际上是可能覆有皮肤的骨质突起，就像长颈鹿的网状角一样。

原角鹿有三对骨突，一对位于鼻孔正后方，一对位于眼睛上方，另一对则位于头顶。仅雄性具有这一结构，雌性仅有最顶端的一对，且比雄性的小。这种布局明显是展示结构，或用于交配，或用于恐吓同性竞争对手。这些骨突从侧面比从正面更容易看到。

最早的原角鹿科动物保留了前颌的上门齿，而到原角鹿出现的时候，这些牙齿已经消失，所以下颌的切割齿与上颌的一块骨垫协同工作，以碾碎坚硬的植物，这一点与现代鹿类和马类相似。

名称：四角鹿（*Syndyoceras*）	
年代：早中新世	
地点：北美洲（美国内布拉斯加州）	
大小：长1.5米	

四角鹿比其前辈原角鹿更具鹿形，原因在于优美的奔跑腿仅有两趾，且各具有一块窄而尖的蹄子。

其鼻骨的形状表明它具有与高鼻羚羊类似的膨胀嘴。同其他高级原角鹿科动物一样，其上颌无门齿。

不过它们具有一对犬齿，可能用于拱地寻找食物。

鼻子和眼睛上方各有一对角，后者较长。鼻角基部融为一体，之后向前生长，分化并上下弯曲。后一对角向上弯曲，与牛类相似。这些并非真正的角，可能覆有表皮。

原角鹿的角从侧面看最明显，而四角鹿及其他高级原角鹿科动物的角则从正前方看最明显，表明这些角既用作争斗，也用作展示。

名称：奇角鹿（*Synthetoceras*）

年代：晚中新世到早渐新世

地点：北美洲（美国得克萨斯州）

大小：长 2 米

奇角鹿是该科最后、最大的一种。长而窄的头骨上长有一对弯曲的眉角，与四角鹿相似。鼻角长而呈 Y 形，这一华丽的结构仅雄性具有，主要用于争夺配偶、领地和性展示。奇角鹿成群结队地以嫩叶和牧草为食。

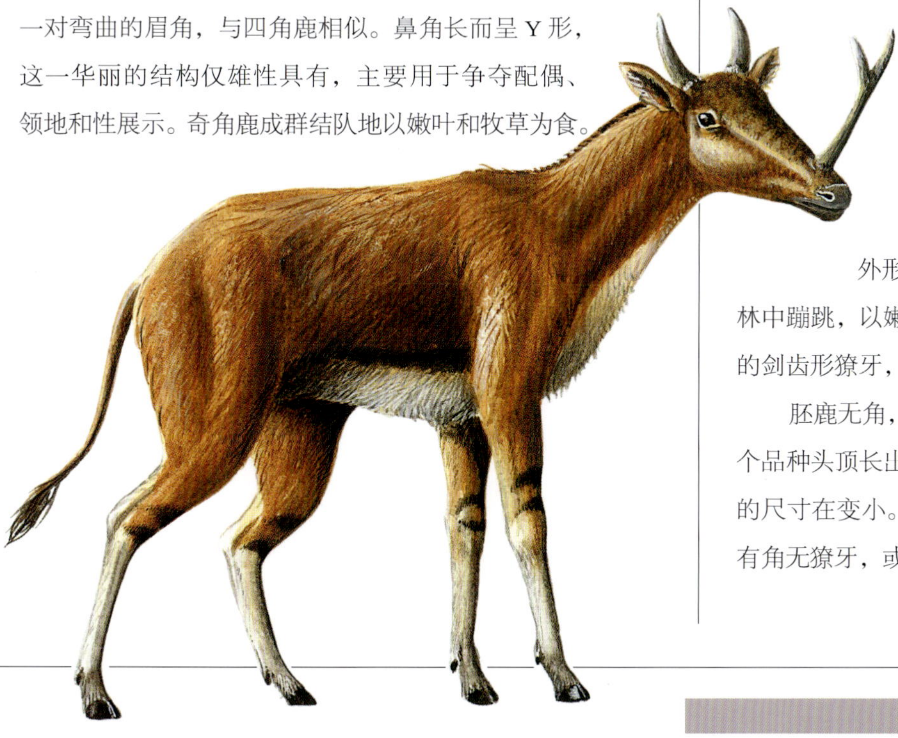

鼷鹿科

FAMILY TRAGULIDAE

鼷鹿科连接着胼足亚目和真反刍类——涵盖了鹿、长颈鹿和牛的反刍动物科（见第 422–425 页）。这些动物具有四个胃腔，能够发酵植物，已灭绝的种类是否具有此结构尚不可知，古生物学家因此对其分类多有争论。鼷鹿科从来都很稀少，由小型无角鹿形动物组成，具有强悍的上犬齿。现存仅有两个种类：缓慢爬行在中非、西非森林林下植物中的非洲水鼷鹿；发现于亚洲东部、南部热带森林和红树林沼泽的鼷鹿（有斑点，较小型和较大型的鼷鹿）。

该科成员通常体形小且神秘，所有现存品种都仅在夜间活动。

名称：胚鹿（*Blastomeryx*）

年代：早中新世到晚上新世

地点：北美洲（美国内布拉斯加州）

大小：长 75 厘米

这种鹿形生物比大型兔子大不了多少，外形及生活方式都可能与现代麝相似。它们在森林中蹦跳，以嫩叶为食，行踪神秘。其犬齿已演化成长而尖的剑齿形獠牙，用于拔出根茎等食物或自卫。

胚鹿无角，此为该科的典型特征。不过中新世末期的一个品种头顶长出了骨突，表明它们的角也在演化，同时獠牙的尺寸在变小。这一演化特征符合现代鹿类的“规律”，即有角无獠牙，或者有獠牙无角。

骆驼类

CAMELS

骆驼科

FAMILY CAMELIDAE

现代骆驼科动物仅存于环境恶劣的地方。骆驼类能够在最恶劣的环境中、最复杂的地形中长距离移动，所以有着“沙漠之舟”的美誉。多亏强悍的生理机能，它们不喝水，仅以坚硬的牧草为食就能生存两个月，并且能够忍受剧烈的气温变化。南美洲骆驼——美洲驼及其近亲——还栖息在充满挑战的地区，其中包括安第斯山脉的高地。

现代骆驼演化出了一系列应对干旱酷热环境的特征。包括人类在内的大多数其他动物，在干旱酷热的环境中都会通过排汗、喘息和呼吸等渠道稳定地丧失水分，血液因此变稠，直到最终流动缓慢，无法将热量通过表皮排出，体温急剧大幅度升高，导致死亡。骆驼类独特的血液不会变稠，由此避免了这一危险。它们还通过多种方式减少水分流失。

其厚毛皮保护它们免于过热，也防止水分通过表皮蒸发而流失。它们的体温可随着外界的气温改变，由此将排汗所带来的水分流失降到最低。骆驼类排出的小便和大便也都很浓稠，其中含有的水分极少，还将脂肪储存在驼峰里，食物资源缺乏时就从中获取能量。在加工食物的过程中，脂肪会释放多余的水分。最后一点，骆驼类饮水速度极快，一次就能喝下 115 升水。

人们很容易把骆驼类看作仅能在极端环境中生存的特化动物，但现代骆驼是曾经分布广泛、品种繁多的种类的后裔。它们在约 4000 万年前的晚始新世首次出现，起源地不是亚洲或非洲，而是北美洲，并在约 1000 万年前达到顶峰。直到约 500 万年前，骆驼才迁入亚欧大陆和非洲，美洲驼才到达南美洲。

到了约 200 万年前的更新世冰川世纪，骆驼类遍及从佛罗里达州到阿拉斯加州之间的北美地区，后来通过巴拿马陆桥向南进入南美洲，或者通过白令陆桥进入亚洲。

与其他主要起源自北美洲的动物种类一样，骆驼类在约 12000 年前的更新世末期从北美洲消失，如今仅存其他大陆。

现存骆驼共有两属，即双峰驼和单峰驼。野骆驼仍然栖息在戈壁沙漠，而非洲的骆驼在 2500 年前才被引入，澳大利亚的骆驼则是在 100 多年前被引入。南美洲的美洲驼、羊驼、小羊驼和栗色羊驼都是第二个类群的代表。

骆驼类无角无獠牙，上颌门齿数目较少，下颌的门齿扁平且水平向前突出。它们的脸骨较长，仅剩的前牙之间空隙较大，而前牙和颊齿之间的牙间隙也很宽。颊齿大得惊人，且为高冠齿，也就是说，颊齿的牙根较短，牙冠较高，与马类相似。这种尖利的前牙有助于骆驼类撕扯坚硬的植物，而颊齿则特别适合“反刍”。

与许多其他偶蹄目动物一样，骆驼类也能够反刍，这一过程涉及咀嚼已经部分消化的食物（反刍物），之后再吞咽下去，进行再次消化。骆驼类的胃共有三个腔，这一点与具有四个腔的高级反刍动物不同，如鹿或羊。二者消化系统的结构不同，表明骆驼类独立于其他反刍动物而演化出了反刍习性（称为趋同演化）。这一区别的另一结果就是骆驼类被归入胼足亚目，而非反刍动物。

骆驼类脚趾数目减少的时间似乎早于大多数偶蹄目种类。最早的骆驼类的前肢有四趾，全部都能着地，但后肢的第二根和第五根脚趾已经退化（极度缩减，变得十分不明显）。事实上，晚中新世的原驼的腿几乎已经与该科现代成员的腿相同了。它们的小腿瘦长，每只脚上各有两根伸展的脚趾，两块跖骨变长且在顶部连接成倒置的 Y 形，共同构成炮骨。

后期的骆驼类因此以典型的步态行走。其他的偶蹄目为趾行动物，即以带有蹄子的脚趾尖行走，后期的骆驼类则是跖行，即以张开的脚趾底部行走，这里还长有一块粗糙的肉垫。这些演化特征使得现代骆驼类能够轻易地在柔软的沙地上行走。

名称：原疣脚兽（*Protylopus*）

年代：晚始新世

地点：北美洲（美国犹他州和科罗拉多州）

大小：长 80 厘米

与大多数有蹄类一样，第一批骆驼类都是与兔子一般大小的小型动物。简单的低冠齿沿着颌无间断地排列，这一原始特征表明它们以森林植物柔软的叶子为食。

比后肢短的前肢上长有四趾，全都能着地。后肢也有四趾，但仅第三根和第四根用于承托体重，第二根和第五根都为“残留趾”。功能性脚趾较尖，表明早期骆驼类具有窄蹄子，而非宽阔的肉垫。

原疣脚兽不太可能是后期骆驼类的直系祖先，可能只是与最早期的骆驼类比较相似，且生活在同一时代。

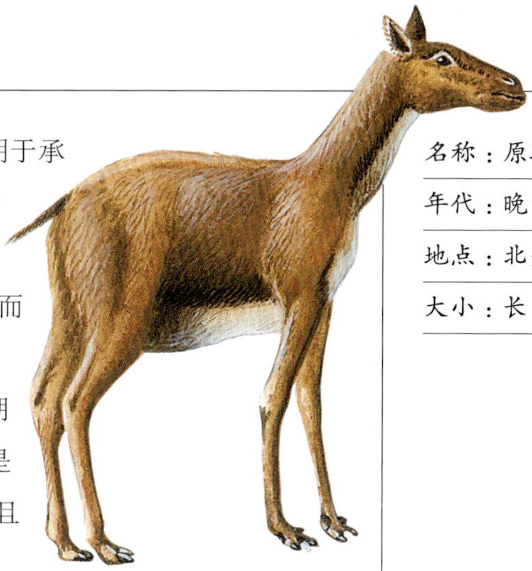

名称：先兽（*Poebrotherium*）

年代：渐新世

地点：北美洲（美国南达科他州）

大小：长 90 厘米

到了约 3500 万年前的渐新世，曾经覆盖南达科他州的茂密森林已被更为空旷的树林所取代。骆驼类繁盛起来，并开始朝着现代骆驼方向演化。先兽大小似羊，比原疣脚兽稍大，长有典型窄鼻的头比美洲驼小，耳朵可能也像美洲驼一样明显。

先兽的后肢略长于前肢，脚趾上有蹄子，不过腿部明显适于更快地奔跑。它们的腿比原疣脚兽细长，外趾已经消失，中间两根承重脚趾开始分开。其牙列仍然十分完整，但牙齿之间已经开始出现空隙。先兽可能衍生出了许多个不同的骆驼类分支。

名称：原驼（*Procamelus*）

年代：晚中新世到早上新世

地点：北美洲（美国科罗拉多州）

大小：长 1.5 米

原驼可能属于现代骆驼的真系祖先，或与其真系祖先的亲缘关系十分接近。它比其他任何早期骆驼都大，可与现代美洲驼媲美。它的头较长，但脑壳相对较小。

原驼的上颌仍有门齿，但仅剩一对，且尺寸已经变小。在如此长的颌内，前牙之间的空隙很长（包括门齿、犬齿各一对和第一对前臼齿），这种牙列特别适合撕扯植物。颊齿的牙冠变高，形成与马类一样的高冠齿，非常适合应付坚硬粗糙的植物。

原驼的腿部结构几乎达到了现代骆驼的层次。跖骨变长且部分连接起来，形成炮骨，小腿瘦长，具有两根分开的脚趾。这种分裂的脚趾说明原驼可能已经演化出了脚垫，用来在柔软的地面上行走时分散体重。

骆驼类

CAMELS

名称：大驼（*Titanotylopus*）

年代：上新世到更新世

地点：北美洲（美国内布拉斯加州）

大小：肩高 3.5 米

在 500 万年前到 200 万年前的上新世期间，许多大型骆驼类出现在了北美洲。它们与原驼有着明显的亲缘关系，甚至可能就是其后代。

大驼就是其中之一，它比当时的大象还要高（见第 382–383 页和第 387–388 页）。不过，从其他方面来说，这种大型动物与现代骆驼相似，都是窄鼻，无上颌门齿，脖子较长，脚上的两趾分开。

虽说它与现代骆驼有这么多相似之处，后者的一个典型特征却是它所不具有的——脂肪驼峰。现代骆驼的驼峰是为了应付食物和水资源缺乏的恶劣环境而演化出来的。第三纪北美洲的气候明显正在变冷变干，气候的变化又使得森林让位于零星分布的树林，最后被草原所取代，但环境变化仍然较小，哺育大群各不相同的哺乳动物还是相对比较容易的。此时的骆驼还不需要演化出脂肪驼峰等极端食物储存装置和其他保湿适应特征。

名称：尖驼（*Oxydactylus*）

年代：早中新世

地点：北美洲（美国南达科他州和内布拉斯加州）

大小：长 2.3 米

先兽的另一个分支就是长颈长腿的长颈鹿形骆驼，这些特征都是为了吃食高耸植物的嫩叶。早中新世的北美洲地貌是长满了开阔低灌丛的草原，特别适合这种动物演化。它们的脚趾极窄，长有似羚羊的长蹄子，而非现代骆驼的那种宽阔脚垫。

名称：拟驼（*Camelops*）

年代：更新世

地点：北美洲（美国加利福尼亚州和犹他州）

大小：肩高 2 米

拟驼也是晚新生代的巨型动物，与早期人类生活在同一时代，似乎是最后一种在北美洲生存下来的骆驼。

它可能与现代亚洲骆驼极为相似，不过某些部位的解剖学表明它与南美洲的美洲驼亲缘关系更近。

名称：	*Stenomylus*
年代：	早中新世
地点：	北美洲（美国内布拉斯加州）
大小：	长 90 厘米

骆驼科的几个旁系出现在中新世，之后不久便即灭绝。*Stenomylus* 及其近亲是类似瞪羚的小型动物，其生活方式也与现代的非洲瞪羚十分相似，即成群结队地以低矮植物的嫩叶为食，能够迅速短距离奔跑以躲避危险。下颌的牙齿十分独特，原因在于犬齿和第一对前臼齿已经变成门齿，所以它具有共 10 颗下门齿。它的脖子较长，身体轻盈，腿细长，每只脚上的两趾都有鹿形小蹄子。

名称：	古骆驼（*Aepycamelus*）
年代：	中新世中期到晚期
地点：	北美洲（美国科罗拉多州）
大小：	头高 3 米

长颈鹿形骆驼一脉在古骆驼身上登峰造极，曾因惊人的身高被称为高驼（*Alticamelus*）。它们的腿部长似高跷，两根脚趾上具有非常小的蹄子。古骆驼已经失去了其祖先的奔跑型蹄子，取而代之的是现代骆驼那种宽阔的脚垫。

现代骆驼同侧的两腿同时同方向运动，这种行走方式被称为侧对步，仅限于骆驼类和长颈鹿类。侧对步是长距离穿越开阔地形的有效方式，像古骆驼这样腿部极长的动物必然会以这样的步法行走。事实上，人们在中新世沉积物中发现的骆驼形脚印就已经直接证实了这一点。

长颈鹿科、鹿科和牛科

GIRAFFES, DEER, AND CATTLE

长颈鹿科

FAMILY GIRAFFIDAE

长颈鹿科动物与除了猪和河马（见第 412–413 页）之外的其他偶蹄目动物一样，也属于反刍动物。上颌无门齿，与下颌的门齿协同工作的是颌前方的一块骨垫。从灌木和树木上扯下叶子之后，它们会咀嚼并第一次吞咽。食物通过瘤胃，即复杂的四腔胃的第一腔，进行微生物发酵。食物被部分消化之后，又返回嘴中，经过第二次咀嚼才会走遍整条消化道。

这种消化方式在分解纤维植物方面十分有效，但反刍动物也为这样的效率付出了代价，因为食物从消化道通过的时间较长，它们必须每天用大量时间来反刍。

长颈鹿科现存二属，都生活在撒哈拉沙漠以南的非洲。人们较为熟悉的是非洲大草原上的长腿、长颈、高个的长颈鹿，它们以荆棘树顶部的叶子为食。另外一个则是栖息在非洲热带森林里的体形较小、肤色较黑的欧卡皮鹿。

除了骆驼之外，反刍动物都具有典型的头饰，长颈鹿的是角形突起，称为网状角，其上覆有皮肤。

长颈鹿和欧卡皮鹿都是两趾食嫩叶动物，而该科先于食牧草偶蹄目动物出现。长颈鹿科化石品种多样，其中大多数与现存的两种外表差异较大。

名称：原利比鹿（*Prolibytherium*）

年代：早中新世

地点：北非（利比亚）

大小：长 1.8 米

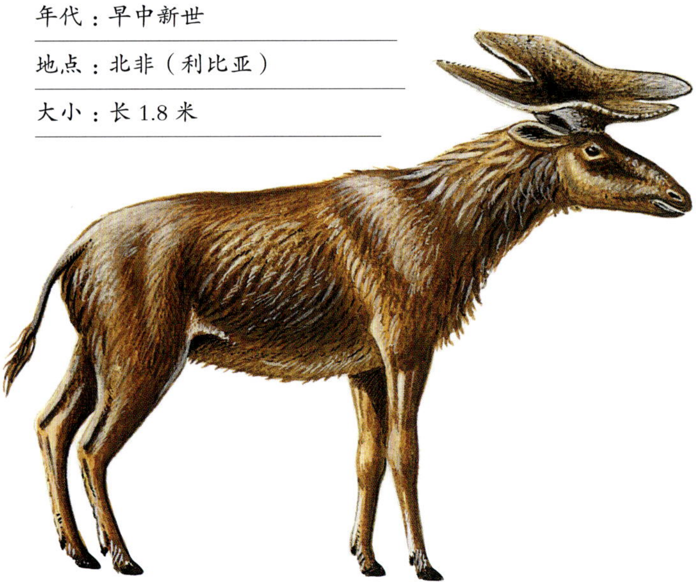

相比现存的长颈鹿和欧卡皮鹿的小型网状角，原利比鹿的角宽阔而呈叶片状，宽度可达 35 厘米。

这些突起可能被原利比鹿用作性展示或与竞争对手搏斗，其上或许覆有每年都脱落的表皮。除了华丽的头饰之外，原利比鹿基本与现生欧卡皮鹿相似。

名称：西瓦鹿（*Sivatherium*）

年代：上新世到晚更新世

地点：印度（喜马拉雅山脉）和北非（利比亚）

大小：肩高 2.2 米

大型西瓦鹿以印度诸神之一的万兽之主“西瓦”命名，更似美洲驼鹿，而非长颈鹿。

雄性西瓦鹿头顶长有一对巨大的杈形角，眼睛附近的一对圆锥形角较小，可能部分用于展示和防御。其躯干短粗，肩部尤甚，因为这里长着扬起巨大而沉重的头部所需的强悍肌肉。

西瓦鹿与其近亲利比鹿同时生活在北非。人们在撒哈拉沙漠中发现的史前人类石头画像中描绘了一种与利比鹿十分相似的动物，所以西瓦鹿可能与早期人类共同生活到约 8000 年前。

鹿科

FAMILY CERVIDAE

鹿科演化虽晚，却成了北半球和南美洲主要的食嫩叶动物，其食物包括叶子、草类、嫩枝、树皮和苔藓。

现生鹿科动物的一个典型特征是几乎所有类群的雄性都具有茸角（雌性驯鹿也具有），其中的例外是无角的麝和中国的水生獐属。茸角是头上分叉的骨质突起，主要用于展示或惯有的争斗，与其他反刍动物装饰的不同之处，在于它们会每年脱落并重新长出。角脱落的地方有一个鼓起的“肿块”。它们每年会长出角的一个分杈，直到达到该种类角的数目的最大值。

名称：真枝角鹿（*Eucladoceros*）

年代：上新世到更新世

地点：欧洲（意大利）

大小：长 2.5 米

某些鹿发育出了巨大而华丽的茸角，最著名的就是真枝角鹿。它的每根茸角都有数十个尖头，整体可达 1.7 米。这样的突出物在它所生活的森林低矮树枝之间必然是一种障碍。与茸角更大的大角鹿一样，性选择可能发挥了作用：在交配季节，茸角最壮观且能为争夺配偶而打败大多数竞争者的雄性留下更多的后代。

名称：大角鹿（*Megaloceros*）

年代：晚更新世

地点：广泛分布于欧洲和亚洲

大小：长 2.5 米

大角鹿通常被称作爱尔兰大麋鹿，但这个名字更具误导性。它不是麋鹿（或驼鹿），而更像是黇鹿。另外，尽管许多标本都发现于爱尔兰地区，其中 80 多个都发现于都柏林附近的同一个沼泽中，大角鹿却绝不仅限于这里。大角鹿遍布旧大陆的北部地区，从不列颠群岛到西伯利亚和中国。

大角鹿是史上最大的鹿，主要以其茸角闻名。这些茸角着实壮观，可达 3.7 米，重量在 220 千克以上，约为总体重的七分之一。更厉害的是，它的茸角与所有真鹿类一样，都会每年脱落并重新长出。为了长出这样的结构，雄性大角鹿必然耗费了不少的能量。

大角鹿在更新世冰川世纪的上一个寒潮间隔期达到顶峰，从约 12000 年前开始衰落，约 11000 年前从爱尔兰消失，而中欧地区则到 2500 年前才全部灭绝。

欧洲的洞穴壁画中描绘了一种与大角鹿十分相似的动物，证明了早期人类知道并捕猎它们。法国的一个洞穴壁画显示这种巨型鹿的背上长有三角形隆起，与现生瘤牛十分相似。这可能是脂肪结构，与驼峰功能相似，都能在冰川世纪酷寒的冬天提供食物储备。

矮种大角鹿也发现于马耳他和英国英吉利海峡中的群岛。

长颈鹿科、鹿科和牛科

GIRAFFES, DEER, AND CATTLE

叉角羚科

FAMILY ANTILOCAPRIDAE

北美洲的叉角羚属是该科仅存的类群，而在中新世和上新世期间却有着各种各样不同的品种。起源自北美洲并向亚洲和南美洲迁徙的其他有蹄类动物都在其家乡灭绝了，如骆驼和马类。

叉角羚科则不同，它们留守在北美洲，没有去往任何地方，而且在上新世和更新世期间品种繁多，十分成功。

叉角羚科的头饰由骨质硬皮构成，通常围绕光秃的角心分杈。其硬皮每年会脱落，但角心却会保留不变。

大多数种类仅有一对角，有的则多达五对或六对，且形状古怪。现存雄性叉角羚属的角比雌性长，前伸的角位于带钩且向后伸的角下面，故得名。

大多数偶蹄目动物仅有两根功能性脚趾，其他的脚趾则大幅度退化或不能着地，而叉角羚属是唯一一个其他脚趾全部消失的类群。它们细长的腿上演化出了长而尖的蹄子，使得该科奔跑迅速（逃避猎食者时速度可达 86 千米 / 小时）。

它们的蹄子上还演化出了软垫，能起到吸收冲击力的作用，防止一跃 8 米给腿部造成伤害。

名称：*Ilingoceros*

年代：晚中新世

地点：北美洲（美国内华达州）

大小：长 1.8 米

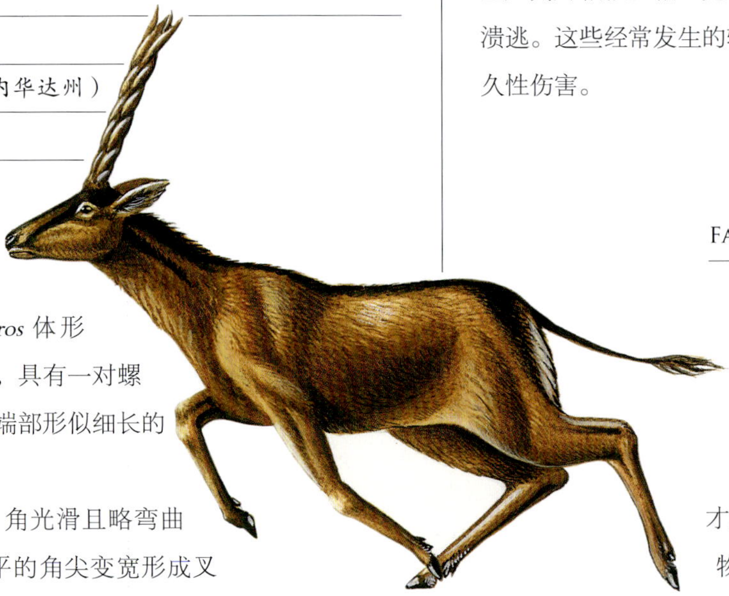

众多叉角羚科动物的区别在于角的形状和布局。*Iligoceros* 体形略大于现存的叉角羚，具有一对螺旋形向上生长的角，端部形似细长的叉子。

叉角羚还包括：角光滑且略弯曲的 *Osbornoceros*、扁平的角尖变宽形成叉子的 *Paracosoryx*、角呈垂直扇叶状的 *Remoceros*、天赋异禀的 *Hayoceros*。

名称：*Hayoceros*

年代：中更新世

地点：北美洲（美国内布拉斯加州）

大小：长 1.8 米

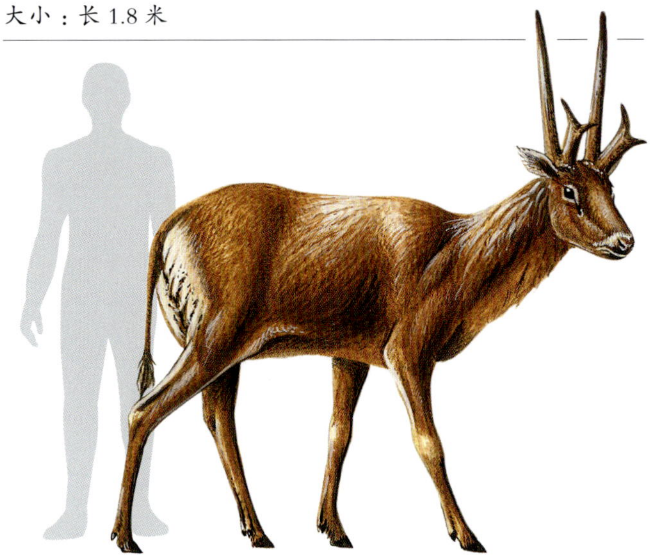

Hayoceros 在中更新世栖息在内布拉斯加州的草原上，是叉角羚科头饰最奢华的类群。它的角不少于四对：一对叉状宽角像叉角羚的一样位于眼睛上方，另一对较长较窄的角则远远地位于头顶。

当两只雄性为配偶而竞争时，它们的搏斗技术可能与现生叉角羚相似。相互竞争的雄性以角相抵，直到较弱的那只溃逃。这些经常发生的较量看似暴力，却很少给双方造成永久性伤害。

牛科

FAMILY BOVIDAE

牛科指的是真羚羊和真牛类，雄性和雌性的头饰都由角心上不会每年都脱落的真角构成。

牛科动物到中新世（2000 万年前）才从旧大陆出现，而发现于渐新世沉积物较古老的蒙古翰海兽属也可能属于该科。最早的瞪羚形牛科化石发现于法国、撒哈拉和蒙古。到了晚中新世（1000 万年前），牛科突飞猛进，出现了70个新类群。到了更新世，牛科已有了100多个类群，是现生类群的两倍。

牛科为食牧草动物，高冠齿适于咀嚼草类。其习性与其他大多以叶子为食的偶蹄目动物相反。它们会长时间进食，消化系统能够最大程度地从草中榨取营养。

在中更新世（约100万年前）之前，它们仅分布于旧大陆，之后则通过当时尚存的白令陆桥到达北美洲，以北美野牛、大角羊和山羊的形式幸存至今，而大多数牛科动物则仍然栖息在旧大陆，占据了从森林、草原到沼泽乃至沙漠等多种栖息环境。

名称：佩罗牛（*Pelorovis*）

年代：中更新世到晚更新世

地点：东非

大小：长3米

这种大型动物是现生非洲水牛的近亲，二者之间的主要区别除了体形大小之外，还在于其头上的一套大角。仅其角心的大小就有2米，那么它的角在生前肯定是这个尺寸的两倍。（由于角在动物死后会迅速腐烂，且不会留下化石，所以此为估计值）

佩罗牛在东非幸存至12000年前。

名称：牛属（*Bos*）

年代：更新世至近代

地点：欧洲（英国和波兰）、亚洲（印度）和北非

大小：长3米

现代家养牛类就归在该属。它们可能起源自细长的瞪羚形丽牛属——发现于欧亚大陆的早更新世沉积物中。今天大多数牛类的祖先是原始牛，俗称野牛。原始牛比大多数现生牛类都大，6000年前首次被驯化，不过人类在更早之前就已经知道它们的存在。法国中部的拉斯科洞窟壁画以细腻的笔触描绘了这些牛类的早期代表。

原始牛在更新世期间从其起源地亚洲开始向外传播，到了上一个冰川世纪末期，它已经占据了旧大陆的大部分地区，从最西部的欧洲到最东部的亚洲，又从北极苔原到北非和印度。然而，虽然风生水起，原始牛仍因人为捕猎而最终消失。它们在公元10世纪从英国灭绝，最后一批幸存的原始牛也在1627年从波兰消失。

牛属的现生土著类群尚有许多，如印度北部和中国西藏等地的野牦牛。

啮齿目、兔科和兔属

RODENTS, RABBITS, AND HARES

传统上，分类学家认为啮齿类（豚鼠、老鼠和家鼠）与兔形目（兔科、兔属和鼠兔科）亲缘关系较近。然而最近的分子分析推翻了这一观点，且显示出兔形目与灵长目和树鼩属具有惊人的亲缘关系。

出于这次与其他目之间关系的重新评估，独特性一直饱受争议的啮齿类如今被划为自然类群，但已与兔形目相互分离。如今，古生物学家们普遍认为啮齿类是哺乳动物演化史上较早期、较原始的种类，兔形目在灵长目、偶蹄目和食肉目出现之前就已分离出去了。

啮齿目

ORDER RODENTIA

已知最早的啮齿目动物与小型松鼠类似。它们在晚古新世起源自北美洲（约6000万年前），之后迅速分化，占据了外表形似却并无亲缘关系的多瘤齿兽目（见第343页）遗留下的生态位。啮齿目分化成多个种类，包括松鼠、海狸、老鼠、家鼠、黄鼠、绒鼠、豚鼠和豪猪。

啮齿目是现生哺乳动物中最大的一目，共有35科约2000个类群，占已知现生哺乳动物的40%。已灭绝的类群数量也大致如上，归为12个科。

啮齿目是极为成功的种类。它们遍布除南极洲外的各个大陆，栖息环境各种各样，在生态上具有重要地位。从热带森林到酷寒的北极苔原，从最干旱酷热的沙漠到山顶，啮齿目无处不在，且与人类息息相关。

啮齿目未能开拓海洋，不过仍有淡水种类，如海狸和水老鼠。另外还有树栖种类，最著名的就是松鼠。大多数啮齿目都是陆生动物。

考虑到其多样性和超凡的繁殖能力，它们能对人类历史产生巨大影响也就不足为奇了。它们每年消耗上百万吨食物——包括农作物和贮藏食物，还携带斑疹伤寒等致命疾病。最臭名昭著的莫过于家鼠，它们所导致的死亡人数比历史上所有战争死亡人数加起来还多。在中世纪，黑鼠携带的瘟疫致死约2500万人，占当时欧洲全部人口的近四分之一。

啮齿目的化石极为罕见，对它们演化历程的了解多来自微小牙齿化石研究。啮齿目在整个第三纪极为繁盛，其独特的牙齿化石可用于断定大陆沉积物的年代和相互关系，正如无脊椎贝壳类常被用于断定海相地层的年代和相互关系一样。

啮齿目最主要的特征在于它们能用特化的前牙咬噬。其上下颌各有一对弯曲的大门齿，这些门齿会因使用而磨损，又会从深入头骨和下颌骨的牙根上持续生长出来。该目早期成员具有圆柱形啮齿，四周均覆有珐琅质，而后期成员的牙齿呈三角形，珐琅质仅覆盖在前面。牙齿后面磨损更快，使得边缘更加锋利。

啮齿目无犬齿，某些前臼齿甚至也已消失，前牙和颊齿之间因此留有巨大的牙间隙。仅剩的颊齿形成一系列高效率的碾磨表面。

啮齿目通常较小型，巢鼠最小，仅重40克。不过也有例外，如现存最大的南美洲水豚体重可达50千克，某些已灭绝种类的体形可与犀牛相媲美。

更新世的大睡鼠栖息在马耳他和撒丁岛等地中海岛屿上，为人们研究啮齿目的大型化趋势提供了极好的案例。除了体形更大之外（除尾巴后长25厘米），大睡鼠几乎与现代榛睡鼠毫无二致。

因海平面上升而被迫逃亡到岛上之后（原因可能是大西洋汇入地中海流域，也可能是因为更新世冰川世纪的全球气温变化），地中海岛屿上栖居的动物的体形开始沿着独特的趋势发展。当象类（见第382–383页和第387–388页）和河马类（见第412页）体形变小，以更好地利用有限的食物资源时，大睡鼠等啮齿目动物却越长越大。没了天敌的啮齿目根本无需在夹缝中奔跑躲藏，而它们在大陆上的同类就无法如此自在了。

根据下颌骨骼和相关肌肉的布局，现有分类法将啮齿目分为两个亚目。

松鼠亚目

SUBORDER SCIUROGNATHI

松鼠亚目（名字意为“松鼠的颌”）的下颌较深，咬肌附着其上。到目前为止，松鼠亚目是啮齿目两个亚目中较大型也可能较原始的种类。该亚目包括了现生松鼠、海狸、囊鼠、仓鼠、老鼠和家鼠等。

松鼠亚目的下属科似乎在啮齿目演化的早期阶段就已分化。除了颌部和牙齿结构之外，其他的相似点并不多。大多为纯正的植食动物，有些则是以腐肉为食的杂食动物，还有少数以昆虫为食。

老鼠、家鼠和田鼠占所有哺乳动物物种的四分之一，而这个成功的类群仅在渐新世之初（约500万年前）才开始遍布各地。

名称：北鼠（*Ischyromys*）

年代：早始新世

地点：北美洲

大小：长60厘米

北鼠是已知最早的真啮齿动物之一。它外形似鼠，头部具有许多啮齿动物特征，如一对典型的上门齿。其身体的其他部位也属于典型的啮齿动物，如四肢功能多样，后肢强壮，脚上各有五根带爪子的脚趾。

当许多其他古近纪哺乳动物占据陆地生态位之时，北鼠及其更具松鼠形的近亲副鼠则抓住了树木给它们提供的机遇。

与当时大多数高级树栖动物一样，它们也取代了从古新世就生活在此处的原始啮齿型灵长目。

名称：北美米拉鼠（*Epiganlus*）

年代：中新世

地点：北美洲（大盆地）

大小：长30厘米

北美米拉鼠是已知最古怪的啮齿动物之一。它与现生土拨鼠类似，只不过头上长有一对短粗的角，眼睛较小，带爪子的前脚宽阔似桨。强悍的爪子较长，且从两边向里收缩，明显适于挖掘，所以它可能生活在地下的洞穴中。其小眼睛也支持这一观点，因为鼹鼠等许多现生穴居动物的眼睛都很小，且视力较差。

已知的其他任何啮齿动物都不具备这样的角。它的角位于眼睛正前方的鼻子上，其功能仍然是个谜，可能被用于保护自身，也可能用于性展示，还可能用于雄性之间的搏斗。这一观点的证据源自并非所有的化石都长了角，说明没角的这些可能为雌性。另外一种观点则认为这些角能够在某种程度上辅助挖掘洞穴。

当晚中新世北美洲的森林被草原所取代时（约500万年前），北美米拉鼠及其近亲也随之灭绝了。

啮齿目、兔科和兔属

RODENTS, RABBITS, AND HARES

名称：*Steneofiber*

年代：早中新世

地点：欧洲（法国和德国）

大小：长 30 厘米

海狸在早渐新世的化石记录中十分常见（约 3500 万年前）。早中新世的海狸 *Steneofiber* 体形较小，栖息在淡水湖附近或其中，与多数现生海狸十分相似。不过，它不太可能像其现生同类一样啃食大树。

许多早期品种更适应陆地生活，有的甚至能够挖掘洞穴。内布拉斯加州的中新世沉积物中有些古怪的螺旋形垂直洞穴，深 2.5 米，被称为“奇迹旋”或“魔鬼螺锥”。这些洞穴正是 *Steneofiber* 的近亲古河狸挖掘出来的。

许多海狸体形庞大，如更新世遍布北美洲如熊一般大小的大河狸（长 2.3 米）。

豪猪亚目

SUBORDER HYSTRICOGNATH

虽然已知最早的啮齿动物可能属于豪猪亚目，人们仍然认为该亚目是两个亚目中较为高级的。

豪猪亚目的咬肌附着在一块从下颌发育出来的骨质凸缘上。该亚目涵盖了一些旧大陆类群，如豪猪、梳齿鼠和蔗鼠，但多数成员都是在南美洲土生土长的。早渐新世之前的南美洲没有发现任何啮齿动物，而在遥远南方的巴塔哥尼亚却已出现。

南美洲豪猪亚目包括新大陆的豪猪、豚鼠、水豚、长尾豚鼠、绒鼠、刺豚鼠和河狸鼠。

名称：南美丘齿兽（*Telicomys*）

年代：晚中新世到早上新世

地点：南美洲

大小：长 2 米

与豚鼠和水豚亲缘关系较近的是粗尾的穴居长尾豚鼠科，其中最大的（也许是史上最大的）啮齿动物就是南美丘齿兽。

南美丘齿兽大小如小型犀牛，形似多毛河马或大型水豚。

名称：*Birbalomys*

年代：早始新世

地点：亚洲（巴基斯坦）

大小：长 30 厘米

某些古生物学家认为 *Birbalomys* 是最原始的啮齿动物，可能与整个啮齿目的祖先亲缘关系较近。

由于对 *Birbalomys* 所知甚少，此处的复原图（上图）猜测程度较高。*Birbalomys* 可能与北非的梳齿鼠相似，后者是生活在沙漠或半沙漠地区的豚鼠形生物。

名称：*Eocardia*

年代：始新世

地点：南美洲

大小：长 30 厘米

Cavioids 科是最典型的南美洲啮齿动物，与豚鼠和水豚有着很近的亲缘关系。

某些 *Cavioids* 科动物体形相当庞大，如原水豚就和貘一般大小。不过 *Eocardia* 的体形还算适中，高仅有 30 厘米，外表与现生豚鼠相似。

兔形目

Order Lagomorpha

兔形目——鼠兔科、兔科和兔属——曾一度被列入啮齿目。它们确实与啮齿动物十分相似，体形相对较小，啮齿在一生中不断生长。

兔形目与啮齿目之间的主要区别，在于兔形目上颌前方有两对啮齿，而啮齿目仅有一对。这些牙齿四周全都覆有珐琅质。兔形目的颊齿数量也比啮齿目多（五至六颗，后者则有五颗或以下），且横嵴较少。

二者的咀嚼运动也不相同：兔形目的颌左右移动，而啮齿目的颌为前后移动。啮齿目与兔形目具有近亲关系的证据十分含糊，因为相同的啮齿习性可能是平行演化的结果。

现存约有 12 个兔形目类群，而该目演化以来的数目是如今的四倍。最早的灭绝种类可能在晚古新世或早始新世源自亚洲东部。兔形目迅速成为分布广泛的植食种类，主要以崎岖地区和沙漠地区的草类植物和灌木为食。

自 19 世纪被人为引入澳大利亚之后，由于没有天敌，加上超强的繁殖能力和对叶子的高度依赖性，它们已经成了令人头疼的有害动物。

名称：古兔（*Palaeolagus*）

年代：渐新世

地点：北美洲

大小：长 25 厘米

已知最早的兔形目是来自晚古新世的蒙古古兔。该种类向鼠兔科和兔科、兔属的分化在早渐新世就已经开始。鼠兔科成了短腿短耳朵的小型生物，而兔科和兔属则演化成为长腿奔跑型动物，最终形成了跳跃性步态。

古兔的骨骼与现代兔类相似，不过后腿略短，表明它尚未形成如今的跳跃性步态。

狐猴和猴类

LEMURS AND MONKEYS

灵长类和灵长型类

PRIMATES AND PRIMATOMORPHS

过去150多年来，人类与猿类的亲缘关系是公认的，而最近又有证据将这一关系扩展到了猴类、胡猴类和眼镜猴类之间，因为它们都是曾经品种更加繁盛的灭绝的灵长目动物后裔。人类与灵长类共同祖先的化石极少，且残缺不全。因此，弄清楚多个种类之间的关系就面临巨大困难，这一点从不断变化、累赘费解的分类法上就可看出。

灵长类一词源于拉丁语primus，意为“最初的”，传统上包括了狐猴科、猴类、猿类、人科及其亲缘关系最近且已变成化石的祖先。不过，飞狐猴（称为皮翼目，不同于狐猴科）与灵长类之间的亲密关系获得确认，使得人们不得不用灵长型类这个意义更广泛的称呼，其级别相当于之前的原猴亚目。若干已灭绝的种类，如来自白垩纪晚期的原始普尔加里托猴和更猴形类，也被归入灵长型类。

分子分析拓展了现存真灵长类与树鼩（树鼩目）、飞狐猴和蝙蝠（翼手目）之间的形态学和古生物学联系。除了蝙蝠之外，现存灵长类、树鼩目、飞狐猴及其灭绝的祖先以形态学为依据的相互联系都用统兽总目来概括。但所有这些种类之间的具体关系尚不明确。

皮翼目

ORDER DERMOPTERA

该目以现存飞狐猴为基础建立。它们并不飞翔，而是靠四肢、躯干和尾巴之间的翼膜滑翔。最近，一个始新世飞狐猴化石被发现于泰国，在此之前则一直未有发现。皮翼目广义上还包括已经灭绝的更猴形类——曾在第三纪早期的北美洲和欧洲西部衍生出多科的灭绝种类。

更猴科

FAMILY PLESIADAPIDAE

更猴科在更猴形类的五科中最为知名。在古新世和始新世（约6500万年前到4000万年前）的北美洲、欧洲种类众多，表明这两块大陆之间曾有陆地连接，并且当时的环境基本相同。更猴科很可能通过格陵兰岛从北美洲传入欧洲，因为当时的格陵兰岛是一条温暖而森林茂盛的“陆桥”。它们的特征包括尾巴较长，灵活的四肢上长有爪子，而非趾甲，鼻子较长，保留了啮齿形颌和牙齿，眼睛位于头部两侧。

名称：更猴（*Plesiadapis*）

年代：晚古新世到早始新世

地点：北美洲（落基山脉）和欧洲（法国）

大小：长80厘米

更猴的化石在法国东北的塞尔纳附近多有发现，想来它们当时肯定十分普遍。

更猴

体格似松鼠，大小与现生海狸差不多。它可能大部分时间停留在地面上，同时又非常适应在树木之间晃荡，手脚均可相对着抓握树枝，长手指和脚趾都具有爪子。

不过，更猴的头部并不具备灵长类的典型特征。其牙齿与啮齿类相似，前方长有长啮齿，与后方的臼齿之间有牙间隙。

灵长目

ORDER PRIMATES

灵长目现存200个左右的类群，根据定义的不同会略有差异，现代人类只是其中之一。所有灵长目都因30个特征而被归为一类，主要与爬树、长时间哺育后代和视力、智力的高度发达等演化特征有关。

灵长目演化自以森林为主的环境。事实上，从许多特征可看出它们对树栖的需求，对日间活动而非夜间行动的适应。与此相关的是大脑变大变复杂，视觉、四肢和脚趾也同时演化。它们还逐渐向两足步态发展：躯干更加直立，脚和腿向移动方面特化，手适于抓握和掌控方向。平衡性、触觉和抓握能力都得到了提高，视力方面也有两大改进：立体和彩色视物。

另外一个适应危险环境的重要演化涉及繁殖策略，即加大看管和保护力度，同时减少后代数量。

该目涵盖极广，包括了已灭绝和现生种类，从已灭绝的狐猴形兔猴科到狐猴科和懒猴科，统称狐猴型下目。另外还有眼镜猴科和已灭绝的始镜猴科，二者统称跗猴型下目。还有类人猿亚目，包括猴类、猿类及其已灭绝的祖先。

兔猴科

FAMILY ADAPIDAE

狐猴形兔猴科在始新世数量众多，之后便开始衰落，在晚中新世灭绝（约1000万年前）。主要分布在欧洲，少部分栖息在亚洲和北美洲。

兔猴科的几个特征明显比其他更猴科高级：背部更柔软，提高了在树上的活动能力，更长更灵活的四肢（脚趾/手指上长有趾甲/指甲，而非爪子）和能够抓握的大拇指、大脚趾也都起到了同样的作用。它们的鼻子较短，眼睛更靠近脸的前部，大脑也相对变大。虽说兔猴科可能仅会抓握和跳跃，但高级到能够在树尖行走奔跑也是有可能的。

狐猴形兔猴科及狐猴科有时被一起归入原猴亚目（意为“鼻子分裂的猴类”），原因在于他们湿润的鼻子被裂口垂直、水平双向分开。

名称：假熊猴（*Notharctus*）

年代：早始新世到中始新世

地点：北美洲（美国怀俄明州）

大小：长40厘米

这种北美洲兔猴科动物是该大陆已知的最后一种灵长目。它的外表与现代狐猴十分相似，且高度适应树栖生活。它的眼睛直指前方，能够立体视物，还可以准确判断距离。后腿较长，使它能够在树枝间跳跃，沉重的长尾巴在跳跃过程中起到平衡的作用。

其手脚的第一根手指（脚趾）都已形成大拇指（大拇趾），这一特征使得它能够同时抓握树枝和食物。

狐猴科

FAMILY LEMURIDAE

狐猴与兔猴相似，但下颌的前牙生发出一颗“梳齿”，用于理毛。

约5000万年前，狐猴及其近亲遍布非洲、欧洲和北美洲，而如今，光面狐猴、指猴都仅存于马达加斯加岛。

名称：巨狐猴（*Megaladapis*）

年代：现今

地点：非洲（马达加斯加岛）

大小：长1.5米

巨狐猴是已知最大的狐猴，体形巨大，四肢较短，重约50千克。与其较小型近亲不同的是，它不能在树木之间腾跃，而可能在热带雨林上缓慢爬行，以寻找食物。巨狐猴可能因人类捕猎而最终灭绝。

狐猴和猴类

LEMURS AND MONKEYS

始镜猴科

FAMILY OMOMYIDAE

始镜猴科是眼镜猴类中最大的一科，在某些东南亚岛屿仍有存活（数量特别少），如苏门答腊岛和婆罗洲。它们在始新世极为繁盛，到了渐新世开始衰落，最终在中新世之初灭绝。

眼镜猴类因其鼻子没有分开而被归入简鼻亚目（意为“鼻子为整体”）。

有些古生物学家认为眼镜猴类是猴类和猿类共有的祖先，但考虑到它们的极端特化，这一观点不太可能成立。

名称：尼古鲁猴（*Necrolemur*）

年代：中新世中期到晚期

地点：欧洲西部

大小：长 25 厘米

尼古鲁猴是眼镜猴类中化石保存最完整的。其化石显示它具有大眼睛和大耳朵，使得它能够在夜间捕食。小而尖利的爪子十分适合对付作为主要食物的硬壳昆虫。尼古鲁猴的躯干也与现代品种相同，长手指和长脚趾上都长有抓握性垫子，长而灵活的腿和胳膊以及长尾巴都能在林间移动时起到平衡作用。

类人猿亚目

SUBORDER ANTHROPOIDEA

类人猿亚目包括两个下目：阔鼻猴类（新大陆猴类），狭鼻猴类（旧大陆猴类）、猿类和人类。它们在约 4000 万年前起源自北美洲或欧亚大陆，连接南北美洲的陆桥再次消失之后，两条支线便迅速分化。

新大陆猴类

NEW WORLD MONKEYS

新旧大陆猴类的部分区别在于鼻孔。新大陆猴类的鼻孔分得较开，朝外，而非朝下。另外还有其他差别较大的解剖学特征，如不同的头骨关节或头颅缝线，它们还比旧大陆的近亲多了一对前臼齿。

某些种类还多了一“肢”——一条能用于抓握的尾巴，卷到树枝上可支撑其身体。奇怪的是，如此有助于树栖的特征却从未在旧大陆猴类身上演化出来。

该类的现存代表包括包括精巧多彩的狨猴和绢毛猴以及蜘蛛猴和吼猴，总共占现代类人猿的三分之一。

名称：布氏猴（*Branisella*）

年代：早渐新世

地点：南美洲（玻利维亚）

大小：长 40 厘米

这是已知最早栖息于南美洲大陆的猴类，但由于证明其存在的化石仅有零碎的颌骨，所以对其习性和相互关系尚不能下定论。

布氏猴的牙齿十分原始，许多都与眼镜猴类似，表明它们演化自遥远的北方始镜猴科。不过，其身体素质的其他方面则表明它们与当时生活在非洲的猴类有着较近的亲缘关系，所以它们的祖先甚至可能通过大堆漂浮的植物从非洲西部横渡大西洋到达南美洲。

名称：*Tremacebus*

年代：晚渐新世

大堆：南美洲（阿根廷）

大小：长 1 米

到了渐新世末期，新大陆猴类已经变得与现代品种十分相似了。*Tremacebus* 有时因其似微小的人形而被称为 *Homunculus*（矮人），与现今仅存的真正夜行猴夜猴十分相似。

Tremacebus 仅存少数标本，其中包括一块来自巴塔哥尼亚的头骨。该地区化石的缺乏说明巴塔哥尼亚的草原比如今树木更加稀疏，所形成的树林环境太小，尚不足以养育太多种猴类。

旧大陆猴类

OLD WORLD MONKEYS

猿类和人类等旧大陆猴类与新大陆猴类的区别，在于它们的鼻孔为一个整体，且朝下，一条骨质耳道从外一直通向耳鼓，而最基本的，就是少了一对前臼齿。

这些猴类统归猕猴科，是狭鼻类中最大最原始的种类，包括了现存的长尾猴、狒狒、猕猴、狮尾猴和疣猴。以前它们的化石记录仅存于过去的 1000 万年，而如今人们在肯尼亚发现了一个 1500 万年前的化石，可能为猕猴科祖先，名为维多利亚猴，由此将这些狭鼻类与较早期的埃及猿联系了起来（见第 435 页）。

旧大陆猴类的尾巴不能抓握，且可能大大变短，甚至已经消失，陆生的品种尤其如此。不过对于树栖动物而言，尾巴有着很大的作用，因为它能够提高平衡性，甚至在跳跃过程中辅助改变方向。

名称：中猴（*Mesopithecus*）

年代：晚中新世到晚上新世

地点：欧洲（希腊）和亚洲（小亚细亚）

大小：长 40 厘米

中猴是典型的早期猕猴科动物，与现生猕猴相似，可能是现生叶猴的祖先。

它躯干细长，前肢、后腿均长而肌肉发达，手指脚趾长而敏捷。其四肢与现代猕猴一样，都能用于在地面上行走和在树上攀爬，表明当时的环境相当开阔。

中猴昼出夜伏，以叶子和柔软的果实为食。

名称：狮尾狒（*Theropithecus*）

年代：中渐新世至近代

地点：南非和东非

大小：长 1.2 米

狒狒主要生活在地面上，以家庭为单位行走于开阔的平原。它们基本都具有犬形脸，食物种类多样。尽管大部分时间靠四足在地面行走，狒狒仍然十分擅长攀爬，尤其是在岩石之间跳跃。狮尾狒是大型狒狒，其化石发现于东非坦桑尼亚的奥杜瓦峡谷。对于狒狒而言，它的脸较短，头顶上有一块巨大的骨突用来附着强劲的颌肌。它可能以干旱气候中的坚硬植物为食。

类人猿

APES

山猿科

FAMILY OREOPITHECIDAE

山猿科的分类问题多多。某些古生物学家将它们看作与中猴亲缘关系较近的旧大陆猴类，而有些则指出其猿形乃至人形特征，比如能够双臂交互攀援（用臂吊荡树枝前进），甚至能直立行走。它们几乎就是演化的死胡同，因为其高级特征不过是趋同现象的结果。现存仅有一个类群。

名称：山猿（*Oreopithecus*）

年代：晚中新世

地点：欧洲（意大利）

大小：高 1.2 米

山猿意为“山中的猿”，常被趣称“令人憎恨的煤矿工人”，因为它们的化石发现于意大利北部的托斯卡纳区棕色煤炭沉积物中（约 1400 万年前），且由于某些特征几乎与人类相近。

山猿长着猴形鼻子，狒形眉嵴和猴形踝骨。

它的脸小而扁平，犬齿呈圆锥形，臼齿的布局与人科相似。这种猴类与人类特征的融合，最好的解释就是它属于一条独立的演化支线。

由于其化石保存在柔软的棕色煤炭矿床中，山猿很可能栖息在河边长满森林的沼泽里，并以多种植物的树叶、根茎和果实为食。

其臂长于腿，表明它长时间停留在树上，可能以在树枝下吊荡的方式移动。其脊椎骨和髋骨表明它还能够行走，或至少以直立姿态大步慢跑。

人猿总科

SUPERFAMILY HOMINOIDEA

唯一现存的类人猿——意为“与人类相似”——是猩猩科和人类所属的智人。它们与旧大陆猴类的区别在于没有尾巴，臂和肩胛带适于在树枝上吊荡。

除了长臂猿（长臂猿科）和人类以及大猩猩（人科）之外，该总科还包括上猿科等灭绝种类，后者（与现存长臂猿一起）被看作是长臂猿科的一个亚科。

上猿科

SUBFAMILY PLIOPITHECINEA

上猿科具有一些原始特征，如长鼻，小脑壳，某些还有长尾巴，但它们确实是界限分明的真猿类。其高级特征包括猿形牙齿和颌，以及立体视觉。

上猿科几乎可以肯定起源自非洲，时间可能是约 3500 万年前的早渐新世，并在约 1000 万年前的中新世灭绝。

名称：原上猿（*Propliopithecus*）

年代：中渐新世

吊荡：非洲（埃及）

大小：长 40 厘米

在2700多万年前的中渐新世时期，开罗以东的法尤姆地区还不是如今尘土飞扬的沙漠。尼罗河在已经消失的特提斯海附近形成了沼泽三角洲，这里的森林曾一度养育了许多种热带动物，其中包括原上猿和埃及猿等原始猿类。（也可能两个名字指的是同一种生物，如此一来，第一个名字具有优先权。）

原上猿基本上是四足动物，其体形如小型长臂猿，后者像今猕猴一样以四足在树枝间移动。

其眼睛位于发育良好的眼窝内，面向前方，能够立体视物。其牙列似猿，适于食用果实，另外还可能吃昆虫乃至小脊椎动物。

名称 上新猿（*Pliopithecus*）

年代 中新世中期到晚期

地点：欧洲（法国、捷克和斯洛伐克）

大小：高1.2米

古生物学家对此动物众说纷纭，不过现在已经明了，且与之前的看法相左，即上新猿不大可能衍生出长臂猿。不过二者具有明显的相似性，可能在早中新世来自同一个祖先。长臂猿一线甚至可以追溯到3000万年前的原上猿。上新猿生活在1600万年前到1000万年前之间，此时的地球可谓真正的“猩球”，同时代共有30个左右的品种，如今大多数已经灭绝。

上新猿大小如长臂猿，脸部较短，大眼睛，犬齿尖利。其躯干较长，四肢长有长手脚，或许能够双臂交互攀援。从一方面来看，手脚几乎等长（手臂比长臂猿的还长），有迹象表明短尾巴的存在，尾椎骨为十块或更多。它的立体视觉可能也不太完善，因为眼眶并非完全面向前方。

名称：树猿（*Dendropithecus*）

年代：早中新世到中新世中期

地点：东非（肯尼亚）

大小：高60厘米

人们现在已经普遍认为长臂猿的祖先并非上新猿，而是其较早期的近亲，即细猿、湖猿或树猿等非洲东部小型猿类。细长的树猿化石可追溯到1500万年前到2000万年前的中新世中期和早中新世。相比上新猿，树猿的臂较短，尾巴较长，双臂交叉攀缘能力不相上下，其他方面却更像长臂猿，比如饮食习性。几乎可以肯定的是，树猿生活在茂密的森林中，以果实、叶子和花朵为食，这一点正与现生长臂猿相似。

人科
FAMILY HOMINIDAE

该科将人类（人亚科）与现生大猩猩（猩猩亚科）及其已灭绝的祖先联系起来。该大科之间的相互关系一直不断发展，而且是人们争论的主题，因为新的化石发现已经开始填补人类和大猩猩共同祖先仍旧残缺的化石体系。

人科包括如今最大型的灵长类，不过已经灭绝的其他灵长目的体形，如巨猿，也可与之相媲美。根据化石证据和分子钟——以基因变异为基础的年代推定系统，人们认为人科起源于至少1700万年前的非洲。

它们随后分化为两个类群，其中的猩猩亚科在演化早期就离开非洲迁入亚洲，其代表为现存的濒危猩猩，而人亚科则在非洲一直待到近期。

类人猿

APES

猩猩亚科

SUBFAMILY PONGINAE

猩猩亚科包括已灭绝和现生猿类。它们有时四足行走，有时两足直立行走，为半两足动物，无尾巴。如今的猩猩亚科仅限于非洲和东南亚的热带地区，现存两个黑猩猩类群，大猩猩和猩猩各一个类群。

就类群数量和地理分布而言，猩猩亚科曾经更加辉煌，最早的成员可追溯到约2500万年前的早中新世。

过去，几乎所有的人猿总科新物种都被看作单独的类群并重新命名，这令人十分费解，也妨碍了对整个人猿总科演化系的理解。人们逐渐接受了一个观点，那就是许多“类人猿”在解剖方面虽有微小的差异，其实亲缘关系很近，所以应该被看作同一个类群的成员。(毕竟现代人类之间也有着巨大的解剖学差异，但我们仍然属于一个物种。)

直到近年来，人们普遍认为类人猿在约1500年前到2000万年前就与南方古猿、人类两条演化系分化，而如今的生化研究则表明这个时间区间或许太长了。

通过对共有的免疫反应和DNA中的结构差异，以及血液内的血红蛋白等复杂蛋白质的翔实研究，人们可以推断这些分子的自发变化率，结果发现长臂猿从祖先一线分化出来的时间是在约1000万年前，而猩猩则稍晚。

不过，最大的惊喜恐怕来自现代人类、黑猩猩和大猩猩之间相互关系的研究。尽管表面上各不相同，事实上，三者的生物化学数据如此相似，只因从演化线分化的时间仅有500万年到800万年。

这一关于类人猿和人类相互关系的理论仍有许多矛盾之处，尤其是最近发现的南方古猿化石来自350万年前，或更早的400万到500万年前。这些物种与人类太过相似，而又与类人猿差异太大，绝不是几百万年演化就能得到的产物。

名称：森林古猿（*Dryopithecus*）

年代：早中新世到晚中新世

地点：欧洲（法国和希腊）、亚洲（高加索地区）和非洲（肯尼亚）

大小：长60厘米

现代猿类和智人演化一线可能源自1200万到900万年前广泛分布的森林古猿（“树林间的猿猴”）。

森林古猿演化自东非，在这里发现了最早的化石，当非洲大陆与亚欧大陆交会时（主要是在地中海的东端），它们迁到了欧洲和亚洲。

黑猩猩形的四肢表明它主要以四足行走，但也能以两足行走。它的手腕更具猴形，而不似猿形，所以它可能以手掌行走，而不是像黑猩猩一样用关节。它的头也更像黑猩猩，但不具有高耸的眉骨。

森林古猿绝对是善于攀援的树栖动物，以水果为食，因为其颊齿珐琅质过薄，无法咀嚼根茎或草类等比较坚硬的食物。不过，当时的环境正在向树林加广阔草原的混合状态发展，所以森林古猿可能还会成群结队在草原上奔走。

名称：西瓦古猿（*Sivapithecus*）

年代：中新世中期到晚中新世

地点：东南欧、亚洲和非洲（肯尼亚）

大小：高1.5米

西瓦古猿脸似猩猩，脚似黑猩猩，腕部能够旋转，处于树栖和陆栖两种生活方式的过渡阶段。

这幅复原图中的尾巴是猜测的，而较小的腊玛猿（可能是两性之一）的复原图则更准确。

其生活习性方面的证据来自牙列。其犬齿较大，臼齿覆

有厚厚的一层珐琅质。这样的牙齿特别适合食用大草原上的种子和根茎，而不适合森林里的叶子和果实。

显而易见，西瓦古猿比森林古猿更能应付较干燥坚硬的食物。事实上，人们知道约1500万年前的气候正在发生变化，森林缩减，草原扩张，演化偏向于适应新环境的动物也无可厚非。

由于重要的发现来自印度，西瓦古猿便以印度诸神中的万兽之主神“西瓦”命名。

名称：巨猿（*Gigantopithecus*）

年代：晚中新世到中更新世

地点：亚洲（中国、巴基斯坦和印度）

大小：高3米

这种大型动物是已灭绝猿类中名副其实的金刚，重约300千克。巨猿是西瓦古猿的近亲，其化石主要是残缺的颌和牙齿，牙齿的宽度是现代大猩猩的两倍。20世纪30年代，一位古生物学家在香港的一家药店看到四颗单独的臼齿，巨猿便从此进入科学家的视线。一些完整的下颌则发现于20世纪50年代。

巨猿为地表猿类，外貌可能与大猩猩相似，颌较短，门齿和犬齿相对较小。它可能以根茎、块茎和种子为食，有时还吃小型脊椎动物。

可以肯定的是，巨猿一直存活到约100万年前的更新世，甚至更晚。事实上，有些人还认为巨猿至今也没有灭绝，只不过仍然生存在喜马拉雅山脉的山麓小丘和山口，并时不时被人当作雪人。

名称：腊玛古猿（*Ramapithecus*）

年代：中新世中期到晚期

地点：亚洲（巴基斯坦）和非洲（肯尼亚）

大小：高1.2米

腊玛古猿以印度骑士之神“腊玛”命名，最初被认为是西瓦古猿的近亲，实际上却是单独的类群。其骨骼化石的最主要特征是它们的身材比西瓦古猿略小，如今已被看作是两个性别之一，也即西瓦古猿或其他相似类群的雌性。

尽管它具有与现代猿类相似的肘部，其臂骨却十分原始，表明双臂悬荡并非人们所认为的基本特征。它的脸和头骨与猩猩有些相似，说明了二者之间的演化关系。如果这一推测无误，那么这一类群就可能校正整个猿类演化历史。

最早的人猿总科化石证据来自晚中新世欧亚大陆巴基斯坦的西瓦利克山脉沉积层中，时间约在1250万年前。更为古老的底层中没有大型人猿总科动物，所以1250万年是猩猩类群出现并与非洲两足人科和猿类分化时间的最小估计值。这可以用来校正分子钟、猩猩与非洲猿类/人类类群之间的遗传距离。

人类

HUMANS

研究所关注的人类演化或“人化”过程的关键特征包括生理发育和文化演进两个方面。随着人类演化，解剖学差异的重要性越来越比不上生活方式、环境利用和相互关系。生理发育包括：移动方式和姿态的改变，最显著的是直立两足行走，腿长于臂，大拇趾变小；骨盆和产道发育，以容纳脑子更大的幼体；手灵巧度提高，因为拇指变长和“精准抓握”——用拇指和食指小心翼翼地夹住微小物体的能力；以及头部的改良。

与较低级的灵长目相比，人科的颌和牙齿较小，脸更平展，牙齿珐琅质更厚。眉骨和头顶的隆起已经消失，但相对整个身体而言，脑子变大变复杂了。

文化演进包括组群、协同工作、制造工具、生火、雕刻纹饰、绘画和丧葬习俗。

每一次演化都存在于与其他动物的复杂反馈关系中。例如，手从行走功能中解放出来，变成了制造工具的强悍设备，也刺激了手眼协调和大脑的发育。

而工具使用也刺激了养育后代、社会组织和相互交流等的发展。长期的社会类群加强了幼仔看护，供养了成年成员，也更便于获取、分享和累积经验。紧密合作的类群能更好地使用工具，设计和制造能力也会得到提高。

许多重要的文化演进，如语言和社会结构，并不会形成化石，所以古生物学家只能根据留下痕迹的活动加以猜测，如丧葬习俗方面。正因为可供选择的历史记录如此之多，在解读的过程中必须谨慎无比。

偏倚很容易影响过去的真实性。一般来说，仅有坚硬的物体才能留存，所以石制工具被人了解甚多，而用动物和木材制成的工具方面却所知甚少，如皮袋和用纤维编成的袋子，以及襁褓。这种化石的偏倚会导致误解，不仅仅是祖先的饮食习惯方面，还有社会生活方面，如强调了打猎，那么觅食植物的重要性就可能被忽视。

人亚科

SUBFAMILY HOMININAE

人亚科包括了人类、已灭绝的人类祖先和南方古猿。南方古猿这个名字反映了它们的化石发现于非洲南部。自雷蒙德·达特在 20 世纪 20 年代首次发现南方古猿之后，更多来自上新世和早更新世非洲东部、南部沉积物中的化石也被发现。该地区的化石包括已知最早的人类——始祖南猿（约 440 万年前）。

名称：南方古猿阿法种（*Australopithecus afarensis*）

年代：中上新世

地点：非洲（埃塞俄比亚和坦桑尼亚）

大小：高约 1.2 米

南方古猿阿法种是已知最早的人类之一（约 350 万年前）。该人类的部分骨骼来自埃塞俄比亚北部的阿法尔三角，与坦桑尼亚拉多里附近火山灰中较早期的脚印相匹配。1974 年被挖掘出来时，第一具骨骼以披头士的一首歌曲“Lucy（露西）”命名。成年阿法种很小，与如今一个六岁小孩的身高和体重差不多。头骨和脸与黑猩猩相似，眉骨突出，大脑略大（容积为 400 立方厘米）。露西的牙齿前端有缺口，可能是用于抓握造成的。

其臀部窄小，表明它的幼仔头部小于现代婴儿，不过其他方面仍然与人类相似。它的腿也表明露西是完全的两足动物：它直立行走，略驼背，稍微具有大猩猩的前倾步态。

其足迹证实它们的脚基本与现代人类相同，只不过大拇趾根部没有球状物，所以露西以平足行走，脚趾略向内弯曲。

兼备猿类和人类特征的南方古猿阿法种可能是现代人类和南方古猿粗壮种的共同祖先。最近的发现则摘掉了南方古猿阿法种的最早人类称号。1995 年，一个 400 万年前的新物种被命名为南方古猿湖畔种，同样发现于 1995 年的还有 440 万年前的南方古猿始祖种。后者如今已经成为最原始的人类，它所具有的特征将其与后来的人类紧密相连。这两个新物种都发现于东非的图尔卡纳地区。

名称：南方古猿非洲种（*Australopithecus africanus*）	
年代：晚上新世	
地点：非洲（埃塞俄比亚、肯尼亚、南非和坦桑尼亚）	
大小：高 1.3 米	

1924 年，一具南方古猿非洲种幼年标本在南非德兰士瓦被发掘出来。刚被发现时，它并不被承认，因为人类学家曾认为人类起源于多年前英格兰南部皮尔丹发现的化石，而后这块化石被证明是伪造的。

南方古猿非洲种如今已被看作人类，可能源自阿法种，又是南方古猿粗壮种的祖先。

它生活在约 300 万 –250 万年前，就算不是人类的直系祖先，也已经非常相近了。从现代标准来看，它的大脑较小，大小与黑猩猩相同（达 400 立方厘米），脸上的颌仍然沉重而似猿类。犬齿较大，但牙列的其他方面则相当具有人形。

与阿法种一样，非洲种身体也很轻盈，可能重约 30 千克，且能直立行走。比其总体外貌更重要的是生活方式。一些人宣称非洲种从树林迁徙到了广阔的草原上，并已经发展出使用工具和协同打猎技巧，如一群个体共同猎杀一只动物，或驱赶走猎食者。还有些人则认为这一证据模棱两可。骨质“工具”太粗糙，很可能不过是鬣狗吃完剩下的东西。

尽管打猎在人类演化中举足轻重，但植物——包括种子、坚果、水果、树叶、根、茎——仍然是早期人类的主要食物来源。

名称：南方古猿粗壮种（*Australopithecus robustus*）	
年代：晚上新世到早更新世	
地点：非洲（南非和坦桑尼亚）	
大小：高 1.6 米	

南方古猿粗壮种是人类演化的一条支线，人如其名，它就是生活在 250 万 –100 万年前的大型南方古猿。它非常可能源自非洲种，但与同时期其他南方古猿的关系则十分复杂，如南方古猿鲍氏种和南方古猿埃塞俄比亚种。

除了体格相对较大之外（不过也仍然仅有 50 千克），粗壮种与其他物种的区别在于其猿形脸、大嘴巴和较大的大脑（约 500 立方厘米）。

与其近亲一样，粗壮种也已离开森林，开始了平原生活。它们几乎完全以植物为食，化石证明表明它们是被追猎的对象，而非猎食者，因为大多数保存完好的尸体都是被食肉动物杀死的。例如，粗壮种的一块破碎头骨上的牙痕与一颗猎豹牙齿化石完全匹配。

粗壮种的大嘴巴由附着在头顶隆起上的强悍肌肉驱动，这一特征引出了该物种早期多个名字之一：“胡桃夹子”。

人类

HUMANS

人属

GENUS HOMO

来自非洲的化石证据表明，解剖结构上的人类归入人属，出现在200多万年前，祖先要么是阿法种，要么就是非洲种。这些最早期人类的特点是石器制造，同时代能够制造工具的非洲人属物种至少有三个，即卢多尔夫人、匠人和能人，可能还有直立人。现代人类出现在50万年前，海德堡人先后衍生出了尼安德特人和4万年前的智人。

现存所有不同品种的人类DNA分析表明，我们整体上是相同的，且都来自同一个祖先，很可能就是非洲海德堡人。

名称：能人（*Homo hobilis*）

年代：早更新世

地点：非洲（埃塞俄比亚、肯尼亚、坦桑尼亚，可能还有南非），可能还有东南亚

大小：高1.2米到1.5米

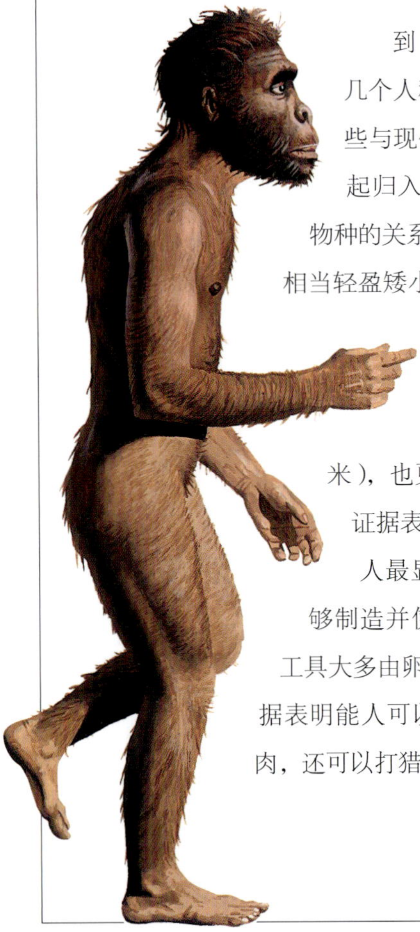

到了约200万-150万年前，几个人科物种共同生活在东非。有些与现代人类亲缘关系特别近，一起归入人属。能人与其他人属物种的关系尚不明朗。能人仍然相当轻盈矮小，嘴巴和眉骨都比其前辈小，头部和大脑却比较大（可达800立方厘米），也更加复杂。甚至有大脑结构证据表明能人可以讲话。不过，能人最显著的特征在于它是首批能够制造并使用工具的人类之一。这些工具大多由卵石和粗糙刀刃构成。还有证据表明能人可以搭建简单的住所，食用腐肉，还可以打猎。

名称：直立人（*Homo erectus*）

年代：早更新世到中更新世

大多：非洲（坦桑尼亚、南非和阿尔及利亚）、欧洲（德国、西班牙、法国、希腊和匈牙利）和亚洲（印度尼西亚和中国）

大小：高约1.6米

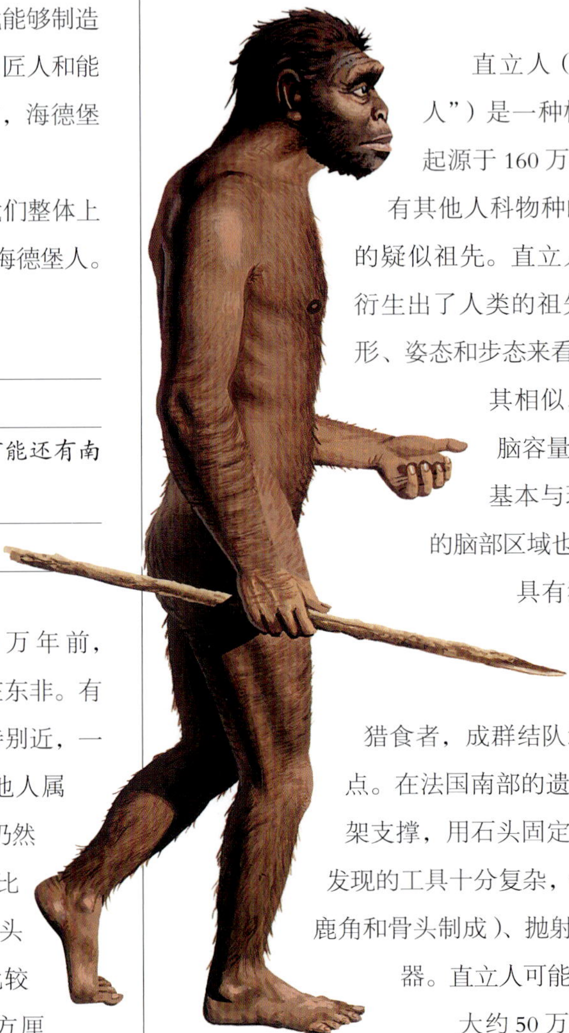

直立人（意为“直立行走的猿人”）是一种极为成功的生物。它们起源于160万年前或更早，见证了所有其他人科物种的灭绝，其中包括了它的疑似祖先。直立人存活到约20万年前，衍生出了人类的祖先海德堡人。从躯干外形、姿态和步态来看，直立人与现代人类极其相似，只不过略矮。它的大脑容量为950-1200立方厘米，基本与现代持平，与说话相关的脑部区域也高度发达。不过，它仍具有猿形大眉骨和外凸的嘴巴。直立人显然是四处走动的采集者和猎食者，成群结队地行动，也会搭建聚居点。在法国南部的遗址，灌木墙壁由木杆框架支撑，用石头固定，搭建成小屋。该遗址发现的工具十分复杂，包括矛（由木头、石头、鹿角和骨头制成）、抛射器、石叶、刮削和砍砸器。直立人可能还用火烹饪和防御。

大约50万年前，直立人离开出生地非洲，遍布旧大陆的热带、亚热带和温带地区。化石发现地如此之多，也产生了许多令人费解的俗名和学名，如爪哇人和北京人、猿人、中国猿人和古人。所有这些都被归为同一个物种。

名称：尼安德特人（*Homo sapiens*）

年代：晚更新世

地点：欧洲（地中海地区）和亚洲（以色列）

大小：高1.7米

尼安德特人——“来自尼安德河谷的智人”——以1856年骨骼被发现的德国遗址命名，而科学家们承认其重要性则是20年后的事了。即便如此，人们也只是把尼安德特人看作“类人”，即智力低下的原始人类。如今人们知道它们身体强壮，智力非凡，比现代人类身高和体重都高出30%，雄性的体重可达90千克。

许多化石被发现于直布罗陀和非洲西部、近东，向东直到亚洲中部。尼安德特人起源于约25万年前，在更新世冰川世纪的温暖期特别繁盛，但在约3万年前灭绝。不久之前，人们认为尼安德特人与后来较为高级的北部非洲移民杂交，而更具可能性的说法，则是它们代表了最近才灭绝的人类旁系。从尼安德特人化石中提取的DNA标本显示，现代人类并没有继承任何尼安德特人的遗传特征。显然，尼安德特人和被人类所取代的克罗马努人并未杂交，而是在某些地方共同生活了约1万年。该DNA数据还表明尼安德特人与现代人类在约50万年前从同一祖先（海德堡人）分化而来。

从比利牛斯山北部的尼安德特人来看，它们似乎获得了克罗马努人的某些“高级”行为特征，而较南方的西班牙尼安德特人却没有。它们都在3.4万–3万年间灭绝，原因尚不清楚。

它们的躯干较短，身体强壮，手掌和关节较大，头部宽阔，鼻子扁平或呈球状，眉毛浓厚。大脑容量通常超过1400立方厘米，比现代人类的脑容量还大。

尼安德特人比人们之前所想象的更为复杂，工具技术高度发达。它们还开始了所谓的宗教文化，如埋葬死者，以虔诚的心对待洞熊（见第361页）。

名称：智人克罗马努人（*Homo sapiens "Cro-Magnon"*）

年代：晚更新世至近代

地点：全球各地

大小：高1.5–1.8米

现代智人亚种在约3.5万年前广泛分布于全球各地。法国中部发现的手工制品和洞穴壁画可追溯到约3万年前，证明了它们文化的复杂程度。这些克罗马努人化石显示它们有着严密的部落体系，能够制造工具、收集植物、打猎、捕鱼和搭建居所，甚至还能制造使它们度过更新世冰川世纪最后一段时日的衣物。约1万年前，世界各地的人类独立演化出了农耕生活方式。猪和羊等动物被驯化，植物被种植，久坐习性形成，人口也不断增长。改造自然环境的能力使智人获得了如今的主宰地位。

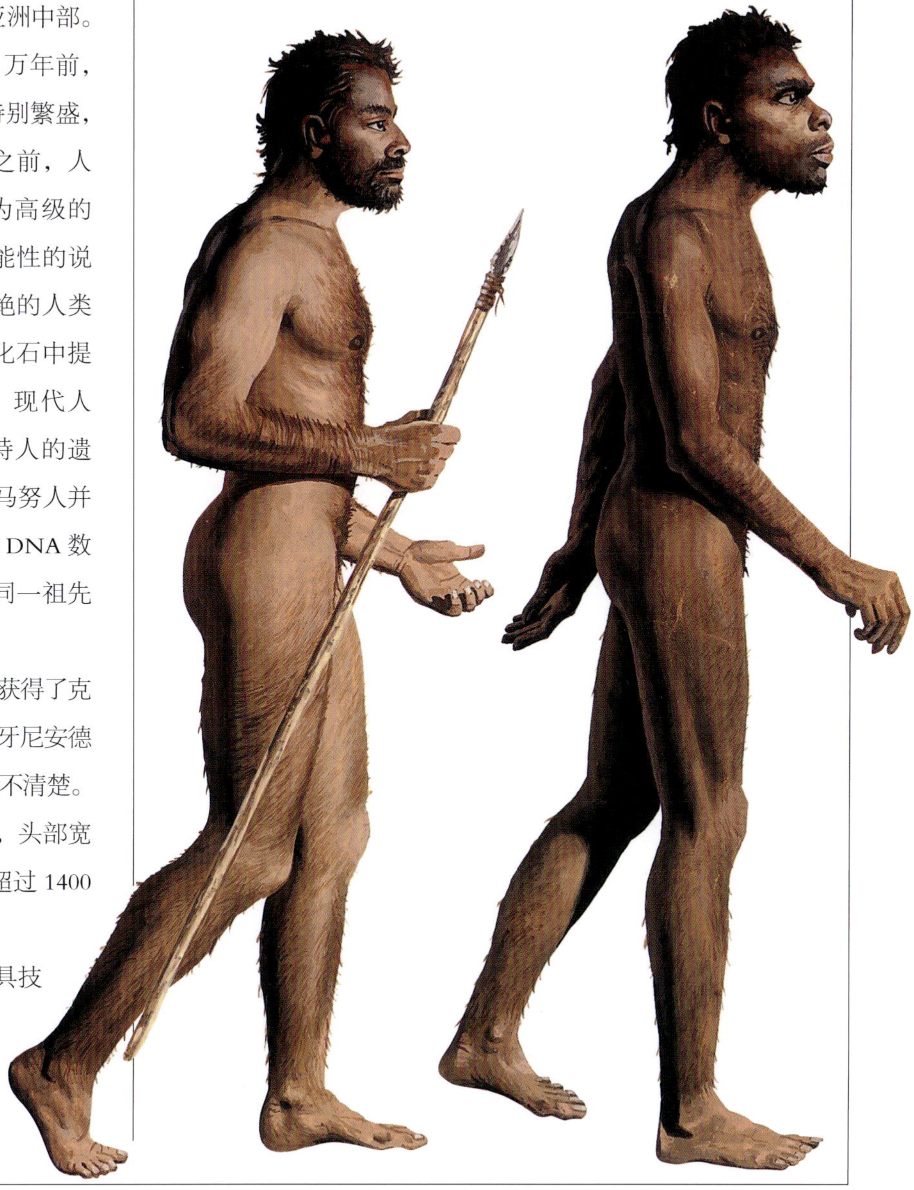

地球事实档案

地球的历史就在我们周围，记录在脚下的岩石里。初看之下，对这些证据的解读并不简单，然而过去200多年的发展，使得科学家们能更多地了解形成地貌并哺育了生命的动力。这一章将探索地球科学的历史，也将研究从岩石形成到大陆移动乃至塑造了整个地球历史的动力本质。

地球历史：地质年代表

拼凑地球历史的科学家们起初并无任何地质上的“日历”或“时钟”。他们的工作就像用一堆乱七八糟没有姓名的照片组建一个家谱，相貌的相似度、发型和姿态都能用来判断相互关系以及长幼，但这些有限的线索也会误导他们。地球遥远的过去之被发现及其广义年表的确立仅仅是近 200 年的事。时至今日，多亏了放射性元素测年法，我们可以精确地推算出岩石形成的年代，可以比较确定说地球有 46 亿年的历史。

英国自然学家查尔斯·达尔文（1809–1882）的进化论因其不完美和缺少时间尺度并没有在化石记录方面受到重视。他推算第三纪有 3 亿年，是夸大了，其实第三纪只持续了 6500 万年。

一个有 6000 年历史的地球

在 17–18 世纪，为了计算地球历史，人们使用了当时唯一的年代测定技术——历史文献和日历系统以及天文测量。即便是最伟大的自然哲学家、数学家艾萨克·牛顿都认为人类的发展史与地球历史一样长。1650 年，爱尔兰天主教阿马宗教区的詹姆斯·乌雪根据圣经年表，推算出地球起源的日期是公元前 4004 年。这个结果大概 200 年后就被推翻了。

通过地层推算时间

早期关于建立地质年表的研究大多集中在沉积岩上，即矿物质通过水力或风力运动被搬运到沉积地点，并通过沉积或沉淀作用形成的岩石。早在 1669 年，丹麦自然哲学家、物理学家尼古劳斯·斯泰诺明确就提出了“叠覆律”。这条定律指出，在沉积地层的顺序中，最底层最早形成，越靠上面的地层形成得越晚。通过 1780 年到 1830 年对叠覆地层的早期研究，地质学家逐渐认识到地球发展过程极其缓慢，比如风化、剥蚀和沉积搬移。如此厚重的地质层沉积必定需要较长时间，要比基督教神学家所说的 6000 年长得多。

地层学原理

地层学是一个解读地球不断变化的地貌和海景的学科。研究连续的岩层便可知晓过去的环境及生命。这些地层记录了地表和海洋的沉积与侵蚀，人们用了 200 年时间来排序、细分、匹配并解读它们。地球近 6 亿年的历史我们已经知道了，但是地球的前 40 亿年的历史仍然不确定。

地层学的问题

地层也不总是按照时间次序出现，很多因素会导致早期形成的地层出现在较晚期的上面。板块运动和造山运动会完全颠倒岩层形成顺序。

另外，火山岩也可能侵入沉积岩和其他岩石。这个时候，火山岩会在两者间形成比较新的岩层。这是互切关系的一个例子。

地层的互切关系

一种特定的互切关系被称为角度不整合。不整合面的出现说明某一区域在某一时间段内没有形成沉积物。褶皱、断层和侵蚀取代或破坏了非沉积区的表面。当沉积岩重新形成时，会将原来的表层横切，形成角度不整合，这一过程要经历数百万年，因此不整合代表了地层记录的主要时间间断。苏格兰贝里克郡的 Siccar Point 是角度不整合最著名的例子，称为赫顿的不整合。在这里，微微倾斜的红色砂岩被垂直倾斜的灰色砂岩覆盖。

化石记录

在 18 世纪末，化石被人们认为是过去（通常为已灭绝的）生物的残留物。19 世纪初，英格兰的威廉·史密斯、法国的乔治·居维叶和亚历山大·布隆尼亚尔发现顺序沉积物中的化石是某个时期特有的。

从左到右依次是乔治·居维叶，罗德里克·默奇森，亚当·塞奇威克，19 世纪早期“生物地层学”的先驱，生物地层学是一种利用化石确定连续岩层的方法。

化石与地层学

化石和某一特定地质年代关系的发现，为利用化石建立岩石沉积物的相对时间顺序提供了可能。此外，不同地区沉积层里的化石可以用于匹配和对比不同地区的岩石。如果地层中的不同序列可以相匹配，那么一段地层历史就出现了。

第一个生物地层学

19 世纪初，威廉·史密斯在英格兰中南部致力于开凿运河。开凿运河的经济性要求对地下岩石的性质进行精确判断。根据自己的实践经验，史密斯发现可以通过研究化石辨认特定的地层。通过测量地层的倾斜度，他还可以预测该序列中的下一个地层是什么。他截取垂直面，辨认出表面的岩石，记录它们的地理分布，通过这些方式，他得以描绘出大片区域的三维地层。

第一幅地质图

史密斯将他的地质图扩大到英格兰南部，那里大多次生地层（现在被称为中生代）都是微微倾斜的。就像巴黎盆地比较晚形成的第三纪地层（1811 年由乔治·居维叶和亚历山大·布隆尼绘制），它们的褶皱和断层结构相对比较简单。

地层柱

1815 年，史密斯出版了一幅英格兰和威尔士地质地图，可谓世界上最早的大比例地图之一。他还制作了地层柱，从顶部形成的洪积层（现在以全新世和更新世为人们所知），到底部最古老且未分化的威尔士的杂砂岩地层。在当时，这些较早形成岩层的复杂情况几乎没人知晓，到了 19 世纪 20 年代，罗德里克·默奇森和亚当·塞奇威克提出了对其的解释。默奇森写道，他们之所以能这么做，就在于应用了史密斯法则，即通过化石确定连续的地层。

估算地球的年龄

19 世纪中期，人们试图利用沉积和侵蚀速率计算地球的年龄。英国地质学家查尔斯·莱尔估算地球有 1 亿年的历史。查尔斯·达尔文运用相似的方法推算出自白垩纪以后的地球年龄为 3 亿年，这显然太过夸大了。

突破性的放射性定年法

到了 19 世纪 90 年代，地质历史上的主要分类都已经被命名并得到国际认可，如寒武纪和石炭纪，但仍然缺乏可以精确计算地球年龄的方法。20 世纪初，化学元素的放射性衰变被公认为地球矿物质自然而持续的过程。放射性衰变可以用于计算岩石和矿物的绝对年龄，因此也可以计算地球的精确年龄。

地质年代表

到了 1850 年，人们对地球表面岩石已经所知甚多，如岩层整体厚度能达到数千米。很多岩石层中都可以发现化石的踪迹，就连最深最古老的岩石层也不例外。很明显，地球的年龄要比之前人们想的古老得多。为了了解地球上岩石复杂的历史以及其中的化石，有必要将岩石的记录分为几个阶段便于识别。到了 19 世纪末，“深时”的基本划分就已在全世界范围内确立了。

三大时期

在 19 世纪，有史前生物的地质时期被分为三个正式时期：古生代，（源于希腊语，palaios，古老的意思）；中生代；新生代。到了 1860 年，牛津大学的地质学教授约翰·菲利普斯宣称每个时期都有其独特的植物和生物（生物区）。

正式时间

地质年代表是根据化石的变化而划分的，时代之间的界限是大规模生物灭绝事件。在 19 世纪早期，整个地质时间被划分为从寒武纪到第四纪的 16 个时期。最古老的寒武纪含化石岩层之下还有一个更古老的时期，由于人们认为那时地球上没有生命，所以称之为无生代（Azoic，在拉丁语中意为“没有生命”）

前寒武纪之谜

19 世纪末，有化石证据表明原始生命可能在寒武纪之前就已经出现。20 世纪初，放射性定年法被发现并得到利用，其结果显示前寒武纪时期比之前预想的长得多。但由于缺乏共同的化石，细分并找出前寒武纪岩层顺序之间的关系似乎是不可能的。

前寒武纪时代

在过去的几十年里，人们对长达 40 亿年的前寒武纪历史的理解有了巨大的改变。现在前寒武纪时代被分为三个时期：冥古宙（46–38 亿年前）；太古宙（38–25 亿年前）；元古宙（25–5.45 亿年前）。这一时期的地球表面几乎没有岩石，因此其早期构造几乎不为人知。

最早的化石

太古宙具有已知最早的沉积岩和最早的化石，即有机物在 37 亿年前的格陵兰岛留下的化学踪迹。到了 30 亿年前，叠层岩的生物（蓝藻）大量存在于浅海区域。

元古宙

元古宙最晚的时期（新元古代 10–5.45 亿年前）分为 3 个时期：拉伸纪（10 亿 –7.2 亿年前）、成冰纪（7.2 亿 –6.35 亿年前）和埃迪卡拉纪（6.35 亿 –5.45 亿年前）。拉伸纪见证了真核生物的产生、大气中氧气的形成，也许还有多细胞生物的产生；成冰纪开始的标志是冰期的到来，很多地方出现了冰川。接下来的埃迪卡拉纪见证了多细胞生物的多样化，大量海洋生物、软体生物生命形式的繁殖。这些生命形式的灭绝、有壳海洋生物的出现标志着寒武纪时代和显生宙时代的开始。

古生代

古生代分为 6 个纪，从寒武纪到二叠纪，时间跨度 3 亿年 (5.45–2.48 亿年前)。最初，古生代特殊的生命形式大多只限于海里。在古生代早期，海洋中的无脊椎动物起初是非常小的，但到了寒武纪中期，一些捕食性节肢动物长到了 0.9 米左右。渐渐的，海洋“军备竞赛”开始发展。到了志留纪，捕食动物有了牙齿，这些生命

四个大时代之间的界限以化石中生命形式的巨大改变为标志，也意味着每个时代结束时都发生了大规模的生物灭绝事件。

宙	代	纪	世	距今时间（百万年）	生命形式
显生宙	新生代	第四纪	全新世	1万年前	人类繁衍壮大
			更新世	1.8	最早的人类出现
		第三纪	上新世	5	最早的原始人属出现
			中新世	24	猿和鲸出现 食植的哺乳动物出现
			渐新世	34	
			始新世	55	草原出现 马的骆驼的祖先出现
			古新世	65	第一种大型哺乳动物（恐龙灭绝）
	中生代	白垩纪	晚白垩世		
			早白垩世	142	第一种有花植物 有胚胎类哺乳动物
		侏罗纪		206	第一种鸟类、哺乳动物和恐龙的崛起
		三叠纪		248	第一种能飞的爬行动物和恐龙
	古生代	二叠纪		290	第一种有哺乳动物特征的四足动物
		石炭纪	宾夕法尼亚亚纪	323	第一种爬行动物
			密西西比亚纪	354	有翅膀的昆虫 森林出现
		泥盆纪		417	最早的四足动物 最早的树蕨类植物
		志留纪		443	第一种陆生植物和昆虫
		奥陶纪		495	第一种珊瑚 第一种淡水生物
		寒武纪		545	第一条鱼：早期带壳生物
前寒武纪	元古宙			2500	最早的藻类和水母（软体动物）
	太古宙			3800	最早的多细胞生物 最早的生命形式：藻类和细菌
	冥古宙			4600	

被迫用甲壳保护自己或逃到地层中。

古生代生物

古生代特有的生物有古老的节肢动物，比如三叶虫和板足鲎类生物。还有类似植物的笔石，还有无数直头足类动物和螺旋锥头足类动物，实际上算是群体生物。还有一些人们熟悉的节肢动物的典型代表，如蜗牛、蛤蚌、海胆、海星和虾形节肢动物。

最早的脊椎动物

4.6 亿年前，最早的脊椎动物出现，这些都是形状诡异的无颌鱼形动物（其现代同类为七鳃鳗和盲鳗）。到了志留纪，最早的有颌鱼类出现，加剧了水生世界的“军备竞赛”。

走向陆地的动物

志留纪还预示着生命历史上的重大变革之一——走向陆地，最早的便是仅数英寸高的微小植物。总体看来，生命用了 34 亿年的时间才征服了陆地。在生命首次登上陆地之后的 1 亿年时间里，大量树蕨和石松森林为各种各样的动物提供了栖息地。

最早的煤炭沉积物

早期四足脊椎动物（四足动物）包括两栖动物、爬行动物和哺乳动物的祖先。它们以数量繁多的无脊椎动物为食，如早期的千足虫、蟑螂、蝎子等节肢动物，以及最早的飞行动物蜻蜓。它们埋藏在沼泽和湿地中的化石都变成了石炭纪最早的煤炭沉积物（Carbo 是拉丁语“煤炭”的意思）。

古生代大灭绝

古生代曾发生过多次灭绝事件，而 2.48 亿年前的二叠纪—三叠纪灭绝事件标志了该时代的终结，也是历史上最大的一次灭绝事件。据估计，将近 70% 的海栖物种都被消灭得一干二净，原因可能是海平面下降，大陆架显现，破坏了浅水海栖环境。

中生代

中生代始于三叠纪，终于白垩纪，持续了约 1.83 亿年（2.48 亿 -6500 万年前）。经历了二叠纪—三叠纪灭绝事件之后，各种生命很久后才恢复了其多样性。海洋王国损失尤其惨重，但新生的软体动物和节肢动物取代了已灭绝的品种。双壳类取代了腕足类动物，新型珊瑚出现。海生爬行动物，如鱼龙和蛇颈龙，都成为海洋中的猎食者，以丰富的鱼类和头足类动物为食。后者演化出了新品种，即菊石类和箭石类。在陆地上，苏铁、银杏和蕨类成为主要植物，也是食物链的最底端。

巨大的猎物和捕食者

中生代的森林为有史以来最大的陆生食植动物提供了食物——有巨大的蜥脚类恐龙和其他爬行类食植动物。而这些食植动物又成了爬行类食肉动物的食物，尤其是兽脚类的肉食恐龙。从三叠世的腔骨龙（1.5 米长），到白垩纪晚期以体形庞大而著称的暴龙（长 15 米）。

中生代的创新

从三叠纪起，空中就出现了会飞的爬行动物，然后又出现了一群有羽毛的恐龙。已灭绝的翼龙是飞行能力最强的飞行类爬行动物，但之后适应性更强的鸟类取代了它们的位置。侏罗纪晚期及之后的鸟类极大地改变了地球的自然界生命。三叠纪晚期鼩鼱形小型恒温哺乳动物和侏罗纪末期开花植物（被子植物）的出现都是很重要的发展。爬行动物不占统治地位后，鸟类、哺乳动物和被子植物即将出人头地。

灭绝

中生代的结束是以另一个灭绝事件为标志的，这就是著名的陨石撞击地球导致恐龙灭绝。撞击地点是墨西哥的尤卡塔半岛，陨石直径达 10 千米，提高了大灭绝事件的级别，但其重要性仍颇有争议。

气候变化

与此同时，火山爆发导致德干区玄武岩的熔岩大量流出，造成旷日持久的急剧气候变化。当然，在白垩纪末期，恐龙和大量爬行动物灭绝了。此时的海洋生态系统也受到严重干扰，大量的浮游性微生物和头足类动物也灭绝了。

新生代

新生代包括最近 6500 万年的地质时间，从古新世一直持续到现在。国际上承认的新生代时期主要包括古近纪、新近纪和第四纪，并从古新世到全新世细分为七个时期。

白垩纪的菊石，鱿鱼已灭绝的近亲。

新生代哺乳动物

虽然如今在新生代占很大比例的生物体依然存在，回头看看五千万年前的新生代陆地，会发现很多陌生的哺乳动物有些与狗或熊相似，有些则与猪或河马相似。其中有些哺乳动物进入海洋，成为现在的鲸鱼、海豹和海豚的祖先。在澳大利亚和南美洲孤立的大陆上，哺乳动物多是类似犬类和猫类有袋类动物，它们与更高级的现代胎盘类哺乳动物平行演化。

常见的地貌

可识别的开花植物，从药草到树木，都生长于新生代。鸣鸟出现，马和鹿在大草原上吃草。 这些食植动物又成为食肉动物的食物，如大型猫科动物、野狗、土狼以及新出现的原始人类。在冰期，受新生代末期气候变化影响，适应低温的物种出现，如猛犸象和犀牛。而到了上个冰川世纪末期，物种灭绝的起因主要是气候变化和人类捕杀。

时间计算方法：创新与发现

整个 19 世纪都没有推断地质年代的方法，因此对于地球的年龄还只是推测。20 世纪初放射性“定年法”的发现，使我们对地球久远的历史有了革命性的理解，证实了地史学家们声称几十年的理论——地球的历史要追溯到数亿年前。然而，新的精确定年法又给地质学家们提出了新的问题，即通过新技术得到的日期必须跟 19 世纪建立的、被人们广泛接受的地质时期分类相吻合。

爱尔兰物理学家凯尔文勋爵（1824—1907）通过物理化学原理计算地球年龄。

英国物理学家欧内斯特·卢瑟福（1871—1937）发现了原子核，并利用放射性衰变推断岩石的年代。

化石年代表

19 世纪初，地层序列与有典型化石顺序的关系一确立，地质学家们很快发现地层中化石的整体变化是很大的。古生代、中生代和新生代这三大地质时期可以通过独特的化石群区分开来。有些化石的分布局限性较大，可以用来对时间进行细分。

分带化石

19 世纪中期，阿尔伯特·奥佩尔表示，菊石动物的复杂顺序变化可以用于判定全欧洲侏罗纪序列的细分（生物带）。奥佩尔的研究方式也由其他古生物学家传承下来。查尔斯·拉普华资发现笔石同样可以用于细分古生代的海洋地层。一些菊石和笔石生物带仅有 100–200 万年，在长得不可想象的地质年代中犹如白驹过隙。

今天的分区

生物带定年法还依然被广泛应用着，比如用于细分现代海相地层和近代陆生沉积物。从深海沉积物岩心找到的有孔虫微体化石，是细分、匹配海相地层最有效的方法。在陆地上，花粉和昆虫化石，如甲虫鞘翅，都被用来推算上次冰川世纪沉积物的年代。

凯尔文的理论

爱尔兰伟大的物理学家凯尔文勋爵是最先使用物理化学理论推断地球年代的科学家之一，1897 年，他计算出地球的年龄在 2000–4000 万年之间。他认为地球原本是熔融状态，然后冷却了下来。这样的估计远远达不到地质学家的期望值，但碍于凯尔文的威望，人们仍然广泛引用。但他的计算没有考虑到地幔对流和放射性的作用，且这两者在当时都不被人们所知。

放射性衰变

20 世纪初，英格兰的欧内斯特·卢瑟福和亚瑟·福尔摩斯跟美国的伯特兰·波特伍德意识到，放射性衰变可以用于推定矿物和岩石的年龄。1905 年，卢瑟福利用铀元素的放射性衰变推算出一矿物的年龄为 5 亿年。这种定年法的根据为放射性衰变是随机的，不受表面温度或气压变化等物理或化学过程的影响。

放射性定年法

放射性定年法是以某种放射性物质衰变所需的时间为基础的。具有相同化学性质而质量不同的原子被称之为同一元素的同位素。大多数元素是同位素的混合体。放射性定年法测量某种矿物质内化学同位素的比例。每种同位素都以已知的速度衰变，使推断岩层年代成为可能。

放射性定年法几乎可以准确地将每一块岩石的确切形成时间写入地球历史中。

放射性定年法和地层学

放射性定年法最初只可以应用于火成岩，即熔融物（岩浆）流出的矿物质冷却结晶形成的岩石。在此之前，沉积岩不适合用放射性定年法来确定年龄，因为特砂岩等沉积岩内特定颗粒的年龄，就是该矿物质在最初的火成岩结构中的年龄，而非它进入沉积物中的时间。问题在于用沉积岩的构成来将火成岩的年龄与地层记录联系起来。

放射性定年法的问题

推断沉积物中锆石（一种矿物质）颗粒的年代就关系到放射性定年法所存在的问题。锆石是一种稳定的矿物，在进入沉积物之前，可能要经历几百万年的数次腐蚀。但是一种新的放射性测量方法可以推断出锆石颗粒沉积之后生成的微小晶体的年代，如此一来，即便是沉积岩并无化石（如前寒武纪砂岩），也能推断出其年代。

放射性定年法的精度

放射性定年法对于喷出的火山熔岩最为适用。这些熔岩常常与沉积物形成夹层。熔岩形成的时间跟熔岩上下的沉积物形成时间紧密相关，使得放射性定年法跟地层年代表时间精确吻合。

最古老的矿物

通过放射性定年法测定，世界上最古老的矿物是发现于加拿大西北部斯拉韦省太古宙花岗岩的锆石，年龄约为39.62±0.03亿年。

放射性碳测定年法

生物体内碳同位素的衰变可以用于推断有机物质的年龄，如木炭、壳和骨头。但不幸的是，放射性碳同位素C-14的衰变速度相对比较快（其半衰期是5730年），所以这种方法只对考古材料或“亚化石”材料有用。

磁性地层学

很多岩石，尤其是熔岩以及一些富含铁的沉积物里含有磁性矿物。这些磁性矿物质会与地球磁场呈一方向，且磁场方向会在岩石形成时固定下来。在火成岩中，当熔岩的温度下降到6000摄氏度左右，矿物质的磁场方向便会固定下来。

磁反向的年代表

地球的磁场会发生周期性逆转，因此就产生了有“正常”极性（其北极跟如今地球的北极一致）的岩石序列和磁极“反向”的岩石。磁反向基本每50万年发生一次，会随着时间的推移产生特定模式。岩石标本中的特定反向模式就像条形码一样，可以与地球年表上的磁反向相匹配，以推断出相对年代，而磁反向的年代是通过放射性定年法来确定的。

沉积物的磁极

沉积物形成后，其颗粒中磁化铁的微小粒子形成跟地球磁场方向一致的排列。随着沉积物凝固进岩石中，这种序列就保存了下来。沉积物磁极的确定在推断特定环境的年代方面尤为重要。它已帮助人们估算出巴基斯坦北部西瓦里克中新世陆地沉积岩的年龄。那里发现了诸多哺乳动物化石，其中包括人科，但该沉积物的年代仍不确定。已确认的13次古地磁逆转将该处的年龄定在650-860万年前之间。

裂变轨迹定年法

一些新的年代测定方法可以用于特殊情况。裂变轨迹定年法以放射性同位素铀-238的自发裂变（分裂）为基础，这种裂变会在锆石等矿物质的铀原子附近造成数微米长的破坏痕迹。破坏痕迹的量会随时间的推移而逐渐增加，其速度是由矿物中的含铀量决定的。矿物质的年龄可以通过测算其裂变密度和含铀量计算出来。裂变轨迹定年法可被用于确定放射日期，在推断位于东非含人科化石岩石夹层中的火山灰年龄上具有重要作用。

原子钟

电子自旋共振法和热释光测年法是两种具有革命性的年代测定法，两者都测量被矿物原子结构中的缺陷所捕获的电子数量。实践证明，这两种方法尤其适用于测量不同种类的无机材料，特别是人类学方面，如发现于古老壁炉中的燧火石。

氨基酸外消旋定年法

某些有机（碳基）化学物以左、右旋的方式存在，也就是镜像形式。氨基酸外消旋定年法新型而复杂，是根据自然呈现在生物体内的左旋氨基酸缓慢地转化到右旋氨基酸测定的。该过程对环境非常敏感，尤其是温度。这种方法对于测量一些考古材料尤其有用，比如贝壳和骨头，因为这两种不适合用放射性碳测定年代法测量。氨基酸外消旋定年法仅适用于测量几千万年前的物质。

碰运气定年法

用火山灰推断年代十分有用，却因火山灰瞬时间覆盖面积过大而不容易实现。小行星和陨石撞击事件可以在很短的地质时间内大范围散播玻璃陨石（撞击所产生的热量将岩石融化，形成玻璃状碎片）。

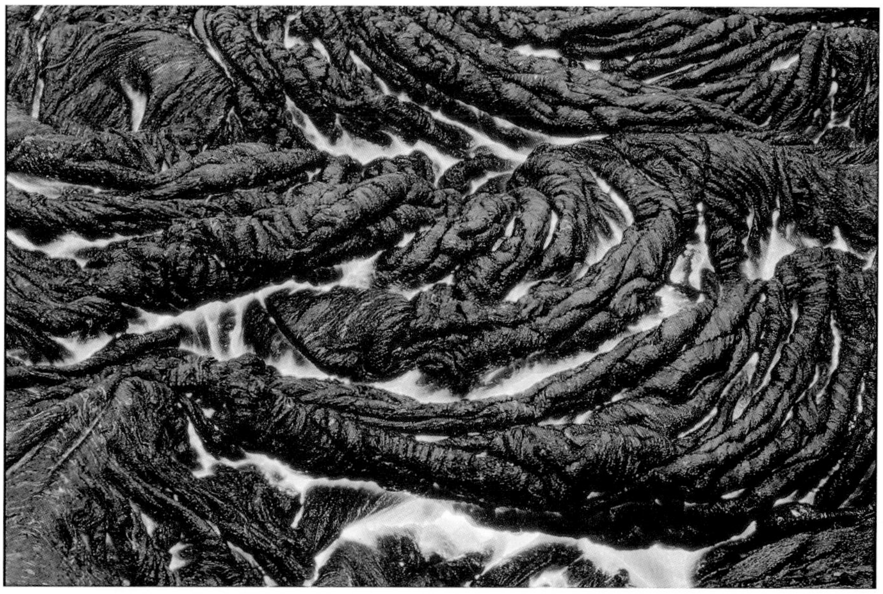

熔岩——火山喷发的产物，是一种非常有用的地质年代测量工具。它是火成岩，可以用放射性同位素测定年代，为相邻的地层提供前后关联的时间尺度。

地质学中的争议

在众多科学研究中，地质学的争议性可谓名副其实。数据的解读、信息的质量以及某些设想是否有充分的证据等都是争论的焦点。地质材料的取样通常比较困难，且标本尺寸可能极小极小。比如在解读化石时，整个种类的描述都是以一个标本为依据的。

亚伯拉罕·戈特洛布·维尔纳（1749–1817）。他强调地质学中实地考察与实验观察的重要性。

地质推断

许多地质特征和地质形成过程是不能直接观测的，发生在地球内部的过程尤其如此。人们只能通过解读特定的探索及分析方式得到的数据来推断，如重力或地震测量等地球物理测量方法。

时间因素

对于大多科学研究而言，通过实验验证理论是不可或缺的工具。然而，大多数的重大地质过程，如造山运动和岩石褶皱的形成，需要几百万年的时间，在实验室里用同样的材料重现这些过程太不现实。人们目前面对的地质学挑战包括对地震和火山爆发的精确预测。由于这些过程复杂而受多种因素影响，传统科学方法根本无法重现，这就需要复杂的数学建模。

观察岩石

在18世纪，大多数地质理论都建立在对以前的理论的争论上，而这些理论又缺乏对信息质量的严格评估。渐渐的，人们发现实地考察岩石对于理解地球的地质很有必要。吉欧瓦尼·阿都伊诺（1713–1795）是18世纪意大利帕多瓦研究矿物学的教授，也是最早将岩石和地层的直接观察与理论相联系的先驱之一。他把在意大利北部找到的岩石分为四类：原始类，第二类，第三类，火山岩类。

维尔纳理论

阿都伊诺的发现被其他地球理论所吸收，比如德国矿物学家亚伯拉罕·戈特洛布·维尔纳声称，最古老的（原始类）岩石是由环绕地球的全球性海洋沉积而成的。维尔纳是位事业有成的教师，吸引了来自欧洲各个地方的学生，但是他非常教条，尤其是年纪大一些后，他变得不能再接受新信息和新想法。

岩石水成理论

维尔纳学派的理论就是岩石水成理论，因为他相信原始海洋的存在。他认为，包括花岗岩等岩石在内的“原始”沉积物并不含有化石或沉积物质（碎屑状物质）。由于岩石的形成，液体平面变低，陆地形成，生物出现。该时期形成于液体中的岩石被称为过度岩，其中包括灰岩和板岩。形成最晚、年龄最小的“平行岩”主要由沉积物组成，比如泥岩和砂岩。

岩石火成学派

其他研究人员越来越倾向于支持另一种理论，称为岩石火成学派。该学派将地表下冷却凝固的岩浆看作岩石的主要成因。他们支持法国地质学家尼古拉斯·德马雷，因为他在18世纪法国中部的奥弗涅火山区进行了详细研究。通过实地观察，德马雷表示玄武岩是火山爆发形成的火成岩。

地质循环

通常来说，18世纪关于自然和地球的流行说法都以人类为中心（人类中心论）。根据维尔纳的理论，陆地一直受到侵蚀。

位于法国中部的奥弗涅火山，是法国地质学家尼古拉斯·德马雷的研究对象。德马雷发现玄武岩是火成岩，这一发现驳斥了18世纪盛行的“岩石水成理论”。

并且由于形成岩石的液体已经消失，这些陆地无法得到更新，人类将因此面临陆地消失的问题。这一问题促使苏格兰自然哲学家詹姆斯·赫顿在1785年提出一个新理论，即将地质进程看作一个循环。从陆地上侵蚀下来的物质沉积在海洋中，形成新的沉积底层。当旧的陆地最终消失时，海底堆积的新岩石又会形成新的陆地。

赫顿的均变论

与水成论正好相反，赫顿认为花岗岩形成自熔岩物质，并且比相邻地层较晚。他还认为旧的大陆岩石会被新的岩石覆盖，并再次提升高度。他相信这样的进程十分缓慢且会多次重复，地球因此非常古老。赫顿的理论在19世纪上叶饱受攻击。地层岩石层序的发展表明地球的历史并非像赫顿所说的循环发展，而是呈线性发展。

大陆漂移的问题

20世纪早期，地球科学界一直争论大陆如何沿地球表面移动的问题。直到最近，人们都未曾发现任何物理进程能将陆地大小的沉积物和岩石移动数千千米，不过许多地质学发现则显示这可能发生在遥远的古代。人们在半个世纪里提出了各种理论都无法解释这些观测数据，直到一个理论的应运而生。

18世纪对北爱尔兰巨人岬的研究表明这些岩石与喷发的火山熔岩类似。

詹姆斯·赫顿（1726–1797）被认为是现代地质学的奠基人。他认为地球历史是一个循环过程。

魏格纳的理论

阿尔弗雷德·魏格纳是一位德国气象学家，1915年提出所有大陆在古生代都连在一起，构成名为盘古大陆的超级大陆。他通过一系列地图重现了盘古大陆的崩裂和大陆向现今位置的移动过程。魏格纳提出了充分的论据来论证其理论：北大西洋两侧的海岸形状如此吻合，绝非偶然事件；如今被海洋间隔的不同大陆上发现了相似的化石；过去曾有冰川世纪的证据发现于印度、非洲南部、南美洲和澳大利亚，而在如今位置上是不可能经历冰川世纪的。

魏格纳大辩论

魏格纳的理论受到地球物理学家和地质学家的强烈反对和嘲笑。著名的英国地球物理学家哈罗德·杰弗里指出，海洋玄武岩十分坚固，大陆根本不可能从中移动。然而有些地质学家也已做好接受这一观点的准备。1928年，亚瑟·福尔摩斯提出地幔对流会引发大陆移动，这一观点几乎完全被忽略了。1937年，南非地质学家亚历山大·杜托特发表了一篇翔实的文章，支持大陆漂移理论以及南方大陆积聚形成冈瓦纳超大陆的理论。

古地磁的启示

20世纪50年代早期，人们的观点开始发生改变。通过对不同年代的陆地岩石进行古地磁测量，人们发现磁北随着时间而移动。除此之外，通过对不同大陆的测量，人们描绘出了磁北的不同“行走”路线。这些发现表明大陆一直在自主地移动。海底的异常磁象移动了数百千米，这些观察数据表明大规模移动是有可能发生的。1963年，弗莱德·瓦因和德拉蒙德·马修指出，海底异常磁象是磁反向的重要因素。

板块构造论之被接受

1962年，哈雷·赫斯提出大陆并不是通过海洋移动，而是与海底相互连接，大陆和海底都因热对流进程而绕地幔移动。他假定洋中脊的所在地，正是热地幔在不连续的大致的线性区域形成洋壳的地方。这一假说符合从海底对称磁条获得的观察数据。地震和火山在地球表面的位置和分布通常都位于边界地带，即不同板块的交界处。此时，基于大量证据，板块构造论应运而生，比魏格纳的大陆漂移论晚了50年。

仍然存在的争论

有人认为地球热核通过地幔到洋壳的热对流为板块构造提供了驱动力。然而，有足够的证据表明地幔分为上层、过渡层和下层，热对流的复杂性也远超原先的预期。

岩石

火山、地震和冰山都是地球造岩能力的表现。冷却结晶的熔岩形成的火成岩会通过火山喷到地面，或者在地壳更深处冷却。变质岩在山脉里经高压和高温生成。沉积岩则由长期的风化、侵蚀和沉积作用形成。

在公元 125 年，罗马人在英格兰北部建成长达 120 千米的哈德良长城。该长城位于暗色岩床上，即因第三纪火山活动而被坚硬的玄武岩水平侵入的自然突出物。

火成岩

岩浆在地表（喷出岩）或地壳内（侵入岩）冷却结晶而形成的岩石被称为火成岩。地球的热量会以上升的对流形式从热核通过地幔溢出。这一热流驱动了板块构造，导致地壳基部的熔化，这一过程被称为岩浆活动，其产生的熔融物质叫作岩浆。

由火成岩构成的地球

地球的表面大部分由火成岩构成，即在地球的 46 亿年历史中熔化形成的岩石，尤其是在地球形成早期的 40 亿年里。火成岩构成地球热核和地幔，厚度在 6300 千米以上。

侵入性火成岩

侵入性火成岩形成自地幔深处的岩浆。数千千米的大量花岗岩侵入山系的底部，成堆的玄武岩挤过地壳上仅数英尺宽却又绵延数百千米的裂缝。花岗岩和玄武岩都属于火成岩，但二者的形成方式却大不相同。

花岗岩

花岗岩通常为浅灰色、乳白色或粉红色，由长石、云母和石英等大块矿物质结晶构成。它们在山脉数千米深的根部由熔岩缓慢结晶而成。花岗岩的成分可因吸收和熔化所侵入的岩石而发生改变。

玄武岩

玄武岩层通过火山活动和地壳入侵形成，典型的玄武岩为深灰色或灰绿色，由长石、辉石和黑云母等小硅酸盐结晶构成。

凝固的熔岩

熔岩有时候并不会到达地表，而是在地下凝固（冷却或结晶），所以应该称为侵入岩。垂直的墙状凝固岩浆称作岩脉，水平的则称为岩床。有些岩脉和岩床是岩浆溢出地面的通道。这种裂缝对于洋中扩张脊的形成至关重要，因为岩浆会从中经过，形成新海底。

暗色岩床

英格兰北部著名的长城由罗马皇帝哈德良在公元 125 年建成，位于突出的玄武岩侵入物之上，即暗色岩床。罗马人在建筑过程中使用了结实的玄武岩。第三纪的侵入物与英格兰西北的火山活动有关。

喷出火成岩

自地球表面在 35 亿年前经过早期发展之后，地表的火山活动已大大减少。然而，从火山岩浆冷却或结晶而来的岩石仍然是最为主要的地表岩石。大多数岩浆肉眼不可见，因为它们形成的是海底，而海洋则占地球表面的五分之三。

高原玄武岩

火山岩不仅仅分布于海底。地幔热柱流动也会发生在陆地之下，向外喷出的岩石称为高原玄武岩，如俄罗斯的二叠纪晚期西伯利亚暗色岩、印度的白垩纪晚期德干暗色岩、爱尔兰北部及苏格兰西北部的第三纪安特里姆暗色岩和美国的新近纪晚期哥伦比亚玄武岩。如此大规模的岩浆、灰尘和气体的喷发通常会导致气候变化和大规模的灭绝期。

沉积岩

地球的所有成岩材料都是由造山运动带至地面，又通过风化和侵蚀变成沉积物。不断累积的沉积层掩没沉淀，并将柔软而松散的沉积物压缩成沉积岩。人们较为熟悉的沉积岩包括砂岩和页岩，二者都是常用的建筑材料。

变质岩

被地质进程带入地下的岩石在下降过程中会不断受到高温加热和压缩，随着深度增加，温度和压力提高，许多岩石改变了其构成（再结晶），且由于原始成分不同，其化学成分还会重新组成。这一过程的最终产物就是变质岩。

变质岩的用途

大理石是变质了的页岩，也是最漂亮的岩石材料之一。自古希腊和古罗马以来，它一直被用于雕刻。板岩是变质了的泥岩，数百年来一直被用作自然的屋面材料。这两种岩石都是造山运动中加热和压缩过程的产物。

海底岩石

火山岩和海底的深海沉积物在地球历史中不断地循环。没有哪一块海底年龄超过 1.8 亿年，从地质学层面来说相对较短。

大陆构造和岩石生成

地球陆壳的撞击不仅将岩石推向表面（造山），还会将它们推向地球深处，在那里进行加热和加压。地底深处的岩石甚至会熔化形成新的火成岩。

火成岩和火山活动

环太平洋火山带是一条因海底俯冲到陆壳板块下而形成的火山链。它始于新西兰，途经日本和阿拉斯加，沿着美洲西海岸绵延分布。这种极其危险的爆炸性火山活动是由陆壳基底的岩石部分熔化导致的。

揭开地球之谜

陆壳仍然保存着地球上最古老的岩石（追溯到约 39.62 亿年前），大多为变质火成岩和变质沉积岩。除此之外，多种多样的更年轻的沉积岩、火山岩和火成岩随着地质进程而叠加在较古老的陆生岩石上。过去 300 年来，地质学家已经确定并匹配了这些岩石的年代，逐步拼凑出了地球环境和生命的历史。

从上到下：火成的片麻岩脉像岩浆一样侵入变质岩层；长石、云母和石英是大陆地壳的岩石熔融的岩浆形成的火成岩结晶；大理石是地壳岩石经高温高压形成的变质石灰岩。

变质岩和沉积岩

当构成地表的地壳板块碰撞时，山脉就形成了。地壳因碰撞作用而生成褶皱并不断叠加，岩石被压入地下 68 千米之深，在这里受热压缩并发生转变，这一过程称为变质作用。地壳在不断地缓慢移动，变质作用也在不断发生，不停地产生变质岩，而地质学家可用之来推断地球内部的状况。另一方面，沉积岩则由地球表面的循环过程造就，如风化、剥蚀和沉积。

遭侵蚀的物质被河流携带并沉积在河口，累积起来便形成三角洲。过去，大规模的植物物质在肥沃的三角洲地带堆积，形成煤矿和泥炭沉积。

接触变质作用

变质过程有时规模巨大，包含成千上万立方千米的岩石，有时又会规模极小，但不管是大是小，这一过程的驱动力完全来自地球内部的热能。地壳基部的区域性生热会产生熔岩或岩浆，上升或侵入上层的岩石。有时岩浆会在地表以下冷却形成火成岩，成为深成岩。被火成深成岩侵入的地壳岩石要经受热岩浆的烘烤，加热过程使得矿物质发生变质，使周围的岩石面貌发生改变，称为接触变质作用。变质岩石区域相对较小，小到数英寸，大到 1.5 千米不等。

沸水变质作用

炎热的液体也是变质作用的介质。在洋壳分离的洋中脊地区（水下约为 3000 米），熔岩不断从两个板块之间溢出，并冷却形成新的海底（洋壳）。高温驱动着海水穿过脆弱断裂的岩浆，这一体系名为水温循环。大量的水（4.1 亿吨 / 天）持续不断地通过断裂的全球网络，而酷热的咸海水（300℃）与新的洋壳发生反应，改变洋壳或使其发生变质。这一变质过程通常与硫化铁等矿物的产生息息相关。

变质的多样性

任何种类的岩石，火成岩、沉积岩、甚至还有变质岩，都可能发生变质，而最终产物的特征及外表都与岩石的原始成分以及变质的条件有关（温度和深度）。例如，10 千米以下的泥岩被压缩成板岩，而 20 千米以下的泥岩经高温至 50℃就会变成银色的片岩。这种岩石往往富含铝矿物质，如云母、黑云母和石榴石等。

沉积岩

沉积岩由发生在地表的过程生成。沉积材料包括：已有的岩石遭受风化（砂岩）、冰冻（冰碛岩）、风吹（风积层）雨淋，含有动植物有机化石的岩石以及因地表化学反应或蒸发（盐）沉积而成的岩石。

循环过程

由现存岩石重组而成的沉积岩是最常见的沉积物质，其母石可能为崩裂的火成岩、变质岩或沉积岩。这些岩石的分解可能是弱酸雨水逐渐的降解，可能是冷水的冰结，也可能是被移动的冰山碾磨而成。岩石碎屑物质一旦形成，一般在沉积之前都会被搬运到另一个地方，其搬运动力可能是水、风、冰或雪。

水的力量

水是最常见的沉积物质搬运方式。重达数吨的巨石可能由山洪搬运，而较平坦地区流动缓慢的河流则搬运较小的泥土和泥沙，并且通常量比较大。洪水有时会将这种颗粒细密的沉积物搬运到周围的陆地上。最后，河水将这些物质搬运到海中，在那里沉积成河口和三角洲。

河流和三角洲沉积物

陆地河流沉积物可能堆积得特别厚重。随着时间的推移，沉积物被不断叠覆的沉积物的重量挤压、控水，形成坚硬的沉积岩，这一过程称作岩化。这些沉积岩保存了搬运方式和沉积位置等信息。河流沉积物通常会有充满波状砂岩的蜿蜒河道，周围环绕着数层薄薄的粉砂岩或泥岩，后者通常含有河流和三角洲冲积平原地区植物的根茎化石。

沙漠砂岩

由风搬运的岩石颗粒通常以河流或溪流为终点，但若无水可停，它们就会停驻在沙漠沙丘上。大陆干旱的内陆的降水和

沙丘是由沙漠风堆积沙子和细密的岩石碎屑物质而成的。有些沙丘高 45 米，绵延数百千米。

植被较少，松散的岩石物质很容易被强风吹走，新露出的新鲜的岩石便先经受风化的考验，再遭受风沙的腐蚀。被吹起的沙子堆积成沙丘，而沙丘的大小取决于风的强度和持久度。

海生沉积岩

浪潮搬运会重新将陆地沉积物分配到海岸或深海中。与大陆相接的浅水区是大多数陆生沉积物的终点站。几百万年来，大陆架堆积了数千米厚、绵延数十乃至数百千米的沉积物，形成海洋盆地。大陆架沉积物凝结成岩石后，便会形成砂岩、粉砂岩和泥岩层。这些岩层通常富含海生化石，即大量海洋生物的化石和被河流冲刷而来的陆地化石。

活岩石

在热带环境中，大量的生物足以形成珊瑚礁——由珊瑚或石质海绵等生物、苔藓类动物（苔藓虫）和钙质藻类构成。这种具有生命结构的表面又会栖息着其他生物，有助于强化和扩展。珊瑚礁主要由碳酸钙等石灰质构成，这些物质会在正常气压和温度下结晶，形成可以迅速凝结成页岩的大量沉积物质。

浅海

过去水平面较高时，浅海往往蔓延至内陆深处，在广阔的陆地上生成页岩沉积物，如志留纪和下石炭纪（密西西比亚纪）的北美洲页岩。白垩岩也是一种页岩，源于白垩纪，形成了英格兰南部和法国西北部壮观的白色悬崖。这些钙质岩石由上百万具单细胞微生物（球石粒）的骨骼构成。这些生物以浮游方式生活，数百万年来，它们的骨骼在海底上不断叠覆，形成钙性泥土，即如今厚达 300 米的页岩。

含盐沉积物

西伯利亚的大型盐矿因蒸发而成，已有 5.5 亿年的历史。这一蒸发过程发生在浅海盆地或潟湖与海洋断断续续相连接之时。高气温加上较少河水或雨水等淡水的注入，使得蒸发量极高。海水蒸发后，留下的是构成海水的矿物质晶体，主要是氯化钠（普通盐）。

深海沉积物

若没有特定洋流携带，大多数沙子般大小的沉积物根本无法到达深海。小型地震引发的周期性的浊流会将大陆架边缘的大量沙子和泥土搬运到大陆坡上的山谷里。这些山谷限制并引导泥沙的流动，就像雪崩一样，直至到达深海海底，随后分散数千平方千米。随着时间的推移，泥土沉积层可累积到 30 厘米左右。这些沉积物会在边缘性海洋盆地上堆积成数百米厚。

从深海到陆地

由于洋壳经常因板块构造而不断变化，深海沉积物通常不会保存在化石记录中。不过，因浊流生成的沉积物会被大量冲离海底，到达大陆边缘，这一过程生成的第三纪深海的浊流岩砂岩就被发现于加利福尼亚州海岸。

解读古代沉积物

沉积岩内的任何化石都暗含着沉积年代和环境信息。沉积岩通常含有有机和无机材料，如发现于英格兰南部莱姆里杰斯悬崖的侏罗纪早期黑泥岩，就含有鱼类牙齿化石和鱼龙骨骼等有机物质。泥土本身由无机的小岩石颗粒构成，但黑色表明它富含碳，这是动物柔软身体部位分解的结果。

循环不止

大多数沉积物都会沉积在水下，变成岩石之前会被叠覆。沉积物露出水面要么是因为地震或火山喷发等构造过程，要么就是因为海平面总体下降。沉积岩一旦暴露出来，风化作用便开始了，岩石碎屑被搬运走，岩石生成循环也就再次启动。

澳大利亚的大堡礁是世界上最大的生物结构，由长 2027 千米的活岩石构成。

地球过程：板块构造

2亿年前，从澳大利亚到北美洲，干旱陆地上可能能够通行，许多恐龙和其他陆生脊椎动物正是这样做的。地图显示当时的陆地和海洋分布与现今大相径庭。陆地位置和特征的变化是大陆漂移和板块构造等地质进程的结果。嵌在较大块洋壳之下的大陆曾经在地质时间内从全球表面移动过，未来也将继续如此。

圣安德鲁斯断层位于北美洲和太平洋的边缘地带。这两个板块以每年1厘米的速度相向而行，其非常规的移动是该地区地震频发的主要原因。

陆地拼图

作为板块构造理论论据之一的观察数据由德国传教士西奥多·李林塔尔在1756年得出。他注意到许多国家相对的海岸，即便中间相隔着数千千米的海洋，也会像拼图一样契合，如美洲南部和非洲。这种大陆的相互关系不断引发各种猜想，但直到20世纪下叶，人们才有所进展。

揭秘水下世界

随着海洋探索的发展，人们在所有主要海洋中间都发现了水下火山山脉（洋中脊）。这些山脉从海底拔地而起，高度将近3.2千米，相互连接近50000千米，是世界上最长的山脉链。峡谷状水下壕沟深达8千米，与大陆边缘和岛弧相接。这些地质学发现促使美国地质学家H.H.豪斯提出一个理论，即海底形成于洋中脊，之后被对流的地幔洋流拖离了该区域。海底最终被这一传输带进程带至深海壕沟，在这里下沉或再次俯冲到地幔中。

海底

海底磁极研究显示新生成的海底通常位于洋中脊火山附近，而年代较久的海底则位于大陆海岸附近，这为这一进程的存在提供了最后的证据。海底的年代从洋中脊向两侧递增。科学家们发现整个海底年龄不到1.8亿年。

板块构造

板块构造理论认为地壳分为多个板块，这些板块会被地幔下的流体驱动着在地球表面移动。陆壳嵌在洋壳内，因而会随着洋壳移动。地球地质和地理的许多特征都可以用板块构造来解释。地震和火山在太平洋边缘和洋中脊附近更为频繁。

火山链位于板块交界处，地震和火山活动就是板块移动和碰撞的结果。

俯冲板块

当洋壳与陆壳在板块交界处碰撞时，密度较大的洋壳会下潜（俯冲）到地幔中并最终熔化。海底的深壕沟就发现于板块俯冲地区，如深达万米的马里亚纳海沟。火山和地震就是由这一俯冲进程引起的。

褶皱和断层

两个大陆相撞后，随着板块不断相互靠近，地壳会发生褶皱和断层。褶皱进程形成了喜马拉雅山等巨大的山脉。相邻的板块也可能水平移动，不会发生碰撞。随着二者划过对方，其接触点就形成了断层。断层运动会导致地震，但很少引起火山喷发。

海底扩张

洋壳俯冲而遭到破坏后，会被洋中脊火山所取代。若这一过程没有发生，地球便会收缩。随着洋中脊分裂，熔岩涌出，以岩浆的形式喷到海底上，硬化后形成新的洋壳。新海底会以每年20厘米的速度偏离洋中脊。

从 2.5 亿年前开始的大陆移动序列可以看出，超级大陆盘古大陆及其逐渐分裂导致了大西洋的形成。

2.5 亿年前

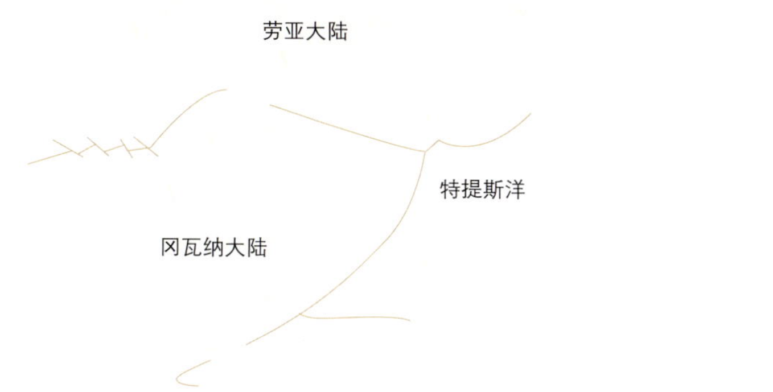

1.35 亿年前

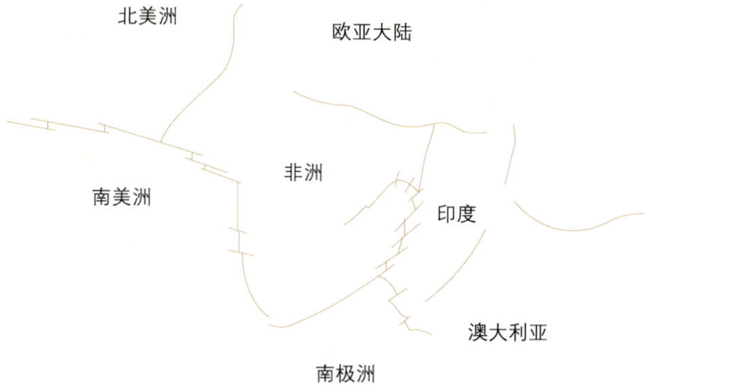

6500 万年前

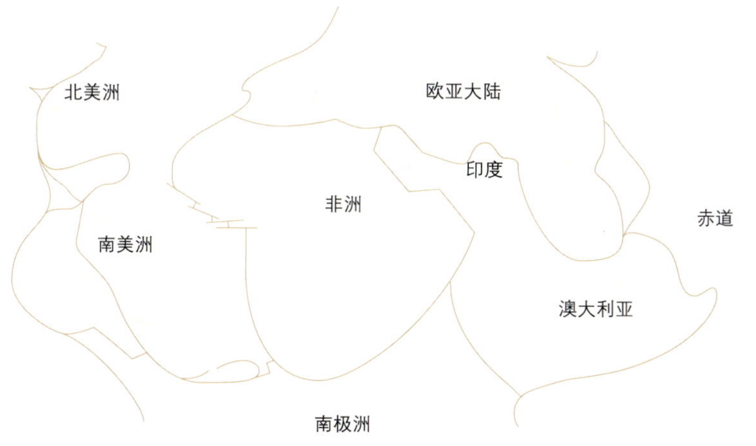

现今

超级大陆的形成

地壳板块运动的复原图显示，就算并非所有大陆都曾连接在一起，曾连接在一起又重新分裂的大陆也不算少了。分裂几乎可以肯定是由地幔柱上升、穹窿（形成拱顶）、伸展并将大陆扯开引起的。由冈瓦纳大陆和劳亚大陆等古老大陆组成的盘古大陆就是一个范例（约 2.4 亿年前）。上升的地幔柱曾导致了今非洲大陆和北美洲大陆交界处的穹窿和分裂。熔岩冲出裂缝，形成新的海底岩浆，最终导致了大西洋的生成。

地震与海啸

地震是地球上最具破坏性的自然现象之一。平均每年都会发生两次导致重大财产和生命损失的大地震。作为地球地质历史的一部分，地震通常是地壳内部的力量累积导致的，是无可阻挡的地壳板块移动的结果。火山下的熔岩移动或地球深处大规模底层沉淀也会导致地震。海啸则通常是地震的副产品，破坏性不相上下。

地震及断层带

地震主要是地壳中脆弱的岩石崩裂造成的。地球内部因地壳板块移动而产生的力会在成千上万年的时间里在地壳积蓄压力和张力。地壳中的岩石最终会在断层带分裂。断层可在地壳的水平、垂直方向上绵延数百千米。断层面的摩擦运动导致岩石使劲“颤抖”，于是就有了地震。

地震和俯冲

另一种地震发生在板块相向运动时。当洋壳板块与陆壳板块相撞，密度较大的洋壳板块会在俯冲区下潜到陆壳下方。随着坚硬的洋壳穿过地幔，就可能在地表以下 700 千米的深处引发地震。太平洋火山链就是一个环绕太平洋的俯冲区。

颤抖的火山

并非所有的地震都源于板块运动。当熔岩在地下或火山下形成或移动时，地表发生扩张，以容纳新的物质。这一扩张会诱发地震。地震频率被用于预测下一次火山喷发的日期。

测量和破坏度

地震的大小以从 1–10 的里氏震级衡量，代表的是地震所释放的能量。最近，引入了更实用、更易于描述的 1–12 级麦加利地震烈度。大多数科学家仍使用里氏震级——3 级地震所引发的的断层只有 1 厘米左右，坐在室内的人可以感觉到，但不会造成伤害。这种等级的地震每年大约要发生 100000 次。8 级大地震所释放的能量是 3 级地震的 1000 万倍，造成的断层面的移动以米来计，会导致大范围的生命损失和财物损害。

地震易发区

世界上某些地区极少发生地震，如英国就很少经历，且震级较低，造成伤害很少乃至无伤害。而日本或美国加利福尼亚州西海岸就经常遭受地震袭击，每两个世纪都会发生灾难性的大型地球运动。这种不均衡的地震分布可用地壳板块的边界位置来解释，因为板块边界与地震有着明显的关联性。

圣安德鲁斯断层

不同形式的板块运动会产生不同特征的地震。将北美洲西海岸一分两半的圣安德鲁斯断层就是转换断层的代表——两个板块在这里水平分开。转换断层会导致浅层地震。地震从震中向外传播，而震中通常位于地下不到 30 千米处。圣安德鲁斯断层处的两个板块以每年 1 厘米的速度相互移动。板块摩擦所产生的张力一旦超过临界点，就会发生断层，岩石会滑落，地震就随之而来。

1906 年的加利福尼亚州地震仅持续了 40–60 秒，却造成 700 人死亡，225000 人在震后无家可归。

加利福尼亚州的地震

在上世纪，圣安德鲁斯断层沿线曾发生过数次超过里氏 3 级的地震，仅 1906 年发生在加利福尼亚州的第一次地震造成了巨大破坏。这次地震中长 300 千米的断层升高 7 米，毁坏了煤气主管道，导致几乎无法扑灭的大火，因为输水主管道也遭到了破坏。该市大部分地区被完全摧毁，死亡 700 人。

日本的地震带

日本位于三个俯冲带交汇处，因此非常容易发生地震。早期文件记录了日本大地震（1854 年 –1855 年）和 1891 年大地震，后者将日本一分为二，摧毁了 200000 座房屋。1923 年，东京地震导致 143000 人直接或间接死亡。

地震死亡率

与地震相关的死亡并非地震本身造成的，而是其副作用带来的。火灾、洪涝、泥石流和建筑物坍塌都会在撞击时造成伤亡。做好事先预警和准备有利于减少伤亡，1994 年神户地震就是如此。未对不测事件做准备的地区，很多人就因暴晒、饥荒和疾病致死，这都是援助和供应到来之前的无家可归、水供应不足和污水处理不足或根本缺乏的结果。

沉睡的巨人

华盛顿州圣海伦死火山苏醒的第一个征兆是 1980 年 3 月 21 日发生的里氏 4.2 级地震。4 月间持续不断的低震级地震被认为是火山下的熔岩上升引起的。到了 1980 年 5 月 18 日，一场 5.1 级地震导致了岩崩，使得山体失去平衡，引发的爆炸几乎将火山北面全部炸掉。

1995 年 2 月 17 日凌晨，一场地震袭击了日本神户，造成 5000 人死亡，67000 多间房屋坍塌，损失几十亿美元。

海啸

火山爆发和地震的共同副作用是海啸，它所导致的损失往往比火山或地震本身还要大得多，其移动速度可达 700 千米 / 小时。它们因震荡波而起，而后者主要由水下地震或火山喷发引起。

太平洋的波浪

世界上大部分海啸都与太平洋的海底有关。由于在本世纪之前，太平洋的许多区域都人烟稀少，或者与世界其他地区相互隔绝，人们对历史上海啸的频度所知甚少。日本群岛和夏威夷岛都特别容易发生海啸。海洋中的水下震荡波产生移动迅速的小波浪，基本不会有人注意到。当流到陆地附近的浅水区时，波浪的高度或破坏力都会大幅增加。复杂的预警系统如今可探知水下地震，并预测海啸会在何时何地袭击人口稠密的海岸。

喀拉喀托火山海啸

近代历史上最著名的地震当属 1883 年因喀拉喀托火山喷发而引起的那次，当时的火山喷发位于一座荒无人烟的小岛上，而这座小岛几乎被火山喷发完全消除。海啸因小岛崩裂入海而起，形成的海浪宽约 8000 米，高出海面 200 米。海浪朝临近的爪哇岛和苏门答腊岛扑去，到达陆地时的高度为 40 米，冲垮了海岸定居点，致死 36000 人。海上的渔民根本未曾注意到波浪的经过，回到家后却发现村庄、家人和牲畜都已经被冲走了。这次海啸比火山喷发本身致死的人数多得多。

发生于 1883 年的喀拉喀托火山爆发在 4800 千米外都能听到。它造成的海啸浪高 40 米。

阿拉斯加效应

大多数海啸都因地震而起。地震经常发生在海底，而海啸可能没造成任何损失就消退了。不过，有些地震震级较高且位置不好，结果将是灾难性的，其中一例便是 1964 年的阿拉斯加地震。这次 8.4 级大地震在周围的人烟稀少地区没造成多大损失，而几次剧烈的余震却引发了一系列高 10 米的海啸波浪。这些波浪冲击到阿拉斯加湾，造成了巨大财产损失。

移动的海啸

阿拉斯加地震所产生的波浪随后出现在加利福尼亚州海岸，高度仍有 7 米且极具危险性，从该区域的 12 人死亡即可看出。海啸继续前行到了夏威夷，此时高度尚有 2 米。待到达地球另一边的南极洲时，其高度仍有 1 米。

巨型海啸

白垩纪末期撞击了墨西哥尤卡坦半岛的陨石（10 千米）带来的后果之一就是巨型海啸。撞击产生的震荡波十分巨大，海啸横扫了加勒比海和墨西哥湾，高度可达 1000 米。有地质证据表明海底沉积物被荡起又被抛在墨西哥湾沿岸。这样的波浪会摧毁撞击海岸处的所有生命。这可能是地球上最大的海啸之一了。

火山

火山是地表上熔岩、固体或气体物质喷发的通道或裂缝。火山喷发的主要产物是熔化或凝固了的硅酸盐矿物质以及相关气体。喷发物质的种类取决于地壳深处熔融矿物质的主要物理和化学环境。火山不仅仅存在于地球上，海王星较大的卫星海卫一上的火山就会喷出氮气。木星的第一号卫星也会流出二氧化硫和硫熔岩。

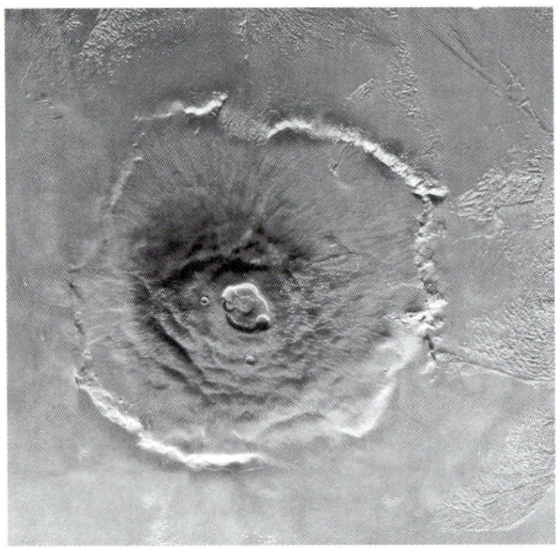

火山活动并不局限在地球上。火星上的奥林匹斯山是已知最大的火山，高 25 千米以上。

伏尔甘的熔炉

火山喷发通常不可预测且极具破坏性，无怪乎自史前就与超自然力量联系在一起。火山一词来源于武尔卡诺岛——西西里岛北部海岸的伊奥利亚群岛之一。由于经常喷发，罗马人将它视为火神与金工神的熔炉。

火山分布

目前地球上共有 1500 多座活火山，主要分布在海洋的边缘，如环太平洋的陆地边缘（太平洋火山链）。不过也有例外，如夏威夷群岛火山。火山在全球的分布很大程度上取决于板块构造——地表上层 10–80 千米部分像拼图的近刚性板块移动。

板块边界

有些地壳板块在离散，有些则在聚敛，还有些相互擦肩而过。火山通常位于地壳板块的边界，尤其是离散和聚敛边缘。在离散地区，构造板块被拉伸变薄，使得其下炎热的半熔融地幔喷出并进一步熔化，形成熔岩。熔岩可能会从几个地方冲破，形成火山，如乞力马扎罗山、肯尼亚山和伦盖火山等都位于东非大裂谷。

洋中脊火山

板块离散到极致的地方，构造板块变得过薄之后便会裂开，裂缝一带就形成断断续续的火山活动带。这一进程形成扩张洋中脊，如位于大西洋中部的大西洋中脊，从格陵兰岛东部的扬马延岛一直蔓延到南大西洋的布维岛。洋中脊一带周期性出现小型火山喷发，要么途经长约 15 千米的通道，要么通过洋中脊中心大裂谷内众多分散的火山。

冰岛火山喷发

在大西洋岛屿冰岛上，洋中脊高出水面，喷发出来的熔岩或岩浆都是液体状，不过排出的岩浆量特别大，因为该洋中脊正好与地幔的活跃涌出区域（即所谓的地幔热点）偶合。1783 年 –1784 年，拉基火山喷发，释放出的岩浆流史上最长，从源头蔓延了 70 千米。其释放的硫磺气体引起气候变化，导致欧洲西北部的冬季酷寒。冰岛的庄稼和牲畜都遭重创，饥荒随之而来。疾病和饥饿杀死了冰岛 25% 的人口。

热点

火山中心也通常位于构造板块中心的热点上，如位于太平洋板块中央的夏威夷。大多数的热点喷发大小中等，但持续时间较长。夏威夷基拉韦厄火山过去 16 年来一直在喷发，其岩浆流动性特别强，覆盖的区域也特别广泛。

俯冲性火山

汇合边界处的火山喷发更为壮观，破坏性也更大。火山活动最频繁的聚敛边缘通常都是洋壳在陆壳下方移动的地方（俯冲带），这是太平洋火山链的常见现象。这些区域的熔岩化学成分使得它比离散边缘的熔岩更加黏浊，因此，黏浊的熔岩易于在地下凝固，在出口和通道内形成凝固的熔岩颈。被困在熔岩颈以下的熔岩仍会不断释放气体、累积压力。最终，要么是过高的压力，要么是地震等事件，会将熔岩颈像香槟塞子一样顶出去。

圣海伦斯火山

沉寂了 123 年之后，华盛顿州的圣海伦斯火山在 1980 年 3 月 21 日复苏了。北坡大量的熔岩穹窿以每天 1.5 米的速度堆

太平洋火山链是一条环太平洋分布的活火山带，也是世界上最易发生地震的区域。火山位于板块边界，即陆地边缘。大多数大城市都受到过地震或火山活动的影响。

积着，而到了 1980 年 5 月 18 日，5.1 级的地震导致这一穹顶滑落，禁锢下层熔岩的压力被瞬间释放，巨大的山体滑坡和坍塌紧随其后，同时还有大量浮石和灰烬喷发出来。至少 17 种不同的火成碎屑流（掺杂着灰烬、岩石和气体的云气）带着 1500℃的高温，以 100 千米 / 小时的速度从火山一侧向下冲去。400 米的山峰被炸飞。

火山灾难

火山造成的灾难范围极广。火山爆发会摧毁房屋，烧坏庄稼，杀死牲畜和人类，但风化作用产生的肥沃土壤也吸引着人们生活工作在火山腰上。如加勒比海蒙特赛拉特岛人口众多的圣卢西亚就在 1997 年被火山爆发完全毁灭。

火成碎屑流的危害

火山喷发的产物，如岩浆、灰烬和浮石，都会导致直接的损害。火成碎屑流由超高温的窒息性灰烬、有毒气体和大块岩石构成，致命性极高。它们在数平方千米范围内以 300 千米 / 小时的速度移动。在历史上，最著名的火成碎屑流当属公元 79 年的维苏威火山爆发。庞贝城和赫库兰尼姆城的许多居民都被流动的高温有毒气体毒死和其产生灰烬掩埋致死。

地震活动多次预示着 1980 年的圣海伦斯火山喷发。该区域的大部分地方都被疏散，伤亡率较低，即便如此，还是有 57 人丧命。

公元 79 年，维苏威火山爆发，产生的火成碎屑流用炎热的灰烬和气体埋葬了罗马庞贝城。被烧焦的尸体仅剩空壳，以水泥的形式死气沉沉地存在着。

火山污染

大型火山喷发向大气送入大量物质，导致气候变化。大概 74000 年前，苏门答腊岛多巴火山爆发向大气中输入了巨量的火山污染物，使得大气化学成分发生改变，地球的温度也降了下来。

灰烬云、泥石流和洪水

火山爆发的副作用同样极具危险性。1985 年，哥伦比亚内华达德鲁兹火山喷发出来的热灰烬融化了山顶周围的冰雪，融水洪流掺杂着泥土，湍急的泥石流顺坡而下，摧毁了一座小镇，超过 20000 人死亡。1996 年的冰岛格里姆火山爆发引发了大洪水（称为冰川湖突发洪水），每秒钟释放 50000 立方米水。

火山的益处

火山活动并非一无是处。在冰岛，地下熔岩活动产生的地热被用于发电和温室供暖，并用于种植本该进口的食物。岩浆风化后形成的土壤通常富含矿物营养，经耕作后产出率极高。

预测火山爆发

形成火山活动时间及强度的预测机制以避免灾害十分重要。虽然探知大规模爆发的早期征兆可以实现，但要准确预知火山爆发的时间或岩浆与灰烬的流向却十分困难。火山爆发受多种地质因素影响，并非所有的因素都能被轻易理解或加以监控。对地震活动和火山气体的持续监控或许有助于人们更好地理解一些早期征兆，但要准确预知火山喷发，在很长一段时间内都是不现实的。

沉积作用

如城市街区般大小的水下岩石滑坡、沙尘暴、雪崩、冰崩、泥石流、火山热灰流和陨石撞击都是偶然的、破坏性沉积进程。虽然不常见，它们却与全球海底沉积物质的缓慢堆积具有几乎同样的长期影响。所有这些沉积进程都会导致同样的结果，即沉积物以矿物质层和有机材料层的方式堆积，最终形成坚硬的岩石。

在阿拉斯加冰崩中，悬浮的冰雪颗粒如雷般从山上奔涌而下，其破坏力因最终跌落坡下的岩石而大大提高。

沉积进程

任何尺寸的沉积物质从一地到另一地的搬运叫作沉积过程。沉积过程或快或慢，或仅仅数秒，或长达数十载。它或填满一个小水池，也可能占据一个大型国家大小的海底区域。沉积过程可能源于灾难事件，也可能是稳定而持续的过程。沉积物可能沉积在陆地上或海洋中，到目前为止，形成于水下的沉积物最可能最终以地层的形式保存在岩石记录中。

炽热火山云

最壮观、最暴力、最具破坏性的沉积形式之一是火山灰和火山玻屑流，它们被热气体驱动着沿火山一侧下降。这些炽热的火山云移动速度极快，可达 300 千米 / 小时，会导致巨大破坏，造成重大伤亡。1902 年，加勒比海马提尼克岛培雷火山爆发产生的炽热火山云完全摧毁了圣皮埃尔镇，镇上 28000 位居民仅幸存 2 人。这种火山云产生的物质称作岩块火山灰沉积物。这种炽热火山云十分罕见，其产生的沉积物仅占很少一部分。

火山灰沉降物

爆炸性火山喷发所产生的火山灰沉积物是较常见的沉积过程。火山灰可被喷到 40 千米的高度。尘土般大小的细密颗粒物质被高空风携带着跑遍全世界，最终通过降雨分散到各个地区。极大型的单个火山喷发出的火山灰也会飘散至全世界各地，如 1883 年的喀拉喀托火山爆发。周期性大量火山活动，如 6500 万年前的印度德干岩浆喷发，产生的火山灰足以改变全球气候，促成了生物大灭绝事件。

炭尘沉降

颗粒较大的火山灰主要分布在原地，形成凝灰岩等炭尘沉降物，厚度从几厘米到几十米不等。凝灰岩通常含有锆石等矿物质，可以用放射性来判定年代。当它们与普通的陆生沉积物形成夹层时，就非常利于判定沉积物的年代，如东非大裂谷。

水下崩坍

水下也会发生同样的物质流动。这些混浊流由悬浮在水中的沙子、泥土和泥沙颗粒构成，而其悬浮是由地震导致，或仅仅因为湖中或大陆架边缘大量堆积的河流沉积物失衡所致。一旦大量物质被震颤成水中悬浮物，其密度将大于周围的水，而重力加速了它们朝水的主体以下流动，就像崩塌一样。

深海沉积

浊流在深海中沉积之前可沿大陆架向下移动几百千米。它们四散在深海海底上，形成浊流沉积物。在沉积高峰期，数英尺高的泥沙会在极短时间沉降，长短可从数小时到数天不等。该沉降的很大一部分会被混浊流最终带至大陆架下方。浊流沉积物形成许多最常见的洋盆沉积物，通常以沉积岩的形式保存下来。

加速的洋流

混浊流移动速度有多快？ 1929 年新斯科舍附近的地震提供了答案。这次地震引发的混浊流借道水下峡谷，沿大浅滩大陆坡顺流而下，途中破坏了 13 条水下电报光缆。由于知道连续的光缆断裂的时间，可推算出浊流的速度为 100 千米 / 小时。该区域最终被这一波混浊流携带来的 28 万平方千米的沉积物所覆盖。

地外物体撞击

陨石撞击地球表面时会熔化周围的岩石，熔岩则溅起喷出撞击坑外。被熔化的微滴（玻璃陨石）之后可能分散到极为广阔的范围内。陨石外层蒸发在大气中留下一道灰尘，其传播范围也极其广泛，形成可识别的瞬时沉积物。

铱沉积物

陨石分裂所产生的灰尘含有独特的化学成分，沉积下来后就形成了含有稀有金属铱的沉积物。例如，遍布全球的白垩纪和古近纪边界沉积物就富含铱元素。它们由6500万年前一个宽10千米的陨石撞击墨西哥尤卡坦半岛分裂而成。陨石撞击所产生的尘埃云挡住了太阳，杀死了植物，促成了恐龙的灭绝。

移动的冰山

冰山的移动可剧烈地改变地貌并迅速沉积大量物质。冰山在移动过程中碾碎岩石，许多粉末状物质都会被吸入冰川酷寒的基底，这些碎块就像砂纸上粗糙的颗粒，不断地摩擦、磨平岩石表面。

冰川沉积作用

冰融化后，巨砾和岩石碎块的混合物大量生成，形成冰碛、冰砾土或冰碛岩沉积物，其中富含多种大小各异的不同矿物质，四周全被基质所包裹。这些沉积物长可达数千米，可能沉积在与冰山前面平行的山脊（终碛），也可能沉积在与山谷冰山流向平行的山脊（侧碛），还可能堆积成层，形成卵形的冰丘。当岩石露出地面的岩层过硬而无法被碾碎，冰山被迫从其上“攀爬”而过，从另一侧下降时留下一道碎片“尾巴”，就叫鼻山尾沉积物。

冰川漂砾

冰碛沉积物可能混合着从数百千米外赶来的各种卵石和房子般大小的砾石，称作漂砾，往往是砾石颗粒较为细密的材料被腐蚀之后留下的物质。挪威的岩石被冰块搬运到南至英格兰东海岸的诺福克。5.5亿年前的前寒武纪晚期的砾石被发现于加拿大、爱尔兰和苏格兰，表明冰川世纪曾在地球历史上多次发生。

稳定的沉积作用

许多沉积物不断地沉积在地表：河流搬运而来的沉积物在沙滩或三角洲堆积；珊瑚和其他碎屑在珊瑚礁底部沉积；有机物质和灰尘“雨”持续不断地飘落在深海平原上。

推断深海沉积物的年代

到达深海海底的沉积物质多种多样。火山灰、宇宙尘埃和被沙漠沙尘暴吹来的精细沙土构成无机成分，而浮游生物的骨骼（可能含有碳酸钙或硅酸钙）则构成有机成分。它们的骨骼对于解读深海沉积物记录有着重要作用，但骨骼中的碳酸钙会在过深时分解，不会形成沉积。

环境变化

湖中差异显著的季节性、气候性沉积物记录了过去不断变化的环境。如现今发现于巴西巴拉那盆地的20–40万年前的沉积物，就以夏天的淡色层和冬天形成的富含生物化石的深色层记录了一年年的时间流逝。

沉积之后

沉积物一旦沉降下来，就会被各种进程腐蚀或搬运。在水中，波浪会削减现有物质的大小或通过泥沙混合沉积物进行筛选，带走较细密的物质，留下砂岩。被其他沉积物覆盖之后，沉积颗粒会与其下的水发生反应。在陆地上，风、霜冻和雨水都会侵蚀或搬运任何一种沉积物质。

人为沉积物

如今的人类留下了大量不可分解的沉积物，尤其是富含玻璃瓶、塑料和可能被化学混合物污染的废物。未来的地质学家会像用沉积岩解读古代环境一样，去解释这些物质的存在。

这个陨石坑位于美国亚利桑那州沙漠地带，由5万年前一个直径60米的镍铁陨石撞击地面形成。

位于巴塔哥尼亚地区的莫雷诺冰川，在最后一个冰期曾极为壮观，远远超出现在的位置，这个冰川现在还在退缩。

现在是通往过去的钥匙

山脉是如何形成的？为何海洋动物的遗骸会出现在海拔数千米高的岩石中？为何这些岩石又似乎被冲到内陆数百千米之远，最终形成山脉？为什么岩石能像松软的粘土一般“随形所欲”？是什么令散沙稀泥摇身一变，成了无坚不摧的岩石？即便是面对这些基础的地质学问题，也只是在近两百年，人们才交出让人满意的答卷。要揭开地质学的古老面纱，重中之重便在于充分理解其现今的演变过程。

理查德·欧文（1804–1892），解剖学家，古生物学家，恐龙复原的先驱。他对灭绝的脊椎动物进行了大量研究，并致力于建立伦敦的英国自然历史博物馆。

灾变说

尽管大多地质进程都慢到可以忽略不计，但却有一些十分迅速，其突发性、甚至是灾难性都极其危险。在过去，人们认为诸如地震、火山喷发之类的剧烈运动会形成峡谷，并使山脉的海拔攀升。长久以来，欧洲的自然哲学家认定，无论是生命的出现，还是地球的发展轨迹，都遵循着《圣经·旧约》中的说法。在他们看来，在地球的地质形成中，大洪水扮演着至关重要的角色。渐渐地，随着对地质学的逐步了解，这种古老的观点必须改动，才能将后来接踵而至的其他大型灾难包括进来。

渐变论

一种截然不同的观点在19世纪开始占据地质学的主流。人们认为地质进程不仅缓慢至极，还无可逆转，而且只要时间足够，可以形成诸如岩石和山脉那样的结构。而事实上，许多此类进程的模型在地球表面是最普通的，随处可见。

观察与校准

地质学家首次观察、测定了山坡上岩石的风化与侵蚀作用，溪河的挟沙力，风、水、冰、河的沉积过程及其沉积物的特性。只要日积月累，这些我们所熟知的进程明显能够摧毁山脉，并将其土石循环为沉积层。尽管具体山脉是如何形成的尚不明晰，但许多中间环节已然明了。

一个稳定的宇宙

此法的原则是以现在作为通往过去的钥匙。在这些理念的背后，是两位著名的苏格兰地质学家，詹姆斯·赫顿（1726年–1797年）和查尔斯·莱尔（1797年–1875年）。其中，赫顿观察到地球地质进程的持续往复，这一点契合了甚至更为古老的牛顿经典学说，即宇宙处于一种循环的动态平衡。而莱尔则采纳了牛顿经典学说的方法：只有目见有效的作用才能合理解释自然现象。解释绝不能脱离实际原因，因为只有当下的事物能被直接观察到。

维多利亚时代的实用主义

维多利亚时代的地质学家决心不仅要描述、获得大自然的客观事实，还要将其纳入理论体系。他们发起了对地表地层分布的首度绘图，从而认识到地层的分布能够折射出地质事件的发生次序。对各层垂直分区，便有可能从年代最近、最靠上的沉积物，随着时间向前追溯，相继进入更久远的地层。到了19世纪60年代，人们已逐渐认识到，总有更古老的地层，换言之，更久远的过去等着我们去发掘。

生命的走势

莱尔坚持着他的循环论，认为即便是在最古老的岩石中，仍能找到所有有机体的代表性化石。但到了19世纪中叶，有一点愈发明显——在整个地质历史时间，动植物从原始到高级的一个总体发展。莱尔本来并不认同查尔斯·达尔文的进化论，却由于英国生物学家托马斯·亨利·赫胥黎对其的大力拥护，转而投向进化论。

旧世界的地质学

很多地质学的早期进展都在18世纪的欧洲，其中英国、法国和德国尤甚。在如此狭小的地质区域内，英国所覆盖的地质史却长得惊人——由前寒武纪至今。不少地质时期的主要分支，诸如寒武纪、奥陶纪、志留纪和泥盆纪都由英国地质学家命名。这些地层充沛的化石量使得英国和欧洲的古生物学在19世纪前期迅速发展。

新大陆之新前景

然而，一旦涉及更大规模的地质学现象，欧洲根本无法给出地质学可能性的全貌。正如北美地质学的先驱们在19世纪下半叶所指出的，全球尺度的地质学现象只能由无垠的新大陆来揭示。在1841至1853年间，查尔斯·莱尔曾四次造访北美，并用他全新的经历为他的著作《地质学原理》（该书首版于1830年）的再版注入了新内容。

这具禽龙雕塑是在古生物学家理查德·欧文的监督下，由艺术家本杰明·沃特豪斯·霍金斯专门为1854年伦敦水晶宫的世博会创作的。

移动的山脉

北美地质学家所作出的重大贡献之一便是对山岳带的地质学复杂性的理解。山岳带不仅意味着当地沉积层的厚度大，而且结构上被大型的褶皱和断层所复杂化，带来的是之前在英国前所未见的量级。部分结构性山岳带，如东北方的阿巴拉契亚山脉，延伸到海边便戛然而止。随着板块运动的发现，这个谜题最终解开，同时也解释了远在大西洋彼岸的爱尔兰和苏格兰加里东山脉的连续性。

英国的恐龙

首具被发现并有记载的恐龙遗骸是相当残缺不全的化石。19世纪初期，这些骨骼在英格兰南部的中生代地层中被发掘出来。首具完整的复原恐龙结构由解剖学家、古生物学家理查德·欧文完成。

复原爬行动物

当欧文尝试复原这一新类别的爬行动物时，手头仅有的模型是那些尚未绝种的爬行动物，尤其是蜥蜴、鳄鱼和新发现的鬣蜥。这便是现代模型的简单运用在一开始并不能揭示过去的绝佳案例。欧文意识到不能只简单将它们放大到大象的尺寸，于是他运用了部分哺乳动物的模型。结果得到了这样一个奇异的组合：犀牛般步履蹒跚的庞然大物。

英雄年代

在美洲发现的更完整的恐龙骨架证实并不是所有恐龙都是欧文所设想的步履蹒跚的四足怪物。恐龙研究的中心开始从欧洲偏移。1858年，约瑟夫·莱迪于美国新泽西州发现一具骨架，他将其复原为两条腿，像袋鼠一般的样子。到了19世纪70年代，两名学校教师亚瑟·雷克斯和O.W.卢卡斯在美国科罗拉多州发现了更为优质的恐龙遗骸，从此开启了恐龙发掘的所谓“英雄年代”。随着古生物学家突破了比较解剖学方法的限制，恐龙在人们脑海中的轮廓逐渐明朗。

新“灾变说”

近几十年，地质学家开始渐渐理解灾难性事件诸如风暴、洪水、重力流、海啸和陨石撞击的潜在威力。无论在陆地还是海洋，稀有自然现象的影响都可能比缓慢渐变、日积月累的进程来得大。

来自宇宙的致命一击

最具灾难性的大型陨石撞击事件间隔数亿年发生。有些被认为造成了大面积生物灭绝，比如6500万年前发生在墨西哥尤卡坦半岛的希克苏鲁波撞击。意识到此类事件事实上发生得比之前所认为的还要频繁，而且在将来也同样会发生，这些都引起了人们更大的兴趣研究具重大地质学意义的灾难性事件。

一张海洋爬行动物的油画，理查德·欧文的助手本杰明·沃特豪斯·霍金斯（1809–1889）所作。这类图片让大家渐渐认识了这些“黏乎乎的恶心生物”。

未来的板块运动及其后果

对地球地质学史的研究表明，这里曾发生过一段相当了不起的动态变化。大洋之间不断连通又封闭。大陆则好比巨型拼图的一小块，在地球表面漂来漂去，互相碰撞、融合，又最终漂离。对这段历史的解读，完全仰仗了对地球 40 亿年历史岩石年龄的地质学理解。暂无证据表明这些进程在近来的地质学史中会减速，甚至在遥远的未来，也不会减缓。最终，随着地球坚硬的外围——岩石圈的逐步冷却和增厚，板块地壳构造的进程才会放慢脚步。地球也会丧失活力，开始凋亡。

过去是通往未来的钥匙

完全可以利用地质学家的某些方法来判断大陆曾经的布局，从而计算出未来大陆的运动方向。基于的基本假设是当下的运动速率不会改变。地球板块运动进程背后的源动力来自于洋中脊处新的洋底的形成。对板块运动的测定并不容易，要靠算出新洋底形成的速率。以下两种基本方法得到了运用，分别是对古地磁磁极翻转的绘图和测定，以及对洋底岩石年代的辐射度测定。

古地磁磁极翻转

地磁场由地核内液态铁的流动产生。有时，地磁场的方向会发生翻转，北磁极变成了南磁极，反之亦然。每当新的洋底熔岩从洋中脊喷出、凝固，每一带新形成的熔岩都记录下了当时的地磁场。持续产生的熔岩以线性形式记录下了地磁场的点滴变动，就好比条形码一般。在洋中脊扩张两侧，对称的线性图案互成镜像。这些图案由船载仪器绘图，从而得以与全球磁极翻转历史的某些片段一一对应。

得出一个时间尺度

由潜水器取回的洋底熔岩标本可以用放射性同位素测定年代。它们的形成年代可以为磁极翻转的历史提供一个前后关联的时间尺度。一旦知道了磁极翻转具体何时发生，洋底的扩张速率便可精确算出。使用此法，还可以看出板块运动于何处变化。

断层运动的测定

另一种测算当下板块运动的方式便是测定地震时的断层运动。通过在特定区域一段时间内记录地震，并运用全球联网的地震检波器，有可能得出地壳内的形变率，从而协助研究当下的板块运动。

太空观测

如今，卫星提供了测定板块运动的又一种方法。通过记录一段时间内板块外壳某些特定点的位移，便可算出这些点之间的相对运动速率。

时光迷航

英国剑桥大学已经研究出一个名叫“时光迷航”的电脑软件，能够展示过去的板块运动，并预测其未来发展。尽管一些不可预测的事件并不能算入，诸如全球变暖引起的海平面上涨，或是冰川作用。对未来的一连串设想显示，从现在起的 2000 万年内（在地质学上这是一个较短的时期），地球表面看起来会有很大的不同，大致可以总结为以下几点：

东非大裂谷，乃是初期的洋中脊。一千万年以内，裂谷的北侧可能会张开，就像现在的红海一样。

· 两千万年后：非洲分裂

东非和马达加斯加从非洲分离，此间开辟了一片新的海洋。西班牙与法国不再接壤，并略微作顺时针旋转。澳大利亚、新西兰和巴布亚新几内亚北上的速度是如此之快，以至于澳大利亚北部的新家安在了赤道上。黑海已完全从地中海分离，而亚喀巴湾也一直朝北对土耳其敞开了怀抱。

· 四千万年后：大西洋扩张

波斯湾从印度洋分离，黑海的尺寸减半，走向彻底死去的道路。非洲的北上依旧势不可挡，并逐渐将地中海逼向绝路。西西里同样北移，与罗马隔岸相望。西班牙则继续按顺时针移动转离法国。东非仍然一路向东，与原非洲大陆分道扬镳，而澳大利亚则继续朝着东南亚北行。美洲与欧洲渐行渐远，之间的大西洋也随之扩张。

· 五千万年后：加利福尼亚州分裂

北美洲（连同格陵兰一起）进一步西漂，并开始向南顺时针旋转。随着格陵兰南移至低于北纬 60°，从此，春风常绿格陵岸，所谓“格陵（Green）”兰终于名副其实。部分加利福尼亚州也最终脱离美洲大陆，沿着圣安地列斯断层朝东北方向进军。

· 八千万年后：消失的地中海

随着新西兰进入热带地区，阿尔卑斯山上的雪一丁点儿也不剩了。同时，澳大利亚撞向日本。南极洲开始朝澳大利亚靠近。非洲终于与意大利南部和西班牙相碰，完全吞没了地中海，也抹去了古典文明的最后一丝痕迹。结果便是，阿尔卑斯地区开启了一个全新而又漫长的造山时期。

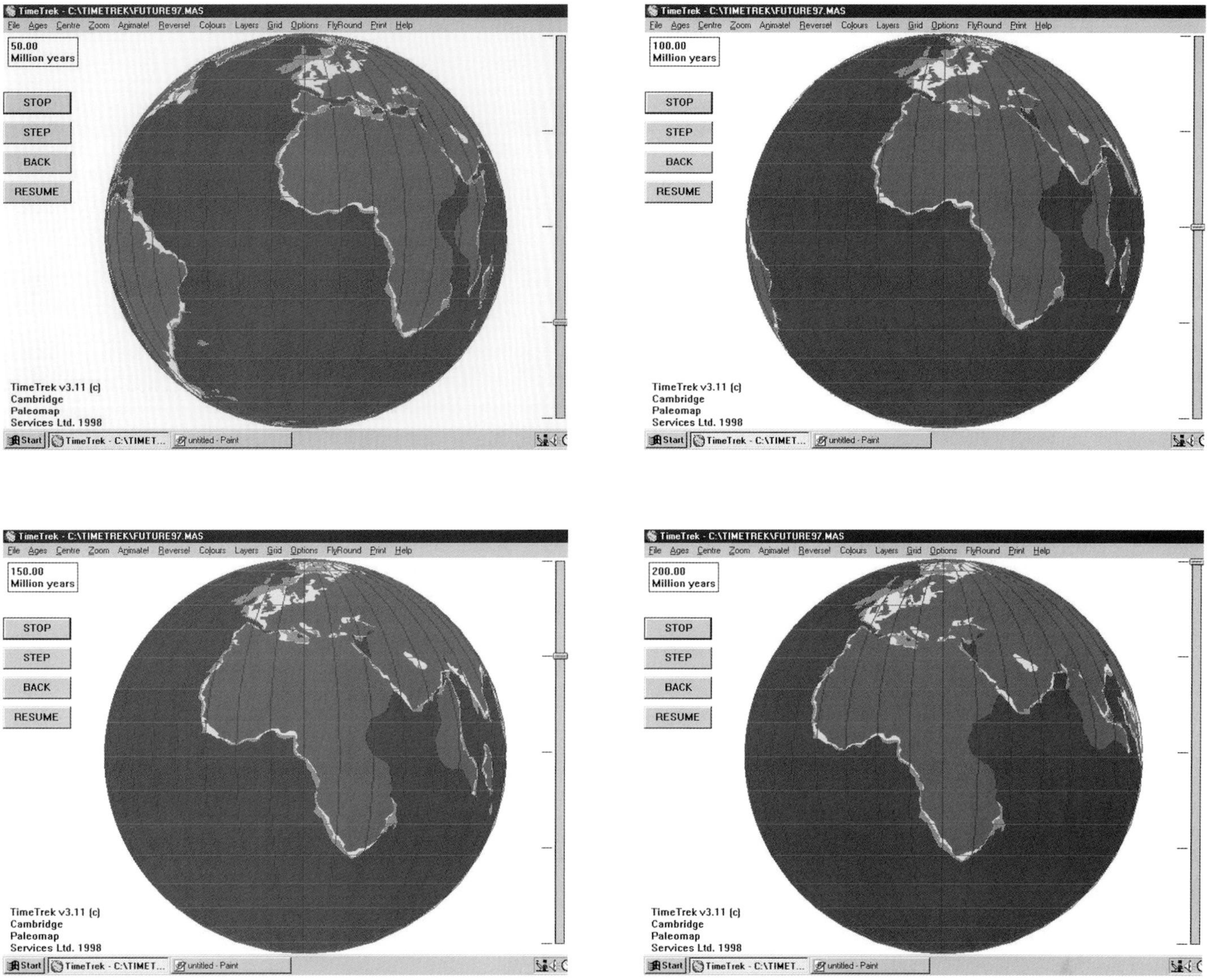

剑桥大学“时光迷航”项目对未来大西洋逐渐扩张的设想。左上为五千万年后，右上为一亿年后，左下为一亿五千万年后，右下为两亿年后。

· 九千万年后：美洲分裂

南、北美洲终于分道扬镳。北美洲南下，使得其与曾经的南美洲并排而立。

· 一亿五千万年后：热带新大陆

整个格陵兰大陆现已低于北纬 60° ，并回到了曾在古近纪早期才享有的气候（距今两亿年前）。新形成的大陆开始进入热带地区，墨西哥现在位于赤道，往北几度便是佛罗里达州。南美则持续南下，把秘鲁留在南纬 30° 处。

· 两亿年后：赤道处的南极洲

南极洲现在非常接近墨西哥，两者一起横跨赤道。南极洲恢复了其中生代早期一度植被繁茂的盛况（距今四亿年前）。东非终于和印度相撞，马达加斯加则一路向东，与印度尼西亚会师于东南亚。佛罗里达州早已越过赤道，继续南下，位于北纬 10° 左右的新大陆则追随其脚步，朝赤道进军。南美洲已顺时针旋转超过 90° ，因而将阿根廷置于南纬 60° 处。在这过去两亿年中，不列颠群岛和斯堪的纳维亚分别朝南面和东面缓慢移动。

地球故事：全剧终

地壳构造板块包含了地球坚硬易碎的外层：地壳和上地幔，统称为岩石圈。随着地球慢慢冷却，岩石圈增厚，愈发不易运动。洋底扩张放缓，洋壳也将停止向大陆下方俯冲插入。地球终将失去活力，开始凋亡。尽管离这一天的到来尚有数以亿计的春夏秋冬，但这一天一旦降临，我们的星球也终将沦为金星、火星一般的不毛之地。

化石：分类

科学家试图将数以千万计的现代生物和地质历史时期的生物进行分类，出自于非常古老的传统。古希腊时期和早期基督教世界的学者流传下各种方法，将生物分成三六九等，上至演化程度最高的人类，下至最为原始的生物。在这些类别之内，对生物的自然分类，诸如蠕虫、昆虫、植物、鱼类、鸟类、哺乳动物和人类，早在数百年前便为我们的语言体系所接纳、固化。

1836 年，英国博物学家查尔斯·达尔文（1809–1882）登上“贝格尔号”（上图），对南美洲和太平洋群岛展开考察。此次航行中他对地质学、化石以及活体生物的观察，助他日后发展出了进化论，之后在他饱受争议的著作《物种起源》（1859 年）中完全成型。

遗传性状

人类繁衍、家族历史以及培育植物、家养动物的古老技艺让我们对生命进程及其谱系影响有了初步的理解。谷物、蔬菜和装饰性植物有着数千年的培育历史，用于提高粮食产量、改善外观。牛、马、狗、猫同样经过人为干预被“改良”了。尽管具体的机制尚不明晰，但至少可以肯定，一般来讲：“种瓜得瓜，种豆得豆。”至少在实用的层面上，人们对遗传性状有了一定的理解。

生物分类

自 1735 年起，对动植物的标准生物学管理、分类方法便基于瑞典博物学家卡尔·林奈（1707–1778）在其《自然系统》一书中所概述的方案。林奈认为物种是真实存在并互不相干的生物单位，代代相传，本质不变。

生物的命名

林奈运用了一套等级制的分类法，按升序排列有四级：种、属、目、纲。林奈提出用两个拉丁化名来为某一物种命名，分别代表其属、种，此法沿用至今。例如，人属的属名写作 *Homo*，而种名则写作 *sapiens*。林奈将人属与类人猿、猴子和狐猴一同列入灵长目——从属于哺乳纲，而哺乳纲又是动物界的一员。

来自达尔文主义的革命

尽管在提出的初期争议满满，林奈分类法最终仍为大多科学家所运用。它当时是，现在仍被不断扩充、修改，从而顺应生物学的新发现。于 19 世纪的博物学家而言，林奈法便是自然法则的代表。然而，由查尔斯·达尔文和阿尔弗雷德·华莱士于 1858 年共同提出的进化论，改变了这一切。《讨论物种形成变异的趋向；以及变异的永久性和物种的自然选择》影响力至今依稀可辨。

演化链

根据进化论，一种生物历经时间，演化为另一种生物之后，在两者之间应当存在着演化链，或者说，过渡形态。但达尔文意识到，从化石记录中，很难找到证据支持他的想法。他对地质学的认识和经验都告诉他，化石证据太支离破碎，根本无力支撑他的理论。化石记录对过去生物多样性的标本留存得如此之小，以至于其中间环节几乎不可能被找到。要是知道了后来对化石的年代测定和分析方法，达尔文无疑会倍感诧异——化石记录居然成了他在 19 世纪中叶提出的革命性理论的有力后盾。

史前“家谱”

19 世纪的德国生物学家恩斯特·海克尔（1834–1919），是最早通过时间来全面描述地球上史前生命更迭变化的科学家之一。他将生命史描述为一幅互相关联的族谱，或者说，扩容的家谱，而人类则处在最高地位。

共同的祖先

海克尔还提出了“门”的概念（该词源自希腊语“茎”），一个全新的、更高级别的类别。同一门内所有纲的生物都演化自一个共同的祖先。该概念为林奈分类法添加了一个全新的维度。一切物种，无论灭绝与否，都能在种系谱上占得一席之地，大家殊途同归，循着血缘都能理想地追溯回一个共同的祖先。

时间维度

达尔文和海克尔提出的分类法将芸芸生物编入族谱，其中，物种随着时间演化。对化石记录本质不断加深的理解，大多与此观点契合。然而，化石与活体生物本质上的不同，经常造成生物间关系的问题。活体物种能否产生出繁殖后代的试验，都不适用于化石物种。

生物分类学

演化枝分析是近期对于生物之间演化和生物学关联的深化理解。由昆虫学家威利·海涅带头，这是一种用来判定生物之间——无论灭绝与否——相似程度的正规方法。通过此法，对时间维度的依赖下降了。物种及其关系最近的共同祖先之间的亲密联系可以用一种树状图——分支图来表示。

共同性状

生成分支图的方式：判定仅在两物种之间的共享性状（叫作共有衍征）。一张分支图上交替出现的分支点（结点）展现了共有衍征出现的相对顺序。

有意义的对比

通过展现共有衍征的顺序，分支图有若干实用之处。共享更多/少的共有衍征的组别被认为拥有更紧密/疏远的相互关联。同时，新能力或新行为（如鸟类演化出翅膀）的习得顺序也能一目了然。将大量的特性和生物放在一起对比也是相当重要的。

DNA 谱

通过对基因相似性的分析比对，部分研究人员认为鲸鱼应当与诸如河马一类的偶数蹄数的哺乳动物（偶蹄目动物）分在一起，尽管其他科学家认为目前的数据尚不足以支持此结论。

在大群的活体生物之间，分子层面上，对生物遗传密码（DNA）的解析和描述能力为其间关联提供了新方式。分子层面种系发生史，生物间基本关系的判定，基于遗传密码所持有的信息。在此层面上，生物间的相似性可用来检验其形态学分类（基于生物的外形和结构）。基因相似性的判定帮助解决了许多了不起的问题，比如，比起大猩猩，黑猩猩和人类之间的关系更加亲近。

检验化石记录

尽管此法不适用于已灭绝的种族，还是能为化石记录的检验提供有用信息。对无脊椎动物大型群体（门），诸如环节动物、软体动物、节肢动物、棘皮动物之间基因差别的精确判定，可被用于估测它们是在过去何时开始分道扬镳的。由于这些门内的代表性多细胞生物（后生动物）都来自寒武纪地层，人们曾估计后生动物一定是在大约 8 亿年前的前寒武纪后期最初形成的。这比由化石记录得出的判定早了一大截，古生物学家正努力试着检验这一说法。

化石的形成

化石是那些逝去的生命及其在地球上度过的 38 亿年历史的最直接证据。但化石仅仅记录了这些生命中很小一部分的存在、行动和行为——主要是那些具有诸如外壳、骨骼之类易于长期留存的坚硬部位的生物。那么，化石对过去的生命有多大的代表性呢？它能真实可靠地还原过往生命——包括当今动植物的“族谱”，以及所有那些灭绝物种的原貌吗？为了评判其不足之处，理解化石的形成过程是十分必要的。

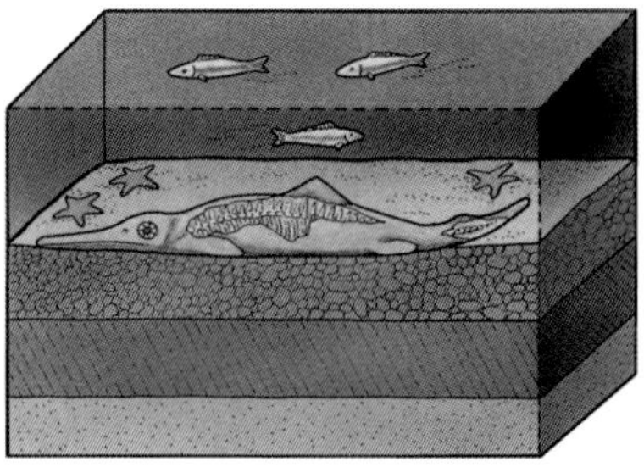

一头死去的鱼龙被掩埋在洋底的柔软沉积物中。

当今生命的多样性

当今的地球上，存活着约一千万种物种，种类繁多，大小各异，小至病毒、细菌，大至巨红杉和哺乳纲的蓝鲸。然而，其中大部分（约占 63%）是相对较小的节肢动物，主要为昆虫纲节肢动物（超过 85%）。鉴于当今物种之丰，化石理应记录了更多的物种。没有什么物种可以永生，因而每过 100 万到 1500 万年，地球上的生物都会遭遇一次翻天覆地的洗牌。

化石的标本容量

若每一物种的平均生存时间为 1000 万年，那么，从寒武纪至今的 5 亿年间，便有超过 50 次的王朝更替。假设这段时间内，每个阶段的物种数量相当，都为 1000 万，那么，地层记录中应当埋藏着大约 5 亿物种化石。迄今为止，古生物学家仅仅确认了几十万的物种化石。低于 0.01%，这只代表了总估值的极小一部分。

化石记录的局限性

一般来说，不具备矿化坚硬部位的生物根本来不及形成化石，从化石记录中被直接除名了，诸如大部分单细胞生物以及其他微生物（细菌、原生生物、真菌）、藻类、不含木质组织的维管植物、蠕虫、水母等等。尤其昆虫，尽管其现今的种类和数量巨大，在化石记录中却根本没有发言权。

遗骸的留存

大部分化石都是外壳、骨骼、牙齿、花粉和植物的炭化部分，这些是动植物身体最坚硬、最易留存的部分。最常形成化石的是海洋生物（例如蛤蜊、蜗牛、珊瑚、腕足动物、棘皮动物、三叶虫、蟹类），而其中大多住在或曾住在浅海区域。原始生物种类非常充沛，其遗骸也经常掩埋于沉积物中，很容易复原。

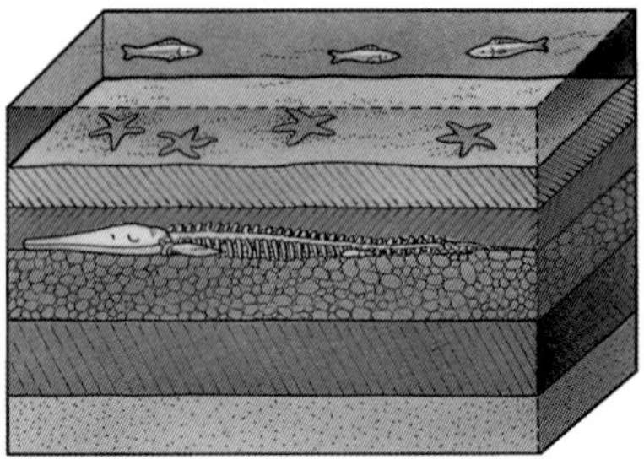

皮肉腐烂，而骨骼在几层沉积物的掩盖下矿化。

脊椎动物的留存

长有脊柱的动物（脊椎动物）的骨骼部分，尤其是牙齿、脊柱和骨架碎片都有相当的强度，能够保存完好，前提条件是它们要被迅速埋入沉积物中。骨骼是一种石灰质矿物（碳酸钙）的混合物，由一种能被细菌、真菌和氧化作用所分解的有机“水泥”集合而成。因而，留在地表或海底的骨骼有机组分会在几个月或几年内腐烂殆尽。脊椎动物体内的组织会引来食腐动物，而且不管怎样，大多数诸如皮肉、器官之类的软组织，本身也会在动物死后几小时内开始腐烂。因此，陆生脊椎动物诸如恐龙和人类的化石都相对比较稀少。

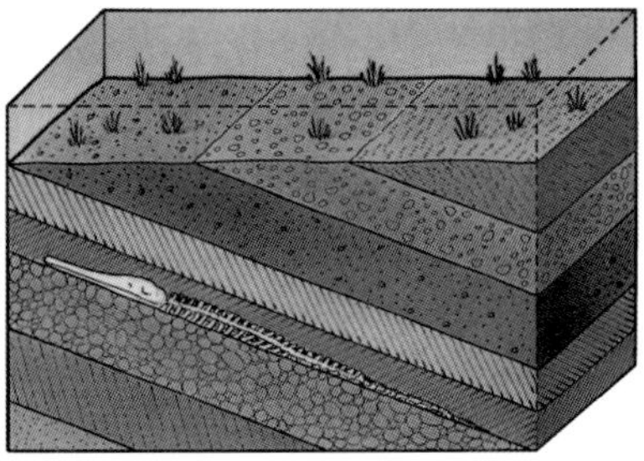

成为化石的骨骼受到大地运动和重力的挤压。

干燥作用

干燥作用，尤其是在沙漠环境下，能够保存诸如皮肤、毛发，甚至肌肉的组织。某些陆生脊椎动物的化石便通过这样的干燥方式保存下来，而恐龙的皮肤化石标本则十分稀有。在蒙古白垩纪晚期的砂岩中，出土过一些遭沙漠尘暴掩埋的完整恐龙骨架。

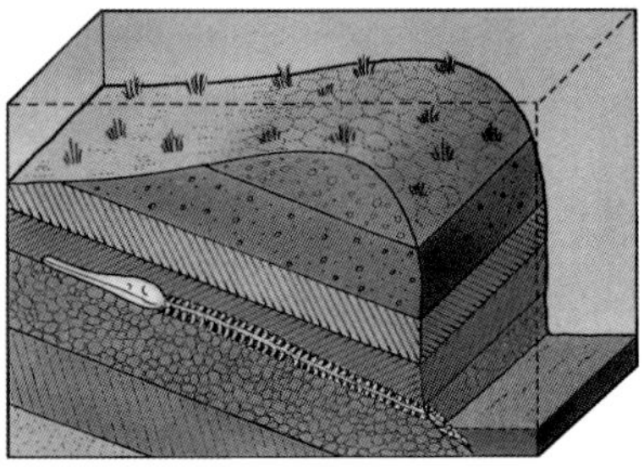

河流的侵蚀作用使得其尾部暴露在外，部分骨骼落入河床。

琥珀

琥珀是自然界中最广为人知的保存媒介之一。它是一种复杂的芳香树脂，产自波罗的海地区的南洋杉松树，能抑制真菌生长，从而防止困于其中的生物的遗骸腐

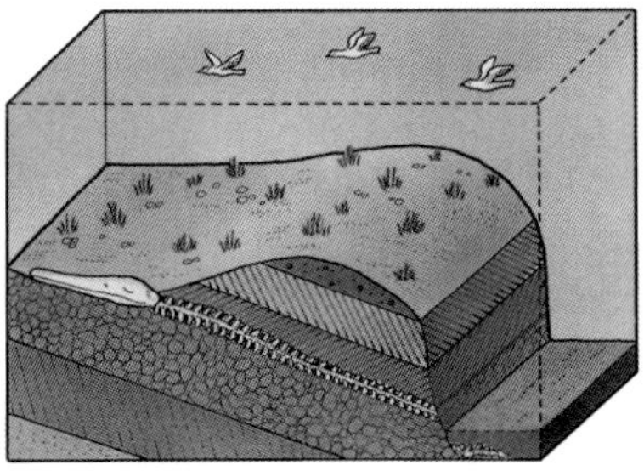

侵蚀作用使得地表逐渐裸露，进而露出其骨骼。

烂。作为一种化石树脂，其在新生代的沉积物中最为常见，例如刚才提到的波罗的海琥珀（距今 3000 万到 4000 万年），但更古老的白垩纪琥珀（距今 1.2 亿年）则出现在美国东北部、西伯利亚、黎巴嫩以及英国的怀特岛。

留存于琥珀中

从伞菌到鸟类和昆虫的寄生虫，在琥珀中可以找到大量的生物，由于琥珀作为一种有机矿物，长期留存于岩石记录中，困在琥珀里意味着成为真正意义上的化石。尽管大多数琥珀化石是无脊椎生物，以昆虫居多，人们还是发现了部分小型脊椎动物（树蛙和蜥蜴）。

冰冻

处于永冻条件下的冰冻可以将血液和身体器官留存数万年之久。冰川期的猛犸象，以及很多其他动物，如披毛犀、马、狼獾、西伯利亚和阿拉斯加的野牛（甚至会有人类，如蒂罗尔地区的冰人），其完整遗体皆通过此法得以留存。尽管由于永冻状态不会无限期地持续，化石无法永久成型，它们还是为冰川时期的状况提供了弥足珍贵的信息来源。最了不起的当属 1977 年，完整幼年雄性猛犸象（6–12 个月大）迪马的发现，它生活在约四万年前。

虫和泥

细菌是有机物自然循环的基础。如今它们声势浩大，在地球各个角落几乎都有它们的身影，下至大洋深处，远至陆上温泉，甚至连极地冰层也有它们的足迹。大多数细菌将有机物的复杂化学成分降解、分解成结构更简单的液体、气体。然而，在某些情况下，尤其当氧气不足时，细菌作用能够通过引发化学反应，促进软组织成为化石。

厌氧保存

细菌作用助化石成形一臂之力的情况一般发生在湖底或海底的细密土壤里。生成了诸如磷酸钙和黄铁的矿物，覆盖、复制了组织每一个细致入微的细节，无论是肌肉纤维、皮肤、羽毛、肠，甚至连脆弱的鳃组织也不放过。寒武纪早期的布尔吉斯页岩位于加拿大，是此法留存化石的著名产地——腿和鳃保存完好的节肢动物、软体寄生虫、脊索动物均在此处出现。

化石是地球生命演化历程的直接记录。图片由上至下依次是：一只始新世晚期的海龟、困于琥珀中的一只小虫、第三纪早期的棕榈叶化石。

海洋环境

海岸环境中有着各种各样的生物，在这里，常见海洋无脊椎生物的化石非常充沛。古生代海洋的砂岩里经常见到腕足动物、三叶虫的残躯、海百合、苔藓虫，有时也会有腹足类、双壳类、头足动物（鹦鹉螺目软体动物）。中生代砂岩中存在双壳类、腹足类、头足动物、海百合、腕足动物。新生代砂岩中则存在许多不同种类的腹足类、双壳类、棘皮动物（海胆、海星）残躯、蟹类。

化石燃料

在形成化石的过程中，植物残骸大多碳化了。随着地壳内部压强和温度的攀升，它们逐步变化，从最初的泥炭，经过褐煤，最终变为煤和无烟煤。在此过程中，同时也会释放出气体，在特定的地质学条件下，可能会积聚下来。尽管在整个 19 和 20 世纪历经了高密度开采，燃煤和燃气至今仍是地球化石燃料的主要储备。

植物矿化

部分木本植物的组织可能会因岩化（变为坚硬的岩石）衍生出多种样子，并被各种矿物所替换，诸如碳酸钙、黄铁、蛋白石或是燧石。令人惊奇的是，这些矿化方式可以保留数百万年前就灭绝的植物细胞结构相当详尽的信息。

掩埋

要想形成化石，可留存的生物残骸必须掩埋在沉积物中。大多海洋中的化石形成都发生在大陆边缘附近浅海大陆架的沉积物中。陆地易遭受风化和侵蚀，因此化石及沉积物的保存取决于在何种环境沉积，是在内海，还是湖泊盆地，是在崛起山脉的两翼，还是如裂谷一般满是断层的盆状洼地。这些环境，称为岩性圈闭，其累积的沉积物是如此之多，以至于即使后来地壳隆起，发生侵蚀，某些埋有化石的地层仍完好如初。

化石的发现：重构往昔

时至今日，大家欣然接受化石是过去生物的遗骸，并纷纷在电影、书籍和栩栩如生的博物馆展览中重新赋予它们活力，这种重构令人眼前一亮。即便是在一百年前，对过往生命如此这般逼真的重现也是不可能的，因为那时很多其基于的科学依据尚不完善。过去几十年的化石发现依旧揭示着那遥远过去的全新、让人始料未及的一面。面对地球 38 亿年的化石记录，我们还只是隔靴搔痒罢了。

史蒂文·斯皮尔伯格的电影《侏罗纪公园》以其对恐龙栩栩如生的重构闻名。

首例化石发现

自几千年前，其首度被早期人类所发现之时，化石便是神秘之物。很明显，我们的史前祖先非常珍视化石壳体，常用其作为个人装饰，并随其拥有者埋葬。对于首度发现的巨型骨头化石，当时的普遍理解是其属于某些神话中的野兽或巨人。

寻求解答

在西方世界传统的《圣经》体系内，大洪水的故事为这些谜一般的化石遗骸提供了一个有说服力的解释。这个故事阐释的能力是如此之强，以至于直到 19 世纪早期，这种说法才被抛弃。许多显赫的早期地质学家都深信大洪水存在确凿的地质学依据，因而支持《圣经》里叙述的历史真实性。

大洪水留下的遗体

当许多大型动物——例如大象的骨头在与这些动物现在的出现地带相去甚远的欧洲北部和北美洲被发现时，人们猜想是由于它们在大洪水中溺死，而后被洪水携带至此。此外，这件事似乎也很合理地解释了另一点，那便是，与海洋生物的外壳和骨骼极度相似的化石，被发现埋在远离海岸的内陆、甚至有时是高山的岩石之中。直到 19 世纪中期，人们才普遍承认这种解读的错误性。

对化石的早期解读

尽管古希腊人，如亚里士多德（公元前 384- 公元前 322）和罗马人，如老普林尼（约公元 23-79）的确极大地推动了对自然世界的精确观察和推断，我们当今对化石记录本质和历史完善的理解却是在近三百年形成的。很多这些古典研究直到中世纪时期才被重新找到，而直到欧洲的文艺复兴时期，才开始有进一步的进展。

创世圣牌

对化石的定位、收集和阐释成为公认的消遣和研究对象。从 17 世纪中叶开始，越来越多的人接受了化石是曾经真实存在过的生物的遗骸，而不是由当地地下某种力量或流体作用形成的物体。只要对化石的收集和研究被视为“创世圣牌”，便是可行的，因为这种说法印证了基于《圣经·旧约》中所描述的创世说的世界观和主流教义。

重新审视过去

到了 19 世纪早期，随着大量含化石的地层被发现，人们逐渐意识到，就算“大”洪水再大，也不可能一次性溺死这么多生物。另外，地球的早期史前发展绝不仅限于 6000 年。1650 年，爱尔兰阿尔玛的新教大主教詹姆斯·厄舍尔运用《圣经·旧约》中的族谱计算出创世发生在公元前 4004 年。随着许多侵蚀和沉积的地质学进程速度之缓慢为人们所理解，地球的年龄不得不扩充到数百万年。对地球漫长历史的地质学考查如今显示，有机体的遗骸在一层接一层的沉积物中是连续掩埋的，而生物化石的种类也循着一个又一个地层变化。

重新审视《圣经》中的叙述

事到如今，学术研究开始揭开《圣经》中诸多自相矛盾之处。人们逐渐意识到《圣经》不是一部简单的纪实历史，而是各个年代有待解读的历史故事的复杂堆积。对于许多投身于考查自然世界，尤其是搜寻过去生命化石遗迹的基督教神学家来说，这些问题都不足以称之为问题。新的发现仍可以视为“仁慈慷慨的主了不起的造化”。然而，即便这样乐观地看待，致命的漏洞还是很快出现了。

灭绝之问

从 18 世纪后期开始，在世界各地，经常有不明身份的大型脊椎动物化石出土。1739 年，在北美洲俄亥俄河岸边，发现了类似大象的骨骼（1806 年命名为乳齿象）。1796 年，巴拉圭出土的化石被描述为像是一只巨型地懒，后命名为大地懒。1786 年，发现了“马斯特里赫特之怪”，一只巨大的海洋爬行动物（最终于 1823 年命名为沧龙）。莱姆里吉斯的海龙（鱼龙和蛇颈龙）在 19 世纪早期被首度发现。即便在当时，博物学家对世界的探索也足以让他们坦承“灭绝”的可能性。但问题接踵而至：如果它们不是大洪水的牺牲者，那么，一名仁慈的造物主怎么会容忍他所创的任何物种缺陷到非灭绝不可呢？相比日益困扰人们的演化问题，灭绝之问已不那么重要了。

建立恐龙的形象

在 19 世纪初期，首度发现某些异于当今任何爬行动物的大型动物的化石碎片，最初不过是一个生物学谜团，或是只引起了少数学者和博物学家的兴趣。但当一名英国的解剖学教授理查德·欧文将其化石认定为恐龙——一个科学界闻所未闻的爬行动物灭绝物种的遗骸，一切都变了。理查德·欧文根本料想不到他在 1842 年所提出的观点对后来影响之深远。他开启了一个全新的亦真亦假的世界，一个动物幻想王国的复兴。

重现遥远的过去

无论是对化石的研究（古生物学），还是对化石所在岩石的研究（地质学），都是大体属于 19 世纪进步的学科。对“遥远”过去的重现所基于的原始素材和信息大多不完整，一般不过是一堆硬邦邦、破烂、扭曲的骨骼化石。由这个并不顺利的开端，化石被古生物学家、模型制造者、科学插图重新赋予了活力，并让人普遍信服其存在，虽然经常被夸张为凶残的捕食者。得到的恐龙形象没经过太多疑问便被普遍接受了。但那些图像，无论它们看起来多么逼真，仍是对其原型的解读，至于有多相像便不得而知了。这种逼真完全取决于化石素材的质量以及是否能取得合适的活体标本。

恐龙的重大意义

自从理查德·欧文首次提出恐龙，其概念和形象早已变得面目全非。从《圣经》中龙一般的“低矮匍匐的大蛇”，恐龙已成为一个庞大的种族，小至状似小鸟，大至蹒跚巨兽，其体积和力量都似乎违背了生物学、物理学的规律。现在认为有些恐龙曾是非常高效率的温血杀手。由于恐龙早已灭绝，其活体从未为人所观察到，这为其复原带来了巨大的潜在不确定性。即便如此，无论对其的解读如何天方夜谭，由化石记录提供的它们存在和体积的证据是不可撼动的。毫无疑问，有些恐龙的确是曾在这个星球上存活过的最庞大的陆生食植和食肉动物。

史前巨兽

此外，恐龙为击破一些维多利亚社会的成见起了重大作用。鉴于这样巨大的生物，人们无法再理直气壮地嚷嚷着，在地球某个人类未涉足的小角落，有群神秘巨兽一直躲藏着——尽管这种想法至今仍顽固地存在着，诸如尼斯湖水怪的传说，以及其他来自遥远过去的庞然大物。

演化与化石记录

在 19 世纪的前几十年里，罗德里克・默奇森和亚当・赛奇维克发现古代生物的化石不仅存在于地表附近的年轻地层，也存在于其下更古老的地层中。其中的化石表明灭绝事件不止发生了一次，而是许多次。单次大洪水灭绝理论已被弃置，而地球仅有数千年的想法也需要改写。生命的历史何其久远。

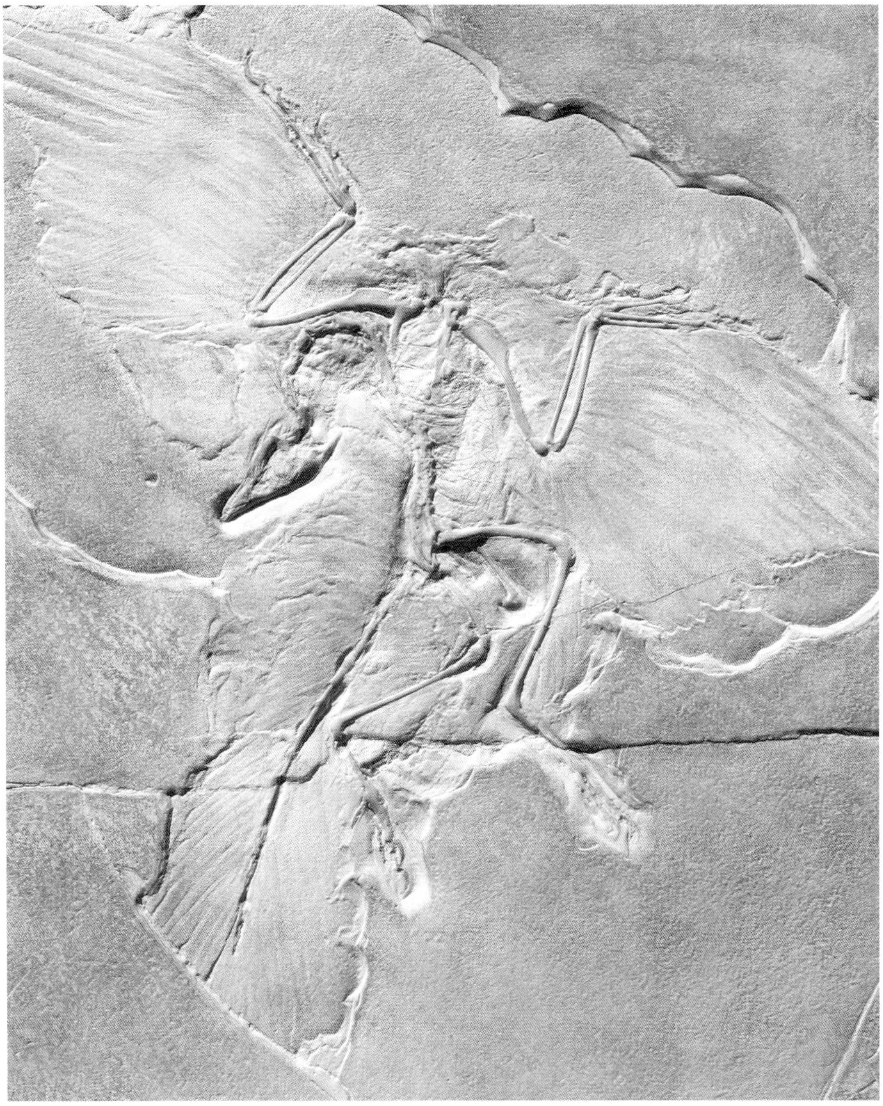

演变

不断增加的证据表明动植物的不同品种在地质记录上出现和消失的时间也不相同，人们不禁要问，生命的形式到底有多固定？不管怎么说，若通过人为杂交可产生一个新的物种，那么这一物种是否会随着时间的流逝而发生演变或变成另一物种？自十八世纪末期以来，有关演变的想法一直在自然哲学家之间广为流传，如法国的乔治－路易斯・勒克莱尔・布封（1707–1788）、让・巴蒂斯特・拉马克（1744–1829）和英国的伊拉兹莫斯・达尔文（1731–1802）——查尔斯・达尔文的祖父。

选择性繁殖

一个物种以其繁殖的、能生育的后代来区别。过去的几千年来，人类已经改良了农作物和动物，人们也很早就知道，通过选择性繁殖，强化某个特征的机会将大大增加。大多数牛类、犬类、鸽类和花类都是靠人工以这种方式繁殖的。尽管人们尚不了解其具体机制，却明白经过连续的数代之后，现存生物就会发生改变。

共同模式的出现

等级演替指的是从最原始到最发达的生物各有其位置，这一理论自有其古典基础。但自林奈及其生物分类系统出现之后，大猩猩与人类之间的相似之处变得越来越鲜明。人们疑惑大猩猩是否能够被“文明化”并对此进行了尝试。另外，所有脊椎动物之间的结构性对比显示它们具有一个共同的隐藏模式。

比较解剖学

比较解剖学由苏格兰外科医生约翰・汉特（1728–1793）和法国自然学家乔治・居维叶（1769–1832）创立，使得科学家们能够重装已灭绝生物零碎而杂乱的化石骨骼，组成解剖学上可进行繁殖的动物。

所有脊椎动物具有共同的骨骼结构模型是复原的基础。如蜥蜴大腿骨或上臂骨的基本形式就与青蛙或人类相似。

居维叶提出的模型

居维叶创新性地复原出了许多已灭绝哺乳动物的化石，从200万年前生活在南非的巨型地懒（大地懒，1796年），到第三纪巴黎盆地中已知最早的原始哺乳动物，包括一种已灭绝的有袋类哺乳动物（1804年）和貘形古兽马（1804年）。然而，所有脊椎动物骨骼结构之间被人广为认可的联系并未令新兴的物种演化理论马上得到接受。

达尔文带来的革命

查尔斯·达尔文在剑桥大学和威尔士通过亚当·赛特维奇和阅读查尔斯·莱尔的《地质学原理》来学习地质学和古生物学，还在乘贝格尔号航行期间获得了第一手的地质学经验。他很快意识到，化石所能提供的古代生命标本曾经很零碎，如今仍然如此。在《物种起源》里（发表于1859年）他阐述道，演化环节（或称过渡形式）位于两种生物之间，且其中一种是从另一种演化而来。但化石记录下来的古代生命多样性的标本如此之少，这些过渡生命形式保存下来的可能性很小，而达尔文也极大程度地避免化石证据。

缺失的一环

1860年，德国巴伐利亚州侏罗纪石板页岩中发现一片羽毛，成为古生物学一大突破。6个月后，一副几乎完整的鸟类骨架被发现。英国生物学家、达尔文理论的倡导者托马斯·亨利·赫胥黎（1825-1895）意识到，这一发现——名为始祖鸟——具有爬行动物和鸟类的共同特征，因此成为第一个近乎完美的过渡阶段化石典例，连接了一个动物大种类（鸟类）与其所起源的古代种类（恐龙爬行动物）。

变化着的马类

另外一个演化的范例则是马类化石，或许从某些方面来说比鸟类化石更好。19世纪50年代，一个法国探险队在希腊匹克尔的陆生沉积物中发现了大量马腿骨化石。到了19世纪60年代，通过将希腊的马类化石与之前的法国化石联系起来，人们绘出了一个临时的马类家谱。已知最早的品种是古兽马，为小型有蹄类哺乳动物，三根脚趾近乎等长。较年轻的三趾马仍具有外趾，但已失去功能，太小而不能着地，因此被认为是古兽马与现代马属之间的过渡阶段，后者仅有一根巨大的脚趾，外趾已经退化成微小的物件。19世纪70年代，美国古生物学家马什在北美洲的第三纪沉积物中发现了许多其他的马类品种，进一步丰富了马类演化的历史。

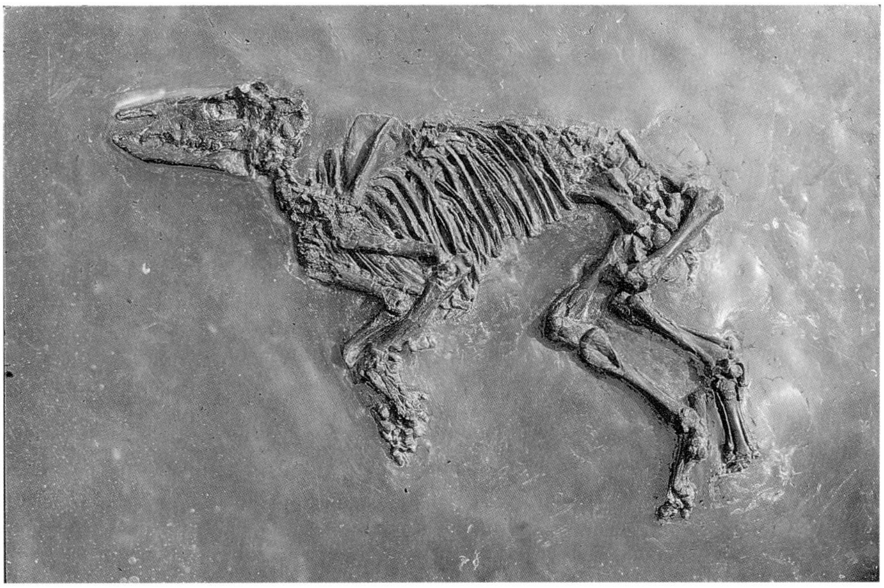

一块来自德国始新世沉积物的马化石（原古马）。古生物学家马什指出，这匹马的脚骨在历史上一直沿着迅速奔跑的演化模型不断变化。

微观进化论

过去十几年来，古生物学家们发现了某化石种类特别丰富的地层序列。这些沉积物记录了该生物演化系内的详细变化。演化演变的典型例子包括：威尔士奥陶纪的三叶虫；波兰志留世的笔石动物；东非的第三纪腹足类动物和丽鱼科鱼类；近代深海微化石序列。

保持航向

由成千上万个连续数代化石种类标本构成的大型标本会留下数百万年的踪迹。它们以不同的速度获取、失去一些特征，并独立于其他亲缘关系较近的旁系。丽鱼科鱼类占据许多大型湖泊，显示出演化的高速度。就连查尔斯·达尔文也会被如此庞大的化石证据所震撼，而相比之下，恐龙或人科的化石记录则少之又少。

生命记事簿

不久之前，一位杰出的生物学家声称，我们对现存生物演化关系已经有了足够了解，所有的化石记录都应归入“生命记事簿”。然而过去十年来，化石发现实际上提供了诸多重要信息。在世界上尚未经过详细地质考察的广阔区域，其记录历史的化石发现就比较少。古生物学家们如今了解了软组织在什么条件下才会得以保存，因此，以过去的历史为鉴来寻找新的此类条件也成为可能。历史上最大的未知领域仍然是前寒武纪，对那30亿年的历史和生命演化，我们仍然所知甚少。

化石与分子钟

达尔文理论与华莱士理论之间真正缺失的一环，乃是对遗传关系内在机制的理解。即便是通过基本模式而代代相传的特征在世纪之交也未曾获得广泛认识，而事实上，早在 19 世纪 60 年代，奥地利修道士格雷戈尔·孟德尔（1822–1884）就已发现了这些遗传模式。他发表了以豌豆进行植物繁殖实验得到的结果，但被科学界忽视，直到死后数年才被重新发现。若有孟德尔之发现的指导，达尔文或许能够以更大的信心广泛传播他的演化理论。

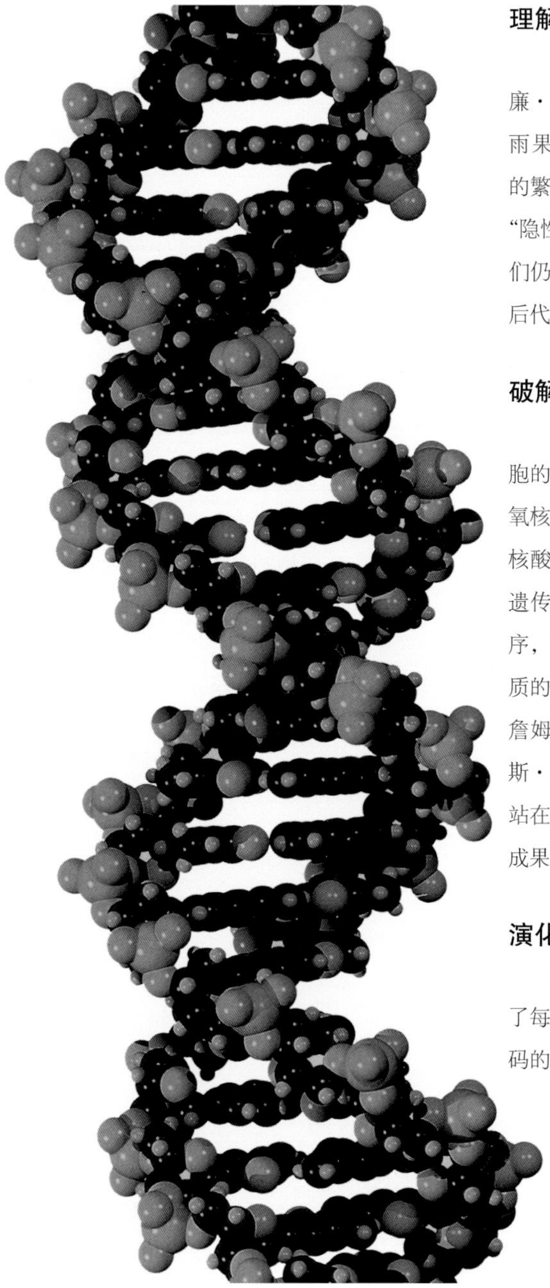

理解遗传问题

在 20 世纪之交，英国动物学家威廉·贝特森（1861–1926）与荷兰植物学家雨果·德弗里斯（1848–1935）分别进行的繁殖实验表明，遗传的“显性特征”和“隐性特征”重复分布在后代中。但科学家们仍未发现控制生殖细胞结合并交换决定后代混合遗传亲本特征信息的深层机制。

破解遗传密码

遗传的内在机制编码在每一个身体细胞的染色体中，在细胞分裂中通过复制脱氧核糖核酸（DNA）遗传下来。脱氧核糖核酸是所有生物染色体的主要组成部分。遗传密码是 DNA 碱基在分子中的排列顺序，而这一顺序又决定了细胞内合成蛋白质的类型和数量。这一机制最终由美国的詹姆斯·沃森（1928–）和英国的弗朗西斯·克里克（1916–2004）发现。他们是站在众多朝着同一目标奋斗的科学先驱的成果上获得这一成就的。

演化关系

每一个复杂的体细胞基因密码都决定了每一种生物的独特性，生物之间细胞密码的相似性决定了它们能够杂交。对编码在细胞内的复杂碱基顺序进行分析，人们可以评估现存生物演化关系的接近程度。这一分析也证实了人类与黑猩猩之间的基因接近度。

与人类亲缘关系最近的近亲

在 20 世纪 60 年代，分子生物学家发现黑猩猩基因与人类基因接近度远比原本所想象的大。其化石记录表明高级猿类和人类的分化发生在 1500 万年前左右。倘若真是如此，那么人类与高级猿类之间的基因差异应该比之前所预想的大得多。

分子钟

分子钟以现存生物基因变异的速度为基础，不同生物细胞的变异速度不同。起初，实验表明变异的速度是恒定的，但对现存生物进行的大量实验则证实了不同分子的变异速度不同。研究发现，有些分子并不能用作“钟”，而有些分子的时间则非常准确。不管怎样，物种之间分子演化速度的猜测必须与从化石记录等处获得的信息进行比照。

哺乳动物之间的关系

尽管对不同哺乳动物物种的生物科学有了极大程度的了解，生物学家们仍然对它们之间的关系感到迷惑。例如，现存原始哺乳动物——产卵的单孔目动物（如鸭嘴兽）和有袋类（如袋鼠）与较高级的有胎盘类哺乳动物（真兽亚纲）之间的亲缘关系到底有多近？以形态和结构为基础进行评估的传统方式表明单孔目要原始得多。新的分子数据则表明单孔目与有袋类的亲缘关系可能比与胎盘类哺乳动物的关系更近。

化石与分子双管齐下

分子差异本身并不能说明生物物种分化的时间，必须与化石记录共同使用才行。例如，从衍生出鳄鱼和鸟类的生物支系中已知最早的已灭绝成员来看，鳄鱼和鸟类在约 2.25 亿年前分化。假设分子变异会随着时间缓慢而有规律地累积，那么分子研究便可以估计出不同鸟类和鳄鱼类亚种的分化时间。新的分子研究产生的分化日期往往早于或晚于从现存化石记录中获得的数据，而后来的化石发现也往往会支持这些分子估计值。化石与分子双管齐下，各物种之间的关系和分化的时间也越来越清晰。

古老的 DNA

基因分析的问题在于，不管迈克尔·克莱顿的《侏罗纪公园》描绘得多么有声有色，DNA 是不能从远古的化石中提取出来的。大多数大型生物分子，如 DNA 和蛋白质，在生物死亡后都会迅速分解，除非其组织被保存的方式极其特殊，如迅速冰封。

用琥珀做实验

琥珀中完美保存的生物使得人们看到了保存 DNA 的希望。人们多次尝试从被困于琥珀中的昆虫身上提取 DNA，也有人宣称获得成功，但对该分析进行复制的所有尝试都以失败而告终，表明这一标本已被现代 DNA 所污染。

凝固在时间长河中

已灭绝生物的组织被迅速冰封发生在上次冰川世纪，当时的多毛猛犸象等动物都被冰封在永久冻土中。它们的 DNA 已被保存并加以分析，但这些尸体也不过数千万年。或许可以结合这些冰川世纪化石中保存的 DNA 和现代品种的 DNA，重现“冰川世纪公园”，里面住满了混血大象和猛犸象等动物。

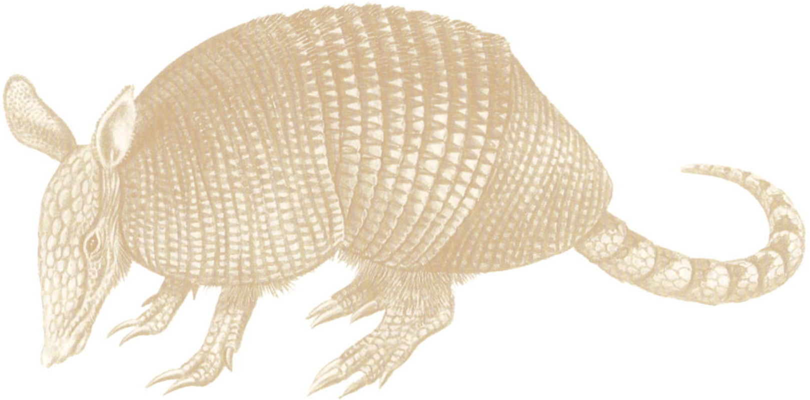

长久以来，异关节类犰狳一直被看作最原始的胎盘类哺乳动物，但新的分子数据分析表明，最原始的可能是刺猬等食虫动物。另外一个惊人的分子学发现则表明兔形目（如兔子）可能与灵长类亲缘关系较近，虽然之前它们曾被列入啮齿目（如老鼠）。

“进步”与灾难

古代化石告诉我们地球生命的历史充满了戏剧性变化。所有生物种类都因各种自然原因去了来，来了去，而化石记录了过去 5 亿年来的 54 次灭绝事件，它们曾消灭了 10% 或以上的化石种类。气候在变，冰期周而复始，人类为了生存也不得不持续调整自身来适应这些变化。了解历史上毁灭生命的进程，我们就能够更准确地评估自身对地球的影响：干预环境变化只会自取灭亡，若想与之和平共处，则是另一码事了。

月球的表面星星点点分布着陨石撞击和火山活动的痕迹，但却没有侵蚀或沉积迹象。哥白尼撞击坑和第谷环形山都形成于 8 亿 –4 亿年前。

演化演化

传统上，生命的历史被描述成从最低级、最原始向着最高级演化的进步过程。哺乳动物，尤其是人科灵长目，一直被看作这一进程的最高点。自 20 世纪早期以来，随着达尔文进化论的发展，基因变异已被看作生物健康与适应的驱动力。环境及其他生物的选择促使最适应的生物才能生存并繁殖。

核冬天设想

最近，灾难性事件已被重新评估成为历史和生物演化的重要影响因素，而且可能在不远的未来重新上演。冷战的影响之一在于核冬天设想的发展与建模，预测了核灾难之后的场景。这些模型表明，在此类大灾难中，爆炸产生的大量岩尘会飘入大气，所导致的冬天环境持续时间长到足以对生命造成毁灭性的影响。食物链最底端的植物将会被破坏，进而影响所有层级的生命。

溢流玄武岩

冷战设想使得科学家们想到了其他灾难性事件，如大规模火山爆发和地外撞击。地层岩石记录中的岩浆和火山灰层方面的地质证据表明，这两种自然事件都曾在地球历史上反复发生过。过去 2.5 亿年来，地球曾发生了 11 此大规模玄武岩溢流，平均每 2200 万年一次。大多数爆发都会引发生物灭绝，化石记录中便会缺少这些动物的化石。

火山效应

大规模火山爆发会产生大量火山灰和气体，尤其是作为温室气体的二氧化碳。该气体会使太阳短波辐射进入大气层，又大量吸收长波辐射，这一过程将滞留热量，提高地球温度。一次大的火山爆发会因弱光和酸雨而导致初步的气温下降，随后又会引起全球变暖。所有这些后果都会对地球生命造成灾难性影响，而植物更是首当其冲。

月球上的撞击事件

如蜂窝般的月球表面是地球历史研究的一个实例。二者都曾遭受大小、成分不同的地外物体持续不断的撞击，然而月球表面将撞击坑保存了下来，而地质活跃的地球则在地表的不断循环中掩埋了这些证据。

地外撞击事件

过去 5 亿年来，可估量的撞击事件就已发生了数百次。其中有 30 次造成的陨坑

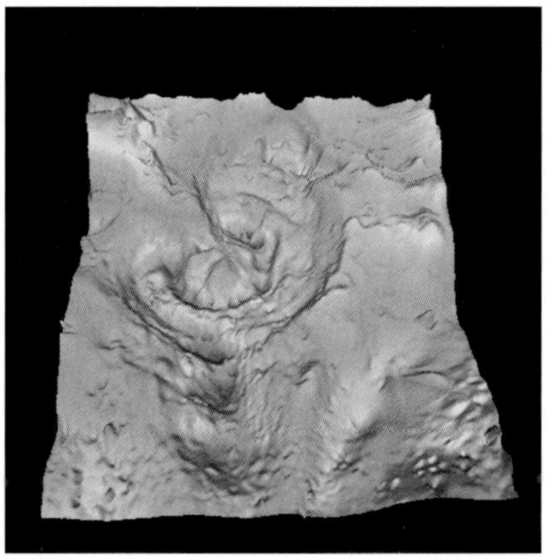

希克苏鲁伯撞击事件发生在 6500 万年前的墨西哥尤卡坦半岛，是唯一一次陨坑直径大于 100 千米的撞击事件。

宽度大于 10 千米，而这种规模的事件发生的频率是不到 1000 万年一次。

灭绝事件

在过去 5 亿年发生的 54 次灭绝事件中，有 15 次导致当时地球上 30% 或更多物种的灭绝。科学家们在过去几十年间才意识到历史上灭绝事件的频度之高。

古生代的终结

二叠纪－三叠纪灭绝事件是地球历史上破坏性最大的事件，标志着古生代的终结。人们现在知道这次事件导致 57% 的级科海洋生物种类灭绝，所有 97% 的种消失殆尽。损失最为惨重的是常见的生活在浅水区海底的有壳动物，如腕足类动物、苔藓虫类和海百合类。陆生动物也未能幸免。令人惊奇的是，生命还在继续，现存动植物不仅恢复了过来，而且还在不断分化，反映了它们的恢复能力。

环境因素

二叠纪－三叠纪灭绝事件的原因通常被归于环境因素。它与气候变化和 2.5 亿年前的西伯利亚高原玄武岩喷发息息相关，地外物体的撞击也可能参与其中，但该原因并未得到证实，且未发现属于该时代的大型撞击坑或与撞击相关的碎片。物种的消失似乎持续了 1000 万年左右，主要原因可能是全球陆地板块聚敛形成了超级大陆盘古大陆。

下降的海平面

板块聚敛伴随着海平面的急剧下降，而环绕陆地的大片浅海也向海内退缩。多种海洋生物的栖息环境被迅速改变，连适应的机会都没有，那些附着在海底和海底珊瑚中的生物更是损失惨重。

冰期大灭绝

最近一次灭绝事件与末次冰川世纪有关。随着永冻土向南穿过亚洲北部、欧洲和北美洲，山脉中形成冰山，海冰也扩展到了大西洋。大型哺乳动物被迫南撤，其中有许多成功地适应了寒冷气候，因而在亚洲和北美洲寒风凛冽的苔原和山地草甸上幸存了下来。

气候变化的证据

人们知道多毛猛犸象、犀牛、熊、狼、狼獾、巨鹿、马、大型猫科动物和许多其他哺乳动物都在上一个冰川世纪生活在亚洲、欧洲和北美洲的寒冷地区，因为它们的化石（包括被吃剩的骨头）都保存了下来，且还有欧洲西部旧石器时代惟妙惟肖的洞穴壁画佐证。它们与史上最有效率的捕食者——人类——生活在同一时代。

人类的影响

毫无疑问的是，气候的迅速变化及其对植物造成的影响标志着末次冰川世纪的终结，也是猛犸象等动物灭绝的重要原因。在北半球，人类的捕猎给本已逐渐减少的动物造成的影响，使他们很快到达无以为继的地步。最近的基因分析表明，现代克罗马努人也对尼安德特人的灭绝负有间接责任。当然，并无证据表明我们的基因组成中具有尼安德特人的基因，若曾有某种形式的杂交，则是另一码事了。

坏运气与幸存

一些古生物学家认为，灭绝事件在演化过程中也扮演着极为重要且不可预测的角色。演化就像桌游，好运气与坏运气都是影响因素。灭绝事件的间隔期不规则，破坏强度具有随机性，往往影响着生命的进程。恢复及进一步的发展可能取决于哪种生物能够幸存下来，而它们充分利用空闲生态空间的能力也会决定演化的方向，直到下一次灭绝事件的来临。

持久性与幸存

另一些生物学家则反对运气说，并指出某些高级、复杂生物世系的持久性。如在寒武纪早期演化自脊索动物的脊椎动物，就从已知的 54 次灭绝事件中幸存下来，并且仍然兴旺发达。不管灭绝事件的原因为何，我们的生存全赖以史为鉴。

肯尼亚内罗毕国家公园内正在焚烧的象牙。作为最有效率的猎食者，人类正在威胁着非洲和亚洲现存的巨型动物群。

脊椎动物的分类

在现存的动物档案中，脊椎动物并不是按照演化的先后顺序排列，而是按照亲缘关系分类的。这样可以展现某一特定动物应该划分到哪一类别，可参照动物档案中各部分开篇的演化图，就能发现它们之间的关系。这种分类倾向于将动物归到大类中，在大部分情况下，动物以科分类。

鱼类（见第 162–189 页）

脊索动物门（脊椎动物的祖先）

头索动物亚门

（无脊椎脊索动物）：皮卡虫

脊椎动物亚门（有头类亚门）

无颌纲

盲鳗亚纲（盲鳗 / 盲鳗）

七鳃鳗亚纲（七鳃鳗类）

牙形石亚纲：牙形刺

未命名的亚纲

异甲鱼目：亚兰达甲鱼、镰甲鱼、达克盾鱼、鳍甲鱼

花鳞鱼目：花鳞鱼

盔甲鱼目

骨甲鱼目：北甲鱼、*Dartmuthia*、半环鱼、*Tremataspis*

缺甲目：莫氏鱼、喉鳞鱼

软骨鱼纲（软骨鱼）

板鳃亚纲（鲨鱼、鳐鱼和魟鱼）

裂口鲨目：裂口鲨属

西莫利鲨目：*Cobelodus*、胸脊鲨属

异刺鲨目：异刺鲨属

真鲨目：弓鲛属、*Tristychius*

新鲨目：剑吻鲨属、硬尖犁头鳐属、史帕斯鳐

全头亚纲（吐火银鲛或兔银鲛）

银鲨目：三角褶鲛、硬齿鱼

棘鱼纲（刺鱼类）

栅棘鱼目：栅鱼

棘鱼目：棘鱼属

盾皮鱼纲（甲胄鱼类）

莱茵鲛目：伪鲛属

褶齿鱼目：小栉齿鱼

节甲鱼目：粒骨鱼属、邓氏鱼、戈尔兰鱼

胴甲鱼目：沟鳞鱼

未定目：古椎鱼

Acanthothoracans 目

硬骨鱼纲（硬骨鱼类）

辐鳍鱼亚纲（辐鳍鱼）

古鳕目：*Canobius*、扁体鱼、鳕鳞鱼、莫伊鱼、古鳕、龙鱼

裂齿鱼目：裂齿鱼

半椎鱼目：平齿鱼、鳞齿鱼

硬齿鱼目：硬齿鱼

针吻鱼目：针吻鱼

真骨鱼目：古金眼鲷、矛齿鱼、始比目鱼、*Hypsidoris*、厚茎鱼、薄鳞鱼、叉鳞鱼、原乌鲂、楔形头鱼、*Thrissops*

肉鳍亚纲（肉鳍鱼）

扇鳍鱼下纲

爪齿鱼目：*Strunius*

孔鳞鱼目（扇鳍鱼类）：阿氏旋鳍鱼、全褶鱼

骨鳞鱼目（扇鳍鱼类）：真掌鳍鱼、骨鳞鱼

腔棘鱼下纲

（空棘鱼类）：大盖鱼

肺鱼下纲

肺鱼目（肺鱼类）：喙肺鱼、双鳍鱼、固利佛纳托斯肺鱼

两栖动物（见第 190–201 页）

两栖纲

棘螈科：棘螈

鱼石螈科：鱼石螈

斜眼螈科：尤克里塔螈

未定目：厚蛙螈、格里尔螈

离片椎目

圆螈科

引螈科：蚓螈

双顶螈科：巨头螈属、帆螈

盾甲螈科：盾甲螈

大头鲵科：*Paracyclotosaurus*

斜横螈科：异螈

石炭蜥目

始螈科：始螈

西蒙螈目

西蒙螈科：蜥蜴

壳椎亚纲

缺肢目

蛇螈科：蛇螈

Phlegethontiidae 科：*Phlegethontia*

游螈目

角螈科：笠头螈、*Keraterpeton*

鳞鲵目

Pantylidae 科：*Pantylus*

小腕螈科：小鲵螈

滑体两栖下纲

原蛙目（早期的青蛙和蟾蜍）

原古蜥科：三叠蛙

无尾目（现代的青蛙和蟾蜍）

尾蟾科：维尔蛙属

古蟾科：古蟾属

有尾目（水螈和蝾螈）

卡拉螈科：卡拉螈

蚓螈目（无足目）

爬行型类

未定科：西洛仙蜥

阔齿龙目

阔齿龙科：阔齿龙属

爬行动物（见第 202–231 页）

爬行纲

无孔亚纲

大鼻龙目

原古蜥科：林蜥

大鼻龙科：铁龙

前棱蜥科：深颌蜥属

锯齿龙科：埃尔金龙、锯齿龙、盾甲龙

米勒古蜥科：米勒古蜥

中龙目

中龙科：中龙

龟鳖目（龟、陆龟和水龟）

原颌龟亚目

原颌龟科：原颌龟

侧颈龟亚目

侧颈龟科：巨型侧颈龟

曲颈龟亚目

卷角龟科：卷角龟

陆龟科：陆龟属

原盖龟科：古海龟

鳖科：古鳖

未定亚纲

楯齿龙目

楯齿龙科：楯齿龙

豆齿龙科：盾龟龙

无齿龙科：盾齿龙

未定目
克劳迪欧蜥科：克劳迪欧蜥属
幻龙目
幻龙科：色雷斯龙、欧龙属、幻龙属
皮氏吐龙科：皮氏吐龙
蛇颈龙目
蛇颈龙总科
蛇颈龙科：蛇颈龙属
浅隐龙科：浅隐龙
薄板龙科：薄板龙、海鳗龙
上龙总科
上龙科：克柔龙、滑齿龙、巨板龙属、泥泳龙
鱼龙目
萨斯特龟龙科：杯椎鱼龙、沙尼龙
混鱼龙科：混鱼龙
鱼龙科：鱼龙、大眼鱼龙
狭翼鱼龙科：狭翼鱼龙
蛇嘴鱼龙科：正犀龙、泰曼鱼龙
双孔亚纲
纤肢龙目
油页岩蜥科：油页岩蜥属
纤肢龙科：纤肢龙
未定目
韦格替蜥科：空尾蜥
海龙目
阿氏开普吐龙科：阿氏开普吐龙
离龙目
喙头蜥科：喙头蜥
始鳄目
坦噶蜥科：霍瓦蜥属、沙地欧龙
鳞龙超目
喙头目（喙头蜥）
楔齿蜥科：楔齿蜥属
腹躯龙科：腹躯龙
有鳞总目（蛇和蜥蜴）
蜥蜴亚目（蜥蜴）
孔耐蜥科：孔耐蜥
阿德蜥科：阿德蜥
巨蜥科：古巨蜥
沧龙科：扁掌龙、浮龙
蛇亚目（蛇类）
伸龙科：厚针龙

主龙类动物（见第232–313页）

主龙型下纲
喙头龙目
喙头龙科：异平齿龙
原蜥亚目
原龙科：原龙
长颈龙科：长颈龙
主龙亚纲
原鳄科：加斯马吐龙
引鳄科：引鳄
劳氏鳄科：铁沁鳄
植龙科：狂齿鳄
锹鳞龙科：锹鳞龙属
派克鳄科：派克鳄
鸟鳄科：鸟鳄
兔鳄科：兔鳄
未定科：长鳞龙
鳄形超目
鳄目（鳄鱼）
喙头鳄科：股薄鳄
跳鳄科：陆鳄
原鳄科：原鳄
中真鳄家族
真蜥鳄科：真蜥鳄
地蜥鳄科：地蜥鳄
伯尼斯鳄科：伯尼斯鳄
真鳄亚目
鳄科：恐鳄、锯鳄
翼龙目（飞龙）
“喙嘴龙亚目”
双型齿翼龙科：双齿形翼龙
真双型齿翼龙科：真双型齿翼龙
喙嘴翼龙科：蛙嘴龙、喙嘴龙、掘颌龙、索德斯龙
翼手龙亚目
准噶尔翼龙科：准噶尔翼龙
南方翼龙科：南翼龙
翼手龙科：西阿翼龙、翼手龙
鸟掌翼龙科：无齿翼龙、披羽蛇翼龙
蜥臀目
兽脚亚目
角鼻龙下目
角鼻龙科：角鼻龙
腔骨龙科：原美颌龙、跳龙、腔骨龙
手盗龙类
未定名科：原始祖鸟
虚骨龙科：虚骨龙
美颌龙科：美颌龙、中华龙鸟
似鸟龙科：似鸸鹋龙、轻巧龙、似鸡龙、似鸟龙、似鸵龙
窃蛋龙科：窃蛋龙
驰龙科：恐爪龙、驰龙、蜥鸟盗龙、伶盗龙
蜥鸟龙科：蜥鸟龙、细爪龙
重爪龙科：重爪龙
肉食龙下目
斑龙科：双脊龙、美扭椎龙、斑龙、原角鼻龙、巨齿龙
异特龙科：异特龙、永川龙
棘龙科：高棘龙、棘龙
暴龙科：艾伯塔龙、分支龙、达斯布雷龙、特暴龙、暴龙
蜥脚型亚目
“原蜥脚下目”
近蜥龙科：近蜥龙、埃弗拉士龙、槽齿龙
板龙科：巨椎龙、鼠龙、板龙
黑丘龙科：里奥哈龙
蜥脚下目
鲸龙科：巨脚龙、鲸龙
腕龙科：腕龙
圆顶龙科：圆顶龙、盘足龙、后凹尾龙
梁龙科：迷惑龙、叉龙、梁龙、马门溪龙
巨龙科：阿拉摩龙、萨尔塔龙
鸟臀目
基干鸟臀类：棘齿龙、莱索托龙、小盾龙
畸齿龙科：畸齿龙、皮萨诺龙
肿头龙下目
肿头龙科：平头龙、肿头龙、倾头龙、剑角龙
平头龙科：平头龙
基干鸟脚类：橡树龙、棱齿龙、奥斯尼尔龙、帕克氏龙、腱龙、奇异龙
禽龙科：卡洛夫龙、弯龙、禽龙、木他龙、豪勇龙、原巴克龙、曼特尔龙
鸭嘴龙科：鸭龙、巴克龙、盔龙、埃德蒙顿龙、鸭嘴龙、亚冠龙、小贵族龙、赖氏龙、慈母龙、副栉龙、原栉龙、栉龙、山东龙、青岛龙
覆盾甲龙亚目
腿龙科：腿龙
剑龙下目
剑龙科：钉状龙、剑龙、沱江龙、乌尔禾龙
甲龙下目
结节龙科：林龙、胄甲龙、多刺甲龙、结节龙、蜥结龙、林木龙、厚甲龙
甲龙科：甲龙、包头龙、美甲龙、篮尾龙
角足亚目
角龙下目
鹦鹉嘴龙科：鹦鹉嘴龙
原角龙科：弱角龙
纤角龙、微角龙、蒙大拿角龙、原角龙
角龙科：准角龙、无鼻角龙、尖角龙、开角龙、厚鼻龙、五角龙、戟龙、牛角龙、三角龙

鸟类（见第314–325页）

鸟纲
齿鸟亚纲
始祖鸟科：始祖鸟
阿瓦拉慈龙科

伊比利亚鸟科
反鸟亚纲
齿鸟亚纲
鱼鸟目：鱼鸟
黄昏鸟目：黄昏鸟
今鸟亚纲
古腭总目
今腭总目
鸵形目：象鸟、最大恐鸟、巨鸸鹋
鸽形目：渡渡鸟
鹳形目：阿根廷巨鹰、哈斯特鹰、璃莱军舰鸟、骨齿鸟、*Palaeolodus*、大海雀
鹤形目：巨型不飞鸟、新秃鹫、恐鹤
雁形目：普瑞斯比鸟

似哺乳爬行动物（见第 326–337 页）

下孔亚纲
盘龙目
蛇齿龙科：始祖单弓兽、蛇齿龙
卡色龙科：卡色龙
基龙科：基龙
楔齿龙科：楔齿龙、异齿龙
蜥代龙科：蜥代龙
始蜥龙科
兽孔目
始巨鳄亚目
渐衰鳄科：渐衰鳄
恐头兽亚目
伟鳄兽科：伟鳄兽
貘头兽科：麝足兽
丽齿兽亚目
丽齿兽科：雷塞兽
二齿兽亚目
鼩肢兽科：鼩肢兽
小头兽科：小头兽
罗伯特兽科：罗伯特兽
二齿兽科：二齿兽
肯氏兽科：肯氏兽
水龙兽科：水龙兽
兽头亚目
埃里斯蜥兽科：埃里斯蜥兽
犬齿兽亚目
原犬鳄龙科：原犬鳄龙
鼩龙兽科：三叉棕榈龙
犬颌兽科：犬颌兽
横齿兽科：啮颌兽
三瘤齿兽科：小驼兽
巴莫鳄亚目

哺乳动物（见第 338–441 页）

哺乳动物纲
原兽亚纲
摩尔根兽科：巨带兽
小贼兽科：小贼兽
多瘤齿兽目
羽齿兽科：羽齿兽
单孔目（鸭嘴兽、针鼹）
柱齿兽目
三尖齿兽目
对齿目
Dryolestids 科：*Crusafontia*
真兽亚纲
后兽下纲
有袋目（有袋类动物）
负鼠亚目
负鼠科：阿法齿负鼠
古鬣狗科：原鬣带狗、卡拉袋鼬
袋剑虎科：袋剑虎
兔袋兽科：兔袋兽
尸袋猬科：尸袋猬
袋狮科：袋狮
袋鼠科：巨型短面袋鼠
双门齿目：双齿门兽
袋貘科：袋貘
后兽亚纲
重褶齿猬科：重褶齿猬
贫齿类群
始贫齿兽科：始贫齿兽
异关节类（犰狳、树懒、食蚁兽）
犰狳科：巨铠鼹
雕齿兽科：星尾兽
二趾树懒科：中新懒兽
大地懒科：大地懒
磨齿兽科：舌懒兽
食蚁兽科：欧食蚁兽
鳞甲目
穿山甲科：始穿山甲
Epitheria 类群
食虫总目（刺猬、鼩鼱属、鼹鼠）
丽猬目
Pseudorhyncocyonidae 科：长鼻跳鼠
双褶齿尾目
古掘猬科：古掘猬
兽总目
兽目
兽科：安格勒兽
啮齿总目，
兔形目（家兔和野兔）
兔科：古兔
啮齿目（松鼠、老鼠和海狸）
松鼠亚目
副鼠科：北鼠
米拉鼠科：北美米拉鼠
河狸科：*Steneofiber*
豪猪亚目
梳趾鼠科：*Birbalomys*
花背豚鼠科：南美丘齿兽
始豚鼠科：始豚鼠
统兽总目
翼手目（蝙蝠）
古蝠科：伊神蝠
灵长型类
平猴科：平猴
皮翼目（飞狐猴）
Flagiomenidae 科：游弋兽
更猴形亚目
更猴科：更猴
灵长目（狐猴、猴类、类人猿和人类）
兔猴型下目
近猴科：假熊猴
狐猴型下目
狐猴科：巨狐猴
懒猴科
直鼻猴类
始镜猴科：尼古鲁猴
跗猴科
类人猿亚目
阔鼻猴下目
悬猴科：布氏猴
蜘蛛猴科：*Tremacebus*
狭鼻猴小目
猕猴总科
猕猴科：中猴、狮尾狒
山猿科：山猿
人猿总科
长臂猿科（长臂猿）
上猿科：树猿、上新猿、原上猿
猩猩亚科（化石和现存猿类）：森林古猿、巨猿、腊玛古猿、西瓦古猿
人科（人类和现存大猩猩）：南方古猿、能人
人亚科（人类和人类祖先化石）
猛兽超目
肉齿目（肉食类哺乳动物）
鬣齿兽科：鬣齿兽
牛鬣兽科：裂齿兽
食肉目（真正的食肉动物）
细齿兽超科
细齿兽科：小古猫
猫型总科（猫类和獴类）
灵猫科：*Kanuites*
鬣狗科：鼬箭狗、前斑鬣狗
猎猫科：猎猫
猫科：恐猫、始剑虎、似剑齿虎、巨剑齿虎、豹属、剑齿虎
犬型总科（狗、熊、熊猫）
鼬科：河兽
犬科：恐狼、食蟹狐、新鲁狼、黄昏犬、恐犬、贪犬

浣熊科：恰帕熊、*Plesictis*
半犬科：半犬
熊科：郊熊、半熊、洞熊
鳍脚亚目（海豹、海狮和海象）
海豹总科（小耳朵海豹）
海豹科：弓海豹
海狮总科（海狗和海狮）
海熊兽科：海熊兽
皮海豹科：皮海豹
海象科（海象）：拟海象
海狮科
有蹄超目（有蹄哺乳动物或有蹄类动物）
熊犬目（踝节类）
熊犬科：古中兽
中爪兽目
中兽科：安氏中兽
纽齿兽目
带齿兽科：柱齿兽
全齿目
冠齿兽科：冠齿兽
裂齿目
履爪兽科：*Trogosus*
恐角目
尤因他兽科：始王兽
偶蹄目（偶数脚趾的有蹄类动物）
猪形亚目（猪、野猪类、河马）
双锥齿兽科：古偶蹄兽
巨猪科：古猪兽、恐颌猪
猪科：巨疣猪
西貒科：平头猪
石岩兽科：*Elomeryx*
河马科：河马
胼足亚目（岳齿兽类和骆驼）
岳齿兽科：*Brachycrus*、高齿羊、岳齿兽
新兽科：新兽
原角鹿科：原角鹿、四角鹿、奇角鹿
骆驼科：古骆驼、拟驼、尖驼、先兽、原驼、原疣脚兽、*Stenomylus*、大驼
反刍亚目（鹿科、长颈鹿科、和牛科）
鼷鹿科：胚鹿
鹿科：真枝角鹿、大角鹿
长颈鹿科：原利比鹿、西瓦鹿
叉角羚科：*Hayoceros*、*Iligoceros*
牛科：牛属、佩罗牛
鲸目（鲸类、海豚类和鼠海豚类）
古鲸亚目
原鲸科：巴基鲸、原鲸
龙王鲸科：龙王鲸、轭根鲸
齿鲸亚目（齿鲸）
鲨齿鲸科：原鲨齿鲸
剑吻古豚科：剑吻古豚
须鲸亚目（须鲸）
新须鲸科：新须鲸

管齿目（食蚁兽）
奇蹄目（奇数脚趾有蹄类动物）
角型亚目（貘和犀牛）
沼貘科：犀貘
貘犀科：貘犀
貘科：中新貘
跑犀科：跑犀、巨犀
两栖犀科：后两栖犀
犀科：披毛犀、板齿犀、远角犀、三角犀
爪兽亚目
爪兽科：石爪兽
马型亚目（马科与雷兽科）
古兽科：古兽马
马科：安琪马、三趾马、南美土著马、始祖马、副马、渐新马、草原古马
雷兽科：雷兽、渐雷兽、长鼻雷兽、大角雷兽、始雷兽
南蹄总目（南美洲有蹄哺乳动物）
滑距骨目
第斗兽科：第斗兽
原马形兽科：双滑距兽、涂鸦兽
后弓兽科：后弓兽、滑距貘
南方有蹄目
古南美有蹄亚目
南柱兽科：南柱兽
箭齿兽亚目
外锯兽科：涂氏兽
巨弓兽科：巨弓兽
利昂马科：小弓兽
Notohippidae：*Rhynchippus*
箭齿兽科：*Adinotherium*、箭齿兽
型兽亚目
中间兽科：原齿兽

黑格兽亚目
黑格兽科：厚南兽
闪兽目
闪兽科：闪兽
Trigonostylopidae：*Trigonostylopidae*
焦兽目
焦兽科：焦兽
蹄兔目
上新蹄兔科：*Kvabebihyrax*
特提斯兽类总目
重脚目
重脚兽科：重脚兽
长鼻目
莫湖兽科：莫湖兽
恐象科：恐象
象形亚目（象、乳齿象及猛犸象）
嵌齿象科：变齿象、互棱齿象、居维象、嵌齿象、始乳齿象、铲齿象、剑乳齿象
乳齿象科：美洲乳齿象
象科：象属、猛犸象属
海牛目（儒艮属、海牛属）
始新海牛科：始新海牛
儒艮科：*Rytiodus*、大海牛
索齿兽目
索齿兽科：索齿兽

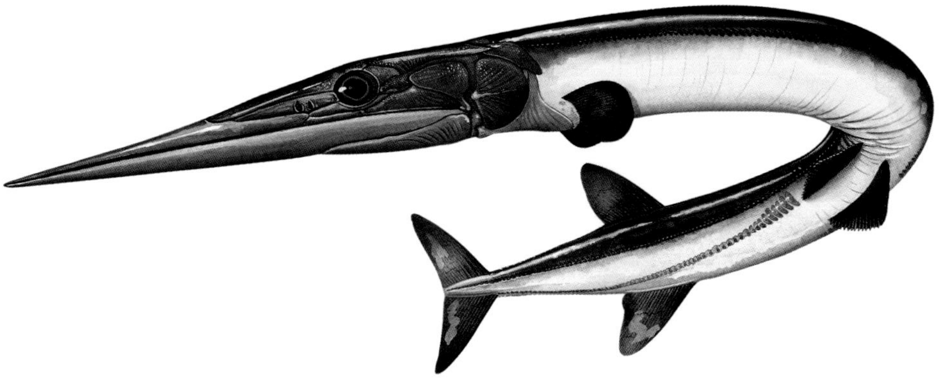

相关人物档案

道格拉斯·路易斯·阿加西斯 Douglas Louis Agassiz（1807–1873）

瑞士裔美国人，自然学家和冰川学家。他曾在德国学医，后来到巴黎参与了乔治·居维叶的教学研究工作。他在鱼化石方面，进行了一系列举足轻重的研究，阐述并描绘了1700多个新物种。他是第一批认为曾经存在末次冰期的科学家之一。1846年他到哈佛大学任教，是查尔斯·达尔文（1809–1882）进化论的反对者。

罗伊·查普曼·安德鲁斯 Roy Chapman Andrew（1884–1960）

美国探险家、博物学家。20世纪20年代，他领导了从位于纽约的美国自然历史博物馆出发，深入蒙古戈壁沙漠的第一次探险考察，发现了很多新的恐龙品种，包括原角龙、窃蛋龙、伶盗龙等，并且第一次发现整窝的恐龙蛋化石和刚刚孵化的小恐龙化石。

玛丽·安宁 Mary Anning（1799–1847）

玛丽·安宁来自一个从事化石收集的英国家庭安宁家族，是其中最著名的成员。在英国南部有一个叫作莱姆里杰斯的海滨城镇，在小镇附近海蚀崖的侏罗纪地层中，安宁一家找到了鱼龙化石、蛇颈龙化石、鱼化石以及许多无脊椎动物的化石。

路易斯·阿尔瓦雷茨 Luis Alvarez（1911–1988）和沃尔特·阿尔瓦雷茨 Walter Alvarez（1940–）

美国著名的父子团队。1980年，他们宣称在白垩纪和古近纪之间发现一层富含稀有元素铱的黏土层（K–Pg界线），这标志着宇宙中的一颗大陨石曾撞击了地球。他们还宣称，正是这次6500万年前发生的事件，导致了恐龙的灭绝。路易斯·阿尔瓦雷斯是一位天文物理学家，并在1968年获得诺贝尔物理学奖。

埃尔索·巴洪 Elso Barghoorn（1915–1984）

美国古生物学家。1956年，他发现了前寒武纪的20亿年前的冈弗林特微体化石。在1968年，他证实了化学化石（比如氨基酸）能够在岩石中保存30亿年之久。

乔希姆·巴朗德 Joachim Barrande（1799–1883）

法国工程师、自然学家，曾与乔治·居维叶一起进行科研工作。之后他一直为流亡的法国皇室当家庭教师。他一生都致力于描绘在波西米亚发现的古生代化石。

雨果·贝尼奥夫 Hugo Benioff（1899–1968）

美国地震学家，地壳运动中的板块消亡带就是以他的名字命名的（贝尼奥夫带）。他发现大洋板块的俯冲作用引发地震，能感觉到地震的距离越远，震中就越深。

伯特伦·博尔特伍德 Bertram Boltwood（1870–1927）

美国化学家。他证明，通过测量岩层所含铅和铀的同位素比率，可以测定岩石的年龄。

亚历山大·布隆尼亚尔 Alexandre Brongniart（1770–1847）

法国自然学家、地层学先驱。他曾与乔治·居维叶共事，一起绘制了巴黎周边地区的地层并收集当地的化石。

阿道夫·布隆尼亚尔 Adoplhe Brongniart（1801–1876）

亚历山大·布隆尼亚尔的儿子，他主要是个植物学家，是将植物学技术应用于植物化石研究的先锋人物。他们父子为以后的地质研究提供了一个新的模式和范例。

詹妮弗·克拉克 Jennifer Clack（1947–）

英国古生物学家。她修正了古生物学家对最初的有腿脊椎动物（四足动物）的一些观点，她还对泥盆纪化石进行了详细的研究，证明四足动物腿部的演化，最初是为了在湍急的水流中游泳，后来才被用来在陆地上行走。

内德·科尔伯特 Edwin Colbert（1905–2001）

美国三叠纪恐龙专家。他在新墨西哥州发现并发掘了“幽灵牧场”化石遗址。该遗址含有大量腔骨龙（虚形龙）的遗骨。

爱德华·德林克·科普 Edward Drinker Cope（1840–1897）

美国自然学家，他是哺乳动物和恐龙化石的收集者，也是奥塞内尔·马什（Othniel Marsh）强劲对手。科普的大量收藏品，如今都在位于纽约的美国自然历史博物馆中展出。

乔治·居维叶 Georges Cuvier（1769–1832）

法国比较解剖学的创始人。在他那个时代，居维叶是最伟大的自然学家之一。他展示了通过若干骨头重新构建一个脊椎动物化石，并推演该生物的生活方式。他和亚历山大·布隆尼亚尔一起，发现了地层学原理。他认为，在地球发展历史中，曾多次发生大灾难，而这些灾难对地球生命进程产生了巨大影响。

詹姆斯·德怀特·丹纳 James Dwight Dana（1813–1895）

美国地质学家，在威尔克斯－太平洋探险过程中收集了大量藏品。他针对自己所收集的地质学以及动物学标本所做出的报告，因其出色的见解和精确性而闻名于世。此外，他还对火山、珊瑚礁和山脉的形成做了报告。丹纳支持查尔斯·达尔文的进化论。

雷蒙德·达特 Raymond Dart（1893–1988）

澳大利亚出生的动物学家。他第一个发现了人类祖先——南方古猿的化石。这块颅骨被昵称为"汤恩男孩"（Taung child），不大但保存完好，于 1924 年发现于南非博茨瓦纳一个洞穴的淤泥中。达特宣称这块颅骨证明了古猿和人类之间的联系，但直到 20 世纪 30 年代后期，这个论断才得到广泛认可。

查尔斯·达尔文 Charles Darwin（1809–1882）

英国自然学家。他研究地质学，同时也研究活着的生物以及生物化石，在他乘坐"贝格尔号"舰历时 5 年的环球探险中，他在这两方面进行了大量研究。他发展了现在被广泛接受的生物进化论，该学说认为生物是通过自然选择法实现不断演化的。1858 年，他与阿尔弗雷德·华莱士通过各自的研究，一起发表了这一学说。之后，达尔文在他的巨著《物种起源》（The Origin of Species）中阐述了这一学说，该书在 1859 年出版。许多的人对该学说持反对意见，特别是在 1871 年当他把这一观点应用在《人类起源》一书中的时候。在那个时代，很多科学家，如亚当·塞奇威克（Adam Sedgwich），都强烈反对这个学说。

路易斯·道罗 Louis Dollo（1857–1931）

生于法国的古生物学家。他与路易·德·波夫一起，在比利时对著名的禽龙骨骼进行研究。道罗以鸟和袋鼠骨骼为参考，成为重构禽龙骨架第一人。他还发表了演化过程的不可逆理论，该理论认为特化的生物不会演化为非特化生物。

戴阿娜·爱德华兹 Dianne Edwards（1942–）

威尔士古植物学家，她在英国的志留纪岩层中发现了最早的维管植物化石，她阐述了这些最早的陆生植物是如何演化并且移植于陆地上的。

莫里斯·尤因 Maurice Ewing（1906–1974）

美国海洋地质学家。他证明了海洋地壳比大陆地壳薄。1953 年，他和布鲁斯·希曾（Bruce Heezen）一起发现了环绕全球的大洋中脊体系。之后他发现了大西洋中脊的中央断裂，并表示大西洋中脊在不断被拉开。

马丁·格莱斯纳 Martin Glaessner（1906–1989）

澳大利亚地质学家，他首次（从 1958 年开始）对前寒武纪晚期的软体生物以及在澳大利亚南部的弗林德斯山脉群山中发现的埃迪卡拉纪化石制作了详尽的说明。这些化石最初是在 20 世纪 40 年代晚期被 R.C. 斯普里格发现的。

斯蒂芬·杰·古尔德 Stephen Jay Gould（1941–）

美国古生物学家、进化论者。他发展了"间断平衡论"（Punctuated equilibrium）这一演化学说。该学说认为，新物种的演化形成是突然快速爆发的，随着演化的完成，接下来的是极少变化的演化停滞期。

詹姆斯·霍尔 James Hall（1811–1898）

美国研究古生代化石的先驱，对在纽约州以及位于阿帕拉契山脉的山群中发现的化石研究颇深。他后来成为位于奥尔巴尼的自然历史博物馆的馆长。

布鲁斯·希曾 Bruce Heezen（1924–1977）

美国海洋学家。他发现强烈的海底浊流，其时速可达 85 千米 / 小时，这样的浊流能把大量的、甚至数百里之外陆地衍生沉积物带入深海盆地。

哈里·哈蒙德·赫斯 Harry Hammond Hess（1906–1969）

美国地质学家。他增进了人们对海洋地质学的认知和理解。他认为，从地幔涌出的熔岩物质不断沿着中洋脊流到地表。就在那里，熔岩岩浆水平扩张，形成新的洋底。因此，距离海洋中脊越远的洋底，年代就越久远。

詹姆斯·赫顿 James Hutton（1726–1797）

苏格兰自然学家。他在自己所著的《地球学说》（theory of the earth，1788 年）一书中，宣称地球的年龄将会很"伟大"，"既看不到开始的痕迹，也展望不到结束的时间"。这种地质现象，能够和应该被现有的地质现象所解释。这一说法被另一位苏格兰地质学家查尔斯·莱尔（charles lyell）采纳并发展。

唐纳德·乔纳森 Donald Johanson（1943–）

美国古人类学家，1973 年在埃塞俄比亚发现了更新纪灵长动物的膝关节。从这些骨头中，他证明这些原始人类的祖先是直立行走的，且与现代人类的行走方式十分相近。次年（1974 年），他发现了"露西"（南方古猿阿法种）。这块并不完整的头骨化石，证实了已知最早的人类祖先大概存在于310万年前。

玛丽·利基 Mary Leakey（1913–1998）

英国古人类学家，她在肯尼亚生活、工作。她发起了到桑坦尼亚利特里的探险考察，并在此发现了已知最早的、确定年龄在360万年前的更新纪灵长动物的脚印。

英奇·莱曼 Inge Lehmann（1888–1993）

丹麦地球物理学者，发现地球的内核是固态的。

卡尔·林奈 Carolus Linnaeus（1707–1778）

瑞典内科医生、自然学家。他于1735年发表的《自然系统》（Systema Naturae），奠定了物种分类的基础。在林奈的系统中，含有同一特征的生物被分在了一起，在该系统中最基本的分类单位为种（物种）。无论种类还是属目，他都使用拉丁语为每个类别命名，并按照界为其排序。

凯瑟琳·朗斯代尔 Katherine Lonsdale（1903–1971）

爱尔兰晶体学家，是研究晶体原子结构的先驱者，特别擅长利用X光对有机的碳基晶体进行研究。她的工作推动了蛋白质结构（例如阐明DNA结构）的研究。

查尔斯·莱尔 Charles Lyell（1797–1875）

苏格兰律师、地质学家。他所著的《地质学原理》（Principles of Geology,1830–1833），对当时和以后的地质科学发展都有很大的影响，同时启发了查尔斯·达尔文生物进化论的形成。莱伊尔反对乔治·居维叶的灾难学观点，支持詹姆斯·赫顿的学说。他展示了如何通过现今的地质作用来认识地质现象，并将第三纪时期划分为不同的世——古新世、始新世、渐新世、中新世和上新世。

奥塞内尔·马什 Othniel Marsh（1831–1899）

美国耶鲁大学自然史教授。马什是恐龙研究的伟大先驱之一。他记述了分属于19个新的类群的恐龙，并与对手爱德华·科普（（Edward Cope）在美国中西部进行了搜集新的恐龙化石的竞赛。他还从事脊椎动物演化（特别是马类）的研究。

德拉蒙德·马修斯 Drummond Matthews（1931–1999）

英国人，与弗雷德里克·范因（Frederick Vine）一起发现了在洋中脊的两侧磁化的洋底岩浆呈对称模式。这样的对称模式表明了地磁曾经频繁的变化和反磁化作用，反映出地球磁场曾频繁翻转，同时也证明了洋底是在中洋脊处形成的。

松山基范 Motonori Matuyama（1884–1958）

日本地质学家，于1929年发现一些磁化的沉积岩具有相反磁极，从而推断地球磁场在过去一定发生过改变。这个发现推动了板块漂移学说。

斯坦利·米勒 Stanley Miller（1930–2007）

美国化学家，在20世纪50年代初期通过使电荷穿过一些简单的气体混合物而复制出地球早期的大气层，进而创造出复杂有机物。他的研究成果表明在这颗星球上最初的生命形态是如何创造出来的。

安德里亚·莫霍洛维奇 Andrija Mohorovicic（1857–1936）

克罗地亚地球物理学家，1909年，他发现地震波在地球上传播速度不同。他认为地壳覆盖在地表以下30千米的地幔之上。

罗德里克·麦奇生爵士 Sir Roderick Murchison（1792–1871）

退休的苏格兰军官，是绘制和研究古生代岩石的先锋人物。分别在1835年、1839年（与亚当·塞奇威克）和1841年定义和命名了志留纪、泥盆纪和二叠纪。

亚历山大·伊万诺维奇·奥帕林 Alexander Ivanovich Oparin（1894–1980）

俄国化学家，他是使用化学方法研究生命起源的先驱人物。他认为，在生命演化之前，地球表面就存在一些简单的有机物。他的研究方法影响了斯坦利·米勒（Stanley Miller）。

理查德·欧文 Richard Owen（1804–1892）

英国解剖学家，他于1842年创造了“恐龙”（Dinosaur）这个名词。欧文在伦敦的水晶宫里，复制展出了第一批原大的恐龙模型，还对最古老的鸟——始祖鸟化石进行了描述，但是他对查尔斯·达尔文的进化论持反对态度。

亨利·费尔菲尔德·奥斯本 Henry Fairfield Osborn（1857–1935）

美国地质调查局的古生物学家，是美国自然历史博物馆前任馆长。他支持查尔斯·达尔文的进化论。在1905年，他命名了“暴龙”并进行了描述（虽然这个新物种实际上是“化石猎人”巴纳姆·布朗发现的）。

凯瑟琳·雷森 Catherine Raisin（1855–1945）

英国地质学家，她是大英帝国第一位大学学院女领导（1890年）。她在矿物质和岩石研究上获取一定进展，特别是利用显微镜研究蛇纹岩方面。这些远古海洋底部的碎片岩石，很可能赶上了某次造山运动，具有十分重要的研究价值。

查尔斯·里克特 Charles Richter（1900—1985）

美国地质学家。1935年，他发明了一种衡量地震绝对强度的测量等级（里克特级数）。按照里氏震级计算，20世纪最大的地震应该是8.9级；1906年摧毁了旧金山城的大地震应该是8.25级。

亚当·塞奇威克 Adam Sedgwick（1785—1873）

英国牧师。从1818年开始，作为剑桥大学三一学院的伍德沃德地质学讲座教授。他绘制了威尔士下古生界的地层。1835年，他定义了寒武纪。1839年（与罗德里克·麦奇生）一起定义了泥盆纪。后来，麦奇生将他定义的志留纪开始时间提前，并侵入了塞奇威克定义的寒武纪。双方因此产生了激烈的争辩，直至两位老先生过世之后，这场争辩也没有得到彻底的解决。

威廉·史密斯 William Smith（1769—1839）

英国运河工程师，自学成为地质学绘图和地层地质学的先驱人物。他发明并应用了根据沉积岩套层中的生物化石来确定地层顺序的理论。法国的乔治·居维叶和亚历山大·布隆尼亚尔也独立发现了相同的理论。1819年，史密斯绘制了最早的英格兰和威尔士现代地质图。

玛丽·斯托普斯 Marie Stopes（1880—1958）

英国古植物学家，她向世人展示了植物是如何变化并形成煤炭的。后来，她因为推进妇女健康问题，具有更高的知名度。

弗雷德里克·瓦因 Frederick Vine（1939— ）

英国人，与德拉蒙德·马修斯（见P486）一起发现了跨越中洋脊的磁场异常现象。他们测量并绘制了中洋脊两侧被磁化的具有相反极性岩浆的重复对称模式。这一发现支持了哈里·哈蒙德·赫斯的“海底扩张说”。

查尔斯·杜利特·沃尔科特 Charles Doolittle Walcott（1850—1927）

美国古生物学家，擅长研究节肢动物化石，特别是寒武纪时期的化石。1909年，他在加拿大英属哥伦比亚地区的寒武纪地层中，发现了布尔吉斯页岩。在之后的几年，他挖掘了大约7万个标本，并将它们运回史密森学会。在1907年，他担任了史密森学会的会长，然而繁忙的行政管理工作使他再也没有时间研究这一举世闻名的发现了。

阿尔弗雷德·魏格纳 Alfred Wegener（1880—1930）

德国气象学家和地球物理学家，他发明了大陆漂移说。他在各种岩石和化石中收集到的线索，证明南美洲、非洲、印度、南极洲和澳大利亚曾是一个连在一起的超级大陆。1912年，他将这个超级大陆命名为盘古大陆。然而他并不能合理地解释大陆是如何漂移这么远的。这个学说一直到20世纪60年代末期才被广泛接受，因为这个时候板块构造学说被提出，这为大陆漂移说提供了强有力的证据。

亚伯拉罕·戈特洛布·魏尔纳 Abraham Gottlob Werner（1749—1817）

德国矿物学家，也是一位老师。他提出地质学中的水成论。在该理论中，矿物质一开始都溶解在原始的海洋中，覆盖了整个地球表面，而后逐渐沉积成为坚固的岩石（结晶沉淀而成）。最下面、最古老的岩石就是“原始”花岗岩和板岩，接下来是“过渡”层状岩石，最后是“冲击地层”沉积物。他的学说在当时影响巨大。

约翰·图佐·威尔逊 John Tozo Wilson（1908—1993）

加拿大地球物理学家，他的研究工作推动了板块构造学说的形成。他认为，随着距离洋中脊的距离变远，大洋岛呈现逐渐变老的状态。在1965年，他提出了转换断层的概念，认为两个板块彼此之间发生水平运动时会形成断层。威尔逊还表明存在着“热点区”，带有热量的地幔柱会从地幔内部上升。

约翰·伍德沃德 John Woodward（1665—1728）

英国医药学教授。他收集了大量的“自然物体”，包括化石和矿物。他将他的收藏品捐给了剑桥大学，至今我们仍能在剑桥大学塞奇威克博物馆内看到他的收藏品。

专业术语

A

阿莫里凯大陆（Armorica） 由现在的法国、瑞士、德国南部和东欧的一部分组成的一块大陆地壳。阿莫里凯最初属于冈瓦那超级大陆南部，但在奥陶纪时期，从冈瓦那大陆分离并向北漂移。

阿帕拉契山脉（Appalachians） 位于北美洲东海岸的远古山脉，地质历史十分复杂，可以追溯到前寒武纪晚期。

阿瓦隆尼亚大陆（Avalonia） 古生代初期的地壳板块，包含现在的纽芬兰、英格兰、威尔士、爱尔兰东南部以及西欧的一部分。在奥陶纪时期，从冈瓦大陆分离，并在志留纪末期与劳伦大陆连接在一起。

埃迪卡拉纪（Ediacaran） 地球历史上前寒武纪晚期的一段时期，从6亿年前到5.45亿年前，在寒武纪开始之前。

埃迪卡拉生物群（Ediacarans） 在埃迪卡拉纪海底沉积物中的化石中发现的一群软体生物。其中很多生物已经灭绝，目前还不清楚它们是什么种类的生物。其中一些似乎属于像海鳃一样的群居动物。在南澳大利亚的弗林德斯岭的埃迪卡拉山上，这些化石被完好地保存下来，埃迪卡拉生物群也因而得名。

奥陶纪（Ordovician） 古生代早期的一个阶段，从4.95亿年前到4.43亿年前，介于寒武纪和志留纪之间。它的名字来自一个古老的英国部落——古奥陶部族（Ordovices）。

B

白垩纪（Cretaceous） 中生代的最后一个纪，在侏罗纪之后，在古近纪之前。白纪从1.42亿年前一直持续到6600万年前。

白垩岩（Chalk） 一种由泥质碳酸钙形成的软质石灰岩，发现于西欧的白垩纪白垩岩沉积物中，多由微小的海洋生物的外壳所构成。

板块（Plates） 地壳的岩层被划分为若干巨大的板块，有大陆那么大的片段，也有很多较小的碎片。典型的板块包括陆地区、陆架海和海洋区域。

板块构造论（Plate tectonic） 在半熔地幔内部对流的驱动下，地壳板块发生移动的地质过程。板块之间可能相互背离形成海洋，也可能沿着主断层相向滑动，或相互碰撞形成火山列岛和山脉。

板块构造学说（Tectonic theory） 可参照：板块构造论（Plate tectonics）

板块碰撞带（Collision zone） 两块地壳板块发生碰撞的区域，导致岩层的折叠与断层（造山运动）的发生。根据地壳板块的类型，常常还会发生某一板块的俯冲作用。

板足鲎类（Eurypterids） 已灭绝的、类似蝎子的节肢动物的一个种群，存活在从奥陶纪初期到二叠纪末期，生活在咸水和淡水水域中。某些板足鲎类动物可以长到3米长。

暴龙类（Tyrannosaurs） 一类已灭绝的兽脚亚目恐龙，头部大。暴龙用它们的后肢行走，胳膊通常很短，手也只有两根手指。它们生活在白垩纪晚期，分散在北美洲和东亚各地。

暴涨的洪水（Flash floods） 不可预知的、强势的、通常是灾难性的洪水泛滥。在强烈的暴风雨之后，洪水不定期地从干涸的河谷奔流而下，携带着大量沉积物并淹没所经之处。

背部的（Dorsal） 后背或身体上半部分附近或与之相关的。

被囊生物（Tunicates） 可参照：海鞘（Sea squirts）

被子植物（Angiosperms） 通常是指开花植物，是植物王国中的一个主要类群。被子植物包括落叶乔木、灌木、禾本种、野草和花类。被子植物的种子被封闭在子房内。（晚侏罗世到现在）

笔石（Graptolites） 生活在古生代（寒武纪到二叠纪时期）海洋里的一类已经灭绝的微小动物，有机物质构成了它们的管状骨骼。笔石的化石看起来就像用笔在岩石表面做了记号，在测定海洋沉积岩的年代方面有十分重要的意义。

变质作用（Metamorphism） 由于地壳内部的热量和压力，特别是造山运动，使岩石发生变化的一个过程。

宾夕法尼亚亚纪（Pennsylvanian） 可参照：石炭纪（Carboniferous）

冰川（Glacier） 大量的冰雪，通常填满了整个山谷，从山上慢慢流落。这些冰雪会侵蚀地貌，并携带大量的碎石。

冰川作用（Glaciation） 地表的一部分被冰原或山谷冰川覆盖，并伴随着地貌侵蚀和冰川积聚的碎石沉积的一个过程。

冰盖（Icecap） 冰期在极点形成的平坦的圆拱形巨冰，向外扩散，并在自身的重量之下不断流动。

冰期（Glacial） 地球表面覆盖有大规模冰川的一个寒冷阶段。可参照：间冰期（Interglacial）

冰期（Ice age） 一段持续几百万年的时期。期间全球气候冷暖交替，导致了极地冰盖、冰川、气候带的形成和海平面的变化。

冰碛岩（Tillite） 冰融化时遗留的冰川沉积物形成的岩石。冰碛岩是由泥巴、沙子、岩石碎屑混合而成的，没有任何大小的分选。由于和冰块发生刮擦，较大的冰碛岩通常会产生擦痕。冰碛岩岩层是已经过去的冰期的典型特征。

冰室状态（Icehouse state） 地球历史上的一段时期，在那个时期地球处于冰期，气候寒冷。与之相关的是火山的爆发强度明显下降，以及大气中的“温室”气体（如二氧化碳）的含量处于较低的水平。可参照：温室状态（Greenhouse state）

波罗地大陆（Baltica） 古生代早期的地壳板块，由现在的欧洲西北部、中欧和部分俄罗斯构成。在奥陶纪，该板块与劳伦大陆发生撞击形成加里东造山带（Caledonides）。

哺乳动物（Mammals） 喂养自己后代的温血、多毛脊椎动物，包括在水中、陆地和空中生存的各种动物。它们是由类爬行动物犬齿兽在三叠纪时期发展衍变而来的。

布尔吉斯页岩（Burgess Shale） 位于加拿大的不列颠哥伦比亚省属于寒武纪中期的海洋沉积物。因其动物群系的多样性和保存的完整度而闻名于世。

C

沧龙类（Mosasaurs） 一类体形庞大、强劲有力的海洋爬行动物。它们的身长可以达到 10 米，是非常凶猛的捕食者。（白垩纪中期到晚期）

侧面（Lateral） 和生物体侧面相关的。

常绿植物（Evergreen） 一种常年保持叶子的植物。它们的叶片一般很小，以减少水分的流失。而且一两年后，它们的叶片也会脱落。

超级大陆（Supercontinent） 若干大陆地壳板块连接在一起，形成更大的大陆体，如冈瓦纳大陆和盘古大陆。

沉积岩（Sedimentary rock） 在水和风的搬运过程中搁浅而形成的一种岩石。沉积岩由已有岩石的风化侵蚀颗粒组成。有时沉积岩还会包含一些来自有机物的物质，如贝壳。可参照：石印灰岩（Lithographic limestone）

驰龙类（Dromaeosaurids） 一类已灭绝的、与鸟相像的兽脚类恐龙，身长 1.2–3 米，非常活跃的捕食者。它们拥有轻巧、灵活的身体，前肢有长长的指，每个脚趾上还有长长的爪子。（白垩纪中期到晚期）

尺骨（Ulna） 可参照：五指（趾）型肢（Pentadactyl limb）

齿系（Dentition） 一副牙齿。

齿隙（Diastema） 一排牙齿之间的自然间隙，通常在植食性动物身上可见。比如存在于啮齿动物的门牙以及颊齿之间，使具有撕咬和咀嚼两种功能的牙齿分开。

冲击石英（Shocked quartz） 陨石撞击或火山爆发引起的巨大爆炸会产生极端高压，在这种极大的压力之下，硅酸盐的原子结构发生变形，产生的矿物颗粒。

次生腭（Secondary palate） 将嘴巴和鼻腔隧道分离开来的片状骨骼。

D

（地幔）对流 [Convection（Mantle）] 指地球半熔地幔中携带热量的气流。靠近地核附近的物质变热并逐渐上升穿过地幔，与此同时，冷却的物质下降到地核。以这种方式进行的热转换，能将地壳中岩石熔化并生成岩浆。

DNA 脱氧核糖核酸（Deoxyribose Nucleic Acid，英文首字母组合而成），决定大多数活着的生物体的遗传特征的遗传物质。当细胞发生分裂时，它的 DNA 会被复制，所以每个子细胞都接收了相同的基因 DNA 代码。可参照：自然选择（Natural selection）。

大陆架（Continental shelf） 大陆被浅海覆盖的边缘区域以及在大陆外边缘陡直下降到洋底的陆架部分。以一层层的厚重的海床和三角洲沉积物为底。大陆架是多种重要的海洋生物的家园。

大陆裂解（Continenatl break-up） 地幔中大量热能的流动引起大陆地壳板块的分裂，形成裂谷。随着裂谷的分裂，谷底的火山和裂隙会爆发大量黏稠的玄武岩熔浆，造成一道脊梁并逐渐平息。最终，当海水淹没这个凹陷的裂谷，就会形成新的海洋。可参照：洋中脊（Mid-ocean ridge）

大洋地壳（Ocean crust） 一层不厚但密度较大的火山岩岩层，6–11 千米深，形成海洋洋底。如今的大洋地壳较年轻，都不超过 1.8 亿年。新的海洋地壳在中洋脊处形成，然后慢慢地移动离开洋脊。

单孔目动物（Monotremes） 一类原始哺乳动物，有着类似爬行动物的特征，比如产卵。现在依然存活下来的只有鸭嘴兽和针鼹。（白垩纪中期到现在）

稻类植物（Grasses） 禾本科开花植物，在第三纪时期，这类植物的进化与食植类（牧食）哺乳动物，特别是反刍动物如鹿、牛和马的增加有着密切的联系。

滴水叶尖（Drip tip） 叶尖的延伸形成唇状边缘，这样的叶尖有助于雨水流下，从而避免大雨对叶子的破坏。雨林植物是其代表。

骶椎（Sacral vertebrae） 将脊椎和臀部连接在一起的椎骨。

地层（Strata） 在风、水或重力的作用下，沉积物沉积成板状岩层。一层又一层的沉积层不断地积压，被埋藏、被压缩形成沉积岩地层。之后在各种地质过程（如造山运动）中，地层会发生褶皱和断裂。

地层学（Stratigraphy） 关于岩层的研究，特别是关于它们的相对地质年代、特征和不同位置的相关性的研究。

地核（Core） 地球高密度且高温的中心部分，直径达到 6940 千米。由金属元素铁和镍组成，分为熔融的外层和坚硬的固态内核两层。

地壳（Crust） 地球表面坚硬、易裂的岩层，在地幔之上，厚度不一，大陆地壳和海洋地壳的组成成分不同。

地幔（Mantle） 一层位于地壳以下、地核以上的高温岩石，大有 2900 千米厚。上升区内从地核穿过地幔到地壳的热循环，被称为对流环和地幔热柱。

地幔热柱（Mantle plume） 经过地幔上升的柱状热量区。当这个热量柱到达地壳底部时，就会向侧面扩展。地幔热柱加热地壳，会引起地壳扩张、形成向上的拱形，或地壳的裂解，从而使岩浆通过火山活动和裂缝在地表喷涌而出。

第三纪（Tertiary） 地球生命第三个纪元开始的时期，从 6600 万年前到 180 万年前，介于白垩纪和第四纪之间。1833 年，第三纪又被查尔斯·莱尔爵士细分为五个世——古新世、始新世、渐新世、中新世和上新世。目前第三纪被正式拆分为古近纪和新近纪。

第四纪（Quaternary） 地球历史上距离现在最近的一个时期。在新近纪后面，180 万年前开始。以一个主要的冰期为标志。

叠层石（Stromatolites） 高达几英尺的分层堆状结构，在热带温暖的浅水区，由生活在海底的成片细菌菌落和被困住的沉积物组成。叠层石的形成需要很多年。叠层石最早是在 35 亿年前的前寒武纪时期形成的。

断层（Fault） 地球内部积聚的压力引起岩层断裂，断裂一侧的岩石相对于另一侧发生了移动。单次的移动，常常与地震有关，很可能只移动了几尺，但是随着时间的流逝，移动的距离会增加。比如美国圣安德烈亚斯断层在过去的 3000 万年间移动了 30 多万米。

对生（拇指等）（Opposable） 使（拇指/大脚趾）具有能够接触或对握到剩余的指（趾）的能力。从而让手的动作更复杂。举例来说，黑猩猩能够将物体握在大脚趾和其余脚趾之间，或者用拇指和食指把东西抓起来。

盾板（Scute） 嵌入皮肤的板状骨骼或角。

多瘤齿兽（Multituberculates） 最早的植食性哺乳动物，生有凿子状的前牙。体形不等，小如老鼠，大如海狸。（侏罗纪晚期到第三纪中期）

多指（趾）（Hyperdactyly） 长有比正常数量多的指（趾），如鱼龙的鳍状前肢。

多指（趾）骨型（Hyperphalangy） 手指（脚趾）连接处的数量比正常多。如蛇颈龙的鳍状前肢。

E

鳄目（Crocodilians） 一类古老的、现今依然存活的爬行动物。这类动物通常生有骨质鳞状甲，前腿比后腿短，细长的身体和侧面扁平的尾巴有利于在水中游泳。（晚三叠世到现在）

二齿兽（Dicynodonts） 一类已灭绝的高级四足似爬行动物，生有两个突出的、尖向下的獠牙。（二叠纪到三叠纪。）

二叠纪（Permian） 古生代纪元的最后一段时期，从 2.9 亿年前到 2.48 亿年前，从石炭纪结束到三叠纪开始的一个阶段。

F

腓骨（Fibula） 参照：五趾型肢（Pentadactyl limb）

肺鱼（Lungfish） 一类原始多骨鱼，既有腮又有肺，因此能在水中和陆地上呼吸。（泥盆纪到现在）

分子钟（Molecular clock） 在知道某类生物遗传变异速率的基础上，对演化时间做出的估算。

粪化石（Coprolite） 石化的动物粪便。

孵化（Hatchling） 动物幼仔刚刚从蛋（卵）中出来。有些动物幼仔发育得很好，很快就能离开巢（早熟动物）；有些动物幼仔则需要一段时间的父母喂食和抚育（晚成动物）。

浮游生物（Plankton） 居住在湖泊、海洋水面上的微生物，构成了各个环境中生物链的基础。

俯冲（Subduction） 当地壳板块发生碰撞时，密度较大的洋底岩层向下推入到较轻的大陆岩层之下。俯冲就是指板块构造学中的这个过程。俯冲会以地震的形式会释放巨大的能量。此外，一些俯冲而下的岩层会被熔化形成岩浆，这些熔岩岩浆可能涌升到大陆板块表面，或被火山喷发出来。

腹的（Ventral） 和生物下表面相关的。

G

钙化（Calcification） 矿物质钙的沉积。钙化会使软骨组织变硬或形成骨骼。

冈瓦纳超大陆（Gondwana） 若干大型地壳板块（澳大利亚、南美洲、非洲、南极洲、印度）和一些较小的地壳碎片（如美国佛罗里达州）连接在一起，形成的南半球超级大陆。这些部分在寒武纪时期集合在一起，然后在二叠纪通过劳亚大陆连接在一起，形成了更庞大的盘古大陆。盘古大陆持续了大约 3 亿年，在侏罗纪时期开始解体。

纲（Class） 对于相似的生物体进行的较高级别的分类。纲下可以有一个或多个目；拥有相似特征的一些纲构成门。

高地熔岩（Plateau lava） 覆盖着玄武岩熔岩的广阔区域。上升的地幔热柱上方的玄武岩熔岩，沿着大陆地壳的裂缝涌出并覆盖到大陆之上。

高级的（Advanced）（用来形容某种动物的某个特征）改良的、特化的、形态复杂的。

隔膜（Diaphragm） 薄片状的肌肉和肌腱，将胸腔和腹腔分离开来；只能在哺乳动物身体中找到。它有助于将空气吸入肺中，并将废气排出。

隔膜（Membrane） 薄薄的片状组织。

古杯动物（Archaeocyathans） 一群生活在早寒武世的海绵状生物，现已灭绝。它们依附在海床上生长，从而形成最早的暗礁。它们生活在带有多孔壁的杯状碳酸钙构造中，通常被认为与海绵动物有关。

古大洋（Panthallassic ocean） 包围盘古超级大陆的广阔大洋，占据了超过一半的地球表面。

古生代（Paleozoic） 远古生命的纪元，从 5.45 亿年前一直到 2.48 亿年前。从寒武纪之初开始，穿越奥陶纪、志留纪、泥盆纪和石炭纪，一直到二叠纪。

古生物学（Paleontology） 对化石以及化

石的形成、保存；对各种学说以及化石中所呈现的远古生命的历史和进化进行研究的科学。

古新世（Paleocene） 可参照：第三纪（Tertiary）

股骨（Femur） 参照：五趾型肢（Pentadactyl limb）。

骨化（Ossification） 骨骼的形成，涉及钙化的过程。

骨盆的（Pelvic） 和臀部相关。

光合作用（Photosynthesis） 植物利用太阳的光能、大气中的二氧化碳和水，制造出组织生成需要的有机化合物。光合作用还能向大气释放氧气。

龟类（Chelonians） 爬行动物中较大的一类，包括海龟和陆龟。龟类的身体短而宽，上下均有龟壳保护，这种龟壳是由在一块块龟甲覆盖下的骨板组成。（晚三叠世到现在）

硅质石（Chert） 富含二氧化硅的矿床，在海底沉积物中形成，常将其中生物（特别是微生物）遗骸石化，形成化石。前寒武纪的硅质石为原始生命的存在提供了大量化石依据。

H

海百合（Sea-lilies） 长得像植物的一种棘皮动物，扎根在海底，生有长长的柄，柄的一端是生有很多腕的杯状器官。它们是由相互连接的石灰质骨板组成。（早奥陶世到现在）

海百合纲（Crinoids） 可参照：海百合类（Sea-lilies）词条。

海底扩张（Ocean floor spreading） 形成新的海洋的过程。由地幔中高温物质形成的上升地幔热柱，不断地拉伸上方的海洋地壳，慢慢在地表形成火山裂缝。这些裂缝不断变宽形成裂谷。最终，当洪水淹没裂谷并继续扩张，新的海洋就形成了。

海沟（Trench）或海底的（Submarine） 指很深的海底沟谷。在有些地方，海沟可能会下降到比 1.1 万米还深的地方。当大洋洋底被向下推入（俯冲）某一大陆地壳板块之下，海沟就形成于这样的板块碰撞区。

海鞘（Sea squirts）或被囊生物（Tunicates） 一种软体动物，成年海鞘依附在海底，但是幼体却像蝌蚪一样可以自由游动。在海鞘幼体中存在脊索，这表明它们是脊索动物。（寒武纪早期到现在）

海鳃类（Pennatulaceans） 可参照：海鳃类（Seapens）

海鳃类（Sea pens） 一种软体的羽毛状生物，通过柄扎根于海底。它们与海葵和珊瑚是有亲缘关系。（埃迪卡拉纪到现在）

海啸（Tsunami） 由地震、海底断裂或大型陨石撞击引起的表面波。表面波在穿越海洋时的传播速度可以高达 900 千米 / 小时，在接近陆地时，它就会变得非常高，具有破坏性的力量。

海洋（Oceans） 大量盐水的聚积体，覆盖地球表面的 60%。最早的海洋大约是在 20 亿年前形成的。随着大陆的移动和气候的改变，地球上的海洋经历了若干次形成和闭合，上升和下降。

寒武纪（Cambrian） 是显生宙的第一个地质时期，从前寒武纪末期（5.45 亿年前）到奥陶纪（4.95 亿年前）开始之前的时期。在这个时期，大多数无脊椎动物类群（门）出现在化石记录中，与之共同出现的还有最早的脊索动物。

河漫滩（Flood plain） 河流周围的平坦地貌。河流冲破河堤，在周围的地区倾卸携带的沉积物。一次又一次的洪水，带来一层又一层的沉积物，不断积聚就能形成非常厚的沉积层了。

洪流玄武岩（Flood basalt） 大量的火山岩浆从地壳深处的裂缝（岩脉裂隙）中喷发到陆地表面。通常是由地球深处的地幔热柱上升引起的。

弧形列岛（Island arc） 在俯冲带上形成的一系列火山岛。通过火山活动，地下的熔岩岩浆突然爆发，强行喷出地面，大洋地壳的一部分被这些熔岩岩浆熔化，形成了俯冲带。

琥珀（Amber） 从侏罗纪开始，一些树木就会分泌一些黏稠、带有香气的树脂来预防疾病。一些昆虫或其他生物体会被困在这些树脂中并石化。当困有昆虫或生物体的树脂变硬了，就形成了琥珀。

花粉（Pollen） 为了繁殖后代，开花植物（被子植物）和种子植物（裸子植物）的雄性繁殖器官制造出的大量微小的孢子和颗粒。

花岗岩（Granite） 指大陆地壳深处的熔岩（岩浆）形成的坚硬的晶质火成岩，由一些特殊的矿物质构成，如石英、长石和云母。

华力西期（Variscan） 造山运动的一个阶段。指在宾夕法尼亚亚纪和二叠纪早期这个时段，从北美洲的大西洋海岸线开始，穿越不列颠群岛南部，直到德国，地壳向东拉伸。它是阿瓦隆尼亚大陆与冈瓦纳超大陆发生碰撞，引起瑞亚克大洋的闭合所导致的结果。

化石（Fossil） 生物的遗骸或痕迹被保存在岩层中。化石有可能是一个生物体的化学痕迹，或是生物体的活动痕迹，或是原来身体的一小部分，也可能是该生物的矿物质复制品。

环节动物（Annelids） 软体蠕虫，身体分为若干节。它们在遗迹化石上遗留下一些钙化的管状物和一些有机的牙齿状结构的记录。（埃迪卡拉纪晚期到现在）

环境（Environment） 气候、地质、生物等等所有因素的总和。就是生物生存所在的地方。

火成岩（Igneous） 由熔融的物质（岩浆）形成的岩石。

火山灰（Volcanic ash） 火山爆发时喷发到空气的微小颗粒，包括凝固的岩浆、岩石碎屑和矿物质晶体。这些颗粒会落回地球并形成沉积。那些只有灰尘大小的颗粒，可能在下落之前就随风飘散到地球各处。

J

肌腱（Tendon） 一根或一束结实的组织韧带，使肌肉和骨骼、肌肉和肌肉相连接。

棘皮动物（Echinoderms） 海洋无脊椎动物，包括海星、海胆、海百合、海参及一些在寒武纪时期灭绝的动物。它们呈不太常见的五辐射对称。很多棘皮动物长有坚硬的、白垩质骨骼，能够形成普通的化石。

集群的（Colonial） 生活在一起或同一物种的一群单细胞生物在一起生存从而形成一种有机体。一些集群生物，如珊瑚虫、海绵动物和笔石共享骨骼。但是其他集群生物，比如昆虫，有着亲密的社交组织，其中每个个体都会被特化，进行某项特定的工作。

脊索（Notochord） 脊索动物体内一条柔韧的杆状物，从头部延伸到尾部。脊椎动物中的脊椎就是由此演变而来。

脊索动物（Chordates） 生有脊索或脊柱的动物。（寒武纪中期到现在）

脊柱（Vertebral column） 一个长长的多关节骨骼结构，使躯体能够弯曲，并能支撑头部、内部器官和成对的肢体。

脊椎动物（Vertebrates） 动物的一个主要分类。脊椎动物生有内部骨质骨架——脊椎和成对的肢体。（奥陶纪中期到现在）

加里东造山带（Caledonides） 古生代山系，贯穿不列颠群岛，从斯堪迪纳维亚半岛绵延至纽芬兰。是志留纪末期阿瓦隆尼亚大陆和劳伦大陆撞击的结果。

颊齿（Cheek teeth） 生于腭部脸颊区域的牙齿，例如哺乳动物的臼齿。

甲壳（Carapace） 具有保护性的、包裹在动物身体上的硬壳或者盾。这类动物包括无脊椎的节肢动物和一些爬行动物，如乌龟。

甲壳纲动物（Crustaceans） 一个由海洋、淡水节肢动物以及一些稀少的陆生节肢动物组成的庞大动物纲（超过 3.5 万种现生物种），包括螃蟹和虾。甲壳纲动物被一层叫做“甲壳”的坚硬外壳所保护。（晚寒武世到现在）

甲龙科（Ankylosaurids） 甲龙类中的一个类群，食植性动物，长有角质喙。骨质盾板和尖刺覆盖了颈部、肩部和后背，尾巴也被很多骨板武装起来。（白垩纪中期到末期）

间冰期（Interglacial） 寒冷的冰川期之间较温暖的时期。

肩胛骨（Scapula） 在肩带的骨骼，即肩胛骨。

剑龙亚目（Stegosaurs） 一类用四条腿行走的植食性鸟臀目恐龙。剑龙后背有成排的骨板或尖刺，有可能是为了在求偶时具有视觉炫耀的效果或者是用来调节身体热量。（中侏罗世到晚白垩世）

渐新世（Oligocene） 可参照：第三纪（Tertiary）

箭石（Belemnites） 一种已灭绝的、像乌贼似的海洋生物，在身体后部长有嵌入式的坚硬子弹状结构。（侏罗纪到白垩纪）

角（Horn） 由角质蛋白构成的硬物。如果头盖骨上有角，那么这个骨质突出物就应该称之为角（如牛）。而头盖骨上并没有角的动物，这些骨质突出就称为茸角（如鹿）或角状骨凸（如长颈鹿）。犀牛的“角”是由紧实的毛发组成的。

角蛋白（Keratin） 一种很结实的纤维蛋白质，出现在脊椎动物最外面的皮肤层，形成指甲、爪子、蹄子、羽毛、毛发和角。

角龙（Ceratopsians） 一类恐龙，包含大约几十个物种。这类恐龙长得像犀牛，以植物为食，利用骨质头盾和角来保护自己。（中侏罗世到晚白垩世）

角状骨凸（Ossicone） 在长颈鹿群之中发现的“角”，也很可能是某些物种的化石，骨质内核，长期包裹在皮肤之内。

节肢动物（Arthropods） 动物界最大的类群（现存物种超过百万）。节肢动物包含很多已灭绝的种群，如三叶虫和板足鲎类。现在依然存活的种类有螃蟹、昆虫和蜘蛛。它们长有多节四肢和坚硬的皮肤，并且为了生长的需要会周期性地蜕皮。（寒武纪早期到现在）

近端（Proximal） 位于依附点或连接点的同一侧，通常是指朝向身体的。与末端（Distal）相反。

颈的（Cervical） 与脖子相关的。

臼齿（Molars） 哺乳动物后面的牙齿，通常用来研磨、压碎食物，以及咀嚼肉类。不包括在乳牙之中。

菊石（Ammonites） 是一种已灭绝的头足纲软体动物，它们生活在螺壳内。它们的化石常在中生代的地层中被发现。（侏罗纪到白垩纪末期）

蕨类植物（Ferns） 陆生植物的一个庞大种群，包括很多现存和已灭绝的物种。蕨类植物最早出现在石炭纪（尽管类似蕨类的植物在泥盆纪初期就被发现了），并且现在依然繁多。它们生有较大的藻状全裂叶，这些叶片往往承载着产生孢子的繁殖器官。

蕨类植物高峰期（Fern spike） 在某一岩层中发现大量的蕨类植物花粉，这一现象表明蕨类植物是形成该时期地貌的主要植被。

K

K-Pg 边界（K-Pg boundary） 白垩纪和古近纪之间的分界。这是一个缩写词，其中“K”是指“Kreide”，德语粉笔的意思；“Pg”表示“Paleogene”（古近纪）。这个分界可以追溯到 6600 万年以前，以大量物种灭绝为标志。

科（Family） 分类学中，将相近生物归于一个分类。科含有一个或多个属，相似的科组成目。

恐龙（Dinosaurs） 原意指“恐怖的蜥蜴”，

是对已灭绝的一群多样化的陆生爬行动物的称呼。三叠纪晚期到白垩纪末期，是恐龙最繁盛的时期，鸟类可能就是从恐龙中产生的。

扩张脊（Spreading ridge） 可参照：洋中脊（Mid-ocean ridge）

L

劳伦大陆（Laurentia） 北美洲古代大陆的名字。劳伦大陆是在前寒武纪加拿大地盾附近形成的。

劳亚大陆（Laurasia） 奥陶纪时期由于伊阿珀托斯洋的闭合，使劳伦大陆和亚洲连接起来，而在北半球形成的超级大陆。

棱齿龙（Hypsilophodontids） 高 1.8 米的鸟脚亚目恐龙。棱齿龙移动迅速，除了长长的、僵硬的尾巴之外，棱齿龙长得很像鸵鸟。它们用角状喙和颊齿啃食植物。（侏罗纪晚期到白垩纪末期）

立体视觉（Stereoscopic vision） 判断深度和距离的能力。两只眼睛向前瞄准并能注视同一个物体。

两栖动物（Amphibians） 是脊椎动物中一个主要类群，包括所有幼年期在水中使用腮呼吸，但长成之后用肺呼吸的四足动物。两栖动物的幼体像蝌蚪一样，是由产在水中无保护的卵生长而成，进而变态发育成为成体形态。（石炭纪中期到现在）

两足行走的（Bipedal） 用两条腿站立、行走或奔跑。参照：四足行走的（Quadrupedal）

劣地（Scablands）或崎岖地（Channeled） 由大规模汹涌激烈的水流塑造的地形地貌。水流在基岩上冲刻出很多沟渠。这些沟渠有几米宽，深达几十米。流水还会在河床形成巨大的沉积波纹纹理。

裂齿（Carnassial Teeth） 生于上颌和下颌的牙齿，为了能像剪刀一样将肉从骨头上扯下来而进化形成。

裂谷（Rift valley） 由于横向的拉伸、中央的下陷，之后沿着两条平行断层线的脆性地壳岩层的断裂而形成的裂谷。断层线之间的区域下陷形成裂谷底部。裂谷的形成通常伴随着火山爆发，有时也是大陆分解的前兆。

灵长类（Primates） 包括现在的猴类、猿类、人类和它（他）们的化石祖先在内的哺乳动物。它（他）们是在第三纪初期由较小的、有四条腿的、树上居住的、食昆虫的动物进化而来的。

颅骨的（Cranial） 和头盖骨相关的。

陆壳（Continental crust） 地球最上面的、易裂的岩层构成了大陆，这个岩层的厚度不一（25-90 千米），大陆地壳的大部分是花岗岩，但还有各种各样的变质岩、火成岩和沉积岩。

陆桥（Land bridge） 当海平面下降时出现的一条狭窄的低洼陆地，连接两个大陆块。陆桥的出现，使陆生动物能在两个大陆之间穿越，但阻止了海洋生物的迁移。

裸子植物（Gymonsperms） 种子没有被封闭在子房内的一类种子植物，如蕨类和松柏类植物。（晚泥盆世到现在）

M

煤炭（Coal） 由植物遗骸形成的富含碳元素的沉积物。一开始这些物质变成的是泥炭，随着被压缩得越来越紧，开始转化成褐煤（亦称褐炭），之后形成更硬的形态，如无烟煤。在转化过程中，每种后续的形态与之前相比，碳元素越来越多，水分越来越少。

门（Phylum） 对相似生物进行的一个高阶层分类。每门生物包含一个或多个纲。相似的门形成界（Kingdom）。

门齿（Incisors） 哺乳动物嘴巴最前面的切牙。

密西西比亚纪（Mississippian） 可参照：石炭纪（Carboniferous）

末端（Distal） 远离附着点的地方，通常指远离躯干的地方。与近端（Proximal）意思相反。

木贼（Horsetails） 芦木科植物的成员，芦木科植物是石炭纪最常见的煤沼植物。一些木贼类植物大小和树木差不多，高达 18 米，生有空心茎干，微小的鳞状叶片，树枝成圆周排列。（大多数木贼类植物存活时期为泥盆纪晚期到三叠纪初期，但是还有很少几个物种存活至今）

目（Order） 分类学上对相似生物的一个分类。每个目包含一个或多个科；相近的目组成纲（Class）。

N

南方古猿（Australopithecines） 已灭绝的种族，体形矮小但能直立行走，长得像猿类的人类祖先，生活在 450 万年 -140 万年前。

尼安德特人（Neanderthals） 已灭绝的一个人类种群。他们大约进化于 15 万年前的东地中海地区，后来流入欧洲和西亚。大约在 3.5 万年前灭绝。基因分析表明，他们并没有与现代人类通婚。

泥盆纪 （Devonian） 地质学时期中一个晚古生代时期，4.17 亿年前到 3.75 亿年前，介于志留纪和石炭纪之间。因岩层发现地英格兰西南的德文郡（Devon）而得名。

鸟脚亚目（Ornithopods） 鸟臀目恐龙中的一类，主要用它们的后肢行走。它们的脚像鸟一样，有三个脚趾。其中包括禽龙科和鸭嘴龙科。

鸟臀目恐龙（Ornithischians） 两目主要恐龙中的其中一目。它们生有像鸟一样的骨盆，全部是植食性动物。鸟臀目包括不同类群恐龙，如鸟脚亚目恐龙、剑龙下目、角龙下目。可参照：蜥臀目恐龙（Saurischians）。（侏罗纪早期到白垩纪晚期）

啮齿类（Rodents） 一类体形较小的哺乳动物，包括松鼠、海狸、老鼠、豪猪和它们灭绝的祖先。啮齿动物生有锋利的、凿子状的前牙。由于不断啃咬坚硬的谷物和种子，它们的前牙还会不停地生长。（古近纪到现在）

P

潘氏鱼（Panderichthyids） 鱼类中一个很小的种类，生有两对叶状鳍和一个特殊形状的头盖骨。它们被认为是所有四足脊椎动物的祖先。（晚泥盆世）

盘古大陆（Pangea） 在三叠纪末期由冈瓦纳超大陆、劳伦大陆、波罗地大陆和西伯利亚大陆连接而成的全球超级大陆。盘古大陆几乎是从一个极点伸展到另一个极点，但是随着大西洋的出现，盘古大陆很快就开始分裂解体。

盘龙目（Pelycosaurs） 一类四足的、类爬行动物，他们有一些哺乳动物的特征，例如有不同的牙齿形状。一些盘龙目动物的背上生有由骨骼支持的蹼状背帆，这些背帆的作用可能是帮助这些动物来控制体温，使其变暖或变凉。（宾夕法尼亚亚纪到二叠纪晚期）

胚胎（Embryo） 处于早期发育阶段的动物，介于受精和孵化或受精和出生之间。

平行进化（Parallel evolution） 为了应对相似的环境压力，关系密切的生物独立发展出相似的形状和行为。可参照：趋同进化（Convergent evolution）

Q

前寒武纪（Precambrian） 地球历史的一个时期。从46亿年前地球诞生开始，一直到古生代（5.45亿年前）才结束。

前臼齿（Premolars） 介于臼齿和犬齿之间的哺乳动物的牙齿。前臼齿可能会被放大或“臼齿化”用于研磨食物，或被简化用来撕扯咬断肉类食物。与臼齿不同的是，前臼齿出现在乳牙之中。

腔棘鱼类（Coelacanths） 原始硬骨鱼，生有单个或成对的鳍片。一直到1938年发现活着的腔棘鱼和矛尾鱼之前，大家都认为腔棘鱼类在白垩纪末就已经灭绝了。

侵入（Intrusion） 火成岩从地下喷射到周围的岩石中，通常会形成墙状的岩脉，水平的岩床和圆形的深成岩体。

侵蚀（Erosion） 通过风、水、重力或冰的输送过程，将经过风化作用，已经破碎的岩石物质消除。

禽龙类（Iguanodontids） 一种植食性的鸟脚亚目恐龙，用两条腿行走。禽龙是最早被人认识的恐龙之一，其化石在19世纪初期由吉迪恩？曼特尔在英国发现。（侏罗纪晚期到白垩纪晚期）

趋同进化（Convergent evolution） 是一种进化现象。为了应对相同的环境压力，不同的动物进化成相似的身体结构。例如蝙蝠、鸟类和翼龙的翅膀进化。

犬齿（Canine Tooth） 圆锥形哺乳动物牙齿，长在门齿与前臼齿之间。发育良好且很锋利，用来刺穿捕食的猎物。很多食植动物并没有犬齿或已经退化。，无论是在乳牙期还是恒牙期，犬齿都长在每侧上下腭。

犬齿龙类（Cynodonts） 一种已灭绝的高级四足似爬行动物，在三叠纪时期非常繁盛，包括哺乳动物的祖先。（二叠纪晚期到侏罗纪晚期）

R

桡骨（Radius） 可参照：五指（趾）型肢（Pentadactyl limb）

热带稀树草原（Savanna） 开阔的热带地形。由于每年一次的旱季和野火，草类是那里的主要植被。热带草原最初是在古近纪形成的，为一大群食植动物提供了植物食物。

热点（Hot spot） 地幔上面部分的一个区域，100–200千米宽。熔岩（岩浆）从这个区域以热幔柱形式上升，形成了火山活动。夏威夷的火山岛就是由地幔热点形成的。

人科（Hominids） 灵长目的一科，包括人类和人类祖先——南方古猿。关于是否应该把高等猿类（如黑猩猩）包括进去，专家们仍有争议。（上新世到现在）

韧带（Ligament） 关节处连接骨骼的弹性纤维组织。

肉食龙（Carnosaurs） 一类大型的肉食性恐龙，有很大的头盖骨和牙齿。并且很多体形最大的恐龙是两足动物。（侏罗纪早期到白垩纪末期）

肉食性动物（Carnivorous） 形容一只动物可以吃脊椎动物的肉，但是却未必是真正的食肉类。可参照：食植动物（Herbivores）和食虫动物（Insectivores）。

乳齿系（Milk dentition） 哺乳动物最早的两副牙齿。不包括臼齿（磨牙）。

乳腺（Mammary gland） 雌性哺乳动物专门生成母乳的皮肤腺。

软骨（Cartilage） 是一种软骨质的、柔韧的物质，很多鱼的骨骼是由它构成的。在比较高级的动物中也存在软骨，出现在胚胎和骨关节中。经过钙化会变硬。

软体动物（Mollusks） 所有软躯体动物组成的一个庞大类别，既包括现存的蜗牛、蛤蚌、鱿鱼、章鱼，也包括灭绝的菊石和箭石类动物。菊石和箭石类动物出现在寒武纪初期的化石记录中，一定是在这之前进化而成的。因为大多数这类动物的壳是碳酸钙物质，所以一般都能在化石中保存。

瑞亚克洋（Rheic ocean） 在奥陶纪和志留纪时期，地壳板块——阿瓦隆尼亚大陆、阿莫里凯大陆和伊比利亚大陆从冈瓦纳超大陆的北部边缘分离，并快速向北朝劳伦大陆移动。瑞亚克洋就这样形成了。

S

三叠纪（Triassic） 中生代最早的一段时期。从2.48亿年前一直持续到2.6亿年前，出现在二叠纪之后，侏罗纪之前。1834年，弗里德里希·冯·阿尔贝蒂给它起了这个名字，用来形容位于德国的那部分三重岩层。

三角洲（Delta） 指河流与大海交汇的河口处，通常情况下，河流中的沉积物会在此处形成一个绵延的巨大三角形区域，由于水流的速度、力量以及所携带沉积物不同，形成的区域也不同。在远古时代的热带三角洲中，有许多富含动植物遗体的化石，形成了煤、石油和天然气矿藏。

三叶虫类动物（Trilobites） 一类已灭绝的、物种丰富的古生代海生节肢动物。它们的身体清晰地分为三个部分，生有坚硬的、类似贝壳的外部骨骼。随着这类动物的成长，它们的外部骨骼不得不脱落，而且它们的遗体也很容易被石化。（寒武纪早期到二叠纪晚期）

沙丘（Dune） 指在水流或风的作用下，堆积在一起的大量沙子。沙丘的形状多变，从形态可以判断出水流或风的运动方向。一些沙丘绵延几十里，在陆地上能达到 30 米高。

砂岩（Sandstone） 由沉积且分层堆积的矿物碎片组成，之后又经过压缩形成的一种岩石。这些矿物碎片是在重力、风或水的作用下形成的沉积。

珊瑚（Corals） 生成支撑性石灰质骨架的一群软体的原始海洋生物。珊瑚群的尺寸和形状不一，有尺寸不足 1 寸的杯状珊瑚，还有直径高达 1 米带有分枝的圆顶状珊瑚。现代珊瑚也叫做石珊瑚，需要光线，大多生活在热带的浅水中。它们属于现在已经灭绝的古生代物种，在三叠纪时期进化。（从奥陶纪到二叠纪）

上腭（Palate） 嘴巴顶部的板状骨骼。可参照：次生腭（Second palate）

上颌骨（Maxilla） 上腭最大的生有牙齿的骨头。

上新世（Pliocene） 可参照：第三纪（Tertiary）

舌羊齿类（Glossopterids） 一类已灭绝的植物。该植物的叶片化石在陆地上的二叠系和三叠系岩层中十分常见。该类植物曾占据了冈瓦纳超级大陆。这种清晰的舌形叶化石分别出现在印度、澳大利亚、南非、南美洲和南极洲，这种广泛分布的植物化石，为冈瓦纳超级大陆曾经存在提供了部分证据。（二叠纪到侏罗纪）

蛇颈龙类（Plesiosaurs） 生活在侏罗纪和白垩纪时期的一类海洋爬行动物，长 3–12 米。很多蛇颈龙有长长的脖子，但是也存在颈部较短的变异体，称为上龙（Pliosaurs）。（侏罗纪到白垩纪）

深成岩体（Pluton） 大量在地表之下变硬的火成岩。

深海热泉（Hydrothermal vent） 一个很小的火山一样的开口，热液从中流出，可能有矿物质沉积。很多喷口是沿中洋脊分布的，将富含矿物质的海水再循环，从而形成不依靠阳光的独特海底群落。

生态位（Ecological niche） 是指某一生物体在环境中扮演的特殊“角色”，或占据的特殊地位。由以下因素决定：食物类型、捕食者、对气候条件的适应程度。生态位往往是唯一的，专属的，即在某个特定的区域内，不会有两个关系密切的物种占据相同的生态位。而在不同地区的不同的物种可以填充相同的生态位。可参照：适应（Adaptation）。

生态位（Niche） 某一生物在环境中占据的空间。是通过生物的综合特征（如温度容限、食性和捕食者）来定义的。

生态系统（Ecosystem） 一个自然单元，由一个或多个生物群落以及它们生存的环境组成，在这个环境中，生物体们相互影响、相互作用。

生态学（Ecology） 关于生物体和生存环境之间关系的科学。

生物带（Biozone） 地质时代的一种划分，以一段连续岩石层中存在相同或相似种类物种化石为特点。

生物灭绝事件（Extinction event） 在地质学一个短暂的时期内，有不正常数量的生物体相继灭绝。原因有很多，可能是海平面的改变、地球板块运动引起气候的变化、地球外陨石的撞击或来自太阳热量的改变。

石灰岩（Limestone） 由碳酸钙矿物质（通常是海洋生物的遗留下来的贝壳）构成的沉积岩。

石松类（Clubmosses） 既包括石炭纪时期的造煤树木，又包括一些如今依然存活的植物，只不过这些存活植物的形态要小很多。它们的茎部被小小的叶状结构所覆盖；通过组合生长在果球状结构中的孢子进行繁殖。（泥盆纪到现在）

石炭纪（Carboniferous） 地质时期的一个阶段，从泥盆纪末期（3.54 亿万年前）到二叠纪开始（2.9 亿年前）的时期。在该时期，最早的广袤森林形成，留下了很多煤炭沉积层。石炭纪还有由爬行动物和两栖动物形成的最早的陆生脊椎动物群落。分为密西西比亚纪和宾夕法尼亚亚纪。

食植动物（Grazer） 能够啃食、咀嚼和消化草类植物的动物，大多数是哺乳动物，也包含一些鸟类。草木植被会磨损它们的牙齿，要在它们的胃中慢慢发酵才会被消化。

食虫的（Insectivorous） 主要以昆虫为食的生物，包括植物在内。

食虫动物（Insectivores） 一类较小的、以昆虫为食的哺乳动物，主要在夜间活动。包括现在的刺猬、鼹鼠和鼩鼱。这类动物在白垩纪末期进化，在第三纪发展壮大。

食腐动物（Scavenger） 能吃光不是被自己猎杀的动物遗体的动物。可参照：食肉动物（Carnivorous）

食肉类（Carnivores） 一类哺乳动物，以肉为食，犬齿发育良好，形状像匕首。（古近纪到现在）

食物链（Food chain） 根据各种生物吃的食物以及各种生物的捕食者，将不同的生物体连接在一起。例如，微小的浮游植物生活在海面附近，会被一些较小的水生动物（虾等）吃掉，但水生动物会被一些小鱼捕食，而小鱼又会被更大的鱼吃掉。

食叶动物（Browser） 一类植食动物，从灌木和树木中选择绿叶和嫩枝为食。可比照：食植动物（Grazer）

始新世（Eocene） 参照：第三纪（Tertiary）。

适应（Adaptation） 一种生物发生改变，能够更适合某种特殊的生活方式——例如，以某种特定的食物为生。

适应辐射（Adaptive Radiation） 生物为了适应不同的生活方式或生态区，同源的物种分化成多种形态（物种、种族等）。例如，那些与鼩鼱相似的原始哺乳动物，进化成为多种多样的生物，如蝙蝠和鲸鱼。

兽脚亚目恐龙（Theropods） 蜥臀目恐龙的一个多样化类群。它们体形巨大，用后肢行走。兽脚亚目恐龙包括霸王龙，大多数是食肉的。在为人所知的所有种类的恐龙中，兽脚亚目恐龙占据了40%。（三叠纪晚期到白垩纪晚期）

兽孔目动物（Therapsids） 生活在二叠纪晚期到三叠纪早期的类爬行下孔型四足动物。兽孔目动物包括哺乳动物的祖先。

属（Genus） 对密切相关的生物（物种）的一种分类。例如，人属既包括现存的智人，也包括已灭绝的尼安德特人。

树蕨类（Tree-ferns） 一类古老的蕨类植物，能长到树木那么高。现在依然存活的树蕨类植物只有很少几种，如树蕨。（宾夕法尼亚亚纪到现在）

衰退（Atrophy） 萎缩；变得无用。

双臂交互攀援（Brachiate） 在树木之间摆荡，利用手臂从一个树枝荡到另一个树枝。

双孔类（Diapsids） 包括恐龙、已灭绝的海洋爬行动物、鳄鱼、蜥蜴、蛇和鸟类在内的一大类动物。其特点是头盖骨的每个眼窝后面，紧紧挨着一对颞孔。（石炭纪晚期到现在）

双门齿兽（Diprotodontids） 一科已经灭绝的澳大利亚有袋哺乳动物。该科动物中的大部分是食植动物，一些动物的大小和河马差不多。（新近纪到第四纪）

四足动物（Tetrapods） 一类主要的脊椎动物，包括全部有四肢的脊椎动物。四足动物是在泥盆纪晚期进化而成的，它们的后裔包括两栖动物、爬行动物、哺乳动物和鸟类。一些早期的四足动物并不能分入上面任何一组，例如那些带有哺乳动物特征的类爬行四足动物，如兽孔目动物。

四足行走的（Quadrupedal） 用四只脚走路的。

松柏类（Conifers） 木本植物的一大种类。这类植物生有针状叶或鳞状叶，依靠单性果球进行繁殖。（石炭纪到现在）

苏铁植物（Cycads） 像棕榈树似的种子植物，茎干粗大，树冠由像蕨类植物一样的叶子组成。苏铁植物有的很矮，有的看起来像树一样，可以长到20米高。（二叠纪到现在）

T

胎生的（Viviparous） 生产出活的幼体。幼体是通过和母体相连的胎盘获取营养物质的。可参照有胎盘类（Placental）

苔藓虫（Bryozoan） 等同苔藓动物（Moss Animal），详见该词条。

苔藓虫（Moss animals） 非常微小的动物，集群生活在苔藓或海藻中，与昆虫的卵筏类似。苔藓虫群体呈集合形状，且每个群体包含成千上万的个体或成员。这些群体紧紧粘附在海带这类植物的表面之上。（奥陶纪到现在）

苔藓植物（Bryophytes） 包括藓类和苔类的植物。这类植物缺少真正的根部，成长高度不会超过地面太高。它们被认为是最早（大约在奥陶纪）生长于陆地上的植物。

太古细菌（Archaebacterians） 原始的单细胞微小细菌。很多太古细菌能够在极端的条件下存活，如酸性环境或极热的水中。它们被认为是地球上最早的生命形态之一，大约出现在35亿年前。

太古宙（Archean） 地球前寒武纪岩石记录最早的一个部分，可以追溯到大约38–25亿年前。

炭螈类（Anthracosaurs） 一种很像蜥蜴的食鱼四足动物，既包含一些陆生动物，也包括水生动物。爬行动物的祖先可能也属于炭螈类。（密西西比亚纪至二叠纪）

碳酸钙（Calcium carbonate） 一种能在地球表面自然形成的矿物；很多动物（珊瑚、三叶虫、蛤蜊）利用碳酸钙生成或强化它们的骨骼。

特化的、特化作用（Specialized，Specialization） 适应某种特定的生活方式和栖息环境；受到某个特定的生态位的限制。

特提斯洋（Tethys ocean） 在介于二叠纪和第三纪中期的时期，将劳亚大陆和冈瓦纳超大陆分离的广阔热带大洋。随着非洲和印度的北上，特提斯洋闭合。

蹄（Hoof） 经改良进化，有蹄动物的脚趾扩大了很多，以用来承担重量。蹄是角蛋白构成的。

蹄行动物（Unguligrade） 这类动物行走时用脚趾的顶端着地。脚趾顶端处生有加厚的蹄，如马或牛。参照：趾行动物（Digitigrade）、跖行动物（Plantigrade）

同位素（Isotopes） 相同化学元素的不同形式，在它们的原子核中具有相同数量的质子和不同数量的中子。很多化学元素的一部分同位素具有放射性。这些不稳定的同位素中的单个原子会以稳定的速率“衰变”成稳定的子形式。通过测量岩石中存在多少子同位素，就能推断岩石形成的年代。

头足纲（Cephalopods） 海洋性动物的一个较大类群，包括章鱼、鱿鱼和墨鱼。这类动物头部发达，被很多触手包围。（寒武纪到现在）

退化的（Vestigal）（形容某个器官）很小，不发达，只有一点儿功能或没有明显的功能。与之前的形态相比，（这个器官）是减弱的。举例说明：现代马类的外侧的脚趾和人类的阑尾。

W

外骨骼（Exoskeleton） 昆虫、甲壳纲动物和蜘蛛等节肢动物外面一层坚硬的、起保护作用的“皮肤”。外骨骼是由柔软的物质构成，然后硬化成甲壳。一些节肢动物，比如现在依然存活的螃蟹，不得不定期褪去外骨骼，制造出崭新的、更大的外骨骼。

腕足动物（Brachiopods） 贝类水生动物，在古生代十分常见，和双壳软体动物类似，因为不同的身体器官而被区分。（寒武纪早期到现在）

微粒金刚石（Microdiamond） 富含碳元素的矿物质（如石灰岩）通过爆炸熔化形成的微小金刚石。矿物质的这种爆炸和熔化通常是大型陨石撞击造成的。

维管植物（Vascular plants） 维管植物生有特殊的细胞，将根部系统在土壤中吸收的水和养分沿茎干向上运输，通常运达叶片。这些细胞通常是坚固的，从而使维管植物地面上的部分能够向着阳光竖直生长。

尾部的（Caudal） 和尾巴有关。

未分化的（Generalized） 用来形容某一生物并没有针对特殊的生态位表现出具体的适应性改变。未分化的生物，常和它们的远祖很相似。可参照：原始的（Primitive）

温室状态（Greenhouse state） 全球气候变暖的时期。大气中二氧化碳和其他气体含量增加，会锁住比平常更多的太阳能量，从而引起全球变暖。这类气体有些是人类活动释放的，如矿物燃料的燃烧，有些是自然过程引起的，如火山活动。可参照：冰室状态（Icehouse state）

文昌鱼（Lancelets） 一种很小的海洋生物，能够利用身体内的脊索（身体内一条棒状结构）两侧的肌肉，将身体向两侧弯曲进行游泳。脊索的存在证明它们属于脊索动物，是脊椎动物的祖先。

无颌纲（Agnathans） 一群无腭和无齿的、像鱼一样的脊椎动物，包括很多已经灭绝的海洋和淡水生物。现在依然存活的只有盲鳗类和七鳃鳗类。（奥陶纪到现在）

无脊椎动物（Invertebrates） 背侧没有脊柱的动物，从单细胞生物到节肢动物。无脊椎的棘皮动物在幼体发育的时候，显示与脊椎动物相近的关系。

无孔亚纲（Anapsids） 属于爬行类动物，特征是在眼睛后面的头盖骨上没有任何开孔，包括乌龟、陆龟和其他一些原始种群。

五指（趾）型肢（Pentadactyl limb） 按字面理解就是“五指”的意思。是四足动物前肢和后肢最基本的结构。它们的四肢是由上半部分的一块骨骼（肱骨或股骨）、下半部分的两块骨骼（桡骨和尺骨或胫骨和腓骨）、腕部或踝部的五块关节骨骼（腕骨或跗骨）、手掌或脚掌的五块杆状骨骼（掌骨或跖骨）和手指或脚趾组成。手指（脚趾）是由很小的骨骼——指骨（趾骨），一块接一块地排列起来组成的。在适应辐射的过程中，它们也可能发生改进，变得比五指（趾）更少或更多。

物种（Species） 一类近缘生物，它们之间能相互交配，并繁殖出具有生育能力的后代。

X

蜥脚类恐龙（Sauropods） 属于蜥臀目恐龙。蜥脚类恐龙是植食性恐龙，拥有小小的头、长长的颈部和尾巴、庞大的躯体和四条类似树干的腿。（侏罗纪早期到白垩纪晚期）

蜥臀目恐龙（Saurischians） 两目主要恐龙其中的一目。它们有着与爬行动物类似的骨盆，既包括体形较大、用四条腿行走的蜥脚类恐龙，还包括通常体形较小、用两条后肢行走的肉食性兽脚类恐龙。可参照：鸟臀目恐龙（Ornithischians）。（三叠纪晚期到白垩纪晚期）

细菌（Bacteria） 一个庞大、多样的微生物种群，由单个细胞组成。它们的细胞核周围的细胞膜界限并不明确。在35亿年前，它们与蓝绿藻类一起构成最早且最原始的生物体之一——原核生物。

下颌骨（Mandible） 下腭。

下孔型动物（Synapsids） 一类已灭绝的四足动物，拥有哺乳动物的特征。在它们的头盖骨下方每侧眼睛后面有一个颞孔。下孔型动物包括盘龙目和兽孔目。（石炭纪中期到侏罗纪中期）

显生宙（Phanerozoic） 包括当前时间的极长历史时期，从5.45亿年前一直延续到今天。显生宙是元古宙（从25亿年前到5.45亿年前）之后的时期，期间出现了很多很多的生命。

象鼻（Proboscis） 鼻孔的管状肌肉延伸。如大象的鼻子，已经改良拥有搜寻、抓握和吸水等功能。

小齿（Dentition） 很多软骨鱼类生长的尖尖的鳞片；上面可能有一层牙釉质。

胸部的（Pectoral） 和肩部相关。

胸骨（Sternum） 脊椎动物的胸部骨骼，有很多肋骨与之相连。

胸腔（Thorax）、胸的（（Thoracic） 脊椎动物躯体上容纳心脏、肺等器官的地方。即胸部。

玄武岩（Basalt） 是在岩床或地表上形成的火山岩。玄武岩的形成有两种方式：一种是岩浆从火山道或地面裂缝流出；另一种是地面之下，岩浆喷射到周围的岩石裂缝中。填充满玄武岩的垂直裂缝被称为岩脉，水平裂缝被称为岩床。

Y

鸭嘴龙类（Hadrosaurs） 一类大型的二足和四足鸟脚类恐龙。它们生有可以啃食植被的角状喙和用于咀嚼的成排的颊齿。（白垩纪中期到末期）

牙冠（Crown） 牙齿露在外面的部分，通常覆盖着牙釉质。

牙尖（Cusp） 指哺乳动物牙齿的最高点。牙尖的数量和模式是十分有特征性的。

牙形刺（Conodonts） 一种已经灭绝的、微小的、无颌海洋生物，该生物的嘴中长有几对骨状物质构成的棒状牙齿。近来被认为是脊索动物，或者很可能是原始的无

颌类。该生物的牙齿化石对测定地层年代具有重大意义。(寒武纪晚期到三叠纪末期)

牙釉质(Enamel) 覆盖在牙冠和锯齿上硬硬的一层物质，主要成分是钙盐。

岩层(Bed) 由于风力、水流或受重力控制的洋流沉淀而成的一层沉积物，形成近乎平伏的岩层。

岩床(Sill) 在地下深层的古老的岩层间发现的水平火成岩层。这些火成岩是由熔岩岩浆形成的。

岩浆(Magma) 在地壳深处自然形成的熔融的岩浆，能够向上流向地表，有时也作为火山岩浆喷发出。

岩脉(Dyke) 竖直的、墙一样的火成岩岩体，从地球内部深处的岩浆房挤压进入(侵入)更早的岩石之中。一些火山成因的岩脉能够到达地表，不断涌出熔融的岩浆。

眼眶(Orbit) 脊椎动物头盖骨上的凹洞，用来容纳眼球。

演化(Evolution) 生命的发展和改变过程，从生命在地球上出现，这个过程就一直在进行。化石记录表明，生命从原始的、微小的单细胞生物，逐渐变得更大、更复杂。生物演化是基因改变(或突变)、繁殖、以及生物体和环境相互影响等因素联合作用的结果。在演化过程中，一些物种改变并存活下来，同时一些物种逐渐灭绝。最早关于进化论的科学陈述，是由查尔斯・达尔文和阿尔弗雷德・华莱士于1858年提出的。

羊膜动物(Amniotes) 一些现存或已灭绝的脊椎动物，它们的胚胎是在一种特殊的、具有保护作用的薄膜之内发育的，我们将之称为羊膜。这类动物包括一些早期的四足动物、爬行动物、鸟类和哺乳动物，但是不包括两栖动物。

洋中脊(Mid-ocean ridge) 在洋底崛起的火山岩组成海底山脉。洋中脊是洋底扩张的中心和新地壳产生的地带。

野火(Wildfire) 自然发生的森林和草原大火，大多数是由闪电引起的，特别是在干燥的季节。野火对植物的重新生长十分重要。

伊阿珀托斯洋(Iapetus) 在寒武纪初期位于劳伦大陆和冈瓦纳超大陆之间的大洋。在奥陶纪时期洋底发生俯冲，伊阿珀托斯洋逐渐闭合。同时一些大陆碎片如阿瓦隆尼亚大陆，从冈瓦纳超大陆分离、北上，形成了新的大洋——瑞亚克洋(Rheic)。

铱(Iridium) 地壳中的一种稀有金属元素。它存在于陨石和其他一些外太空的碎屑中。

移生(Colonization) 对新的栖息地或生态区的“入侵”。移生的生物可能会取代现存的生物。举例来说，随着巴拿马陆桥的建成，北美洲的哺乳动物的入侵，引起很多南美洲物种的灭绝。

移置地体(Terrane) 和周围其余岩石有着不同起源的大陆性地壳片段。移置地体的起源地通常距离它们的最终归宿地有一定距离。它们是通过板块运动移动到现在所处位置的。

翼龙(Pterosaurs) 一类已灭绝的飞行爬行动物。翼龙的翅膀是由皮膜形成的，皮膜从胸部延展到极长的第四手指上，而第四指则起着支撑的作用。(三叠纪晚期到白垩纪晚期)

银杏(Ginkgos) 一类原始植物的活化石，生有扇形叶和木质茎干，曾广泛分布于世界各地。其中，最具代表性的一种现存物种就是银杏科的白果树。(二叠纪至今)

硬骨鱼(Teleosts) 一个庞大的多骨鱼分类，包含大约2.2万个物种，如鳕鱼、三文鱼和鳗鱼。在今天的地球上，无论是在海洋还是在淡水水域，硬骨鱼都占据着统治地位。(三叠纪晚期至今)。

永冻土(Permafrost) 位于极点冰盖边缘、土层永远冰冻的地区。在夏天，这些地区的表面会有短暂的解冻，会有一些耐寒植物生长。

有袋动物(Marsupials) 指生产的幼体较小、发育不完全，须养育在妈妈肚子上的一个皮肤袋中，直至能照顾、供养自己的一种哺乳动物。有袋动物在白垩纪出现，目前生存在澳大利亚和美洲。

有胎盘类(Placentals) 这类哺乳动物长有一个特殊的组织(胎盘)，使胚胎通过胎盘与母体进行营养物质和排泄物的交换。胎盘会一直提供营养物质，直至它们的后代出生。(白垩纪中期至今)

鱼龙目(Ichthyosaurs) 属于该目的动物，身体和海豚类似，游泳速度快，是一种食肉性海洋爬行动物。(三叠纪早期到白垩纪晚期)

原始的(Primitive) 形容一个动物的某个特征，和它的祖先相比，没有什么改变。与高级的(Advanced)相反。

Z

杂食动物(Omnivorous) 该种动物所吃的食物，既可以来自植物也可以来自动物。

灾变说(Catastrophism) 宣称地球的历史和地球上的生命受到突然发生的灾难性事件影响的学说。最初是和《圣经》中的洪水联系起来的。如今这个学说被修正成为包括两种因素——地球外部影响和环境事件。

藻类(Algae) 若干生活在潮湿环境中且不相关的简单生物体的总称，包括一些我们已知最古老的生物。藻类既有单细胞的，也有多细胞的。像植物一样，它们需要阳光来制造细胞。最早的藻类化石出现在大约35亿年前。

造山期(Orogeny) 由于大陆碰撞引起造山运动的一个高潮时期。世界上所有巨大的山脉都是由造山运动形成的。某些造山运动，包括阿尔卑斯-喜马拉雅造山运动，至今仍然是活跃的。

造山运动(Mountain building) 地壳板块的撞击引起地壳岩层的加厚增高，从而在陆地形成山脉的过程。当板块发生碰撞时，大陆地壳既向下插入地幔，也崛起上升到空中。

掌骨（Metacarpal） 可参照：五指（趾）型肢（Pentadactyllimb）

蒸发岩（Evaporite） 矿物质的沉积层，如盐和石膏。在炎热或干燥的气候下，盐水发生蒸发作用，形成了蒸发岩。

植食动物（Herbivores） 以草和其他植物为食的动物。为了能够吞食和消化粗硬的植物，这类动物通常生有进化改良的胃部和牙齿。

跖骨（Metatarsal） 可参照：五指（趾）型肢（Pentadactyllimb）

跖行动物（Plantigrade） 用脚的扁平部分行走的动物，比如人类。可参照：趾行动物（Digitigrade）、蹄行动物（Unguligrade）

趾骨（Phalanges） 可参照：五指（趾）型肢（Pentadactyl limb）

趾行动物（Digitigrade） 像猫和狗一样，利用（前肢的）指或（后肢的）趾着地行走的动物，而不是用手/脚扁平的部分着地行走。可参照：跖行动物（Plantigrade）和蹄行动物（Unguligrade）

志留纪（Silurian） 古生代的一段时期，从4.43亿年前到4.17亿年前，紧随奥陶纪之后，在泥盆纪之前。有一系列志留纪地层位于威尔士边疆地区，由于这个原因，罗德里克·默奇森于1835年用英国一个古老的志留人部落（Silures）来为其命名。

中生代（Mesozoic） 生命史中央的历史时期，从2.48亿年前到6600万年前，介于古生代和新生代（包含古近纪、新近纪和第四纪）之间。还可以细分为三叠纪、侏罗纪和白垩纪。

中新世（Miocene） 可参照：第三纪（Tertiary）

种子蕨类（Seed ferns） 一种已灭绝的裸子植物，生有类似蕨类的叶片，就是在叶片之上长出了种子。（泥盆纪晚期到白垩纪晚期）

种子植物（Seed plants） 生有裸露种子的植物（裸子植物）。这和开花植物（被子植物）形成鲜明的对比，开花植物的种子是被包围起来。裸子植物曾经是最主要的陆生植物。直到白垩纪，这种统治地位为被子植物所取代。（泥盆纪晚期至今）

侏罗纪（Jurassic） 中生代中间的一个时期，从2.06亿年前到1.42亿年前，介于三叠纪和白垩纪之间。因为欧洲的侏罗山脉而得名。

蛛形纲（Arachnids） 包括绝大部分陆生的食肉性节肢动物，例如蝎子、螨类和蜘蛛。最早的蛛形纲化石是志留纪的蝎子化石，最早的蜘蛛是在泥盆纪出现的。

主龙类（Archosaurs） 包括恐龙、翼龙和现存鳄鱼的一类爬行动物。它们起源于三叠纪早期，多数在白垩纪末灭绝。

撞击事件（Impact event） 来自外太空的物体与某一星球碰撞的结果，形成撞击坑。根据撞击程度的不同，还会引起植物和动物的灭绝。

自然选择（Natural selection） 最关键的进化过程。经过这个过程，那些针对环境进行最合适进化改良的生物，能更成功地进行繁殖。看上去就像是环境在以这种方式“选择”拥有最成功特征的物种或生物。

踪迹化石（Trace fossil） 动植物活动或移动在沉积物之上或之内的痕迹，被保存在岩石之中。

参考文献

总体参考书目

Benton, M. J. (ed.), *The Fossil Record 2*, Chapman & Hall, UK, 1993

Benton, M. J., *Vertebrate Palaeontology*, Chapman & Hall, UK, 1997

Benton, M. J., and Harper, D., *Basic Palaeontology*, Longman, UK, 1997

Benton, M. J. (ed.), *Phylogeny of the Tetrapods*, Oxford, UK, 1988

Benton, M. J., and Osborne, R., *Atlas of Evolution*, Viking, UK and US, 1996

Briggs, D. E. G., and Crowther, P. R., *Palaeobiology: a Synthesis*, Blackwell Scientific Publications, UK, 1990

Buffetaut, E., *A Short History of Vertebrate Palaeontology*, Chapman & Hall, UK, 1987

Carroll, R. L., *Vertebrate Paleontology and Evolution*, W. H. Freeman, UK, 1988

Carroll, R. L., *Patterns and Processes of Vertebrate Evolution*, Cambridge University Press, UK, 1997

Chernicoff, S., and Fox, H., *Essentials of Geology*, Worth Publishers, US, 1997

Condie, K., and Sloan, R., *Origin and Evolution of Earth: Principles of Historical Geology*, Prentice Hall, US, 1998

Conway Morris, S., *The Crucible of Creation: The Burgess Shale and the Rise of Animals*, Oxford University Press,UK, 1998

Dingus, L., *Next of Kin: Great Fossils at the American Museum of Natural History*, Rizzoli, US, 1998

Elsom, D., *Earth,* Macmillan, US, 1992

Gould, S. J. (ed.), *The Book of Life, Ebury Hutchinson*, UK, 1993

Gould, S. J., *Wonderful Life: The Burgess Shale and the Nature of History*, Hutchinson Radius, UK, 1990

Hallam, A., and Wignall, P. B., *Mass Extinctions and their Aftermath*, Oxford University Press, UK, 1997

Hublin, J., *The Hamlyn Encyclopaedia of Prehistoric Animals Hamlyn*, UK and US, 1982

Imbrie, J., and K. P., *Ice Ages*, Harvard University Press, US, 1986

MacDougall, J. D., *A Short History of Planet Earth*, John Wiley & Sons, US, 1996

McFarland, W. N., Pough, F. F. H., Cade, T. J., and Heiser, J. B., *Vertebrate Life*, Collier Macmillan, US, 1979

McGowan, C., *Dinosaurs, Dragons and Spitfires*, Harvard University Press, US, 1991

Norman, D., *Prehistoric Life: the Rise of the Vertebrates*, Boxtree, UK, 1994

Osborne, R., and Benton, M. J., *The Viking Atlas of Evolution*, Viking, US, 1996

Palmer, D., *Life Before Man*, Reader's Digest, UK, 1997

Patterson, C., *Evolution*, British Museum (Natural History), UK, 1978

Press, F., and Siever, R., *Earth (4th edition)*, W. H. Freeman, US, 1986

Romer, A. S., *The Vertebrate Story*, University of Chicago Press, US, 1974

Scarth, A., *Volcanoes*, UCL Press, UK, 1994

Schaal, S., and Ziegler, W., *Messel*, Oxford University Press, UK, 1992

Skelton, P. (ed.), *Evolution: a Biological and Palaentological Approach*, Addison-Wesley, UK, 1993

Skinner, B., and Porter, S. C., *Physical Geology*, John Wiley & Sons, US, 1987

Taylor, P., *Eyewitness Guides: Fossil*, Dorling Kindersley, UK, 1990

Van Andel, T. H., *New Views on an Old Planet: A History of Global Change*, Cambridge University Press, UK, 1994

Walker, C., and Ward, D., *The Eyewitness Handbook of Fossils*, Dorling Kindersley, UK, 1998

Whitfield, P., *From So Simple a Beginning: The Book of Evolution*, Macmillan, US, 1993

Fishes:

Janvier, P., *Early Vertebrates*, Oxford, UK, 1996

Long, J. A., *The Rise of Fishes*, John Hopkins University Press, US, 1995

Maisey, J. G., *Discovering Fossil Fishes*, Henry Holt, US, 1996

Reptiles:

Benton, M. J., *The Reign of the Reptiles*, Kingfisher, UK, 1990

King, G., *Reptiles and Herbivory*, Chapman & Hall, UK, 1996

Rowe, S. R., Sharpe, T., and Torrens, H. S., *lchthyosaurs: A History of Fossil Sea Dragons*, National Museum of Wales, UK, 1981

Ruling Reptiles:

Alexander, R. McN., *Dynamics of dinosaurs and other extinct giants*, Columbia University Press, US, 1979

Alvarez, W., *T. rex and the Crater of Doom*, US, 1997

Archibald, J. D., *Dinosaur Extinction and the End of an Era*, Columbia, US, 1996

Bakker, R. T., *The Dinosaur Heresies*, Morrow, US, 1986

Benton, M. J., *Penguin Historical Atlas of Dinosaurs,* UK and US, Viking, Penguin, 1996

Carpenter, K., Hirsch, K. F., and Horner, J. R. (eds.), *Dinosaur Eggs and Babies*, Cambridge University Press, UK, 1994

Charig, A. J., *A New Look at the Dinosaurs*, Heinemann, UK, 1979

Colbert, E. H., *Dinosaurs: An Illustrated History*, Hammond, US, 1986

Currie, P. J., and Padian, K. (eds.), *Encyclopedia of Dinosaurs*, Academic Press, US, 1997

Czerkas, S. J., and Olson, E. C., *Dinosaurs Past and Present*, Natural History Museum of Los Angeles County, US, 1987

Farlow, J., and Brett-Surman, M. (eds.), *The Complete Dinosaur*, Indianapolis University Press, US, 1997

Glut, D., *The New Dinosaur Dictionary*, Citadel, US, 1982

Lambert, D., *The Ultimate Dinosaur Book*, Dorling Kindersley, UK, 1993

Lambert, D., *Collins Guide to Dinosaurs*, Collins, UK, 1983

Norman, D., *The Illustrated Encyclopaedia of Dinosaurs*, Salamander, UK, 1985

Norman, D., *Dinosaur!*, Boxtree, UK, 1991

Russell, D., *An Odyssey in Time: The Dinosaurs of North America*, University of Toronto Press, Canada, 1989

Thulborn, R. A., *Dinosaur Tracks*, Chapman & Hall, UK, 1990

Weishampel, D. B., Osmolska, H., and Dodson, P., *The Dinosauria*, University of California Press, US, 1990

Wellnhofer, P., *The Illustrated Encyclopedia of Pterosaurs*, Crescent Books, US, 1991

Wilford, J. N., *The Riddle of the Dinosaurs*, Faber & Faber, UK, 1985

Mammal-like Reptiles:

Hotton, N. III, Maclean, P. D., Roth, J. J., and Roth, E. C. (eds.), *The Ecology and Biology of Mammal-like Reptiles*, Smithsonian Institution Press, US, 1986

King, G., *The Dicynodonts: A Study in Palaeobiology*, Chapman & Hall, UK, 1990

鸟类参考书目

Dingus, L., and Rowe, T., *The Mistaken Extinction: Dinosaur Evolution and the Origin of Birds*, W. H. Freeman & Co., US, 1998

Feduccia, A., *The Age of Birds*, Harvard University Press, US, 1980

Feduccia, A., *The Origin and Evolution of Birds*, Yale University Press, US, 1996

Shipman, P., *Taking Wing: Archaeopteryx and the Evolution of Bird Flight*, Weidenfeld & Nicolson, UK, 1998

Mammals:

Aiello, L., *Discovering the Origins of Mankind*, Longman, UK, 1982

Benton, M. J., *The Rise of the Mammals*, The Apple Tree Press, UK, 1991

Clutton-Brock, J., *Domesticated Animals from Early Times*, Heinemann/ British Museum (Natural History), UK, 1981

Halstead, L. B., *The Evolution of the Mammals*, Peter Lowe, UK, 1978

Jones, S., and Martin, R. (eds.), *The Cambridge Encyclopedia of Human Evolution*, Cambridge University Press, UK, 1992

Kemp, T. S., *Mammal-like Reptiles and the Origin of Mammals*, Academic Press, US, 1982

Lambert, D., *The Cambridge Field Guide to Prehistoric Life*, Cambridge University Press, UK, 1985

Lambert, D., *The Cambridge Guide to Prehistoric Man*, Cambridge University Press, UK, 1987

Leakey, R. E., *Human Origins*, Hamish Hamilton, UK , 1981

Lewin, R., *Human Evolution: An Illustrated Introduction*, Blackwell Scientific Publications, UK, 1984

Lillegraven, J. A. S., Kielan-Jaworowska, and Clemens. W. A., *Mesozoic Mammals*, University of California Press, US, 1979

Lister, A., and Bahn, P., *Mammoths*, Macmillan, UK, 1994

MacFadden, B. J., *Fossil Horses*, Cambridge University Press, UK, 1992

Napier, J. R., and P. H, *The Natural History of the Primates*, British Museum (Natural History), UK, 1985

Reader, J., *Missing Links, the Hunt for Earliest Man*, Penguin, UK, 1988

Savage, R. J. G., and Long, M. R., *Mammal Evolution: An Illustrated Guide*, British Museum (Natural History), UK, 1986

Scott, W. O., *A History of Land Mammals in the Western Hemisphere*, Macmillan, US, 1967

Simpson, G. C., *Splendid Isolation: The Curious History of South American Mammals*, Yale University Press, US, 1980

Stringer, C. B., and McKie, R., *African Exodus: the Origins of Modern Humanity*, Cape, UK, 1996

Szalay, F. S., Delson, E., *Evolutionary History of the Primates, Academic Press*, UK and US, 1979

Szalay, F. S., Novacek, M. J., and McKenna, M. C., *Mammal Phylogeny*, Springer-Verlag, Germany, US, 1993

Tattersall, I., Delson, E., and Van Couvering, J. (eds.), *Encyclopedia of Human Evolution and Prehistory*, Garland Publishing, Inc., US, 1988

White, M., *The Flowering of Gondwana*, Princeton University Press, US, 1990

Young, D., *The Discovery of Evolution*, Cambridge University Press, UK, 1992

国际博物馆

本书描述了很多包含杰出的史前生物化石收藏品的博物馆，下面所列博物馆即在其中。

阿根廷

布宜诺斯艾利斯：拉普拉塔自然科学博物馆、拉普拉塔大学博物馆

澳大利亚

昆士兰州布里斯班：昆士兰博物馆
新南威尔士州悉尼：澳大利亚博物馆

奥地利

维也纳：维也纳自然史博物馆

比利时

布鲁塞尔：比利时皇家自然历史博物馆

巴西

里约热内卢：巴西国家博物馆

加拿大

阿尔伯达省卡尔加里市：动物园
阿尔伯达省德兰赫勒：泰瑞尔古生物博物馆
阿尔伯达省埃德蒙顿：阿尔伯达省立博物馆
安大略省渥太华：加拿大国家自然科学博物馆
阿尔伯塔省帕特里夏：阿尔伯塔省恐龙公园
魁北克：雷德帕斯博物馆
安大略省多伦多：皇家安大略博物馆

中国

北京：北京自然博物馆；中国科学院古脊椎动物与古人类研究所
四川北碚：北碚博物馆

法国

巴黎：法国国家自然历史博物馆

德国

柏林：柏林自然历史博物馆
达姆施塔特：黑森州立博物馆
美因河畔法兰克福：森肯堡自然历史博物馆
慕尼黑：巴伐利亚州立古生物学和历史地理学研究院
斯图加特：斯图加特自然历史博物馆
图宾根：地质学和古生物学研究院及博物馆

希腊

雅典：雅典大学地质学和古生物学系

印度

加尔各答：地质博物馆、印度统计研究所

意大利

博洛尼亚：Q. 卡佩利尼博物馆
热那亚：热那亚自然历史市立博物馆
米兰：米兰自然历史博物馆
帕多瓦：地质研究所博物馆
罗马：古生物博物馆，地质研究所
威尼斯：威尼斯自然历史博物馆

日本

大阪：大阪市立自然史博物馆
东京：东京国立科学博物馆

肯尼亚

内罗比：肯尼亚国家博物馆

墨西哥

墨西哥城：墨西哥城国家历史博物馆

蒙古

乌兰巴托：蒙古国立中央博物馆

摩洛哥

拉巴特：拉巴特考古博物馆

尼日尔

尼亚美：尼日尔国家博物馆

波兰

霍茹夫：恐龙公园
华沙：古生物学研究所

俄罗斯

圣彼得堡：圣彼得堡市中央地质勘探科学研究博物馆
莫斯科：莫斯科古生物博物馆

南非

开普敦：南非博物馆
约翰内斯堡：伯纳德·普莱斯（bernard price）古生物学研究所

瑞典

乌普萨拉：乌普萨拉大学古生物博物馆

英国

伯明翰：伯明翰博物馆
剑桥：剑桥大学塞奇威克地球科学博物馆
卡迪夫：威尔士国家博物馆
苏格兰：苏格兰皇家博物馆
苏格兰埃尔金：埃尔金博物馆
苏格兰格拉斯哥：赫特莱恩博物馆
莱斯特：莱斯特郡立博物馆
伦敦：英国自然历史博物馆、水晶宫公园
梅德斯通：梅德斯通博物馆
牛津：牛津大学博物馆
怀特岛桑当：怀特岛地质博物馆

美国

科罗拉多州博尔德：博尔德大学自然历史博物馆
纽约州水牛城：布法罗科学博物馆
马萨诸塞州坎布里奇：哈佛大学比较动物学博物馆
伊利诺斯州芝加哥：菲尔德自然史博物馆
俄亥俄州克利夫兰：克利夫兰自然历史博物馆
科罗拉多州丹佛：丹佛自然历史博物馆
犹他州詹森市：美国国家恐龙化石保护区
加利福尼亚州洛杉矶：洛杉矶自然历史博物馆
康涅狄格州纽黑文市：耶鲁大学皮博迪自然历史博物馆
纽约州纽约市：美国自然历史博物馆
宾夕法尼亚州匹兹堡：卡内基自然历史博物馆
新泽西州普林斯顿：普林斯顿大学自然历史博物馆
犹他州盐湖城：犹他自然历史博物馆
华盛顿：华盛顿国家自然历史博物馆、史密森学会

津巴布韦

哈拉雷：哈拉雷国立博物馆

索引

D

E

F

G

S

T

致谢

图片出处说明

t=top, b=bottom, c=center, l=left, r=right

1 François Gohier/Ardea; 2 Vaughan Fleming/Science Photo Library; 4 P. Morris/Ardea; 6l Simon Conway Morris, 6c Sinclair Stammers/Oxford Scientific Films, 6r François Gohier/Ardea; 7l Vaughan Fleming/Science Photo Library, 7c The British Museum, 7r P. Morris/Ardea; 8t The Natural History Museum, London, 8b François Gohier/Ardea; 9t John Reader/Science Photo Library, 9b François Gohier/Ardea; 10-11 Tony Stone Images; 48-49 P. Morris/ Ardea; 50t B. Murton/Southampton Oceanography Centre/Science Photo Library, 50b Sinclair Stammers/Science Photo Library; 51 Jean-Paul Ferrero/ Ardea; 52 François Gohier/Ardea; 53 Breck P. Kent/Oxford Scientific Films; 54t Simon Conway Morris, University of Cambridge, 54b Dr Peter Crimes; 55t Dr Peter Crimes, 55b Simon Conway Morris, University of Cambridge; 56 Jean-Paul Ferrero/Ardea; 57 Shuhai Xiao and Andrew Knoll, Harvard University; 58l Simon Conway Morris, University of Cambridge, 58r Simon Conway Morris, University of Cambridge; 59t Simon Conway Morris, University of Cambridge, 59b Simon Conway Morris, University of Cambridge; 60 Dr Peter Crimes; 61 Dr Peter Crimes; 62t Simon Conway Morris, University of Cambridge, 62b Royal Ontario Museum; 63t Simon Conway Morris, University of Cambridge, 63b Dr Derek E.G. Briggs, University of Bristol; 64 Simon Conway Morris, University of Cambridge; 65l Simon Conway Morris, University of Cambridge, 65tr Dr Derek E.G. Briggs, University of Bristol, 65br Dr Derek E.G. Briggs, University of Bristol; 66t Gary Bell/Planet Earth Pictures, 66b Simon Conway Morris, University of Cambridge; 67 NHPA; 68t William Campbell/DRK Photo, 68b Jens Rydell/ Bruce Coleman; 69t Martin Land/Science Photo Library, 69b Volker Steger/ Science Photo Library; 70 Richard Aldridge, University of Leicester; 71t BD/ IPR/19-7 British Geological Survey © NERC. All rights reserved, 71b The Natural History Museum, London; 72t Manfred Schauer, 72b Martin Land/ Science Photo Library; 73t The Natural History Museum, London, 73b The Natural History Museum, London; 74l Sinclair Stammers/Science Photo Library, 74r Department of Earth Sciences, Cardiff University, Wales; 75l Kaj R. Svensson/Science Photo Library, 75r Sinclair Stammers/Science Photo Library; 76t Breck P. Kent/Oxford Scientific Films, 76b The Natural History Museum, London; 77t Eric and David Hosking/Corbis, 77b The Natural History Museum, London; 78 Zig Leszczynski/Oxford Scientific Films; 79 University Museum of Zoology, Cambridge; 80t G.I. Bernard/NHPA, 80b Sinclair Stammers/Oxford Scientific Films; 81t Sarah Finney, 81b The Manchester Museum, The University of Manchester; 82l Andrew Mounter/ Planet Earth Pictures, 82r University Museum of Zoology, Cambridge; 83 National Museums of Scotland; 84 P. Morris/Ardea; 85 Prof. Dr Carsten Brauckmann/Institut für Geologie & Palaeontologie, Clausthal; 86t David Muench/Corbis, 86b The Field Museum, Chicago Neg. No. GEO 81284; 87t David M. Dennis/Oxford Scientific Films, 87b Chip Clark; 88l Dr David Norman, 88r Luiz Claudio Marigo/Bruce Coleman; 89 The Field Museum, Chicago Neg. No. GEO 81027; 90 The Natural History Museum, London; 91 François Gohier/Ardea; 92t P. Morris/Ardea, 92b Sinclair Stammers/Science Photo Library; 93t Specimen: Staatliches Museum für Naturkunde Stuttgart/Dr R. Wild, 93b Specimen: Museo Civico di Scienze Naturali "E. Caffi" Bergamo, Italy/Dr R. Wild; 94 François Gohier/Ardea; 95 Neg. No. 329319 Photo by Bolton Courtesy Dept. of Library Services American Museum of Natural History; 96 The Natural History Museum, London; 97t Geoscience Features Picture Library, 97b James D. Watt/Planet Earth Pictures; 98t David M. Dennis/ Oxford Scientific Films, 98b
P. Morris/Ardea; 99t François Gohier/Ardea, 99b Vaughan Fleming/Science Photo Library; 100 Robert Harding Picture Library; 101 P.Morris/Ardea; 102b Mary Evans Picture Library; 103t Ken Lucas/Planet Earth Pictures, 103b Peter Scoones/Planet Earth Pictures; 104 The Natural History Museum, London; 105l Ken Lucas/Planet Earth Pictures; 105 François Gohier/Ardea; 106 John Fields/ Nature Focus; 107 Anthony Bannister/NHPA; 108t Tony Stone Images, 108b The Natural History Museum, London; 109t François Gohier/Ardea, 109b François Gohier/Ardea; 110 Steve Hutt; 111 Vivek Sinha/Oxford Scientific Films; 112l François Gohier/Ardea, 112r The Natural History Museum, London; 113l The Kobal Collection, 113r Brigham Young University; 114t David Sanders, 114b François Gohier/Ardea; 115t E.R. Degginger/Oxford Scientific Films, 115b Ken Lucas/Planet Earth Pictures; 116 François Gohier/ Ardea; 117 François Gohier/Ardea; 118 Jonathan Blair/Corbis; 119 François Gohier/Ardea; 120 Jean-Loup Charmet; 121 Natuurhistorisch Museum Maastricht; 122t François Gohier/Ardea, 122b Paul A. Souders/Corbis; 123t Dr David Kring/Science Photo Library, 123b E. Hanumantha Rao/NHPA; 124 The Natural History Museum, London/Dorling Kindersley; 125 J. David Archibald; 128t P. Morris/Ardea, 128b François Gohier/Ardea; 129t David C. Fritts/ Oxford Scientific Films, 129b Wolfgang Kaehler/Corbis; 130t The Stock Market, 130b Ken Lucas/Planet Earth Pictures; 131t Photo: Senckenberg, Messel Research Department, 131b Photo: Senckenberg, Messel Research Department; 132 Photo: Senckenberg, Messel Research Department; 133 Photo: Senckenberg, Messel Research Department; 134 Kevin Schafer/NHPA; 135 Krafft/Planet Earth Pictures; 136t Kathie Atkinson/Oxford Scientific Films, 136b Dr Paul Selden, University of Manchester; 137t David Dilcher and Ge Sun, 137b Steve Hopkin/Planet Earth Pictures; 138t Alex Kerstitch/Planet Earth Pictures, 138b George Poinar; 139t Vaughan Fleming/Science Photo Library, 139b David Maitland/Planet Earth Pictures; 140 NHPA; 141 David Maitland/ Planet Earth Pictures; 142 David Paterson; 143 NASA/Science Photo Library; 144t Adrian Warren/Ardea, 144b John Reader/Science Photo Library, 145t John Reader/Science Photo Library, 145b James Balog/Tony Stone Images; 146 Christopher Ratier/NHPA; 147 Anthony Bannister/NHPA; 148 Copyright 1995, Worldsat International and J. Knighton/Science Photo Library; 149 Tony Stone Images; 150t Anup Shah/Planet Earth Pictures, 150b Kenneth W. Fink/Ardea; 151l John Reader/Science Photo Library, 151r Gerald Cubitt/Bruce Coleman; 152t Harald Sund/The Image Bank, 152b Dr D.P. Lane, University of Keele; 153t Mike Newton, 153b Peter Parks/Oxford Scientific Films; 154 Novosti Photo Library; 155t B & C Alexander/NHPA, 155b Jean Vertut; 156 Grotte Préhistorique de Rouffignac; 157t The Natural History Museum, London, 157b The British Museum; 158/159 Images Colour Library; 158t Richard Coomber/ Planet Earth Pictures, 158b J.G. Paren/Science Photo Library; 159t Frank Spooner Pictures, 159b Dick Mol; 442-443 David Paterson; 444 Stuart Westmorland/Tony Stone Images, 444 inset Bettmann/Corbis; 445l Bettmann/ Corbis, 445c Hulton-Deutsch Collection/Corbis, 445r Hulton-Deutsch Collection/Corbis; 447 David Bayliss/Geoscience Features Picture Library; 448l Bettmann/Corbis, 448r Bettmann/Corbis; 449 G. Brad Lewis/Tony Stone Images; 450t Archiv für Kunst & Geschichte, Berlin/AKG London, 450b Herve Gloaguen/Network; 451t Corbis, 451b The Stock Market; 452 M. Angelo/ Corbis, 452 inset Oliver Benn/Tony Stone Images; 453 Corbis; 454 Yann Arthus-Bertrand/Corbis; 455t David Muench/Corbis, 455b Yann Arthus-Bertrand/Corbis; 456 Craig Lovell/Corbis, 456 inset Kevin Schafer/Corbis; 458 Bettmann/Corbis; 459t John Dakers; Eye Ubiquitous/Corbis, 459b Mansell/ Time Inc.; 460 World Perspectives/Tony Stone Images; 461t Bettmann/Corbis, 461b Prof. Stewart Lowther/Science Photo Library; 462 Tom Bean/Tony Stone Images; 463l François Gohier/Ardea, 463r Robert van der Hilst/Tony Stone Images; 464 Mary Evans Picture Library; 465t The Natural History Museum, London, 465b The Natural History Museum, London; 466 C. Weaver/Ardea; 468 Sinclair Stammers/Science Photo Library, 468 inset Mary Evans Picture Library; 471t Tom Bean/Corbis, 471c George Poinar, 471b Buddy Mays/ Corbis; 472 The Kobal Collection; 474 Geoscience Features Picture Library; 474 T.A. Wiewandt/DRK Photo; 476 Richardson/Custom Medical Stock Photo/ Science Photo Library; 478 Lick Observatory; 479b Robert Hadley/Impact Photos; TO BE CHECKED 198 -224 Ken Lucas/Planet Earth Pictures

If the publishers have unwittingly infringed copyright in any illustration reproduced, they would pay an appropriate fee on being satisfied to the owner's title.

插图画家

Graham Allen 106/107, 149t, 196–297, 477; David Bergen 84/85, 100/101, 124/125, 126/127; Richard Bonson 134/135, 142/143, 158/159; Robin Bouttell 78/79, 110/111, 146/147; Jim Channell 60/61, 74/75, 154/155; Bill Donohoe 52/53, 56/57, 70/71, 104/105; Malcolm Ellis 172–181; Eugene Fleury 90/91; Vana Haggerty 18/19, 46/47, 58/59, 88/89, 170/171, 182/183, 194/195; Gary Hincks 157; Steve Holden 148, 196–297; Rob Jakeway 50/51; Steve Kirk 60–169, 96/97, 184–193, 196–297, 472/473; Kuo Kang Chen 470; Colin Newman 20–57, 64/65, 82/83, 137; Luis Rey 94/95, 118/119, 140/141; Andrew Robinson 149c & b, 196–297; Peter David Scott 88/89, 116/117, 120/121, 132/133; Dick Twinney 477; Andrew Wheatcroft 156/157, 196–297

地图

三维地图是根据剑桥的古大陆图服务有限公司提供的数据，由洛菲尔－约翰有限责任公司（位于威特尼）制作的。而制作中使用的插图属于 hardlines 有限责任公司（位于查尔伯里）。二维地图由尤金•弗勒里制作。

发行人诚向下列人致以感谢，感谢他们在此书制作期间给予的善良的帮助：
英国剑桥大学地球科学学院 艾伦•史密斯博士
英国伦敦市自然历史博物馆 诺曼•麦克劳德博士